2019

广西调查年鉴

GUANGXI SURVEY YEARBOOK

国家统计局广西调查总队 编
Compiled by Survey Office of the National Bureau of Statistics in Guangxi

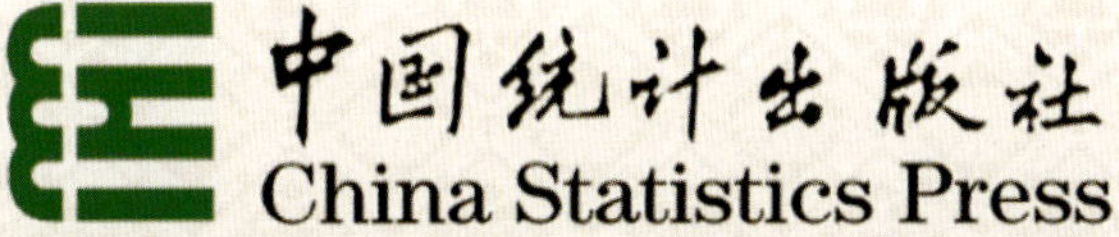

图书在版编目（CIP）数据

广西调查年鉴. 2019 : 汉英对照 / 国家统计局广西调查总队编. — 北京 : 中国统计出版社，2019.9

ISBN 978-7-5037-8951-9

Ⅰ. ①广… Ⅱ. ①国… Ⅲ. ①统计资料—广西—2019—年鉴—汉、英 Ⅳ. ①C832.67-54

中国版本图书馆CIP数据核字（2019）第182132号

广西调查年鉴—2019

GUANGXI DIAOCHA NIANJIAN

作　　者　国家统计局广西调查总队
责任编辑　李　冲
封面设计　韦含锡
责任校对　黄茂平　文　著
出版发行　中国统计出版社
通信地址　北京市西城区月坛南街57号　　邮政编码　100826
办公地址　北京市丰台区西三环南路甲6号　　邮政编码　100073
电　　话　邮购（010）63376909　　书　　店　（010）68783171
网　　址　http://www.zgtjcbs.com
印　　刷　广西民族印刷包装集团有限公司
经　　销　新华书店
开　　本　890mm × 1240mm　1/16
字　　数　960千字
印　　张　32.25
版　　别　2019年9月第1版
版　　次　2019年9月第1次印刷
定　　价　350.00元

本书附同版本CD-ROM一张，光盘内容以书面文字为准。

如有印装错，由本社发行部调换。

《广西调查年鉴—2019》

编委会和编辑工作人员

GUANGXI SURVEY YEARBOOK-2019

EDITORIAL BOARD AND STAFF

Ⅰ. Editorial Board

Ⅱ. Editorial Staff

编者说明

一、《广西调查年鉴—2019》是国家统计局广西调查总队编辑出版的大型资料性年刊。本年鉴系统收录了2018年全自治区农村、城市和企业等方面的各项统计调查数据，各市县（区）的主要统计调查数据；以及多个重要历史年份和近年广西及各市县（区）、全国及各省（直辖市、自治区）主要统计调查数据；中国与东盟国家及世界部分国家主要社会经济指标。

二、本年鉴正文内容分为6个篇章，即：1.综述；2.人民生活；3.农村贫困监测；4.价格调查；5.农业生产；6.分析资料；另外，还有3个附录，即：附录一.广西主要社会经济指标；附录二.全国及各省（直辖市、自治区）主要统计调查指标；附录三. 中国与东盟国家及世界部分国家主要社会经济指标。为方便读者使用，主要篇章末附有《主要统计指标解释》。

三、本年鉴所使用的度量衡单位均采用国际统一标准计量单位，并统一使用最新颁布实施的产品目录。

四、本年鉴总量指标计算所采用的价格均为现行价格。

五、本年鉴中涉及到的历史数据，均以最新出版的本年鉴数据为准；本年鉴中部分数据合计数或相对数由于单位取舍不同而产生的计算误差，均未做机械调整。

六、本年鉴中广西主要社会经济指标，由广西壮族自治区统计局提供。

七、本年鉴中中国与东盟国家及世界部分国家和地区的相关统计资料，由国家统计局国际统计信息中心提供。（注：中国数据除国土面积外，均未包括中国台湾省、香港特别行政区和澳门特别行政区。）

八、资料中部分药品、化学、矿产品名称采用中文汉语拼音拼写。

九、符号使用说明：

“…”表示数据不足本表最小计量单位数；

“#”表示其中的主要项；

“空格”表示该项统计指标数据不详或无该项数据；

“①”表示本表下有注解。

十、在本年鉴的编辑过程中，得到了许多单位和同志的大力支持，在此我们深表谢意。限于我们的水平，年鉴中的错误和不足之处在所难免，恳请广大读者给予批评指正。

Editor's Explanatory Notes

Ⅰ. Guangxi Survey Yearbook 2019 is an annual statistics survey publication Survey Office of the National Bureau of Statistics in Guangxi was founded. The yearbook has various statistical survey data about agriculture, city and enterprises, the main statistical data of various province(municipality and autonomous region), and the main social and economic indicators of China & ASEAN countries and some countries and regions in the world.

Ⅱ. The yearbook contains the following five chapters: 1.Review; 2. People's Livelihood; 3. Poverty Monitoring in Rural Areas; 4. Price Survey;5.Agriculture Production;6.Analytical Data;In addition, There are three appendix chapters:Appendix Ⅰ. Man Social and Economic Indicators of Guangxi; Appendix Ⅱ. Main Statistical Survey Indicators by Region; Appendix Ⅲ. Main Social and Economic Indicators of China & ASEAN and Some Countries and Regions in the World. Main Chapters are Equipped with Explanatory Notes of Main Statistical Indicators at the end.

Ⅲ. The units of measurement used in the Yearbook are internationally standard measurement units, and newly published and implemented Product Categories are uniformly used.

Ⅳ. The computation of all the gross indicators in the Yearbook is equipped with current prices.

Ⅴ. Please refer to the newly published version of the Yearbook for updated historical data. Statistical discrepancies on totals and relative figures due to runding are not adjusted in the Yearbook.

Ⅵ. The yearbook in main social and economic indicator of Guangxi from the Compiled by Guangxi Statistical Bureau.

Ⅶ. The yearbook in China & ASEAN countries and some countries and regions in the world statistics from the National Bureau of Statistics International Statistical Information Center.(Note: All data of China do not cover Taiwan Province, Hong Kong SAR and Macao SAR except data for the surface area.)

Ⅷ. Some of the materia medica, chemistry, mining product is adopted by Chinese spelling translation.

Ⅸ. Description of signs or symbols in the yearbook:

"..." for data with insufficient decimal place;

"#" indicates a major breakdown of the total;

"blank space" indicates that the data are unknown, or are not available;

"①" indicates footnotes at the end of the table.

Ⅹ. During the editions of this yearbook, we have won wide support from many departments and comrades, and we deeply thanks for this all. Based on our limited level, perhaps there are some mistakes in the book, we welcome all candid comments and criticism from our readers.

目 录

CONTENTS

第一篇 综 述
Chapter 1 Review

第二篇 人民生活
Chapter 2 People's Livelihood

第三篇　农村贫困监测
Chapter 3 Poverty Monitoring in Rural Areas

第四篇 价格调查
Chapter 4 Price Survey

第五篇 农业生产
Chapter 5 Agriculture Production

第六篇 分析资料
Chapter 6 Analysis of Data

附录一：广西主要社会经济指标
APPENDIX I. Main Social and Economic Indicators of Guangxi

附录二：全国及各省（直辖市、自治区）主要统计调查指标
APPENDIX II. Main Statistical Survey Indicators by Region

附录三：中国与东盟国家及世界部分国家主要社会经济指标
APPENDIX III. Main Social and Economic Indicators of China-ASEAN Countries and Some Countries in the World

第一篇　综述

Chapter　1　Review

国家统计局广西调查总队概况

【机构沿革】

国家统计局广西调查总队既是政府统计调查机构，也是统计执法机构，依法独立行使统计调查、统计监督的职权，独立向国家统计局上报调查结果，并对上报的调查资料的真实性负责。同时，承担地方政府委托的各项统计调查任务。主要有：组织实施国家统计局布置的各项常规性统计调查；组织实施国家统计快速反应制度；参与组织实施国家有关普查项目；根据国家统计局的授权，管理和公布有关统计数据；依法查处调查队系统及其调查对象的统计违法案件；与地方统计局一起完成统计信息化的有关工作；负责调查总队机关人事、财务工作，管理下属各级调查队人事财务工作；负责调查总队机关党的建设、纪检监察工作，指导下属各级调查队纪检监察工作；受国家统计局委托管理下属各级调查队，组织指导地方调查队的业务工作；接受地方政府、有关部门委托，开展统计调查，提供统计数据处理服务；完成国家统计局交办的其他事项。

2005年根据《国务院办公厅关于印发国家统计局直属调查队管理体制改革方案的通知》（国办发〔2005〕14号）、中央编办《关于国家统计局各级调查队机构设置和人员编制的批复》（中央编办复字〔2005〕149号）和《国家统计局直属调查队管理体制改革实施方案》（国统字〔2005〕158号），设立国家统计局广西调查总队。广西调查总队是国家统计局的派出机构，为正厅级单位。广西调查总队事业编制108名。2005年12月为了加强对统计工作的领导，成立总队党组。2006年4月，经自治区直属机关工委批准，成立广西调查总队机关党委。广西调查总队内设：办公室、执法监督处、制度方法处、综合处、农业调查处、农村调查处、居民收支调查处、住户监测处、劳动力调查处、生产价格调查处、消费价格调查处、专项调查处、社会调查处、信息技术应用处、人事教育处、财务管理处、纪检监察室（巡察办）、机关党委办公室。目前广西国家调查队系统共有44个市县级调查队，其中市级调查队14个，县级调查队30个，市县级调查队人员编制数共560人。

【工作情况】

2018年，国家统计局广西调查总队坚持以习近平新时代中国特色社会主义思想和党的十九大精神为指导，在国家统计局的正确领导下，以加强党的建设为统领，围绕构建新时代现代化统计调查体系和提高数据真实性目标，真抓实干，创新作为，推动广西国家调查工作取得新成效。

一、积极创建“党旗红·数据真”党建工作品牌，促进党建与业务深度融合

坚决落实管党治党政治责任，以创建“党旗

2018年1月25日，广西调查总队召开广西国家调查工作会议

2018年3月18日，广西调查总队全体干部职工观看电影《厉害了，我的国》

红·数据真”党建工作品牌为抓手，将“四个意识”和“两个维护”融入各个环节，落实在日常工作，推动全面从严治党向纵深发展，努力探索党建与业务工作深度融合的有效路径。一年来，组织全系统深入学习领会和贯彻落实习近平新时代中国特色社会主义思想和党的十九大精神，制定学习方案、学习计划、指导意见，全系统累计开展专题学习近200次、党课学习226次；先后举办党的十九大精神、党建工作、党务工作、领导能力等培训班，专题培训550多人次；组织7名厅级干部、100多名处级干部参加党的十九大精神专题轮训和调训；以考促学，开展党的十九大精神和党建知识闭卷测试，近1100人次参加测试；组织党员积极撰写党的十九大精神学习、再学习大讨论、重温入党志愿书心得体会713篇，巩固学习成果。

基层党支部坚持以党建要求引领业务调查，以业务成绩巩固党建成果。通过开展“党员调查户”示范、“党员先行工程”“电子记账·党员先行”等多项活动，激励党员学习钻研业务，促进党员提高数据质量的政治担当不断增强。这些措施在夯实统计调查工作基础、提高数据真实性和调查服务质量等方面取得显著效果，基层党组织战斗堡垒作用和党员先锋模范作用不断增强。

二、真学真懂真用，深入贯彻中央关于统计工作重大决策部署

深入贯彻习近平总书记关于统计工作重要讲话指示批示精神，组织开展数据真实性风险隐患排查、业务规范化检查、“以数谋私，数字腐败”全面排查和专项整治、国家统计制度执行情况自查、目标完成责任单位清查、坚持“三个独立”情况自查、业务记录自查等一系列工作，制定问题清单、责任清单和整改清单，有效清除风险隐患8类54个。

在贯彻落实《意见》《办法》《规定》等重要改革文件精神过程中，广西总队充分发挥党建引领、法治护航、信息保障“三个作用”，不断健全数据质量工作的责任、监督和考核“三个体系”，进一步完善群众举报、质量报告、执法检查、工作考核、干部惩戒、违规干预记录等“六项制度”，把保证数据质量的各方面要求、各环节工作落在实处。

三、全面落实中央巡视整改任务，促进统计调查事业发展

广西总队把抓好巡视反馈意见整改落实作为一项重要政治任务，强化政治担当，对巡视反馈意见自觉对照检查，主动认领问题，以扎实有效的措施把整改工作抓紧抓实抓好。

迅速行动抓好任务落实。迅速成立广西调查队系统巡视整改工作领导小组及相关下设机构，

2018年6月4日—5日，国家局督查组石占前组长一行督查广西总队学习贯彻十九大精神情况并调研指导机关党建和文化建设工作

2018年1月24日，广西调查总队召开2017年国际比较项目ICP工作总结暨2018年工作布置会

研究制定巡视整改工作方案，开展全面自查，针对存在的27个问题制定57项整改措施，落实责任领导、责任处室和责任人，限定完成时限，确保整改问题得到切切实实解决。各市县队也相应成立领导小组和制定工作方案，自查梳理出390多项整改任务，制定700余项整改措施，推动巡视整改责任落实到位。

为确保整改到位，结合此次巡视整改要求，制定五个专项整改任务，分类推进落实。一是认真做好上两轮巡视整改落实情况自查，上两轮巡视制定整改措施62项，已整改到位59项，还有3项已纳入此次整改落实，按整改时限积极推进。二是开展数据质量专项整改，部署开展“以数谋私，数字腐败”全面排查和专项整治。三是开展党建工作专项整改，总队党组听取班子成员履行党建工作“一岗双责”情况汇报和机关党委工作汇报，进一步解决系统党建工作中存在的问题。四是开展纪检监察专项整改，认真核实巡视移交和已函询了结的问题线索和信访件，依纪依规做好处理；及时研究解决部分市县队纪检监察干部配备不齐的问题。五是严格开展选人用人专项检查整改，梳理出7个方面9个问题，提出18项整改措施，积极抓好落实。截至目前，自查存在的27个问题，全部完成整改20个，剩下7个长期任务已经转为常规工作常态化推进落实。

系统合力抓出整改成效。41个市县队均已独立设立党支部，基层党组织建设全面加强；完成县级调查队副科长级纪检监察员的考核、选拔和转任工作，县队纪检监察员全部配齐。落实国家统计局党组巡视巡察工作部署，完成对12个市县队两轮巡察工作，以巡察夯实巡视反馈整改成果；把纪检监察干部“三转”问题列入巡察工作重点内容，推动深化落实“三转”。统计执法检查相关办法和规范化制度落地，统计执法力度、执法标准实现双提高；构建调查队与调查企业、调查户等调查对象网络连接机制，防范统计数据弄虚作假能力有效提升。

四、深入推进统计调查改革发展，持续发力提升数据质量

（一）高质量发展的统计体系逐步成型

一是建立健全数据质量工作“三个体系”。建立健全数据质量工作责任体系、监督体系和考核体系，有效落实全域全员全程统计数据质量责任制，促进统计调查业务高质量发展。修订《广西月度劳动力调查工作规范化规程》等多项业务工作规范，为市县队开展相关调查工作提供制度化标准。在总队开展对市县调查队年度考核现场检查工作中，引入统计执法监督检查和专业调查工作协作配合机制，探索把执法检查结果作为相关专业数据评估参考。建立和落实质量评估和监督管理机制，制作业务风险防控清单，要求各市县队对照风险清单，制定对应具体防控措施，加强风险防范。编制固定资产投资价格调查《基层报表填报步骤及问题

2018年2月9日上午，广西调查总队举办2018年“我们的节日·春节”主题活动

2018年6月1日，广西调查总队开展“关爱留守儿童，助力脱贫攻坚”励志教育扶贫活动

解答》手册，规范试点调查数据的搜集、整理和填报流程，建立流通和消费价格调查月报数据评估和监督管理机制，规范开展广西价格调查数据比较查询、“僵尸”价格和异常价格信息核查上报、定期调研评估、动态管理和实时维护等工作。

二是完善数据质量管控“六项制度”。进一步完善举报制度、质量报告制度、执法检查制度、工作考核制度、干部惩戒制度、违规干预记录制度，把保证数据质量的各方面要求、各环节工作落在实处。制定《国家统计局广西调查总队关于完善统计违法举报工作制度的规定》，提高发现统计违法违纪案件线索能力。制发《国家统计局广西调查总队统计执法监督检查办法（试行）》《国家统计局广西调查总队统计执法检查规范（试行）》，建立健全统计执法检查相关办法和规范化制度。修订完善总队机关处室及市县队目标管理考核办法，落实各部门工作职责，量化工作考核。制定《国家统计局广西调查队系统负责人和统计调查人员防范和惩治统计造假弄虚作假责任制实施办法》，健全统计机构领导责任制，全面防范和严肃惩治统计造假、弄虚作假。制发《国家统计局广西调查总队关于建立领导干部违规干预统计工作记录制度的办法（试行）》，进一步健全完善领导干部违规干预统计工作记录台账，全面落实违规干预统计工作记录。

（二）统计改革创新持续推进

一是数据采集方法不断改进。拓展遥感技术在调查中的应用，实现总队、市队、县队的无人机驾驶员全覆盖；充分利用市级队力量，采用无人机遥感技术强化对基层队（局）农作物面积调查数据质量的监控；基于无人机影像技术，研发农作物智能识别软件，积极探索农作物面积调查科学化、信息化道路；推动自治区政府发文建立完善粮食监测预警体系，运用遥感技术等手段加强粮食生产监测，为广西粮食产量统计调查营造良好的环境；全力推进企业联网直报工作，在全区范围启用采购经理调查移动终端数据报送系统，企业填报问卷及时便捷，PMI数据采集准确高效；联合自治区统计局全面推进全区电子记账工作，全面反映广西促民增收工作成效，当前全区已有9597户记账户使用电子终端开展电子记账，电子记账户比例达到74%。

二是调查管理方法理念不断创新。改进居民收入数据评估方法，解决以往数据评估工作评估标准不统一、数据指标难获取等问题，取得良好效果；采用痕迹管理做实消价工作，建立电子台账，规范规格品和采价网点更换，责任明确清晰、管理规范有序；推进全区重要商品价格指数平台建设工作，筹备开发农情移动数据采集系统，实现农情监测等信息的移动采集功能；推进月度劳动力调查移动终端管理系统建设，目前已能正常完成信息、应用、文档推送。

三是信息化建设迈出新步伐。完成VPN网络架构部署并向全系统推广使用，实现了手机等移动终端接入统计内网功能，开辟运用智能终端移动网络

2018年6月5日，自治区文明办主任杨征文（左一）到广西调查总队指导文明单位创建工作

2018年6月13-14日，广西调查总队副总队长杨锡虹（右三）率工业调查处人员，到玉林、北流进行工作检查指导和经济形势调研

实现移动办公、数据采集、调查管理的新途径；完成广域网络优化，全系统办公网络实现提速降费；建成总队无纸化会议系统，扎实推进全系统内部网站集群建设，有序推进无线局域网数据传输系统、网络优化系统、信息化测试保障系统、域名解析系统建设，全系统信息化保障能力进一步提高。

（三）基础数据质量有力夯实

一是加强制度机制建设，业务规范化规程进一步完善。修订《广西国家调查队系统市县级调查队目标管理考核办法》，完善业务考核机制，细化、量化考评标准；制定《统计数据产生过程质量控制和管理办法》，有效促进数据生产全过程管理巩固深化；制定年度执法检查工作方案及统计执法“双随机”抽查方案，明确全年执法检查目标；制定并使用《调查培训记录本》《调查走访（抽检、回访）记录本》《调查数据审核记录本》等，确保数据生产全过程可倒查、可追溯；完善CPI调查风险防控机制，大力排查数据质量存在的风险点，防止数据无依据修改。

二是夯实调查业务基础，源头数据质量获得有效保障。积极开展业务规范化现场检查，对23个市县调查队和地方统计局进行住户调查规范化检查，确保调查业务工作严格按规章制度要求和规范化流程开展。加强调查业务风险点防控，组织排查业务工作流程中基础数据、上报数据风险点（环节），构筑数据生产的质量防线，确保调查数据真实可靠。加强调查网点管理，确保调查样本代表性。

三是查摆及改进薄弱环节，数据真实性切实提高。查找工作中的突出矛盾和薄弱环节，开展全区调查队系统“三个独立”履职情况自查、目标完成责任单位违纪违法问题自查等，增强全系统调查业务抗干扰能力；圆满完成“以数谋私，数字腐败”全面排查和专项整治工作、国家统计制度执行情况自查自纠、基层统计调查工作现状调查，切实掌握全系统调查工作全局情况；开展统计政令落实情况检查，确保政令畅通、切实履行职责；在全系统中分别开展调查业务基础自查工作、调查业务记录自查工作，统计数据真实性基础进一步牢固。

2018年6月27日，广西调查总队总队长赵太想（前排右二）在贵港市人民政府副市长韦彦陪同下，到广西华奥汽车制造有限公司调研

五、立足职能根本，统筹完成各项调查任务

广西总队牢固树立国家调查队意识，服从国家统计局重大统计改革安排，立足统计调查本职本

2018年7月13-14日，广西调查总队副总队长王洪琛（右四）到上林调研住户电子记账工作

2018年7月28日，广西调查总队总队长赵太想率总队代表团参加第十届广西体育节暨广西区直机关第八届职工运动会开幕式，并参与2018年“全民健身，健康广西”广西百万群众健身走活动

责，顺利完成局队业务分工调整优化工作，统筹完成中央和地方的各项统计调查任务。

一是扎实推进局队业务分工落实。广西总队根据国家统计局关于局队业务分工调整优化的决策部署，通过与自治区统计局召开联合座谈会、共同制定交接计划，采取跟班学习、加强督导和实地检查等措施，保质保量提前完成月度劳动力调查接收和规模以下工业、小微企业固定资产投资、建筑业小微企业、限额以下批零住餐、规模以下企业创新、规模以下服务业等调查业务的移交工作，促进广西地区统计局、调查队业务分工进一步优化，所有数据实现平滑衔接、所有工作实现有序交接。

二是圆满完成国家调查任务。严把数据录入、审核、验收等环节质量关，重点强化数据审核，认真核实基层报表数据，加大指标逻辑关系审核、完整性审核，圆满完成国家调查任务。其中，新设立小微企业和个体经营户跟踪调查实现报表上报零误差。全年各季节的农作物播种面积调查、农作物单位面积产量调查、粮食大县产量抽样调查、农产品价格调查、中间消耗调查以及各月份的农产品集贸市场价格调查都顺利完成。2018年畜牧业调查样本轮换工作稳步推进；省级和分市县畜牧业农业普查数据与年报历史数据核定修订衔接工作圆满完成。根据国家局关于劳动力调查样本优化的有关工作要求，圆满完成全区250个社区（村委会）、46万2928户居民家庭房屋的绘图、家庭户主造册的样本摸底调查工作。积极推进改革试点，固定资产投资价格统计改革试点获得国家统计局肯定；统筹协调完成国际比较项目机械设备和建筑品调查、住房租金调查，顺利通过国家局国际中心验收。顺利完成各项国家调查任务的同时，积极配合地方党委政府做好脱贫攻坚工作和各项专项调查。组织成立11个测评小组历时四个月，完成文明城市测评工作实地测评；全面从严治党民意调查、非企业法人单位试调查、农村党员教育培训情况调查、2018年投资环境监测调查、国务院大督查营商环境调查等统筹推进。

六、夯实统计法治基础，提升统计执法检查工作水平

强化统计执法工作基础。组织总队各处室和各市县队骨干人员参加统计执法证资格培训考试，全系统通过执法证考试109人，其中8人被列入国家统计执法人才库，统计执法人员力量进一步充实。为执法人员统一配备执法记录仪、执法检查专用服装，每次执法前均出示执法证，执法行为规范进一

2018年8月1日，广西调查总队副巡视员邱洪刚率总队第三党支部到扶绥开展“党旗红·数据真”下基层强调查结对共建活动，并举办“共学十九大 同记国家账”学习宣传党的十九大精神暨住户记账知识文艺晚会

2018年8月7日，广西调查总队副总队长杨锡虹、王洪琛率队一行23人到中国—东盟信息港股份有限公司智能展示中心进行参观并就数据服务、信息技术应用等进行座谈交流

步提高。实行统计执法与纪检监察联动机制，对检查发现的问题一律进行全系统通报，达到有则改之无则加勉、共同进步的目的。

加强统计执法检查力度。严格执行国家统计局《统计执法“双随机”抽查办法》和《统计执法检查规范》工作要求，创新开展“回头看”统计执法检查，抽选四个2017年被检市县队进行“回头看”，通过查看原始账页、比对账机数据、入户进行核实等方式，对照问题看整改效果。按年度工作计划对13个市县队开展“双随机”执法检查，强化国家统计调查制度执行，提高全系统干部依法统计、依法治统意识，加强业务规范化，保障数据质量和真实性。全年各市县级调查队共对209个单位开展执法检查，发现统计违法问题32起，立案25起，结案5起，计划年底前全部结案，统计法权威得到进一步维护，数据真实性不断提高。

七、提升优质服务水平，打造广西调查分析服务品牌

精准发力，调研分析工作保持领先水平。充分发挥考核导向作用，创新工作举措，全面调动信息报告撰写主动性、积极性，调研分析服务决策能力进一步增强，实现了统计调查“服务优”的目标。截至2018年11月20日，共编发调查信息334篇，调查报告232篇，获国家局《每日调查》采用17篇次，在各总队中排名第2位；国家局领导批示14篇次，中央两办采用8篇次，中央领导批示6篇次。《广西:社会救助保障与物价上涨》等4篇调研信息获国家统计局《每日调查》单篇采用，《广西粮食播种面积持续下降 种植结构调整应合理引导》获中央领导批示。《政府性基金种类较多 企业希望压减部分基金》等7篇信息经国家统计局组稿上报后，获得中央领导批示。

建章立制，推动调查产品增量提质。修订《广西国家调查队系统调查信息报告工作考核办法》，按月公布单位及个人信息报告采用情况，加大“指挥棒”导向力度，激励先进，鞭策后进。推行会商工作制度，组织多部门共同商讨调研选题、调研范围、分析方法等，提高专题调研分析的针对性、有效性。落实调研分析精准制，在认真学习十九大精神和政府工作报告的基础上，聚焦中央重大部署，围绕“提高保障和改善民生水平”“坚决打赢扶贫攻坚战”“实施健康中国战略”“贯彻新发展理念，建设现代化经济体系”主题，精准撰写11篇调研分析文章，增强了决策参考针对性；组织开展“改革开放40年”经济社会发展成就专题分析研究工作，共编发专题分析报告18篇，国家统计局内网采用6篇。

八、坚持“一盘棋”思想，强化系统管理及保障能力

坚持优化系统管理模式，落实总队领导分管

2018年10月15日，广西调查总队开展2018年“无偿献血 爱心同行”活动

2018年11月2日，广西调查总队总队长赵太想、副总队长陆奉昌赴上林县开展粮食产量调研，南宁调查队队长谢智陪同调研

市县队工作制度和重要事项请示汇报制度，听取所有市县队党组和领导班子工作汇报，强化组织领导和业务管理，将分管领域主体责任落到实处；建立机关服务基层机制和机关处室对口指导市县队制度，制定结对共建方案，开展业务指导和倾听基层意见，实现共商共建共进，促进基层队均衡发展。

全面推进领导班子优化、知识技能更新、学历职称提升、青年英才储备“四大工程”建设，努力培育壮大统计调查人才队伍。一年来，全系统选拔任用领导干部20名，配齐27个县级队副科长级纪检监察员，年轻干部走上领导岗位担当大任。鼓励干部参加高学历在职教育，目前全系统579名干部，具有硕士研究生以上学历干部110名，具有中高级称职干部243名，人才队伍结构更加合理。制定发现培养选拔优秀年轻干部工作计划和建立优秀年轻干部后备人才库，通过交流、挂职、扶贫等众多方式，搭建锻炼舞台，促进年轻干部成长成材。

以落实国家统计局审计整改要求为抓手，加快推进全系统内部控制、预算绩效管理、财务监管“三大体系”建设。编制《内部控制手册》，制定关键业务制度流程和风险矩阵表，建立完善规范的内部控制体系，实现绩效自评全覆盖，财政经费使用效益不断提高。强化财务监管，现场检查市县队28个，完成第三方审计全覆盖，系统财务管理工作不断规范。

九、攻坚克难，多方争取，确保华南数据中心具备运行条件

广西总队按照宁局长“四经普数据处理工作要启用华南数据中心”指示精神，逐条梳理制约华南数据中心投入运行基础条件的问题和瓶颈，成立协调联络组，充实人员力量，倒排时间，克服重重困难，全力争取国家统计局、自治区人民政府、南宁市政府及有关单位和部门，一个一个解决问题，一个一个办理手续。到今年四月底，已取得《建设工程规划许可证》《建筑工程施工许可证》，顺利通过消防验收、五方竣工验收、项目竣工验收备案等全部中心投入运行的必备手续，华南数据中心已具备启用的基础条件。

【调查数据】

据国家统计局广西调查总队调查统计，2018年，广西居民消费价格指数（CPI）涨势温和，工业生产者出厂价格（PPI）涨幅回落，农产品生产者价格小幅下降；农村居民收入较快增长，城镇居民收入增速放缓；主要畜禽生产平稳，粮食生产总量持平。

一、价格运行态势

（一）广西居民消费价格涨势温和

2018年，广西居民消费价格（CPI）上涨2.3%，涨幅比全国高0.2个百分点，在全国排名第

2018年11月6-7日，广西调查总队赴靖西进行2018年脱贫攻坚冲刺总动员暨脱贫摘帽“双认定”工作，并开展“精准帮扶心连心”扶贫日活动

8位，西部第3位。其中，城市上涨2.4%，农村上涨2.2%；消费品价格上涨1.6%，服务价格上涨3.7%。

（二）工业生产者出厂价格涨幅回落

2018年，广西工业生产者出厂价格（PPI）比上年上涨3.2%，涨幅比前三季度下降0.7个百分点，比全国低0.3个百分点，在全国排名第18位，西部第7位。

2018年11月28日，广西调查总队、南宁调查队干部职工前往南宁监狱开展警示教育活动

（三）农产品生产者价格小幅下降

2018年广西农产品生产者价格比上年下降2.7%，其中，畜牧业产品、种植业产品生产者价格分别下跌8.3%和0.8%，林业、渔业生产者价格分别上涨2.9%和3.4%。主要种植业产品中，水果下降9.4%，谷物价格上涨2.5%，蔬菜和食用菌上涨1.2%。主要畜牧业产品中，蚕茧下降10.1%，生猪价格下降15.1%，活家禽价格上涨12.9%。

（四）固定资产投资保持较快增长，固定资产投资价格呈上涨态势

2018年广西固定资产投资价格同比上涨4.5%，涨幅较上年扩大0.1个百分点。

二、居民收入情况

2018年广西居民人均可支配收入21485元，比上年名义增长7.9%，扣除价格因素实际增长5.5%，名义增速排全国第25位，比全国低0.8个百分点。城乡居民人均收入倍差2.61，比上年缩小0.08。全区居民人均可支配收入中位数18017元，比上年名义增长7.8%。居民人均消费支出14935元，比上年名义增长11.3%，扣除价格因素实际增长8.8%。

2018年12月18日至21日，广西调查总队副总队长陆奉昌（前排右一）带队前往扶绥、崇左、大新进行全年畜牧业生产形势调研

（一）农村居民收入保持较快增长

2018年农村居民人均可支配收入12435元，比上年名义增长9.8%，扣除价格因素实际增长7.4%，名义增速在全国排第2位，比全国高1个百分点。

（二）城镇居民收入增速放缓

2018年广西城镇居民人均可支配收入32436元，比上年名义增长6.3%，扣除价格因素实际增长3.8%；名义增速在全国排第31位，比全国低1.5个百分点。广西城镇居民人均可支配收入与全国的差距由2017年的5894元，扩大到2018年的6815元，城镇居民人均可支配收入水平相当于全国平均水平的82.6%，比上年下降1.2个百分点。从结构看，工资性收入增长乏力是城镇居民收入增速放缓的主要原因。

三、农业生产形势

（注：2017年粮食生产、牛肉、禽肉产量等相关数据根据第三次全国农业普查结果进行了修订。）

（一）粮食生产总量持平

根据国家统计局广西调查总队粮食产量实测

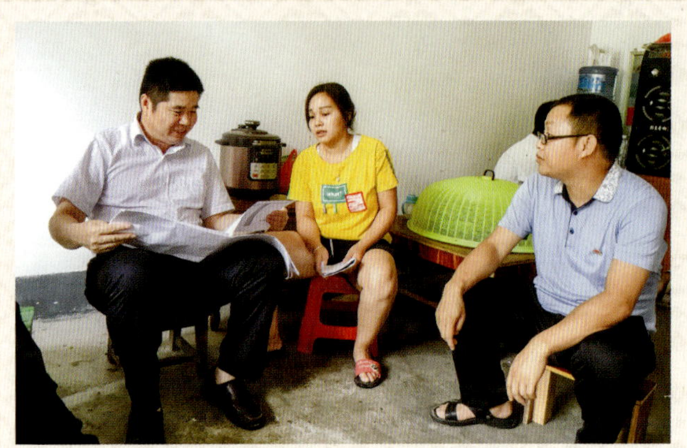

2018年8月30日，广西调查总队副巡视员邱洪刚（左一）与记账户详谈了解记账户收入和日常开支情况，并嘱咐记账户要实事求是记账，做到不乱记不漏记

调查结果并经国家统计局核定，2018年广西粮食总产量1373万吨，比上年增加2.3万吨，增长0.2%，在全国31个省（区）中，广西粮食单产列第25位，面积列第17位，总产量列第17位。其中，早稻总产量470.5万吨，增长0.1%；玉米总产量273.4万吨，增长0.6%；晚稻总产量451.4万吨，下降0.3%。

1.单产增长2.0%。2018年广西粮食平均亩产326.6公斤，比上年增加6.4公斤/亩，增长2.0%。广西粮食单产增长主要得益于各地重视粮食生产，大力组织农机服务，加强田间管理和农业技术推广应用；粮食生产期间大部分时段农业气象条件总体有利。

2.播种面积下降1.8%。2018年广西粮食播种面积4203万亩，比上年减少76.4万亩，下降1.8%。粮食播种面积减少的主要原因：一是稻谷比较效益低，农户种植作物生产结构性调整。全年粮食作物中早稻、中稻、晚稻种植面积减少的趋势较为明显。二是土地流转等原因，粮食播种面积区域性下降。三是部分地方水利设施年久失修，灌溉费用高，耕种条件变差。四是水田地块零星分散，不利于机械化耕作，制约了农户种粮积极性。

（二）主要畜禽生产保持平稳

2018年广西猪牛羊禽肉产量418.4万吨，比上年增长1.6%。其中，猪肉产量263.9万吨，增长3.5%；牛肉产量12.3万吨，增长5.2%；羊肉产量3.4万吨，增长1.3%；禽肉产量138.8万吨，下降2.2%。生猪存栏2298.3万头，比上年增长0.2%；生猪出栏3465.8万头，增长3.3%。

2018年广西生猪生产形势良好，生猪养殖结构也在不断向规模化、科学化发展。大型养殖户（包括生产企业）由于自身有足够的能繁母猪储备，抗风险能力显著增强，在上半年价格下调时期和下半年非洲猪瘟停止外调时期，均保持一定的盈利空间。

四、农民工外出务工情况

2018年广西农民工总量为1273.6万人，比上年减少2.6万人，减幅为0.2%。其中，本地农民工361.2万人，比上年增加7.1万人，增长2.0%，外出农民工912.4万人，比上年减少9.7万人，减少1.1%。广西农民工月均收入水平为3375元，比上年增加138元，增长4.2%。

五、贫困监测情况

2018年广西减贫106万人，贫困地区（指33个国家贫困监测县，下同）农村居民人均可支配收入10761元，比上年增长10.7%，高于广西农村平均水平0.9个百分点。

经国家统计局核定，2018年底广西贫困人口140万人，比上年减少106万人，减贫速度（减贫人口占上年贫困人口的比重）为43.2%，比上年（27.8%）加快15.4个百分点；贫困发生率3.3%，比上年（5.7%）下降2.4个百分点。

2018年6月14日，广西调查总队机关举办2018年“我们的节日—端午节”主题活动

城镇居民家庭人均可支配收入（元）

Per Capita Disposal Income of Urban Households (RMB)

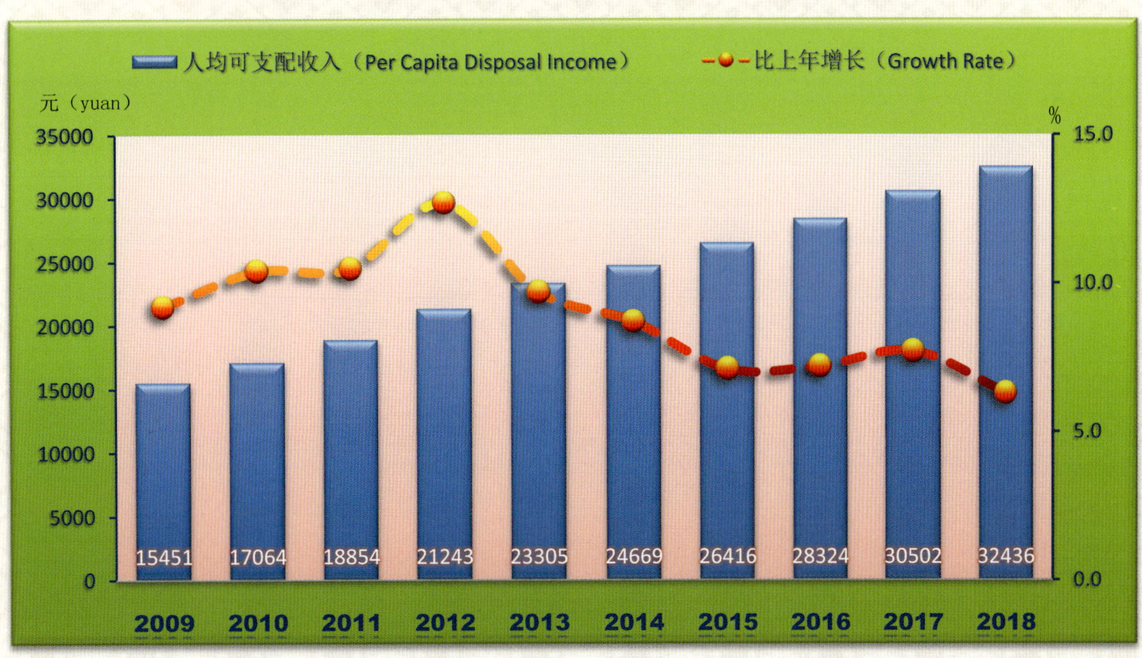

城镇居民家庭人均消费支出（元）

Per Capita Consumer Expenditure of Urban Households (RMB)

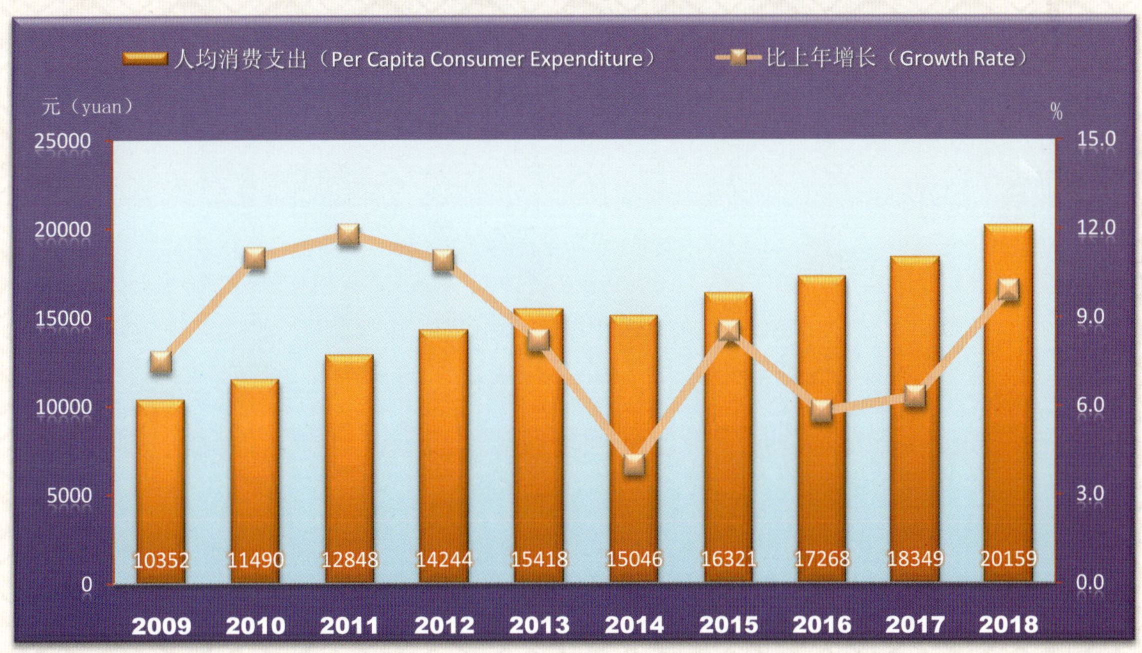

说明：从2014年起，开展城乡一体化的住户收支与生活状况调查，与2013年及以前分别开展的城镇和农村住户调查的调查范围、调查方法、指标口径有所不同。

Note: Started an integrated household income and expenditure survey in 2014.The coverage,methodology and definitions used in the survey are different from those used for the separated urban and rural household surveys prior to 2013.

农村居民家庭人均纯收入（元）

Per Capita Net Income of Rural Households (RMB)

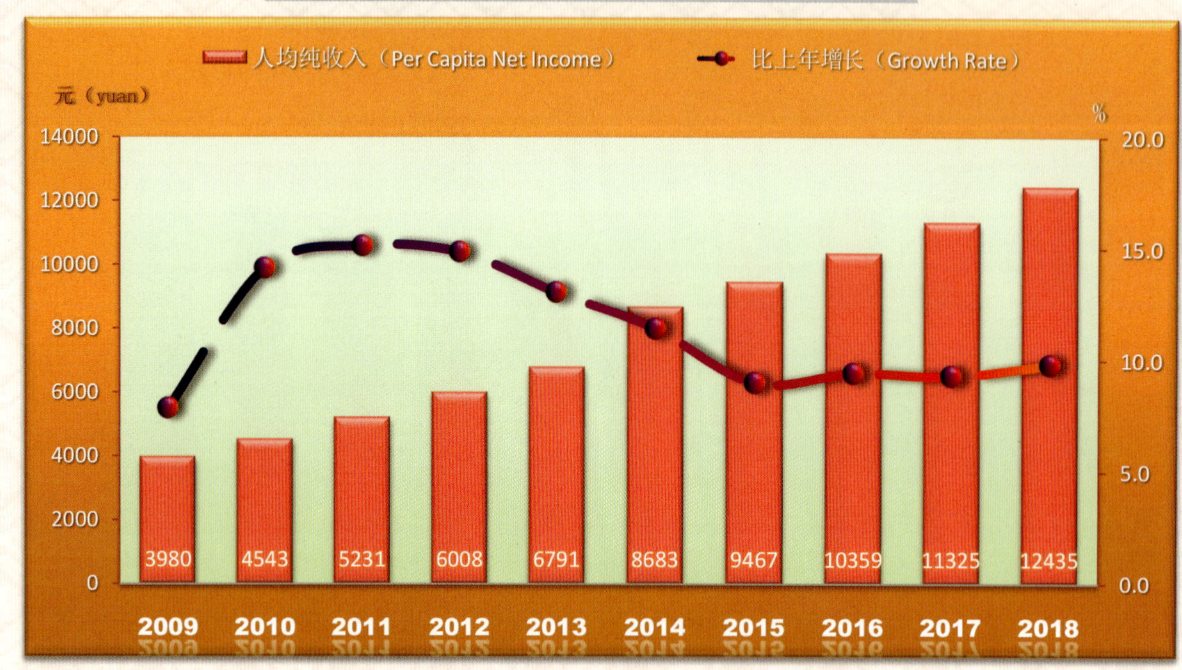

农村居民家庭人均生活消费支出（元）

Per Capita Living Expenditure of Rural Households (RMB)

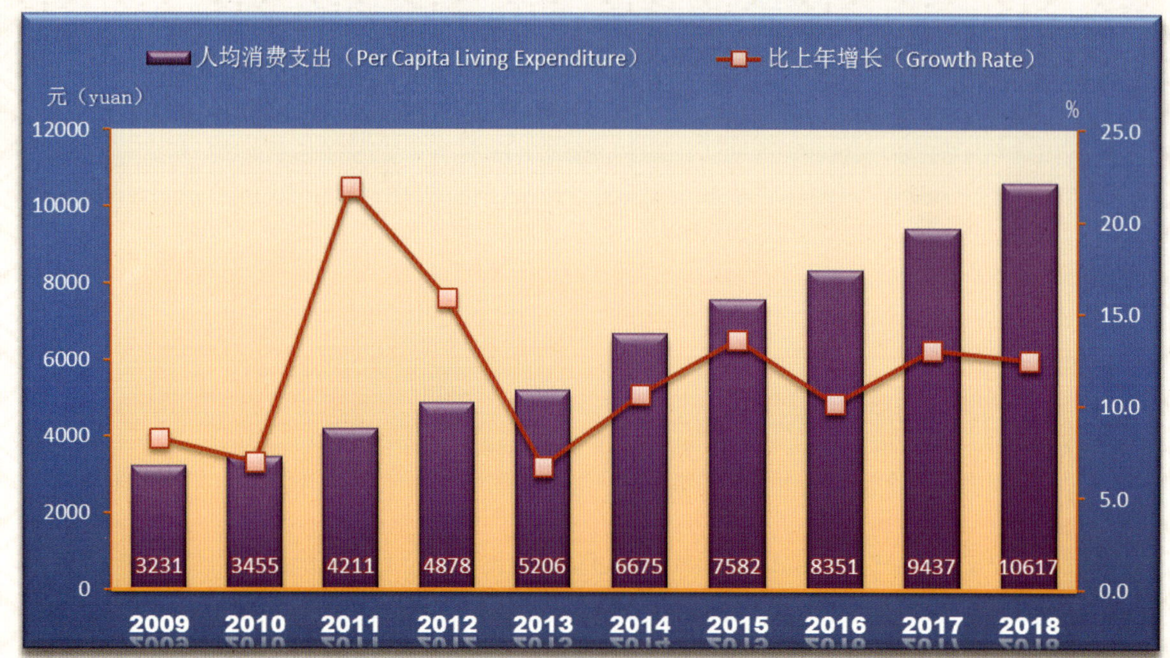

说明：从2014年起，开展城乡一体化的住户收支与生活状况调查，与2013年及以前分别开展的城镇和农村住户调查的调查范围、调查方法、指标口径有所不同（从2015年起农村居民家庭人均纯收入改为农村居民家庭人均可支配收入）。

Note: Started an integrated household income and expenditure survey in 2014.The coverage,methodology and definitions used in the survey are different from those used for the separated urban and rural household surveys prior to 2013 (From 2015,the per capita net income of rural households is the per capita disposable income of rural households).

物价指数（上年=100）

Price Indices (Preceding Year=100)

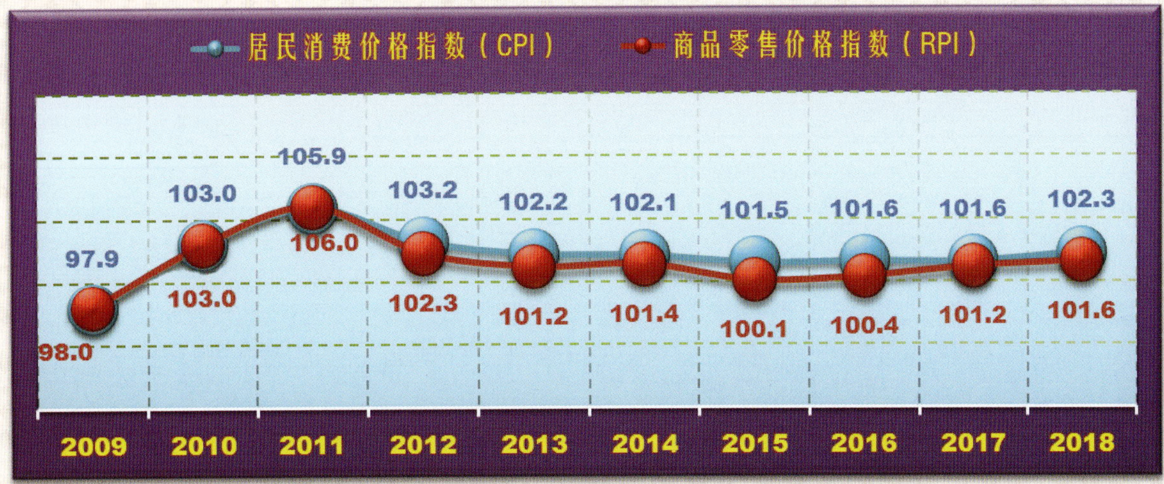

居民消费价格指数（上年=100）

Consumer Price Indices (Preceding Year=100)

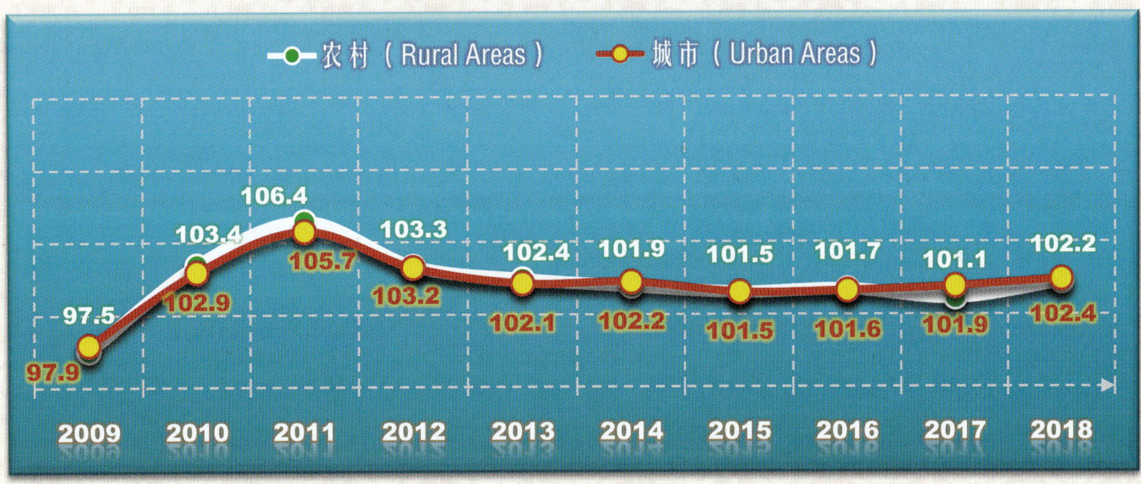

商品零售价格指数（上年=100）

Retail Price Indices (Preceding Year=100)

工业生产者出厂价格指数（上年=100）

Producer Price Indices for Industrial Products (Preceding Year=100)

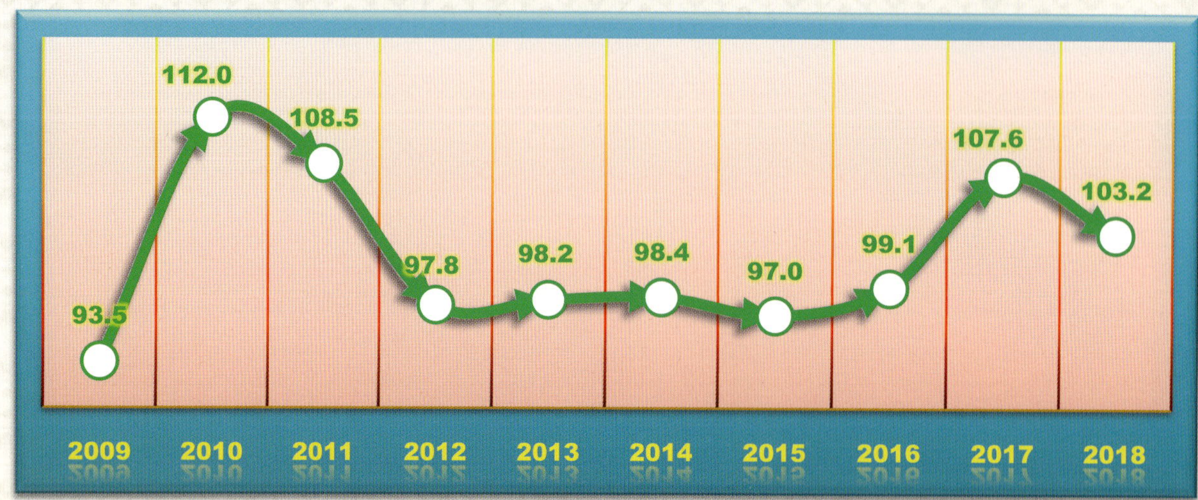

工业生产者购进价格指数（上年=100）

Purchasing Price Indices for Industrial Producers (Preceding Year=100)

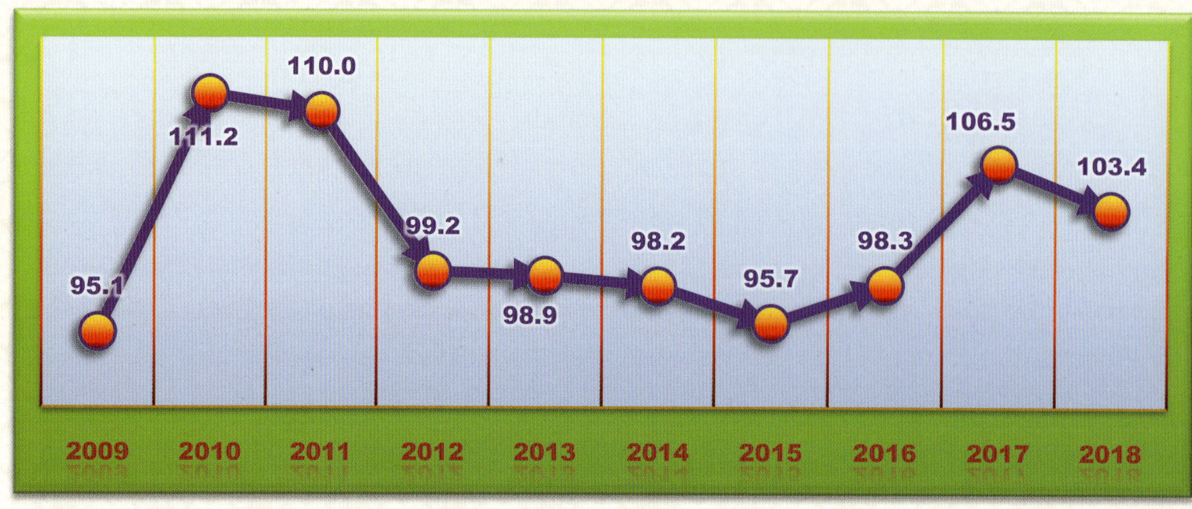

固定资产投资价格指数（上年=100）

Price Indices of Investment in Fixed Asset (Preceding Year=100)

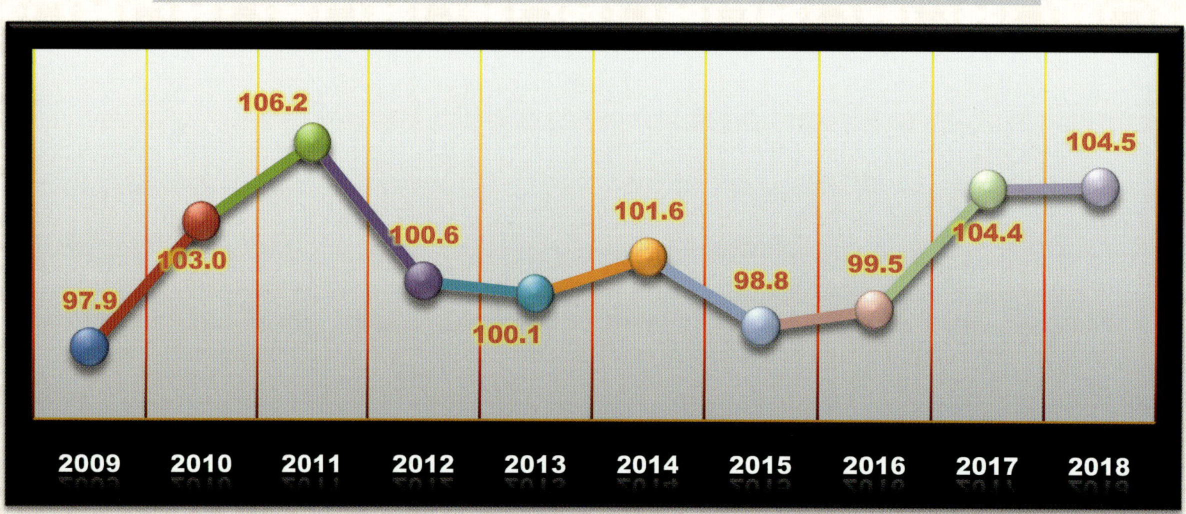

农业生产资料价格指数（上年=100）

Price Indices of Farming Production Material (Preceding Year=100)

农产品生产价格指数（上年=100）

Indices of Producers' Prices for Farm Products (Preceding Year=100)

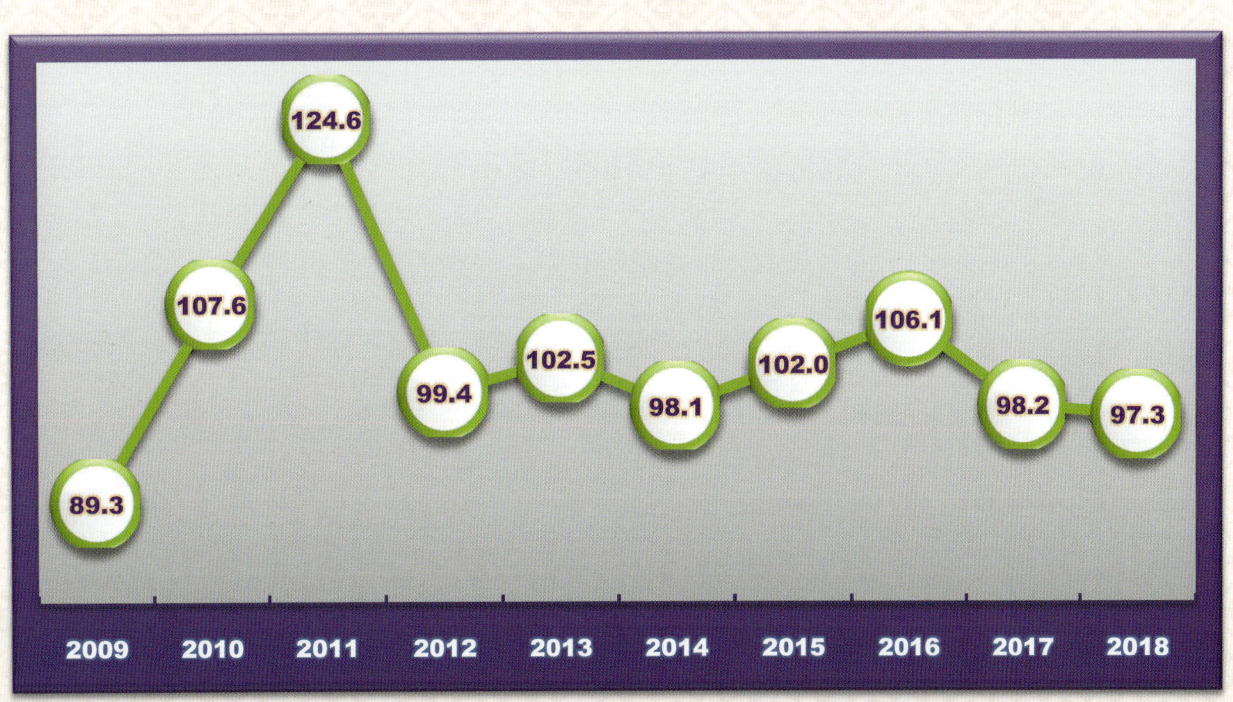

粮食作物播种面积（千公顷）

Sown Area of Grain Crops (1000 hectares)

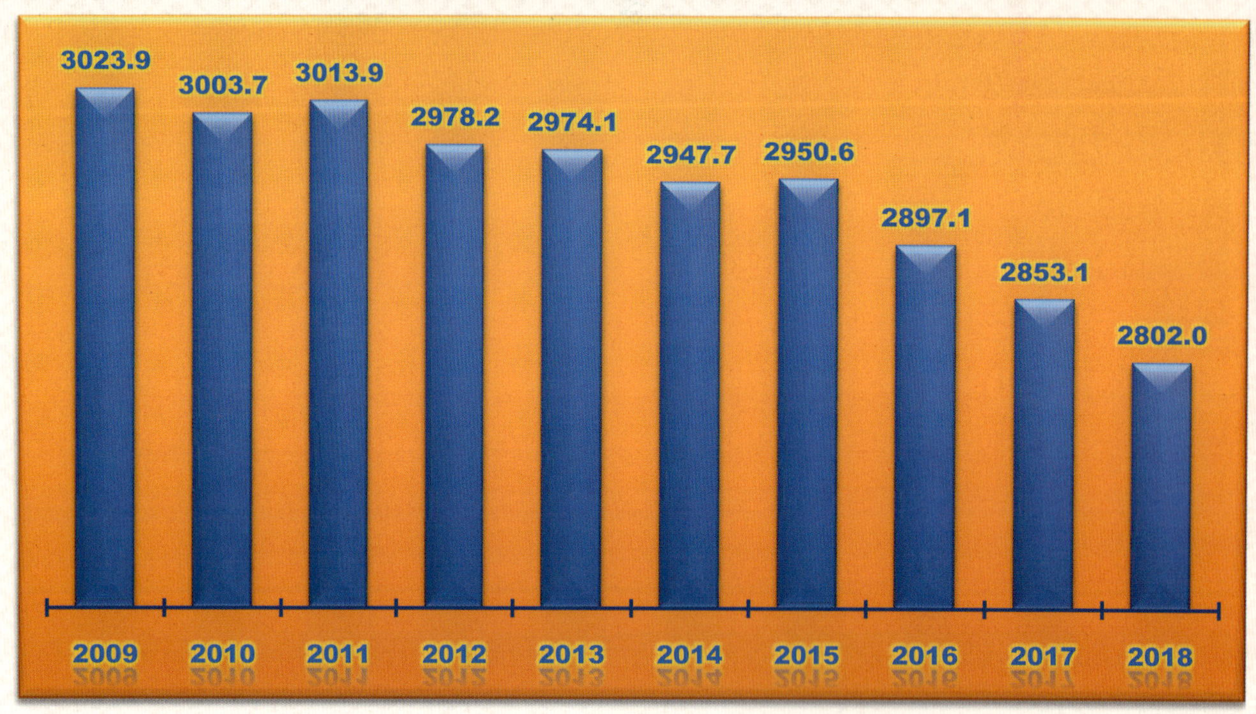

粮食作物总产量（万吨）

Total Output of Grain Crops (10 000 tons)

第二篇　人民生活

Chapter　2　People's Livelihood

简要说明

一、本篇资料的主要内容

本篇资料反映广西人民生活现状及变化情况，分为2013年及以后的城乡一体化住户收支与生活状况调查（简称住户调查），2012年及以前分别开展的城镇住户调查和农村住户调查。

二、城乡一体化住户收支与生活状况调查数据来源及调查方法

国家统计局住户调查办公室从2012年四季度起实施城乡一体化住户收支与生活状况抽样调查。主要内容包括：居民收入和消费情况，同时收集反映居民就业、社会保障参与、住房状况、家庭经营和生产投资以及收入分配影响因素等调查内容。

城乡一体化住户收支与生活状况调查是以各省(区、市)为总体，采用分层、多阶段、与人口规模大小成比例的概率抽样方法，随机抽选调查住宅，确定调查户。全国共抽选出1650个县(市、区)的1.6万个调查小区进行全面摸底调查，在此基础上随机等距抽选出住户参加记账调查。其中广西共抽选出约13000户参与住户调查，调查小区和调查户定期进行轮换。

城乡一体化住户收支与生活状况调查是在95%的置信度下，采用调查户记日记账的方式采集居民收支数据，同时辅之以统一的调查问卷，收集与收入支出有关的其他调查内容。所有调查工作由国家统计局派驻各地的调查队及各地统计局完成。各地统计机构使用统一的方法和数据处理程序对原始调查资料进行编码、审核、录入，然后将分户基础数据直接传输至国家统计局广西调查总队统一汇总计算，汇总计算出各地居民可支配收入、城镇居民可支配收入、农村居民可支配收入等收支数据。

根据城乡一体化住户收支与生活状况调查，新口径的城镇和农村居民人均可支配收入等数据的覆盖人群主要变化：一是计算城镇居民人均可支配收入时分母包括了在城镇地区常住的农民工，计算农村居民人均可支配收入时分母不包括在城镇地区常住的农民工；二是由本户供养的在外大学生视为常住人口。新口径的城镇居民和农村居民人均可支配收入及消费等指标口径变化主要是：计算城镇居民和农村居民人均可支配收入和消费支出时，包括了自有住房折算租金。

三、城镇住户调查数据来源及调查方法

2012年及以前，国家统计局城市司组织开展城镇住户调查。调查内容主要包括家庭人口及其构成、家庭现金收支、主要商品购买数量及支出金额、劳动就业状况、居住状况和耐用消费品的拥有量等。

调查对象在2001年以前为全国非农业住户，2002至2012年改为全国城市市区和县城关镇区住户。

城镇住户调查采用分层随机抽样的方法确定，首先，按照城镇规模将全国所有省（自治区、直辖市）的城镇划分为三层：大中城市（地级和地级以上的城市）、县级市和县城（镇）。第二，按各层人口占全省（自治区、直辖市）人口的比例来分配每层的样本量。第三，按城镇就业者年人均工资从高到低排队，依次计算各城镇人口累计数，然后根据样本量的大小随机起点等距抽取所需数量的调查城镇。

城镇调查户的抽选工作分两步进行。第一步进行一次性的大样本调查；第二步从大样本调查中抽出一个小样本，作为经常性调查户，开展记账工作。

大样本调查每三年进行一次，其目的主要是为经常性调查提供抽样框和为经常性调查数据评估提供基础资料。在大样本调查中，各调查市、县采取分层、二（多）阶段、与大小成比例（PPS方法）的随机等距方法选取调查样本。即先按区分层，在层内按照PPS方法随机等距抽选调查社区/居委会，在抽中社区/居委会内随机等距抽选调查住宅。部分大城市根据需要可以采用三阶段抽样，即先抽选社区/居委会，再抽选调查小区，最后抽选调查住宅。对选出的大样本或一相样本开展调查，取得调查户家庭人口、就业人口、收入等辅助资料，然后，根据这些资料进行分组，从中按比例抽出一个小样本也称二相样本，作为经常性调查户，开展日记账工作。每年轮换三分之一的经常性调查户。

四、农村住户调查数据来源及调查方法

2012年及以前，国家统计局农村司组织开展农村住户调查。主要内容包括农村居民家庭基本情况、住房情况、收入、生活消费支出、主要食品消费量、耐用消费品拥有量等。

农村住户调查是以各省(自治区、直辖市)为总体，直接抽选调查村，在抽中村中抽选调查户。综合运用多种抽样方法确定住户调查网点，农村住户调查在95%的概率把握程度下要求抽样误差不得超过±3%。

为解决调查户的厌烦情绪及样本老化问题，增强抽样调查网点的代表性，更加准确、及时地反映农村社会经济情况，对农村住户调查网点实行样本轮换制度，每五年为一个周期。

2-1 城镇居民人均收支及恩格尔系数（1980—2018年）

Per Capita Income and Expenditure & Engle's Coefficient of Urban Households（1980—2018）

年 份 Year	城镇居民人均可支配收入 Per Capita Disposable Income of Urban Households		城镇居民人均消费支出 Per Capita Consumption Expenditure of Urban Households		城镇居民恩格尔系数（%） Engel's Coefficient of Urban Households（%）
	绝对数（元） Value（yuan）	比上年±% Growth Rate Over Preceding Year（%）	绝对数（元） Value（yuan）	比上年±% Growth Rate Over Preceding Year（%）	
1980	114		103		57.4
1981	429		423		58.7
1982	427	-0.6	442	4.5	60.4
1983	444	4.1	466	5.3	61.4
1984	563	26.8	542	16.4	57.9
1985	683	21.4	664	22.5	56.6
1986	784	14.7	740	11.4	58.0
1987	899	14.7	861	16.4	59.1
1988	1159	28.9	1198	39.2	54.6
1989	1304	12.5	1296	8.2	59.3
1990	1448	11.0	1338	3.2	58.6
1991	1614	11.4	1584	18.4	55.3
1992	2104	30.4	1740	9.9	55.9
1993	2895	37.6	2303	32.4	53.7
1994	3981	37.5	3327	44.5	50.4
1995	4792	20.4	4046	21.6	51.0
1996	5033	5.0	4339	7.3	50.4
1997	5110	1.5	4453	2.6	47.5
1998	5412	5.9	4381	-1.6	46.3
1999	5620	3.8	4587	4.7	44.3
2000	5834	3.8	4852	5.8	39.9
2001	6666	14.3	5225	7.7	37.7
2002	7315	9.8	5413	3.6	40.7
2003	7785	6.4	5763	6.5	40.0
2004	8177	5.0	5862	1.7	44.0
2005	8917	9.0	6424	9.6	42.5
2006	9899	11.0	6792	5.7	42.1
2007	12200	23.2	8151	20.0	41.7
2008	14146	16.0	9627	18.1	42.4
2009	15451	9.2	10352	7.5	39.9
2010	17064	10.4	11490	11.0	38.1
2011	18854	10.5	12848	11.8	39.5
2012	21243	12.7	14244	10.9	39.0
2013	23305	9.7	15418	8.2	37.9
2014	24669	8.7	15046	4.0	35.2
2015	26416	7.1	16321	8.5	34.4
2016	28324	7.2	17268	5.8	34.4
2017	30502	7.7	18349	6.3	33.2
2018	32436	6.3	20159	9.9	30.7

注：1. 1980年度数据仅为第四季度；2. 1992年及以前可支配收入为生活费收入；3. 从2014年起，开展城乡一体化的住户收支与生活状况调查，与2013年及以前分别开展的城镇和农村住户调查的调查范围、调查方法、指标口径有所不同（以下相关表同）。

Note: 1.The fourth quarter of the year 1980 only a few degrees；2.Disposable income is income from living expenses before 1992 and before；3.Started an integrated household income and expenditure survey in 2014.The coverage,methodology and definitions used in the survey are different from those used for the separated urban and rural household surveys prior to 2013(The same applies to the relevant tables following).

2-2 城镇居民家庭基本情况

Basic Conditions of Urban Households

单位：人 (person)

指　标	Item	2017	2018
年末住户常住成员数（人）	**Number of Permanent Residents Per Households（person）**	**10256**	**8340**
调查样本住户数（户）	**Number of Households Surveyed Sample（household）**	**2733**	**2330**
年末人均自有现住房面积（平方米）	**Per Capita Floor Space of Houses（sq.m）**	**39.5**	**40.6**
常住成员从业人数	**Number of Employed by Permanent Residents**	**5050**	**4103**
户主文化程度	**Degree of Education of Householder**		
未上过学	Not in School	22	18
小学	Primary School	315	400
初中	Junior Secondary Schools	1007	868
高中	Senior Secondary School	743	565
大学专科	Junior College	384	296
大学本科	Undergraduate College	238	169
研究生	Graduate Student	24	14
常住从业人员就业类型	**Employed Types of Permanent Residents**		
雇主	Employer	61	50
公职人员	Public Officers	273	158
事业单位人员	Business Unit Personnel	481	307
国有企业雇员	State-owned Enterprises Employee	213	151
其他雇员	Other Employees	2399	2102
农业自营	Agricultural Own Business	741	749
非农自营	Non Agricultural Own Business	883	586
常住从业人员从事主要行业	**Engaged in Major Industries of Permanent Residents**		
第一产业	Primary Industry	796	804
第二产业	Secondary Industry	938	725
第三产业	Tertiary Industry	3315	2574

2-3 城镇居民人均收入与支出

Per Capita Disposable Income and Consumption Expenditure of Urban Households

单位：元　　　　(yuan)

指　标	Item	2017	2018
可支配收入	**Disposable Income**	**30502**	**32436**
工资性收入	Income from Wages and Salaries	17943	18084
工资	Wages	16625	16980
实物福利	Benefit in Kind	74	110
其他	Other	1244	994
经营净收入	Net Business Income	4904	5595
第一产业经营净收入	Net Business Income of Primary Industry	908	960
农业	Agriculture	540	424
林业	Forestry	42	109
牧业	Animal Husbandry	140	405
渔业	Fishery	187	22
第二产业经营净收入	Net Business Income of Secondary Industry	425	761
第三产业经营净收入	Net Business Income of Tertiary Industry	3572	3874
财产净收入	Property Net Income	2390	2889
转移净收入	Transfer Net Income	5265	5868
转移性收入	Income form Transfer	6980	7767
# 养老金或离退休金	# Pensions and Retirement Pay	5716	5945
转移性支出	Transfer Expenditure	1715	1899
# 社会保障支出	# Social Security Expenditure	1324	1466
按收入五等份分组的城镇居民人均可支配收入	**Per Capita Disposable Income of Urban Households by Income Quintile**		
低收入户（20%）	Low Income Households	11759	12288
中等偏下户（20%）	Lower Middle Income Households	20852	21623
中等收入户（20%）	Middle Income Households	29414	29646
中等偏上户（20%）	Upper Middle Income Households	39352	42609
高收入户（20%）	High Income Households	66417	75550
消费支出	**Consumption Expenditure**	**18349**	**20159**
食品烟酒	Food, Tobacco and Liquor	6099	6180
衣着	Clothing	908	968
居住	Residence	3885	4236
生活用品及服务	Household Facilities, Articles and Services	1093	1254
交通通信	Transport and Communications	2607	2903
教育文化娱乐	Education, Cultural and Recreation	2152	2467
医疗保健	Health Care and Medical Services	1254	1699
其他用品和服务	Other Goods and Services	351	452

2-4 城镇居民人均现金收入与支出

Per Capita Cash Income and Expenditure of Urban Households

单位：元 （yuan）

指　标	Item	2017	2018
现金可支配收入	**Cash Disposable Income**	**29200**	**30856**
现金工资性收入	Cash Income from Wages and Salaries	17869	17973
工资	Wages	16625	16979
其他	Other	1244	994
现金经营净收入	Cash Net Business Income	5250	5966
第一产业现金经营净收入	Cash Net Business Income of Primary Industry	847	862
农业	Agriculture	462	325
林业	Forestry	40	101
牧业	Animal Husbandry	119	415
渔业	Fishery	225	21
第二产业现金经营净收入	Cash Net Business Income of Secondary Industry	490	982
第三产业现金经营净收入	Cash Net Business Income of Tertiary Industry	3914	4122
现金财产净收入	Cash Property Net Income	1158	1502
现金转移净收入	Cash Transfer Net Income	4923	5415
现金转移性收入	Cash Income form Transfer	6638	7315
# 养老金或离退休金	# Pensions and Retirement Pay	5716	5945
现金转移性支出	Cash Transfer Expenditure	1715	1900
# 社会保障支出	# Social Security Expenditure	1324	1466
现金消费支出	**Cash Consumption Expenditure**	**15560**	**16966**
食品烟酒	Food, Tobacco and Liquor	5914	5968
衣着	Clothing	908	967
居住	Residence	1615	1729
生活用品及服务	Household Facilities, Articles and Services	1076	1212
交通通信	Transport and Communications	2599	2899
教育文化娱乐	Education, Cultural and Recreation	2151	2465
医疗保健	Health Care and Medical Services	956	1284
其他用品和服务	Other Goods and Services	341	442

2-5 城镇居民人均消费支出

Per Capita Consumption Expenditure of Urban Households

单位：元 (yuan)

指 标	Item	2017	2018
消费支出	**Consumption Expenditure**	**18349**	**20159**
食品烟酒	Food, Tobacco and Liquor	6099	6180
食品	Food	4784	4499
烟酒	Tobacco and Liquor	302	317
饮料	Beverages	92	94
饮食服务	Catering Services	921	1270
衣着	Clothing	908	968
衣类	Clothes	725	796
鞋类	Footwear	184	172
居住	Residence	3885	4236
租赁房房租	Rental Housing Accommodation	142	190
住房维修及管理	Housing Maintenance and Management	576	717
水电燃料及其他	Water, Electricity and Other Fuels	901	831
自有住房折算租金	Owned Housing of Convert Rent	2265	2498
生活用品及服务	Household Facilities, Articles and Services	1093	1254
家具及室内装饰品	Furniture and Interior Decorations	185	201
家用器具	Household Appliances	292	298
家用纺织品	Home Textiles	83	110
家庭日用杂品	The Family Daily Sundry Goods	282	309
个人用品	Personal Products	184	239
家庭服务	Household Service	67	97
交通通信	Transport and Communications	2607	2903
交通	Transport	1840	2170
通信	Communications	767	733
教育文化娱乐	Education, Cultural and Recreation	2152	2467
教育	Education	1346	1552
文化娱乐	Cultural and Recreation	806	915
医疗保健	Health Care and Medical Services	1254	1699
医疗器具及药品	Medical Apparatus and Drugs	405	473
医疗服务	Medical Services	849	1226
其他用品和服务	Other Goods and Services	351	452
其他用品	Other Goods	144	182
其他服务	Other Services	207	270

2-6 城镇居民人均现金消费支出

Per Capita Cash Consumption Expenditure of Urban Households

单位：元　　　　　　　　　　　　　　　　　　　　　　　　(yuan)

指　标	Item	2017	2018
现金消费支出	**Cash Consumption Expenditure**	**15560**	**16966**
食品烟酒	Food, Tobacco and Liquor	5914	5968
食品	Food	4631	4344
烟酒	Tobacco and Liquor	302	317
饮料	Beverages	92	94
饮食服务	Catering Services	890	1213
衣着	Clothing	908	967
衣类	Clothes	724	795
鞋类	Footwear	184	172
居住	Residence	1615	1729
租赁房房租	Rental Housing Accommodation	142	190
住房维修及管理	Housing Maintenance and Management	576	717
水电燃料及其他	Water, Electricity and Other Fuels	896	822
生活用品及服务	Household Facilities, Articles and Services	1076	1212
家具及室内装饰品	Furniture and Interior Decorations	184	201
家用器具	Household Appliances	292	298
家用纺织品	Home Textiles	83	110
家庭日用杂品	The Family Daily Sundry Goods	265	267
个人用品	Personal Products	184	239
家庭服务	Household Service	67	97
交通通信	Transport and Communications	2599	2899
交通	Transport	1832	2166
通信	Communications	767	733
教育文化娱乐	Education, Cultural and Recreation	2151	2465
教育	Education	1346	1552
文化娱乐	Cultural and Recreation	805	913
医疗保健	Health Care and Medical Services	956	1284
医疗器具及药品	Medical Apparatus and Drugs	405	473
医疗服务	Medical Services	551	811
其他用品和服务	Other Goods and Services	341	442
其他用品	Other Goods	140	177
其他服务	Other Services	202	265

2-7　城镇居民人均主要食品消费量

Per Capita Consumption of Major Foods of Urban Households

指　标	Item	单位	Unit	2017	2018
粮食	Grain	千克	kg	97.7	97.2
谷物	Cereal	千克	kg	89.1	89.5
薯类	Tuber	千克	kg	1.4	1.3
豆类	Beans and the Products	千克	kg	7.2	6.3
大豆	Soybean	千克	kg	0.5	0.4
油脂类	Grease	千克	kg	8.8	7.6
植物油	Vegetable Oil	千克	kg	8.1	6.8
蔬菜及菜制品	Vegetable and Vegetable Products	千克	kg	99.1	92.8
鲜菜	Fresh Vegetables	千克	kg	94.3	89.0
肉类	Meat	千克	kg	36.6	38.3
猪肉	Pork	千克	kg	29.3	31.6
牛肉	Beef	千克	kg	3.2	2.9
羊肉	Mutton	千克	kg	1.2	0.9
禽类	Poultry	千克	kg	20.1	19.8
水产品	Aquatic Products	千克	kg	14.3	13.0
蛋类及蛋制品	Eggs and Egg Products	千克	kg	6.4	6.5
奶和奶制品	Milk and Milk Products	千克	kg	9.6	9.2
干鲜瓜果类	Dried and Fresh Melons and Fruits	千克	kg	51.6	50.9
鲜瓜果	Fresh Melons and Fruits	千克	kg	47.8	47.1
坚果类	Nuts and Processed Products	千克	kg	2.8	2.9
糖果糕点类	Sweets and Cakes	千克	kg	5.5	5.6
# 食糖	# Suger	千克	kg	1.6	1.4

2-8　城镇居民平均每百户年末主要耐用消费品拥有量

Main Durable Goods Owned Per 100 Urban Households

指　标	Item	单位	Unit	2017	2018
家用汽车	Automobile	辆	unit	38.5	40.3
摩托车	Motorcycle	辆	unit	41.8	32.7
助力车	Electric Bicycle	辆	unit	87.2	89.4
洗衣机	Washing Machine	台	set	98.8	98.6
电冰箱（柜）	Refrigerator	台	set	99.8	102.8
微波炉	Microwave Oven	台	set	66.4	65.0
彩色电视机	Color Television Set	台	set	113.9	110.3
空调	Air Conditioner	台	set	133.8	158.5
热水器	Water Heater	台	set	103.3	103.4
排油烟机	Vacuum Cleaner	台	set	64.4	65.2
固定电话	Telephone	部	set	24.2	19.6
移动电话	Mobile Telephone	部	set	267.7	269.1
计算机	Computer	台	set	88.3	79.7
照相机	Camera	架	set	23.5	20.5

2-9 农村居民人均收支及恩格尔系数（1980—2018年）

Per Capita Income and Expenditure & Engle's Coefficient of Rural Households（1980—2018）

年 份 Year	农村居民人均纯收入（元） Per Capita Net Income of Rural Households（yuan）	比上年±% Growth Rate Over Preceding Year（%）	农村居民人均消费支出（元） Per Capita Consumption Expenditure of Rural Households（yuan）	比上年±% Growth Rate Over Preceding Year（%）	# 食品消费支出（元） # Food Expenditure（yuan）	比上年±% Growth Rate Over Preceding Year（%）	农村居民恩格尔系数（%） Engel's Coefficient of Rural Households（%）
1980	173		151		96		63.5
1981	204	17.6	171	13.6	116	20.9	67.6
1982	235	15.4	210	22.6	139	20.0	66.2
1983	262	11.2	224	6.6	148	6.6	66.2
1984	267	2.1	238	6.1	154	3.6	64.6
1985	303	13.4	268	12.9	167	8.6	62.2
1986	316	4.3	284	5.8	176	5.3	61.9
1987	354	12.0	309	9.0	192	9.2	62.1
1988	424	19.9	362	17.0	216	12.4	59.6
1989	483	13.9	419	15.8	244	13.2	58.3
1990	639	32.4	537	28.1	346	41.6	64.4
1991	658	2.9	581	8.2	360	4.1	62.0
1992	732	11.2	616	6.1	381	5.8	61.8
1993	885	21.0	705	14.4	448	17.6	63.6
1994	1107	25.1	926	31.4	552	23.2	59.6
1995	1446	30.6	1143	23.4	700	26.9	61.3
1996	1703	17.8	1399	22.4	795	14.6	56.8
1997	1875	10.1	1376	-1.7	800	0.6	58.2
1998	1972	5.2	1415	2.8	809	1.1	57.2
1999	2048	3.9	1457	3.0	849	5.0	58.3
2000	1865	-9.0	1488	2.1	825	-2.9	55.4
2001	1944	4.3	1551	4.2	811	-1.7	52.3
2002	2013	3.5	1686	8.7	875	7.9	51.9
2003	2095	4.1	1751	3.9	899	2.7	51.3
2004	2305	10.1	1929	10.1	1048	16.5	54.3
2005	2495	8.2	2350	21.8	1187	13.3	50.5
2006	2771	11.1	2414	2.7	1196	0.8	49.6
2007	3224	16.4	2747	13.8	1379	15.3	50.2
2008	3690	14.5	2985	8.7	1595	15.7	53.4
2009	3980	7.9	3231	8.2	1573	-1.4	48.7
2010	4543	14.1	3455	6.9	1675	6.5	48.5
2011	5231	15.1	4211	21.9	1845	10.1	43.8
2012	6008	14.8	4878	15.8	2086	13.1	42.8
2013	6791	13.0	5206	6.7	2085	-0.1	40.1
2014	8683	11.4	6675	10.6	2463	11.2	36.9
2015	9467	9.0	7582	13.6	2681	8.8	35.4
2016	10359	9.4	8351	10.2	2880	7.5	34.5
2017	11325	9.3	9437	13.0	3043	5.6	32.2
2018	12435	9.8	10617	12.5	3195	5.0	30.1

注：从2014年起，农民收支数据为新口径数据，收入为农村常住居民人均可支配收入，支出为农村常住居民人均消费支出，与2013年及以前的数据不可比。

Note: 2014 farmers' income and expenditure data for the new caliber data, income for rural residents per capita disposable income, expenditure for rural residents per capita consumption, Compared with 2013 and previous data.

2-10　农村居民家庭基本情况

Basic Conditions of Rural Households

单位：人　　　　　　　　　　　　　　　　　　　　　　　　　　　　　　　　　　　　（person）

指　标	Item	2017	2018
年末住户常住成员数（人）	**Number of Permanent Residents Per Households（person）**	**8616**	**9787**
调查样本住户数（户）	**Number of Households Surveyed Sample（household）**	**2365**	**2670**
年末人均自有现住房面积（平方米）	**Per Capita Floor Space of Houses（sq.m）**	**47.2**	**49.7**
常住成员从业人数	**Number of Employed by Permanent Residents**	**4819**	**5327**
户主文化程度	**Degree of Education of Householder**		
未上过学	Not in School	25	40
小学	Primary School	755	859
初中	Junior Secondary Schools	1281	1325
高中	Senior Secondary School	280	403
大学专科	Junior College	23	38
大学本科	Undergraduate College	1	5
研究生	Graduate Student		
常住从业人员就业类型	**Employed Types of Permanent Residents**		
雇主	Employer	15	14
公职人员	Public Officers	9	18
事业单位人员	Business Unit Personnel	45	71
国有企业雇员	State-owned Enterprises Employee	7	10
其他雇员	Other Employees	1216	1514
农业自营	Agricultural Own Business	3133	3246
非农自营	Non Agricultural Own Business	394	454
常住从业人员从事主要行业	**Engaged in Major Industries of Permanent Residents**		
第一产业	Primary Industry	3198	3261
第二产业	Secondary Industry	745	941
第三产业	Tertiary Industry	876	1125

2-11 农村居民人均收入与支出

Per Capita Disposable Income and Consumption Expenditure of Rural Households

单位：元 （yuan）

指 标	Item	2017	2018
可支配收入	**Disposable Income**	**11325**	**12435**
工资性收入	Income from Wages and Salaries	3242	3691
工资	Wages	2853	3432
实物福利	Benefit in Kind	23	17
其他	Other	366	242
经营净收入	Net Business Income	5103	5393
第一产业经营净收入	Net Business Income of Primary Industry	4010	3961
农业	Agriculture	2433	2436
林业	Forestry	435	517
牧业	Animal Husbandry	930	837
渔业	Fishery	212	171
第二产业经营净收入	Net Business Income of Secondary Industry	130	177
第三产业经营净收入	Net Business Income of Tertiary Industry	963	1255
财产净收入	Property Net Income	185	242
转移净收入	Transfer Net Income	2795	3109
转移性收入	Income form Transfer	3057	3435
# 养老金或离退休金	# Pensions and Retirement Pay	569	793
转移性支出	Transfer Expenditure	262	326
# 社会保障支出	# Social Secuity Expenditure	214	259
按收入五等份分组的农村居民人均可支配收入	**Per Capita Disposable Income of Rural Households by Income Quintile**		
低收入户（20%）	Low Income Households	5670	6318
中等偏下户（20%）	Lower Middle Income Households	7546	8291
中等收入户（20%）	Middle Income Households	10504	11525
中等偏上户（20%）	Upper Middle Income Households	14699	16464
高收入户（20%）	High Income Households	25972	27983
消费支出	**Consumption Expenditure**	**9437**	**10617**
食品烟酒	Food, Tobacco and Liquor	3043	3195
衣着	Clothing	287	327
居住	Residence	2120	2469
生活用品及服务	Household Facilities, Articles and Services	495	604
交通通信	Transport and Communications	1288	1528
教育文化娱乐	Education, Cultural and Recreation	1128	1247
医疗保健	Health Care and Medical Services	931	1088
其他用品和服务	Other Goods and Services	145	159

2-12　农村居民人均现金收入与支出

Per Capita Cash Income and Expenditure of Rural Households

单位：元　　　　(yuan)

指　标	Item	2017	2018
现金可支配收入	**Cash Disposable Income**	**10320**	**11534**
现金工资性收入	Cash Income from Wages and Salaries	3219	3674
工资	Wages	2853	3432
其他	Other	366	242
现金经营净收入	Cash Net Business Income	4397	4954
第一产业现金经营净收入	Cash Net Business Income of Primary Industry	3203	3340
农业	Agriculture	1740	1817
林业	Forestry	387	458
牧业	Animal Husbandry	875	900
渔业	Fishery	201	165
第二产业现金经营净收入	Cash Net Business Income of Secondary Industry	144	215
第三产业现金经营净收入	Cash Net Business Income of Tertiary Industry	1050	1399
现金财产净收入	Cash Property Net Income	185	241
现金转移净收入	Cash Transfer Net Income	2519	2665
现金转移性收入	Cash Income form Transfer	2781	2991
# 养老金或离退休金	# Pensions and Retirement Pay	569	793
现金转移性支出	Cash Transfer Expenditure	262	326
# 社会保障支出	# Social Secuity Expenditure	214	259
现金消费支出	**Cash Consumption Expenditure**	**7119**	**8201**
食品烟酒	Food, Tobacco and Liquor	2248	2579
衣着	Clothing	285	326
居住	Residence	834	1021
生活用品及服务	Household Facilities, Articles and Services	463	555
交通通信	Transport and Communications	1284	1527
教育文化娱乐	Education, Cultural and Recreation	1127	1246
医疗保健	Health Care and Medical Services	748	802
其他用品和服务	Other Goods and Services	130	145

2-13 农村居民人均消费支出

Per Capita Consumption Expenditure of Rural Households

单位：元 （yuan）

指 标	Item	2017	2018
消费支出	**Consumption Expenditure**	**9437**	**10617**
食品烟酒	Food, Tobacco and Liquor	3043	3195
食品	Food	2640	2672
烟酒	Tobacco and Liquor	233	292
饮料	Beverages	53	54
饮食服务	Catering Services	117	177
衣着	Clothing	287	327
衣类	Clothes	220	258
鞋类	Footwear	67	69
居住	Residence	2120	2469
租赁房房租	Rental Housing Accommodation	18	30
住房维修及管理	Housing Maintenance and Management	451	599
水电燃料及其他	Water, Electricity and Other Fuels	415	519
自有住房折算租金	Owned Housing of Convert Rent	1236	1321
生活用品及服务	Household Facilities, Articles and Services	495	604
家具及室内装饰品	Furniture and Interior Decorations	79	109
家用器具	Household Appliances	129	157
家用纺织品	Home Textiles	26	35
家庭日用杂品	The Family Daily Sundry Goods	171	210
个人用品	Personal Products	82	81
家庭服务	Household Service	8	12
交通通信	Transport and Communications	1288	1528
交通	Transport	943	1118
通信	Communications	345	410
教育文化娱乐	Education, Cultural and Recreation	1128	1247
教育	Education	963	1047
文化娱乐	Cultural and Recreation	165	200
医疗保健	Health Care and Medical Services	931	1088
医疗器具及药品	Medical Apparatus and Drugs	200	245
医疗服务	Medical Services	731	843
其他用品和服务	Other Goods and Services	145	159
其他用品	Other Goods	83	91
其他服务	Other Services	62	68

2-14　农村居民人均现金消费支出

Per Capita Cash Consumption Expenditure of Rural Households

单位：元　　（yuan）

指　标	Item	2017	2018
现金消费支出	**Cash Consumption Expenditure**	**7119**	**8201**
食品烟酒	Food, Tobacco and Liquor	2248	2579
食品	Food	1859	2067
烟酒	Tobacco and Liquor	233	292
饮料	Beverages	53	53
饮食服务	Catering Services	103	167
衣着	Clothing	285	326
衣类	Clothes	219	257
鞋类	Footwear	66	69
居住	Residence	834	1021
租赁房房租	Rental Housing Accommodation	18	30
住房维修及管理	Housing Maintenance and Management	451	599
水电燃料及其他	Water, Electricity and Other Fuels	365	392
生活用品及服务	Household Facilities, Articles and Services	463	555
家具及室内装饰品	Furniture and Interior Decorations	68	100
家用器具	Household Appliances	129	157
家用纺织品	Home Textiles	26	35
家庭日用杂品	The Family Daily Sundry Goods	150	170
个人用品	Personal Products	82	81
家庭服务	Household Service	8	12
交通通信	Transport and Communications	1284	1527
交通	Transport	939	1117
通信	Communications	345	410
教育文化娱乐	Education, Cultural and Recreation	1127	1246
教育	Education	962	1046
文化娱乐	Cultural and Recreation	165	200
医疗保健	Health Care and Medical Services	748	802
医疗器具及药品	Medical Apparatus and Drugs	200	245
医疗服务	Medical Services	548	557
其他用品和服务	Other Goods and Services	130	145
其他用品	Other Goods	74	83
其他服务	Other Services	56	62

2-15 农村居民人均主要食品消费量

Per Capita Consumption of Major Foods of Rural Households

指 标	Item	单位	Unit	2017	2018
粮食	Grain	千克	kg	163.3	154.0
谷物	Cereal	千克	kg	157.5	148.4
薯类	Tuber	千克	kg	0.7	1.0
豆类	Beans and the Products	千克	kg	5.0	4.6
大豆	Soybean	千克	kg	0.8	0.6
油脂类	Grease	千克	kg	8.0	8.4
植物油	Vegetable Oil	千克	kg	5.9	6.6
蔬菜及菜制品	Vegetable and Vegetable Products	千克	kg	78.1	78.8
鲜菜	Fresh Vegetables	千克	kg	77.0	77.6
肉类	Meat	千克	kg	28.4	33.6
猪肉	Pork	千克	kg	26.3	31.0
牛肉	Beef	千克	kg	0.6	1.0
羊肉	Mutton	千克	kg	0.4	0.5
禽类	Poultry	千克	kg	19.2	17.5
水产品	Aquatic Products	千克	kg	7.7	7.3
蛋类及蛋制品	Eggs and Egg Products	千克	kg	4.9	4.6
奶和奶制品	Milk and Milk Products	千克	kg	2.4	2.6
干鲜瓜果类	Dried and Fresh Melons and Fruits	千克	kg	31.1	29.1
鲜瓜果	Fresh Melons and Fruits	千克	kg	29.4	27.3
坚果类	Nuts and Processed Products	千克	kg	1.4	1.5
糖果糕点类	Sweets and Cakes	千克	kg	3.5	3.5
# 食糖	# Suger	千克	kg	1.1	1.0

2-16 农村居民平均每百户年末主要耐用消费品拥有量

Main Durable Goods Owned Per 100 Rural Households

指 标	Item	单位	Unit	2017	2018
家用汽车	Automobile	辆	unit	12.2	15.5
摩托车	Motorcycle	辆	unit	100.5	91.3
助力车	Electric Bicycle	辆	unit	46.2	54.1
洗衣机	Washing Machine	台	set	68.1	73.1
电冰箱（柜）	Refrigerator	台	set	88.8	94.6
微波炉	Microwave Oven	台	set	18.8	20.9
彩色电视机	Color Television Set	台	set	113.3	104.0
空调	Air Conditioner	台	set	28.9	37.4
热水器	Water Heater	台	set	68.3	73.9
排油烟机	Vacuum Cleaner	台	set	10.4	11.4
固定电话	Telephone	部	set	9.1	8.9
移动电话	Mobile Telephone	部	set	284.3	294.4
计算机	Computer	台	set	21.8	20.0
照相机	Camera	架	set	1.2	0.9

2-17 农村居民家庭固定资产投资情况

Fixed Assets Investment of Rural Households

单位：亿元 (100 million yuan)

项　目	Item	2015	2016	2017	2018
新增固定资产原值	**New Original Value of Fixed Assets**	**558.02**	**568.73**	**575.44**	**580.62**
固定资产投资完成额	**Finished Value of Investment of the Fixed Assets**	**572.83**	**583.83**	**590.08**	**596.16**
按投资来源分	Investment by Source				
国内贷款	Domestic Loans	15.66	15.43	18.06	17.19
自筹资金	Self-raising Funds	548.93	559.84	565.25	570.90
其他资金	Others	8.24	8.56	7.53	8.06
按投资构成分	According to Constitute Sub-investment				
建筑工程	Construction	417.12	445.49	451.71	454.87
设备工、器具购置	For Equipment, the Purchase of Equipment	81.66	85.26	81.70	83.28
其他	Others	74.05	53.09	57.43	58.01
按投资方向分	According to the Investment Direction Pm				
农业	Agriculture	112.83	116.17	125.68	128.63
采矿业	Mining	…	…	…	…
制造业	Manufacturing	3.18	2.74	2.32	2.09
建筑业	Construction	0.59	0.72	0.84	0.82
交通运输、仓储和邮政业	Transport, Storage and Post	23.82	25.86	24.04	25.24
批发和零售业	Wholesale and Retail Trades	3.00	2.85	2.91	3.25
住宿和餐饮业	Hotels and Catering Services	0.34	0.26	0.28	…
房地产业	Real Estate	399.48	416.29	420.87	423.40
租赁和商务服务业	Leasing and Business Services	0.42	0.43	0.43	0.46
居民服务和其他服务业	Serices to Households and Other Services	29.18	18.52	13.47	12.27
按具体投资项目分	Based on specific investment projects pm				
房屋	Housing	401.05	425.92	433.80	436.75
设备	Equipment	81.66	85.26	81.70	83.28
水利	Water	0.57	0.72	0.90	0.88
其他	Others	89.55	71.94	74.44	75.25
施工房屋面积（万平方米）	**Acreage of House Construction（10 000 sq.m）**	**6164.16**	**6552.51**	**6638.34**	**6684.81**
竣工房屋面积（万平方米）	**Acreage of House Completion（10 000 sq.m）**	**5631.18**	**5977.49**	**6051.62**	**6142.39**
竣工房屋投资完成额	**Completion Amount of Investment in House**	**339.03**	**359.88**	**365.67**	**372.62**

2-18 各市城镇居民人均可支配收入（1980—2018年）

单位：元

年 份 Year	南宁市 Nanning	柳州市 Liuzhou	桂林市 Guilin	梧州市 Wuzhou	北海市 Beihai	防城港市 Fangchenggang
1980	124	97	111	115	120	
1981	445	385	442	438	432	
1982	478	420	498	459	486	
1983	513	447	505	436	491	
1984	624	540	621	545	701	
1985	716	668	757	708	751	
1986	851	761	884	849	895	
1987	949	871	1033	991	990	
1988	1166	1226	1228	1189	1296	
1989	1274	1307	1335	1327	1376	
1990	1454	1515	1501	1545	1591	
1991	1658	1794	1829	1790	1910	
1992	2105	2306	2453	2315	2727	
1993	3081	3544	3168	3246	4516	
1994	4544	4243	4672	4309	5649	
1995	5544	4884	5506	4909	6365	
1996	5973	5243	5977	4945	6396	
1997	5931	5457	6025	4934	6558	
1998	6570	5552	6230	4838	6306	
1999	6947	5328	6494	5415	6483	
2000	7448	5740	6997	5221	6167	
2001	7906	7547	7547	5837	7013	
2002	8796	7928	7852	6282	7692	
2003	9162	8369	8246	7062	8007	
2004	9531	9155	8803	7325	8773	
2005	10078	9986	9502	8190	9520	
2006	10905	10592	10244	8855	11071	
2007	12955	11919	11514	10123	13090	
2008	14983	14536	13665	13351	14625	
2009	16531	15395	15001	14617	15536	
2010	17741	17532	16566	16578	16612	
2011	19972	18631	17915	18531	18347	
2012	22024	22261	19450	21416	20296	
2013	24817	24355	24552	22537	23407	24423
2014	27075	26693	26811	24272	25818	26523
2015	29106	28722	28768	25898	27729	28433
2016	30728	30270	30124	27260	29412	29758
2017	33217	32661	32534	29359	31912	32079
2018	35276	34849	34649	31209	33954	34325

注：1. 1980年度数据仅为第四季度，1992年及以前可支配收入为生活费收入；2. 从2016年起，各市人均可支配收入为新口径数据，2015年及以前的数据不可比。

Per Capita Disposable Income of Urban Households by Cities（1980—2018）

（yuan）

钦州市 Qinzhou	贵港市 Guigang	玉林市 Yulin	百色市 Baise	贺州市 Hezhou	河池市 Hechi	来宾市 Laibin	崇左市 Chongzuo
	416		442	401			
	525		549	520			
	695		663	653			
	787		784	776			
	981		947	926			
	1179		1163	1251			
	1304		1288	1521			
	1410		1421	1590			
	1523		1427	1615			
	1876		2002	2060			
	2417		2703	2536			
	4241		4017	3494			
	5258		5035	4355			
	4987		5180	4542			
	4927		5049	4520			
	5235		5495	4940			
	5590		5607	5199			
	5468		5747	5549			
	6118		6807	5997			
	6927		7215	7030			
	7607		7362	7869			
	7906		8532	10530			
	8253		9510	10105			
	8965		10116	10612			
	9880		11685	12020			
	11414		12984	13643			
	12455		14219	15013			
	14447		15554	16761			
	16276		16929	18612			
	18595		19242	21442			
23695	21361	24366	21458	21682	19653	23563	21288
25425	23262	26681	23282	23590	21363	25401	23184
27281	24890	28842	24958	25194	22752	27077	24668
29360	26771	30083	26919	26883	23660	28962	26605
31415	28806	32159	29126	28899	25647	31047	28813
33488	30506	33960	30611	30864	27468	32910	30916

Note: 1.The fourth quarter of the year 1980 only a few degrees,1992 disposable income before income for living expenses; 2.From 2016 onwards, the per capita disposable income of each city is a new caliber of data, which is incomparable from 2015 and before.

2-19 各市城镇居民人均消费支出（1980—2018年）

单位：元

年 份 Year	南宁市 Nanning	柳州市 Liuzhou	桂林市 Guilin	梧州市 Wuzhou	北海市 Beihai	防城港市 Fangchenggang
1980	111	91	102	104	106	
1981	440	398	423	414	428	
1982	456	394	458	461	447	
1983	499	435	480	440	450	
1984	566	503	568	512	508	
1985	724	645	813	691	713	
1986	825	718	883	794	855	
1987	944	862	1031	956	933	
1988	1229	1367	1366	1224	1257	
1989	1293	1357	1320	1333	1327	
1990	1360	1462	1445	1418	1449	
1991	1667	1755	1807	1780	1860	
1992	1852	1936	2179	1916	2091	
1993	2624	2916	2595	2510	3483	
1994	4288	3708	3935	3794	4482	
1995	5055	4385	4531	4405	5014	
1996	5425	4577	5082	4580	5302	
1997	5456	4732	5221	4455	5394	
1998	5800	4273	5358	4424	5214	
1999	6321	4351	5786	4475	5693	
2000	6705	4458	5893	4604	5092	
2001	7107	6010	6111	5116	5407	
2002	6970	5992	6123	5129	5898	
2003	7217	6033	6326	6136	5865	
2004	7329	7117	6755	6417	6681	
2005	7882	7850	7186	6670	7128	
2006	8160	7245	7915	7100	8447	
2007	9459	8723	8252	7914	9289	
2008	10268	11351	8992	9552	9917	
2009	11120	11276	9880	9965	12414	
2010	12867	11978	10934	11126	11746	
2011	14834	13720	11890	12995	13176	
2012	15292	14115	14470	13630	14224	
2013	17128	15398	15555	14748	15191	14792
2014	19032	16970	16930	15899	16461	16058
2015	20897	18314	17998	17008	17959	17452
2016	15886	19360	17649	17969	18861	19005
2017	17279	20909	19005	19017	20238	20538
2018	18724	22421	20465	21215	21152	22752

注：从2016年起，各市人均消费支出为新口径数据，与2015年及以前的数据不可比。

Per Capita Consumption Expenditure of Urban Households by Cities（1980—2018）

（yuan）

钦州市 Qinzhou	贵港市 Guigang	玉林市 Yulin	百色市 Baise	贺州市 Hezhou	河池市 Hechi	来宾市 Laibin	崇左市 Chongzuo
	375		431	377			
	417		485	447			
	608		632	634			
	667		776	762			
	840		886	904			
	1215		1153	1258			
	1337		1259	1672			
	1344		1334	1336			
	1479		1355	1558			
	1470		1622	1633			
	1845		2094	1879			
	3257		3213	2786			
	4092		4396	3562			
	3923		4647	3515			
	4198		4639	3902			
	4120		4661	3813			
	4739		4785	3791			
	4134		5409	4076			
	4677		5701	4610			
	4563		5635	5075			
	5661		5766	5287			
	5143		6405	6230			
	5997		7245	6792			
	6313		7615	7545			
	6692		8176	8529			
	8189		9079	8063			
	7979		10268	9129			
	9686		11528	11084			
	11505		12344	11493			
	13123		12327	11706			
14361	14646	14938	13448	12635	12021	14676	12378
15316	15779	15996	14474	13493	14203	15654	13219
16446	16650	17299	15531	14322	14867	16757	14026
17173	15995	17207	16488	15206	15708	17389	15953
18392	17791	18306	17985	16335	16784	18619	17453
19513	19329	19596	19009	17564	18301	19325	18814

Note: Since 2016, the per capita consumption expenditure of each city is a new caliber data, which is incomparable with the data of 2015 and before.

2-20 各市城镇居民恩格尔系数（1980—2018年）

单位：%

年份 Year	南宁市 Nanning	柳州市 Liuzhou	桂林市 Guilin	梧州市 Wuzhou	北海市 Beihai	防城港市 Fangchenggang
1980	57.1	58.6	56.1	57.6	57.4	
1981	57.7	57.4	58.2	62.4	60.5	
1982	59.6	60.4	61.4	60.3	60.7	
1983	58.3	60.9	62.2	63.2	64.7	
1984	56.6	58.0	55.4	62.5	64.0	
1985	54.5	59.3	54.4	63.8	59.4	
1986	58.6	61.1	57.6	67.7	59.1	
1987	59.3	63.8	57.7	65.7	64.1	
1988	58.9	51.1	55.8	56.4	58.9	
1989	63.7	64.1	60.5	64.4	65.8	
1990	62.1	61.0	57.5	62.0	60.4	
1991	56.1	57.9	56.6	53.9	56.8	
1992	57.0	54.8	52.7	56.9	58.8	
1993	52.9	48.3	54.0	56.6	50.1	
1994	49.2	48.4	48.8	50.4	51.8	
1995	49.9	53.3	52.3	54.6	55.9	
1996	49.7	51.0	49.8	53.7	57.0	
1997	46.5	46.4	48.0	53.2	55.2	
1998	42.4	48.5	43.5	50.2	52.0	
1999	37.5	45.9	41.6	49.5	48.9	
2000	36.5	43.8	38.7	44.4	47.1	
2001	34.7	35.3	37.2	43.3	46.9	
2002	37.5	38.8	40.3	47.6	45.3	
2003	37.5	40.8	40.4	46.5	46.3	
2004	40.1	44.0	42.1	45.5	48.0	
2005	40.5	39.1	39.1	48.0	42.7	
2006	39.0	39.3	39.7	46.8	41.3	
2007	39.6	40.3	45.2	50.4	44.1	
2008	41.0	39.7	50.8	51.9	44.9	
2009	38.8	37.4	49.4	47.5	37.5	
2010	35.1	37.6	46.0	48.4	43.3	
2011	36.0	37.9	43.3	47.2	45.1	
2012	39.2	41.5	41.0	45.1	46.9	
2013	39.0	40.8	41.1	43.8	46.3	40.4
2014	38.8	40.5	40.6	42.8	46.1	40.9
2015	37.9	40.6	40.2	42.3	44.9	40.9
2016	35.9	40.4	36.7	42.3	44.8	41.0
2017	35.3	40.2	36.4	40.8	43.0	33.5
2018	31.1	39.4	35.4	36.6	41.6	30.9

注：从2016年起，各市城镇居民恩格尔系数采用新口径数据进行计算，2015年及以前为老口径数据计算。

Engle's Coefficient of Urban Households by Cities（1980—2018）

（%）

钦州市 Qinzhou	贵港市 Guigang	玉林市 Yulin	百色市 Baise	贺州市 Hezhou	河池市 Hechi	来宾市 Laibin	崇左市 Chongzuo
	61.9		56.1	56.7			
	58.6		55.5	55.7			
	49.9		57.8	59.2			
	54.0		55.5	56.0			
	53.4		59.5	57.1			
	49.3		52.9	49.8			
	53.2		59.7	46.4			
	57.1		59.4	59.1			
	53.4		59.5	54.1			
	55.3		57.9	57.4			
	58.0		57.0	58.6			
	48.3		49.9	51.1			
	48.3		47.5	50.9			
	50.2		45.8	55.1			
	47.2		45.8	49.3			
	48.0		45.8	47.9			
	41.1		44.9	49.9			
	42.0		36.4	46.8			
	36.5		35.8	39.6			
	40.8		39.2	41.3			
	35.9		39.0	42.0			
	42.3		39.0	40.1			
	40.3		40.3	42.1			
	40.4		38.1	39.9			
	47.9		42.2	38.7			
	43.8		42.4	46.3			
	46.1		37.3	41.9			
	39.9		35.0	36.2			
	38.8		40.6	40.2			
	42.3		40.0	39.8			
45.8	41.8	39.5	39.6	39.5	40.0	37.8	41.1
45.7	41.7	40.0	39.1	38.9	33.8	37.6	39.2
45.6	41.6	40.0	38.4	38.7	33.3	37.1	40.3
35.4	41.3	40.5	31.1	38.7	33.5	36.5	41.4
35.3	39.4	39.3	34.2	38.4	32.4	35.8	40.6
34.5	38.1	38.0	33.2	37.3	32.2	35.7	40.3

Note: Since 2016, the Engel coefficient of urban residents in various cities has been calculated with the new caliber data, and calculated for the old caliber data before 2015.

2-21 各市城镇居民人均收支情况（2018年）

单位：元

项目	Item	南宁市 Nanning	柳州市 Liuzhou	桂林市 Guilin	梧州市 Wuzhou
城镇居民人均收入	**Per Capita Income of Urban Households**				
可支配收入	Disposable Income	35276	34849	34649	31209
工资性收入	Income from Wages and Salaries	19679	21605	18892	17984
经营净收入	Net Business Income	5675	3871	4545	4784
财产性收入	Income from Properties	4670	1297	2602	1971
转移性收入	Income from Transfers	5252	8076	8610	6470
城镇居民人均支出	**Per Capita Expenditure of Urban Households**				
消费性支出	Consumption Expenditure	18724	22421	20465	21215
食品烟酒	Food, Tobacco and Liquor	5822	8832	7241	7774
衣着	Clothing	864	1621	1169	1490
居住	Residence	4709	2381	4159	2699
生活用品及服务	Household Facilities, Articles and Services	1057	1552	1145	1595
交通和通信	Transport and Communications	2578	3338	2128	2784
教育文化娱乐	Education, Culture and Recreation	1974	2731	2292	2616
医疗保健	Health Care and Medical Services	1354	1319	1953	1758
其他用品和服务	Other Goods and Services	366	647	378	499

Per Capita Income and Consumption Expenditure of Urban Households by Cities（2018）

（yuan）

北海市 Beihai	防城港市 Fangchenggang	钦州市 Qinzhou	贵港市 Guigang	玉林市 Yulin	百色市 Baise	贺州市 Hezhou	河池市 Hechi	来宾市 Laibin	崇左市 Chongzuo
33954	34325	33488	30506	33960	30611	30864	27468	32910	30916
19853	18202	17325	21068	19739	19121	18932	15576	20506	16502
5665	7144	6935	3609	5830	4536	3234	4723	6847	8366
1709	2395	2363	1230	2066	1892	2944	1815	1566	1617
6727	6584	6865	4599	6325	5062	5754	5354	3991	4431
21152	22752	19513	19329	19596	19009	17564	18301	19325	18814
8795	7026	6726	7370	7445	6312	6546	5902	6908	7579
940	1173	794	1493	1267	1223	1265	834	1453	998
2589	5169	4934	1566	2064	3571	1828	3947	3166	2803
1130	1967	970	1493	1403	1224	1049	1237	868	1337
4259	3249	2758	3859	2501	2796	3387	2468	2727	2610
1965	1892	1865	2283	3101	2208	2063	2067	2422	2086
998	1655	1127	846	1275	1324	1126	1433	1361	854
476	621	339	418	540	351	300	413	420	547

2-22　各市农村居民人均收支情况（2018年）

单位：元

项　目	Item	南宁市 Nanning	柳州市 Liuzhou	桂林市 Guilin	梧州市 Wuzhou
农村居民人均收入	**Per Capita Income of Rural Households**				
可支配收入	Disposable Income	13654	13451	14626	12238
工资性收入	Income from Wages and Salaries	5492	3978	5070	5247
经营净收入	Net Business Income	5566	7417	7159	4179
第一产业	Primary Industry	4630	6550	5293	2519
第二产业	Secondary Industry	81	92	391	263
第三产业	Tertiary Industry	855	775	1475	1397
财产性收入	Income from Properties	668	107	347	209
转移性收入	Income from Transfers	1928	1949	2050	2603
农村居民人均支出	**Per Capita Expenditure of Rural Households**				
消费支出	Consumption Expenditure	11221	9795	9508	8233
食品烟酒	Food, Tobacco and Liquor	3434	4088	3602	2857
衣着	Clothing	449	457	339	255
居住	Residence	2718	2172	2111	2097
生活用品及服务	Household Facilities, Articles and Services	742	571	623	502
交通和通信	Transport and Communications	1444	535	1121	931
教育文化娱乐	Education, Culture and Recreation	1196	690	813	618
医疗保健	Health Care and Medical Services	1088	1086	775	756
其他用品和服务	Other Goods and Services	150	196	124	217

Per Capita Income and Consumption Expenditure of Rural Households by Cities（2018）

（yuan）

北海市 Beihai	防城港市 Fangchenggang	钦州市 Qinzhou	贵港市 Guigang	玉林市 Yulin	百色市 Baise	贺州市 Hezhou	河池市 Hechi	来宾市 Laibin	崇左市 Chongzuo
13998	14617	12816	13786	14984	11086	11548	9177	11752	12000
4279	4742	5119	6001	3915	2952	5248	3152	3054	2911
8246	6492	4684	6546	7592	5709	5176	3947	6739	7570
6094	5074	2727	4876	5371	4534	3932	2837	4950	6493
257	47	468	561	198	167	218	265	112	134
1895	1371	1489	1109	2023	1008	1026	845	1677	943
346	322	164	289	184	87	193	92	114	146
1127	3061	2849	950	3293	2338	931	1986	1845	1373
9780	11982	8081	9023	10820	8397	8398	7656	9969	7704
3285	3803	3107	3699	3257	2991	3221	2545	3400	2750
363	357	241	186	441	326	296	279	245	221
2632	2499	1901	1671	3031	1648	2084	1665	2416	1682
569	562	467	495	860	443	520	508	514	511
959	1411	886	1345	1188	1219	692	807	1332	971
1104	1925	836	592	923	1101	675	1003	1148	940
716	1134	522	814	840	556	741	724	765	546
152	291	121	221	280	113	169	125	149	83

2-23 各市城镇居民家庭基本情况（2018年）

Basic Statistics of Urban Households by Cities（2018）

地区	Region	平均每户家庭人口（人）Average Households Size（person）	平均每户就业人口（人）Average Number of Employed Persons per Households（person）	平均每一就业者负担人数（人）Average Number of Persons Supported by a Laborer（person）	平均每人年末拥有房屋面积（平方米）Per Capita Have House Space at Year-end（sq.m）	平均每百户拥有家用汽车（辆）Average per 100 Households of Ownership of Automobile（unit）
南宁市	Nanning	3.5	1.8	2.0	45.0	44.2
柳州市	Liuzhou	3.4	1.7	2.0	39.5	53.7
桂林市	Guilin	3.2	1.7	1.9	47.0	41.6
梧州市	Wuzhou	3.8	1.8	2.1	48.5	32.9
北海市	Beihai	3.7	1.8	2.0	46.2	32.8
防城港市	Fangchenggang	3.8	1.9	1.9	52.1	38.4
钦州市	Qinzhou	4.2	1.9	2.3	55.8	38.3
贵港市	Guigang	4.2	1.9	2.2	46.5	27.9
玉林市	Yulin	4.0	2.1	1.9	52.0	43.0
百色市	Baise	3.7	2.0	1.9	45.3	44.4
贺州市	Hezhou	3.8	2.0	1.9	53.5	49.2
河池市	Hechi	3.6	1.8	2.0	46.4	43.3
来宾市	Laibin	3.4	1.7	2.0	46.5	39.0
崇左市	Chongzuo	3.5	1.8	1.9	46.7	41.2

2-24 各市农村居民家庭基本情况（2018年）

Basic Statistics of Rural Households by Cities（2018）

地 区	Region	平均每户家庭人口（人）Average Households Size（person）	平均每户整半劳动力（人）Average Number of Full/Semi Labour Force Per Household（person）	平均每一劳动力负担人数（人）Average Number of Dependents per Labour Force（person）	平均每人年末拥有房屋面积（平方米）Per Capita Have House Space at Year-end（sq.m）	平均每百户拥有生活用汽车（辆）Average per 100 Households of Life for Automobile（unit）
南宁市	Nanning	3.5	2.2	1.6	51.3	24.7
柳州市	Liuzhou	3.8	2.5	1.5	47.5	38.8
桂林市	Guilin	3.7	2.5	1.5	50.5	25.5
梧州市	Wuzhou	3.9	2.3	1.7	51.2	18.7
北海市	Beihai	3.9	2.6	1.5	47.9	16.4
防城港市	Fangchenggang	4.0	2.5	1.6	43.2	22.4
钦州市	Qinzhou	4.2	2.3	1.8	46.2	13.1
贵港市	Guigang	3.9	2.3	1.7	49.1	14.6
玉林市	Yulin	4.0	2.4	1.7	50.1	31.6
百色市	Baise	3.8	2.3	1.6	43.1	20.0
贺州市	Hezhou	4.0	2.3	1.7	55.0	13.0
河池市	Hechi	3.7	2.2	1.7	49.4	21.5
来宾市	Laibin	3.5	2.2	1.6	44.0	22.0
崇左市	Chongzuo	3.6	2.3	1.5	47.7	13.1

2-25 各市县（区）居民人均可支配收入

Per Capita Disposable Income of Households by Cities & County（District）

单位：元 （yuan）

地　区	Region	2015	2016	2017	2018
全自治区	**Total**	**16873**	**18305**	**19905**	**21485**
南宁市	**Nanning**	**20990**	**22862**	**24984**	**26798**
兴宁区	Xingning District	28065	30299	32749	34859
青秀区	Qingxiu District	33695	36424	39614	42863
江南区	Jiangnan District	24044	26060	28388	30658
西乡塘区	Xixiangtang District	24825	27033	29292	31724
良庆区	Liangqing District	20368	22270	24228	26044
邕宁区	Yongning District	15878	17475	19264	20983
武鸣区	Wuming District	18403	20046	22075	23723
隆安县	Long'an	12541	13825	15173	16364
马山县	Mashan	11471	12686	13966	15034
上林县	Shanglin	12328	13527	14910	16026
宾阳县	Binyang	16985	18640	20520	21984
横　县	Hengxian	16572	18163	19955	21407
柳州市	**Liuzhou**	**21152**	**23009**	**25075**	**27041**
城中区	Chengzhong District	34205	36704	39567	42201
鱼峰区	Yufeng District	30846	33162	35767	38249
柳南区	Liunan District	32349	34838	37710	40127
柳北区	Liubei District	30481	32779	35436	37846
柳江区	Liujiang District	18006	19826	21846	23777
柳城县	Liucheng	16458	18171	19936	21947
鹿寨县	Luzhai	18331	20191	22317	24007
融安县	Rong'an	14402	15746	17292	18938
融水苗族自治县	Rongshui	13367	15008	16632	18212
三江侗族自治县	Sanjiang	12306	13630	15224	16683
桂林市	**Guilin**	**18840**	**20543**	**22480**	**24289**
秀峰区	Xiufeng District	28539	30564	32888	35486
叠彩区	Diecai District	26729	28765	31129	33184
象山区	Xiangshan District	28932	30815	33293	35566
七星区	Qixing District	29761	31597	34168	36625
雁山区	Yanshan District	20918	22653	24860	27130
临桂区	Lingui District	19042	20637	22597	24981
阳朔县	Yangshuo	18894	20559	22781	24433

2-25　续表 1　continued

单位：元　　(yuan)

地　区	Region	2015	2016	2017	2018
灵川县	Lingchuan	19126	20773	22582	24666
全州县	Quanzhou	15477	16920	18648	20480
兴安县	Xing'an	18546	20134	21933	23790
永福县	Yongfu	15774	17193	19028	21212
灌阳县	Guanyang	13954	15089	16661	18300
龙胜各族自治县	Longsheng	13905	15176	16827	18308
资源县	Ziyuan	13156	14280	15750	17539
平乐县	Pingle	15111	16460	18140	19859
恭城瑶族自治县	Gongcheng	14108	15253	16992	18810
荔浦市	Lipu	18466	20004	22028	23982
梧州市	**Wuzhou**	**17260**	**18657**	**20330**	**21936**
万秀区	Wanxiu District	24821	26737	28720	30742
长洲区	Changzhou District	24693	26539	29033	31081
龙圩区	Longxu District	15348	16572	18011	19506
苍梧县	Cangwu	10274	11134	12214	13316
藤　县	Tengxian	14762	15965	17418	18869
蒙山县	Mengshan	13102	14129	15456	16808
岑溪市	Cenxi	18731	20448	22320	23893
北海市	**Beihai**	**19822**	**21467**	**23536**	**25374**
海城区	Haicheng District	27905	29887	32594	34784
银海区	Yinhai District	22232	24207	26627	28744
铁山港区	Tieshangang District	15760	17316	19049	20798
合浦县	Hepu	16747	18149	19951	21619
防城港市	**Fangchenggang**	**19959**	**21841**	**23916**	**25824**
港口区	Gangkou District	25830	28185	30898	33394
防城区	Fangcheng District	20171	22094	24251	26082
上思县	Shangsi	11941	13074	14377	15625
东兴市	Dongxing	26561	28857	31275	33694
钦州市	**Qinzhou**	**16282**	**17765**	**19215**	**20749**
钦南区	Qinnan District	20332	22063	23793	25564
钦北区	Qinbei District	17352	18888	20298	21877
灵山县	Lingshan	14828	16165	17529	18994
浦北县	Pubei	14666	16088	17485	18938

2-25 续表 2 continued

单位：元 (yuan)

地 区	Region	2015	2016	2017	2018
贵港市	**Guigang**	**17093**	**18642**	**20344**	**21894**
港北区	Gangei District	22294	24441	26482	28350
港南区	Gangnan District	16348	17981	19457	20942
覃塘区	Qintang District	17082	18595	20549	22358
平南县	Pingnan	16620	18084	19919	21241
桂平市	Guiping	16161	17626	19200	20875
玉林市	**Yulin**	**19012**	**20726**	**22371**	**24041**
玉州区	Yuzhou District	27376	29579	32071	34169
福绵区	Fumian District	17894	19639	21271	22927
容 县	Rongxian	16733	18305	19914	21535
陆川县	Luchuan	16801	18319	19677	21284
博白县	Bobai	15502	16934	18234	19634
兴业县	Xingye	15131	16580	17994	19352
北流市	Beiliu	21609	23519	25229	26977
玉东新区	Yudongxin District	24787	26862	28977	30954
百色市	**Baise**	**13884**	**15340**	**16841**	**18065**
右江区	Youjiang District	20819	22767	24807	26305
田阳县	Tianyang	15705	17477	19111	20404
田东县	Tiandong	17000	18692	20359	21699
平果县	Pingguo	17529	19175	20947	22481
德保县	Debao	12177	13709	15731	16902
那坡县	Napo	9623	10618	11688	12629
凌云县	Lingyun	10356	11803	12957	13947
乐业县	Leye	10909	12135	13408	14444
田林县	Tianlin	11562	12887	14167	15285
西林县	Xilin	11491	12586	13760	14840
隆林各族自治县	Longlin	10870	12316	13415	14398
靖西市	Jingxi	11622	12795	14165	15307

2-25 续表 3 continued

单位：元 (yuan)

地 区	Region	2015	2016	2017	2018
贺州市	**Hezhou**	**15639**	**16940**	**18590**	**20160**
八步区	Babu District	17230	18629	20410	22140
平桂管理区	Pinggui District	15718	16994	18569	20156
昭平县	Zhaoping	14926	16192	18002	19435
钟山县	Zhongshan	14114	15357	16879	18430
富川瑶族自治县	Fuchuan	13938	15123	16548	17973
河池市	**Hechi**	**12033**	**13175**	**14529**	**15865**
金城江区	Jinchengjiang District	16271	17418	19285	21222
宜州区	Yizhou District	15708	16933	18626	20294
南丹县	Nandan	16143	17384	19301	20868
天峨县	Tian'e	11771	12688	13883	15136
凤山县	Fengshan	8924	9796	10825	11850
东兰县	Donglan	8768	9697	10628	11639
罗城仫佬族自治县	Luocheng	9753	10530	11537	12607
环江毛南族自治县	Huanjiang	11538	12463	13689	15077
巴马瑶族自治县	Bama	9515	10312	11613	12794
都安瑶族自治县	Du'an	9621	10724	12707	13930
大化瑶族自治县	Dahua	9603	10329	11357	12396
来宾市	**Laibin**	**16132**	**17607**	**19269**	**20844**
兴宾区	Xingbin District	17144	18817	20650	22433
忻城县	Xincheng	13641	15018	16655	17921
象州县	Xiangzhou	15916	17231	18787	20335
武宣县	Wuxuan	16005	17321	18940	20503
金秀瑶族自治县	Jinxiu	14281	15532	16998	18432
合山市	Heshan	20462	22095	23563	25028
崇左市	**Chongzuo**	**14474**	**15897**	**17541**	**19140**
江州区	Jiangzhou District	17373	19114	21104	23004
扶绥县	Fusui	16512	18198	20071	21912
宁明县	Ningming	12319	13639	15051	16469
龙州县	Longzhou	13070	14402	15945	17401
大新县	Daxin	13529	14842	16463	17955
天等县	Tiandeng	11236	12361	13738	15004
凭祥市	Pingxiang	18443	20208	22363	24435

2-26 各市县（区）城乡居民人均收入

Per Capita Income of Urban and Rural Households by Cities & County（District）

地　区	Region	城镇居民人均可支配收入（元）Per Capita Disposable Income of Urban Households（yuan）		农村居民人均可支配收入（元）Per Capita Disposable Income of Rural Households（yuan）	
		2017	2018	2017	2018
南宁市	**Nanning**	**33217**	**35276**	**12515**	**13654**
兴宁区	Xingning District	36322	38465	13585	14685
青秀区	Qingxiu District	42138	45467	14021	15423
江南区	Jiangnan District	32156	34664	13819	14925
西乡塘区	Xixiangtang District	31188	33683	12679	13820
良庆区	Liangqing District	28901	30780	13356	14678
邕宁区	Yongning District	30609	32507	12559	13953
武鸣区	Wuming District	32014	33839	14594	15937
隆安县	Long'an	25912	27415	10720	11674
马山县	Mashan	25889	27183	9807	10719
上林县	Shanglin	25225	26612	10199	11097
宾阳县	Binyang	31489	33095	12867	14038
横　县	Hengxian	31762	33414	12703	13719
柳州市	**Liuzhou**	**32661**	**34849**	**12151**	**13451**
城中区	Chengzhong District	39678	42297	20675	22743
鱼峰区	Yufeng District	36346	38781	21151	23351
柳南区	Liunan District	37724	40138	19399	21436
柳北区	Liubei District	36360	38796	15569	17235
柳江区	Liujiang District	32835	35068	12292	13718
柳城县	Liucheng	31056	33230	12574	13995
鹿寨县	Luzhai	33044	35126	12865	14164
融安县	Rong'an	27097	29021	11674	12958
融水苗族自治县	Rongshui	26935	28901	11413	12668
三江侗族自治县	Sanjiang	27048	28806	11125	12327
桂林市	**Guilin**	**32534**	**34649**	**13345**	**14626**
秀峰区	Xiufeng District	32888	35486	15483	
叠彩区	Diecai District	32993	35105	13704	15061
象山区	Xiangshan District	33214	35572	13463	14809
七星区	Qixing District	34785	37046	16329	17701
雁山区	Yanshan District	30614	32971	12449	13669
临桂区	Lingui District	36003	37875	15907	17291
阳朔县	Yangshuo	35286	37791	15045	16655

2-26　续表 1　continued

地　区	Region	城镇居民人均可支配收入（元） Per Capita Disposable Income of Urban Households（yuan）		农村居民人均可支配收入（元） Per Capita Disposable Income of Rural Households（yuan）	
		2017	2018	2017	2018
灵川县	Lingchuan	33680	35970	13893	15324
全州县	Quanzhou	30961	32943	13651	14893
兴安县	Xing'an	32879	34950	15926	17391
永福县	Yongfu	33502	35512	12913	14049
灌阳县	Guanyang	30454	32159	9796	10785
龙胜各族自治县	Longsheng	31172	32699	10572	11640
资源县	Ziyuan	30334	32518	9968	11025
平乐县	Pingle	31319	33417	12724	13907
恭城瑶族自治县	Gongcheng	30551	32415	11880	12985
荔浦市	Lipu	32792	34923	13803	15073
梧州市	**Wuzhou**	**29359**	**31209**	**11085**	**12238**
万秀区	Wanxiu District	30439	32539	14338	15714
长洲区	Changzhou District	31032	33049	13560	15024
龙圩区	Longxu District	27206	28784	10680	11876
苍梧县	Cangwu	21952	23401	8115	9008
藤　县	Tengxian	26878	28518	10979	12110
蒙山县	Mengshan	26438	28236	9481	10467
岑溪市	Cenxi	30910	32610	13353	14608
北海市	**Beihai**	**31912**	**33954**	**12749**	**13998**
海城区	Haicheng District	32625	34811	13746	15066
银海区	Yinhai District	31751	33688	14163	15565
铁山港区	Tieshangang District	31252	33252	13307	14651
合浦县	Hepu	31217	33246	12512	13713
防城港市	**Fangchenggang**	**32079**	**34325**	**13373**	**14617**
港口区	Gangkou District	34137	36629	14310	15741
防城区	Fangcheng District	33617	35836	13883	15063
上思县	Shangsi	21971	23487	10939	12022
东兴市	Dongxing	37652	40363	16471	17937
钦州市	**Qinzhou**	**31415**	**33488**	**11801**	**12816**
钦南区	Qinnan District	32113	34265	12211	13237
钦北区	Qinbei District	31024	33134	11777	12790
灵山县	Lingshan	31467	33481	11777	12802
浦北县	Pubei	31069	33120	11573	12591

2-26 续表 2 continued

地 区	Region	城镇居民人均可支配收入（元） Per Capita Disposable Income of Urban Households（yuan）		农村居民人均可支配收入（元） Per Capita Disposable Income of Rural Households（yuan）	
		2017	2018	2017	2018
贵港市	**Guigang**	**28806**	**30506**	**12544**	**13786**
港北区	Gangbei District	30704	32700	13277	14472
港南区	Gangnan District	29651	31223	12720	14017
覃塘区	Qintang District	29155	30904	13213	14587
平南县	Pingnan	28767	30205	12399	13540
桂平市	Guiping	28270	30164	12644	14022
玉林市	**Yulin**	**32159**	**33960**	**13597**	**14984**
玉州区	Yuzhou District	36922	39063	15487	17067
福绵区	Fumian District	34360	36181	13231	14633
容 县	Rongxian	29856	31677	12979	14316
陆川县	Luchuan	28950	30774	12783	14125
博白县	Bobai	27071	28452	12883	14146
兴业县	Xingye	27663	29046	12228	13500
北流市	Beiliu	34006	35876	14605	16051
玉东新区	Yudongxin District	33057	35073	15029	16562
百色市	**Baise**	**29126**	**30611**	**10171**	**11086**
右江区	Youjiang District	31810	33337	13503	14678
田阳县	Tianyang	30337	31793	12109	13199
田东县	Tiandong	31425	32871	13516	14665
平果县	Pingguo	31924	33488	11465	12520
德保县	Debao	30585	32114	9469	10283
那坡县	Napo	23318	24670	7628	8307
凌云县	Lingyun	26551	27958	8098	8875
乐业县	Leye	27856	29388	8241	8999
田林县	Tianlin	27241	28576	10286	11160
西林县	Xilin	24122	25473	9275	10203
隆林各族自治县	Longlin	28961	30467	8401	9107
靖西市	Jingxi	27019	28451	9344	10269

2-26　续表 3　continued

地　区	Region	城镇居民人均可支配收入（元） Per Capita Disposable Income of Urban Households（yuan）		农村居民人均可支配收入（元） Per Capita Disposable Income of Rural Households（yuan）	
		2017	2018	2017	2018
贺州市	**Hezhou**	**28899**	**30864**	**10498**	**11548**
八步区	Babu District	30761	32945	11156	12283
平桂管理区	Pinggui District	27627	29533	10519	11581
昭平县	Zhaoping	27944	29760	10040	11024
钟山县	Zhongshan	27597	29584	10098	11138
富川瑶族自治县	Fuchuan	27099	28888	10079	11077
河池市	**Hechi**	**25647**	**27468**	**8260**	**9177**
金城江区	Jinchengjiang District	32718	35205	9755	10887
宜州区	Yizhou District	32198	34323	10628	11808
南丹县	Nandan	31240	33239	9867	10883
天峨县	Tian'e	23980	25611	7948	8878
凤山县	Fengshan	21772	23405	7216	7966
东兰县	Donglan	22211	23855	7216	7974
罗城仫佬族自治县	Luocheng	21549	23057	7262	8046
环江毛南族自治县	Huanjiang	25027	26979	8861	9907
巴马瑶族自治县	Bama	24281	26029	7376	8209
都安瑶族自治县	Du'an	22233	23812	7237	8105
大化瑶族自治县	Dahua	22010	23485	7426	8213
来宾市	**Laibin**	**31047**	**32910**	**10674**	**11752**
兴宾区	Xingbin District	31586	33576	11245	12370
忻城县	Xincheng	30951	32653	10097	11097
象州县	Xiangzhou	31326	33331	11071	12167
武宣县	Wuxuan	30819	32668	11167	12295
金秀瑶族自治县	Jinxiu	31393	33339	9280	10254
合山市	Heshan	30175	31804	11055	12183
崇左市	**Chongzuo**	**28813**	**30916**	**10860**	**12000**
江州区	Jiangzhou District	30910	33166	12223	13494
扶绥县	Fusui	30193	32457	12487	13873
宁明县	Ningming	25862	27724	10637	11786
龙州县	Longzhou	26902	29027	9799	10769
大新县	Daxin	30217	32242	11336	12526
天等县	Tiandeng	25169	26906	9551	10487
凭祥市	Pingxiang	32124	34630	10997	12207

主要统计指标解释

从2012年四季度起，国家统计局对分别进行的城乡住户调查实施了一体化改革，统一了城乡居民收入指标名称、分类和统计标准，建立了城乡统一的一体化住户调查《住户收支与生活状况调查》。广西从2014年开始，正式发布此项改革后的一体化城乡住户收支与生活状况调查数据。

住户　指居住在一个住宅内，共同分享生活开支或收入的一群人。居住在同一房间内、不共同分享生活开支的人群，每个人都视为一个住户。住家保姆、住家家庭工视为单独的住户。

常住居民　指住户成员中，经常在家居住、或者调查期内居住时间超过一半的人员，以及本住户供养的学生。常住居民是住户收支的调查对象。

居民可支配收入　指居民可用于最终消费支出和储蓄的总和，即居民可用于自由支配的收入，既包括现金收入，也包括实物收入。按照收入的来源，可支配收入包含四项，分别为：工资性收入、经营净收入、财产净收入、转移净收入。

工资性收入　指就业人员通过各种途径得到的全部劳动报酬和各种福利，包括受雇于单位或个人、从事各种自由职业、兼职和零星劳动得到的全部劳动报酬和福利。

经营净收入　指住户或住户成员从事生产经营活动所获得的净收入，是全部经营收入中扣除经营费用、生产性固定资产折旧和生产税净额（生产税减去生产补贴）之后得到的净收入。计算公式具体为：

经营净收入=经营收入-经营费用-生产性固定资产折旧-生产税净额（生产税-生产补贴）

财产净收入　指住户或住户成员将其所拥有的金融资产和自然资源交由其他机构单位、住户或个人支配而获得的回报并扣除相关的费用之后得到的净收入。计算公式为：

财产净收入=财产性收入-财产性支出

转移净收入　指国家、单位、社会团体对住户的各种经常性转移支付和住户之间的经常性收入转移。包括政府、非行政事业单位、社会团体对居民转移的养老金或退休金、社会救济和补助、政策性生活补贴、救灾款、经常性捐赠和赔偿以及报销医疗费等；住户之间的赡养收入、经常性捐赠和赔偿以及农村地区（村委会）在外（含国外）工作的本住户非常住成员寄回的收入等。计算公式为：

转移净收入=转移性收入-转移性支出

居民收入五等份分组　指将所有调查户按人均收入水平从低到高顺序排列，平均分为五个等份，处于最高20%的收入群体为高收入组，依此类推依次为中高收入组、中等收入组、中低收入组、低收入组。

居民消费支出　指居民用于满足家庭日常生活消费需要的全部支出，既包括现金消费支出，也包括实物消费支出。根据用途不同，消费支出可划食品烟酒、衣着、居住、生活用品及服务、交通通信、教育文化娱乐、医疗保健、其他用品及服务八大类。

Explanatory Notes on Main Statistical Indicators

In the fourth quarter of 2012, the NBS launched its reform on the household survey programme in order to produce aggregates with the same concepts and definitions for the urban and rural population. This new survey programme is an integrated one whereas there had existed two separate household surveys ofr the urban and rural households. The reform took a number of measures, including the integration of concepts, classifications and standards, which provided a basis for producing data covering all households. Guangxi from 2014, officially announced the integration of urban and rural household income and expenditure survey data after the reform.

Households A group of people who live in a house and share their living expenses or incomes. Living in the same room, not to share the living expenses of the crowd, everyone is considered as a household. Nanny, home family work as a separate household.

Permanent Resident Of the members of the household, who often live at home, or have more than half the residence time of the survey period, and the students who are supporting the residents. Residents are residents of household income and expenditure survey.

Disposable Income of Households Has a national coverage comparable between urban and rural households, and refers to the kind of income that households can have at their disposal. It includes income both in cash and in kind from four categories: income from wages and salaries, cash income from household operations, income from properties and income from transfers.

Income from Household Operations Refers to all the labor remuneration and various benefits obtained by the employed persons through various means, including all the labor remuneration and benefits obtained from the employment of the unit or individual, in various kinds of free occupations, part - time, and sporadic work.

Net Business Income Refers to the net income received by the household or household members engaged in the production and operation activities, and the net income after deducting operating expenses, depreciation of productive fixed assets, and net production tax (net income of production tax). Calculation formula is concrete:

Net Business Income = Operating Income – Operating Expenses – Depreciation of Productive Fixed Assets – Net Production Tax（Production Tax – Production Subsidies）

Property Net Income Refers to the net income of the household or household members of the financial assets and natural resources owned by the financial assets and natural resources by other institutional units, households or individuals to obtain the return and deduct the relevant expenses. Calculation formula:

Property Net Income = Property Income – Property Expenses

Transfer Net Income Refers to the country, the unit, the social group to the resident's each kinds of regular transfer payment and the inhabitant's regular income transfer. Including the government, non administrative institutions, social groups on the transfer of pension or pension, social relief and subsidies, policy of living subsidies, relief funds, regular donations and compensation and reimbursement of medical expenses, etc.. Calculation formula:

Transfer Net Income = Transfer Income – Transfer Expenditure

Per Capita Disposable Income of Households by Income Quintile Refers to all households surveyed by per capita income level from high to low order arrangement, the average score for five equal parts, 20% of the highest income groups in the high income group, by analogy in order to high income group, medium income group and low income group and low income group.

Consumption Expenditure of Households Has a national coverage comparable between urban and rural households, and refers to the all the expenditures of households for consumption in daily life. It includes expenditure in cash and in kind on eight categories: food; clothing; housing; household appliances and services; transport and communications; education, cultural and recreational activities; and medical care. The expenditure on housing also includes rents, water, electricity, fuels and muted rents of owner-occupied dwellings.

第三篇 农村贫困监测

Chapter 3 Poverty Monitoring in Rural Areas

简要说明

一、本篇资料的主要内容

本篇资料是根据国家统计局开展的农村贫困监测调查收集反映广西贫困地区（共33个国家贫困监测县，其中28个国家扶贫开发工作重点县和29个滇桂黔石漠化片区县，大部分县交叉，既是扶贫开发工作重点县，又是滇桂黔石漠化片区县）农村居民收支与生活现状、变化趋势和扶贫成效等情况。

二、农村贫困监测调查数据来源及调查方法

在国家统计局统一领导下，广西调查总队具体负责本地区的农村贫困监测调查工作。有国家调查队的县，现场调查工作由县级调查队承担；没有国家调查队的县，由县级统计局承担。所有基础数据由市县调查队、县统计局直接上报调查总队，经调查总队审核后，上报国家统计局住户调查办公室。

调查对象为广西贫困地区的县（市、区），即28个国家扶贫开发工作重点县和29个滇桂黔石漠化片区县以及抽中行政村、农村住户及住户成员。

农村贫困监测调查户样本抽选是以省(区、市)为总体，采用分层、多阶段、与人口规模大小成比例（PPS）的概率抽样方法，随机抽选调查住宅，确定调查户。广西共抽选出33个县(市、区)的271个调查小区，2710个住户参加记账调查。

农村贫困监测调查内容主要包括居民现金和实物收入、住户及劳动力从业情况、居民家庭住房和耐用消费品拥有情况，家庭经营和生产投资情况、县（市、区）社会经济基本情况和到县扶贫项目实施情况以及村和户的扶贫参与情况等。

农村贫困监测调查内容由两部分组成，分别为住房收支与生活状况调查内容和贫困监测补充调查内容。贫困监测调查县在统一开展住户收支与生活状况调查的基础上，补充调查与贫困高度相关的内容。

农村贫困监测调查主要是采用调查户记日记账的方式采集居民收支数据，同时辅之以统一的调查问卷，收集与收入支出有关的其他调查内容。数据采集工作由县级国家调查队或统计局使用统一的方法和数据处理程序对原始调查资料进行编码、审核、录入，然后将分户基础数据上报广西调查总队，经调查总队审核，上报国家统计局住户调查办公室统一汇总计算。

国家统计局根据分户基础数据、采用加权汇总方式生成贫困地区、连片特困地区和扶贫开发工作重点县等不同区域数据，并对各级数据进行审核评估。

3-1 贫困地区农村居民家庭基本情况

Basic Conditions of Rural Households in Poor Areas

项 目	Item	2017	2018
调查户类别（户）	**Household Survey Categories（household）**		
调查户数	Number of Household Surveyed	2444	2710
低保户	Low Income Households	286	215
五保户	Households Enjoying Five Guarantees	9	12
建档立卡户	Cardholder Archiving Legislation	1232	830
退耕还林户	Grain for Green by Households	468	393
种养业大户	Large Breeding Industry	63	169
当年参加专业性合作经济组织的户	Specialized Cooperative Economic Organizations of Households	73	185
当年家中是否发生大事	The Occurrence of Events at Home		
没有大事	No Big Thing	2058	2134
盖房买房	Build a House Buy a House	96	140
婚丧嫁娶	Wedding and Funeral	72	87
子女上大学（含大中专）	Their Children to University（Including College）	98	182
大病治疗	Serious Illness Treatment	119	167
家庭成员基本情况（人）	**Basic Statistics of Family Members（person）**		
家庭全部人口	Family Entire Population	11061	12478
常住人口	Resident Population	9014	10032
男	Male	4626	5195
女	Female	4388	4873
少数民族人口	Minority Population	8930	8114
有病是否能及时就医	Whether Prompt Medical Illness		
是	Yes	10765	12182
否	No	296	196
不能及时就医的主要原因	Main Reasons for Not Timely Medical Treatment		
经济困难	Economic Difficulties	25	84
医院太远	Hospitals Too Far	127	90
没有时间	No Time		4
本人不重视	I Do Not Pay Attention		
小病不用医	Minor Ailments Without Doctors	14	3
其他	Other	2	15
享受农村最低生活保障人数	Number of Enjoy Rural with Minimum Living Security	1208	1020
5周岁及以下人口是否接受计划免疫人数	Whether to Accept the Number of Planned Immunization	723	940

3-1 续表 1 continued

项 目	Item	2017	2018
劳动力素质及就业状况（人）	**Quality of Labor Force and Employment Status（person）**		
劳动力人数	Number of Labor Force	5648	6200
劳动力文化程度	Labour Force Education Background		
不识字或识字不多	Illiterate or Semi-literate	224	311
小学	Primary Schools	1968	2288
初中	Junior Secondary Schools	2739	2795
高中	Senior Secondary Schools	544	611
大专及以上	College Degree or Above	174	195
# 第一产业就业劳动力	# Primary Industry Employment Labor	4010	4125
第二产业就业劳动力	Secondary Industry Employment Labor	578	2017
第三产业就业劳动力	Tertiary Industry Employment Labor	791	1644
曾受过技能培训人数	Number of Received Skills Training	2363	
# 接受农业技术培训	# Accept Agricultural Technical Training	1922	1214
接受非农技能培训	Accept Non-agricultural Skills Training	981	1109
就业劳动力人数	Number of Employed Labor Force	5379	5709
当年从事的主要行业	Engage of Major Sectors	5379	5709
第一产业	Primary Industry	4010	3994
第二产业	Secondary Industry	578	719
第三产业	Tertiary Industry	791	996
学生就学情况（人）	**Situations on Schooling（person）**		
他/她在本年度的主要居住地点	His/Her Principal Place of Residence During the Year		
本村	Village	1921	2148
村外乡内	Village Outside and Township Inside	171	240
乡外县内	Township Outside and Country Inside	180	407
县外省内	Country Outside and Province Inside	79	144
省外	Province Outside	41	62
其他	Other		1
他/她本年度主要和谁居住在一起	His/Her is This Year the Main and Who Live Together		
父母双方	Both Parents	1461	1707
父亲一方	Father's Side	132	218
母亲一方	Mother's Side	234	331
（外）祖父母	（Outside）Grandparents	443	479
兄弟姐妹	Brothers and Sisters	2	8
亲属	Relatives	17	29
独自居住	Living Alone	43	100
其他	Other	60	130

3-1　续表 2　continued

项　目	Item	2017	2018
住房及生活设施情况（户）	**Household and Living Facilities（household）**		
居住住房主要建筑材料	Residential Housing Construction Materials	2444	2710
钢筋混凝土	Reinforced Concrete	297	710
砖混材料	Masonry Materials	1738	1731
砖瓦砖木	Brick and Tile Brick	282	237
竹草土坯	Bamboo Grass Adobe	13	6
其他	Other	114	26
住宅外道路路面情况	Road Surface State of the Road Outside the House	2444	2710
水泥或柏油路面	Cement or Road Surface of Pitch	1461	2318
沙石或石板等硬质路面	Stone, Sand gravel or Other Hard-surface	476	318
其他	Other	507	74
是否有管道供水	Whether Ther is Water Supply Pipeline	2444	2710
管道供水入户	Pipe Water into People's Homes	2044	2317
管道供水至公共取水点	Pipeline Water Supply to the Public Water Points	70	50
没有管道设施	No Pipeline Facilities	330	343
主要饮用水来源	Major Sources of Drinking Water	2444	2710
经过净化处理的自来水	After Purification of Water	857	1046
受保护的井水和泉水	Protected Wells and Springs	1041	1365
不受保护的井水和泉水	Unprotected Wells and Springs	255	168
江河湖泊水	Rivers, Lakes and Water	10	8
收集雨水	Collect Rainwater	67	85
桶装水	Bottled Water		2
其他水源	Other Sources	214	36
获取饮用水存在的主要困难	The Main Difficulty in Obtaining Drinking Water Exists	2444	2710
单次取水往返时间超过半小时	The Single Water Round-trip Time More Than Half an Hour	33	15
间断或定时供水	Intermittent or Regular Water Supply	133	99
当年连续缺水时间超过15天	Continuous Dry Year Period More Than 15 Days	129	74
无上述困难	None of the Above Difficulties	2148	2522
饮用前在家里所采取的主要处理措施	Water in the Home Mainly Deal with Measures Taken	2444	2710
煮沸	Boiled	2269	2276
加漂白剂/氯等	Add Bleach/Chlorine	15	15
使用水过滤器	Use Water Filter	25	34
其他处理措施	Other Treatment Measures	46	106
没有任何水处理措施	No Water Treatment Measures	89	279

3-1 续表 3 continued

项　目	Item	2017	2018
厕所类型	Toilet Type	2444	2710
水冲式卫生厕所	Water Flush Sanitary Toilet	1619	2328
水冲式非卫生厕所	Water Flush Non-sanitary Toilet	183	174
卫生旱厕	Sanitary Toilet	209	86
普通旱厕	Ordinary Toilet	408	106
无厕所	No Toilet	25	16
厕所使用情况	Situation of Toilet Use	2444	2710
本住户独用	Household Use Alone	2397	2654
几户合用	Several Families Sharing	29	36
公用厕所	Communal Lavatories	18	20
洗澡设施	Facilities for Bathing	2444	2710
统一供热水	Unity of Hot Water Supply	16	62
家庭自装热水器	Families Install Their Own Water Heater	1289	1741
其他	Other	700	499
无洗澡设施	No Bathing Facilities	439	408
主要取暖用能源状况	Mainly for Heating Energy Situation	2444	2710
柴草	Firewood	1312	1140
煤炭	Coal	11	24
罐装液化石油气	Bottled Liquefied Petroleum Gas	34	70
管道液化石油气	Pipeline Liquefied Petroleum Gas		2
管道煤气	Pipeline Gas		
管道天然气	Pipeline Natural Gas		
电	Electricity	336	509
燃料用油	Fuel Oil		1
沼气	Biogas	3	4
其他	Other	230	353
无取暖行为	No Heating Behavior	518	607
主要炊用能源状况	Mainly to Cooking Energy Situation	2444	2710
柴草	Firewood	1499	1188
煤炭	Coal		3
罐装液化石油气	Bottled Liquefied Petroleum Gas	507	905
管道液化石油气	Pipeline Liquefied Petroleum Gas	1	1
管道煤气	Pipeline Gas	1	
管道天然气	Pipeline Natural Gas		2
电	Electricity	363	564
燃料用油	Fuel Oil		1
沼气	Biogas	61	30
其他	Other	12	15
无炊用行为	No Cooking With Behavior		1
使用照明电的	Use of Lighting Electricity	2437	2710

3-1　续表 4　continued

项　目 Item	2017	2018
社会事务参与情况（户） Statistics of Participation in Social Affairs（household）		
当年有人参加过村务会议的户 Households of Participated in Village meetings This Year	1233	1275
当年有人为村级公共事务提过建议的户 Households of Village-level Public Affairs When Someone Mentioned Recommendations This Year	958	715
本村的低保户是如何确定的 The Village is How to determine the minimal Assurance Households		
村民公开评议 Public Comment by Villagers	2188	2464
村干部指定 Specified by Village Cadres	46	30
大家轮流 Everyone Take Turns	1	1
关系户优先 Priority of Family Relations	9	8
其他 Other	200	207
本村的扶贫项目户如何确定的 The Village is How Poverty Alleviation Project Households to Determine		
村民公开评议 Public Comment by Villagers	2200	2441
村干部指定 Specified by Village Cadres	46	39
大家轮流 Everyone Take Turns	1	7
关系户优先 Priority of Family Relations	6	8
其他 Other	191	215
所在的行政村有村级扶贫规划的户 Where Administrative Village of Village Poverty Alleviation Planning Households	1594	1239
了解规划内容的户 Understanding of the Planning Content of Households	1002	727
参与村级扶贫规划的制定的户 To Participate in the Village Poverty Alleviation Planning Households	549	317
您家当年面临的主要问题 The Main Problem That Faces in Your Home		
缺乏致富技术 Lack of Enrichment Technology	710	781
缺乏资金 Lack of Funds	1142	1116
缺乏劳动力 Lack of Labour Force	168	237
家中有人患大病 Someone Suffering From a Serious Illness by Households	54	102
家中有人残疾 Someone Disability by Households	41	48
容易遭受自然灾害 Vulnerable to Natural Disasters	26	25
其他 Other	302	400

3-1 续表 5 continued

项 目 Item	2017	2018
您认为您家在本村属于 Do You Think That Your Home in the Village Belong To		
贫困户 Low Income households	385	379
中等偏下户 Lower Middle Income households	738	809
中等收入户 Middle Income households	1079	1174
中等偏上户 Upper middle Income Households	217	306
富裕户 High Income Households	25	32
扶贫活动参与情况（户） **Statistics of Participation in Poverty Reduction Activities（households）**		
所在村已落实新的扶贫项目或新到位扶贫资金的户 The Village has Implemented New Project or Position Poverty Alleviation Fund Families	1253	1055
您如何知道本村参加了扶贫项目 How Do You Know the Village Took Part in the Poverty Alleviation Project		
通过村务公开公告栏或通知 Through Making Village Affairs Public Bulletin Boards or Notice	2064	2092
通过村干部个别通知 Informed Individually Through the village Cadres	162	213
通过亲朋好友 Through Friends and Family	66	114
其他 Other	152	291
参与村级扶贫项目选定的户 Poverty Alleviation Project in selected Households	596	422
本村的扶贫项目是如何分配的 The Village Poverty Alleviation Project is How to Allocate		
贫困户优先得到项目 Poor Households Receive Priority Projects	2159	2254
先给有偿还能力或脱贫能力强的户 The First to Have Repayment Ability, or Ability of Households Out of Poverty	99	197
优先考虑关系户 Priority of Family Relations	7	7
其他 Other	179	252
参与扶贫项目户的确定的户 Participation in Poverty Alleviation Project Households Identified Households	543	410
当年参加扶贫项目的户数 Number of households That Took Part in Poverty Alleviation Projects	254	347
您家参加的扶贫项目类型 Your Home in Poverty Alleviation Project Type		
种植业 Crop Farming	100	93
林业 Forestry	3	7
养殖业 Aquaculture	65	108
农产品加工业 Agricultural Product Processing Industry		1
人畜饮水工程 Drinking Water Project	1	12

3-1　续表 6 continued

项　目 Item	2017	2018
危房改造 Repair of Dangerous Buildings	19	25
沼气等新能源建设 Construction of New Energy Sources Such as Biogas		4
教育免费 Education is Free	15	21
卫生 Health	2	5
专业技能培训 Professional Skills Training	3	3
其他 Other	254	69
当年得到的扶贫资金总额（元） Total of get Alleviation Funds in This Year（yuan）	3050360.0	7455202.0
当年得到扶贫资金来源 Then get Help Alleviation Funds Source in This Year		
扶贫贴息贷款 Poverty Alleviation Loans	59	57
财政扶贫专项资金 Special Funds to Finance Poverty Alleviation	124	232
国内无偿政策性补贴 The Domestic Gratuitous Policy-related Subsidies	49	20
外资项目贷款 Foreign Project Loans		1
外资无偿赠款 Gratuitous Donated of Foreign Funds		
其他 Other	22	39
当年扶贫项目净收益（元） Net Income From Poverty Alleviation Project in This Year（yuan）		
您最希望得到的扶贫项目 You Want Most of the Poverty Alleviation Project		
种植业 Crop Farming	717	721
林业 Forestry	72	68
养殖业 Aquaculture	656	567
农产品加工业 Agricultural Product Processing Industry	27	33
人畜饮水工程 Drinking Water Project	106	57
危房改造 Repair of Dangerous Buildings	93	81
沼气等新能源建设 Construction of New Energy Sources Such as Biogas	12	9
免费教育 Education is Free	119	182
卫生 Health	16	29
专业技能培训 Professional Skills Training	320	247
其他 Other	94	716

3-2 贫困地区农村居民家庭人均总收入及构成

Per Capita Income and Composition of Rural Households of Poor Areas

项 目	Item	2017	2018
总收入（元）	**Total Income（yuan）**	**13504.70**	**14448.50**
工资性收入	Wages Income	2658.47	3032.05
家庭经营收入	Household Business Income	7844.31	8035.37
第一产业	Primary Industry	6148.21	5861.49
农业	Farming	2973.87	3299.59
林业	Forestry	638.73	601.79
牧业	Animal Husbandry	1925.69	1869.13
渔业	Fishery	609.93	90.98
第二产业	Secondary Industry	472.52	438.11
工业	Industry	380.39	130.01
建筑业	Construction	92.13	308.10
第三产业	Tertiary Industry	1223.58	1735.78
批发和零售业	Wholesale & Retail Trade	549.93	721.61
交通、运输、邮电业	Transport and Telecommunications Industries	397.76	520.72
住宿和餐饮业	Hotel & Catering Trade	28.03	47.49
居民服务修理和其他服务业	Residents Service Repair & Other Services	106.47	162.11
其他行业	Other Industry	137.93	283.85
财产性收入	Property Income	141.02	152.45
转移性收入	Transferred Income	2860.91	3228.63
总收入构成（%）	**Composition of Total Income（%）**		
工资性收入	Wages Income	19.69	20.99
家庭经营收入	Household Business Income	58.09	55.61
第一产业	Primary Industry	45.53	40.57
农业	Farming	22.02	22.84
林业	Forestry	4.73	4.17
牧业	Animal Husbandry	14.26	12.94
渔业	Fishery	4.52	0.63
第二产业	Secondary Industry	3.50	3.03
工业	Industry	2.82	0.90
建筑业	Construction	0.68	2.13
第三产业	Tertiary Industry	9.06	12.01
批发和零售业	Wholesale & Retail Trade	4.07	4.99
交通、运输、邮电业	Transport and Telecommunications Industries	2.95	3.60
住宿和餐饮业	Hotel & Catering Trade	0.21	0.33
居民服务修理和其他服务业	Residents Service Repair & Other Services	0.79	1.12
其他行业	Other Industry	1.02	1.96
财产性收入	Property Income	1.04	1.06
转移性收入	Transferred Income	21.18	22.35

3-3 贫困地区农村居民家庭人均可支配收入及构成

Per Capita Disposable Income and Composition of Rural Households of Poor Areas

项 目	Item	2017	2018
可支配收入（元）	**Disposable Income（yuan）**	**9718.95**	**10760.69**
工资性收入	Wages Income	2658.47	3032.05
经营净收入	Net Business Income	4250.66	4582.15
第一产业	Primary Industry	3445.32	3319.56
农业	Farming	1940.90	1994.83
林业	Forestry	482.78	541.24
牧业	Animal Husbandry	930.67	725.71
渔业	Fishery	90.97	57.78
第二产业	Secondary Industry	166.95	201.33
工业	Industry	112.85	66.83
建筑业	Construction	57.11	134.50
第三产业	Tertiary Industry	638.39	1061.26
批发和零售业	Wholesale & Retail Trade	299.85	469.97
交通、运输、邮电业	Transport and Telecommunications Industries	165.43	321.90
住宿和餐饮业	Hotel & Catering Trade	19.17	38.18
居民服务修理和其他服务业	Residents Service Repair & Other Services	74.51	89.14
其他行业	Other Industry	78.94	142.07
财产净收入	Net Income from Property	132.19	136.20
转移净收入	Net Income from Transfer	2677.62	3010.30
可支配收入构成（%）	**Composition of Disposable Income（%）**		
工资性收入	Wages Income	27.35	28.18
经营净收入	Net Business Income	43.74	42.58
第一产业	Primary Industry	35.45	30.85
农业	Farming	19.97	18.54
林业	Forestry	4.97	5.03
牧业	Animal Husbandry	9.58	6.74
渔业	Fishery	0.94	0.54
第二产业	Secondary Industry	1.72	1.87
工业	Industry	1.16	0.62
建筑业	Construction	0.59	1.25
第三产业	Tertiary Industry	6.57	9.86
批发和零售业	Wholesale & Retail Trade	3.09	4.37
交通、运输、邮电业	Transport and Telecommunications Industries	1.70	2.99
住宿和餐饮业	Hotel & Catering Trade	0.20	0.35
居民服务修理和其他服务业	Residents Service Repair & Other Services	0.77	0.83
其他行业	Other Industry	0.81	1.32
财产净收入	Net Income from Property	1.36	1.27
转移净收入	Net Income from Transfer	27.55	27.97

3-4 贫困地区农村居民家庭人均现金可支配收入及构成

Per Capita Cash Disposable Income and Composition of Rural Households of Poor Areas

项 目	Item	2017	2018
现金收入（未扣除生产费用）（元）	**Cash Income（Production Cost is not Deducted）（yuan）**	**11889.79**	**12727.43**
工资性收入	Wages Income	2644.82	3025.01
经营性收入	Net Business Income	6472.53	6644.89
第一产业	Primary Industry	4776.42	4471.00
农业	Farming	2071.54	2287.65
林业	Forestry	581.63	495.26
牧业	Animal Husbandry	1562.12	1606.94
渔业	Fishery	598.13	81.16
第二产业	Secondary Industry	472.52	438.11
工业	Industry	380.39	130.01
建筑业	Construction	92.13	308.10
第三产业	Tertiary Industry	1223.58	1735.78
批发和零售业	Wholesale & Retail Trade	549.93	721.61
交通、运输、邮电业	Transport and Telecommunications Industries	397.76	520.61
住宿和餐饮业	Hotel & Catering Trade	28.03	47.49
居民服务修理和其他服务业	Residents Service Repair & Other Services	106.47	162.11
其他行业	Other Industry	141.40	283.96
财产性收入	Property Income	141.02	152.45
转移性收入	Transferred Income	2631.43	1905.08
现金收入构成（%）	**Composition of Cash Income（%）**		
工资性收入	Wages Income	22.24	23.77
经营性收入	Net Business Income	54.44	52.21
第一产业	Primary Industry	40.17	35.13
农业	Farming	17.42	17.97
林业	Forestry	4.89	3.89
牧业	Animal Husbandry	13.14	12.63
渔业	Fishery	5.03	0.64
第二产业	Secondary Industry	3.97	3.44
工业	Industry	3.20	1.02
建筑业	Construction	0.77	2.42
第三产业	Tertiary Industry	10.29	13.64
批发和零售业	Wholesale & Retail Trade	4.63	5.67
交通、运输、邮电业	Transport and Telecommunications Industries	3.35	4.09
住宿和餐饮业	Hotel & Catering Trade	0.24	0.37
居民服务修理和其他服务业	Residents Service Repair & Other Services	0.90	1.27
其他行业	Other Industry	1.19	2.23
财产性收入	Property Income	1.19	1.20
转移性收入	Transferred Income	22.13	14.97

3-5　贫困地区农村居民家庭人均总支出及构成

Per Capita Total Expenditure and Composition of Rural Households of Poor Areas

项　目	Item	2017	2018
总支出（元）	**Total Expenditure（yuan）**	**14021.75**	**15179.35**
生活消费支出	Consumption Expenditure	8278.90	9352.09
食品	Food	2931.65	2847.91
衣着	Clothing	298.64	323.44
居住	Residence	1715.70	2089.19
家庭设备、用品及服务	Household Facilities, Articles and Services	456.29	556.93
医疗保健	Medicines and Medical Services	765.50	935.81
交通通信	Transport and Communications	1003.04	1248.35
文化娱乐用品及服务	Stationery & Recreation Goods and Services	1000.73	1199.53
其他商品和服务	Other Commodities and Services	107.37	150.93
家庭经营费用支出	Expenditure for Household Business	3353.49	3183.92
第一产业	Primary Industry	2560.49	2387.34
农业	Farming	937.82	1205.76
林业	Forestry	154.85	59.77
牧业	Animal Husbandry	949.12	1092.17
渔业	Fishery	518.69	29.64
第二产业	Secondary Industry	295.50	212.59
工业	Industry	262.51	59.26
建筑业	Construction	32.99	153.33
第三产业	Tertiary Industry	497.51	583.98
批发和零售业	Wholesale & Retail Trade	231.72	217.23
交通、运输、邮电业	Transport and Telecommunications Industries	174.09	165.96
住宿和餐饮业	Hotel & Catering Trade	5.31	7.60
居民服务修理和其他服务业	Residents Service Repair & Other Services	28.27	65.84
其他行业	Other Industry	58.12	127.35
财产性支出	Expenditure for Property	8.82	16.24
转移性支出	Transferred Expenditure	183.29	218.30
购置生产性固定资产支出	Expenditure for Productive Fixed Assets	299.06	197.12

3-5 续表 continued

项 目	Item	2017	2018
总支出构成（%）	**Composition of Total Expenditure（%）**		
生活消费支出	Consumption Expenditure	59.04	61.61
食品	Food	20.91	18.76
衣着	Clothing	2.13	2.13
居住	Residence	12.24	13.76
家庭设备、用品及服务	Household Facilities, Articles and Services	3.25	3.67
医疗保健	Medicines and Medical Services	5.46	6.17
交通通信	Transport and Communications	7.15	8.22
文化娱乐用品及服务	Stationery & Recreation Goods and Services	7.13	7.90
其他商品和服务	Other Commodities and Services	0.77	0.99
家庭经营费用支出	Expenditure for Household Business	23.92	20.98
第一产业	Primary Industry	18.26	15.73
农业	Farming	6.69	7.94
林业	Forestry	1.10	0.39
牧业	Animal Husbandry	6.77	7.20
渔业	Fishery	3.70	0.20
第二产业	Secondary Industry	2.11	1.40
工业	Industry	1.87	0.39
建筑业	Construction	0.24	1.01
第三产业	Tertiary Industry	3.55	3.85
批发和零售业	Wholesale & Retail Trade	1.65	1.43
交通、运输、邮电业	Transport and Telecommunications Industries	1.24	1.09
住宿和餐饮业	Hotel & Catering Trade	0.04	0.05
居民服务修理和其他服务业	Residents Service Repair & Other Services	0.20	0.43
其他行业	Other Industry	0.41	0.84
财产性支出	Expenditure for Property	0.06	0.11
转移性支出	Transferred Expenditure	1.31	1.44
购置生产性固定资产支出	Expenditure for Productive Fixed Assets	2.13	1.30

3-6　贫困地区农村居民家庭人均现金支出及构成

Per Capita Cash Expenditure and Composition of Rural Households of Poor Areas

项　目	Item	2017	2018
现金支出（元）	**Cash Expenditure（yuan）**	**11643.65**	**12623.41**
生产费用现金支出	Cash Expenditure of Productive Costs	3115.27	2831.52
第一产业	Primary Industry	2322.26	2034.95
农业	Farming	870.15	1117.93
林业	Forestry	154.84	59.77
牧业	Animal Husbandry	778.58	828.03
渔业	Fishery	518.69	29.21
第二产业	Secondary Industry	295.50	212.59
工业	Industry	262.51	59.26
建筑业	Construction	32.99	153.33
第三产业	Tertiary Industry	497.51	583.98
批发和零售业	Wholesale & Retail Trade	231.72	217.23
交通、运输、邮电业	Transport and Telecommunications Industries	174.09	165.96
住宿和餐饮业	Hotel & Catering Trade	5.31	7.60
居民服务修理和其他服务业	Residents Service Repair & Other Services	28.27	65.84
其他行业	Other Industry	36.13	127.35
购置生产性固定资产支出	Expenditure for Productive Fixed Assets	299.06	197.12
生活消费支出	Consumption Expenditure	6139.04	7148.55
财产性支出	Expenditure for Property	8.82	16.24
转移性支出	Transferred Expenditure	183.29	218.30
现金支出构成（%）	**Composition of Cash Expenditure（%）**		
生产费用现金支出	Cash Expenditure of Productive Costs	26.76	22.43
第一产业	Primary Industry	19.94	16.12
农业	Farming	7.47	8.86
林业	Forestry	1.33	0.47
牧业	Animal Husbandry	6.69	6.56
渔业	Fishery	4.45	0.23
第二产业	Secondary Industry	2.54	1.68
工业	Industry	2.25	0.47
建筑业	Construction	0.28	1.21
第三产业	Tertiary Industry	4.27	4.63
批发和零售业	Wholesale & Retail Trade	1.99	1.72
交通、运输、邮电业	Transport and Telecommunications Industries	1.50	1.31
住宿和餐饮业	Hotel & Catering Trade	0.46	0.06
居民服务修理和其他服务业	Residents Service Repair & Other Services	0.24	0.52
其他行业	Other Industry	0.31	1.01
购置生产性固定资产支出	Expenditure for Productive Fixed Assets	2.57	1.56
生活消费支出	Consumption Expenditure	52.72	56.63
财产性支出	Expenditure for Property	0.08	0.13
转移性支出	Transferred Expenditure	1.57	1.73

3-7 贫困地区农村居民家庭平均每百户耐用消费品拥有量

Ownership of Major Durable Consumer Goods Per 100 Rural Households of Poor Areas

项　目	Item	2017	2018
家用汽车（辆）	Household Automobile（unit）	11.1	18.6
摩托车（辆）	Motorcycle（unit）	91.9	89.0
助力车（辆）	Electric Bicycle（unit）	28.5	35.5
洗衣机（台）	Washing Machine（set）	77.5	79.3
电冰箱（柜）（台）	Refrigerator（set）	95.5	95.8
微波炉（台）	Microwave Oven（set）	23.2	19.8
彩色电视机（台）	Color Tv（set）	110.4	101.3
# 接入有线电视网（台）	# Access Cable Television Network（set）	31.2	39.9
空调（台）	Air Conditioning（set）	19.9	25.9
热水器（台）	Water Heater（set）	65.8	72.4
# 太阳能热水器（台）	# Solar Water Heater（set）	10.8	9.6
消毒碗柜（台）	Disinfection Cupboard（set）		
洗碗机（台）	Dishwasher（set）	0.3	1.0
排油烟机（台）	Smoke Absorber（set）	9.4	10.9
固定电话（线）	Fixed Telephone（line）	11.2	8.2
移动电话（部）	Hand Telephone（unit）	268.4	285.4
计算机（台）	Computer（set）	18.2	17.0
摄像机（台）	Video Camera（set）		
照相机（台）	Camera（set）	2.1	0.9
中高档乐器（架）	Medium Upscale Musical Instrument（unit）	0.3	1.0
健身器材（台）	Fitness Equipment（set）	0.5	0.3
组合音响（套）	Audio System（set）	0.4	0.2

3-8 贫困地区农村居民家庭人均主要食品消费量

Per Capita Main Food Consumption of Rural Households of Poor Areas

单位：公斤 (kg)

项　目	Item	2017	2018
谷物消费量	Cereal Consumption	151.83	150.61
# 稻谷	# Rice	127.64	118.54
玉米	Corn	15.61	16.80
薯类消费量	Potato Consumption	0.55	0.86
豆类消费量	Soy Consumption	5.80	5.31
油脂类消费量	Oil and Fats Consumption	7.03	7.32
蔬菜及菜制品消费量	Vegetables and Food Products Consumption	76.93	77.78
# 鲜菜	# Fresh Vegetables	76.15	76.88
肉禽及其制品	Meat, Poultry and Related Products	49.98	36.19
# 猪肉	# Pork	28.47	33.25
牛肉	Beef	0.91	1.28
羊肉	Mutton	0.46	0.56
家禽	Poultry	19.29	17.99
蛋类及蛋制品	Eggs and Eggs Products	5.08	4.39
奶和奶制品	Milk and Dairy Products	1.56	1.98
水产品	Aquatic Products	5.16	5.09
# 鱼类	# Fish	4.94	4.82
虾、贝、蟹类	Shrimp, Shells, Crabs	0.08	0.14
干鲜瓜果类	Dried and Fresh Melons and Fruits	28.03	26.37
鲜瓜果	Fresh Fruits	27.01	25.33
坚果类	Nuts	0.89	0.93
消费茶叶	Tea Consumption	0.21	0.26
食糖	Sugar	1.06	1.10
烟叶消费量	Tobacco Consumption	23.76	27.08
酒	Wine	19.86	16.78
# 白酒	# Liquor	13.95	11.60
啤酒	Beer	5.85	5.17

3-9 广西贫困地区社区基本情况

Basic Situation of Community of Poor Areas

项　目 Item	2017	2018
社区情况（个） **Situation of community（unit）**		
调查村个数 Number of Surveyed Villages	243	271
少数民族村 National Minority Village	178	210
政府确定的贫困村 Poor Villages Identified by the Government	105	119
有卫生站（室）的行政村个数 Number of Administrative Villages in There Are Health Stations（Room）	272	228
拥有合法行医证医生/卫生员的行政村个数 Number of Administrative Villages in Have Legitimate License to Practice Medicine Doctors/Hygienist	205	238
自然村个数 Number of Natural Village	3018	3278
通公路的自然村 Natural Village to Build Up Roads	2936	3148
主干道路面经过硬化处理的自然村 Natural Village by Trunk Road Through Hardened	2354	2883
通客运班车的自然村 Natural Village Through Passenger Bus	1253	1581
通电的自然村 Electricity Came to Natural village	3028	3261
通电话的自然村 Telephone Came to Natural Village	2855	3252
通有线电视信号的自然村 Cable Tv Signal Came to Natural Village	2069	2723
通宽带的自然村 Broadband Came to Natural Village	1358	2298
被通信信号覆盖的自然村 Natural Village Covered by the Communication Signal	2957	3054
有健身器材的自然村 There Are Fitness Equipment of Natural Village	234	293
饮用水经过集中净化处理的自然村 Purified Drinking Water Treatment of Natural Village	822	1079
进村道路的路面状况 Condition of Go Into Village by Road Pavement		
水泥或柏油路面 Cement or Asphalt Pavement	146	252
沙石或石板等硬质路面 Sand or Slate etc Hard Road Surface	48	170
其他 Other	51	20
有文化活动室的行政村个数 Number of Administrative Village Cultural Activity Room	193	238
有畜禽集中饲养区的行政村个数 Number of Administrative Villages in Have concentrated Livestock Feeding Area	27	50

3-9 续表 1 continued

项 目 Item	2017	2018
上幼儿园或学前班的便利程度如何 How to Facilitate the Extent Kindergarten or Preschool		
村内有，且便利 Village Have, and Convenient	128	150
村内无，但入园较便利 Village Not Have, But More Convenient to Go to Kindergarten	80	80
不便利 Not Convenient	36	41
上小学的便利程度 Convenience Degree of go Elementary School		
村内有，且便利 Village Have, and Convenient	158	173
村内无，但入学校便利 Village Not Have, But More Convenient to Go to School	64	68
不便利 Not Convenient	22	41
年内召开村民大会或村民代表大会次数（次） Number of Village Assembly Held During or Villager Congress Views in the Year（times）	1365	1550
有专业合作经济组织或行业协会的行政村个数 Number of Administrative Villages of Cooperative Economic Organizations or Industry Associations	129	195
人口和资源情况 **Condition of Population and Resource**		
年末户籍人口（人） Household Population at Year-end（person）	669020	763015
年末常住户数（户） Number of Resident Households at Year-end（household）	166767	191459
年末常住人口数（人） Number of Usual Residents（person）	595731	659213
耕地面积（亩） Area of Cultivated Land（mu）	787754	1140641
# 有效灌溉面积（亩） # Irrigated Area（mu）	287771	458120
园地面积（亩） Area of Garden Plot（mu）	189249	210398
林地面积（亩） Area of Forests Land（mu）	1958950	2831768
牧草地面积（亩） Area of Grassland（mu）	82635	35479
养殖水面面积（亩） Water Area of Breeding Aquatics（mu）	42365	17844
全村当年粮食总产量（吨） Total Output of Grain on Village This Year（ton）		
救济及社会保障情况 **Situation of Relief and Social Security**		
年内收到救济、救灾款物（包括实物折价）（元） Receive Relief, Relief Funds and Materials（Including In-kind Discounts）（yuan）	2752044	1842834
年内收到过救济、救灾款物的户数（户） Number of Households by Received Relief, Relief Funds and Materials（household）	12936	9345

3-9 续表 2 continued

项 目 Item	2017	2018
年内缺粮需要救济的户数（户） Number of Households by Due to Lack of Food in Need of Relief（household）	7909	3253
享受农村最低生活保障人数（人） Number of Rural Residents with Minimum Living Allowance（person）	59396	45978
参加新型农村合作医疗人数（人） Number of New Cooperative Medical System（person）	598583	700429
参加农村社会养老保险人数（人） Number of Rural Social Endowment Insurance（person）	292718	342215
村级扶贫活动情况 **Situation of Poverty Alleviation Activities by Village-level**		
有小额信贷组织或村民互助资金组织的村（个） Villages with micro Credit Organizations or Mutual Fund Organizations of Villagers（unit）	97	128
有村级扶贫规划的村（个） There Poverty Alleviation Plan of Village-level by Villages（unit）	196	217
扶贫规划为村民讨论共同决定的村（个） Poverty Reduction Program for the Villagers to Discuss the Decision of the Village（unit）	192	205
参加过扶贫开发项目的村（个） Participated in Poverty Alleviation and Development Projects the Villages（unit）	185	227
政府或机构拨付到位扶贫资金总额（万元） Total Amount of Government or Agencies of Poverty Funds be Appropriated in Place（10 000 yuan）	4412.0	103090.3
# 扶贫贷款 # Loans of Poverty Alleviation	1842.8	21979.8
扶贫资金的投向（万元） Poverty Alleviation Funds to Investment Direction（10 000 yuan）		
农业 Agriculture	335.7	4888.8
林业 Forestry	109.3	1303.7
畜牧业 Stockbreeding	239.4	4451.2
农产品加工业 Agricultural Product Processing Industry	13.0	446.0
农村饮水安全工程 Drinking Water Safety Project of Rural	234.3	6695.6
小型农田水利及农村水电 Irrigation and Water Conservancy of Small-scale and hydropower of Rural	34.1	1677.6
病险水库除险加固 Dangerous Reservoir Reinforcement	18.0	258.0
村通公路（通畅、通达工程等） Open Up Roads of Village（Smooth, Tongda Engineering Etc）	1152.4	13109.0
农网完善及无电地区电力设施建设 Perfect Power Network of Rural and Building of Power Facilities of Areas Without Electricity	90.0	1419.5
村村通电话、互联网覆盖等信息化建设 Village Phone, Internet coverage Information Construction	19.6	1146.5
农村沼气等清洁能源建设 Rural Biogas and so on Clean Energy Construction	2.8	210.4

3-9　续表 3　continued

项　目 Item	2017	2018
农村危房改造 Repair of Dangerous Buildings by Rural	487.2	6761.8
中低产田改造、土地开发整理 Low-yielding Farmland, Land Development and consolidation	14.4	1313.1
村卫生站（室）建设及设施 Construction and Facilities of Village Health Station（Room）	6.5	433.0
农村中小学建设 Construction of Rural Primary and Secondary	162.6	1743.1
劳动力职业技能培训 Workforce Occupational Skill Training	538.0	278.4
易地扶贫搬迁 Places as a Poverty Removal	1367.7	52213.9
其他 Other	109.1	2205.8
扶持农户数或公共项目成果（户） Support is Number of Rural Households or Public Project Results（households）		
农业 Agriculture	47337	20634
林业 Forestry	44287	7699
畜牧业 Stockbreeding	9815	5767
农产品加工业 Agricultural Product Processing Industry	792	2001
农村饮水安全工程 Drinking Water Safety Project of Rural	6814	20401
小型农田水利及农村水电（亩） Irrigation and Water Conservancy of Small-scale and hydropower of Rural（mu）	4774	4486
病险水库除险加固（平方米） Dangerous Reservoir Reinforcement（sq.m）	410	1785
村通公路（通畅、通达工程等）（公里） Open Up Roads of Village（Smooth, Tongda Engineering Etc）（km）	902	1620
农网完善及无电地区电力设施建设 Perfect Power Network of Rural and Building of Power Facilities of Areas Without Electricity	1665	4616
村村通电话、互联网覆盖等信息化建设 Village Phone, Internet coverage Information Construction	1036	6545
农村沼气等清洁能源建设（个） Rural Biogas and so on Clean Energy Construction（unit）	578	690
农村危房改造（平方米） Repair of Dangerous Buildings by Rural（sq.m）	133931	121395
中低产田改造、土地开发整理（亩） Low-yielding Farmland, Land Development and consolidation（mu）	1260	5824
村卫生站（室）建设及设施（平方米） Construction and Facilities of Village Health Station（Room）（sq.m）	549	3494
农村中小学建设（平方米） Construction of Rural Primary and Secondary	17630	14255
劳动力职业技能培训（人次） Workforce Occupational Skill Training（person-times）	9106	8516
易地扶贫搬迁 Places as a Poverty Removal	1965	8079

第四篇　价格调查

Chapter　4　Price Survey

简要说明

一、本篇资料的主要内容

本篇价格指数资料，反映生产、流通、消费与投资等环节的价格变动趋势和变动幅度。主要包括居民消费价格指数、商品零售价格指数、农业生产资料价格指数、农产品生产者价格指数、工业生产者出厂价格指数、工业生产者购进价格指数、固定资产投资价格指数、房地产价格指数、农产品集贸市场价格及指数等。

二、本篇的资料来源

价格指数编制由国家统计局城市社会经济调查司和农村社会经济调查司组织实施。由各省、自治区、直辖市及抽选出的市、县调查队依据国家统计局统一制定的价格统计调查制度从基层采集原始数据汇总后上报。

三、居民消费、商品零售价格指数、农业生产资料价格指数

编制居民消费、商品零售价格、农业生产资料价格指数的资料采用抽样调查和重点调查相结合的方法取得，即在广西壮族自治区选择不同经济区域和分布合理的地区，以及有代表性的商品作为样本，对其市场价格进行定期调查，以样本推断总体。目前，参加广西省级数据汇总的调查市、县21个。编制过程按下列几个步骤进行：

1.选择调查地区和调查点。调查地区按照经济区域和地区分布合理等原则，选出具有代表性的大、中、小城市和县作为广西的调查地区，在此基础上选定经营规模大、商品种类多的商场（店）、超市、农贸市场、服务网点等作为调查点。

2.选择代表规格品。代表规格品是选择那些消费量大、价格变动有代表性的商品；代表规格品的确定是根据商品零售资料和城乡居民的消费支出记账资料，按照有关规定筛选的。筛选原则：（1）与社会生产和人民生活关系密切；（2）消费（销售）数量（金额）大；（3）市场供应稳定；（4）价格变动趋势有代表性；（5）所选的代表规格品之间性质差异大，价格变动特征的相关性低。

目前，居民消费价格调查按用途划分为8大类，262个基本分类，各调查市县每月调查800种以上的规格品价格；商品零售价格按用途划分为16个大类，197个基本分类，各调查市县每月调查500种以上的规格品价格；农业生产资料价格调查按用途划分为10个大类，26个基本分类，各调查市县每月调查70种以上的规格品价格。

3.价格调查方法。通过手持数据采集器，采用定人、定点、定时的方法直接调查。

4.权数的确定。居民消费价格指数的权数主要根据城乡居民家庭消费支出构成确定。商品零售价格指数的权数主要根据社会商品零售额资料确定；农业生产资料价格指数权数主要根据农村居民家庭消费支出构成确定。

四、工业生产者出厂价格指数

工业生产者出厂价格是工业品第一次出售时的出厂价格。该项调查采用重点调查与典型调查相结合的调查方法。重点调查对象为年主营业务收入2000万元及以上的工业法人企业;典型调查对象为年主营业务收入2000万元以下的工业法人企业。

1.选择代表企业的原则：（1）按工业行业选择调查企业，各中类行业原则上都要有调查企业；（2）大型企业应尽量都选上（或占相当大比重）；（3）选择生产正常、稳定的企业作为调查对象。

2.选择代表产品的原则：（1）按工业行业选择代表产品；（2）选择对国计民生影响大的产品；（3）选择生产较为稳定的产品；（4）选择有发展前景的产品；（5）选择具有地方特色的产品。

目前《工业生产者出厂价格调查目录》包括11000多种产品，并将其划分为1638个基本分类；《工业生产者购进价格调查目录》包括6000多种产品，并划分为900多个基本分类。

3.价格调查方式。采用企业报表形式，每月约1000家工业企业上报数据资料。

4. 权数的确定。工业生产者出厂价格统计中，工业小类及小类以上的权数资料来源于工业统计中分行业工业销售产值数据资料；基本分类的权数资料来源于独立的工业企业产品权数调查。权数一般五年更换一次。

五、固定资产投资价格指数

固定资产投资价格调查采用重点调查与典型调查相结合的方法。固定资产投资价格调查所涉及的价格是构成固定资产投资额实体的实际购进价格或结算价格。调查的内容包括构成当年建筑工程实体的钢材、木材、水泥、地方材料（如砖、瓦、灰、沙、石等）、化工材料（如油漆等）等主要建筑材料价格；作为活劳动投入的劳动力价格（单位工资）和建筑机械使用费用；设备工器具购置和其他费用投资价格。

固定资产投资价格调查样本的选择遵循以下原则：

1. 选择建筑安装工程调查点的原则：（1）样本单位应具有一定覆盖面；（2）投资经济活动代表性强；（3）兼顾不同登记注册类型；（4）选择重点工程；（5）兼顾国民经济各门类及不同工程类别。

2. 选择其他费用调查点的原则：在选择其他费用调查点时，所遵循的原则与建筑安装工程调查点的原则基本相同，特别是要注意选择那些投资额大的工程。但由于其他费用不易取得，所以在实际操作过程中，应同时在建设单位、施工单位开展重点调查，并辅以典型调查（从管理部门取得资料）。

3. 价格调查方式。采用企业报表和调查员走访相结合的方式。

4. 权数的确定。固定资产投资价格指数的计算权数是建筑安装工程、设备工器具购置和其他费用三者前三年的平均比重。

六、房地产价格指数

房地产价格指数由新建住宅销售价格指数和二手住宅销售价格指数组成。调查周期为月度。

1. 调查城市。全国调查城市共70个。其中：直辖市、省会城市、自治区首府城市（不含拉萨市）和计划单列市35个；唐山、秦皇岛等其他城市35个。广西壮族自治区的调查城市有南宁市、桂林市和北海市等3个。

2. 调查范围。调查范围为南宁市、桂林市和北海市的市辖区，不包括县。

3. 指标设置。（1）新建商品住宅设置90平方米及以下、90～144平方米、144平方米以上三个基本分类。（2）二手住宅设置90平方米及以下、90～144平方米、144平方米以上三个基本分类。

4. 二手住宅价格调查房地产经纪机构和住宅样本选取原则：

（1）选取房地产经纪机构要注重代表性。统筹考虑各种因素，选择规模大、实力强、营业额占当地总营业额比重较大、经营状况比较稳定的房地产经纪机构，并尽量兼顾内资、港澳台商投资、外商投资等不同注册登记类型。选取的房地产经纪机构的总营业额一般应占当地二手住宅总营业额的75%以上。房地产经纪机构应按规定内容和要求填报调查表。

（2）选取住宅样本要兼顾不同地理位置。综合考虑住宅类型、区域、地段、结构等统计口径的一致性，保证上月、本月价格同质可比。在选取住宅样本时，要分区域（辖区）、分类型从上月及本月销售的住宅中分别选取销售量（套数）所占比重最（较）大、同质可比性和代表性强且交易时间最接近每月15日的一套住宅。

5. 价格调查方式。新建住宅销售价格直接采用当地房地产管理部门的网签数据。二手住宅价格为非全面调查，采用重点调查与典型调查相结合的方法，按照房地产经纪机构上报、房地产管理部门提供与调查员实地采价相结合的方式收集基础数据。

七、农产品生产者价格指数

农产品生产者价格是农产品生产者直接出售其产品时实际获得的单位产品价格。农产品生产价格调查采用抽样调查和重点调查相结合的方法。内容包括被调查单位生产并出售的主要农产品。农产品代表产品的选择涵盖农、林、牧、渔四大类、各中类以及90%以上的小类，一般是生产量和销售量大的对国计民生影响大、稳定性强的产品，具有发展前景的新产品和具有地方特色的产品。代表品一般稳定五年。

（1）农产品生产者价格：在广西41个调查市县内，由国家调查队通过对抽样确定的农业生产经营单位和农户生产并出售的主要农产品进行登记台账取得。调查周期为季报。

（2）农产品集贸市场价格：在全国选中的农产品主产县的集贸市场调查农牧渔业31种主要产品价格取得。调查周期为月报。

4-1　居民消费、商品零售、农业生产资料价格总指数（1985—2018年）

Consumer Goods Retail, Agricultural Production Materials Price Index（1985—2018）

（上年＝100）　　　(preceding year=100)

年份 Year	居民消费价格指数 Consumer Price Index			商品零售价格指数 Retail Price Index			农业生产资料价格指数 Price Indices of Farming Production Material
	全区 Province	城市 Urban Areas	农村 Rural Areas	全区 Province	城市 Urban Areas	农村 Rural Areas	
1985	113.0	114.7	111.8	111.2	114.5	109.3	104.6
1986	106.2	106.2	106.2	105.1	106.0	104.4	101.1
1987	108.2	110.2	105.8	108.0	110.5	105.5	105.5
1988	120.8	123.3	118.4	121.0	123.2	119.4	126.7
1989	121.1	119.7	123.3	121.3	119.1	123.5	125.8
1990	101.1	98.3	104.4	100.1	97.4	102.4	99.2
1991	102.8	102.7	103.0	102.5	102.5	102.5	101.3
1992	105.9	107.0	105.4	104.6	106.2	103.9	104.0
1993	122.0	123.3	119.1	118.9	121.9	114.8	110.6
1994	126.0	125.4	126.5	124.4	122.7	125.6	118.1
1995	118.4	118.0	118.6	116.4	115.0	117.7	130.1
1996	106.5	105.5	107.4	104.5	104.1	104.9	103.8
1997	100.8	100.7	100.8	99.6	99.9	99.4	100.3
1998	97.0	97.1	96.8	96.3	96.7	95.9	92.1
1999	97.7	97.2	98.2	97.2	96.8	97.6	96.4
2000	99.7	100.0	99.5	98.6	98.4	98.8	99.9
2001	100.6	101.3	99.6	97.8	97.3	99.0	97.7
2002	99.1	98.9	99.3	98.1	98.2	98.0	98.2
2003	101.1	100.9	101.3	100.2	99.6	100.8	102.4
2004	104.4	104.1	104.9	103.9	103.4	104.4	115.3
2005	102.4	103.0	101.6	101.1	101.3	101.0	110.5
2006	101.3	101.6	100.9	100.3	100.8	99.8	101.0
2007	106.1	105.6	106.8	104.8	104.2	105.3	114.4
2008	107.8	107.6	108.5	107.6	107.6	108.3	124.0
2009	97.9	97.9	97.5	98.0	98.1	96.9	94.2
2010	103.0	102.9	103.4	103.0	103.0	103.2	101.9
2011	105.9	105.7	106.4	106.0	105.7	106.6	112.2
2012	103.2	103.2	103.3	102.3	102.2	102.4	103.9
2013	102.2	102.1	102.4	101.2	101.1	101.3	99.9
2014	102.1	102.2	101.9	101.4	101.5	101.1	98.9
2015	101.5	101.5	101.5	100.1	100.1	100.1	100.9
2016	101.6	101.6	101.7	100.4	100.4	100.3	100.7
2017	101.6	101.9	101.1	101.2	101.2	100.8	101.4
2018	102.3	102.4	102.2	101.6	101.6	101.7	101.8

4-2 居民消费价格分类指数（2018年）

Consumer Price Indices by Category（2018）

（上年＝100） (preceding year=100)

指 标	Item	全 区 Province	城 市 Urban Areas	农 村 Rural Areas
居民消费价格总指数	**Consumer Price Index**	**102.3**	**102.4**	**102.2**
服务价格指数	**Service Price Index**	**103.7**	**103.9**	**103.5**
工业品价格指数	**Industrial Product Price Index**	**102.1**	**101.9**	**102.4**
消费品价格指数	**Consumer Price Index**	**101.6**	**101.6**	**101.4**
非食品价格指数	**Non-food Price Index**	**102.8**	**102.8**	**102.8**
扣除食品和能源价格指数	**Excluding Food and Energy Price Index**	**102.5**	**102.5**	**102.4**
扣除鲜菜鲜果价格指数	**Excluding Fresh Vegetables Fresh Fruit Price Index**	**102.3**	**102.4**	**102.2**
食品烟酒	**Food, Tobacco and Liquor**	**101.0**	**101.3**	**100.5**
食品	Food	100.4	100.7	100.0
粮食	Grain	100.9	101.3	100.3
大米	Rice	100.9	101.3	100.4
面粉	Flour	101.0	101.4	100.5
其他粮食	Other Grain	97.6	98.5	96.2
粮食制品	Grain Products	101.4	102.0	100.6
薯类	Tubers	101.6	102.7	100.5
豆类	Beans	101.8	103.0	100.0
干豆	Dried Beans	98.5	99.1	97.8
豆制品	Beans Products	102.6	103.9	100.6
食用油	Edible Oil and Fats	97.4	97.5	97.4
食用植物油	Oil of Plant	98.7	98.4	99.1
食用动物油	Edible Animal Oil	85.3	85.1	85.5
菜	Vegetables	103.0	103.3	102.5
鲜菜	Fresh Vegetables	103.3	103.6	102.7
干菜及菜制品	Dried Vegetables and Vegetable Products	100.7	100.7	100.7
畜肉类	Neat of Livestock	93.2	94.0	92.1
猪肉	Pork	90.1	90.5	89.7
牛肉	Beef	100.4	100.4	100.5
羊肉	Mutton	114.9	114.3	116.8
畜肉副产品	Edible Meat and By-products	94.3	94.2	94.3
其他畜肉及制品	Other Meat and Products	99.8	99.9	99.6
禽肉类	Meat of Poultry	107.0	107.2	106.5
鸡	Chicken	107.0	107.3	106.5
鸭	Duck	109.7	109.7	109.7
其他禽肉及制品	Other Poultry and Products	102.9	103.3	102.1
水产品	Aquatic Products	104.2	103.6	105.6
淡水鱼	Freshwater Fish	104.8	104.8	104.9
海水鱼	Saltwater Fish	101.3	99.9	103.8
虾蟹类	Shrimps and Crabs	104.6	102.2	109.5
其他水产品及制品	Other Aquatic Products and Products	106.9	106.3	108.6

4-2 续表 1 continued

（上年=100） (preceding year=100)

指 标	Item	全 区 Province	城 市 Urban Areas	农 村 Rural Areas
蛋类	Eggs	108.5	107.5	110.2
鸡蛋	Egg	108.7	107.4	110.7
其他蛋及制品	Other Eggs and Products	107.9	107.8	108.3
奶类	Milk	102.1	102.1	102.1
鲜奶	Fresh Milk	102.7	102.7	102.6
酸奶	Yogurt	101.1	101.1	101.1
奶粉	Milk Powder	102.2	102.2	102.1
其他奶制品	Other Dairy Products	101.4	101.1	101.9
干鲜瓜果类	Dried and Fresh Melons and Fruits	100.3	99.7	101.3
鲜瓜果	Fresh Melons and Fruits	100.6	100.1	101.6
坚果	Nut	97.1	96.9	97.7
瓜果制品	Melon and Fruit Products	100.6	100.1	102.1
糖果糕点类	Candy and Cake	101.5	101.8	101.1
食糖	Sugar	97.9	98.0	97.8
糖果	Candy	101.2	101.9	99.9
糕点	Cakes and Pastries	102.6	102.8	102.4
其他糖果糕点	Other Sweets and Pastries	100.9	100.6	101.4
调味品	Flavoring	101.9	101.9	101.8
食用盐	Edible Salt	98.4	98.6	98.3
酱油	Soy Sauce	103.7	103.6	103.8
食醋	Vinegar	102.7	102.4	103.2
调味酱	Sauces	101.5	101.7	101.2
味精	Monosodium Glutamate	101.5	101.0	102.2
其他调味品	Other Condiments	102.6	103.0	102.3
其他食品类	Other Foods	100.8	100.2	101.9
方便食品	Convenience Food	99.4	98.7	100.5
淀粉及制品	Starch and Products	101.5	100.3	104.2
膨化食品	Puffed Food	103.0	102.7	103.4
茶及饮料	Tea and Beverages	102.3	102.2	102.7
茶叶	Tea	101.9	102.0	101.9
固体咖啡	Solid Coffee	102.1	102.1	102.1
其他固体饮料	Other Solid Drinks	104.7	103.1	107.2
饮用水	Drinking Water	100.9	100.8	101.2
果汁饮料	Fruit Juice Beverage	102.4	102.3	102.6
其他液体饮料	Other Liquid Beverages	103.5	103.6	103.2

4-2 续表 2 continued

（上年＝100） （preceding year=100）

指 标	Item	全 区 Province	城 市 Urban Areas	农 村 Rural Areas
烟酒	Tobacco and Liquor	100.5	100.9	100.0
烟草	Tobacco	99.9	100.0	99.8
酒类	Liquor	101.4	102.3	100.3
白酒	Liquor	103.4	105.0	101.6
葡萄酒	Wine	100.0	99.7	100.7
啤酒	Beer	98.4	99.1	97.7
其他酒类	Other Wines	101.6	101.6	101.6
在外餐饮	Dining Out	103.0	102.8	103.5
正餐	Dinner	102.1	101.9	102.7
快餐	Fast Food	103.9	103.6	104.7
地方小吃	Local Snack	103.3	103.3	103.4
其他在外餐饮	Other Outside Catering	103.9	103.9	103.8
衣着	**Clothing**	**101.5**	**101.8**	**100.8**
服装	Garments	101.1	101.3	100.3
男式服装	Men's Clothing	101.2	101.4	100.8
男式西服	Men's Suits	102.6	102.6	102.6
男式冬衣	Men's Clothes	100.3	99.8	101.3
男式夹克衫	Men's Jacket	102.7	103.2	101.7
男式毛线衣	Men's Sweater	100.8	100.6	101.3
男式运动装	Men's sportswear	101.1	101.7	99.3
男式衬衫T恤	Men's Shirt T-shirt	101.4	101.4	101.2
男式裤子	Men's Dress Pants	100.8	100.7	101.1
男式内衣	Men's Underwear	100.4	101.4	97.6
女式服装	Women's Clothing	100.9	101.2	100.3
女式外套	Women's Coat	101.3	100.7	103.3
女式冬衣	Women's Clothes	100.0	100.7	97.9
女式毛线衣	Women's Sweater	102.2	102.5	101.4
女式运动装	Women's Sportswear	100.7	100.4	101.6
女式衬衫T恤	Women's Shirt T-shirt	101.3	101.4	101.1
女式裤子	Women's Pants	101.2	101.1	101.4
女式裙子	Women's Ladies Skirt	100.7	101.7	97.9
女式内衣	Women's Lingerie	99.9	100.3	98.5
儿童服装	Children's Clothing	101.1	101.7	99.7
婴幼服装	Infant & Toddlers Clothing	102.4	102.8	101.0
儿童上衣	Children's Coat	101.7	103.2	97.4
儿童裤子	Children's Trousers	98.4	98.4	98.1
儿童裙子	Children's Skirt	103.2	103.0	103.5

4-2 续表 3 continued

（上年=100） (preceding year=100)

指 标	Item	全 区 Province	城 市 Urban Areas	农 村 Rural Areas
服装材料	Garments Material	100.3	99.9	102.3
其他衣着及配件	Other Clothing and Parts	100.0	99.8	100.5
袜子	Socks	100.5	100.5	100.6
帽子	Cap	99.1	98.9	99.8
其他衣着配件	Other Clothing Accessories	99.6	99.3	100.6
衣着加工服务费	Clothing Manufacturing Services	106.9	107.8	105.1
衣着洗涤保养	Scrubbing Maintenance	108.2	109.8	104.9
衣着加工	Clothing Processing	103.8	102.8	105.6
鞋类	Footwear	102.8	103.2	101.6
鞋	Shoes	101.5	101.5	101.5
男鞋	Men's Shoes	101.8	102.2	100.7
女鞋	Women's Shoes	100.4	99.6	102.5
童鞋	Children's Shoes	104.0	106.0	99.9
鞋类加工服务	Footwear Processing Services	114.0	119.3	102.5
居住	**Residence**	**104.3**	**104.1**	**104.7**
租赁房房租	Rent of Rental Housing	105.2	105.5	103.8
公房房租	Rent by Public Houses	102.0	102.4	100.0
私房房租	Private House Rent	105.8	106.0	104.3
住房保养维修及管理	Housing Maintenance and Management	104.6	104.9	104.1
住房装潢材料	Housing Decoration Materials	103.2	103.4	102.8
木地板	Wood Floor	99.9	99.4	100.7
瓷砖	Tile	102.6	103.4	101.1
水泥	Cement	112.4	111.9	113.3
涂料	Paint	101.4	101.2	101.6
板材	Board	103.3	102.8	104.4
管材	Pipe	102.6	103.1	101.8
厨卫设备	Kitchen & Bath Fixtures	102.7	102.7	102.5
门窗	Doors and Windows	103.0	104.0	101.3
其他住房装潢材料	Other Housing Decoration Materials	104.8	106.2	102.4
物业管理费	Property Management Fee	102.8	101.6	105.0
住房装潢维修	Housing Decoration Maintenance	106.7	107.5	105.3
装潢维修费	Upholstery Maintenance Fee	107.8	109.0	105.9
其他住房费用	Other Housing Costs	100.0	100.0	100.0

4-2 续表 4 continued

（上年＝100） (preceding year=100)

指 标	Item	全 区 Province	城 市 Urban Areas	农 村 Rural Areas
水电燃料	Water, Electricity and Fuels	103.1	102.6	104.2
水	Water	100.5	100.7	100.0
电	Electricity	100.0	100.0	100.0
燃气	Gas	109.1	107.8	111.6
管道燃气	Pipeline Gas	97.0	97.1	96.3
液化石油气	Liquefied Petroleum Gas	112.1	111.2	113.6
取暖费	Heating Fee	100.0	100.0	100.0
其他燃料	Other Fuels	106.4	105.6	107.0
自有住房	Private Housing	104.6	104.2	105.2
生活用品及服务	**Articles for Daily Use and Services**	**101.9**	**101.7**	**102.1**
家具及室内装饰品	Furniture and Interior Decorations	101.3	101.7	100.6
家具	Furniture	101.4	101.9	100.5
柜	Cabinet	101.9	101.9	101.9
床	Bed	101.9	103.0	100.2
桌	Table	100.1	100.5	99.4
椅	Chair	101.1	102.4	99.2
沙发	Sofa	100.7	101.0	100.1
其他家具	Other Furniture	102.3	102.8	101.4
室内装饰品	Upholstery	101.0	100.5	102.0
灯具	Lamps and Lanterns	101.5	100.5	103.1
其他室内装饰品	Other Interior Decorations	100.3	100.4	100.3
家用器具	Home Appliances	100.8	100.6	101.1
大型家用器具	Large Household Appliances	100.9	100.9	100.9
洗衣机	Washing Machine	99.2	99.0	99.4
电冰箱（柜）	Refrigerator	100.3	99.4	101.6
抽油烟机	Smoke Lampblack Machine	99.9	100.1	99.6
空调器	Air Conditioner	101.3	101.4	101.0
热水器	Water Heating	101.4	101.1	101.9
炉具灶具	Stove and Cookers	104.2	106.3	100.4
微波炉	Microwave Oven	101.3	100.7	101.9
其他大型家用器具	Other Large Household Appliances	101.4	101.1	101.9
小家电	Small Home Appliances	100.4	99.5	101.9
厨房小家电	Kitchen Appliances	101.1	100.5	102.0
生活小家电	Small Household Electrical Appliances	99.6	98.5	101.7

4-2 续表 5 continued

（上年＝100） (preceding year=100)

指 标	Item	全 区 Province	城 市 Urban Areas	农 村 Rural Areas
家用纺织品	Home Textiles	100.6	99.7	102.4
床上用品	Bedding Article	100.5	99.5	102.8
被子	Quilt	100.7	99.9	102.5
床单被套	Bed Sheet & Duvet Cover	100.3	99.1	102.8
其他床上用品	Other Bedding	100.7	99.5	103.9
窗帘门帘	Curtain	102.5	102.3	102.7
其他家用纺织品	Other Household Textiles	99.2	99.3	99.1
家庭日用杂品	Daily Use Household Articles	102.0	101.2	103.4
洗涤卫生用品	Washing Sanitary Articles	102.2	101.6	103.1
清洗用品	Cleaning Supplies	102.6	102.3	103.1
清洁用具	Cleaning Appliances	99.6	98.9	100.6
清洁用纸	Cleaning Paper	103.4	102.4	105.2
厨具餐具茶具	Kitchenware, Tableware, Tea set	99.9	99.6	100.5
厨具	Kitchenware	101.2	100.9	101.6
餐具	Tableware	98.6	97.8	99.8
茶具	Tea Set	99.6	99.8	99.4
家用手工工具	Hand Tools for Household Use	106.5	101.1	112.0
其他家庭日用杂品	Other Family Daily Sundry Goods	102.3	101.7	103.3
配电附件	Distribution Accessories	104.1	103.0	105.5
雨具	Rain Gear	100.9	100.2	101.9
其他日用杂品	Other Daily Sundry Goods	102.0	101.7	102.5
个人护理用品	Personal-care Supplies	101.2	101.2	101.2
化妆品	Cosmetics	100.9	101.0	100.6
清洁化妆品	Cleaning Cosmetics	100.7	100.9	100.4
护肤化妆品	Skin Care Cosmetics	101.3	101.5	100.4
彩妆化妆品	Make Up Cosmetics	100.4	100.1	101.4
化妆器具	Cosmetic Equipment	100.7	100.9	100.3
其他护理用品类	Other Types of Care Products	101.4	101.3	101.6
清洁类护理用品	Cleaning Supplies	101.0	101.0	100.9
护发美发用品	Hair Care Products	102.3	102.3	102.5
护理器具	Nursing Appliance	102.6	103.2	101.4
其他护理用品	Other Nursing Supplies	100.3	99.8	102.1
家庭服务	Household Services	107.4	107.7	106.5
家政服务	Household Management Services	109.7	110.1	107.6
家庭维修服务	Home Maintenance Services	105.6	105.3	106.1

4-2 续表 6 continued

（上年＝100） (preceding year=100)

指 标	Item	全 区 Province	城 市 Urban Areas	农 村 Rural Areas
交通和通信	**Transport and Communications**	**101.6**	**101.7**	**101.6**
交通	Transport	103.0	103.0	103.0
交通工具	Transport Facility	97.8	98.1	97.2
小型汽车	Compact Car	96.3	97.0	94.5
电动自行车	Electric Bicycle	99.8	100.4	99.1
自行车	Bicycle	102.2	100.5	104.8
其他交通工具	Other Means of Transportation	101.1	102.0	100.2
交通工具用燃料	Fuels for Transport Facility	112.3	112.1	112.7
汽油	Steam-oil	112.8	112.8	112.8
柴油	Diesel Oil	114.1	114.1	114.1
其他车用能源	Other Vehicle Energy	98.1	97.1	102.8
交通工具使用和维修	Use and Maintenance of Transport Facility	102.8	103.0	102.3
停车费	Parking Rate	101.1	101.0	101.4
车辆使用费	Vehicle Usage fee	100.5	100.9	99.9
交通工具零配件	Vehicle Spare Parts	100.8	101.4	99.9
车辆修理与保养	Vehicle Repair and Maintenance	106.1	106.2	105.8
交通费	Traffic Fee	101.0	100.5	102.0
市内公共交通	City Public Transport	102.9	100.2	107.7
出租汽车	Taxi	103.2	102.3	106.3
飞机票	Airplane Ticket	93.0	93.2	92.1
火车票	Train Tickets	102.3	102.2	102.6
长途汽车	Long Distance Bus	100.3	100.0	100.8
其他交通费	Other Transportation Charges	102.3	104.8	98.4
通信	Communications	99.2	99.3	99.1
通信工具	Communication Tools	98.2	99.8	95.4
固定电话机	Fixed Telephone Set	100.7	101.2	99.9
移动电话机	Mobile Telephone Set	97.8	99.8	94.5
通信工具零配件	Communication Tools Parts and Accessories	99.9	99.3	100.9
通信服务	Communication Services	99.4	99.0	100.2
固定电话费	Fixed Telephone Fee	99.5	100.0	98.6
移动通信费	Mobile Communication Fee	98.7	98.2	99.6
上网费	Internet Fee	101.5	100.8	103.0
其他通信服务	Other Communication Services	100.0	100.0	100.0
邮递服务	Postal Services	100.5	101.0	99.3
邮政邮寄	Post Mail	101.0	101.3	100.3
快递服务	Express Services	100.3	100.9	99.0

4-2 续表 7 continued

（上年＝100） (preceding year=100)

指 标	Item	全 区 Province	城 市 Urban Areas	农 村 Rural Areas
教育文化和娱乐	**Education, Culture and Recreation**	**102.5**	**102.6**	**102.3**
教育	Education	103.3	103.6	102.6
教育用品	Education Articles	102.1	102.5	101.4
工具书	Reference Book	100.3	100.5	99.9
教材	Textbooks	100.0	100.0	100.0
参考资料	Reference Material	104.4	105.0	103.1
其他教育用品	Other Educational Supplies	99.3	99.3	99.4
教育服务	Education Services	103.4	103.8	102.8
学前教育	Preschool Education	106.9	106.5	107.7
小学初中教育	Primary and Secondary Education	105.8	107.1	102.3
高中中职教育	Secondary Vocational Education	101.4	102.1	100.6
高等教育	Higher Education	100.4	100.4	100.3
课外教育	Extracurricular Education	106.7	107.0	106.0
专业技能培训	Professional Skills Training	100.6	100.8	100.4
文化娱乐	Culture and Recreation	101.4	101.3	101.5
文娱耐用消费品	Durable Consumer Goods for Culture and Recreation	99.0	98.7	99.7
电视机	Television	97.4	96.9	98.4
照相机	Camera	99.7	99.3	100.9
台式计算机	Desktop Computer	100.7	100.5	101.2
笔记本平板	Notebook Computer	99.0	98.8	99.9
乐器	Musical Instruments	101.4	101.6	100.7
音响	Acoustics	100.0	99.6	101.6
其他文娱耐用消费品	Other Recreational and Durable Goods	98.6	98.2	100.1
其他文娱用品	Other Articles	102.3	101.6	104.1
书报杂志	Newspapers and Magazines	104.6	103.5	108.1
纸张文具	Paper Stationery	103.4	101.4	108.5
体育户外用品	Sports Outdoor Products	100.9	100.7	101.7
游戏用品和玩具	Game Supplies and Toys	102.0	101.5	103.2
园艺花卉及用品	Garden Flowers and Supplies	101.0	100.6	102.1
宠物及用品	Pets and Supplies	101.1	101.0	101.4
其他文化娱乐用品	Other Cultural and Recreational Products	101.0	101.2	100.7
文化娱乐服务	Services for Culture and Recreation	101.3	101.9	99.5
电影票	Cinema Ticket	103.3	103.8	100.7
景点门票	Scenic Spot Ticket	101.9	101.7	102.6
有线电视	Cable Television	99.2	99.6	98.2
健身活动	Fitness Activities	102.3	102.7	100.3
其他文娱服务	Other Recreational Services	104.6	106.2	100.6

4-2 续表 8 continued

（上年＝100） (preceding year=100)

指 标	Item	全 区 Province	城 市 Urban Areas	农 村 Rural Areas
旅游	Touring and Outing	103.0	103.0	103.1
旅行社收费	Travel Service Charges	102.7	102.8	102.6
其他旅游	Other Travel	105.8	105.6	106.2
医疗保健	**Health Care**	**104.5**	**104.7**	**104.3**
药品及医疗器具	Medicine and Medical Instrument	104.6	104.0	105.8
中药	Traditional Chinese Medicine	106.6	106.7	106.5
中药材	Chinese Medicinal Materials	106.8	107.2	106.1
中成药	Chinese Patent Medicine	106.6	106.5	106.7
西药	Western Medicines	105.3	104.0	107.4
抗微生物药	Antimicrobial Agents	102.8	102.8	102.8
消化系统用药	Digestive System Drugs	104.9	103.3	107.6
呼吸系统用药	Respiratory System Durgs	106.8	103.0	113.4
解热镇痛药	Antipyretic Analgesics	104.6	103.1	106.9
抗肿瘤药	Antineoplastic Agents	102.7	102.4	103.1
激素及影响内分泌药	Hormones and Endocrine Drugs	108.7	103.1	118.2
心血管系统用药	Cardiovascular System Drugs	109.4	110.8	107.5
血液系统用药	Blood System Drugs	100.6	99.1	102.4
治疗精神障碍药	PSYCHOTHERAPEUTICAGENTS	106.2	104.2	108.6
神经系统用药	Drugs for Nervous System	103.7	101.2	107.1
消毒防腐及创伤外科用药	Antiseptic, Antiseptic and Trauma Surgical Drugs	103.4	105.2	101.4
泌尿系统用药	Urinary System Drugs	103.3	103.6	103.0
维生素、矿物质类药	Vitamins and Minerals	109.9	106.7	114.7
调节水、电解质及酸碱平衡药	Adjust Water, Electrolyte and Acid-base Balance	103.6	102.9	104.6
滋补保健品	Nourishing Health Care Products	103.5	103.5	103.4
医疗卫生器具	Medical Sanitation	100.2	100.3	99.7
保健器具	Health Care Appliance	101.0	101.7	100.1
医疗服务	Medical Services	104.5	105.1	103.5
综合医疗类	Synthetic Medicine	112.8	114.7	109.3
一般医疗服务	General Medical Service	110.6	110.9	110.0
一般治疗操作	General Treatment Procedure	107.6	109.5	104.0
护理	Nursing	125.4	130.0	116.0
其他综合医疗服务	Other Comprehensive Medical Services	119.9	120.3	119.3
诊断类	Diagnostic Class	100.3	100.2	100.3
病理学诊断	Pathological Diagnosis	103.3	106.4	100.5
实验室诊断	Laboratory Diagnosis	99.7	99.5	100.0
影像学诊断	Imaging Diagnosis	100.6	100.3	101.0
临床诊断	Clinical Diagnosis	100.3	100.4	100.1

4-2 续表 9 continued

（上年＝100） (preceding year=100)

指 标	Item	全 区 Province	城 市 Urban Areas	农 村 Rural Areas
治疗类	Therapeutic Category	102.8	102.8	102.7
临床手术治疗	Clinical Surgical Treatment	104.3	103.9	104.7
临床非手术治疗	Clinical Non-surgical Treatment	100.8	101.4	100.0
康复类	Rehabilitation Class	101.6	101.5	101.9
中医医疗服务类	Chinese Medicine Medical Service	111.3	109.3	113.8
其他医疗服务	Other Medical Services	102.6	104.9	100.0
其他用品和服务	**Other Articles and Services**	**101.3**	**101.5**	**101.0**
其他用品类	Other Articles	98.5	98.3	99.1
首饰手表	Jewellery Watches	96.8	96.4	97.8
金饰品	Gold Jewelry	97.6	97.3	98.5
银饰品	Silver Jewelry	99.3	99.9	98.0
铂金饰品	Platinum Jewelry	91.4	91.0	92.7
手表	Wrist Watch	100.3	99.8	101.5
其他杂项用品	Other Miscellaneous Goods	99.7	99.6	99.9
箱包	Luggage and Bags	99.6	99.7	99.5
母婴用品	Mother and Baby Supplies	99.8	99.9	99.6
眼镜	Glasses	99.6	99.1	100.8
其他服务类	Other Services	103.5	104.2	102.3
旅馆住宿	Hotel Accommodation	101.4	102.4	99.4
宾馆住宿	Hotel Accommodation	101.1	102.1	99.3
其他住宿	Other Accommodation	101.8	102.8	99.5
美容美发洗浴	Hairdressing & Beauty and Bath	105.6	106.7	103.4
美容	Hairdressing	105.3	107.3	100.8
美发	Hairdressing	105.6	105.8	105.2
洗浴	Bath	107.3	109.7	102.0
养老服务	Pension Services	106.8	109.3	102.2
金融保险	Financial Insurance	101.5	101.2	102.3
金融服务	Financial Service	100.2	100.2	100.2
车辆保险	Vehicle Insurance	99.4	99.1	100.0
旅行保险	Travel Insurance	101.8	102.7	100.0
其他保险	Other Insurance	103.3	102.4	105.2
其他服务类	Other Services	107.1	108.3	104.8
中介服务	Intermediary Services	104.7	106.4	101.1
其他服务	Other Services	111.2	111.4	110.7

4-3 分月居民消费价格指数（2018年）

（上年同期=100）

指 标	Item	1 月 January	2 月 February	3 月 March
居民消费价格总指数	**Consumer Price Index**	**101.7**	**103.3**	**102.5**
服务价格指数	**Service Price Index**	**103.2**	**104.6**	**103.9**
工业品价格指数	**Industrial Product Price Index**	**101.4**	**101.5**	**101.3**
消费品价格指数	**Consumer Price Index**	**101.0**	**102.6**	**101.7**
非食品价格指数	**Non-food Price Index**	**102.2**	**102.9**	**102.5**
扣除食品和能源价格指数	**Excluding Food and Energy Price Index**	**102.1**	**102.8**	**102.5**
扣除鲜菜鲜果价格指数	**Excluding Fresh Vegetables Fresh Fruit Price Index**	**101.7**	**102.9**	**102.3**
食品烟酒	**Food, Tobacco and Liquor**	**100.4**	**103.9**	**102.1**
食品	Food	99.9	104.8	102.1
粮食	Grain	101.5	101.5	101.4
大米	Rice	101.5	101.5	101.5
面粉	Flour	101.6	101.2	101.1
其他粮食	Other Grain	98.0	98.1	97.7
粮食制品	Grain Products	102.1	102.5	101.9
薯类	Tubers	99.1	101.2	102.1
豆类	Beans	100.2	104.4	102.0
干豆	Dried Beans	100.8	100.9	100.7
豆制品	Beans Products	100.0	105.3	102.4
食用油	Edible Oil and Fats	97.5	98.2	97.7
食用植物油	Oil of Plant	99.2	99.5	99.0
食用动物油	Edible Animal Oil	82.7	86.7	86.0
菜	Vegetables	103.8	116.2	107.3
鲜菜	Fresh Vegetables	104.1	117.9	108.0
干菜及菜制品	Dried Vegetables and Vegetable Products	101.3	101.0	101.4
畜肉类	Neat of Livestock	92.2	97.6	92.6
猪肉	Pork	89.1	95.2	88.6
牛肉	Beef	99.6	103.9	101.1
羊肉	Mutton	105.5	118.4	116.0
畜肉副产品	Edible Meat and By-products	95.3	99.6	96.3
其他畜肉及制品	Other Meat and Products	98.9	99.7	99.8
禽肉类	Meat of Poultry	105.3	110.0	112.9
鸡	Chicken	105.6	111.0	114.4
鸭	Duck	107.0	112.7	115.8
其他禽肉及制品	Other Poultry and Products	101.7	102.5	103.5
水产品	Aquatic Products	103.5	111.7	107.9
淡水鱼	Freshwater Fish	103.4	110.3	107.3
海水鱼	Saltwater Fish	103.1	106.5	103.7
虾蟹类	Shrimps and Crabs	103.3	129.6	118.0
其他水产品及制品	Other Aquatic Products and Products	104.5	106.5	107.1

Consumer Price Indices by Month（2018）

(preceding year=100)

4 月 April	5 月 May	6 月 June	7 月 July	8 月 August	9 月 September	10 月 October	11 月 November	12 月 December
102.1	**101.7**	**101.7**	**101.8**	**102.3**	**102.7**	**103.1**	**102.6**	**102.3**
104.1	**103.6**	**103.5**	**103.6**	**103.8**	**103.7**	**103.6**	**103.5**	**103.5**
101.4	**101.7**	**102.1**	**102.4**	**102.5**	**102.6**	**103.2**	**102.7**	**101.9**
101.1	**100.7**	**100.8**	**100.7**	**101.5**	**102.1**	**102.8**	**102.1**	**101.6**
102.6	**102.6**	**102.7**	**103.0**	**103.1**	**103.1**	**103.3**	**103.0**	**102.7**
102.5	**102.3**	**102.3**	**102.4**	**102.5**	**102.4**	**102.6**	**102.7**	**102.7**
102.1	**101.9**	**102.0**	**102.3**	**102.6**	**102.6**	**102.8**	**102.6**	**102.2**
100.8	**99.7**	**99.3**	**98.9**	**100.4**	**101.6**	**102.3**	**101.3**	**101.3**
100.2	98.5	97.9	97.1	99.4	101.3	102.3	100.8	100.8
101.2	101.0	100.9	100.5	100.4	100.5	100.3	100.3	100.9
101.2	101.2	101.1	100.7	100.3	100.5	100.3	100.1	101.0
101.0	100.9	100.8	100.9	101.1	100.9	101.0	101.2	100.6
98.3	97.7	97.1	96.6	96.7	97.3	96.9	98.0	98.8
101.8	101.2	101.1	100.9	101.3	101.2	100.8	101.2	101.0
101.4	101.7	102.7	102.0	102.0	100.4	101.8	101.8	103.5
102.2	101.5	101.4	101.5	102.1	102.0	101.5	101.3	101.0
100.2	100.4	98.8	97.6	97.7	96.7	95.9	96.1	96.7
102.7	101.8	102.0	102.5	103.2	103.3	103.0	102.7	102.1
96.9	96.9	97.1	97.3	97.7	97.6	97.7	97.3	97.3
98.2	98.6	98.8	98.8	98.6	98.5	98.6	98.3	98.3
84.6	80.4	80.5	81.9	88.5	88.9	89.3	87.8	87.2
101.3	102.4	102.5	91.3	96.7	107.3	110.8	98.7	99.5
101.3	102.5	102.7	90.4	96.3	108.0	112.0	98.6	99.5
101.6	101.3	100.8	100.5	100.6	100.6	100.0	99.9	99.9
89.3	87.0	87.5	89.4	94.9	96.2	97.2	97.5	97.4
84.2	81.5	82.7	85.4	93.0	94.5	95.7	96.2	95.6
100.3	99.7	99.1	98.8	99.4	99.9	100.5	100.8	102.1
114.0	113.0	113.0	112.8	113.9	115.8	118.6	118.6	118.8
93.3	89.7	88.8	90.0	94.2	95.5	95.8	95.9	96.4
100.2	99.6	98.8	99.2	99.7	100.2	100.7	100.6	100.6
112.7	111.2	110.0	109.4	106.9	103.0	102.5	100.9	101.2
113.2	111.0	109.6	109.4	107.2	103.3	102.6	100.1	99.5
117.7	117.2	116.1	113.5	108.7	102.8	102.3	101.8	104.5
103.8	103.5	103.2	103.5	103.0	102.2	102.4	102.5	102.8
105.2	102.8	102.1	102.5	102.2	103.0	102.7	103.5	103.7
105.5	104.0	103.4	103.4	103.2	103.7	104.3	104.9	104.5
101.2	99.5	98.6	99.8	100.0	100.9	100.3	101.0	101.8
109.1	100.1	98.6	99.2	97.5	99.6	96.6	100.4	101.3
107.4	107.4	107.4	107.8	107.3	107.6	107.0	106.1	106.4

4-3 续表 1

（上年同期=100）

指 标	Item	1 月 January	2 月 February	3 月 March
蛋类	Eggs	106.8	110.3	110.1
鸡蛋	Egg	108.8	113.3	112.8
其他蛋及制品	Other Eggs and Products	100.6	101.1	102.3
奶类	Milk	102.3	102.5	102.6
鲜奶	Fresh Milk	102.4	104.4	104.6
酸奶	Yogurt	102.0	102.4	103.4
奶粉	Milk Powder	102.6	101.2	100.9
其他奶制品	Other Dairy Products	101.8	101.5	101.4
干鲜瓜果类	Dried and Fresh Melons and Fruits	99.9	104.7	102.8
鲜瓜果	Fresh Melons and Fruits	100.3	105.7	103.6
坚果	Nut	96.3	97.5	97.1
瓜果制品	Melon and Fruit Products	101.0	101.5	101.7
糖果糕点类	Candy and Cake	101.8	102.2	102.3
食糖	Sugar	99.9	101.1	101.7
糖果	Candy	102.1	103.4	102.8
糕点	Cakes and Pastries	102.3	102.4	102.5
其他糖果糕点	Other Sweets and Pastries	100.8	100.1	101.3
调味品	Flavoring	104.3	103.8	103.4
食用盐	Edible Salt	98.5	99.2	99.0
酱油	Soy Sauce	109.8	108.3	108.0
食醋	Vinegar	103.9	104.1	103.3
调味酱	Sauces	103.2	102.1	101.9
味精	Monosodium Glutamate	101.6	101.9	101.6
其他调味品	Other Condiments	105.6	105.1	104.6
其他食品类	Other Foods	100.7	101.0	100.8
方便食品	Convenience Food	99.5	99.7	99.5
淀粉及制品	Starch and Products	101.0	100.9	100.5
膨化食品	Puffed Food	102.7	103.2	103.3
茶及饮料	Tea and Beverages	102.4	102.4	102.7
茶叶	Tea	102.0	102.0	101.6
固体咖啡	Solid Coffee	103.4	103.7	103.9
其他固体饮料	Other Solid Drinks	102.5	104.0	105.6
饮用水	Drinking Water	102.0	101.7	102.3
果汁饮料	Fruit Juice Beverage	102.9	102.5	102.2
其他液体饮料	Other Liquid Beverages	102.8	102.6	103.0

continued

(preceding year=100)

4 月 April	5 月 May	6 月 June	7 月 July	8 月 August	9 月 September	10 月 October	11 月 November	12 月 December
109.1	110.2	110.7	108.4	111.0	107.7	108.1	107.0	103.5
110.9	111.9	111.8	108.4	110.4	105.9	106.4	104.9	100.9
103.8	105.3	107.3	108.6	112.8	113.6	113.5	113.9	112.5
102.6	102.5	102.3	102.1	101.1	101.5	102.2	101.8	101.6
103.7	103.5	104.2	103.0	101.4	100.0	100.9	102.0	102.0
101.7	102.9	100.9	100.2	99.6	100.4	101.0	99.6	99.4
102.3	101.8	101.4	102.4	101.4	103.3	104.1	102.7	102.1
101.4	101.3	101.4	100.9	101.2	101.5	101.0	101.2	101.9
102.7	94.1	88.4	92.5	96.6	101.4	105.7	108.9	107.4
103.5	93.4	86.8	91.5	96.3	102.1	107.3	111.0	109.0
96.8	97.1	96.8	96.8	96.9	96.9	96.9	97.8	98.4
101.2	101.5	100.8	101.1	99.7	100.0	99.6	99.2	99.8
102.2	102.0	101.4	101.0	100.8	100.8	101.4	101.2	101.1
100.5	99.1	97.1	95.1	95.3	95.9	96.7	96.1	97.1
102.1	101.3	100.4	101.2	100.6	99.7	101.3	100.2	98.9
103.0	102.9	102.6	102.2	102.1	102.7	102.8	103.1	103.0
101.0	102.1	101.9	101.5	101.1	99.8	100.4	100.2	100.9
102.8	102.0	101.6	101.3	101.0	100.7	100.6	100.3	100.8
99.0	99.3	99.7	99.7	97.8	97.4	97.1	97.1	97.2
106.5	103.9	102.5	102.2	101.4	101.4	100.5	100.1	100.9
103.2	103.4	103.9	101.5	102.6	101.4	102.0	101.5	102.1
101.4	100.9	100.6	101.2	101.0	101.2	101.4	101.0	101.6
101.0	101.0	101.2	101.3	101.9	101.8	101.8	101.4	101.8
103.8	102.3	101.8	101.3	101.8	101.3	101.1	101.3	101.3
101.5	100.7	101.1	100.9	101.2	100.9	100.3	100.6	100.6
100.8	99.2	99.9	99.7	99.9	99.7	98.1	98.5	98.5
101.0	100.9	101.0	100.9	101.6	101.2	102.1	103.3	103.5
102.9	103.2	103.3	102.8	103.3	102.9	102.9	102.6	102.8
102.8	102.8	102.4	102.3	102.2	102.0	102.0	102.0	102.0
101.1	101.4	101.7	102.0	102.4	102.5	102.4	102.4	101.9
103.4	101.9	101.2	101.6	101.3	101.7	101.3	101.1	100.6
107.0	107.4	105.7	105.4	104.9	103.9	103.4	103.2	103.9
103.3	102.7	101.9	100.6	99.8	99.3	98.5	99.2	99.6
102.2	101.9	102.1	102.9	102.3	102.5	103.0	102.1	101.8
102.7	103.3	102.7	103.1	103.8	103.6	104.8	104.6	104.4

4-3　续表 2

（上年同期=100）

指　标	Item	1 月 January	2 月 February	3 月 March
烟酒	Tobacco and Liquor	100.7	100.7	100.7
烟草	Tobacco	99.7	99.8	99.8
酒类	Liquor	102.1	102.1	102.0
白酒	Liquor	103.1	103.5	103.2
葡萄酒	Wine	101.9	101.0	102.1
啤酒	Beer	99.8	99.2	98.8
其他酒类	Other Wines	104.7	105.3	105.9
在外餐饮	Dining Out	101.9	102.7	102.8
正餐	Dinner	100.6	101.4	101.5
快餐	Fast Food	101.4	103.6	104.1
地方小吃	Local Snack	103.9	103.8	103.0
其他在外餐饮	Other Outside Catering	104.8	104.0	103.9
衣着	**Clothing**	**100.3**	**101.6**	**101.9**
服装	Garments	100.2	101.1	101.4
男式服装	Men's Clothing	100.0	101.4	101.3
男式西服	Men's Suits	100.9	103.3	102.4
男式冬衣	Men's Clothes	98.9	100.3	100.1
男式夹克衫	Men's Jacket	99.0	101.9	102.8
男式毛线衣	Men's Sweater	100.7	102.3	101.2
男式运动装	Men's sportswear	101.7	102.3	102.3
男式衬衫T恤	Men's Shirt T-shirt	100.1	100.8	100.9
男式裤子	Men's Dress Pants	99.8	101.5	100.9
男式内衣	Men's Underwear	99.0	99.9	101.4
女式服装	Women's Clothing	100.0	101.0	101.3
女式外套	Women's Coat	101.0	102.2	103.4
女式冬衣	Women's Clothes	98.9	100.3	100.1
女式毛线衣	Women's Sweater	101.8	103.8	103.8
女式运动装	Women's Sportswear	99.5	100.2	100.5
女式衬衫T恤	Women's Shirt T-shirt	101.7	101.7	101.7
女式裤子	Women's Pants	101.0	102.6	102.7
女式裙子	Women's Ladies Skirt	98.6	99.8	99.8
女式内衣	Women's Lingerie	97.2	97.8	99.4
儿童服装	Children's Clothing	100.8	101.1	101.6
婴幼服装	Infant & Toddlers Clothing	101.5	101.1	101.8
儿童上衣	Children's Coat	101.6	102.2	102.7
儿童裤子	Children's Trousers	98.4	98.8	98.9
儿童裙子	Children's Skirt	102.7	103.1	103.6

continued

(preceding year=100)

4 月 April	5 月 May	6 月 June	7 月 July	8 月 August	9 月 September	10 月 October	11 月 November	12 月 December
100.5	100.4	100.5	100.7	100.7	100.3	100.3	100.3	100.2
99.8	99.8	99.9	100.0	100.0	99.9	99.9	100.0	100.0
101.6	101.3	101.3	101.9	101.8	100.7	100.7	100.9	100.5
103.4	103.6	103.7	104.4	104.4	102.8	102.9	103.1	102.7
100.3	100.2	99.7	100.1	99.8	99.4	98.2	98.9	99.1
97.9	97.5	97.4	98.2	98.6	98.7	98.6	98.4	98.0
105.3	102.3	102.4	101.6	99.8	97.5	98.6	98.6	98.2
102.6	102.9	103.0	103.1	103.2	103.3	103.5	103.5	103.5
101.4	101.8	101.9	102.3	102.3	102.6	103.0	103.0	103.0
104.0	104.6	104.4	104.4	104.1	103.9	103.9	104.2	104.0
102.7	103.0	103.1	103.0	103.4	103.7	103.4	103.3	103.5
103.4	103.1	103.6	103.7	103.8	103.5	104.4	104.3	103.9
101.6	**101.1**	**100.9**	**100.9**	**100.9**	**101.1**	**101.9**	**102.8**	**103.0**
100.9	100.6	100.4	100.5	100.5	100.7	101.4	102.4	102.6
101.2	100.9	100.7	100.8	100.3	101.2	101.7	102.6	102.5
102.4	102.5	102.3	102.2	102.3	104.1	103.4	103.1	102.4
99.9	99.9	99.9	99.9	99.9	99.9	101.1	102.5	101.3
103.3	102.8	102.6	102.6	102.7	103.4	104.2	104.6	103.1
100.5	100.2	99.9	99.9	99.9	100.8	102.7	101.3	100.0
102.0	101.5	100.8	100.3	98.8	100.1	100.8	101.7	101.2
100.9	101.4	101.5	101.4	100.9	101.3	101.7	102.6	102.7
100.7	99.3	98.7	99.6	98.9	101.1	101.4	103.5	104.4
100.8	100.4	100.5	100.5	99.9	99.7	99.9	100.9	101.5
100.6	100.5	100.2	100.3	100.7	100.8	101.2	102.0	102.5
101.1	100.6	100.3	100.7	100.9	99.9	99.8	102.8	102.4
99.3	99.2	99.2	99.2	99.2	99.2	100.3	101.4	103.4
103.1	102.1	101.6	101.6	101.6	102.4	103.5	101.2	100.5
100.1	100.1	100.8	100.2	100.9	101.6	101.2	101.5	102.1
101.7	101.9	100.2	100.9	101.0	100.7	100.5	101.6	101.9
101.9	101.6	100.8	100.8	100.5	100.5	100.4	101.0	100.4
99.3	99.8	99.9	99.7	101.3	101.5	102.7	102.7	103.6
98.4	98.6	99.3	99.4	99.8	100.1	100.7	103.0	104.8
101.1	100.4	100.2	100.6	100.3	99.8	101.6	102.9	103.0
102.6	102.4	102.3	102.9	102.7	101.1	102.9	103.3	103.6
102.0	101.4	100.8	101.1	100.4	99.9	101.6	103.3	103.3
97.7	96.6	96.4	96.8	96.7	97.1	99.6	101.6	101.8
103.0	102.5	103.0	103.2	103.1	102.7	103.6	103.9	103.6

4-3　续表 3

（上年同期=100）

指　标	Item	1 月 January	2 月 February	3 月 March
服装材料	Garments Material	100.8	100.7	101.6
其他衣着及配件	Other Clothing and Parts	100.0	100.1	99.7
袜子	Socks	100.1	100.6	100.3
帽子	Cap	99.8	99.3	98.8
其他衣着配件	Other Clothing Accessories	99.9	99.8	99.5
衣着加工服务费	Clothing Manufacturing Services	103.4	105.9	105.4
衣着洗涤保养	Scrubbing Maintenance	103.5	106.9	105.7
衣着加工	Clothing Processing	103.2	103.5	104.8
鞋类	Footwear	100.6	103.2	103.6
鞋	Shoes	100.9	102.1	102.3
男鞋	Men's Shoes	100.4	101.1	101.9
女鞋	Women's Shoes	99.4	101.2	100.6
童鞋	Children's Shoes	106.2	106.6	108.2
鞋类加工服务	Footwear Processing Services	98.2	112.1	115.2
居住	**Residence**	**103.4**	**103.1**	**103.2**
租赁房房租	Rent of Rental Housing	105.1	104.3	105.0
公房房租	Rent by Public Houses	104.5	104.0	104.0
私房房租	Private House Rent	105.2	104.4	105.1
住房保养维修及管理	Housing Maintenance and Management	105.1	105.0	104.8
住房装潢材料	Housing Decoration Materials	103.8	103.4	103.2
木地板	Wood Floor	103.8	101.7	101.6
瓷砖	Tile	103.7	103.4	104.3
水泥	Cement	105.8	107.0	105.6
涂料	Paint	102.2	101.7	101.5
板材	Board	104.5	104.0	103.5
管材	Pipe	103.2	102.8	102.8
厨卫设备	Kitchen & Bath Fixtures	102.4	102.8	101.9
门窗	Doors and Windows	104.5	104.0	103.4
其他住房装潢材料	Other Housing Decoration Materials	105.2	105.0	105.4
物业管理费	Property Management Fee	102.8	102.8	102.8
住房装潢维修	Housing Decoration Maintenance	107.2	107.3	106.9
装潢维修费	Upholstery Maintenance Fee	108.4	108.5	108.1
其他住房费用	Other Housing Costs	100.0	100.0	100.0

continued

(preceding year=100)

4 月 April	5 月 May	6 月 June	7 月 July	8 月 August	9 月 September	10 月 October	11 月 November	12 月 December
101.8	98.8	98.9	98.8	99.4	99.5	99.3	101.7	101.8
99.7	99.8	99.6	99.4	99.4	99.8	100.4	100.6	101.0
100.2	100.2	100.1	100.1	100.0	100.6	101.0	101.3	102.0
97.3	98.1	97.7	97.8	98.3	99.3	101.1	101.0	101.3
100.3	100.2	99.7	99.4	99.1	99.2	99.4	99.5	99.5
106.9	106.7	106.4	106.3	106.3	106.8	108.6	109.9	110.1
107.7	107.3	107.3	107.2	107.2	107.9	111.4	113.2	113.5
105.2	105.2	104.4	104.2	104.2	104.3	102.2	102.4	102.1
103.9	102.3	102.2	102.1	102.1	102.1	103.2	103.9	103.9
102.6	100.9	100.8	100.7	100.7	100.7	101.5	102.2	102.3
103.2	101.4	102.2	101.8	101.7	101.8	102.2	102.3	101.2
100.2	99.0	98.7	99.0	99.6	100.1	101.3	102.7	103.7
108.8	105.9	104.3	103.8	102.1	100.5	100.9	100.8	100.2
115.2	115.2	114.6	114.6	114.3	114.4	118.4	118.7	118.5
103.3	**104.0**	**104.2**	**104.6**	**104.8**	**105.3**	**105.6**	**105.0**	**104.6**
105.2	105.6	105.5	105.0	105.5	105.4	105.8	105.1	105.0
104.0	104.0	104.0	100.0	100.0	100.0	100.0	100.0	100.0
105.4	105.9	105.8	105.9	106.4	106.4	106.8	105.9	105.9
104.3	104.2	104.3	104.4	104.7	104.9	105.0	104.7	104.2
102.3	103.5	103.5	103.6	103.5	103.0	103.1	102.8	102.5
97.2	99.9	99.3	99.0	99.3	98.3	99.4	99.1	100.1
102.8	102.8	102.6	102.6	102.0	101.6	102.1	101.7	101.5
109.4	114.5	116.8	117.2	116.4	116.8	115.7	114.4	110.1
101.2	100.9	101.2	101.0	101.4	101.1	101.5	101.4	101.4
103.4	103.3	103.3	104.3	104.1	103.7	102.2	101.8	102.0
102.5	103.0	103.1	102.4	102.5	102.7	102.2	102.0	101.8
100.4	103.0	103.1	103.0	102.9	102.0	103.2	103.9	103.3
102.4	103.5	103.1	103.2	103.5	102.6	102.1	101.9	101.7
105.8	104.9	104.9	105.1	105.3	105.0	104.0	103.6	103.5
102.9	101.3	101.3	101.2	102.4	103.9	103.9	103.9	103.9
106.7	105.8	106.1	106.1	106.6	107.2	107.3	106.9	106.1
107.8	106.7	107.1	107.1	107.6	108.4	108.5	108.1	107.0
100.0	100.0	100.0	100.0	100.0	100.0	100.0	100.0	100.0

4-3 续表 4

（上年同期=100）

指　标	Item	1 月 January	2 月 February	3 月 March
水电燃料	Water, Electricity and Fuels	102.4	102.3	102.0
水	Water	100.1	100.0	100.6
电	Electricity	100.0	100.0	100.0
燃气	Gas	107.1	106.7	105.6
管道燃气	Pipeline Gas	95.2	99.1	99.8
液化石油气	Liquefied Petroleum Gas	110.1	108.6	107.0
取暖费	Heating Fee	100.0	100.0	100.0
其他燃料	Other Fuels	104.0	103.9	103.5
自有住房	Private Housing	102.8	102.6	102.9
生活用品及服务	**Articles for Daily Use and Services**	**102.0**	**102.4**	**102.0**
家具及室内装饰品	Furniture and Interior Decorations	103.2	102.6	102.3
家具	Furniture	103.3	102.8	102.4
柜	Cabinet	103.8	103.1	102.1
床	Bed	103.7	103.5	103.0
桌	Table	102.5	102.0	101.7
椅	Chair	105.0	104.3	103.6
沙发	Sofa	102.2	101.6	101.8
其他家具	Other Furniture	102.5	102.2	102.7
室内装饰品	Upholstery	102.0	101.3	101.2
灯具	Lamps and Lanterns	101.3	101.1	101.3
其他室内装饰品	Other Interior Decorations	102.9	101.5	101.0
家用器具	Home Appliances	101.9	101.9	101.7
大型家用器具	Large Household Appliances	102.3	102.1	101.9
洗衣机	Washing Machine	99.9	100.5	100.4
电冰箱（柜）	Refrigerator	102.8	102.3	101.7
抽油烟机	Smoke Lampblack Machine	104.5	104.0	103.0
空调器	Air Conditioner	101.3	101.1	101.2
热水器	Water Heating	102.2	101.6	101.7
炉具灶具	Stove and Cookers	105.3	105.4	105.9
微波炉	Microwave Oven	101.3	100.4	100.5
其他大型家用器具	Other Large Household Appliances	103.5	103.5	103.0
小家电	Small Home Appliances	100.5	100.9	101.0
厨房小家电	Kitchen Appliances	100.9	101.3	101.0
生活小家电	Small Household Electrical Appliances	100.0	100.4	101.0

continued

(preceding year=100)

4 月 April	5 月 May	6 月 June	7 月 July	8 月 August	9 月 September	10 月 October	11 月 November	12 月 December
101.6	101.8	102.5	103.4	104.3	105.0	105.6	103.8	103.2
100.6	100.4	100.4	100.7	100.7	100.7	100.7	100.7	100.7
100.0	100.0	100.0	100.0	100.0	100.0	100.0	100.0	100.0
104.2	105.1	107.2	109.9	112.8	114.9	116.4	110.6	109.0
96.5	96.5	96.5	96.5	96.5	96.6	96.9	96.8	96.8
106.0	107.2	109.9	113.3	117.0	119.5	121.2	113.8	111.8
100.0	100.0	100.0	100.0	100.0	100.0	100.0	100.0	100.0
105.2	106.3	106.6	107.3	107.1	107.8	110.4	108.6	106.4
103.6	104.8	105.0	105.4	105.1	105.7	105.8	105.7	105.6
101.8	**101.8**	**101.7**	**101.5**	**101.6**	**101.6**	**101.8**	**102.0**	**102.1**
101.4	101.0	101.2	101.1	101.3	100.6	100.4	100.6	100.5
101.4	101.0	101.3	101.1	101.5	100.6	100.4	100.5	100.5
101.5	100.9	101.8	102.0	102.0	101.2	101.2	101.5	101.5
101.5	101.3	102.3	101.9	102.6	101.3	100.2	100.9	101.1
100.6	99.8	99.0	99.0	99.3	99.4	99.5	99.3	99.3
102.9	100.9	100.7	99.7	99.5	99.5	99.8	99.3	99.0
101.1	101.4	101.0	100.7	101.2	99.6	99.3	99.3	99.2
101.3	101.2	101.3	102.1	102.9	102.3	102.8	103.2	102.6
100.8	101.4	100.9	100.5	100.0	100.5	100.8	101.1	101.0
101.4	102.5	101.9	101.3	100.5	101.4	101.4	101.4	102.0
100.0	100.0	99.7	99.5	99.4	99.6	99.9	100.8	99.9
100.9	100.7	100.3	100.1	100.0	99.8	100.6	100.8	100.8
101.1	100.9	100.4	100.2	99.9	99.8	100.6	100.8	100.7
98.9	98.6	98.1	98.1	98.1	97.7	99.7	99.8	100.2
100.3	100.4	98.8	98.8	98.8	98.4	100.2	100.6	100.6
101.1	100.3	100.0	99.4	98.2	97.3	97.2	97.2	97.3
101.3	101.0	101.1	100.8	100.6	100.9	101.7	102.0	102.0
101.5	100.8	101.4	101.2	101.0	100.8	101.8	101.7	101.1
105.4	106.0	105.0	104.2	103.3	102.4	102.8	102.9	102.0
100.1	100.2	100.7	101.0	101.7	101.7	102.2	102.7	102.9
102.2	102.2	100.8	100.5	100.4	100.7	99.8	100.2	99.8
100.1	100.0	99.8	99.8	100.0	99.7	100.5	100.9	101.2
99.8	100.0	100.3	100.8	101.2	101.2	101.8	102.4	102.7
100.4	100.1	99.3	98.9	99.0	98.3	99.2	99.4	99.8

4-3 续表 5

（上年同期=100）

指　标	Item	1 月 January	2 月 February	3 月 March
家用纺织品	Home Textiles	101.5	101.0	100.7
床上用品	Bedding Article	101.7	101.1	100.8
被子	Quilt	102.4	101.5	100.9
床单被套	Bed Sheet & Duvet Cover	101.0	100.6	100.7
其他床上用品	Other Bedding	101.3	101.2	100.5
窗帘门帘	Curtain	101.8	101.6	101.8
其他家用纺织品	Other Household Textiles	100.1	99.9	99.3
家庭日用杂品	Daily Use Household Articles	101.4	101.2	101.6
洗涤卫生用品	Washing Sanitary Articles	100.8	100.7	101.5
清洗用品	Cleaning Supplies	100.1	100.3	101.0
清洁用具	Cleaning Appliances	99.6	98.8	99.8
清洁用纸	Cleaning Paper	102.9	102.8	103.7
厨具餐具茶具	Kitchenware, Tableware, Tea set	100.8	100.6	100.3
厨具	Kitchenware	102.5	101.7	101.6
餐具	Tableware	98.8	99.2	98.7
茶具	Tea Set	100.6	100.5	100.3
家用手工工具	Hand Tools for Household Use	104.7	104.3	104.5
其他家庭日用杂品	Other Family Daily Sundry Goods	102.2	102.2	102.0
配电附件	Distribution Accessories	104.8	104.1	104.2
雨具	Rain Gear	100.8	99.7	99.5
其他日用杂品	Other Daily Sundry Goods	101.4	102.3	101.9
个人护理用品	Personal-care Supplies	101.0	101.3	100.8
化妆品	Cosmetics	100.7	101.4	101.1
清洁化妆品	Cleaning Cosmetics	101.0	100.9	101.0
护肤化妆品	Skin Care Cosmetics	100.7	102.4	101.3
彩妆化妆品	Make Up Cosmetics	100.5	100.4	100.4
化妆器具	Cosmetic Equipment	100.1	100.3	101.4
其他护理用品类	Other Types of Care Products	101.2	101.2	100.6
清洁类护理用品	Cleaning Supplies	101.5	101.3	100.8
护发美发用品	Hair Care Products	101.3	101.1	101.4
护理器具	Nursing Appliance	101.7	102.1	101.3
其他护理用品	Other Nursing Supplies	99.9	100.3	98.5
家庭服务	Household Services	103.7	109.4	106.7
家政服务	Household Management Services	104.6	116.7	111.6
家庭维修服务	Home Maintenance Services	103.1	103.7	102.9

continued

(preceding year=100)

4 月 April	5 月 May	6 月 June	7 月 July	8 月 August	9 月 September	10 月 October	11 月 November	12 月 December
100.2	100.0	100.1	99.8	99.6	100.3	101.2	101.3	101.7
100.0	100.0	100.0	99.7	99.3	100.1	101.2	101.2	101.6
100.6	100.5	100.5	99.8	99.7	100.1	100.4	100.8	101.5
99.3	99.3	99.0	98.8	98.5	100.0	102.2	102.1	102.3
100.4	100.2	101.6	101.5	100.6	100.3	100.5	99.9	99.8
101.8	101.5	101.6	101.3	102.3	103.2	103.7	104.3	104.5
99.6	98.9	98.9	99.3	98.9	98.7	98.5	98.4	100.1
101.8	102.1	102.1	102.0	102.4	102.3	102.3	102.5	102.9
102.2	102.2	102.2	102.0	102.6	102.6	102.7	102.9	103.4
102.4	102.6	102.7	102.6	102.8	103.3	104.5	104.4	104.8
100.2	100.1	99.3	99.1	99.9	99.2	99.2	99.7	100.3
103.4	103.2	103.8	103.4	104.4	104.1	102.5	102.9	103.4
100.0	100.1	99.2	99.6	99.2	99.5	99.6	100.0	100.5
101.5	101.8	100.8	101.1	100.6	100.6	100.3	100.8	100.8
98.1	98.0	97.8	98.8	98.0	98.5	98.7	98.8	100.3
100.1	100.2	98.2	97.8	98.2	98.9	99.9	100.2	100.6
104.0	107.5	108.6	108.4	108.7	107.4	106.3	106.3	106.7
101.8	102.0	102.3	102.1	102.8	102.7	102.5	102.6	102.8
103.9	104.1	104.8	105.0	105.0	104.1	103.7	102.8	102.5
99.6	101.3	100.2	100.1	101.4	101.4	101.5	101.9	103.4
101.6	101.2	101.9	101.4	102.2	102.6	102.2	102.7	102.7
101.4	101.3	101.4	101.0	101.1	101.3	101.1	101.3	101.4
101.4	100.7	100.9	100.8	100.7	100.7	100.9	100.9	100.7
101.1	100.5	100.6	100.7	100.8	100.6	100.2	100.6	100.9
102.1	101.1	101.3	101.1	100.8	101.2	101.5	101.2	100.5
100.5	100.4	100.4	100.1	100.3	100.1	100.4	100.5	100.4
101.4	100.4	100.6	101.0	100.5	99.4	101.1	101.0	101.5
101.4	101.6	101.7	101.1	101.4	101.7	101.3	101.5	101.8
100.9	100.4	100.7	100.5	101.1	101.2	100.6	101.0	101.5
103.0	103.2	103.4	102.2	102.3	102.7	102.2	102.6	102.8
102.7	103.2	103.3	103.3	103.2	103.1	102.6	102.5	102.6
99.8	101.5	101.1	100.1	100.0	100.6	100.9	100.8	100.8
106.9	107.5	107.4	107.1	107.3	107.9	108.2	108.3	108.1
111.0	108.4	108.6	108.8	108.9	108.9	109.3	109.8	109.8
103.7	106.7	106.5	105.8	106.1	107.2	107.4	107.1	106.7

4-3 续表 6

（上年同期=100）

指 标	Item	1 月 January	2 月 February	3 月 March
交通和通信	**Transport and Communications**	**99.8**	**101.5**	**99.8**
交通	Transport	99.7	102.3	100.1
交通工具	Transport Facility	97.3	97.1	96.9
小型汽车	Compact Car	95.4	95.3	94.8
电动自行车	Electric Bicycle	100.5	99.6	100.3
自行车	Bicycle	103.2	104.0	102.5
其他交通工具	Other Means of Transportation	100.8	100.7	101.1
交通工具用燃料	Fuels for Transport Facility	106.2	106.5	104.3
汽油	Steam-oil	106.5	106.8	104.5
柴油	Diesel Oil	107.1	107.3	104.9
其他车用能源	Other Vehicle Energy	98.2	97.6	98.6
交通工具使用和维修	Use and Maintenance of Transport Facility	100.1	107.6	102.4
停车费	Parking Rate	94.5	99.5	103.1
车辆使用费	Vehicle Usage fee	100.5	103.3	100.7
交通工具零配件	Vehicle Spare Parts	102.0	101.4	101.3
车辆修理与保养	Vehicle Repair and Maintenance	99.6	118.0	104.2
交通费	Traffic Fee	94.2	105.8	99.9
市内公共交通	City Public Transport	100.8	101.8	100.6
出租汽车	Taxi	102.4	102.4	102.4
飞机票	Airplane Ticket	68.0	107.7	84.0
火车票	Train Tickets	100.0	100.0	100.0
长途汽车	Long Distance Bus	93.0	116.4	105.7
其他交通费	Other Transportation Charges	95.6	101.1	101.6
通信	Communications	99.8	100.0	99.2
通信工具	Communication Tools	98.5	97.8	97.2
固定电话机	Fixed Telephone Set	100.6	100.5	100.5
移动电话机	Mobile Telephone Set	98.0	97.3	96.6
通信工具零配件	Communication Tools Parts and Accessories	101.6	101.4	100.4
通信服务	Communication Services	100.2	100.5	99.7
固定电话费	Fixed Telephone Fee	99.4	99.4	99.4
移动通信费	Mobile Communication Fee	100.0	100.4	99.1
上网费	Internet Fee	101.0	101.2	101.5
其他通信服务	Other Communication Services	100.6	100.6	100.3
邮递服务	Postal Services	100.3	100.6	100.6
邮政邮寄	Post Mail	102.2	102.2	102.2
快递服务	Express Services	99.7	100.2	100.2

continued

(preceding year=100)

4 月 April	5 月 May	6 月 June	7 月 July	8 月 August	9 月 September	10 月 October	11 月 November	12 月 December
100.9	**101.7**	**102.5**	**103.1**	**102.9**	**102.8**	**103.2**	**101.9**	**99.7**
101.6	103.2	104.5	105.5	105.1	105.3	105.7	103.5	100.0
97.0	97.7	98.4	98.1	97.9	97.5	98.0	98.7	98.8
95.2	96.2	97.3	96.8	96.7	96.2	96.9	97.5	97.5
99.2	99.6	99.8	99.6	99.1	99.1	99.3	100.5	101.1
102.4	102.7	102.4	102.1	102.2	102.1	100.7	100.6	101.0
101.1	101.2	101.2	101.5	100.6	100.8	101.4	101.6	101.6
108.5	113.1	117.4	121.5	118.8	120.2	121.4	112.2	99.5
108.9	113.7	118.1	122.3	119.5	121.0	122.2	112.6	99.6
109.8	115.2	120.0	124.8	121.6	123.2	124.5	113.9	99.7
97.6	97.3	98.2	98.1	98.6	98.1	98.3	98.5	98.5
102.1	102.4	102.6	102.5	102.7	102.9	102.7	102.6	102.4
101.6	101.4	101.6	102.1	102.6	102.2	101.8	101.8	101.9
101.0	100.7	100.3	99.9	99.9	99.9	99.9	99.9	99.6
100.7	100.9	101.2	100.6	100.7	100.9	100.2	100.2	100.2
104.2	105.0	105.3	105.6	105.8	106.3	106.7	106.4	106.0
102.2	101.3	99.8	100.4	102.7	102.2	100.0	100.9	102.4
100.2	100.5	100.5	100.5	105.8	105.8	105.8	105.8	106.3
102.4	102.4	102.8	102.8	104.0	104.5	104.5	103.8	103.5
113.2	100.1	87.9	92.8	94.3	91.0	93.8	88.7	100.5
100.0	101.2	101.2	104.2	104.3	104.2	104.3	104.3	104.3
99.5	100.3	99.7	98.0	102.2	99.9	92.6	97.8	97.8
103.8	104.1	104.2	103.7	104.9	106.2	100.1	101.1	102.1
99.5	99.2	99.1	99.1	99.0	98.5	98.9	99.1	99.2
98.0	97.2	97.6	97.8	97.5	97.5	99.3	99.8	100.1
100.8	100.7	100.3	100.9	101.1	100.9	100.9	100.8	100.2
97.6	96.6	97.2	97.5	97.1	97.2	99.2	99.8	100.2
100.0	100.4	100.4	99.2	99.0	99.0	99.2	99.3	99.1
99.8	99.6	99.4	99.4	99.4	98.5	98.6	98.8	98.8
99.4	99.4	99.4	99.4	99.4	99.4	99.4	100.0	100.0
99.1	99.1	98.8	98.5	98.5	97.5	97.5	97.5	97.8
102.1	101.3	101.0	101.8	102.1	101.3	101.6	102.1	101.4
99.9	100.3	100.3	100.3	99.6	99.6	99.6	99.6	99.3
100.6	100.1	100.3	100.0	99.8	100.7	100.7	100.7	100.9
102.2	101.5	101.4	100.4	100.0	100.0	100.0	100.0	100.0
100.2	99.7	99.9	99.9	99.8	100.9	100.9	100.9	101.2

4-3 续表 7

（上年同期=100）

指 标	Item	1 月 January	2 月 February	3 月 March
教育文化和娱乐	**Education, Culture and Recreation**	**101.4**	**103.0**	**102.4**
教育	Education	102.6	102.2	103.0
教育用品	Education Articles	101.8	101.8	101.6
工具书	Reference Book	100.5	100.6	100.0
教材	Textbooks	100.0	100.0	100.0
参考资料	Reference Material	103.6	103.5	103.3
其他教育用品	Other Educational Supplies	99.4	99.6	99.5
教育服务	Education Services	102.7	102.3	103.2
学前教育	Preschool Education	105.6	104.8	106.4
小学初中教育	Primary and Secondary Education	104.8	104.5	106.2
高中中职教育	Secondary Vocational Education	102.1	100.6	101.1
高等教育	Higher Education	100.0	100.0	100.0
课外教育	Extracurricular Education	105.3	106.2	107.5
专业技能培训	Professional Skills Training	99.2	98.8	100.4
文化娱乐	Culture and Recreation	99.6	104.2	101.4
文娱耐用消费品	Durable Consumer Goods for Culture and Recreatior	100.1	99.5	99.5
电视机	Television	99.7	98.4	99.0
照相机	Camera	103.4	102.8	100.2
台式计算机	Desktop Computer	100.5	100.2	99.7
笔记本平板	Netbooks and Tablets	98.5	98.5	99.5
乐器	Musical Instruments	100.9	101.0	100.9
音响	Acoustics	100.3	100.6	100.7
其他文娱耐用消费品	Other Recreational and Durable Goods	99.5	99.5	98.9
其他文娱用品	Other Articles	101.2	101.5	101.6
书报杂志	Newspapers and Magazines	103.4	103.5	103.4
纸张文具	Paper Stationery	102.5	102.9	104.1
体育户外用品	Sports Outdoor Products	100.0	100.0	100.5
游戏用品和玩具	Game Supplies and Toys	100.3	101.1	100.2
园艺花卉及用品	Garden Flowers and Supplies	100.8	100.8	100.7
宠物及用品	Pets and Supplies	100.7	100.8	101.2
其他文化娱乐用品	Other Cultural and Recreational Products	100.0	99.6	99.6
文化娱乐服务	Services for Culture and Recreation	99.6	100.6	101.1
电影票	Cinema Ticket	100.7	100.3	101.3
景点门票	Scenic Spot Ticket	97.2	102.3	102.3
有线电视	Cable Television	98.7	98.7	98.7
健身活动	Fitness Activities	103.0	103.0	104.3
其他文娱服务	Other Recreational Services	101.1	102.5	103.8

continued

(preceding year=100)

4 月 April	5 月 May	6 月 June	7 月 July	8 月 August	9 月 September	10 月 October	11 月 November	12 月 December
102.8	**102.2**	**102.1**	**102.1**	**102.4**	**102.8**	**103.0**	**103.0**	**103.1**
103.0	103.0	103.0	102.9	102.9	104.0	104.1	104.1	104.2
102.4	102.3	102.0	102.0	101.9	101.8	102.4	102.7	102.5
100.0	100.1	100.2	100.4	99.8	99.4	100.6	100.8	101.1
100.0	100.0	100.0	100.0	100.0	100.0	100.0	100.0	100.0
105.0	105.0	104.3	104.2	104.2	104.3	105.0	105.4	104.8
99.8	99.3	99.3	99.1	99.2	98.6	98.9	99.2	99.6
103.1	103.0	103.1	103.0	103.0	104.2	104.2	104.3	104.3
106.4	106.4	106.4	106.4	106.4	108.5	108.5	108.5	108.5
106.2	106.2	106.2	106.2	106.2	105.9	105.9	105.9	105.9
101.1	101.1	101.1	101.1	101.1	101.9	101.9	101.9	101.9
100.0	100.0	100.0	100.0	100.0	101.1	101.1	101.1	101.1
107.3	107.4	107.4	106.3	106.2	106.6	106.4	106.5	106.6
99.1	98.8	99.4	99.4	100.1	102.4	102.7	103.2	104.0
102.6	101.0	100.5	101.0	101.7	100.8	101.3	101.1	101.4
98.7	98.3	97.8	97.9	98.2	98.5	99.4	99.8	99.8
97.1	95.7	94.8	95.1	95.3	96.1	98.6	99.6	99.7
99.9	99.8	99.3	99.3	99.4	98.1	97.9	97.9	98.2
100.2	100.9	100.8	100.4	100.8	101.4	101.2	101.3	101.5
98.7	98.5	98.8	98.9	99.4	99.5	99.4	99.4	99.1
100.8	100.9	101.4	101.5	102.3	101.9	101.8	101.8	101.3
100.6	100.4	99.5	99.5	99.8	99.9	99.8	99.7	99.3
98.9	98.5	98.4	98.4	98.4	98.2	98.1	98.0	98.5
101.7	102.0	102.3	102.5	102.8	102.9	103.0	103.1	102.9
103.5	103.5	103.7	103.8	105.6	105.9	106.4	106.4	106.5
103.6	103.7	103.6	103.7	104.2	103.4	103.2	103.4	102.9
101.1	100.6	100.5	101.3	101.3	101.7	101.5	101.4	101.2
100.6	101.1	102.3	102.7	102.7	103.2	103.7	103.2	103.1
100.5	101.4	101.0	100.9	101.1	100.9	100.9	101.3	101.3
100.9	101.8	102.4	102.0	100.0	100.6	100.5	101.2	101.3
100.5	100.9	101.3	101.4	101.4	101.4	101.9	101.9	101.9
100.5	100.7	101.6	101.8	101.9	101.8	101.7	101.7	102.8
101.6	103.4	105.4	107.0	105.3	104.4	103.0	102.7	104.9
98.7	98.6	102.7	102.6	103.4	101.8	102.6	102.2	108.2
98.8	98.8	99.1	99.1	99.3	99.9	99.7	99.7	99.7
101.1	101.5	101.2	101.7	102.2	102.2	102.1	102.2	103.0
105.5	105.3	105.7	105.7	105.2	105.0	104.9	105.6	105.3

4-3　续表 8

（上年同期＝100）

指　标	Item	1 月 January	2 月 February	3 月 March
旅游	Touring and Outing	98.2	113.5	103.4
旅行社收费	Travel Service Charges	98.1	114.7	103.7
其他旅游	Other Travel	98.9	104.1	100.5
医疗保健	**Health Care**	**107.4**	**107.3**	**107.1**
药品及医疗器具	Medicine and Medical Instrument	103.2	103.2	103.3
中药	Traditional Chinese Medicine	104.7	104.4	104.2
中药材	Chinese Medicinal Materials	106.3	105.5	104.4
中成药	Chinese Patent Medicine	104.0	103.9	104.1
西药	Western Medicine	103.8	104.0	104.2
抗微生物药	Antimicrobial Agents	102.0	101.5	101.7
消化系统用药	Digestive System Drugs	104.2	103.1	104.3
呼吸系统用药	Respiratory System Durgs	104.2	106.4	106.6
解热镇痛药	Antipyretic Analgesics	102.4	101.8	102.6
抗肿瘤药	Antineoplastic Agents	101.8	101.5	101.9
激素及影响内分泌药	Hormones and Endocrine Drugs	108.2	108.7	112.5
心血管系统用药	Cardiovascular System Drugs	104.8	104.4	103.8
血液系统用药	Blood System Drugs	99.6	99.9	99.9
治疗精神障碍药	PSYCHOTHERAPEUTICAGENTS	109.2	109.3	107.4
神经系统用药	Drugs for Nervous System	104.1	104.0	103.1
消毒防腐及创伤外科用药	Antiseptic, Antiseptic and Trauma Surgical Drugs	105.3	105.7	106.3
泌尿系统用药	Urinary System Drugs	101.7	101.3	101.2
维生素、矿物质类药	Vitamins and Minerals	106.9	109.0	106.5
调节水、电解质及酸碱平衡药	Adjust Water, Electrolyte and Acid-base Balance	101.0	101.1	100.6
滋补保健品	Nourishing Health Care Products	101.8	102.0	102.3
医疗卫生器具	Medical Sanitation	100.2	100.1	100.1
保健器具	Health Care Appliance	101.3	101.0	101.0
医疗服务	Medical Services	109.8	109.8	109.4
综合医疗类	Synthetic Medicine	135.6	135.5	132.6
一般医疗服务	General Medical Service	130.3	130.2	127.1
一般治疗操作	General Treatment Procedure	123.2	123.2	120.2
护理	Nursing	175.0	175.0	172.5
其他综合医疗服务	Other Comprehensive Medical Services	142.8	142.8	141.0
诊断类	Diagnostic Class	100.2	100.2	100.4
病理学诊断	Pathological Diagnosis	104.3	104.3	105.3
实验室诊断	Laboratory Diagnosis	99.9	99.9	100.2
影像学诊断	Imaging Diagnosis	99.9	99.8	99.9
临床诊断	Clinical Diagnosis	100.2	100.2	100.3

continued

(preceding year=100)

4 月 April	5 月 May	6 月 June	7 月 July	8 月 August	9 月 September	10 月 October	11 月 November	12 月 December
108.3	103.2	101.0	102.0	103.8	100.7	101.7	100.6	100.9
108.8	102.9	100.2	101.3	103.4	99.9	101.0	99.7	100.0
103.9	105.4	107.6	108.4	107.7	108.1	108.0	108.3	108.3
106.0	**103.9**	**104.1**	**104.2**	**104.4**	**103.1**	**102.5**	**102.4**	**102.2**
104.0	104.3	104.7	104.9	105.5	105.6	105.7	105.4	105.5
106.3	106.7	107.2	107.6	107.8	107.7	107.6	107.2	108.2
106.3	106.5	107.8	108.2	107.9	107.4	107.3	106.8	106.8
106.2	106.8	106.9	107.3	107.8	107.8	107.7	107.3	108.8
104.7	104.8	105.2	105.2	106.2	106.5	106.7	106.4	106.2
102.0	102.6	103.0	104.0	103.4	103.3	103.3	103.5	103.1
103.2	102.6	103.7	103.4	104.9	107.9	108.1	107.4	106.6
107.0	107.3	107.3	107.3	107.7	106.2	106.9	107.4	107.2
102.8	104.5	105.0	105.9	105.9	105.3	106.0	106.2	106.1
103.6	103.6	102.5	102.6	102.7	102.8	103.1	103.1	102.8
112.8	111.4	111.5	110.2	108.3	107.7	106.1	103.7	103.6
107.5	107.0	107.3	107.4	113.4	114.3	114.7	113.5	114.1
99.7	100.9	101.1	101.1	101.8	100.9	101.1	100.8	100.6
107.6	107.7	105.8	105.8	104.8	105.1	105.7	103.9	103.0
103.5	103.2	103.6	103.2	104.0	103.4	103.2	104.8	104.7
105.7	104.1	103.9	102.0	101.2	102.4	102.1	101.2	101.0
101.7	101.5	102.5	103.6	103.8	104.4	106.0	106.3	105.9
108.3	109.0	109.9	108.2	111.0	112.6	112.6	112.4	112.1
100.7	101.0	102.9	103.8	106.4	106.1	106.1	106.6	106.8
102.3	103.0	104.0	104.5	104.8	104.6	104.5	103.9	103.9
99.3	99.7	99.8	99.9	100.5	100.5	100.6	100.6	100.5
101.0	100.9	101.2	101.4	101.1	100.8	100.8	100.8	100.9
107.2	103.7	103.8	103.8	103.7	101.8	100.8	100.7	100.3
124.3	109.0	109.1	109.0	108.8	103.6	101.1	101.3	100.9
119.6	106.5	107.0	106.6	105.9	103.6	101.1	101.2	101.3
113.4	104.3	104.2	104.2	104.3	101.8	100.1	100.2	100.0
156.3	119.6	119.6	119.6	119.6	107.0	103.0	103.4	101.5
137.3	123.4	123.4	123.4	123.4	103.9	101.3	101.3	101.3
100.3	100.4	100.4	100.4	100.4	100.5	100.1	100.0	99.8
105.1	103.3	103.3	103.3	103.3	102.2	101.6	102.0	102.0
99.6	99.8	99.8	99.8	99.8	100.1	99.3	99.2	99.2
100.6	101.0	100.9	100.9	100.9	101.1	101.1	100.8	100.3
100.3	100.3	100.3	100.3	100.3	100.3	100.3	100.2	100.2

4-3 续表 9

（上年同期=100）

指 标	Item	1 月 January	2 月 February	3 月 March
治疗类	Therapeutic Category	104.6	104.6	104.7
临床手术治疗	Clinical Surgical Treatment	107.2	107.1	107.2
临床非手术治疗	Clinical Non-surgical Treatment	101.3	101.3	101.6
康复类	Rehabilitation Class	104.1	104.0	104.0
中医医疗服务类	Chinese Medicine Medical Service	122.8	122.8	121.0
其他医疗服务	Other Medical Services	106.4	106.4	105.7
其他用品和服务	**Other Articles and Services**	**100.5**	**102.3**	**101.2**
其他用品类	Other Articles	99.8	98.2	98.5
首饰手表	Jewellery Watches	99.3	96.0	96.3
金饰品	Gold Jewelry	101.3	96.8	96.8
银饰品	Silver Jewelry	99.1	99.0	99.6
铂金饰品	Platinum Jewelry	93.7	90.1	91.4
手表	Wrist Watch	100.5	100.4	100.4
其他杂项用品	Other Miscellaneous Goods	100.0	99.7	99.9
箱包	Luggage and Bags	100.7	100.0	99.6
母婴用品	Mother and Baby Supplies	99.5	99.5	100.3
眼镜	Glasses	99.7	99.4	99.9
其他服务类	Other Services	101.1	105.6	103.4
旅馆住宿	Hotel Accommodation	97.1	107.8	101.3
宾馆住宿	Hotel Accommodation	97.3	107.0	101.6
其他住宿	Other Accommodation	96.9	108.7	101.0
美容美发洗浴	Hairdressing & Beauty and Bath	100.5	110.6	105.9
美容	Hairdressing	103.1	106.2	104.7
美发	Hairdressing	98.3	113.9	106.3
洗浴	Bath	104.3	109.5	108.9
养老服务	Pension Services	103.3	110.4	106.0
金融保险	Financial Insurance	101.4	101.4	101.4
金融服务	Financial Service	100.0	100.0	100.0
车辆保险	Vehicle Insurance	99.8	99.8	99.8
旅行保险	Travel Insurance	101.5	101.5	101.5
其他保险	Other Insurance	103.1	103.1	103.1
其他服务类	Other Services	103.6	104.2	106.4
中介服务	Intermediary Services	103.3	104.4	104.5
其他服务	Other Services	104.0	104.0	109.4

continued

(preceding year=100)

4 月 April	5 月 May	6 月 June	7 月 July	8 月 August	9 月 September	10 月 October	11 月 November	12 月 December
103.6	102.9	103.0	103.0	103.0	101.5	101.0	101.0	100.4
105.5	104.3	104.6	104.6	104.6	102.6	101.8	101.8	100.8
101.0	101.1	101.0	101.0	101.0	100.0	100.0	100.0	100.0
104.0	100.9	100.9	100.9	100.9	100.1	100.1	100.0	100.0
115.2	112.7	113.0	113.0	113.0	104.8	102.3	101.5	100.5
104.2	101.4	101.4	101.4	101.4	101.2	101.2	100.7	100.6
101.2	**101.2**	**101.3**	**101.3**	**101.4**	**101.0**	**101.6**	**101.4**	**101.6**
98.1	98.4	98.4	98.6	98.5	97.6	98.4	98.9	99.3
95.4	96.1	96.2	97.2	96.4	95.0	97.3	98.4	98.5
95.4	96.4	96.4	98.1	97.9	96.0	97.6	98.9	100.2
100.1	100.2	99.8	99.0	98.6	99.1	99.2	99.2	99.0
90.8	90.7	91.5	91.6	89.3	87.2	93.4	95.3	92.4
100.3	100.4	100.5	100.5	99.9	100.3	100.5	100.2	100.2
99.9	99.9	99.8	99.6	100.0	99.3	99.2	99.2	99.8
99.7	99.7	99.7	98.9	99.7	99.1	99.0	99.5	99.7
99.9	99.8	99.9	100.1	100.2	99.5	99.3	99.1	100.5
100.3	100.3	100.1	99.9	100.2	99.4	99.2	98.8	98.8
103.7	103.5	103.5	103.5	103.7	103.7	104.1	103.5	103.4
103.3	100.9	101.0	100.8	101.7	100.8	102.6	99.7	100.0
101.8	100.6	101.0	99.6	100.9	100.0	102.9	100.0	100.7
105.3	101.3	101.1	102.4	102.7	102.0	102.3	99.3	99.2
105.7	105.1	105.2	106.1	106.1	105.7	105.9	105.5	105.4
104.1	105.5	106.3	106.4	106.1	105.2	105.2	105.5	105.4
106.5	104.4	104.1	105.6	105.9	105.8	106.3	105.3	105.1
108.2	107.9	107.2	107.2	107.2	107.2	106.6	106.6	106.8
105.6	106.9	106.9	107.0	107.1	107.5	107.7	107.7	105.2
101.4	101.4	101.5	101.3	101.4	101.7	101.7	101.4	101.9
100.0	100.0	100.0	100.0	100.0	100.0	100.0	100.0	102.4
99.8	99.8	99.8	100.0	100.0	100.0	98.6	97.9	97.9
101.5	101.5	102.1	102.1	102.1	102.1	102.1	102.1	102.1
103.1	103.1	103.1	102.6	102.9	103.4	104.3	103.8	103.7
107.8	108.5	108.5	107.3	107.0	107.5	108.4	108.4	108.0
104.7	105.6	105.6	103.7	103.3	104.1	105.4	105.5	106.1
112.9	113.2	113.2	113.2	113.2	113.2	113.2	113.2	111.1

4-4 居民消费价格分类指数

Consumer Price Indices by Category

（上年=100） （preceding year=100）

指　标	Item	2016	2017
居民消费价格总指数	**Consumer Price Index**	**101.6**	**101.6**
服务项目价格指数	**Items of Service Price Index**	**102.2**	**103.2**
工业品价格指数	**Industrial Product Price Index**	**99.4**	**101.8**
非食品价格指数	**Non-food Price Index**	**100.9**	**102.4**
扣除食品和能源价格指数	**Deduction Food and Energy Price Index**	**101.4**	**102.2**
扣除鲜菜鲜果总指数	**Deduction Fresh Vegetables Fresh Fruit General Index**	**101.4**	**101.7**
食品烟酒	**Food, Tobacco and Liquor**	**103.4**	**99.7**
食品	Food	104.3	98.5
粮食	Grain	101.0	101.2
薯类	Tubers	111.6	98.0
豆类	Beans	102.2	100.7
食用油	Edible Oil and Fats	101.4	97.9
菜	Vegetables	109.1	96.6
畜肉类	Neat of Livestock	111.4	93.4
禽肉类	Meat of Poultry	100.0	97.5
水产品	Aquatic Products	102.8	104.2
蛋类	Eggs	98.6	97.0
奶类	Milk	99.6	101.6
干鲜瓜果类	Dried and Fresh Melons and Fruits	99.3	104.3
糖果糕点类	Candy and Cake	100.2	101.6
调味品	Flavoring	100.3	102.7
其他食品类	Other Foods	100.7	99.4
茶及饮料	Tea and Beverages	100.5	101.4
烟酒	Tobacco and Liquor	100.9	100.4
烟草	Tobacco	101.4	99.8
酒类	Liquor	100.2	101.4
在外餐饮	Dining Out	102.2	103.0

4-4　续表 1　continued

（上年＝100）　　(preceding year=100)

指　标	Item	2016	2017
衣着	**Clothing**	**101.3**	**101.9**
服装	Garments	101.4	102.1
男式服装	Men's Clothing	101.5	101.3
女式服装	Women's Clothing	101.2	102.4
儿童服装	Children's Clothing	101.7	102.4
服装材料	Garments Material	101.8	105.3
其他衣着及配件	Other Clothing and Parts	101.6	100.1
衣着加工服务费	Clothing Manufacturing Service Fees	104.2	106.6
鞋类	Footwear	100.7	101.1
鞋	Shoes	100.4	100.7
鞋类加工服务	Footwear Processing Services	103.5	104.6
居住	**Residence**	**100.3**	**102.4**
租赁房房租	Rent of Rental Housing	101.8	102.8
住房保养维修及管理	Housing Maintenance and Management	101.0	103.3
住房装潢材料	Housing Decoration Materials	100.1	103.1
物业管理费	Property Management Fee	100.6	101.6
住房装潢维修	Housing Decoration Maintenance	102.2	104.0
水电燃料	Water, Electricity and Fuels	96.7	101.4
水	Water	102.0	100.0
电	Electricity	100.0	100.0
燃气	Gas	89.2	104.4
取暖费	Heating Fee	100.0	100.0
其他燃料	Other Fuels	101.6	102.2
自有住房	Private Housing	101.8	102.5

4-4 续表 2 continued

（上年=100） (preceding year=100)

指 标	Item	2016	2017
生活用品及服务	**Articles for Daily Use and Services**	**99.9**	**100.9**
家具及室内装饰品	Furniture and Interior Decorations	100.1	101.6
家具	Furniture	100.2	101.7
室内装饰品	Upholstery	99.5	100.7
家用器具	Home Appliances	98.4	100.4
大型家用器具	Large Household Appliances	98.3	100.6
小家电	Small Home Appliances	98.9	99.4
家用纺织品	Home Textiles	100.0	100.8
床上用品	Bedding Article	100.0	100.8
窗帘门帘	Curtain	100.2	101.8
其他家用纺织品	Other Household Textiles	100.5	100.4
家庭日用杂品	Daily Use Household Articles	100.1	100.3
洗涤卫生用品	Washing Sanitary Articles	100.1	99.5
厨具餐具茶具	Kitchenware, Tableware, Tea set	100.2	100.3
家用手工工具	Hand Tools for Household Use	100.0	102.0
其他家庭日用杂品	Other Family Daily Sundry Goods	100.1	101.9
个人护理用品	Personal-care Supplies	100.1	100.4
化妆品	Cosmetics	100.5	100.9
其他护理用品类	Other Types of Care Products	99.9	100.1
家庭服务	Family Services	102.8	103.9
交通和通信	**Transport and Communications**	**98.8**	**102.0**
交通	Transport	98.7	103.2
交通工具	Transport Facility	99.0	99.1
交通工具用燃料	Fuels for Transport Facility	95.6	111.2
交通工具使用和维修	Use and Maintenance of Transport Facility	101.1	102.1
交通费	Traffic Fee	101.9	102.5
通信	Communications	99.1	100.0
通信工具	Communication Tools	94.7	98.1
通信服务	Communication Services	100.0	100.5
邮递服务	Postal Services	103.3	100.1

4-4 续表 3 continued

（上年=100） (preceding year=100)

指 标	Item	2016	2017
教育文化和娱乐	**Education, Culture and Recreation**	**101.6**	**102.1**
教育	Education	101.6	102.3
教育用品	Education Articles	99.9	100.7
教育服务	Education Services	101.8	102.5
文化娱乐	Culture and Recreation	101.4	101.7
文娱耐用消费品	Durable Consumer Goods for Culture and Recreation	98.2	100.3
其他文娱用品	Other Articles	100.5	100.9
文化娱乐服务	Services for Culture and Recreation	100.4	101.2
旅游	Touring and Outing	106.3	104.0
医疗保健	**Health Care**	**103.7**	**106.1**
药品及医疗器具	Medicine and Medical Instrument	103.1	103.6
中药	Traditional Chinese Medicine	104.3	104.8
西药	Western Medicine	102.8	104.3
滋补保健品	Nourishing Health Care Products	104.1	102.7
医疗卫生器具	Medical Sanitation	100.9	100.8
保健器具	Health Care Appliance	100.2	100.7
医疗服务	Medical Services	104.1	107.5
综合医疗类	Synthetic Medicine	108.5	128.3
诊断类	Diagnostic Class	102.7	100.6
治疗类	Therapeutic Category	103.9	103.8
康复类	Rehabilitation Class	100.8	103.3
中医医疗服务类	Chinese Medicine Medical Services	107.0	111.0
其他医疗服务	Other Medical Services	100.0	104.0
其他用品和服务	**Other Articles and Services**	**101.9**	**101.6**
其他用品类	Other Articles	101.1	100.0
首饰手表	Jewellery Watches	103.7	100.6
其他杂项用品	Other Miscellaneous Goods	99.5	99.6
其他服务类	Other Services	102.5	102.9
旅馆住宿	Hotel Accommodation	101.8	101.9
美容美发洗浴	Hairdressing & Beauty and Bath	105.4	102.6
养老服务	Pension Services	102.5	106.1
金融保险	Financial Insurance	101.9	102.4
其他服务类	Other Services	100.1	102.6

4-5 各市居民消费价格总指数（1985—2018年）

（上年=100）

年 份 Year	南宁市 Nanning	柳州市 Liuzhou	桂林市 Guilin	梧州市 Wuzhou	北海市 Beihai	防城港市 Fangchenggang
1985	118.3	115.7	114.4	117.4	116.5	
1986	105.2	105.3	105.6	105.1	105.1	
1987	111.1	109.1	113.2	112.7	112.1	
1988	121.6	127.8	124.5	123.4	128.4	
1989	119.4	119.1	119.8	116.2	120.8	
1990	98.0	99.7	99.0	98.7	96.9	
1991	104.1	102.3	101.6	104.8	104.5	
1992	106.7	106.1	109.5	110.2	107.2	
1993	125.1	124.6	120.3	122.2	134.8	
1994	124.8	126.0	128.9	125.8	123.1	
1995	118.6	120.0	119.3	116.1	114.8	
1996	103.3	106.1	108.2	106.8	105.4	
1997	100.2	100.3	101.5	102.1	100.7	
1998	96.7	98.2	95.3	99.9	99.1	
1999	95.9	96.8	98.6	100.1	97.0	
2000	100.0	99.8	99.5	100.5	100.4	
2001	102.8	99.7	102.2	100.3	100.5	
2002	99.4	100.6	100.0	97.8	99.9	
2003	100.8	100.6	100.6	101.3	99.9	
2004	104.2	105.4	104.0	104.3	104.7	
2005	101.1	103.3	104.0	102.8	101.6	
2006	102.5	101.0	100.7	101.4	101.6	
2007	104.5	106.1	106.8	105.8	105.1	
2008	108.4	107.9	105.9	107.5	107.3	112.7
2009	98.2	97.8	99.2	97.6	97.4	97.5
2010	102.5	103.5	102.2	103.5	103.1	104.5
2011	105.7	105.4	105.8	105.4	105.5	106.0
2012	102.9	104.0	103.5	102.9	102.6	102.6
2013	102.1	101.9	102.5	102.3	102.0	102.6
2014	101.6	102.6	102.0	102.1	102.8	102.6
2015	101.9	101.7	101.9	101.0	100.4	101.1
2016	101.4	101.8	102.3	101.2	101.1	101.1
2017	102.3	101.3	101.6	102.3	102.9	102.7
2018	102.5	102.5	102.2	102.3	101.4	103.4

Consumer Price Indices by Cities（1985—2018）

(preceding year=100)

钦州市 Qinzhou	贵港市 Guigang	玉林市 Yulin	百色市 Baise	贺州市 Hezhou	河池市 Hechi	来宾市 Laibin	崇左市 Chongzuo
	114.4		117.9	115.1			
	104.4		110.4	105.8			
	107.7		109.1	114.8			
	123.9		120.5	123.3			
	125.0		123.7	121.3			
	95.8		95.4	96.7			
	103.2		102.5	101.6			
	104.6		109.5	108.5			
	123.1		119.9	120.2			
	127.5		128.0	125.1			
	119.9		121.4	119.5			
	107.6		106.8	107.7			
	100.2		103.0	102.5			
	93.8		99.3	97.3			
	98.1		99.1	97.4			
	98.9		100.0	99.2			
	98.1		102.2	100.3			
	100.7		97.6	98.2			
	102.5		101.4	101.2			
	104.6		104.2	104.6			
	102.0		103.4	101.8			
	100.8		102.9	102.6			
	106.5		105.7	106.9			
110.9	108.0		109.8	108.6	106.8	107.9	110.1
99.7	97.2	97.4	98.5	97.9	98.3	97.9	96.9
103.3	103.8	102.3	103.7	104.4	101.8	103.2	102.9
105.4	105.9	105.5	106.5	106.8	105.6	105.5	105.5
103.1	103.5	103.4	103.0	102.8	103.2	102.6	103.1
102.1	102.7	101.6	102.5	102.0	101.9	102.0	102.5
102.5	101.8	102.6	102.3	101.9	102.8	101.5	102.4
101.1	101.4	101.7	101.9	101.8	100.7	101.2	100.4
101.6	101.2	102.4	101.1	101.4	101.0	102.0	101.6
102.1	101.6	102.2	101.4	101.4	101.3	101.4	101.6
102.2	103.0	102.2	102.5	102.5	102.5	101.9	101.7

4-6 各市居民消费价格分类指数（2018年）

（上年=100）

指　标	Item	南宁市 Nanning	柳州市 Liuzhou	桂林市 Guilin
居民消费价格总指数	**Consumer Price Index**	**102.5**	**102.5**	**102.2**
服务价格指数	**Service Price Index**	**104.6**	**104.0**	**102.8**
工业品价格指数	**Industrial Product Price Index**	**101.3**	**101.7**	**102.0**
消费品价格指数	**Consumer Price Index**	**101.3**	**101.7**	**101.8**
非食品价格指数	**Non-food Price Index**	**103.0**	**102.8**	**102.4**
扣除食品和能源价格指数	**Excluding Food and Energy Price Index**	**102.8**	**102.3**	**101.9**
扣除鲜菜鲜果价格指数	**Excluding Fresh Vegetables Fresh Fruit Price Index**	**102.5**	**102.5**	**102.2**
食品烟酒	**Food, Tobacco and Liquor**	**101.4**	**101.8**	**101.6**
食品	Food	100.5	101.2	101.2
粮食	Grain	100.8	102.8	103.6
薯类	Tubers	107.1	102.3	105.7
豆类	Beans	106.5	105.7	101.8
食用油	Edible Oil and Fats	100.7	95.4	96.3
菜	Vegetables	105.2	105.6	103.0
畜肉类	Meat of Livestock	93.3	95.9	93.9
禽肉类	Meat of Poultry	106.6	108.0	107.2
水产品	Aquatic Products	102.6	104.5	108.3
蛋类	Eggs	105.7	105.6	106.5
奶类	Milk	103.3	101.6	101.1
干鲜瓜果类	Dried and Fresh Melons and Fruits	98.1	96.1	100.0
糖果糕点类	Candy and Cake	100.0	103.4	102.4
调味品	Flavoring	102.5	101.1	101.5
其他食品类	Other Foods	99.9	100.2	101.9
茶及饮料	Tea and Beverages	101.4	104.1	100.8
烟酒	Tobacco and Liquor	101.2	101.4	103.1
烟草	Tobacco	100.0	100.4	100.0
酒类	Liquor	103.1	103.7	107.5
在外餐饮	Dinging Out	103.8	103.4	102.5
衣着	**Clothing**	**102.6**	**100.8**	**99.9**
服装	Garments Material	102.0	99.3	97.0
男式服装	Men's Clothing	101.7	98.5	99.2
女式服装	Women's Clothing	101.7	99.7	96.5
儿童服装	Children' Clothing	103.3	99.3	95.0
服装材料	Garments Material	95.2	103.8	101.1
其他衣着及配件	Other Clothing and Parts	100.3	99.1	99.4
衣着加工服务费	Clothing Manufacturing Services	109.2	113.6	101.7
鞋类	Footwear	104.4	105.1	110.0
鞋	Shoes	100.9	100.5	110.3
鞋类加工服务	Footwear Processing Services	127.5	145.6	100.0

Consumer Price Indices by Category and Cities（2018）

（preceding year=100）

梧州市 Wuzhou	北海市 Beihai	防城港市 Fangchenggang	钦州市 Qinzhou	贵港市 Guigang	玉林市 Yulin	百色市 Baise	贺州市 Hezhou	河池市 Hechi	来宾市 Laibin	崇左市 Chongzuo
102.3	**101.4**	**103.4**	**102.2**	**103.0**	**102.2**	**102.5**	**102.5**	**102.5**	**101.9**	**101.7**
101.9	**103.6**	**106.2**	**102.1**	**105.4**	**103.3**	**103.7**	**104.3**	**104.3**	**102.2**	**103.6**
103.0	**101.1**	**102.6**	**102.6**	**103.0**	**102.7**	**102.6**	**101.2**	**101.6**	**102.3**	**100.2**
102.5	**100.3**	**101.9**	**102.2**	**101.8**	**101.7**	**101.8**	**101.5**	**101.5**	**101.8**	**100.8**
102.4	**102.2**	**104.1**	**102.3**	**103.8**	**102.7**	**102.9**	**102.6**	**102.8**	**102.2**	**102.4**
102.0	**101.7**	**104.1**	**102.0**	**103.5**	**102.4**	**102.7**	**102.3**	**102.7**	**102.0**	**102.3**
102.1	**101.4**	**103.5**	**102.3**	**103.1**	**102.3**	**102.6**	**102.3**	**102.4**	**101.8**	**101.7**
102.0	**99.3**	**101.0**	**101.9**	**100.4**	**100.4**	**100.9**	**101.7**	**101.5**	**101.2**	**101.4**
101.9	98.1	100.4	101.9	99.8	100.2	100.5	101.9	101.1	100.7	99.2
102.6	99.3	101.7	100.0	99.9	100.1	103.0	101.5	100.2	101.4	100.1
98.6	100.6	105.0	96.2	102.3	100.1	103.9	104.0	110.3	100.3	96.0
100.3	101.3	105.4	103.0	100.8	104.0	105.6	98.9	96.9	99.4	100.4
96.6	98.7	96.6	95.1	98.6	91.4	98.7	97.3	95.8	98.1	96.3
106.3	101.2	103.9	100.5	101.8	97.9	100.5	103.7	104.8	104.2	103.3
95.2	94.7	93.5	93.6	92.8	94.3	96.2	93.9	95.0	92.6	90.9
107.4	108.1	103.6	115.5	104.7	110.8	106.4	106.1	107.4	104.0	103.5
100.2	91.7	103.7	108.2	104.2	103.3	101.2	108.6	102.8	103.1	102.0
112.0	103.4	102.6	109.1	106.8	110.3	110.6	111.8	104.9	108.8	113.0
104.1	100.6	104.3	100.0	102.1	104.4	101.5	101.3	99.4	100.1	103.6
107.3	97.1	95.0	100.8	99.3	102.5	96.4	108.1	101.5	103.4	99.7
100.5	101.2	104.4	100.6	101.3	100.4	101.7	103.5	103.2	104.1	102.2
102.4	102.6	102.9	100.6	101.4	101.9	104.2	101.0	101.2	102.8	100.9
101.2	98.2	104.4	101.2	97.4	96.9	100.4	98.4	108.0	102.0	97.8
100.8	105.5	101.6	99.6	102.4	101.5	104.2	102.6	106.8	102.4	103.0
99.8	100.3	100.2	100.6	101.0	99.6	99.0	100.0	102.0	100.7	99.3
99.4	100.0	100.0	99.7	100.0	100.0	99.8	100.0	100.0	99.8	99.7
100.8	100.6	100.6	101.6	102.6	98.7	98.3	100.1	105.1	101.9	98.8
103.2	101.3	103.3	102.5	101.9	101.1	102.1	101.6	101.7	102.9	108.2
102.2	**98.8**	**103.0**	**101.6**	**102.0**	**102.3**	**106.0**	**99.9**	**101.9**	**102.1**	**98.0**
102.3	98.4	102.7	101.9	102.8	102.0	106.0	100.0	102.6	102.7	98.0
104.3	97.8	102.9	102.1	102.0	102.2	106.1	99.6	100.8	102.4	98.0
101.0	98.2	102.4	101.8	102.3	102.6	105.6	100.5	104.0	102.9	98.3
102.2	100.1	103.1	101.9	105.1	99.4	107.1	99.7	101.7	102.7	97.3
103.9	104.3	101.5	99.1	100.0	100.2	102.2	100.2	109.3	102.1	100.0
101.9	98.0	101.0	99.7	98.9	99.7	100.1	99.8	102.9	100.3	100.7
98.4	101.1	104.1	103.5	128.0	101.1	101.2	113.2	101.7	102.0	118.1
102.2	98.7	104.3	101.0	98.2	104.0	107.9	98.4	99.2	100.1	95.5
101.5	97.9	104.3	100.2	98.1	102.7	107.4	98.3	99.1	99.6	95.3
107.6	105.3	104.0	107.4	100.0	115.0	112.3	100.0	102.6	103.7	99.0

4-6 续表 1

（上年=100）

指 标	Item	南宁市 Nanning	柳州市 Liuzhou	桂林市 Guilin
居住	**Residence**	**104.4**	**105.8**	**103.6**
租赁房房租	Rent of Rental Housing	105.7	102.8	103.7
住房保养维修及管理	Housing Maintenance and Management	107.0	102.4	104.9
住房装潢材料	Housing Decoration Materials	101.1	98.6	105.9
物业管理费	Property Management Fee	100.0	112.7	100.0
住房装潢维修	Housing Decoration Maintenance	113.3	101.7	105.1
水电燃料	Water, Electricity and Fuels	101.8	106.2	105.1
水	Water	100.0	100.0	101.3
电	Electricity	100.0	100.0	100.0
燃气	Gas	104.7	117.4	114.5
取暖费	Heating Fee	100.0	100.0	100.0
其他燃料	Other Fuels	106.8	100.0	112.1
自有住房	Home-ownership	104.4	107.6	102.4
生活用品及服务	**Articles for Daily Use and Services**	**100.9**	**102.2**	**102.7**
家具及室内装饰品	Furniture and Interior Decorations	101.0	100.5	103.0
家具	Furniture	101.3	100.0	103.2
室内装饰品	Upholstery	99.5	104.8	101.0
家用器具	Home Appliances	99.1	100.1	102.0
大型家用器具	Large Household Appliances	100.6	100.7	100.4
小家电	Small Home Appliances	95.3	97.7	108.2
家用纺织品	Home Textiles	98.7	95.6	99.8
床上用品	Bedding Article	99.0	94.6	99.9
窗帘门帘	Curtain	100.0	101.7	99.5
其他家用纺织品	Other Household Textiles	96.4	96.6	100.0
家庭日用杂品	Daily Use Household Articles	100.9	103.0	100.1
洗涤卫生用品	Washing Sanitary Articles	101.6	104.3	99.8
厨具餐具茶具	Kitchenware, Tableware, Tea set	98.9	97.2	99.1
家用手工工具	Hand Tools for Household Use	100.0	101.3	104.5
其他家庭日用杂品	Other Family Daily Sundry Goods	100.1	104.8	101.1
个人护理用品	Personal-care Supplies	99.9	101.0	102.9
化妆品	Cosmetics	100.7	98.4	103.4
其他护理用品类	Other Types of Care Products	99.5	102.9	102.0
家庭服务	Household Services	109.2	113.6	109.9
交通和通信	**Transport and Communications**	**100.1**	**101.0**	**102.4**
交通	Transport	102.7	101.6	103.3
交通工具	Transport Facility	98.4	93.6	98.1
交通工具用燃料	Fuels for Transport Facility	112.0	112.0	111.9
交通工具使用和维修	Use and Maintenance of Transport Facility	99.5	105.3	101.8
交通费	Traffic Fee	100.1	99.4	103.8

continued

(preceding year=100)

梧州市 Wuzhou	北海市 Beihai	防城港市 Fangchenggang	钦州市 Qinzhou	贵港市 Guigang	玉林市 Yulin	百色市 Baise	贺州市 Hezhou	河池市 Hechi	来宾市 Laibin	崇左市 Chongzuo
102.1	**104.6**	**106.5**	**102.5**	**105.1**	**103.0**	**103.5**	**106.2**	**104.4**	**101.6**	**101.0**
100.4	111.4	108.0	103.4	106.5	101.3	108.8	117.5	100.9	104.1	102.0
106.9	104.7	104.0	106.8	102.5	102.8	103.6	101.7	115.7	101.8	102.7
105.4	106.2	104.6	109.4	101.3	102.8	105.8	103.0	103.7	101.8	105.1
100.0	100.0	100.0	104.0	100.0	100.0	101.9	100.0	100.0	100.0	100.0
110.9	104.3	104.5	104.7	105.4	103.8	101.4	100.7	132.4	102.3	100.6
102.9	105.3	100.1	101.4	102.4	103.9	102.2	101.4	100.4	101.3	99.2
100.0	100.0	100.0	100.0	100.0	109.2	100.0	100.0	100.4	100.0	100.0
100.0	100.0	100.0	100.0	100.0	100.0	100.0	100.0	100.0	100.0	100.0
109.3	115.3	100.4	104.6	108.1	107.2	109.0	104.9	101.4	103.4	97.3
100.0	100.0	100.0	100.0	100.0	100.0	100.0	100.0	100.0	100.0	100.0
100.0	97.9	102.3	112.7	105.8	102.2	123.9	101.1	100.0	101.8	104.1
100.0	102.7	111.6	100.7	107.5	102.7	103.2	108.3	102.4	101.3	101.3
102.1	**100.4**	**103.8**	**101.0**	**102.8**	**100.9**	**101.2**	**100.2**	**102.4**	**102.6**	**101.3**
103.4	101.8	102.4	103.7	104.0	99.0	101.4	100.1	105.1	101.2	100.1
102.8	102.3	102.1	104.1	104.6	99.2	101.7	100.1	105.3	101.1	100.1
109.2	96.8	105.3	99.1	95.8	98.0	99.3	99.9	100.8	101.3	100.6
101.9	96.9	103.1	99.7	104.2	100.0	100.3	99.4	103.4	101.8	100.8
100.8	97.3	103.0	99.1	103.9	100.7	100.4	100.0	103.6	101.5	100.5
106.4	95.2	103.9	102.6	105.8	97.4	100.1	96.7	102.4	102.8	101.8
102.0	96.2	106.7	101.2	100.2	99.6	101.8	98.9	99.8	102.3	99.6
101.4	95.2	106.7	101.0	100.0	98.4	101.6	98.7	100.0	101.7	98.4
104.0	101.5	112.3	103.0	102.0	102.6	100.0	100.0	102.1	107.9	104.6
105.5	101.0	100.1	101.4	100.0	100.7	106.7	99.9	95.1	101.4	104.8
100.7	101.6	104.8	100.5	101.5	100.6	99.8	98.7	101.2	104.3	100.7
100.2	102.3	105.9	101.1	102.2	100.1	99.6	98.8	101.2	106.1	99.9
101.7	100.9	104.1	99.7	98.6	100.5	99.6	97.2	101.1	100.5	99.8
100.1	97.4	100.2	100.0	100.7	100.7	101.4	100.0	101.6	106.9	102.6
100.9	102.3	104.4	100.2	101.9	101.9	99.5	99.9	101.1	103.6	103.4
102.3	102.0	103.7	100.2	102.5	100.3	100.9	102.5	102.2	100.9	100.0
104.5	102.3	104.0	100.4	99.6	100.2	101.1	102.1	100.6	99.9	99.5
100.7	101.5	103.5	100.0	107.1	101.1	100.8	102.9	103.0	101.5	100.5
104.0	106.3	103.3	102.6	104.0	108.0	107.6	104.1	100.4	106.0	110.7
102.0	**101.1**	**102.3**	**102.6**	**104.1**	**103.6**	**101.0**	**102.7**	**102.6**	**102.2**	**101.4**
103.9	102.5	102.8	103.2	103.9	105.2	101.5	104.5	104.4	103.2	103.1
98.9	97.0	96.8	99.2	98.3	103.3	96.3	98.5	97.5	97.9	99.2
112.3	112.2	112.5	112.2	112.7	112.3	110.8	112.5	112.4	112.2	112.3
101.3	101.7	104.3	104.1	101.8	102.3	107.2	106.3	114.2	103.3	101.1
103.4	101.3	100.0	99.9	100.1	99.7	99.5	100.1	102.3	100.2	100.0

4-6 续表 2

（上年=100）

指 标	Item	南宁市 Nanning	柳州市 Liuzhou	桂林市 Guilin
通信	Communications	95.6	99.9	100.7
通信工具	Communication Tools	99.2	97.0	101.2
通信服务	Communication Services	94.3	100.1	100.5
邮递服务	Postal Service	101.0	103.8	100.8
教育文化和娱乐	**Education, Cultural and Recreation**	**103.3**	**101.8**	**99.7**
教育	Education	105.8	100.1	101.5
教育用品	Eduction Articles	103.1	100.0	104.8
教育服务	Education Services	106.1	100.1	101.1
文化娱乐	Culture and Recreation	100.2	104.0	97.3
文娱耐用消费品	Durable Consumer Goods for Culture and Recreation	98.1	99.3	94.4
其他文娱用品	Other Articles	100.1	103.8	102.4
文化娱乐服务	Services for Culture and Recreation	104.5	100.7	99.0
旅游	Touring and Outing	98.6	108.8	96.1
医疗保健	**Health Care**	**105.1**	**103.1**	**105.3**
药品及医疗器具	Medicine and Medical Instrument	100.9	107.6	102.5
中药	Traditional Chinese Medicines	102.7	111.9	104.9
西药	Western Medicines	101.6	103.3	104.0
滋补保健品	Nourishing Health Care Products	100.0	114.2	99.6
医疗卫生器具	Medical Sanitation	96.5	103.8	100.0
保健器具	Health Care Appliance	102.3	111.9	100.0
医疗服务	Medical Services	107.7	100.3	109.0
综合医疗类	Synthetic Medicine	124.2	99.9	115.1
诊断类	Diagnostic Class	100.1	100.0	102.9
治疗类	Therapeutic Category	101.7	100.0	109.6
康复类	Rehabilitation Class	105.9	100.0	101.8
中医医疗服务类	Chinese Medicine Medical Services	105.9	104.9	126.2
其他医疗服务	Other Medical Services	105.7	100.0	100.0
其他用品和服务	**Other Articles and Services**	**102.3**	**100.8**	**103.6**
其他用品类	Other Articles	98.2	97.4	98.7
首饰手表	Jewellery Watches	96.9	96.5	97.2
其他杂项用品	Other Miscellaneous Goods	99.9	98.2	100.3
其他服务类	Other Services	105.7	103.5	108.2
旅馆住宿	Hotel Accommodation	101.3	97.6	106.6
美容美发洗浴	Hairdressing & Beauty and Bath	103.8	112.2	117.1
养老服务	Pension Services	126.2	103.0	104.2
金融保险	Financial Insurance	99.7	101.3	104.8
其他服务类	Other Services	105.5	102.4	117.4

continued

(preceding year=100)

梧州市 Wuzhou	北海市 Beihai	防城港市 Fangchenggang	钦州市 Qinzhou	贵港市 Guigang	玉林市 Yulin	百色市 Baise	贺州市 Hezhou	河池市 Hechi	来宾市 Laibin	崇左市 Chongzuo
98.6	98.9	101.3	101.4	104.6	100.9	99.9	99.6	99.3	100.4	98.1
106.5	92.6	103.1	103.6	99.4	101.4	101.6	95.9	96.1	102.2	94.0
96.7	100.2	100.7	100.8	105.7	100.8	99.4	100.3	100.8	100.0	99.3
100.0	100.3	101.7	101.8	100.5	100.0	101.1	100.0	100.0	100.0	95.9
101.1	**99.2**	**101.8**	**102.9**	**104.7**	**105.0**	**104.7**	**99.9**	**102.1**	**102.3**	**105.4**
102.5	102.4	100.8	102.3	107.9	106.3	101.0	100.7	101.0	101.2	109.3
103.9	104.0	102.3	101.9	104.0	102.5	101.5	99.4	100.4	101.0	100.0
102.3	102.2	100.7	102.4	108.3	107.0	100.9	100.9	101.0	101.2	110.2
99.3	98.7	102.9	103.5	100.1	103.3	110.4	98.6	103.7	103.7	99.3
98.7	96.8	102.0	100.5	100.3	101.0	100.0	99.0	95.1	100.5	99.0
101.1	99.9	104.0	101.0	103.5	101.8	101.5	100.0	102.5	100.8	100.1
101.2	99.5	100.8	99.8	104.2	106.3	101.2	100.0	106.7	100.3	98.3
97.4	99.1	104.5	109.2	92.1	104.0	131.2	96.7	111.3	110.2	99.6
106.4	**109.3**	**108.2**	**103.5**	**105.3**	**101.6**	**103.0**	**105.4**	**103.1**	**103.7**	**103.9**
106.3	105.0	101.5	106.4	108.9	104.4	103.5	105.2	103.3	104.6	102.4
115.4	105.8	101.9	106.5	120.5	106.1	106.0	104.4	105.5	102.5	102.1
103.6	100.2	101.5	107.7	112.2	106.8	104.6	105.3	104.0	102.9	103.8
105.2	119.0	99.7	108.7	100.9	101.0	100.0	109.4	99.7	105.9	100.0
101.7	98.3	103.4	99.9	100.0	98.8	100.0	100.0	101.0	113.9	100.0
101.3	99.4	101.4	101.3	100.7	101.4	100.0	103.2	100.0	100.0	100.0
106.6	112.7	111.8	101.5	102.9	99.9	102.8	105.6	103.0	103.1	104.8
119.2	135.4	110.7	105.4	103.9	106.5	106.5	119.7	105.9	107.1	114.8
99.7	99.6	114.0	99.6	101.6	94.3	100.0	96.3	99.4	99.8	100.8
103.9	107.8	110.7	100.3	100.0	101.6	103.9	102.5	102.4	103.8	102.8
100.0	100.0	100.0	100.0	100.0	100.0	100.0	100.0	100.0	100.0	100.1
108.5	121.9	130.6	102.6	125.0	100.3	100.0	117.3	126.4	107.7	102.7
111.1	106.1	100.0	101.8	120.1	100.0	100.0	103.7	100.0	100.0	103.1
101.7	**99.8**	**102.5**	**100.1**	**101.3**	**102.2**	**100.1**	**98.6**	**100.9**	**102.0**	**102.2**
99.6	97.9	100.9	99.3	98.4	96.6	98.9	96.7	96.4	99.3	98.2
97.1	97.8	98.8	97.9	97.3	92.0	97.1	91.2	91.5	97.9	97.8
101.1	98.0	102.0	100.1	99.0	99.9	99.8	99.9	97.2	100.1	98.4
103.4	101.5	103.9	100.7	103.9	106.4	101.1	100.1	105.0	104.0	105.2
101.5	103.2	112.5	99.2	100.4	99.7	100.1	99.1	101.3	106.0	129.0
103.5	101.9	104.3	102.4	118.0	103.6	101.0	102.4	104.6	108.2	105.8
101.0	100.5	103.3	100.0	100.0	100.0	102.9	108.5	107.1	100.0	100.0
104.1	100.2	100.7	100.8	98.8	106.0	100.7	96.3	102.8	100.0	98.6
104.7	103.3	100.6	100.2	108.3	127.8	101.4	103.1	116.7	115.5	111.1

4-7 商品零售价格分类指数（2018年）

Retail Price Indices by Category（2018）

（上年＝100） (preceding year=100)

指 标	Item	全 区 Province	城 市 Urban Areas	农 村 Rural Areas
商品零售价格指数	**Retail Price Index**	**101.6**	**101.6**	**101.7**
食品	**Food**	**101.0**	**101.1**	**100.5**
粮食	Grain	101.2	101.3	100.5
大米	Rice	101.2	101.4	100.3
面粉	Flour	101.4	101.5	100.5
其他粮食	Other Grain	97.3	97.3	97.0
粮食制品	Grain Products	102.0	102.1	101.6
薯类	Tubers	102.6	103.1	100.3
豆类	Beans	103.0	103.6	99.9
干豆	Dried Bean	98.3	98.3	98.2
豆制品	Bean Products	104.2	104.8	100.4
食用油	Edible Oil and Fats	96.8	96.9	96.2
食用植物油	Edible Vegetable Oil	98.0	98.0	98.2
食用动物油	Edible Animal Oil	85.2	85.3	84.5
菜	Vegetables	103.4	103.5	102.3
鲜菜	Fresh Vegetables	103.6	103.8	102.4
干菜及菜制品	Dried Vegetables and Vegetable Products	101.2	101.2	101.1
畜肉类	Meat of Livestock	93.7	94.0	92.1
猪肉	Pork	90.7	90.9	89.5
牛肉	Beef	100.0	100.0	99.9
羊肉	Mutton	115.9	115.7	118.6
畜肉副产品	Edible Meat and By-products	93.8	93.6	94.8
其他畜肉及制品	Other Livestock Meat and Products	99.9	99.9	99.1
禽肉类	Meat of Poultry	107.5	107.5	107.8
鸡	Chicken	107.5	107.5	107.6
鸭	Duck	110.4	110.1	112.6
其他禽肉及制品	Other Poultry Meat and Products	103.4	103.6	101.7
水产品	Aquatic Products	103.5	103.2	106.6
淡水鱼	Freshwater Fish	104.7	104.7	104.9
海水鱼	Marine Fish	100.8	100.5	104.3
虾蟹类	Shrimp and Crab	103.3	102.4	113.7
其他水产品及制品	Other Aquatic Products and Products	106.5	105.9	111.1

4-7 续表 1 continued

（上年＝100） (preceding year=100)

指 标	Item	全 区 Province	城 市 Urban Areas	农 村 Rural Areas
蛋类	Eggs	107.7	107.2	111.6
鸡蛋	Egg	107.8	107.3	112.2
其他蛋及制品	Other Eggs and Products	107.3	107.0	109.6
奶类	Milk	102.4	102.3	102.4
鲜奶	Fresh Milk	103.4	103.5	103.1
酸奶	Yogurt	101.0	100.9	102.0
奶粉	Milk Powder	102.2	102.3	102.2
其他奶制品	Other Dairy Products	101.3	101.1	102.7
干鲜瓜果类	Dried and Fresh Melons and Fruits	99.6	99.4	101.8
鲜瓜果	Melons and Fruits	100.0	99.7	102.2
坚果	Nut	96.6	96.5	97.3
瓜果制品	Melon and Fruit Products	100.2	99.9	102.7
糖果糕点类	Candy and Cake	101.6	101.6	101.7
食糖	Sugar	97.8	97.4	100.3
糖果	Candy	101.7	101.8	101.1
糕点	Cakes and Pastries	102.7	102.7	102.5
其他糖果糕点	Other Sweets and Pastries	100.6	100.4	101.2
调味品	Flavoring	101.8	101.8	101.8
食用盐	Edible Salt	98.7	98.7	98.8
酱油	Soy Sauce	103.3	103.3	103.3
食醋	Vinegar	102.2	102.1	102.8
调味酱	Sauces	101.9	101.9	101.9
味精	Monosodium Glutamate	101.2	100.8	102.5
其他调味品	Other Condiments	102.8	103.1	101.8
其他食品类	Other Foods	100.5	100.2	102.7
方便食品	Convenience Food	99.1	98.9	100.0
淀粉及制品	Starch and Products	101.2	100.5	107.1
膨化食品	Puffed Food	103.0	102.6	105.4
在外餐饮	Dining Out	103.0	102.9	103.5
正餐	Dinner	102.0	101.9	103.1
快餐	Fast Food	103.5	103.5	103.9
地方小吃	Local Snack	103.6	103.6	103.7
其他在外餐饮	Other Outside Catering	104.1	104.1	103.3

4-7 续表 2 continued

（上年=100） (preceding year=100)

指 标	Item	全 区 Province	城 市 Urban Areas	农 村 Rural Areas
饮料、烟酒	**Beverages, Tobacco and Liquor**	**101.5**	**101.6**	**100.9**
茶及饮料	Tea and Beverages	102.3	102.3	102.8
茶叶	Tea	101.7	101.6	102.2
固体咖啡	Solid Coffee	102.4	102.5	101.7
其他固体饮料	Other Solid Drinks	104.6	104.3	106.0
饮用水	Drinking Water	101.0	101.0	101.3
果汁饮料	Fruit Juice Beverage	102.3	102.2	103.3
其他液体饮料	Other Liquid Beverages	103.6	103.6	104.1
烟草	Tobacco	100.0	100.0	99.8
酒类	Liquor	102.5	102.8	100.7
白酒	Liquor	105.0	105.5	101.7
葡萄酒	Wine	99.7	99.6	100.7
啤酒	Beer	99.5	99.7	98.1
其他酒类	Other Wines	102.2	102.2	102.4
服装、鞋帽	**Garments, Shoes and hats**	**100.9**	**101.0**	**100.1**
服装	Garments	100.9	101.0	100.1
男士服装	Men's Clothing	101.0	101.1	100.5
男式西服	Men's Suits	102.6	102.6	101.7
男式冬衣	Men's Clothes	99.7	99.5	101.7
男式夹克衫	Men's Jacket	103.1	103.4	100.1
男式毛线衣	Men's Sweater	99.6	99.5	100.5
男式运动装	Men's sportswear	101.1	101.4	98.4
男式衬衫T恤	Men's Shirt T-shirt	101.1	101.1	101.3
男式裤子	Men's Dress Pants	100.7	100.6	101.7
男式内衣	Men's Underwear	101.0	101.5	96.9
女士服装	Women's Clothing	100.7	100.8	99.9
女式外套	Women's Coat	100.3	100.1	102.3
女式冬衣	Women's Clothes	100.2	100.4	97.7
女式毛线衣	Women's Sweater	101.6	101.9	99.8
女式运动装	Women's Sportswear	100.2	100.2	100.8
女式衬衫T恤	Women's Shirt T-shirt	101.1	101.1	100.7

4-7 续表 3 continued

（上年＝100） (preceding year=100)

指 标	Item	全 区 Province	城 市 Urban Areas	农 村 Rural Areas
女式裤子	Women's Pants	100.5	100.3	101.7
女式裙子	Women's Ladies Skirt	101.3	101.7	98.0
女式内衣	Women's Lingerie	100.2	100.4	98.6
儿童服装	Children's Clothing	101.1	101.2	99.9
婴幼服装	Infant & Toddlers Clothing	102.6	102.7	101.1
儿童上衣	Children's Coat	102.4	103.0	97.6
儿童裤子	Children's Trousers	97.5	97.5	97.6
儿童裙子	Children's Skirt	102.3	101.9	104.9
鞋帽袜	Footgear and Hat	101.2	101.3	100.1
鞋	Shoes	101.3	101.5	100.1
男鞋	Men's Shoes	102.1	102.4	99.1
女鞋	Women's Shoes	99.1	99.0	100.6
童鞋	Children's Shoes	106.2	106.9	100.5
袜子	Socks	100.7	100.8	100.0
帽子	Cap	99.4	99.3	99.8
其他衣着配件	Other Clothing Accessories	99.3	99.2	100.0
纺织品	**Textiles**	**99.3**	**98.7**	**103.3**
服装材料	Clothing	99.1	98.6	102.2
床上用品	Bedding	99.3	98.7	104.0
被子	Quilt	100.3	99.8	103.6
床单被套	Bed Sheet & Duvet Cover	98.7	97.9	104.3
其他床上用品	Other Bedding	98.5	97.8	104.3
家用电器及音像器材	**Household Appliances, Music and Video Equipment**	**99.6**	**99.5**	**100.6**
家庭设备	Household Equipment	100.9	100.8	101.6
洗衣机	Washing Machine	98.5	98.3	99.6
电冰箱（柜）	Refrigerator	99.2	98.7	102.0
抽油烟机	Smoke Lampblack Machine	99.6	99.7	99.1
空调器	Air Conditioner	101.3	101.3	101.2
热水器	Water Heating	101.8	101.6	103.2
炉具灶具	Stove and Cookers	105.4	106.2	99.6
微波炉	Microwave Oven	100.8	100.6	102.2

4-7 续表 4 continued

（上年=100） (preceding year=100)

指 标	Item	全 区 Province	城 市 Urban Areas	农 村 Rural Areas
厨房小家电	Kitchen Appliances	103.0	103.0	102.8
生活小家电	Small Household Electrical Appliances	99.6	99.2	102.4
其他大型家用器具	Other Large Household Appliances	102.7	102.6	103.9
文娱用耐用消费品	Durable Consumer Goods for Culture and Recreation	98.2	98.1	99.6
电视机	Television	97.8	97.7	98.7
照相机	Camera	98.8	98.6	101.1
音响	Acoustics	100.1	99.8	102.3
其他文娱耐用消费品	Other Recreational and Durable Goods	97.9	97.8	99.9
专业音像器材	Professional Audio and Video Equipment	98.0	98.4	94.2
专业音响器材	Professional Audio Equipment	100.2	100.2	100.2
专业声像器材	Professional Audio-visual Equipment	95.2	95.9	86.8
文化办公用品	**Cultural and Office Appliances**	**100.2**	**100.0**	**101.7**
纸张文具	Paper Stationery	102.1	101.6	106.9
台式计算机	Desktop Computer	100.5	100.4	100.9
笔记本平板	Notebook Computer	98.5	98.4	98.8
电脑附件	Computer Accessories	99.2	99.2	99.3
打印复印机	Print Copy Machine	100.0	99.7	101.8
教学设备	Teaching Equipment	99.9	99.8	101.9
日用品	**Articles for Daily Use**	**100.9**	**100.7**	**101.9**
日用百货	General Merchandise for Daily Use	101.1	101.0	101.6
电动自行车	Electric Bicycle	99.6	99.5	99.6
自行车	Bicycle	102.6	101.9	106.2
雨具	Rain Gear	100.8	100.8	101.2
护理器具	Nursing Instrument	102.5	102.5	102.7
清洁用纸	Hygiene Paper	101.9	101.7	105.0
化妆器具	Make-up Appliances	101.1	101.2	100.2
厨具餐具茶具	Kitchenware, Tableware, Tea Set	99.6	99.5	100.0
厨具	Kitchenware	101.3	101.4	100.7
餐具	Tableware	97.2	96.9	99.5
茶具	Tea Set	99.5	99.6	99.1
清洗用品	Cleaning Supplies	102.1	101.8	103.7

4-7 续表 5 continued

（上年＝100） (preceding year=100)

指 标	Item	全 区 Province	城 市 Urban Areas	农 村 Rural Areas
其他日用品	Other Daily Necessities	100.5	100.3	101.8
灯具	Lamps and Lanterns	101.5	101.2	103.0
箱包	Luggage and Bags	99.9	99.8	100.3
母婴用品	Mother and Baby Supplies	99.8	99.8	99.8
眼镜	Glasses	99.4	99.1	101.6
其他护理用品	Other Nursing Supplies	101.4	101.0	104.0
其他日用杂品	Other Daily Sundry Goods	101.9	101.8	102.6
体育娱乐用品	**Sports and Recreation Articles**	**100.9**	**100.9**	**101.3**
体育户外用品	Sports Outdoor Products	100.5	100.5	100.8
娱乐用品	Amusement Articles	101.2	101.2	101.7
乐器	Musical Instrument	101.2	101.2	100.6
游戏用品和玩具	Game Supplies and Toys	101.2	101.1	102.2
园艺花卉及用品	Garden Flowers and Supplies	100.8	100.6	103.0
宠物及用品	Pets and Supplies	102.2	102.2	102.0
其他文化娱乐用品	Other Cultural and Recreational Products	101.1	101.2	99.9
交通、通信用品	**Transportation and Communication Appliances**	**98.6**	**99.0**	**95.2**
交通运输机械	Machinery of Communications and Transportation	98.4	98.6	96.6
小型汽车	Compact Cars	96.8	97.1	93.6
大中型客车	Large and Medium Passenger Vehicle	101.0	101.0	101.2
交通工具零配件	Transportation Accessories	100.6	100.6	100.2
通信器材	Apparatus of Communication	99.0	99.9	93.1
固定电话机	Fixed Telephone Set	101.2	101.2	100.8
移动电话机	Mobile Telephone Set	98.7	99.7	91.7
其他通信器材	Other Communication Equipment	100.4	100.4	100.4
家具	**Furniture**	**101.6**	**101.7**	**100.5**
柜	Cabinet	102.2	102.2	102.3
床	Bed	102.0	102.2	100.0
桌	Table	99.8	99.9	98.8
椅	Chair	101.9	102.2	99.1
沙发	Sofa	100.8	100.8	99.8
其他家具	Other Furniture	103.4	103.5	101.8

4-7 续表 6 continued

（上年=100） (preceding year=100)

指 标	Item	全 区 Province	城 市 Urban Areas	农 村 Rural Areas
化妆品	**Cosmetics**	**101.3**	**101.3**	**101.1**
清洁化妆品	Cleaning Cosmetics	100.8	100.9	100.1
护肤化妆品	Skin Care Cosmetics	101.4	101.4	100.9
彩妆化妆品	Make Up Cosmetics	100.2	100.0	101.2
清洁类护理用品	Cleaning Supplies	101.6	101.6	101.0
护发美发用品	Hair Care Products	102.1	101.9	102.9
金银饰品	**Gold and Silver Ornaments**	**95.7**	**95.6**	**97.5**
金饰品	Gold Jewelry	97.1	96.9	99.2
银饰品	Silver Jewelry	99.7	100.0	97.5
铂金饰品	Platinum Jewelry	91.2	91.1	93.3
中西药品及医疗保健用品	**Traditional Chinese and Western Medicines and Health Care Articles**	**104.9**	**104.6**	**107.4**
医疗卫生器具	Medical Instrument	100.0	100.0	99.6
中药	Traditional Chinese Medicines	106.9	107.0	106.7
中药材	Chinese Medicinal Materials	107.4	107.9	105.4
中成药	Chinese Patent Medicine	106.8	106.6	107.3
西药	Western Medicines	104.8	104.2	109.1
抗微生物药	Antimicrobial Agents	102.8	103.0	101.5
消化系统用药	Digestive System Drugs	104.3	103.4	110.8
呼吸系统用药	Respiratory System Durgs	104.5	102.7	118.9
解热镇痛药	Antipyretic Analgesics	103.6	102.9	109.1
抗肿瘤药	Antineoplastic Agents	102.4	102.5	101.6
激素及影响内分泌药	Hormones and Endocrine Drugs	105.3	102.4	124.0
心血管系统用药	Cardiovascular System Drugs	110.1	110.7	105.8
血液系统用药	Blood System Drugs	99.4	98.7	102.4
治疗精神障碍药	PSYCHOTHERAPEUTICAGENTS	105.8	104.6	111.7
神经系统用药	Drugs for Nervous System	101.3	100.4	107.6
消毒防腐及创伤外科用药	Antiseptic, Antiseptic and Trauma Surgical Drugs	103.9	103.9	103.4
泌尿系统用药	Urinary System Drugs	104.5	104.8	102.7
维生素、矿物质类药	Vitamins and Minerals	107.6	106.4	114.8
调节水、电解质及酸碱平衡药	Adjust Water, Electrolyte and Acid-base Balance	103.2	103.2	103.4
保健器具及用品	Health Appliances and Supplies	103.2	103.3	102.5
保健器具	Health Care Appliance	103.7	104.0	99.9
滋补保健品	Nourishing Health Care Products	103.0	103.0	103.7

4-7 续表 7 continued

（上年=100） (preceding year=100)

指 标	Item	全 区 Province	城 市 Urban Areas	农 村 Rural Areas
书报杂志及电子出版物	**Books, Newspapers, Magazines and Electronic Publications**	**102.7**	**102.6**	**103.6**
教材及参考书	Texts and Reference Books	102.6	102.7	101.6
工具书	Reference Book	100.9	101.1	99.8
教材	Text-book	100.0	100.0	100.0
参考资料	Reference Material	105.2	105.5	103.5
其他教育用品	Other Educational Supplies	99.3	99.3	99.1
书报杂志	Newspapers and Magazines	103.8	103.4	107.4
计算机办公软件	Computer Office Software	100.5	100.5	100.0
燃料	**Fuels**	**111.0**	**110.9**	**111.2**
煤炭及制品	Coal and Its Products	105.4	105.4	105.2
原煤	Coal	104.1	104.7	103.3
煤制品	Coal Products	105.8	105.6	107.3
石油及制品	Oil and Its Products	111.6	111.5	112.5
管道燃气	Pipeline Gas	96.9	96.7	99.4
液化石油气	Liquified Petroleum Gas	113.0	112.8	113.7
汽油	Gasoline	112.8	112.8	112.8
柴油	Kerosene	114.1	114.0	114.1
建筑材料及五金电料	**Building Materials and Hardware**	**102.6**	**102.6**	**103.1**
建筑装潢材料	Building Decoration Materials	102.7	102.7	102.7
木地板	Wood Floor	98.9	98.7	99.9
瓷砖	Ceramic Tile	102.5	102.7	101.3
水泥	Cement	110.8	110.6	111.9
涂料	Coating	100.8	100.6	101.6
板材	Board	102.1	101.8	104.3
管材	Pipe	102.4	102.6	101.3
厨卫设备	Kitchen & Bath Fixtures	101.3	101.0	103.2
门窗	Doors and Windows	103.6	103.9	101.8
其他住房装潢材料	Other Housing Decoration Materials	106.2	107.0	102.7
五金水暖	Hardware Plumbing	102.5	102.2	104.6
家用手工工具	Hand Tools for Household use	101.8	100.9	110.2
配电附件	Distribution Accessories	103.9	103.7	105.2
水暖器材	Plumbing Equipment	101.1	101.2	100.4

4-8 商品零售价格分类指数

Retail Price Indices by Category

（上年=100） (preceding year=100)

指　标	Item	2016	2017
商品零售价格指数	**Retail Price Index**	**100.4**	**101.2**
食品	**Food**	**103.9**	**99.4**
粮食	Grain	100.6	101.3
薯类	Tubers	113.4	96.9
豆类	Beans	102.8	100.6
食用油	Edible Oil and Fats	101.1	98.7
菜	Vegetables	109.4	96.7
畜肉类	Meat of Livestock	111.3	94.2
禽肉类	Meat of Poultry	100.1	97.3
水产品	Aquatic Products	104.1	105.0
蛋类	Eggs	98.3	97.0
奶类	Milk	99.0	101.0
干鲜瓜果类	Dried and Fresh Melons and Fruits	98.7	104.2
糖果糕点类	Candy and Cake	100.1	101.3
调味品	Flavoring	100.0	102.9
其他食品类	Other Foods	100.7	99.5
在外餐饮	Dining Out	102.1	103.2
饮料、烟酒	**Beverages, Tobacco and Liquor**	**100.8**	**100.8**
茶及饮料	Tea and Beverages	100.1	101.5
烟草	Tobacco	101.7	99.9
酒类	Liquor	100.2	101.2
服装、鞋帽	**Garments, Shoes and Hats**	**102.1**	**102.0**
服装	Garments	102.3	102.2
男士服装	Men’s Clothing	102.3	100.5
女士服装	Women’s Clothing	102.2	103.0
儿童服装	Children’s Clothing	102.4	103.1
鞋帽袜	Footgear and Hat	101.3	101.4
鞋	Shoes	101.2	101.6
袜子	Socks	102.2	100.3
帽子	Cap	102.0	100.6
其他衣着配件	Other Clothing and Parts	103.3	100.3
纺织品	**Textiles**	**101.3**	**102.5**
服装材料	Clothing	103.1	108.1
床上用品	Bedding	100.4	99.7

4-8　续表　continued

（上年＝100）　　　　(preceding year=100)

指　标	Item	2016	2017
家用电器及音像器材	**Household Appliances, Music and Video Equipment**	**98.1**	**100.8**
家庭设备	Household Facilities	98.6	100.8
文娱用耐用消费品	Durable Consumer Goods for Culture and Recreation	97.2	101.0
专业音像器材	Professional Audio and Video Equipment	100.0	99.5
文化办公用品	**Cultural and Office Appliances**	**99.8**	**99.9**
日用品	**Articles for Daily Use**	**99.5**	**99.8**
日用百货	General Merchandise for Daily Use	99.3	100.6
厨具餐具茶具	Kitchen Utensils, Tableware and Tea Set	99.9	99.9
清洗用品	Washing and Cleaning Goods	99.6	98.3
其他日用品	Other Daily-use Goods	99.1	100.0
体育娱乐用品	**Sports and Recreation Articles**	**100.8**	**100.6**
体育户外用品	Sports Outdoor Goods	100.1	100.3
娱乐用品	Recreational Goods	101.2	100.7
交通、通信用品	**Transportation and Communication Appliances**	**97.4**	**99.4**
交通运输机械	Traffic and Transport Machinery	99.1	100.1
通信器材	Communication Equipment	94.1	98.1
家具	**Furniture**	**99.8**	**101.2**
化妆品	**Cosmetics**	**100.3**	**100.2**
金银饰品	**Gold and Silver Ornaments**	**105.8**	**100.6**
中西药品及医疗保健用品	**Traditional Chinese and Western Medicines and Health Care Articles**	**103.6**	**103.9**
医疗卫生器具	Medical Instrument	100.8	100.6
中药	Traditional Chinese Medicines	104.9	104.3
西药	Western Medicines	103.3	104.5
保健器具及用品	Health Apparatus and Supplies	103.1	102.4
书报杂志及电子出版物	**Books, Newspapers, Magazines and Electronic Publications**	**100.4**	**100.9**
教材及参考书	Texts and Reference Books	99.9	100.7
书报杂志	Newspapers and Magazines	100.7	102.2
计算机办公软件	Computer Office Software	101.2	98.2
燃料	**Fuels**	**92.8**	**108.1**
煤炭及制品	Coal and Coal Products	101.4	101.9
石油及制品	Petroleum and Petroleum Products	91.8	108.8
建筑材料及五金电料	**Building Materials and Hardware**	**100.3**	**102.4**
建筑装璜材料	Building Decoration Materials	100.3	102.8
五金水暖	Hardware	100.3	101.2

4-9 各市商品零售价格总指数（1985—2018年）

（上年=100）

年 份 Year	南宁市 Nanning	柳州市 Liuzhou	桂林市 Guilin	梧州市 Wuzhou	北海市 Beihai	防城港市 Fangchenggang
1985	118.7	115.4	113.5	117.5	117.0	
1986	105.3	105.8	105.0	105.8	104.0	
1987	111.8	108.9	113.6	111.8	112.8	
1988	122.1	126.5	126.1	123.9	126.1	
1989	119.4	118.4	118.1	115.8	120.7	
1990	97.3	98.8	98.5	97.5	96.2	
1991	104.0	102.2	101.6	104.7	104.1	
1992	105.7	105.8	108.6	109.6	105.4	
1993	124.1	123.8	119.8	120.0	134.0	
1994	120.8	124.1	125.5	124.7	122.1	
1995	114.9	116.4	113.8	114.8	113.3	
1996	102.5	104.5	106.3	106.3	103.6	
1997	99.5	99.5	100.5	101.5	99.7	
1998	95.8	98.0	94.8	98.2	98.1	
1999	95.9	96.3	97.6	99.8	96.4	
2000	98.3	97.5	99.2	99.2	97.9	
2001	95.9	97.3	97.5	98.4	98.3	
2002	97.5	99.7	99.7	96.6	97.7	
2003	99.5	99.2	100.1	100.4	99.2	
2004	102.7	104.6	103.7	103.6	103.9	
2005	100.3	100.7	102.0	101.9	101.8	
2006	101.0	100.1	101.0	100.8	101.3	
2007	103.3	105.0	104.8	104.1	103.8	
2008	107.9	107.1	106.8	107.5	107.7	109.4
2009	98.5	97.5	99.6	97.1	97.9	96.7
2010	102.3	104.1	102.5	103.4	103.0	104.9
2011	104.9	105.4	106.2	105.7	105.6	106.7
2012	101.7	102.8	102.4	102.0	102.2	101.9
2013	100.8	100.9	101.7	101.6	101.0	101.4
2014	100.7	102.0	101.4	101.2	102.0	102.1
2015	100.4	100.1	100.1	99.6	99.3	100.6
2016	99.8	100.5	100.9	100.6	100.8	101.0
2017	100.9	100.5	101.1	102.6	101.2	102.1
2018	101.1	101.4	102.1	102.6	100.6	101.9

Retail Price Indices by Cities（1985—2018）

（preceding year=100）

钦州市 Qinzhou	贵港市 Guigang	玉林市 Yulin	百色市 Baise	贺州市 Hezhou	河池市 Hechi	来宾市 Laibin	崇左市 Chongzuo
	114.2		115.6	114.6			
	104.2		110.0	104.9			
	110.8		109.2	114.6			
	125.1		119.3	120.9			
	124.1		121.9	121.1			
	95.5		97.0	95.8			
	102.8		102.8	100.7			
	103.3		107.1	107.4			
	120.5		118.6	119.0			
	127.2		126.1	121.4			
	119.0		120.7	117.3			
	103.3		105.4	105.3			
	98.0		100.9	100.1			
	93.7		97.3	96.4			
	96.3		98.4	96.4			
	99.0		97.7	99.0			
	98.3		99.0	98.3			
	98.9		97.2	98.0			
	101.1		99.4	101.0			
	103.3		102.9	104.6			
	100.8		102.5	100.4			
	99.1		101.6	101.6			
	105.5		104.3	105.1			
109.7	107.5		110.0	108.6	106.6	107.0	109.6
98.8	96.5	96.8	97.9	97.5	98.3	97.1	97.6
103.2	103.8	102.5	103.4	103.8	102.3	102.6	103.2
105.6	106.3	105.7	106.3	107.0	105.1	106.2	105.7
102.3	102.5	102.7	102.5	101.8	102.7	101.9	101.7
101.8	101.5	101.3	101.7	100.5	101.3	100.5	101.3
101.6	101.7	102.3	101.5	100.7	102.2	100.7	101.7
100.0	98.9	100.6	100.8	100.4	99.5	100.3	99.5
100.9	99.7	101.0	100.4	99.2	100.5	101.3	100.9
102.4	101.7	101.8	100.7	100.2	101.0	101.4	101.0
102.5	102.1	101.6	102.4	101.1	101.3	101.9	100.5

4-10 各市商品零售价格分类指数（2018年）

（上年=100）

指　标	Item	南宁市 Nanning	柳州市 Liuzhou	桂林市 Guilin
商品零售价格指数	**Retail General Price Index**	**101.1**	**101.4**	**102.1**
食品	**Food**	**101.2**	**101.3**	**101.4**
粮食	Grain	100.8	102.5	103.6
薯类	Tubers	107.1	102.3	105.7
豆类	Beans	106.5	105.7	101.8
食用油	Edible Oil and Fats	100.7	95.4	96.3
菜	Vegetables	105.2	105.6	103.0
畜肉类	Meat of Livestock	93.2	96.1	93.9
禽肉类	Meat of Poultry	106.6	108.0	107.2
水产品	Aquatic Products	102.6	104.9	108.3
蛋类	Eggs	105.7	105.6	106.5
奶类	Milk	103.3	101.3	101.1
干鲜瓜果类	Dried and Fresh Melons and Fruits	98.1	96.1	100.0
糖果糕点类	Candy and Cake	100.0	103.4	102.4
调味品	Flavoring	101.9	101.4	101.5
其他食品类	Other Foods	99.9	100.2	101.9
在外餐饮	Dining Out	103.8	103.4	102.5
饮料、烟酒	**Beverages, Tobacco and Liquor**	**101.4**	**102.6**	**102.8**
茶及饮料	Tea and Beverages	101.3	104.1	100.8
烟草	Tobacco	100.0	100.4	100.0
酒类	Liquor	103.1	103.7	107.5
服装、鞋帽	**Garments, Shoes and Hats**	**101.7**	**99.5**	**99.1**
服装	Garments	102.0	99.2	97.0
男士服装	Men's Clothing	101.7	98.2	99.2
女士服装	Women's Clothing	101.7	99.7	96.5
儿童服装	Children's Clothing	103.3	99.3	94.8
鞋帽袜	Footgear and Hat	101.0	100.4	106.1
鞋	Shoes	100.9	100.5	110.3
袜子	Socks	101.6	103.2	100.0
帽子	Cap	101.4	90.9	97.9
其他衣着配件	Other Clothing Accessories	98.3	99.2	98.8
纺织品	**Textiles**	**97.6**	**95.8**	**100.0**
服装材料	Materials for Clothing	95.2	103.8	101.1
床上用品	Bedding Article	99.0	94.6	99.9

Retail Price Indices by Category of Commodities and Cities（2018）

（preceding year=100）

梧州市 Wuzhou	北海市 Beihai	防城港市 Fangchenggang	钦州市 Qinzhou	贵港市 Guigang	玉林市 Yulin	百色市 Baise	贺州市 Hezhou	河池市 Hechi	来宾市 Laibin	崇左市 Chongzuo
102.6	**100.6**	**101.9**	**102.5**	**102.1**	**101.6**	**102.4**	**101.1**	**101.3**	**101.9**	**100.5**
102.0	**99.0**	**100.6**	**101.9**	**99.9**	**100.3**	**100.9**	**101.7**	**100.8**	**101.4**	**100.7**
102.6	99.2	101.8	100.0	100.0	100.0	102.8	101.3	100.2	101.5	100.1
98.6	100.6	105.0	96.2	102.3	100.1	103.9	104.0	110.3	100.3	96.0
100.3	101.3	105.4	103.0	100.8	104.0	105.6	98.9	96.9	99.4	100.4
96.6	98.7	96.6	95.1	98.6	91.4	98.7	97.3	95.8	98.1	96.3
106.3	101.0	103.9	100.5	101.8	97.9	100.5	103.7	104.8	104.2	103.3
95.2	94.7	93.5	93.6	92.9	93.9	96.3	93.9	95.0	92.2	90.9
107.4	108.1	103.6	115.5	104.5	110.7	106.4	106.1	107.4	104.0	103.5
99.5	90.1	103.7	108.2	104.2	103.0	101.2	108.6	102.8	103.2	102.0
112.0	103.4	102.6	109.1	107.0	110.3	110.6	111.8	104.9	108.8	113.0
104.1	100.6	104.3	100.0	102.1	104.6	101.5	101.3	99.4	100.1	103.6
107.3	97.1	95.0	100.8	99.2	102.5	96.4	108.1	101.5	103.4	99.7
100.5	101.2	104.4	100.6	101.2	100.4	101.7	103.5	103.2	104.1	102.2
102.4	102.6	102.9	100.8	101.3	101.9	104.2	101.0	101.2	102.5	100.9
101.2	98.2	104.4	101.2	97.4	96.9	100.4	98.4	108.0	102.0	97.8
103.2	101.3	103.3	102.5	101.7	101.1	102.3	101.6	101.7	102.9	108.2
100.2	**101.8**	**100.6**	**100.3**	**101.5**	**100.1**	**101.0**	**100.8**	**103.6**	**101.3**	**100.4**
100.8	105.5	101.6	99.6	102.4	101.5	106.2	102.5	106.8	102.4	103.0
99.4	100.0	100.0	99.7	100.0	100.0	99.8	100.0	100.0	99.8	99.7
100.8	100.6	100.6	101.6	102.7	99.0	98.3	100.1	105.1	102.0	98.8
102.1	**98.3**	**102.9**	**101.4**	**101.1**	**101.9**	**106.0**	**99.7**	**101.8**	**101.9**	**97.6**
102.3	98.4	102.6	101.9	102.7	102.0	106.0	100.0	102.6	102.6	98.0
104.3	97.8	102.9	102.1	102.0	102.4	105.9	99.7	100.8	102.3	98.0
101.0	98.2	102.3	101.8	102.3	102.6	105.6	100.5	104.0	102.9	98.3
102.2	100.1	103.1	101.9	105.1	99.4	107.1	99.7	101.7	102.7	97.3
101.7	97.8	103.5	100.1	97.7	102.1	106.8	98.5	99.5	99.7	95.9
101.5	97.9	104.3	100.2	97.6	102.7	107.4	98.3	99.1	99.6	95.3
103.5	96.3	100.3	99.5	100.1	100.5	100.1	100.1	101.1	100.0	99.9
100.5	99.1	102.0	100.2	93.4	98.7	100.0	100.8	110.8	100.0	100.0
100.6	99.1	105.1	100.0	98.0	99.4	100.1	98.7	101.8	100.9	101.9
102.1	**96.4**	**106.1**	**100.4**	**100.0**	**99.1**	**101.7**	**99.2**	**100.2**	**101.7**	**98.9**
103.9	104.3	101.5	99.1	100.0	100.2	102.2	100.2	109.3	102.1	100.0
101.4	95.2	106.7	101.0	100.0	98.4	101.6	98.7	100.0	101.7	98.4

4-10 续表

（上年＝100）

指 标	Item	南宁市 Nanning	柳州市 Liuzhou	桂林市 Guilin
家用电器及音像器材	**Household Appliances and Audio and Video Equipment**	**98.9**	**99.7**	**98.8**
家庭设备	Household Equipment	100.1	100.4	101.5
文娱用耐用消费品	Entertainment and Durable Consumer Goods	97.6	99.0	90.6
专业音像器材	Professional Audio and Video Equipment	98.6	93.8	100.2
文化办公用品	**Cultural and Office Appliances**	**99.9**	**99.6**	**100.7**
日用品	**Articles for Daily Use**	**100.8**	**101.4**	**99.2**
日用百货	General Merchandise for Daily Use	100.4	104.9	97.8
厨具餐具茶具	Kitchenware, Tableware, Tea Set	99.9	97.2	99.1
清洗用品	Cleaning Supplies	104.1	100.1	100.1
其他日用品	Other Daily Necessities	99.2	101.5	100.5
体育娱乐用品	**Sports and Recreation Articles**	**99.8**	**105.0**	**100.5**
体育户外用品	Sports Outdoor Products	99.8	104.2	100.0
娱乐用品	Amusement Articles	99.8	105.6	100.7
交通、通信用品	**Transportation and Communication Appliances**	**99.3**	**95.7**	**100.3**
交通运输机械	Machinery of Communications and Transportation	99.1	95.3	99.8
通信器材	Apparatus of Communication	100.0	96.5	101.4
家具	**Furniture**	**101.4**	**100.0**	**103.2**
化妆品	**Cosmetics**	**100.8**	**99.4**	**102.8**
金银饰品	**Gold and Silver Ornaments**	**96.2**	**96.7**	**96.2**
中西药品及医疗保健用品	**Traditional Chinese and Western Medicines and Health Care Articles**	**101.4**	**107.1**	**103.2**
医疗卫生器具	Medical Instrument	96.5	103.8	100.0
中药	Traditional Chinese Medicines	102.7	111.9	104.9
西药	Western Medicines	101.6	103.3	103.9
保健器具及用品	Health Appliances and Supplies	100.4	112.8	99.8
书报杂志及电子出版物	**Books, Newspapers, Magazines and Electronic Publications**	**101.5**	**101.2**	**105.2**
教材及参考书	Texts and Reference Books	101.9	100.2	104.8
书报杂志	Newspapers and Magazines	102.2	102.0	106.8
计算机办公软件	Computer Office Software	99.7	102.2	99.8
燃料	**Fuels**	**107.9**	**114.3**	**114.6**
煤炭及制品	Coal and Its Products	109.2	100.2	112.3
石油及制品	Oil and Its Products	107.8	115.7	114.9
建筑材料及五金电料	**Building Materials and Hardware**	**100.9**	**100.0**	**105.3**
建筑装璜材料	Building Decoration Materials	101.1	98.6	105.9
五金水暖	Hardware Plumbing	100.6	104.6	103.2

continued

(preceding year=100)

梧州市 Wuzhou	北海市 Beihai	防城港市 Fangchenggang	钦州市 Qinzhou	贵港市 Guigang	玉林市 Yulin	百色市 Baise	贺州市 Hezhou	河池市 Hechi	来宾市 Laibin	崇左市 Chongzuo
99.7	**96.0**	**102.4**	**99.6**	**101.8**	**101.6**	**101.4**	**98.9**	**98.5**	**100.9**	**100.4**
102.1	96.7	103.2	99.5	104.5	100.6	100.3	99.6	103.4	101.8	101.2
97.2	94.9	101.9	99.8	98.9	103.2	102.7	97.8	92.5	100.3	99.6
94.6	94.1	97.2	100.0	92.6	99.8	101.7	100.0	94.7	96.2	99.9
100.0	**98.4**	**103.0**	**101.9**	**101.5**	**98.4**	**100.2**	**99.2**	**98.1**	**100.4**	**99.4**
101.8	**101.1**	**104.0**	**100.1**	**101.5**	**99.9**	**100.5**	**99.4**	**100.4**	**103.9**	**99.7**
101.1	102.9	104.8	100.6	102.3	99.9	101.2	99.4	100.2	103.8	99.8
101.7	100.9	104.1	99.7	98.4	100.5	99.6	97.2	101.1	100.5	99.8
100.2	101.0	105.8	100.0	103.1	98.8	102.9	100.0	102.0	111.6	99.4
104.7	98.3	102.4	100.0	97.8	100.3	98.5	99.9	99.0	101.0	99.8
100.7	**98.6**	**101.1**	**100.0**	**103.6**	**101.0**	**99.2**	**100.2**	**100.1**	**99.5**	**98.9**
100.1	96.4	100.8	101.7	102.7	100.1	100.0	100.0	99.6	96.7	98.8
101.2	100.3	101.2	99.3	104.4	101.6	98.7	100.4	100.4	101.5	98.9
101.5	**95.9**	**98.5**	**101.9**	**98.6**	**101.5**	**99.7**	**98.2**	**97.9**	**100.0**	**97.6**
99.7	97.1	98.0	100.9	98.3	101.3	99.0	99.0	99.1	99.0	99.3
105.6	92.5	103.0	103.5	99.5	101.8	101.3	96.3	96.1	101.8	94.6
102.8	**102.3**	**102.0**	**104.1**	**104.6**	**99.2**	**101.7**	**100.1**	**105.3**	**101.1**	**100.1**
102.7	**102.4**	**103.6**	**100.2**	**104.0**	**100.3**	**100.6**	**103.0**	**102.5**	**100.9**	**99.8**
95.7	**96.7**	**99.5**	**97.1**	**94.9**	**91.9**	**96.3**	**90.6**	**91.7**	**97.5**	**97.2**
106.9	**103.1**	**101.7**	**106.6**	**110.6**	**105.3**	**104.3**	**105.0**	**103.9**	**103.8**	**102.7**
101.7	98.3	103.4	99.9	100.0	98.8	100.0	100.0	101.0	113.9	100.0
115.4	105.8	101.9	106.5	120.5	106.1	106.0	104.4	105.5	102.5	102.1
103.6	100.2	101.5	107.7	112.2	106.8	104.6	105.3	104.0	102.9	103.8
103.9	111.1	100.9	106.3	100.9	101.1	100.0	106.8	99.7	104.0	100.0
102.2	**102.2**	**103.7**	**103.0**	**101.5**	**102.1**	**101.9**	**100.8**	**102.7**	**101.3**	**101.5**
102.2	102.2	102.3	101.2	102.9	101.0	100.8	99.6	100.4	100.4	100.0
102.8	103.7	106.9	105.9	99.9	103.6	103.8	102.5	105.7	102.5	103.2
100.8	99.9	99.9	101.7	99.9	102.0	99.9	99.9	99.9	99.9	102.2
110.0	**115.1**	**107.1**	**108.5**	**110.4**	**108.5**	**111.6**	**109.8**	**107.8**	**108.0**	**106.4**
100.0	100.0	100.0	104.6	104.9	102.4	101.5	102.8	99.7	109.1	104.2
111.3	116.5	107.9	108.9	110.9	109.2	112.2	110.4	108.2	107.9	106.6
104.4	**105.6**	**104.2**	**107.6**	**102.1**	**102.3**	**105.5**	**102.3**	**103.4**	**101.9**	**104.7**
105.4	106.2	104.6	109.4	101.3	102.8	105.8	103.0	103.7	101.8	105.1
101.7	103.7	100.4	101.9	105.2	100.5	104.3	99.9	101.2	102.4	103.4

4-11 分月农业生产资料价格分类指数（2018年）

（上年同期＝100）

指 标	Item	全 年 Annual Year	1 月 January	2 月 February	3 月 March
农业生产资料价格指数	**Price Index of Means of Agricultural Production**	**101.8**	**100.9**	**100.2**	**100.3**
农用手工工具	Farm Handtools	104.0	102.8	104.0	103.1
饲料	Forage	100.8	100.1	100.4	100.9
混合饲料	Mixed Forage	100.9	99.6	100.5	100.9
其他饲料	Others Forage	100.3	101.5	100.2	101.2
仔畜幼禽及产品畜	Newborn Animals & Poultry, and Commodity Animals	77.8	81.1	76.6	75.3
仔畜	Newborn Animals	70.8	73.4	69.1	66.0
幼禽	New born Poultry	107.4	111.5	108.3	126.1
产品畜	Commodity Animals	79.4	94.8	88.7	75.4
半机械化农具	Semi-Mechanized Farm Tools	101.1	102.7	102.2	101.7
机械化农具	Mechanized Farm Machinery	103.7	103.2	103.2	103.2
化学肥料	Chemical Fertilizer	106.7	104.7	104.1	104.6
氮肥	Nitrogen Fertilizer	114.3	114.9	111.8	110.5
磷肥	Phosphate Fertilizer	104.5	101.2	102.2	103.6
钾肥	Calcium Fertilizer	106.1	102.5	103.6	104.0
复合肥料	Compounded Fertilizer	102.8	100.3	100.2	101.4
农药及农药器械	Pesticide and Its Appliances	103.2	102.2	102.2	103.3
化学农药	Chemical Pesticide	103.4	102.1	102.2	103.6
杀虫剂	Insecticide	104.4	102.5	103.0	104.6
杀菌剂	Disinfectant	101.3	100.7	100.7	100.8
除草剂	Herbicide	103.6	102.8	102.1	104.8
生长调节剂	Growth Regulator	102.7	101.8	101.8	101.8
农药器械	Pesticide Equipment	101.7	102.5	102.1	101.3
农机用油	Oil for Farm Machinery	113.0	107.4	107.8	105.7
农用柴油	Agricultural Diesel Oil	113.5	106.5	107.0	104.7
润滑油	Lube	109.2	115.0	114.3	114.1
其他农用生产资料	Other Means of Agricultural Production	101.0	100.0	100.3	100.9
农用种子	Agricultural Seed	101.3	100.1	100.4	101.3
农用薄膜	Agricultural Membrane	99.2	98.0	98.1	98.9
未列名的其他农用生产资料	Other Agricultural Means of Production Not Listed	102.7	102.5	102.9	102.8
农业生产服务	Service ofr Agricultural Production	106.5	107.2	106.3	104.6
排灌费	Irrigation Costs	103.3	102.1	100.0	100.0
机械作业费	Machinery Operating Costs	101.8	100.8	100.4	100.4
农业用电	Agricultural Use of Electricity	100.0	100.0	100.0	100.0
农业用工	Agricultural Employment	110.1	112.0	110.9	107.7

Price Indices for Means of Agricultural Production by Category and Month（2018）

（preceding year=100）

4 月 April	5 月 May	6 月 June	7 月 July	8 月 August	9 月 September	10 月 October	11 月 November	12 月 December
100.5	**100.7**	**101.6**	**101.9**	**102.3**	**102.7**	**103.8**	**103.4**	**102.9**
102.6	103.5	103.5	103.6	104.5	104.7	104.9	105.8	104.9
101.3	101.1	101.1	100.4	100.0	100.5	101.1	101.0	101.1
101.4	101.4	101.2	101.4	100.8	100.7	100.8	101.4	101.2
101.0	100.4	101.0	97.4	97.8	100.0	102.1	100.1	100.7
69.1	65.2	70.9	72.6	79.2	81.2	87.8	88.8	89.7
57.7	53.6	60.3	63.4	74.5	77.9	88.5	90.2	88.2
131.8	125.1	125.0	118.1	100.2	94.9	89.0	87.4	94.2
74.2	70.1	71.6	71.1	75.8	78.3	81.3	83.7	90.0
101.7	101.6	101.0	100.7	100.5	100.3	100.3	100.0	100.3
103.4	104.1	104.1	104.3	104.4	103.9	104.2	103.5	103.2
105.6	106.2	106.5	106.9	107.4	108.0	109.1	108.8	108.1
111.6	113.9	114.4	114.3	114.5	115.2	117.8	117.3	115.6
104.4	104.3	104.5	104.1	104.9	105.2	106.1	106.5	106.5
104.7	104.8	105.4	106.0	106.5	108.2	109.6	109.2	108.9
102.4	102.5	102.6	103.3	104.0	104.3	104.5	104.1	103.8
103.1	103.4	102.8	103.1	103.3	103.5	103.5	103.7	103.9
103.4	103.7	103.0	103.3	103.5	103.7	103.7	104.0	104.4
105.0	105.1	103.4	104.1	104.6	104.9	104.8	105.3	106.0
100.5	101.3	101.4	101.4	101.6	101.7	101.9	101.9	101.8
103.3	103.4	103.5	103.5	103.5	103.6	103.6	104.1	104.5
103.6	103.9	103.3	103.3	103.0	103.0	102.6	102.3	102.2
100.8	101.3	101.5	101.8	102.1	102.0	102.1	101.6	101.0
109.4	114.0	118.1	122.0	119.3	120.5	121.7	112.4	99.9
109.4	114.6	119.2	123.7	120.6	122.2	123.5	113.3	99.7
109.6	109.6	109.6	109.1	109.5	107.5	107.5	104.9	101.1
101.0	101.2	101.4	101.3	101.5	101.3	101.1	100.9	101.4
101.3	101.3	101.5	101.4	101.6	101.8	101.8	101.7	101.7
99.0	99.5	99.7	99.7	99.9	99.3	98.7	98.6	100.7
102.8	103.1	103.4	103.4	103.3	102.6	102.6	101.8	101.4
106.8	106.8	106.7	107.2	106.6	106.6	106.6	106.7	106.6
104.2	104.2	104.2	104.2	104.2	104.2	104.2	104.2	104.2
101.3	101.2	101.2	102.3	102.8	102.8	102.4	102.7	102.7
100.0	100.0	100.0	100.0	100.0	100.0	100.0	100.0	100.0
110.6	110.6	110.4	110.8	109.6	109.6	109.8	109.8	109.6

4-12 农业生产资料价格分类指数

Price Indices for Means of Agricultural Production by Category

（上年=100） (preceding year=100)

指 标	Item	2013	2014	2015	2016	2017
农业生产资料价格指数	**Price Index of Means of Agricultural Production**	**99.9**	**98.9**	**100.9**	**100.7**	**101.4**
农用手工工具	Farm Handtools	104.3	102.6	101.4	100.4	102.3
饲料	Forage	103.8	99.0	96.3	94.1	101.3
混合饲料	Mixed Forage	102.0	100.1	97.6	93.9	99.8
其他饲料	Others Forage	111.4	94.6	91.2	94.5	105.8
仔畜幼禽及产品	Newborn Animals & Poultry, and Commodity Animals				138.7	90.4
仔畜	Newborn Animals				155.6	86.1
幼禽	New born Poultry				91.1	103.7
产品畜	Commodity Animals	90.3	100.1	110.4	128.0	105.4
半机械化农具	Semi-Mechanized Farm Tools	99.7	98.8	99.6	99.9	101.5
机械化农具	Mechanized Farm Machinery	99.6	100.1	99.7	100.0	102.6
化学肥料	Chemical Fertilizer	93.3	91.9	102.2	98.2	103.0
氮肥	Nitrogen Fertilizer	91.3	88.5	103.6	94.6	111.1
磷肥	Phosphate Fertilizer	95.5	95.6	102.7	99.7	105.3
钾肥	Calcium Fertilizer	90.3	92.2	98.9	96.8	98.1
复合肥料	Compounded Fertilizer	95.9	94.4	101.4	100.2	99.2
农药及农药械	Pesticide and Its Appliances	102.4	100.4	100.3	99.5	100.7
化学农药	Chemical Pesticide	102.7	101.0	100.8	99.7	100.6
杀虫剂	Insecticide	103.6	100.1	100.3	99.4	101.1
杀菌剂	Disinfectant	101.3	101.1	101.3	101.5	100.1
除草剂	Herbicide	103.1	104.4	101.6	98.6	100.0
生长调节剂	Growth Regulator				99.8	101.9
农药器械	Pesticide Equipment	101.0	96.8	96.8	98.3	100.8
农用机油	Oil for Farm Machinery	99.7	98.0	89.3	95.7	111.5
农用柴油	Agricultural Diesel Oil				95.2	111.9
润滑油	Lube				99.8	108.6
其他农业生产资料	Other Means of Agricultural Production	107.4	102.9	100.6	99.0	100.6
农用种子	Agricultural Seed	110.3	104.4	101.6	99.4	100.3
农用薄膜	Agricultural Membrane	100.8	99.9	97.7	97.6	100.5
未列名的其他农用生产资料	Other Agricultural Means of Production Not Listed				100.0	101.6
农业生产服务	Service ofr Agricultural Production	105.4	103.5	104.1	102.0	104.8
排灌费	Irrigation Costs	100.1	103.6	101.2	100.0	101.9
机械作业费	Machinery Operating Costs	101.1	100.7	104.0	100.8	101.0
农业用电	Agricultural Use of Electricity	100.0	100.0	100.0	100.0	100.0
农业用工	Agricultural Employment	116.1	107.9	106.5	103.3	107.7

4-13　工业生产者出厂价格分类指数（1990—2018年）

Producer Price Indices for Industrial Products by Category（1990—2018）

（上年=100）　　(preceding year=100)

年份 Year	总指数 General Index	轻工业 Light Industry	以农产品为原料 Agricultural products as raw materials	以非农产品为原料 Non-agricultural Products as Raw Materials	重工业 Heavy Industry	采掘 Mining & Quarrying Industry	原料 Raw Materials Industry	加工 Processing Industry	生产资料 Means of Production	生活资料 Consumer Goods
1990	101.5	101.0	102.6	97.4	102.0	90.1	97.0	108.6	102.0	100.8
1991	103.3	105.8	108.4	98.6	100.9	104.4	98.6	102.1	100.8	106.5
1992	111.3	106.0	106.9	101.9	117.3	109.5	124.4	110.9	116.1	106.1
1993	121.1	110.9	110.4	113.0	132.0	113.3	143.1	127.6	130.1	110.5
1994	118.8	122.1	123.0	118.0	115.5	118.5	115.4	114.1	116.1	122.2
1995	117.2	123.8	126.6	113.1	111.2	126.0	105.3	115.8	114.2	121.4
1996	102.6	103.1	104.4	98.1	102.0	98.8	102.6	102.0	102.2	103.1
1997	97.7	97.1	97.9	95.5	98.1	99.7	99.7	94.8	97.2	98.4
1998	95.4	95.2	94.9	95.8	95.6	93.5	96.0	95.8	95.2	96.0
1999	95.6	94.1	92.9	98.3	96.6	96.7	97.4	95.3	96.5	93.9
2000	105.5	109.0	109.9	100.4	103.1	106.1	106.1	96.0	103.2	110.4
2001	106.3	109.2	110.2	100.1	104.3	104.7	106.9	97.8	103.5	112.3
2002	95.6	90.6	89.8	97.0	98.4	102.5	98.3	98.3	98.2	88.5
2003	102.8	98.8	98.4	99.8	105.7	107.5	107.9	103.1	105.3	96.3
2004	109.7	110.0	112.6	104.6	109.5	121.3	110.3	107.9	110.5	108.1
2005	104.9	105.8	107.5	101.8	104.2	126.5	105.2	101.5	104.0	106.8
2006	109.6	113.3	119.1	100.3	106.7	137.4	111.8	99.5	105.5	119.9
2007	104.5	97.7	95.6	102.9	108.3	117.8	106.9	109.1	107.3	94.5
2008	109.0	104.4	102.4	109.6	111.7	113.0	104.3	119.6	111.3	100.9
2009	93.5	99.4	100.0	97.8	90.5	92.0	93.1	88.6	91.4	101.7
2010	112.0	115.0	118.9	105.6	110.3	129.1	113.0	106.3	110.3	118.2
2011	108.5	114.7	116.1	106.2	106.3	121.2	106.3	105.2	107.2	112.0
2012	97.8	98.6	98.0	102.6	97.5	101.7	98.5	96.6	97.4	99.0
2013	98.2	97.7	97.1	100.9	98.4	96.3	98.9	98.2	98.4	97.5
2014	98.4	97.4	97.0	99.8	98.7	96.6	99.6	98.3	98.7	97.5
2015	97.0	100.6	100.8	99.7	95.7	97.9	96.2	95.3	95.5	101.3
2016	99.1	101.8	102.2	100.0	98.2	100.8	96.7	98.7	98.1	102.4
2017	107.6	104.8	105.1	103.3	108.6	115.9	108.4	108.1	109.1	103.1
2018	103.2	98.8	98.3	101.2	104.7	103.8	105.2	104.6	104.9	97.7

注：从2011年起，工业品出厂价格指数改称为工业生产者出厂价格指数。
Note: From 2011, the producer price index for manufactured goods changed to the producer price index for industrial products.

4-14 按工业部门分工业生产者出厂价格指数（1990—2018年）

（上年＝100）

年份 Year	冶金工业 Metallurgical Industry	电力工业 Power Industry	煤炭及炼焦工业 Coal Industry	石油工业 Petroleum Industry	化学工业 Chemical Industry
1990	97.4	90.2	98.7		100.2
1991	103.1	93.9	100.2		97.5
1992	121.8	101.9	114.8		103.2
1993	140.8	89.9	111.3		113.2
1994	104.2	138.0	126.1		112.0
1995	111.0	107.8	109.4		129.2
1996	98.1	107.5	106.4		104.6
1997	96.7	106.3	109.2		95.4
1998	92.4	102.7	95.3		93.0
1999	97.4	100.5	96.0		95.2
2000	108.5	112.5	104.1		95.6
2001	96.9	129.6	104.7		100.5
2002	94.3	101.8	113.0	104.9	98.2
2003	115.9	100.0	100.9	114.0	102.4
2004	128.9	102.2	109.2	112.2	107.3
2005	106.4	100.9	133.1	120.6	108.0
2006	117.2	102.7	106.1	116.4	101.4
2007	116.5	102.7	99.9	104.4	102.6
2008	117.7	102.0	137.3	120.4	114.8
2009	78.3	102.5	95.1	84.4	92.2
2010	118.1	102.0	111.0	124.1	114.7
2011	110.1	99.3	130.5	117.1	113.4
2012	90.9	106.3	113.6	101.6	95.8
2013	94.3	100.5	99.0	98.5	99.9
2014	94.4	100.4	94.2	97.7	100.3
2015	89.2	99.4	93.1	84.2	97.7
2016	99.0	98.0	94.6	93.7	98.4
2017	123.0	99.4	120.3	116.2	105.3
2018	106.0	99.9	103.9	117.4	105.5

注：2002年起，石油工业纳入工业生产者出厂价格统计调查范围（以下相关表同）。

Producer Price Indices for Industrial Products by Sector（1990—2018）

(preceding year=100)

机械工业 Machine Manufacturing Industry	建筑材料工业 Building Materials Industry	森林工业 Timber Industry	食品工业 Food Industry	纺织工业 Textile Industry	造纸工业 Paper Industry	其它工业 Other Industry
106.8	97.2	89.0	99.3	104.6	105.8	102.4
102.0	101.1	99.0	117.1	103.5	101.5	108.1
111.6	154.2	104.7	107.3	105.8	106.7	104.7
131.6	162.9	116.0	110.8	114.3	113.3	135.7
113.6	110.5	112.9	117.9	150.7	114.5	126.0
106.3	95.2	99.8	124.4	126.1	146.6	126.0
101.2	94.6	92.2	105.6	85.8	113.4	106.0
98.2	90.0	93.3	98.9	93.4	87.3	100.0
94.8	99.0	90.0	96.3	83.8	92.4	104.5
94.4	96.4	95.9	92.7	103.4	90.8	100.6
95.7	100.6	101.4	111.1	115.5	111.2	98.4
97.7	101.6	103.5	112.8	89.1	100.5	104.0
98.4	99.3	94.9	88.1	88.5	96.8	101.8
96.8	100.9	97.1	96.9	108.9	102.1	102.2
99.7	107.7	103.1	114.6	115.4	103.7	99.9
100.6	98.3	100.5	109.4	99.9	102.0	103.8
101.3	100.2	103.2	124.5	104.0	99.7	103.5
101.5	105.1	108.5	94.3	91.3	102.2	100.3
101.9	113.9	104.1	102.5	96.9	107.0	92.9
100.1	97.7	98.3	101.3	103.7	91.4	101.5
102.3	106.6	106.4	120.3	126.8	113.5	117.0
101.4	110.7	105.7	118.2	118.0	102.7	108.9
100.0	98.1	105.4	97.5	95.2	96.1	102.4
99.7	100.4	102.8	96.0	103.1	96.2	103.6
100.1	103.3	100.6	95.7	98.9	101.1	102.1
99.8	97.4	99.4	101.0	95.3	101.2	98.3
99.0	94.5	101.6	102.9	101.7	100.3	97.6
100.3	107.0	101.5	104.6	115.4	109.2	103.4
100.5	109.1	102.3	96.0	108.0	105.9	103.0

Note: From 2002, the petroleum industry has been included in the survey range of producer price of industrial producer.The same applies to the tables following.

4-15 分月工业生产者出厂价格指数（2018年）

（上年同期＝100）

类 别	Item	全 年 Annual Year	1 月 January	2 月 February	3 月 March
总指数	**General Index**	**103.2**	**103.9**	**103.3**	**102.9**
# 轻工业	# Light Industry	98.8	100.2	99.7	100.0
以农产品为原料	Using Farm Produces as Raw Materials	98.3	100.0	99.5	99.8
以非农产品为原料	Using Non-farm Produces as Raw Materials	101.2	101.0	100.9	100.9
重工业	Heavy Industry	104.7	105.1	104.5	103.8
采掘	Mining and Quarrying	103.8	105.0	105.0	105.4
原料	Raw Material	105.2	104.2	104.4	103.8
加工	Processing	104.6	105.5	104.5	103.7
# 生产资料	# Means of Production	104.9	105.3	104.7	104.2
采掘	Mining and Quarrying	103.8	105.0	105.0	105.4
原料	Raw Material	105.1	104.2	104.2	103.6
加工	Processing	104.9	105.9	105.0	104.4
生活资料	Life Material	97.7	99.0	98.4	98.4
食品	Food	95.5	98.1	97.0	97.0
衣着	Clothing	100.4	100.5	101.5	101.1
一般日用品	Articles for Daily Use	102.0	100.9	100.9	101.2
耐用消费品	Durable Consumers' Goods	100.6	99.9	100.1	100.1
按工业部门分	**Grouped by Department of Industry**				
冶金工业	Metallurgical Industry	106.0	109.8	107.5	106.6
电力工业	Power Industry	99.9	100.1	100.2	100.8
煤炭及炼焦工业	Coal and Coking Industry	103.9	108.7	108.7	105.1
石油工业	Petroleum Industry	117.4	106.9	107.4	104.5
化学工业	Chemical Industry	105.5	106.7	106.0	105.4
机械工业	Machine Manufacturing Industry	100.5	100.2	100.1	100.2
建筑材料工业	Building Materials Industry	109.1	106.2	106.6	105.2
森林工业	Timber Industry	102.3	102.5	103.0	102.2
食品工业	Food Industry	96.0	97.7	97.0	97.3
纺织工业	Textile Industry	108.0	118.3	118.2	118.9
缝纫工业	Tailoring Industry	99.3	100.3	101.2	100.6
皮革工业	Leather Industry	101.6	100.3	101.3	101.2
造纸工业	Paper Industry	105.9	105.9	105.1	106.2
文教艺术用品工业	Cultural, Educational and Handicraft Articles	104.0	102.6	102.4	102.1
其他工业	Other Industry	103.0	105.2	105.2	105.3

Producer Price Indices for Industrial Products by Month（2018）

（preceding year=100）

4 月 April	5 月 May	6 月 June	7 月 July	8 月 August	9 月 September	10 月 October	11 月 November	12 月 December
103.7	**104.8**	**104.9**	**104.7**	**103.9**	**103.0**	**102.5**	**102.1**	**99.5**
100.1	99.6	99.2	98.8	98.3	97.6	97.5	97.4	97.0
99.9	99.4	98.9	98.2	97.6	96.8	96.7	96.6	96.1
101.1	100.6	100.8	101.6	101.7	101.7	101.3	101.0	101.4
104.9	106.6	106.8	106.8	105.8	104.8	104.2	103.6	100.3
105.3	103.8	106.1	105.4	104.2	101.6	102.2	101.9	100.4
105.7	108.1	108.1	107.8	107.3	106.7	104.8	102.3	99.6
104.5	106.1	106.3	106.4	105.2	104.1	104.0	104.4	100.7
105.3	107.0	107.0	107.0	105.9	104.8	104.1	103.5	100.2
105.3	103.8	106.1	105.4	104.2	101.6	102.2	101.9	100.4
105.6	108.1	108.1	107.9	107.4	106.7	104.7	102.2	99.3
105.2	106.7	106.6	106.7	105.4	104.1	104.0	104.2	100.6
98.2	97.9	97.9	97.4	97.3	97.0	97.1	97.3	97.0
96.6	95.9	95.7	94.8	94.5	93.9	94.1	94.5	94.1
100.4	100.0	99.8	99.7	100.1	100.4	99.8	100.6	100.7
101.8	101.6	102.1	102.7	102.8	103.2	102.8	102.2	102.2
100.0	100.7	100.6	100.6	100.9	101.0	101.0	101.0	101.0
108.1	112.2	112.3	109.4	106.4	102.9	101.5	102.4	96.1
101.1	100.8	100.3	99.8	100.3	100.0	98.1	98.6	98.4
103.3	102.2	101.4	102.2	101.5	101.3	102.7	105.3	105.4
109.8	116.5	120.9	130.1	128.4	132.0	132.7	119.9	103.6
105.6	105.7	105.7	106.2	105.2	105.7	105.8	105.2	103.2
100.4	100.7	100.5	100.7	100.7	100.7	100.7	100.5	100.6
106.4	107.5	108.5	112.0	112.5	112.6	111.5	110.9	109.5
102.2	102.8	101.7	101.8	103.3	102.9	102.5	101.3	100.8
97.1	96.5	96.0	95.3	94.8	94.5	95.0	95.3	94.9
119.4	117.6	114.9	110.6	106.7	101.4	96.7	90.9	88.1
99.9	98.9	98.6	98.0	98.4	99.3	98.6	98.5	99.2
101.1	101.1	101.0	101.3	101.8	101.5	102.0	103.8	103.0
107.2	109.6	109.8	109.9	106.9	103.6	101.8	102.8	103.0
105.2	104.7	105.1	105.2	105.3	104.9	103.7	103.3	103.5
105.0	103.0	102.3	102.6	101.9	101.6	101.6	101.4	101.0

4-16 分行业工业生产者出厂价格指数（2018年）

（上年同期=100）

类别	Item	全年 Annual Year	1月 January
煤炭开采和洗选业	**Mining and Washing of Coal**	**103.9**	**108.7**
烟煤和无烟煤开采洗选	Mining and Washing of Bituminous and Anthracite	100.4	107.7
褐煤的开采洗选	Mining and Washing of Lignite	106.3	109.3
石油和天然气开采业	**Extraction of Petroleum and Natural Gas**	**125.1**	**87.1**
石油开采	Extraction of Petroleum	125.1	87.1
黑色金属矿采选业	**Mining and Processing of Ferrous Metal Ores**	**99.0**	**99.9**
铁矿采选	Mining and Processing of Iron Ore	97.2	99.0
锰矿、铬矿采选	Mining and Processing of Manganese Mine and Chrome Ore	100.9	100.8
有色金属矿采选业	**Mining and Processing of Non-Ferrous Metal Ores**	**101.8**	**106.3**
常用有色金属矿采选	Mining and Processing of Common Non-Ferrous Metal Ores	101.9	106.3
贵金属矿采选	Mining and Processing of Precious Metal Ores	96.0	101.2
非金属矿采选业	**Mining and Processing of Non-Metal Ores**	**110.5**	**109.9**
土砂石开采	Extraction of Soil Gravel	105.9	103.8
化学矿采选	Mining and Processing of Chemical Ores	133.5	136.8
石棉及其他非金属矿采选	Mining and Processing of Asbestos and Other Non-metallic	99.4	100.2
农副食品加工业	**Processing of Food from Agricultural Products**	**94.2**	**96.2**
谷物磨制	Corn Whetted	99.7	101.9
饲料加工	Forage Processed	102.5	98.1
植物油加工	Planting-Oil Processed	96.0	91.8
制糖业	Sugar Industry	81.8	93.1
屠宰及肉类加工	Slaughtered Meta and Meat Processes	98.2	98.3
水产品加工	Fishery Product Processed	98.1	102.2
蔬菜、水果和坚果加工	Vegetables, Fruits and Nuts Processing	112.3	107.1
其他农副食品加工	Other Farm and Side-line Food Processed	103.3	103.9
食品制造业	**Manufacture of Foods**	**100.6**	**102.1**
焙烤食品制造	Baked Food Manufacturing	103.2	105.1
糖果、巧克力及蜜饯制造	Candy, Chocolate and Candied Fruit Production	100.0	100.0
方便食品制造	Convenient Food Manufacturing	100.4	101.4
乳制品制造	Dairy Products Manufacturing	104.4	109.9
罐头食品制造	Canned Food Manufacturing	94.9	104.5
调味品、发酵制品制造	Condiment, Ferment Product Manufacturing	99.5	97.5
其他食品制造	Other Food Manufacturing	101.2	98.4
酒、饮料和精制茶制造业	**Manufacture of Liquor, Beverages and Refined Tea**	**101.7**	**102.7**
酒的制造	Manufacture of Wine	101.1	100.4
饮料制造	Beverage Manufacturing	102.3	105.1
精制茶加工	Refined-tea Process	101.0	101.4

Producer Price Indices for Industrial Products by Industry（2018）

(preceding year=100)

2 月 February	3 月 March	4 月 April	5 月 May	6 月 June	7 月 July	8 月 August	9 月 September	10 月 October	11 月 November	12 月 December
108.7	**105.1**	**103.3**	**102.2**	**101.4**	**102.2**	**101.5**	**101.3**	**102.7**	**105.3**	**105.4**
107.8	98.7	98.0	97.2	97.8	97.8	97.8	98.0	101.7	101.7	101.5
109.3	109.5	106.9	105.6	103.8	105.1	104.0	103.5	103.3	107.7	108.0
83.0	**83.3**	**100.8**	**98.7**	**143.6**	**164.3**	**165.3**	**152.2**	**154.7**	**156.9**	**139.5**
83.0	83.3	100.8	98.7	143.6	164.3	165.3	152.2	154.7	156.9	139.5
100.6	**103.2**	**103.3**	**97.3**	**97.1**	**97.3**	**98.1**	**97.7**	**97.7**	**98.0**	**98.1**
100.4	105.5	106.1	93.7	94.0	94.3	95.1	94.3	94.2	94.7	95.0
100.8	100.7	100.3	101.0	100.5	100.5	101.3	101.3	101.3	101.3	101.3
107.1	**106.7**	**105.0**	**105.0**	**107.3**	**104.7**	**101.0**	**96.8**	**96.3**	**93.7**	**93.4**
107.2	106.9	105.1	105.2	107.5	104.8	101.0	96.8	96.3	93.7	93.3
98.4	96.2	95.7	94.6	96.1	97.3	93.4	92.9	94.1	94.8	97.6
108.1	**108.1**	**108.5**	**109.5**	**110.7**	**110.3**	**111.0**	**110.1**	**113.4**	**116.0**	**110.5**
104.5	104.8	104.5	106.1	108.1	106.6	107.1	107.8	106.4	106.3	104.3
125.9	125.9	130.0	130.0	130.1	132.4	132.4	124.4	144.5	156.7	133.6
98.9	98.0	97.3	97.4	97.3	97.8	99.8	101.7	101.7	101.4	101.4
95.4	**95.9**	**95.8**	**95.1**	**94.4**	**93.4**	**92.7**	**92.2**	**92.9**	**93.3**	**92.8**
102.2	101.4	100.0	100.6	100.0	99.6	98.9	97.8	97.6	98.8	97.4
99.6	101.1	102.8	103.3	102.4	103.1	103.0	103.6	104.7	104.8	104.2
92.4	95.1	97.6	98.0	98.8	96.1	96.9	95.6	96.9	97.2	96.1
89.6	88.5	86.0	83.2	80.7	79.0	76.4	75.5	75.8	76.9	76.4
97.9	98.0	96.1	97.1	96.3	96.1	97.7	98.9	100.0	100.7	101.4
100.3	94.2	98.0	98.1	100.4	99.0	99.3	99.0	99.2	93.8	94.0
105.9	114.5	115.1	115.1	117.3	116.4	113.1	112.2	112.6	110.1	109.0
103.9	103.7	102.4	102.6	103.3	103.0	103.7	103.6	103.6	103.6	102.7
101.4	**100.8**	**100.7**	**100.1**	**99.8**	**100.1**	**100.4**	**100.4**	**100.7**	**100.4**	**100.5**
105.1	105.1	105.1	102.2	102.2	102.2	102.2	102.2	102.5	102.5	102.5
100.0	100.0	100.0	100.0	100.0	100.0	100.0	100.0	100.0	100.0	100.0
101.7	100.5	100.3	100.4	100.1	100.4	100.5	100.0	100.1	99.7	99.9
109.4	108.7	108.6	103.5	102.8	102.9	102.3	101.1	101.8	101.7	101.6
98.3	94.6	93.4	92.1	91.8	91.2	93.6	95.2	95.0	95.7	94.4
98.0	98.2	97.3	100.5	100.3	100.4	101.3	101.4	101.1	101.1	97.4
98.9	99.9	100.6	101.4	101.1	102.1	102.0	102.1	102.6	101.8	103.5
102.4	**102.1**	**102.3**	**101.3**	**101.8**	**101.5**	**101.8**	**101.6**	**101.0**	**101.1**	**100.6**
100.1	100.2	100.9	101.0	102.0	101.8	102.5	102.2	101.1	101.0	100.2
104.8	104.2	103.9	101.6	101.8	101.3	101.4	101.2	100.9	101.2	100.9
101.4	101.2	101.0	101.2	101.1	101.2	100.8	100.9	100.9	100.8	100.7

4-16 续表 1

（上年同期＝100）

类 别	Item	全 年 Annual Year	1 月 January
烟草制品业	**Manufacture of Tobacco**	**100.6**	**100.0**
卷烟制造	Cigarette Manufacturing	100.6	100.0
纺织业	**Manufacture of Textile**	**108.0**	**118.3**
棉纺织及印染精加工	Cotton and Textile Printing and Dyeing Finishing	102.8	104.5
麻纺织及染整精加工	Finishing of Linen Textile and Dyeing and Finishing	104.1	106.2
丝绢纺织及印染精加工	Silk and Textile Printing and Dyeing Finishing	109.4	122.7
家用纺织制成品制造	Manufacture of Household Textile Products	100.2	99.1
纺织服装、服饰业	**Manufacture of Textile, Wearing Apparel and Accessories**	**99.3**	**100.3**
机织服装制造	Manufacture of Woven Garment	99.2	100.3
针织或钩针编织服装制造	Manufacture of Knitted or Crocheted Garment	99.7	100.7
皮革、毛皮、羽毛及其制品和制鞋业	**Manufacture of Leather, Fur, Feather and Related Products and Footware**	**103.4**	**104.0**
皮革鞣制加工	Leather Processing	101.2	96.8
皮革制品制造	Leather Product Processing	101.9	100.2
羽毛（绒）加工及制品制造	Feather Processing and Its Products Manufacturing	113.3	128.4
制鞋业	Shoemaking Industry	101.2	101.8
木材加工和木、竹、藤、棕、草制品业	**Processing of Timber, Manufacture of Wood, Bamboo, Rattan, Palm and Straw Products**	**102.3**	**102.8**
木材加工	Manufacture of Wood	101.7	102.2
人造板制造	Artificial Plank Manufacturing	102.0	102.9
木制品制造	Timber Product Manufacturing	106.2	105.6
竹、藤、棕、草等制品制造	Bamboo, Ratten, Palm and Grass Product Manufacturing	100.5	98.0
家具制造业	**Manufacture of Furniture**	**101.2**	**99.7**
木质家具制造	Manufacture of Wooden Furniture	101.3	99.5
其他家具制造	Manufacture of Other Furniture	100.6	100.5
造纸和纸制品业	**Manufacture of Paper and Paper Products**	**105.9**	**105.9**
纸浆制造	Paper Pulp Manufacturing	115.6	127.5
造纸	Paper Making	106.2	106.1
纸制品制造	Paper Products Manufacturing	104.1	102.7
印刷和记录媒介的复制	**Printing and Reproduction of Recording Media**	**104.7**	**103.0**
印刷	Painting	104.8	103.1
装订及印刷相关服务	Bookbinding and Printing Related Services	100.0	100.0
文教、工美、体育和娱乐用品制造业	**Manufacture of Articles for Culture, Education, Arts and Crafts, Sport and Entertainment Activities**	**102.5**	**100.4**
文教办公用品制造	Manufacture of Articles for Culture, Education	103.1	109.0
工艺美术品制造	Manufacture of Arts and Crafts	103.0	100.3
玩具制造	Manufacture of Toys	100.1	98.9
石油、煤炭及其他燃料加工业	**Petroleum, Coal & Other Fuel Processing Industry**	**117.8**	**107.7**
精炼石油产品制造	Refined Coking Petroleum Manufacturing	118.0	107.7

continued

(preceding year=100)

2 月 February	3 月 March	4 月 April	5 月 May	6 月 June	7 月 July	8 月 August	9 月 September	10 月 October	11 月 November	12 月 December
100.0	**100.0**	**100.0**	**100.9**	**100.9**	**100.9**	**100.9**	**100.9**	**100.9**	**100.9**	**100.9**
100.0	100.0	100.0	100.9	100.9	100.9	100.9	100.9	100.9	100.9	100.9
118.2	**118.9**	**119.4**	**117.6**	**114.9**	**110.6**	**106.7**	**101.4**	**96.7**	**90.9**	**88.1**
103.7	104.0	102.8	103.5	102.8	101.9	101.8	102.1	102.0	102.2	102.0
107.2	108.1	109.0	108.0	104.5	105.1	103.0	101.2	99.7	99.0	98.8
122.7	123.5	124.5	122.0	118.5	113.1	108.0	101.1	95.1	87.6	84.1
100.1	100.1	100.1	100.1	100.1	100.1	100.1	100.1	100.1	101.0	101.0
101.2	**100.6**	**99.9**	**98.9**	**98.6**	**98.0**	**98.4**	**99.3**	**98.6**	**98.5**	**99.2**
101.3	100.6	99.8	98.8	98.5	97.9	98.3	99.3	98.6	98.4	99.2
100.6	100.8	100.6	100.0	99.4	99.0	98.9	99.3	99.0	99.0	99.0
104.8	**105.3**	**105.0**	**102.0**	**101.4**	**102.4**	**102.7**	**102.1**	**102.6**	**104.4**	**104.0**
97.0	98.2	101.7	99.9	99.9	98.7	100.0	100.3	107.6	108.3	106.9
101.2	101.4	101.3	101.4	100.9	102.3	102.3	102.4	102.9	103.5	103.4
127.6	132.2	130.0	107.0	103.6	108.8	107.8	105.5	105.8	107.5	109.6
103.1	101.9	100.5	100.9	101.7	100.6	101.8	100.7	98.4	102.5	100.8
103.3	**102.4**	**102.5**	**103.1**	**102.0**	**102.0**	**103.4**	**102.8**	**102.4**	**101.1**	**100.5**
102.6	101.8	101.5	103.6	103.3	100.8	100.6	101.1	102.4	99.8	100.6
103.5	102.3	102.6	103.1	101.2	101.3	102.9	102.0	101.2	100.7	99.8
105.7	105.6	105.6	105.7	107.2	107.6	108.7	108.7	108.8	103.5	102.4
98.3	98.3	97.7	98.4	98.9	101.2	102.4	102.9	103.1	103.4	103.9
100.1	**100.1**	**99.9**	**100.2**	**99.6**	**99.7**	**102.5**	**103.2**	**103.1**	**103.0**	**103.1**
100.0	99.9	99.8	100.0	99.5	99.6	102.9	103.8	103.6	103.5	103.6
100.5	100.6	100.7	101.4	100.3	100.3	100.5	100.6	100.4	100.5	100.6
105.1	**106.2**	**107.2**	**109.6**	**109.8**	**109.9**	**106.9**	**103.6**	**101.8**	**102.8**	**103.0**
125.0	123.6	122.9	126.0	127.9	128.8	124.9	106.2	98.8	96.9	96.2
105.4	106.4	108.0	110.8	110.3	109.9	105.9	102.4	101.6	103.6	104.4
101.9	103.5	103.6	105.2	106.5	107.4	106.5	105.4	102.7	102.4	101.8
102.6	**102.2**	**106.0**	**105.9**	**106.3**	**106.3**	**106.3**	**105.8**	**104.3**	**103.8**	**104.1**
102.6	102.2	106.2	106.1	106.5	106.5	106.5	105.9	104.4	103.9	104.1
100.0	100.0	100.0	100.0	100.0	100.0	100.0	100.0	100.0	100.0	100.0
101.9	**103.1**	**103.0**	**102.5**	**102.6**	**102.7**	**102.9**	**103.0**	**103.0**	**103.0**	**101.6**
108.5	106.6	106.4	94.9	97.0	99.1	102.5	103.5	103.5	104.3	103.9
101.9	103.5	103.5	103.5	103.5	103.5	103.5	103.5	103.5	103.5	101.8
100.1	100.3	100.0	100.0	100.0	100.2	100.4	100.4	100.4	100.4	100.4
108.4	**105.3**	**110.5**	**117.5**	**121.2**	**130.5**	**128.6**	**132.5**	**133.2**	**119.5**	**102.9**
108.5	105.4	110.6	117.7	121.4	130.7	128.8	132.7	133.4	119.7	102.9

4-16 续表 2

（上年同期=100）

类 别	Item	全 年 Annual Year	1 月 January
化学原料和化学制品制造业	**Manufacture of Raw Chemical Materials and Chemical Products**	**105.0**	**106.8**
基础化学原料制造	Basic Chemical Material Manufacturing	107.3	110.2
肥料制造	Fertilizer Manufacture	106.3	104.1
农药制造	Pesticide Manufacturing	110.4	112.3
涂料、油墨、颜料及类似产品制造	Coating, Printing Ink, Pigment and The Similar Products Manufacture	99.6	103.8
合成材料制造	Compounded Material Manufacture	108.3	107.8
专用化学产品制造	Specialized Chemical Product Manufacture	104.7	106.9
炸药、火工及焰火产品制造	Manufacture of Explosive, Firer and Fireworks Products	101.9	103.4
日用化学产品制造	Daily Chemical Product Manufacture	96.3	99.8
医药制造业	**Manufacture of Medicines**	**103.3**	**102.1**
化学药品原料药制造	Manufacture of Chemical Raw Material Medicine	101.6	99.2
化学药品制剂制造	Chemical Medicine Agent Manufacture	101.3	98.9
中药饮片加工	Processing of Chinese Herbal Pieces	97.3	93.6
中成药生产	Chines Patent Medicine's Production	105.2	104.5
兽用药品制造	Medicine in Herbs Manufacture	100.3	100.8
生物药品制造	Biopharmaceutical Manufacturing	101.3	102.0
卫生材料及医药用品制造	Sanitary Materials and Medical Supplies Manufacturing	99.9	99.3
橡胶和塑料制品业	**Manufacture of Rubber and Plastics Products**	**108.7**	**112.1**
橡胶制品业	Rubber Products Industry	98.1	102.7
塑料制品业	Plastic Products Industry	110.5	113.7
非金属矿物制品业	**Manufacture of Non-metallic Mineral Products**	**109.3**	**106.8**
水泥、石灰和石膏制造	Manufacture of Cement, Lime and Gesso	120.3	116.3
石膏、水泥制品及类似制品制造	Manufacture of Gesso, Cement and Similar Products	107.5	100.6
砖瓦、石材等建筑材料制造	Manufacture of Tile and Dimension Stone	102.0	100.0
玻璃制造	Manufacture of Glass	102.5	98.8
玻璃制品制造	Manufacture of Glass Products	101.2	101.7
陶瓷制品制造	Manufacture of Ceramics Products	103.2	105.2
耐火材料制品制造	Manufacture of Refractory Products	101.1	104.7
石墨及其他非金属矿物制品制造	Manufacture of Graphite and Other Non-metallic Mineral Products	103.9	113.1
黑色金属冶炼和压延加工业	**Smelting and Pressing of Ferrous Metals**	**109.5**	**114.7**
钢压延加工	Steel Rolling Processing	109.1	116.0
铁合金冶炼	Ferroalloy Smelting	111.0	107.3

continued

(preceding year=100)

2 月 February	3 月 March	4 月 April	5 月 May	6 月 June	7 月 July	8 月 August	9 月 September	10 月 October	11 月 November	12 月 December
106.5	**105.4**	**105.2**	**104.6**	**104.1**	**104.8**	**104.7**	**105.6**	**106.0**	**104.3**	**101.6**
110.0	109.6	108.3	108.8	107.1	105.3	104.6	106.9	110.4	106.5	100.6
101.9	102.8	105.9	106.7	107.2	106.4	107.5	108.2	107.7	109.4	108.8
115.5	113.8	113.1	112.2	110.9	110.0	108.5	108.6	108.1	106.6	105.9
100.0	98.9	96.1	93.5	93.7	100.1	102.1	103.4	101.2	101.5	102.3
104.0	104.8	108.1	109.9	112.4	110.7	111.9	108.7	109.6	108.2	104.2
107.2	104.4	104.7	104.1	103.8	105.9	105.6	106.1	105.9	102.6	99.0
103.2	103.2	101.4	101.4	101.3	101.5	102.2	102.2	100.9	101.5	100.8
99.9	99.9	99.9	93.7	94.5	95.1	94.7	94.5	94.4	94.7	94.7
101.4	**101.5**	**101.6**	**102.2**	**104.1**	**104.0**	**105.1**	**105.0**	**104.0**	**104.7**	**104.5**
99.2	99.2	99.2	100.3	100.7	100.7	100.7	105.0	105.0	105.0	105.0
99.2	99.1	99.3	100.0	100.2	100.1	100.6	104.5	104.9	105.1	103.6
95.4	95.2	95.2	95.9	96.2	96.2	100.9	100.7	98.6	99.7	100.2
103.0	103.2	103.4	104.0	106.9	106.9	107.6	106.4	105.0	106.0	105.8
100.4	100.5	100.6	100.5	100.3	99.9	100.4	100.0	100.0	100.0	100.0
102.0	102.0	101.5	101.5	101.5	101.5	101.5	101.5	101.5	99.5	99.5
100.0	100.0	100.0	100.0	100.0	100.0	100.0	100.0	100.0	100.0	100.0
111.7	**110.9**	**111.2**	**113.9**	**112.8**	**113.1**	**103.9**	**104.8**	**103.6**	**104.2**	**104.2**
97.1	92.0	92.0	97.4	97.4	99.1	100.1	100.1	100.1	100.1	100.1
114.2	114.4	114.7	116.8	115.5	115.6	104.5	105.5	104.1	104.8	104.9
107.1	**105.5**	**106.7**	**107.6**	**108.5**	**112.2**	**112.5**	**112.5**	**111.4**	**110.8**	**109.4**
118.4	113.3	116.1	120.0	122.4	125.4	125.6	124.4	122.4	121.0	117.7
100.7	100.9	101.0	100.9	100.5	112.9	113.4	115.0	115.0	114.9	114.7
98.6	99.2	101.5	101.9	103.5	103.6	104.2	104.9	102.9	102.7	101.8
100.4	105.6	105.0	102.7	103.3	104.4	104.4	102.7	103.4	102.2	97.9
100.3	101.1	101.1	101.2	101.3	101.9	101.4	101.4	101.2	100.2	101.0
104.9	104.2	103.7	103.0	102.7	102.6	103.4	103.0	102.5	101.9	101.4
104.4	104.6	101.0	100.6	100.2	100.1	99.4	99.6	99.8	99.7	99.7
111.6	108.6	107.2	105.2	103.3	103.0	100.4	99.6	99.6	98.9	97.9
110.6	**108.5**	**109.7**	**115.6**	**116.0**	**114.0**	**110.4**	**106.8**	**107.5**	**109.3**	**95.0**
110.2	107.6	109.0	117.2	117.8	113.4	110.1	105.4	106.5	108.1	92.9
111.2	112.7	112.2	106.8	106.5	116.3	111.3	114.3	112.6	115.5	106.2

4-16 续表 3

（上年同期＝100）

类 别	Item	全 年 Annual Year	1 月 January
有色金属冶炼和压延加工业	**Smelting and Pressing of Non-ferrous Metals**	**103.2**	**105.6**
常用有色金属冶炼	General Non-ferrous Metal Coking	103.2	105.4
贵金属冶炼	Precious Metal Smelting	100.5	101.1
稀有稀土金属冶炼	Smelting of Rare and Rare Earth Metals	127.0	107.0
有色金属合金制造	Non-ferrous Metal Alloy Manufacture	99.4	100.0
有色金属压延加工	Non-ferrous Metal Rolling Processing	99.2	105.6
金属制品业	**Manufacture of Metal Products**	**101.5**	**100.7**
结构性金属制品制造	Structural Metal Product	100.5	100.4
金属工具制造	Manufacture of Metal Tools	104.5	104.1
建筑、安全用金属制品制造	Manufacture of Building and Safe Use Metal Products	100.2	100.0
金属表面处理及热处理加工	Metal Surface Treatment and Heat Treatment	99.9	100.0
金属制日用品制造	Manufacture of Metal Commodity	101.7	103.4
锻造及其他金属制品制造	Forging and Other Metal Products Manufacturing	102.1	100.5
通用设备制造业	**Manufacture of General Purpose Machinery**	**100.5**	**99.2**
锅炉及原动设备制造	Boiler and Original Equipment Manufacturing	100.3	97.2
金属加工机械制造	Metal Process and Machinery Manufacture	100.0	100.0
物料搬运设备制造	Manufacture of Material Handling Equipment	100.0	100.0
泵、阀门、压缩机及类似机械制造	Pump, Valve, Compressor and Its Similar Mechanical Manufacture	99.7	97.7
轴承、齿轮和传动部件制造	Bearings, Gears and Transmission Components Manufacturing	103.6	102.7
烘炉、风机、衡器、包装等设备制造	Ovens, Fans, Weighing, Packaging Equipment Manufacturing	95.8	95.8
通用零部件制造	Metal Casting and Forging	100.5	105.9
专用设备制造业	**Manufacture of Special Purpose Machinery**	**100.6**	**100.4**
采矿、冶金、建筑专用设备制造	Mining, Metallurgy, Building Special Equipment Manufacture	101.1	100.6
化工、木材、非金属加工专用设备制造	Chemical Engineering, Timber, Non-Metal Processed Special Equipments Manufacture	95.2	95.2
食品、饮料、烟草及饲料生产专用设备制造	The Food, Beverage, Tobacco and Fodder Production Special Equipments Manufacture	99.2	100.1
农、林、牧、渔专用机械制造	Agriculture, Forestry Animal Husbandry and Fishery Specific Machinery Manufacture	100.0	100.2
医疗仪器设备及器械制造	Medical Equipment and Device Manufacturers	98.9	99.7
环保、社会公共安全及其他专用设备制造	Environment Protection, Social Public Security and Other Specific Equipment Manufacturer	103.7	103.4
汽车制造业	**Manufacture of Automobiles**	**100.8**	**100.6**
汽车整车制造	Manufacture of Automobiles	101.6	101.2
改装汽车制造	Manufacture of Automobile Making	102.2	102.1
低速载货汽车制造	Manufacture of Low-speed Truck	102.0	103.8
汽车零部件及配件制造	Manufacture of Auto Parts and Accessories	99.6	99.7

continued

(preceding year=100)

2 月 February	3 月 March	4 月 April	5 月 May	6 月 June	7 月 July	8 月 August	9 月 September	10 月 October	11 月 November	12 月 December
104.7	**104.8**	**108.3**	**113.9**	**113.0**	**106.5**	**103.2**	**98.7**	**93.1**	**93.7**	**97.3**
103.5	103.9	107.7	115.3	115.4	107.0	104.4	99.9	92.4	92.9	96.2
101.8	101.4	100.9	100.2	100.1	99.9	99.9	99.9	100.4	100.3	100.2
135.4	138.4	159.2	151.8	132.6	129.9	120.6	110.3	116.1	112.6	113.2
100.0	100.0	100.0	100.0	100.0	100.0	99.3	99.3	99.3	97.2	97.2
103.6	101.6	101.6	103.7	102.5	100.8	96.3	93.0	92.1	93.4	97.9
100.4	**101.8**	**101.8**	**101.6**	**101.7**	**101.7**	**101.8**	**101.6**	**101.5**	**101.6**	**101.9**
100.2	100.6	100.5	99.7	100.1	100.2	100.8	100.5	100.1	100.7	101.7
104.1	106.8	106.8	107.2	107.2	103.0	103.0	103.0	103.0	103.0	103.0
100.0	99.9	100.0	100.9	102.0	102.0	100.2	98.5	99.8	99.8	99.8
100.0	100.0	100.0	100.0	100.0	100.0	100.0	100.0	100.0	99.4	99.4
99.9	101.1	102.0	101.4	101.7	102.2	102.0	100.5	101.0	101.6	103.2
100.5	102.5	102.4	102.6	102.4	102.6	102.5	102.4	102.4	102.2	102.1
98.5	**98.8**	**101.2**	**101.8**	**101.9**	**100.2**	**100.7**	**101.2**	**101.2**	**100.9**	**100.9**
97.2	97.2	101.7	102.1	102.1	100.6	101.0	101.0	101.0	101.0	101.0
100.0	100.0	100.0	100.0	100.0	100.0	100.0	100.0	100.0	100.0	100.0
100.0	100.0	100.1	100.1	100.1	100.1	100.1	100.1	100.1	99.5	99.6
96.7	98.8	97.8	98.2	98.8	101.1	100.0	101.7	101.7	101.9	102.1
103.2	103.2	103.9	103.9	103.9	104.4	104.4	104.7	104.7	101.9	101.9
95.8	95.8	95.8	95.8	95.8	95.8	95.8	95.8	95.8	95.8	95.8
100.0	100.4	100.3	103.3	103.6	94.8	97.6	100.3	100.3	100.3	100.3
100.2	**100.5**	**101.0**	**100.7**	**100.7**	**100.6**	**100.6**	**100.7**	**100.6**	**100.5**	**100.3**
100.7	100.7	101.5	101.2	101.2	101.2	101.2	101.2	101.2	101.3	101.2
95.2	95.2	95.2	95.2	95.2	95.2	95.2	95.2	95.2	95.2	95.2
99.5	99.5	99.3	99.1	98.9	98.9	98.9	98.6	99.3	99.0	99.0
98.6	100.1	100.3	99.9	100.0	99.8	100.0	100.2	99.9	100.6	100.4
99.9	99.8	99.8	100.3	99.8	99.8	99.8	99.8	98.1	95.9	94.1
103.4	107.0	106.9	103.7	104.1	103.9	102.5	102.7	103.6	101.6	101.9
100.8	**100.9**	**101.1**	**101.3**	**100.9**	**100.8**	**100.8**	**100.8**	**100.6**	**100.4**	**100.6**
101.5	101.7	102.1	102.3	102.0	101.8	101.8	101.5	101.3	100.9	101.5
101.4	101.4	104.6	103.9	103.4	103.5	102.0	102.5	100.9	100.6	100.2
103.4	103.3	103.2	103.2	101.2	103.4	101.9	100.2	99.9	100.2	100.8
99.8	99.8	99.7	99.7	99.1	99.2	99.3	99.7	99.7	99.7	99.4

4-16 续表 4

（上年同期＝100）

类 别	Item	全 年 Annual Year	1 月 January
铁路、船舶、航空航天和其他运输设备制造业	**Manufacture of Railway, Ship, Aerospace and Other Transport Equipments**	**100.0**	**99.9**
铁路运输设备制造	Rail Transportation Equipment Manufacture	100.1	100.0
摩托车制造	Automobile Manufacturing	100.0	99.8
电气机械和器材制造业	**Manufacture of Electrical Machinery and Apparatus**	**100.6**	**101.9**
电机制造	Manufacture of Motor	97.0	94.5
输配电及控制设备制造	Electricity Mixed and Control Equipments Manufacture	99.1	99.7
电线、电缆、光缆及电工器材制造	Manufacture of Wire, Cable, Optical Cable and Electrical Equipment	104.0	109.3
电池制造	Manufacture of Battery	102.3	102.0
家用电力器具制造	Manufacture of Household Electric Appliance	100.5	100.0
非电力家用器具制造	Manufacture of Non-electrical Household Appliance	100.5	100.0
照明器具制造	Manufacture of Lighting Fixtures	99.6	94.2
计算机、通信和其他电子设备制造业	**Manufacture of Computers, Communication and Other Electronic Equipment**	**99.2**	**98.0**
计算机制造	Manufacture of Computers	99.8	99.1
通信设备制造	Manufacture of Communication Equipment	99.5	97.6
广播电视设备制造	Manufacture of Radio and Television Equipment	97.2	95.2
视听设备制造	Manufacture of Audiovisual Equipment	101.1	99.3
电子器件制造	Manufacture of Electronic Device	97.6	96.1
电子元件制造	Manufacture of Electronic Components	96.3	94.3
其他电子设备制造	Manufacture of Other Electronic Equipment	98.6	100.0
仪器仪表制造业	**Manufacture of Measuring Instruments and Machinery**	**105.7**	**103.7**
通用仪器仪表制造	Manufacture of General Instrument	106.3	103.4
钟表与计时仪器制造	Manufacture of Timepiece and Time Keeping Instrument	109.7	116.3
光学仪器及眼镜制造	Manufacture of Optical Instrument and Glasses	100.4	100.0
其他制造业	**Other Manufacture**	**97.2**	**96.7**
日用杂品制造	Manufacture of Daily Sundry Goods	95.5	94.7
其他未列明制造业	Manufacture of Other Not Listed	100.0	100.0
废弃资源综合利用业	**Utilization of Waste Resources**	**98.5**	**99.6**
金属废料和碎屑加工处理	Metal Waste and Scrap Processing	98.5	99.6
电力、热力生产和供应业	**Production and Supply of Electric Power and Heat Power**	**99.9**	**100.1**
电力生产	Electric Power Production	100.9	100.9
电力供应	Electric Power Supply	99.2	99.6
热力生产和供应	Thermal Production and Supply	102.5	100.9
燃气生产和供应业	**Production and Supply of Gas**	**101.1**	**99.8**
水的生产和供应业	**Production and Supply of Water**	**101.0**	**100.3**
自来水的生产和供应	Tapping-water Production and Supply	101.3	100.6
污水处理及其再生利用	Sewage Treatment and Recycled Use	99.5	98.7

continued

(preceding year=100)

2 月 February	3 月 March	4 月 April	5 月 May	6 月 June	7 月 July	8 月 August	9 月 September	10 月 October	11 月 November	12 月 December
100.0	**100.0**	**100.0**	**100.0**	**100.0**	**100.0**	**100.0**	**100.0**	**100.0**	**100.0**	**100.6**
100.0	100.0	100.0	100.0	100.0	100.0	100.0	100.0	100.0	100.0	101.2
100.0	100.0	100.0	100.0	100.0	100.0	100.0	100.0	100.0	100.0	100.0
101.3	**100.5**	**99.9**	**101.0**	**101.3**	**101.6**	**101.1**	**99.6**	**99.9**	**99.8**	**99.7**
93.3	93.3	92.9	93.8	95.4	96.8	99.5	100.0	101.9	102.0	101.0
99.6	99.6	99.4	99.7	99.2	98.9	98.7	98.1	99.2	98.9	98.5
107.5	104.9	103.5	105.8	106.1	106.8	104.5	101.0	99.7	99.8	100.0
101.9	102.4	102.1	103.3	105.0	105.4	103.6	100.3	101.3	99.4	101.6
100.0	100.0	100.0	100.0	100.9	100.8	100.9	100.9	100.9	100.9	100.9
100.0	100.0	100.0	100.0	100.9	100.9	100.9	100.9	100.9	100.9	100.9
100.0	100.0	100.0	100.0	100.0	100.3	100.3	100.3	100.3	100.3	100.3
97.8	**97.8**	**97.9**	**97.9**	**98.0**	**99.4**	**99.9**	**100.6**	**100.9**	**101.0**	**100.8**
98.3	98.4	98.3	98.2	98.8	99.7	100.4	101.6	101.9	102.0	101.7
98.1	97.9	100.7	100.6	100.6	100.6	99.6	99.7	99.6	99.6	100.0
94.6	94.6	95.3	96.2	96.6	96.1	97.5	98.2	100.2	101.4	101.4
101.2	101.2	101.2	101.3	101.3	100.9	100.9	100.9	101.5	101.6	101.7
96.1	94.5	94.6	95.2	95.2	95.2	101.0	101.5	101.5	101.3	100.1
94.3	94.4	94.3	94.2	93.0	98.6	98.8	98.6	98.8	98.6	98.8
100.0	100.0	98.7	98.7	97.9	97.9	97.9	97.9	98.0	98.0	98.0
103.7	**103.7**	**103.2**	**103.7**	**103.8**	**107.7**	**107.7**	**107.8**	**107.7**	**107.7**	**107.7**
103.4	103.4	103.4	104.0	104.0	108.9	108.9	109.0	109.0	109.0	109.0
116.3	116.3	107.2	107.7	107.7	107.7	107.7	107.7	107.7	107.7	107.7
100.0	100.0	100.0	100.0	100.6	100.6	100.9	100.6	100.6	100.6	100.6
96.2	**96.5**	**96.9**	**96.5**	**96.6**	**96.6**	**97.3**	**98.3**	**98.0**	**98.2**	**98.8**
94.0	94.4	95.0	94.4	94.4	94.4	95.6	97.3	96.8	97.1	98.0
100.0	100.0	100.0	100.0	100.0	100.0	100.0	100.0	100.0	100.0	100.0
99.4	**97.9**	**99.4**	**98.6**	**98.2**	**98.0**	**98.9**	**98.3**	**97.1**	**97.7**	**98.5**
99.4	97.9	99.4	98.6	98.2	98.0	98.9	98.3	97.1	97.7	98.5
100.2	**100.8**	**101.1**	**100.8**	**100.3**	**99.8**	**100.3**	**100.0**	**98.1**	**98.6**	**98.4**
101.0	102.3	103.1	102.6	101.4	100.5	101.9	101.0	98.1	99.2	98.8
99.7	99.9	99.8	99.6	99.5	99.3	99.2	99.3	98.0	98.1	98.1
101.4	102.7	102.7	103.6	103.0	103.1	103.1	103.1	103.1	102.6	101.3
99.8	**99.7**	**96.7**	**97.9**	**98.7**	**100.1**	**100.2**	**105.5**	**105.7**	**106.0**	**102.8**
100.3	**100.3**	**101.3**	**101.4**	**101.4**	**101.1**	**101.3**	**101.3**	**101.3**	**101.3**	**101.3**
100.6	100.6	101.7	101.7	101.8	101.4	101.4	101.4	101.4	101.4	101.4
98.7	98.7	98.7	99.0	99.0	99.0	100.3	100.3	100.3	100.3	100.3

4-17 分月工业生产者出厂价格环比指数（2018年）

（上月=100）

类别	Item	全年 Annual Year	1月 January	2月 February	3月 March
总指数	**General Index**	**99.5**	**99.8**	**99.9**	**99.9**
# 轻工业	# Light Industry	97.0	99.6	99.7	100.2
以农产品为原料	Using Farm Produces as Raw Materials	96.1	99.5	99.6	100.2
以非农产品为原料	Using Non-farm Produces as Raw Materials	101.4	100.0	100.4	100.3
重工业	Heavy Industry	100.3	99.8	99.9	99.8
采掘	Mining and Quarrying	100.4	101.1	100.6	100.6
原料	Raw Material	99.6	100.4	100.3	99.1
加工	Processing	100.7	99.4	99.7	100.0
# 生产资料	# Means of Production	100.2	99.8	99.9	99.8
采掘	Mining and Quarrying	100.4	101.1	100.6	100.6
原料	Raw Material	99.3	100.3	100.2	99.1
加工	Processing	100.6	99.5	99.7	100.1
生活资料	Life Material	97.0	99.5	99.7	99.9
食品	Food	94.1	99.1	99.3	99.9
衣着	Clothing	100.7	100.0	101.0	99.8
一般日用品	Articles for Daily Use	102.2	100.1	100.0	100.2
耐用消费品	Durable Consumers' Goods	101.0	100.0	100.2	100.0
按工业部门分	**Grouped by Department of Industry**				
冶金工业	Metallurgical Industry	96.1	97.3	99.2	100.1
电力工业	Power Industry	98.4	99.9	99.8	100.0
煤炭及炼焦工业	Coal and Coking Industry	105.4	104.1	100.0	99.0
石油工业	Petroleum Industry	103.6	103.2	100.7	96.7
化学工业	Chemical Industry	103.2	101.7	100.4	100.2
机械工业	Machine Manufacturing Industry	100.6	99.9	100.0	100.1
建筑材料工业	Building Materials Industry	109.5	102.4	100.9	98.9
森林工业	Timber Industry	100.8	100.4	99.9	100.1
食品工业	Food Industry	94.9	99.3	99.4	99.9
纺织工业	Textile Industry	88.1	102.2	100.5	101.9
缝纫工业	Tailoring Industry	99.2	99.9	100.9	99.7
皮革工业	Leather Industry	103.0	100.2	101.0	99.9
造纸工业	Paper Industry	103.0	99.1	99.9	101.4
文教艺术用品工业	Cultural, Educational and Handicraft Articles	103.5	100.0	99.9	100.1
其他工业	Other Industry	101.0	100.2	100.5	100.3

Producer Price Chain Indices for Industrial Products by Month（2018）

（preceding month=100）

4 月 April	5 月 May	6 月 June	7 月 July	8 月 August	9 月 September	10 月 October	11 月 November	12 月 December
99.6	**100.6**	**100.1**	**100.0**	**100.5**	**100.7**	**100.3**	**99.7**	**98.5**
99.7	99.6	99.5	99.6	99.7	99.8	100.2	99.7	99.6
99.6	99.6	99.3	99.4	99.7	99.7	100.2	99.7	99.5
100.5	99.4	100.1	100.5	100.1	100.0	100.1	99.9	100.1
99.6	100.9	100.3	100.1	100.7	101.0	100.4	99.7	98.2
99.4	98.1	101.5	99.4	99.2	99.4	101.9	100.4	98.8
100.6	101.3	99.5	99.3	100.7	101.6	100.8	98.7	97.1
99.1	100.9	100.6	100.5	100.8	100.8	100.1	100.2	98.6
99.7	100.8	100.2	100.1	100.7	100.9	100.4	99.7	98.2
99.4	98.1	101.5	99.4	99.2	99.4	101.9	100.4	98.8
100.7	101.3	99.5	99.3	100.8	101.6	100.9	98.7	97.0
99.3	100.8	100.4	100.5	100.7	100.7	100.1	100.1	98.7
99.5	99.7	99.7	99.6	99.8	99.9	100.1	99.9	99.7
99.1	99.4	99.5	99.1	99.5	99.7	100.2	99.7	99.4
99.4	99.6	99.8	100.3	100.2	100.3	100.0	100.3	100.0
100.6	99.7	100.3	100.6	100.2	100.2	99.9	100.2	100.3
99.9	100.7	99.9	100.0	100.3	100.0	100.0	100.0	100.0
97.8	101.3	100.6	99.2	101.7	102.1	99.9	100.1	96.7
100.3	99.8	99.7	99.9	100.0	99.9	98.7	100.5	99.8
99.7	99.7	99.2	100.0	100.0	100.1	102.3	101.2	99.9
101.7	105.5	102.4	101.0	102.7	104.0	105.0	93.7	88.3
100.1	99.7	99.8	99.7	99.9	100.6	101.2	100.7	99.1
100.2	100.3	100.0	100.0	100.1	100.1	100.1	100.0	100.0
100.7	101.0	101.2	103.4	100.1	100.2	100.0	100.4	99.9
99.8	100.3	99.2	99.9	100.8	99.9	100.4	99.8	100.2
99.3	99.3	99.1	99.2	99.5	99.9	100.5	99.9	99.5
100.5	98.7	99.1	98.0	97.9	96.6	97.8	95.9	98.5
99.0	99.1	99.8	100.0	100.0	100.9	100.0	99.8	100.0
100.2	100.0	99.8	100.5	100.2	99.8	100.9	100.6	99.8
100.3	102.4	100.3	100.3	99.9	100.1	99.8	99.7	99.9
103.0	100.0	100.3	100.1	100.1	99.6	100.0	100.1	100.2
100.1	99.7	99.9	100.1	100.0	100.1	100.1	100.1	100.0

4-18 分行业工业生产者出厂价格环比指数（2018年）

（上月=100）

类 别	Item	全 年 Annual Year	1 月 January
煤炭开采和洗选业	**Mining and Washing of Coal**	**105.4**	**104.1**
烟煤和无烟煤开采洗选	Mining and Washing of Bituminous and Anthracite	101.5	101.2
褐煤的开采洗选	Mining and Washing of Lignite	108.0	106.0
石油和天然气开采业	**Extraction of Petroleum and Natural Gas**	**139.5**	**100.1**
石油开采	Extraction of Petroleum	139.5	100.1
黑色金属矿采选业	**Mining and Processing of Ferrous Metal Ores**	**98.1**	**100.3**
铁矿采选	Mining and Processing of Iron Ore	95.0	99.7
锰矿、铬矿采选	Mining and Processing of Manganese Mine and Chrome Ore	101.3	100.8
有色金属矿采选业	**Mining and Processing of Non-Ferrous Metal Ores**	**93.4**	**100.2**
常用有色金属矿采选	Mining and Processing of Common Non-Ferrous Metal Ores	93.3	100.2
贵金属矿采选	Mining and Processing of Precious Metal Ores	97.6	99.7
非金属矿采选业	**Mining and Processing of Non-Metal Ores**	**110.5**	**102.9**
土砂石开采	Extraction of Soil Gravel	104.3	100.0
化学矿采选	Mining and Processing of Chemical Ores	133.6	112.7
石棉及其他非金属矿采选	Mining and Processing of Asbestos and Other Non-metallic	101.4	99.8
农副食品加工业	**Processing of Food from Agricultural Products**	**92.8**	**98.9**
谷物磨制	Corn Whetted	97.4	99.5
饲料加工	Forage Processed	104.2	100.7
植物油加工	Planting-Oil Processed	96.1	98.1
制糖业	Sugar Industry	76.4	97.1
屠宰及肉类加工	Slaughtered Meta and Meat Processes	101.4	99.6
水产品加工	Fishery Product Processed	94.0	99.7
蔬菜、水果和坚果加工	Vegetables, Fruits and Nuts Processing	109.0	100.8
其他农副食品加工	Other Farm and Side-line Food Processed	102.7	100.7
食品制造业	**Manufacture of Foods**	**100.5**	**100.3**
焙烤食品制造	Baked Food Manufacturing	102.5	102.2
糖果、巧克力及蜜饯制造	Candy, Chocolate and Candied Fruit Production	100.0	100.0
方便食品制造	Convenient Food Manufacturing	99.9	100.2
乳制品制造	Dairy Products Manufacturing	101.6	100.8
罐头食品制造	Canned Food Manufacturing	94.4	98.6
调味品、发酵制品制造	Condiment, Ferment Product Manufacturing	97.4	100.0
其他食品制造	Other Food Manufacturing	103.5	100.6
酒、饮料和精制茶制造业	**Manufacture of Liquor, Beverages and Refined Tea**	**100.6**	**100.5**
酒的制造	Manufacture of Wine	100.2	100.2
饮料制造	Beverage Manufacturing	100.9	100.8
精制茶加工	Refined-tea Process	100.7	100.7

Producer Price Chain Indices for Industrial Products by Industry（2018）

（preceding month=100）

2 月 February	3 月 March	4 月 April	5 月 May	6 月 June	7 月 July	8 月 August	9 月 September	10 月 October	11 月 November	12 月 December
100.0	**99.0**	**99.7**	**99.7**	**99.2**	**100.0**	**100.0**	**100.1**	**102.3**	**101.2**	**99.9**
100.1	97.4	99.3	99.2	100.6	100.0	100.0	100.2	103.8	100.0	99.8
100.0	100.0	100.0	100.0	98.4	100.0	100.1	100.0	101.4	102.0	100.0
99.8	**100.1**	**100.4**	**100.1**	**139.5**	**104.4**	**103.8**	**97.9**	**108.4**	**104.7**	**82.7**
99.8	100.1	100.4	100.1	139.5	104.4	103.8	97.9	108.4	104.7	82.7
100.6	**102.9**	**100.0**	**94.4**	**99.7**	**99.9**	**100.5**	**100.0**	**100.0**	**100.0**	**100.0**
101.2	105.9	100.4	88.6	100.0	99.9	100.1	100.1	100.0	100.0	100.0
100.0	99.9	99.6	100.8	99.5	100.0	100.8	100.0	100.0	100.0	100.0
101.1	**99.7**	**98.5**	**98.8**	**101.1**	**98.2**	**97.3**	**99.5**	**101.3**	**98.5**	**99.0**
101.2	99.7	98.5	98.8	101.1	98.2	97.4	99.5	101.3	98.5	98.9
99.4	99.2	100.2	99.3	101.7	98.8	95.8	99.3	101.2	100.0	103.1
100.0	**100.1**	**100.2**	**100.5**	**101.2**	**100.1**	**100.2**	**98.7**	**104.0**	**102.9**	**99.5**
100.5	100.4	100.2	100.9	102.0	100.0	100.0	100.0	100.2	100.2	99.9
100.1	100.0	100.0	100.0	100.0	100.0	100.0	93.9	116.3	110.3	98.2
98.3	99.1	100.4	100.0	100.2	100.4	101.2	101.2	100.1	100.3	100.5
99.1	**100.0**	**99.1**	**99.0**	**98.7**	**98.9**	**99.3**	**99.8**	**100.7**	**99.8**	**99.3**
100.1	99.5	99.7	100.6	98.8	100.6	99.9	98.9	100.1	101.1	98.5
100.4	100.4	101.0	99.7	98.9	100.0	100.0	100.7	101.4	100.9	100.1
100.4	101.1	99.2	99.7	100.3	98.7	100.7	99.9	100.9	99.6	97.5
96.9	98.3	96.9	96.8	96.4	97.0	96.3	99.2	100.3	99.2	99.1
99.6	100.5	97.9	100.1	98.8	99.5	102.4	100.2	100.9	101.0	100.8
99.5	99.3	100.1	100.2	100.1	99.9	99.8	99.9	100.0	94.9	100.6
99.8	106.5	100.8	100.3	101.8	99.6	100.4	99.2	100.0	99.9	99.8
100.0	100.0	100.6	100.4	100.4	100.0	100.7	100.0	100.0	100.0	99.8
100.2	**99.6**	**99.9**	**100.1**	**100.0**	**100.4**	**100.4**	**99.9**	**100.0**	**99.9**	**99.9**
100.0	100.0	100.0	100.3	100.0	100.0	100.0	100.0	100.0	100.0	100.0
100.0	100.0	100.0	100.0	100.0	100.0	100.0	100.0	100.0	100.0	100.0
100.3	99.3	100.1	100.1	99.7	100.1	100.0	99.9	100.2	99.9	100.0
99.9	100.0	99.9	100.0	100.0	100.1	100.0	100.2	100.6	100.1	100.0
98.7	98.6	99.1	100.1	100.3	101.2	102.3	98.8	98.2	100.4	98.0
100.5	100.2	100.0	99.9	100.0	100.0	100.4	100.0	100.0	100.1	96.4
100.8	99.7	100.2	100.2	100.0	100.7	100.1	100.0	100.2	99.6	101.2
99.7	**99.8**	**100.1**	**100.1**	**100.5**	**99.7**	**100.3**	**100.1**	**99.9**	**100.2**	**99.7**
99.4	99.8	100.2	100.0	100.9	99.8	100.5	100.2	99.9	100.0	99.4
99.9	99.8	100.1	100.1	100.3	99.4	100.2	100.0	99.9	100.4	100.0
100.0	99.9	99.9	100.2	99.9	100.1	100.0	100.0	100.1	99.9	99.9

4-18 续表 1

（上月＝100）

类 别	Item	全 年 Annual Year	1 月 January
烟草制品业	**Manufacture of Tobacco**	**100.9**	**100.0**
卷烟制造	Cigarette Manufacturing	100.9	100.0
纺织业	**Manufacture of Textile**	**88.1**	**102.2**
棉纺织及印染精加工	Cotton and Textile Printing and Dyeing Finishing	102.0	99.4
麻纺织及染整精加工	Finishing of Linen Textile and Dyeing and Finishing	98.8	101.1
丝绢纺织及印染精加工	Silk and Textile Printing and Dyeing Finishing	84.1	102.9
家用纺织制成品制造	Manufacture of Household Textile Products	101.0	100.0
纺织服装、服饰业	**Manufacture of Textile, Wearing Apparel and Accessories**	**99.2**	**99.9**
机织服装制造	Manufacture of Woven Garment	99.2	100.0
针织或钩针编织服装制造	Manufacture of Knitted or Crocheted Garment	99.0	99.8
皮革、毛皮、羽毛及其制品和制鞋业	**Manufacture of Leather, Fur, Feather and Related Products and Footware**	**104.0**	**100.2**
皮革鞣制加工	Leather Processing	106.9	101.1
皮革制品制造	Leather Product Processing	103.4	100.1
羽毛（绒）加工及制品制造	Feather Processing and Its Products Manufacturing	109.6	100.0
制鞋业	Shoemaking Industry	100.8	100.1
木材加工和木、竹、藤、棕、草制品业	**Processing of Timber, Manufacture of Wood, Bamboo, Rattan, Palm and Straw Products**	**100.5**	**100.4**
木材加工	Manufacture of Wood	100.6	99.4
人造板制造	Artificial Plank Manufacturing	99.8	100.6
木制品制造	Timber Product Manufacturing	102.4	100.2
竹、藤、棕、草等制品制造	Bamboo, Ratten, Palm and Grass Product Manufacturing	103.9	99.6
家具制造业	**Manufacture of Furniture**	**103.1**	**100.0**
木质家具制造	Manufacture of Wooden Furniture	103.6	100.0
其他家具制造	Manufacture of Other Furniture	100.6	100.0
造纸和纸制品业	**Manufacture of Paper and Paper Products**	**103.0**	**99.1**
纸浆制造	Paper Pulp Manufacturing	96.2	98.1
造纸	Paper Making	104.4	99.2
纸制品制造	Paper Products Manufacturing	101.8	99.1
印刷和记录媒介的复制	**Printing and Reproduction of Recording Media**	**104.1**	**100.0**
印刷	Painting	104.1	100.0
装订及印刷相关服务	Bookbinding and Printing Related Services	100.0	100.0
文教、工美、体育和娱乐用品制造业	**Manufacture of Articles for Culture, Education, Arts and Crafts, Sport and Entertainment Activities**	**101.6**	**100.1**
文教办公用品制造	Manufacture of Articles for Culture, Education	103.9	99.7
工艺美术品制造	Manufacture of Arts and Crafts	101.8	100.2
玩具制造	Manufacture of Toys	100.4	100.0
石油、煤炭及其他燃料加工业	**Petroleum, Coal & Other Fuel Processing Industry**	**102.9**	**103.4**
精炼石油产品制造	Refined Coking Petroleum Manufacturing	102.9	103.4

continued

(preceding month=100)

2 月 February	3 月 March	4 月 April	5 月 May	6 月 June	7 月 July	8 月 August	9 月 September	10 月 October	11 月 November	12 月 December
100.0	**100.0**	**100.0**	**100.9**	**100.0**	**100.0**	**100.0**	**100.0**	**100.0**	**100.0**	**100.0**
100.0	100.0	100.0	100.9	100.0	100.0	100.0	100.0	100.0	100.0	100.0
100.5	**101.9**	**100.5**	**98.7**	**99.1**	**98.0**	**97.9**	**96.6**	**97.8**	**95.9**	**98.5**
100.0	101.7	99.9	100.6	99.4	100.1	100.2	100.5	100.4	99.9	99.8
101.1	100.8	100.9	99.9	100.1	100.6	98.0	98.4	98.4	99.6	100.0
100.6	102.1	100.7	98.2	98.9	97.4	97.2	95.4	97.1	94.6	98.0
101.0	100.0	100.0	100.0	100.0	100.0	100.0	100.0	100.0	100.0	100.0
100.9	**99.7**	**99.0**	**99.1**	**99.8**	**100.0**	**100.0**	**100.9**	**100.0**	**99.8**	**100.0**
100.9	99.7	99.0	99.0	99.8	99.9	100.0	101.0	100.0	99.8	100.0
100.0	100.0	99.8	99.6	99.8	100.2	99.8	99.9	99.8	99.9	100.4
100.8	**100.6**	**100.2**	**100.0**	**100.4**	**100.7**	**100.2**	**99.8**	**100.7**	**100.5**	**99.8**
99.8	100.4	102.9	98.8	99.9	99.3	99.0	100.4	107.3	99.9	98.2
101.0	100.1	99.9	100.1	99.5	101.4	100.0	100.1	100.6	100.7	100.0
100.0	104.6	100.2	99.6	103.3	101.6	100.0	100.0	100.0	100.0	100.0
101.4	99.5	99.6	100.5	100.2	99.7	101.1	99.0	98.9	100.9	99.9
99.9	**100.1**	**99.8**	**100.3**	**99.2**	**99.8**	**100.5**	**99.8**	**100.5**	**99.8**	**100.3**
100.6	99.6	99.7	102.2	100.1	97.9	99.5	100.7	101.1	98.2	101.9
99.7	100.2	99.8	100.2	98.8	99.7	100.6	99.7	100.5	100.0	100.1
100.2	100.0	100.0	100.2	100.3	100.7	100.7	100.0	100.0	100.0	100.0
100.3	99.6	99.7	100.3	100.4	102.2	100.8	99.9	100.2	100.5	100.3
100.3	**99.9**	**99.9**	**100.3**	**99.3**	**100.1**	**102.9**	**100.5**	**99.8**	**100.0**	**100.0**
100.4	99.9	99.9	100.3	99.4	100.1	103.4	100.6	99.7	100.0	100.0
100.0	100.1	100.1	100.7	98.9	100.0	100.7	100.0	100.0	99.9	100.1
99.9	**101.4**	**100.3**	**102.4**	**100.3**	**100.3**	**99.9**	**100.1**	**99.8**	**99.7**	**99.9**
100.4	100.0	100.0	100.7	99.8	100.0	99.3	101.0	99.5	98.7	98.6
100.2	101.6	100.4	103.1	99.9	99.9	99.9	100.0	100.4	99.4	100.3
99.3	101.3	100.1	101.6	101.0	101.0	100.0	100.0	98.7	100.3	99.4
100.0	**100.1**	**103.7**	**100.0**	**100.4**	**100.0**	**100.0**	**99.6**	**100.0**	**100.1**	**100.2**
100.0	100.1	103.8	100.0	100.4	100.0	100.0	99.6	100.0	100.1	100.2
100.0	100.0	100.0	100.0	100.0	100.0	100.0	100.0	100.0	100.0	100.0
101.2	**100.0**	**100.0**	**100.0**	**100.0**	**100.1**	**100.1**	**100.0**	**100.0**	**100.0**	**100.0**
98.8	98.6	99.8	100.7	100.9	101.8	102.6	99.9	100.6	100.9	99.7
101.6	100.0	100.0	100.0	100.0	100.0	100.0	100.0	100.0	100.0	100.0
100.0	100.2	99.8	100.0	100.0	100.2	100.2	100.0	100.0	100.0	100.0
100.7	**96.5**	**101.9**	**105.7**	**101.7**	**100.9**	**102.8**	**104.2**	**105.1**	**93.2**	**88.2**
100.7	96.5	102.0	105.8	101.7	100.9	102.8	104.2	105.1	93.2	88.1

4-18 续表 2

（上月＝100）

类别	Item	全年 Annual Year	1月 January
化学原料和化学制品制造业	**Manufacture of Raw Chemical Materials and Chemical Products**	**101.6**	**101.8**
基础化学原料制造	Basic Chemical Material Manufacturing	100.6	101.5
肥料制造	Fertilizer Manufacture	108.8	104.2
农药制造	Pesticide Manufacturing	105.9	106.2
涂料、油墨、颜料及类似产品制造	Coating, Printing Ink, Pigment and The Similar Products Manufacture	102.3	100.3
合成材料制造	Compounded Material Manufacture	104.2	102.6
专用化学产品制造	Specialized Chemical Product Manufacture	99.0	100.3
炸药、火工及焰火产品制造	Manufacture of Explosive, Firer and Fireworks Products	100.8	101.7
日用化学产品制造	Daily Chemical Product Manufacture	94.7	99.8
医药制造业	**Manufacture of Medicines**	**104.5**	**100.4**
化学药品原料药制造	Manufacture of Chemical Raw Material Medicine	105.0	100.0
化学药品制剂制造	Chemical Medicine Agent Manufacture	103.6	100.4
中药饮片加工	Processing of Chinese Herbal Pieces	100.2	99.7
中成药生产	Chines Patent Medicine's Production	105.8	100.6
兽用药品制造	Medicine in Herbs Manufacture	100.0	100.3
生物药品制造	Biopharmaceutical Manufacturing	99.5	100.0
卫生材料及医药用品制造	Sanitary Materials and Medical Supplies Manufacturing	100.0	100.0
橡胶和塑料制品业	**Manufacture of Rubber and Plastics Products**	**104.2**	**102.0**
橡胶制品业	Rubber Products Industry	100.1	100.0
塑料制品业	Plastic Products Industry	104.9	102.3
非金属矿物制品业	**Manufacture of Non-metallic Mineral Products**	**109.4**	**102.5**
水泥、石灰和石膏制造	Manufacture of Cement, Lime and Gesso	117.7	106.9
石膏、水泥制品及类似制品制造	Manufacture of Gesso, Cement and Similar Products	114.7	100.5
砖瓦、石材等建筑材料制造	Manufacture of Tile and Dimension Stone	101.8	101.2
玻璃制造	Manufacture of Glass	97.9	100.0
玻璃制品制造	Manufacture of Glass Products	101.0	100.2
陶瓷制品制造	Manufacture of Ceramics Products	101.4	99.9
耐火材料制品制造	Manufacture of Refractory Products	99.7	100.1
石墨及其他非金属矿物制品制造	Manufacture of Graphite and Other Non-metallic Mineral Products	97.9	100.6
黑色金属冶炼和压延加工业	**Smelting and Pressing of Ferrous Metals**	**95.0**	**95.6**
钢压延加工	Steel Rolling Processing	92.9	93.8
铁合金冶炼	Ferroalloy Smelting	106.2	105.5

continued

(preceding month=100)

2 月 February	3 月 March	4 月 April	5 月 May	6 月 June	7 月 July	8 月 August	9 月 September	10 月 October	11 月 November	12 月 December
100.6	**100.0**	**99.9**	**99.1**	**99.2**	**99.4**	**99.8**	**100.8**	**101.4**	**100.8**	**98.7**
100.6	100.6	100.0	99.8	98.1	97.2	100.2	102.5	105.4	100.5	95.9
99.4	100.7	100.0	100.0	99.3	99.8	100.6	100.7	100.5	102.7	100.6
104.1	99.0	100.1	99.7	99.3	99.7	98.8	100.0	100.0	100.0	99.0
99.8	101.8	100.4	97.3	99.8	103.3	100.6	99.7	99.7	99.9	99.7
96.8	98.7	102.6	100.9	100.9	99.3	102.4	100.2	101.3	100.0	98.6
100.5	99.4	100.7	99.4	99.4	99.6	99.1	100.7	100.2	100.7	99.1
100.0	100.0	98.4	100.0	99.8	100.1	100.1	99.8	100.1	100.7	100.1
100.1	100.2	100.0	93.5	100.9	100.6	100.0	99.4	99.9	100.4	100.0
100.3	**100.6**	**100.1**	**100.5**	**102.0**	**99.9**	**100.1**	**100.4**	**100.0**	**100.1**	**100.0**
100.0	100.0	100.0	100.3	100.4	100.0	100.0	104.2	100.0	100.0	100.0
99.8	101.6	100.1	100.4	100.4	100.1	100.4	100.4	100.0	100.1	99.9
101.9	99.8	100.0	100.7	100.3	100.0	99.8	99.8	98.6	100.0	99.6
100.3	100.7	100.2	100.5	102.9	99.9	100.1	100.2	100.2	100.1	100.0
100.0	100.0	100.0	100.0	100.0	99.6	100.5	99.6	100.0	100.0	100.0
100.0	100.0	99.5	100.0	100.0	100.0	100.0	100.0	100.0	100.0	100.0
100.0	100.0	100.0	100.0	100.0	100.0	100.0	100.0	100.0	100.0	100.0
101.0	**100.0**	**100.3**	**101.2**	**98.8**	**100.3**	**99.5**	**100.9**	**100.0**	**100.1**	**100.0**
100.0	100.0	100.0	100.0	100.0	100.0	100.1	100.0	100.0	100.0	100.0
101.1	100.0	100.4	101.4	98.6	100.4	99.4	101.0	100.0	100.1	100.0
101.0	**98.9**	**100.7**	**100.9**	**101.0**	**103.5**	**100.0**	**100.2**	**100.0**	**100.4**	**99.9**
103.0	96.1	101.5	103.0	102.6	102.4	99.9	99.7	100.5	101.4	99.9
99.7	100.1	99.8	99.9	100.3	112.3	99.9	100.9	100.1	100.2	100.7
99.9	100.9	101.6	99.7	100.7	99.7	99.7	100.0	99.3	99.7	99.4
100.0	100.0	100.0	100.0	100.0	100.0	100.0	100.0	100.6	99.1	98.2
99.6	100.6	100.0	99.8	100.5	100.6	99.5	100.1	100.0	100.0	100.0
100.2	100.0	100.1	100.4	100.1	100.8	100.8	100.2	99.7	99.6	99.6
99.7	100.1	99.9	99.9	99.8	100.0	99.4	100.3	100.3	100.1	100.2
100.4	99.7	99.7	98.7	98.7	99.6	100.0	100.2	100.3	100.2	99.8
98.1	**100.6**	**95.4**	**102.5**	**102.1**	**100.1**	**103.2**	**102.8**	**100.2**	**100.5**	**94.4**
97.7	100.9	94.8	104.0	102.5	99.1	103.8	102.6	100.3	100.5	93.5
100.3	98.9	98.3	95.3	99.8	105.3	100.3	104.1	99.8	100.2	98.8

4-18 续表 3

（上月=100）

类 别	Item	全 年 Annual Year	1 月 January
有色金属冶炼和压延加工业	**Smelting and Pressing of Non-ferrous Metals**	**97.3**	**98.6**
常用有色金属冶炼	General Non-ferrous Metal Coking	96.2	97.3
贵金属冶炼	Precious Metal Smelting	100.2	100.1
稀有稀土金属冶炼	Smelting of Rare and Rare Earth Metals	113.2	103.2
有色金属合金制造	Non-ferrous Metal Alloy Manufacture	97.2	100.0
有色金属压延加工	Non-ferrous Metal Rolling Processing	97.9	101.6
金属制品业	**Manufacture of Metal Products**	**101.9**	**100.0**
结构性金属制品制造	Structural Metal Product	101.7	99.6
金属工具制造	Manufacture of Metal Tools	103.0	100.0
建筑、安全用金属制品制造	Manufacture of Building and Safe Use Metal Products	99.8	100.0
金属表面处理及热处理加工	Metal Surface Treatment and Heat Treatment	99.4	100.0
金属制日用品制造	Manufacture of Metal Commodity	103.2	100.3
锻造及其他金属制品制造	Forging and Other Metal Products Manufacturing	102.1	100.1
通用设备制造业	**Manufacture of General Purpose Machinery**	**100.9**	**97.5**
锅炉及原动设备制造	Boiler and Original Equipment Manufacturing	101.0	95.6
金属加工机械制造	Metal Process and Machinery Manufacture	100.0	100.0
物料搬运设备制造	Manufacture of Material Handling Equipment	99.6	100.0
泵、阀门、压缩机及类似机械制造	Pump, Valve, Compressor and Its Similar Mechanical Manufacture	102.1	99.1
轴承、齿轮和传动部件制造	Bearings, Gears and Transmission Components Manufacturing	101.9	100.0
烘炉、风机、衡器、包装等设备制造	Ovens, Fans, Weighing, Packaging Equipment Manufacturing	95.8	95.8
通用零部件制造	Metal Casting and Forging	100.3	99.9
专用设备制造业	**Manufacture of Special Purpose Machinery**	**100.3**	**99.8**
采矿、冶金、建筑专用设备制造	Mining, Metallurgy, Building Special Equipment Manufacture	101.2	100.1
化工、木材、非金属加工专用设备制造	Chemical Engineering, Timber, Non-Metal Processed Special Equipments Manufacture	95.2	95.2
食品、饮料、烟草及饲料生产专用设备制造	The Food, Beverage, Tobacco and Foddar Production Special Equipments Manufacture	99.0	100.2
农、林、牧、渔专用机械制造	Agriculture, Forestry Animal Husbandry and Fishery Specific Machinery Manufacture	100.4	99.6
医疗仪器设备及器械制造	Medical Equipment and Device Manufacturers	94.1	100.0
环保、社会公共安全及其他专用设备制造	Environment Protection, Social Public Security and Other Specific Equipment Manufacturer	101.9	100.0
汽车制造业	**Manufacture of Automobiles**	**100.6**	**99.9**
汽车整车制造	Manufacture of Automobiles	101.5	99.9
改装汽车制造	Manufacture of Automobile Making	100.2	100.9
低速载货汽车制造	Manufacture of Low-speed Truck	100.8	101.0
汽车零部件及配件制造	Manufacture of Auto Parts and Accessories	99.4	99.9

continued

(preceding month=100)

2 月 February	3 月 March	4 月 April	5 月 May	6 月 June	7 月 July	8 月 August	9 月 September	10 月 October	11 月 November	12 月 December
100.3	**99.0**	**101.1**	**101.7**	**98.1**	**97.4**	**100.9**	**102.5**	**99.0**	**99.7**	**99.1**
99.8	98.4	100.8	102.7	98.2	97.0	101.0	104.0	98.6	100.0	98.7
100.0	100.0	100.0	100.0	100.0	100.0	100.0	100.0	100.0	100.0	100.0
117.5	110.1	110.6	92.1	89.3	93.2	99.3	91.1	104.2	99.9	106.3
100.0	100.0	100.0	100.0	100.0	100.0	99.3	100.0	100.0	97.8	100.0
99.0	98.6	100.2	101.0	99.3	99.4	100.9	100.4	99.4	99.1	99.0
100.0	**101.2**	**100.0**	**99.9**	**100.1**	**100.2**	**100.2**	**99.9**	**100.0**	**100.1**	**100.4**
100.0	100.0	100.0	99.6	100.6	100.1	100.5	99.7	100.0	100.6	101.0
100.0	102.5	100.0	100.4	100.0	100.0	100.0	100.0	100.0	100.0	100.0
100.0	99.9	100.1	100.9	101.1	100.0	98.3	98.3	101.4	100.0	100.0
100.0	100.0	100.0	100.0	100.0	100.0	100.0	100.0	100.0	99.4	100.0
100.2	100.4	100.0	100.2	100.3	100.4	100.3	99.5	99.8	100.9	100.7
100.0	102.0	99.9	100.0	99.9	100.2	100.0	100.1	100.1	99.9	100.0
99.6	**100.3**	**102.5**	**100.6**	**100.4**	**99.7**	**100.4**	**100.1**	**100.0**	**100.0**	**100.0**
100.0	100.0	104.6	100.4	100.0	100.2	100.4	100.0	100.0	100.0	100.0
100.0	100.0	100.0	100.0	100.0	100.0	100.0	100.0	100.0	100.0	100.0
100.0	100.0	100.0	100.0	100.1	100.0	100.0	100.0	100.0	99.4	100.1
98.7	102.3	99.1	100.3	100.4	101.8	98.9	101.1	100.2	100.2	100.1
100.5	100.0	100.7	100.0	100.0	100.5	100.0	100.2	100.0	100.0	100.0
100.0	100.0	100.0	100.0	100.0	100.0	100.0	100.0	100.0	100.0	100.0
97.2	100.5	99.9	102.9	102.7	94.6	102.9	100.0	100.0	100.0	100.0
100.0	**100.0**	**100.5**	**100.1**	**100.0**	**100.0**	**100.0**	**100.0**	**99.9**	**99.9**	**99.9**
100.0	99.9	100.7	100.3	100.0	100.0	100.0	100.1	100.0	100.1	100.0
100.0	100.0	100.0	100.0	100.0	100.0	100.0	100.0	100.0	100.0	100.0
99.4	100.0	99.8	99.8	100.1	100.0	100.0	100.0	100.0	99.5	100.0
100.0	100.2	100.4	99.6	100.2	99.9	100.0	99.9	100.0	100.2	100.3
99.8	100.0	100.0	100.0	100.0	100.0	100.0	100.0	98.2	97.8	98.1
100.0	101.5	100.1	100.9	100.0	100.0	99.5	100.1	100.0	99.2	100.5
100.1	**100.1**	**100.1**	**100.5**	**99.9**	**100.0**	**100.1**	**100.2**	**100.0**	**99.8**	**100.1**
100.3	100.2	100.2	100.9	100.0	99.9	100.1	100.0	100.0	100.0	100.1
99.9	100.1	100.6	99.6	99.5	99.8	99.4	100.5	100.0	99.6	100.2
99.6	99.9	100.0	100.0	98.1	102.1	100.0	99.6	99.7	100.3	100.6
99.7	100.0	99.9	100.0	99.7	100.1	100.0	100.5	100.0	99.6	100.0

4-18 续表 4

（上月=100）

类别	Item	全年 Annual Year	1月 January
铁路、船舶、航空航天和其他运输设备制造业	**Manufacture of Railway, Ship, Aerospace and Other Transport Equipments**	**100.6**	**100.0**
铁路运输设备制造	Rail Transportation Equipment Manufacture	101.2	100.0
摩托车制造	Automobile Manufacturing	100.0	100.0
电气机械和器材制造业	**Manufacture of Electrical Machinery and Apparatus**	**99.7**	**100.5**
电机制造	Manufacture of Motor	101.0	99.9
输配电及控制设备制造	Electricity Mixed and Control Equipments Manufacture	98.5	100.0
电线、电缆、光缆及电工器材制造	Manufacture of Wire, Cable, Optical Cable and Electrical Equipment	100.0	101.6
电池制造	Manufacture of Battery	101.6	99.5
家用电力器具制造	Manufacture of Household Electric Appliance	100.9	100.0
非电力家用器具制造	Manufacture of Non-electrical Household Appliance	100.9	100.0
照明器具制造	Manufacture of Lighting Fixtures	100.3	100.0
计算机、通信和其他电子设备制造业	**Manufacture of Computers, Communication and Other Electronic Equipment**	**100.8**	**99.9**
计算机制造	Manufacture of Computers	101.7	99.9
通信设备制造	Manufacture of Communication Equipment	100.0	100.0
广播电视设备制造	Manufacture of Radio and Television Equipment	101.4	100.6
视听设备制造	Manufacture of Audiovisual Equipment	101.7	99.3
电子器件制造	Manufacture of Electronic Device	100.1	99.7
电子元件制造	Manufacture of Electronic Components	98.8	100.0
其他电子设备制造	Manufacture of Other Electronic Equipment	98.0	100.0
仪器仪表制造业	**Manufacture of Measuring Instruments and Machinery**	**107.7**	**103.2**
通用仪器仪表制造	Manufacture of General Instrument	109.0	103.5
钟表与计时仪器制造	Manufacture of Timepiece and Time Keeping Instrument	107.7	107.2
光学仪器及眼镜制造	Manufacture of Optical Instrument and Glasses	100.6	100.0
其他制造业	**Other Manufacture**	**98.8**	**99.8**
日用杂品制造	Manufacture of Daily Sundry Goods	98.0	99.7
其他未列明制造业	Manufacture of Other Not Listed	100.0	100.0
废弃资源综合利用业	**Utilization of Waste Resources**	**98.5**	**99.4**
金属废料和碎屑加工处理	Metal Waste and Scrap Processing	98.5	99.4
电力、热力生产和供应业	**Production and Supply of Electric Power and Heat Power**	**98.4**	**99.9**
电力生产	Electric Power Production	98.8	99.7
电力供应	Electric Power Supply	98.1	100.0
热力生产和供应	Thermal Production and Supply	101.3	100.1
燃气生产和供应业	**Production and Supply of Gas**	**102.8**	**100.2**
水的生产和供应业	**Production and Supply of Water**	**101.3**	**100.0**
自来水的生产和供应	Tapping-water Production and Supply	101.4	100.0
污水处理及其再生利用	Sewage Treatment and Recycled Use	100.3	100.0

continued

(preceding month=100)

2 月 February	3 月 March	4 月 April	5 月 May	6 月 June	7 月 July	8 月 August	9 月 September	10 月 October	11 月 November	12 月 December
100.0	**100.0**	**100.0**	**100.0**	**100.0**	**100.0**	**100.0**	**100.0**	**100.0**	**100.0**	**100.6**
100.0	100.0	100.0	100.0	100.0	100.0	100.0	100.0	100.0	100.0	101.2
100.0	100.0	100.0	100.0	100.0	100.0	100.0	100.0	100.0	100.0	100.0
99.7	**99.6**	**99.6**	**100.2**	**100.0**	**100.1**	**99.9**	**99.7**	**100.8**	**100.0**	**99.6**
98.4	99.7	100.4	99.7	100.5	100.4	102.4	99.5	100.6	100.5	99.0
99.8	99.9	99.9	100.2	99.5	99.6	99.8	99.5	101.1	99.7	99.4
100.0	98.8	98.9	100.5	100.3	100.3	98.9	100.3	100.1	100.2	100.1
100.4	100.8	99.7	99.9	101.1	100.8	99.8	98.1	102.2	99.5	99.8
100.0	100.0	100.0	100.0	100.9	100.0	100.0	100.0	100.0	100.0	100.0
100.0	100.0	100.0	100.0	100.9	100.0	100.0	100.0	100.0	100.0	100.0
100.0	100.0	100.0	100.0	100.0	100.3	100.0	100.0	100.0	100.0	100.0
100.0	**99.7**	**100.0**	**99.8**	**100.1**	**100.1**	**100.6**	**100.4**	**100.0**	**100.3**	**100.0**
99.7	99.5	100.1	99.6	100.6	100.4	100.7	100.7	99.9	100.6	99.9
100.0	100.0	100.0	100.0	100.0	100.0	100.0	100.0	100.0	100.0	100.0
99.1	100.1	99.7	101.0	100.4	97.9	101.2	100.2	100.1	101.1	99.9
101.9	100.0	99.9	100.1	100.0	99.6	100.0	100.0	100.6	100.1	100.1
100.0	98.3	100.1	100.0	100.0	100.0	103.3	100.0	100.0	99.8	98.9
100.0	100.0	100.0	99.9	98.7	99.9	100.1	99.9	100.1	99.9	100.2
100.0	100.0	98.7	100.0	99.2	100.0	100.0	100.0	100.1	100.0	100.0
100.0	**100.1**	**99.9**	**100.4**	**100.1**	**103.7**	**100.0**	**100.1**	**100.0**	**100.0**	**100.0**
100.0	100.1	99.9	100.5	100.0	104.7	100.0	100.1	100.0	100.0	100.0
100.0	100.0	100.0	100.4	100.0	100.0	100.0	100.0	100.0	100.0	100.0
100.0	100.0	100.0	100.0	100.6	100.0	100.0	100.0	100.0	100.0	100.0
99.0	**100.0**	**100.0**	**99.6**	**99.5**	**99.9**	**100.1**	**100.7**	**100.0**	**100.1**	**100.1**
98.3	100.0	100.0	99.4	99.2	99.8	100.2	101.1	100.0	100.2	100.1
100.0	100.0	100.0	100.0	100.0	100.0	100.0	100.0	100.0	100.0	100.0
100.1	**98.8**	**100.2**	**100.0**	**100.3**	**100.0**	**100.0**	**99.6**	**100.0**	**100.1**	**100.0**
100.1	98.8	100.2	100.0	100.3	100.0	100.0	99.6	100.0	100.1	100.0
99.8	**100.0**	**100.3**	**99.8**	**99.7**	**99.9**	**100.0**	**99.9**	**98.7**	**100.5**	**99.8**
100.0	99.8	100.7	99.5	99.5	100.0	100.4	99.8	98.5	101.2	99.6
99.7	100.2	100.0	99.9	99.9	99.9	99.8	100.0	98.7	100.1	100.0
100.7	101.4	100.0	100.8	99.4	100.0	100.1	100.0	100.0	100.0	98.7
99.8	**99.4**	**96.2**	**101.0**	**100.4**	**99.9**	**100.4**	**104.3**	**100.5**	**100.8**	**99.9**
100.0	**100.0**	**101.2**	**100.1**	**100.0**	**100.0**	**100.0**	**100.0**	**100.0**	**100.0**	**100.0**
100.0	100.0	101.3	100.0	100.0	100.0	100.0	100.0	100.0	100.0	100.0
100.0	100.0	100.0	100.3	100.0	100.0	100.0	100.0	100.0	100.0	100.0

4-19 工业生产者购进价格指数（1990—2018年）

（上年=100）

年 份 Year	总指数 General Index	燃料、动力类 Fuel and Power	黑色金属材料类 Ferrous Metals	钢 材 Rolle Steel	有色金属材料和电线类 Nonferrous Metals and Wires
1990	102.2	107.9	99.9		90.3
1991	107.8	109.0	101.6		115.4
1992	112.5	111.2	123.2	126.6	108.7
1993	141.7	131.1	182.4	182.0	111.6
1994	117.8	123.1	101.7	100.0	112.3
1995	112.9	107.8	94.7	94.4	137.6
1996	103.4	108.6	99.4	100.8	85.6
1997	99.3	108.7	94.6	93.2	94.9
1998	95.2	99.6	93.9	92.2	83.8
1999	93.6	93.1	96.2	96.3	99.8
2000	100.9	98.9	103.0	105.0	123.8
2001	103.7	103.8	107.8	101.1	90.3
2002	95.6	101.8	99.8	98.6	94.6
2003	101.2	101.3	108.7	110.4	110.6
2004	116.3	110.1	135.1	126.3	139.6
2005	108.2	112.1	111.3	105.9	114.5
2006	111.4	103.7	94.3	95.4	131.8
2007	106.1	105.4	108.9	108.3	124.0
2008	110.6	117.7	129.1	122.6	104.7
2009	95.1	100.8	82.8	83.2	81.2
2010	111.2	109.3	103.7	105.7	128.6
2011	110.0	105.5	107.7	109.1	114.5
2012	99.2	104.0	95.2	96.4	95.2
2013	98.9	97.8	97.6	97.4	95.5
2014	98.2	98.4	96.0	96.3	96.7
2015	95.7	95.1	90.9	93.1	95.4
2016	98.3	94.8	96.4	96.1	99.8
2017	106.5	108.2	109.4	108.1	112.5
2018	103.4	106.9	102.0	102.0	99.7

注：从2011年起，原材料、燃料、动力购进价格指数改称为工业生产者购进价格指数。

Purchasing Price Indices for Industrial Producers（1990—2018）

（preceding year=100）

化工原料类 Raw Chemical Materials	木材及纸浆类 Timber and Paper Pulp	建筑材料及非金属矿类 Building Material and Non-metal Ore	其他工业原材料及半成品类 Other Materials and Semi-finished Category	农副产品类 Agricultural Products	纺织原料类 Textile Materials
101.3	102.1	97.7		100.4	105.8
108.1	113.8			108.2	113.3
102.3	106.6			108.4	97.3
122.1	115.4	170.6	154.8	137.9	104.0
116.2	110.5	103.0	139.0	145.2	142.5
125.2	108.9	88.1	91.7	148.2	150.5
95.1	101.9	97.4	101.5	117.0	99.0
95.3	94.4	94.4	100.4	92.3	91.5
92.6	99.7	98.7	96.4	89.4	88.1
95.9	93.7	95.6	90.7	92.5	102.0
104.5	99.8	92.6	104.7	90.3	106.3
96.9	94.3	96.7	112.0	105.3	95.6
97.9	101.0	98.3	91.4	94.6	89.8
106.3	103.5	98.8	98.2	92.7	119.7
114.8	111.5	109.9	113.5	109.8	117.2
110.0	94.4	103.6	103.7	116.8	90.6
104.0	102.7	98.5	112.2	124.1	102.3
105.3	110.9	101.5	105.8	98.9	101.6
121.3	104.5	114.0	106.9	102.6	102.2
85.8	84.3	96.1	100.2	101.7	94.1
112.3	111.2	114.6	110.3	116.6	121.4
116.5	108.6	109.5	107.0	115.9	119.5
98.3	97.5	98.3	98.5	101.3	92.1
98.1	100.2	98.6	98.6	103.4	98.5
99.6	100.3	100.2	98.2	98.1	99.8
98.0	99.6	95.7	97.9	93.8	99.7
97.6	100.6	98.0	99.5	102.9	98.2
105.8	103.8	107.2	103.5	105.6	101.4
103.8	104.4	109.3	102.1	99.7	101.1

Note: From 2011, the purchasing price index for raw materials, fuel and Power Changed to the Purchasing price index index for industrial Producers.

4-20 分月工业生产者购进价格指数（2018年）

（上年同期＝100）

类　别	Item	1 月 January	2 月 February	3 月 March
总指数	**General Index**	**104.7**	**103.5**	**103.1**
燃料、动力类	Fuel and Power	106.6	103.9	103.6
黑色金属材料类	Material of Black Metal	104.5	103.1	101.5
# 钢材	# Rolled Steel	104.9	103.4	102.0
其他	Other	103.8	102.4	100.6
有色金属材料和电线类	Nonferrons Metals Electric Wire	107.1	105.3	103.4
化工原料类	Raw Chemical Materials	105.6	104.6	104.7
木材及纸浆类	Timber and Paper Pulp	104.9	105.1	105.5
建筑材料及非金属矿类	Building Material and Non-metal Ore	107.6	106.1	106.1
其他工业原材料及半成品类	Other Industrial Raw Material and Semi-finished Category	103.0	102.8	103.0
农副产品类	Agricultural and Side-line Produces	101.9	101.7	100.7
纺织原料类	Raw Textile Material	101.2	101.4	100.7

4-21 分月工业生产者购进价格环比指数（2018年）

（上月=100）

类　别	Item	1 月 January	2 月 February	3 月 March
总指数	**General Index**	**100.3**	**100.0**	**100.0**
燃料、动力类	Fule and Power	100.7	99.9	99.7
黑色金属材料类	Material of Black Metal	99.8	99.6	100.1
# 钢材	# Rolled Steel	99.6	99.7	100.1
其他	Other	100.4	99.4	99.9
有色金属材料和电线类	Nonferrous Metals Electric Wire	99.3	100.0	98.9
化工原料类	Raw Chemical Materials	99.7	99.7	99.9
木材及纸浆类	Timber and Paper Pulp	100.1	101.3	100.9
建筑材料及非金属矿类	Building Material and Non-metal Ore	102.8	100.0	100.1
其他工业原材料及半成品类	Other Industrial Raw Material and Semi-finished Category	100.2	100.1	100.1
农副产品类	Agricultural and Side-line Produces	99.9	99.8	100.2
纺织原料类	Raw Textile Material	100.2	100.1	100.0

Purchasing Price Indices for Industrial Producers by Month（2018）

(preceding year=100)

4月 April	5月 May	6月 June	7月 July	8月 August	9月 September	10月 October	11月 November	12月 December
102.8	**103.3**	**104.1**	**104.3**	**103.6**	**103.3**	**103.3**	**102.7**	**101.6**
103.4	104.8	108.4	110.1	109.4	109.7	109.9	108.3	105.2
101.4	102.4	102.7	102.4	101.9	101.6	101.7	101.0	99.9
102.4	102.9	102.9	102.8	102.3	101.8	100.6	99.3	98.4
99.3	101.5	102.4	101.5	101.2	101.2	104.1	104.4	103.0
101.6	102.1	101.1	100.5	96.4	94.2	95.1	95.1	95.3
104.3	104.0	105.0	104.8	103.2	102.9	103.0	102.2	101.5
105.5	105.8	105.2	105.5	105.1	103.5	102.2	102.1	102.5
107.7	109.6	110.5	110.6	111.4	112.3	110.1	110.0	109.7
102.5	102.5	102.5	102.0	101.6	101.5	101.5	101.6	101.1
100.4	100.1	99.0	99.4	99.0	99.0	99.2	98.4	97.8
101.0	101.5	101.4	101.1	101.1	100.8	101.0	100.9	101.3

Chain Index in Purchasing Price Indices for Industrial Producer by Month（2018）

(preceding month=100)

4月 April	5月 May	6月 June	7月 July	8月 August	9月 September	10月 October	11月 November	12月 December
99.9	**100.1**	**100.4**	**100.1**	**100.1**	**100.5**	**100.8**	**100.0**	**99.6**
100.1	100.3	102.7	100.4	100.5	100.9	101.5	99.7	98.8
99.6	100.2	99.8	99.5	100.4	100.6	100.6	99.9	99.8
99.9	100.1	100.0	99.8	100.0	100.3	99.7	99.5	99.7
99.0	100.4	99.4	99.0	101.1	101.2	102.5	100.7	100.0
99.3	99.9	99.4	99.3	98.5	99.9	100.8	100.3	99.6
99.7	99.8	100.1	99.8	99.4	101.2	101.5	100.8	100.0
100.0	100.3	99.5	100.4	100.1	99.8	100.2	99.8	100.0
99.8	101.6	100.5	101.4	100.6	100.9	100.5	100.9	100.2
100.0	100.0	99.9	100.0	100.2	100.2	100.3	100.2	99.9
99.8	99.6	99.1	100.0	99.9	100.1	100.3	99.4	99.7
100.3	100.5	100.0	100.0	100.0	99.8	100.1	100.0	100.4

4-22 固定资产投资价格指数（1991—2018年）

Price Indices of Investment in Fixed Assets（1991—2018）

（上年=100） (Preceding year=100)

年 份 Year	固定资产投资价格指数 Price Indices of Investment in Fixed Assets	建筑安装工程 Construction and Installation	设备、工器具购置 Purchase of Equipment, Tools & Instruments	其他费用 Other Expenses
1991	101.7	103.2	102.4	80.1
1992	117.9	116.8	119.5	123.5
1993	131.2	131.5	132.9	124.7
1994	112.3	112.2	113.6	109.6
1995	103.4	101.8	106.2	105.5
1996	103.6	104.2	102.9	101.5
1997	100.3	100.3	98.2	104.4
1998	99.9	101.4	95.2	100.4
1999	96.1	96.6	94.5	95.9
2000	101.4	102.4	95.7	104.5
2001	102.0	103.6	97.7	100.0
2002	100.3	100.8	98.4	100.1
2003	101.8	103.5	96.9	100.3
2004	104.6	106.8	99.3	101.6
2005	101.4	101.3	100.8	102.0
2006	101.2	101.1	100.7	101.9
2007	102.3	103.0	101.0	101.1
2008	107.9	110.7	101.7	103.7
2009	97.9	96.8	98.4	100.8
2010	103.0	103.8	101.2	102.5
2011	106.2	108.7	101.0	103.9
2012	100.6	100.8	99.3	101.5
2013	100.1	99.9	99.6	101.3
2014	101.6	102.2	100.4	100.7
2015	98.8	98.0	99.8	100.4
2016	99.5	99.4	99.4	100.0
2017	104.4	106.2	100.8	100.0
2018	104.5	106.3	100.6	100.3

4-23　南宁市房地产价格指数（2018年）

Price Indices for Real Estate of Nanning（2018）

（上年同期＝100）　　(Preceding year=100)

指　标	Item	1 月 January	2 月 February	3 月 March	4 月 April	5 月 May	6 月 June
新建商品住宅价格指数	**Housing Price Indices of Newly Constructed Commercial Residential Buildings**	**108.4**	**108.4**	**107.6**	**106.6**	**105.7**	**106.7**
90平方米及以下	$90m^2$ and Below	109.5	108.8	108.0	107.3	106.1	107.5
90～144平方米	90～$144m^2$	106.6	107.3	106.8	105.6	104.8	105.5
144平方米以上	Above $144m^2$	110.5	110.3	108.9	108.1	107.1	108.1
二手住宅价格指数	**Housing Price Indices of Second-Hand Residential Buildings**	**107.0**	**107.2**	**107.1**	**106.2**	**105.4**	**104.3**
90平方米及以下	$90m^2$ and Below	105.2	105.0	105.3	104.8	104.5	103.6
90～144平方米	90～$144m^2$	107.1	108.0	107.1	106.2	105.3	104.3
144平方米以上	Above $144m^2$	110.7	110.3	110.7	109.0	107.2	105.5

指　标	Item	7 月 July	8 月 August	9 月 September	10 月 October	11 月 November	12 月 December
新建商品住宅价格指数	**Housing Price Indices of Newly Constructed Commercial Residential Buildings**	**106.2**	**107.4**	**107.6**	**107.6**	**107.6**	**108.9**
90平方米及以下	$90m^2$ and Below	106.6	108.0	108.0	108.7	109.0	109.6
90～144平方米	90～$144m^2$	105.4	106.4	106.7	106.2	106.2	108.1
144平方米以上	$144m^2$	107.4	108.6	108.9	108.8	108.1	109.6
二手住宅价格指数	**Housing Price Indices of Second-Hand Residential Buildings**	**103.0**	**104.2**	**104.4**	**104.4**	**104.7**	**106.7**
90平方米及以下	$90m^2$ and Below	102.2	103.3	103.9	103.8	103.6	106.0
90～144平方米	90～$144m^2$	103.6	104.6	105.6	105.4	105.2	106.8
144平方米以上	Above $144m^2$	103.7	105.0	103.3	103.7	105.8	108.0

4-24 南宁市房地产价格指数

（上年同期=100）

年 份 Year	新建商品住宅价格指数					
	1 月 January	2 月 February	3 月 March	4 月 April	5 月 May	6 月 June
2012	100.3	100.0	98.9	98.3	98.3	98.5
2013	99.7	101.3	103.4	104.1	105.7	106.6
2014	111.2	110.2	108.7	108.0	106.5	104.9
2015	94.8	94.0	93.9	94.2	94.0	95.1
2016	102.7	103.6	104.2	105.2	106.1	106.3
2017	111.2	111.2	111.7	111.5	111.9	112.3
2018	108.4	108.4	107.6	106.6	105.7	106.7

年 份 Year	二手住宅价格指数					
	1 月 January	2 月 February	3 月 March	4 月 April	5 月 May	6 月 June
2012	99.4	99.0	99.8	99.4	99.8	99.7
2013	101.9	101.8	102.1	102.4	102.8	103.0
2014	103.6	103.6	103.5	103.5	101.9	101.6
2015	95.3	95.1	95.6	95.4	97.3	98.0
2016	104.5	105.1	104.1	104.5	103.6	102.9
2017	105.8	106.2	106.8	107.0	107.6	109.4
2018	107.0	107.2	107.1	106.2	105.4	104.3

Price Indices for Real Estate of Nanning

(preceding year=100)

Housing Price Indices of Newly Constructed Commercial Residential Buildings

7 月 July	8 月 August	9 月 September	10 月 October	11 月 November	12 月 December
98.8	98.7	99.0	99.3	99.4	99.5
107.6	108.5	108.9	109.6	109.7	110.3
102.4	100.4	98.5	97.1	96.6	95.6
96.2	97.7	99.2	100.1	100.8	101.7
107.1	107.8	110.0	111.1	110.7	111.2
113.0	112.5	110.4	109.1	109.6	109.2
106.2	107.4	107.6	107.6	107.6	108.9

Housing Price Indices of Second-Hand Residential Buildings

7 月 July	8 月 August	9 月 September	10 月 October	11 月 November	12 月 December
99.6	100.3	100.5	100.6	100.3	100.6
103.0	103.1	103.4	103.8	103.9	104.6
100.6	99.5	97.0	96.0	97.1	95.7
99.5	100.8	103.0	104.0	103.2	104.2
102.4	102.8	103.6	104.6	104.5	105.0
110.9	110.8	110.1	109.2	109.3	108.8
103.0	104.2	104.4	104.4	104.7	106.7

4-25 南宁市房地产价格环比指数（2018年）

Price Chain Indices for Real Estate of Nanning（2018）

（上月＝100） (Preceding moth=100)

指　标	Item	1 月 January	2 月 February	3 月 March	4 月 April	5 月 May	6 月 June
新建商品住宅价格指数	**Housing Price Indices of Newly Constructed Commercial Residential Buildings**	**100.1**	**100.3**	**100.5**	**100.2**	**100.3**	**102.0**
90平方米及以下	90m^2 and Below	100.2	100.1	100.8	99.9	100.5	102.1
90～144平方米	90～144m^2	99.8	100.4	100.4	100.5	100.0	101.7
144平方米以上	Above 144m^2	100.3	100.5	100.2	100.1	100.3	102.2
二手住宅价格指数	**Housing Price Indices of Second-Hand Residential Buildings**	**100.2**	**99.8**	**100.4**	**100.0**	**100.1**	**100.7**
90平方米及以下	90m^2 and Below	100.1	99.2	100.3	100.0	100.4	101.0
90～144平方米	90～144m^2	100.1	100.1	100.2	100.2	99.9	100.5
144平方米以上	Above 144m^2	100.6	100.4	101.2	99.4	99.8	100.4

指　标	Item	7 月 July	8 月 August	9 月 September	10 月 October	11 月 November	12 月 December
新建商品住宅价格指数	**Housing Price Indices of Newly Constructed Commercial Residential Buildings**	**100.8**	**101.7**	**100.4**	**100.3**	**100.5**	**101.6**
90平方米及以下	90m^2 and Below	100.6	101.9	100.4	100.9	100.4	101.5
90～144平方米	90～144m^2	100.9	101.6	100.4	100.0	100.6	101.5
144平方米以上	Above 144m^2	101.2	101.4	100.7	99.8	100.4	102.2
二手住宅价格指数	**Housing Price Indices of Second-Hand Residential Buildings**	**100.2**	**101.6**	**100.3**	**100.5**	**100.7**	**102.0**
90平方米及以下	90m^2 and Below	100.1	101.6	100.2	100.6	100.6	101.8
90～144平方米	90～144m^2	100.5	101.5	100.6	100.5	100.5	102.1
144平方米以上	Above 144m^2	100.0	102.1	100.1	100.5	101.2	102.2

4-26　桂林市房地产价格指数（2018年）

Price Indices for Real Estate of Guilin（2018）

（上年同期＝100）　　(Preceding year=100)

指　标	Item	1月 January	2月 February	3月 March	4月 April	5月 May	6月 June
新建商品住宅价格指数	**Housing Price Indices of Newly Constructed Commercial Residential Buildings**	**107.2**	**108.7**	**108.5**	**107.8**	**107.5**	**107.2**
90平方米及以下	$90m^2$ and Below	108.2	108.8	108.0	108.0	107.9	107.3
90～144平方米	90～$144m^2$	106.7	108.9	108.9	108.1	107.3	107.1
144平方米以上	Above $144m^2$	107.6	108.0	107.7	106.5	107.7	107.5
二手住宅价格指数	**Housing Price Indices of Second-Hand Residential Buildings**	**103.1**	**103.3**	**103.6**	**103.4**	**103.3**	**103.4**
90平方米及以下	$90m^2$ and Below	103.5	103.6	104.4	104.0	104.1	103.8
90～144平方米	90～$144m^2$	102.1	102.7	102.9	102.9	102.5	103.0
144平方米以上	Above $144m^2$	104.5	104.1	103.4	103.2	103.5	103.4

指　标	Item	7月 July	8月 August	9月 September	10月 October	11月 November	12月 December
新建商品住宅价格指数	**Housing Price Indices of Newly Constructed Commercial Residential Buildings**	**106.4**	**106.0**	**106.8**	**107.0**	**108.1**	**108.2**
90平方米及以下	$90m^2$ and Below	107.3	107.5	107.6	109.0	109.4	109.7
90～144平方米	90～$144m^2$	105.9	105.0	105.4	105.4	106.9	107.4
144平方米以上	Above $144m^2$	107.1	107.5	110.0	110.2	110.5	109.3
二手住宅价格指数	**Housing Price Indices of Second-Hand Residential Buildings**	**103.4**	**103.3**	**104.6**	**105.2**	**106.0**	**106.5**
90平方米及以下	$90m^2$ and Below	103.9	104.0	105.8	106.5	106.8	107.6
90～144平方米	90～$144m^2$	103.0	102.6	103.5	104.2	105.6	105.7
144平方米以上	Above $144m^2$	103.1	103.3	104.5	104.5	105.0	105.7

4-27 桂林市房地产价格指数

（上年同期=100）

年 份 Year	新建商品住宅价格指数					
	1 月 January	2 月 February	3 月 March	4 月 April	5 月 May	6 月 June
2012	101.6	101.0	100.0	100.0	99.8	100.0
2013	99.7	99.8	100.6	101.3	104.3	105.8
2014	112.8	113.1	112.6	111.9	108.8	106.1
2015	91.9	90.9	90.4	90.2	89.9	90.7
2016	97.3	98.1	98.5	99.2	99.5	99.8
2017	103.8	104.4	105.1	105.9	106.8	107.5
2018	107.2	108.7	108.5	107.8	107.5	107.2

年 份 Year	二手住宅价格指数					
	1 月 January	2 月 February	3 月 March	4 月 April	5 月 May	6 月 June
2012	98.9	100.1	100.4	100.4	99.7	99.7
2013	99.8	100.7	101.1	101.4	102.5	103.0
2014	104.5	104.0	103.6	103.0	102.1	101.6
2015	94.2	93.5	92.7	92.6	92.4	92.3
2016	96.9	97.6	98.1	98.3	98.3	98.4
2017	98.3	98.2	98.4	99.0	99.6	100.2
2018	103.1	103.3	103.6	103.4	103.3	103.4

Price Indices for Real Estate of Guilin

(preceding year=100)

Housing Price Indices of Newly Constructed Commercial Residential Buildings					
7 月 June	8 月 August	9 月 September	10 月 October	11 月 November	12 月 December
99.8	100.1	99.7	99.6	99.7	99.8
107.8	108.7	108.7	110.1	111.6	112.1
102.8	100.4	98.6	96.4	93.9	92.8
91.8	93.1	94.5	95.4	96.7	97.2
99.8	100.3	102.2	103.2	103.1	103.2
108.9	109.6	108.2	107.6	109.2	109.6
106.4	106.0	106.8	107.0	108.1	108.2

Housing Price Indices of Second-Hand Residential Buildings					
7 月 July	8 月 August	9 月 September	10 月 October	11 月 November	12 月 December
99.5	99.4	99.6	99.5	99.6	99.6
103.2	103.6	104.0	104.3	104.5	104.8
100.4	99.2	97.7	96.3	95.7	94.7
93.0	93.6	94.5	95.6	95.9	96.4
98.4	98.5	98.6	98.4	98.2	98.3
100.7	101.7	101.8	102.3	103.0	103.0
103.4	103.3	104.6	105.2	106.0	106.5

4-28 桂林市房地产价格环比指数（2018年）

Price Chain Indices for Real Estate of Guilin（2018）

（上月＝100） （Preceding month=100）

指 标	Item	1 月 January	2 月 February	3 月 March	4 月 April	5 月 May	6 月 June
新建商品住宅价格指数	**Housing Price Indices of Newly Constructed Commercial Residential Buildings**	**99.8**	**100.1**	**100.6**	**100.7**	**100.6**	**100.7**
90平方米及以下	90m² and Below	100.5	100.2	100.1	100.7	100.6	100.8
90～144平方米	90～144m²	99.7	99.8	100.8	100.8	100.4	100.8
144平方米以上	Above 144m²	99.7	100.7	100.3	100.5	101.1	100.2
二手住宅价格指数	**Housing Price Indices of Second-Hand Residential Buildings**	**100.1**	**99.9**	**100.3**	**100.1**	**100.2**	**100.8**
90平方米及以下	90m² and Below	100.0	100.2	100.8	100.1	100.4	100.6
90～144平方米	90～144m²	100.0	99.8	100.1	100.2	100.0	100.9
144平方米以上	144m²	100.5	99.6	99.6	100.1	100.3	100.7

指 标	Item	7 月 July	8 月 August	9 月 September	10 月 October	11 月 November	12 月 December
新建商品住宅价格指数	**Housing Price Indices of Newly Constructed Commercial Residential Buildings**	**100.5**	**100.6**	**101.0**	**100.7**	**102.3**	**100.4**
90平方米及以下	90m² and Below	100.9	100.8	100.6	101.5	102.3	100.4
90～144平方米	90～144m²	100.3	100.5	100.9	100.5	102.3	100.5
144平方米以上	Above 144m²	100.9	100.7	101.7	100.4	102.2	100.4
二手住宅价格指数	**Housing Price Indices of Second-Hand Residential Buildings**	**100.5**	**100.7**	**101.4**	**100.7**	**101.3**	**100.4**
90平方米及以下	90m² and Below	100.4	101.0	101.6	100.9	101.0	100.5
90～144平方米	90～144m²	100.5	100.5	101.0	100.7	101.7	100.3
144平方米以上	Above 144m²	100.8	100.7	101.6	100.3	101.0	100.4

4-29 北海市房地产价格指数（2018年）

Price Indices for Real Estate of Beihai（2018）

（上年同期＝100） (Preceding year=100)

指 标	Item	1 月 January	2 月 February	3 月 March	4 月 April	5 月 May	6 月 June
新建商品住宅价格指数	**Housing Price Indices of Newly Constructed Commercial Residential Buildings**	**110.5**	**112.2**	**112.3**	**111.1**	**108.9**	**108.0**
90平方米及以下	$90m^2$ and Below	109.7	112.4	112.8	111.3	109.5	108.7
90～144平方米	90～$144m^2$	112.0	112.1	111.9	111.1	108.3	107.2
144平方米以上	Above $144m^2$	109.5	111.1	109.7	107.7	105.7	104.5
二手住宅价格指数	**Housing Price Indices of Second-Hand Residential Buildings**	**108.0**	**107.6**	**107.3**	**106.2**	**104.3**	**103.5**
90平方米及以下	$90m^2$ and Below	108.5	107.8	107.5	106.1	104.2	103.4
90～144平方米	90～$144m^2$	107.4	107.3	107.2	106.3	104.4	103.6
144平方米以上	Above $144m^2$	107.2	107.2	107.3	106.2	104.9	104.3

指 标	Item	7 月 July	8 月 August	9 月 September	10 月 October	11 月 November	12 月 December
新建商品住宅价格指数	**Housing Price Indices of Newly Constructed Commercial Residential Buildings**	**106.8**	**109.1**	**109.5**	**110.0**	**110.9**	**111.8**
90平方米及以下	$90m^2$ and Below	107.3	109.5	109.5	109.4	110.2	111.2
90～144平方米	90～$144m^2$	106.1	108.6	109.4	111.0	111.9	112.7
144平方米以上	Above $144m^2$	105.3	108.5	110.0	111.2	112.1	113.1
二手住宅价格指数	**Housing Price Indices of Second-Hand Residential Buildings**	**103.2**	**104.8**	**106.6**	**106.7**	**107.4**	**107.9**
90平方米及以下	$90m^2$ and Below	103.1	104.9	106.4	106.4	107.0	107.6
90～144平方米	90～$144m^2$	103.2	104.7	106.8	107.2	108.0	108.0
144平方米以上	Above $144m^2$	103.5	104.9	106.5	106.8	108.3	109.1

4–30 北海市房地产价格指数

（上年同期=100）

年 份 Year	新建商品住宅价格指数					
	1 月 January	2 月 February	3 月 March	4 月 April	5 月 May	6 月 June
2012	100.8	99.7	98.9	98.2	98.3	98.4
2013	99.6	100.9	102.0	103.1	104.1	105.3
2014	110.7	109.9	109.2	108.3	107.4	105.6
2015	94.5	94.0	93.6	93.1	92.9	93.2
2016	99.1	99.7	100.3	101.1	101.3	101.2
2017	104.6	104.7	105.0	106.7	110.1	112.6
2018	110.5	112.2	112.3	111.1	108.9	108.0

年 份 Year	二手住宅价格指数					
	1 月 January	2 月 February	3 月 March	4 月 April	5 月 May	6 月 June
2012	101.8	99.5	98.3	98.2	98.2	98.5
2013	100.3	101.0	102.3	103.0	103.6	104.4
2014	106.3	105.9	105.0	104.4	103.5	102.4
2015	93.2	92.7	92.7	93.0	93.6	94.2
2016	103.1	103.4	103.5	103.0	103.1	102.6
2017	101.8	102.2	102.4	104.0	105.9	107.8
2018	108.0	107.6	107.3	106.2	104.3	103.5

Price Indices for Real Estate of Beihai

(preceding year=100)

Housing Price Indices of Newly Constructed Commercial Residential Buildings					
7 月 July	8 月 August	9 月 September	10 月 October	11 月 November	12 月 December
98.7	98.8	98.8	99.0	99.5	99.4
105.9	106.9	108.2	108.7	109.1	110.0
104.2	101.8	99.6	98.2	96.5	95.9
93.7	95.5	97.0	97.4	98.2	98.5
101.5	101.2	101.8	102.7	103.7	103.9
114.1	114.9	114.2	114.5	114.0	113.2
106.8	109.1	109.5	110.0	110.9	111.8

Housing Price Indices of Second-Hand Residential Buildings					
7 月 July	8 月 August	9 月 September	10 月 October	11 月 November	12 月 December
98.8	99.0	99.1	99.1	99.4	99.6
104.8	105.0	105.3	105.7	106.3	106.3
101.1	99.4	98.0	96.5	95.3	94.1
95.4	96.9	98.5	100.0	101.0	102.2
102.2	102.1	101.7	101.6	101.5	101.7
108.7	109.0	109.1	109.1	108.9	108.4
103.2	104.8	106.6	106.7	107.4	107.9

4-31 北海市房地产价格环比指数（2018年）

Price Chain Indices for Real Estate of Beihai（2018）

（上月＝100） （Preceding month=100）

指 标	Item	1 月 January	2 月 February	3 月 March	4 月 April	5 月 May	6 月 June
新建商品住宅价格指数	**Housing Price Indices of Newly Constructed Commercial Residential Buildings**	**99.7**	**100.4**	**100.8**	**100.8**	**101.1**	**101.3**
90平方米及以下	90m^2 and Below	99.8	100.4	100.7	100.5	101.2	101.3
90～144平方米	90～144m^2	99.7	100.2	101.0	101.3	101.1	101.2
144平方米以上	Above 144m^2	99.9	101.3	100.1	100.8	100.6	101.6
二手住宅价格指数	**Housing Price Indices of Second-Hand Residential Buildings**	**99.9**	**99.8**	**100.2**	**100.4**	**100.5**	**100.9**
90平方米及以下	90m^2 and Below	99.9	99.8	100.1	100.4	100.5	100.9
90～144平方米	90～144m^2	100.0	99.9	100.2	100.6	100.3	100.8
144平方米以上	Above 144m^2	99.6	100.0	100.2	100.0	100.9	100.9

指 标	Item	7 月 July	8 月 August	9 月 September	10 月 October	11 月 November	12 月 December
新建商品住宅价格指数	**Housing Price Indices of Newly Constructed Commercial Residential Buildings**	**100.4**	**103.1**	**100.8**	**101.2**	**101.1**	**100.6**
90平方米及以下	90m^2 and Below	100.3	103.1	100.7	101.1	101.0	100.7
90～144平方米	90～144m^2	100.4	103.1	101.0	101.5	101.2	100.4
144平方米以上	Above 144m^2	101.5	103.4	101.1	100.7	100.8	100.7
二手住宅价格指数	**Housing Price Indices of Second-Hand Residential Buildings**	**100.5**	**102.2**	**101.9**	**100.4**	**100.7**	**100.3**
90平方米及以下	90m^2 and Below	100.7	102.2	101.6	100.4	100.6	100.4
90～144平方米	90～144m^2	100.2	102.2	102.3	100.5	100.7	100.1
144平方米以上	Above 144m^2	100.6	102.0	102.1	100.5	101.2	100.8

4-32 农产品生产者价格指数（2018年）

Producers Price Indices for Farm Products（2018）

（上年同期＝100） (preceding year=100)

指 标	Item	全 年 Annual Year	一季度 First Quarter	二季度 Second Quarter	三季度 Third Quarter	四季度 Fourth Quarter
农产品生产者价格指数	**Producer Price Indices for Farm Products**	**97.3**	**98.9**	**94.0**	**96.1**	**100.3**
农业产品	**Agriculture Products**	**99.2**	**99.6**	**96.9**	**94.2**	**104.2**
谷物	Cereal	102.5	103.5	100.3	99.0	103.9
稻谷	Rice	101.6	100.6	100.3	98.3	104.0
早籼稻	Early Indica Rice	103.3			97.9	108.1
晚籼稻	Late Indica Rice	100.2	100.6	100.3	99.7	100.6
玉米	Corn	105.3	113.6	100.5	104.0	103.7
薯类	Tubers	92.7	73.1	87.7		98.3
油料	Oil-bearing Crops	98.2	100.0		96.3	98.0
花生	Peanut	98.2	100.0		96.3	98.0
豆类	Beans	101.9	106.2	100.0	101.9	100.0
大豆	Soybean	101.9	106.2	100.0	101.9	100.0
生麻	Raw Hemp	100.0	100.0	97.4	100.0	102.5
糖料	Sugar	99.4	100.0	100.0		98.1
甘蔗	Sugar Cane	99.4	100.0	100.0		98.1
未加工烟草	Untreated Tobacco	100.6			101.1	100.0
蔬菜及食用菌	Vegetables and Edible Fungus	101.2	102.4	97.1	99.9	101.2
蔬菜	Vegetables	101.2	101.9	97.6	100.1	100.6
叶菜类蔬菜	Leafy Vegetables	105.3	113.7	100.7	101.7	105.2
芹菜	Celery	162.3	162.3			
油菜	Rape	96.2	111.1	78.7	95.3	100.9
菠菜	Spinach	100.1	96.4	105.1		98.8
空心菜	Water Spinach	102.4		104.9	109.4	91.3
小白菜	Bok Choy	102.0	106.2	95.8	100.2	108.8
白菜类蔬菜	Chinese Cabbage Group	109.1	103.7	108.4	115.7	112.5
大白菜	Napa Cabbage	105.3	106.9	102.3	105.6	106.8
普通白菜	Common Chinese Cabbage	95.4	96.3	99.4		91.7
菜心（菜薹）	Chinese Flowering Cabbage	116.4	99.1	117.6	128.3	120.7
芥菜类蔬菜	Mustard Vegetables	105.8	103.1	103.1	105.6	112.9
叶用芥菜	Leaf Mustard	105.8	103.1	103.1	105.6	112.9

4-32 续表 1 continued

（上年同期=100） (preceding year=100)

指 标	Item	全 年 Annual Year	一季度 First Quarter	二季度 Second Quarter	三季度 Third Quarter	四季度 Fourth Quarter
甘蓝类蔬菜	Brassica Vegetables	103.6	97.2	106.4	96.5	107.4
菜花	Cauliflower	101.8	97.0	106.4	96.5	104.4
青花菜	Broccoli	108.8				
芥蓝	Cabbage Mustard	104.5	97.5			112.3
根茎类蔬菜	Root Vegetables	101.1	99.7	97.1	101.0	104.0
白萝卜	White Radish	101.9	99.7	105.3		103.1
胡萝卜	Carrot	90.9		90.9		
山药	Common Yam Rhizome					
瓜菜类蔬菜	Melons and Vegetables	104.7	107.2	97.6	100.8	106.2
黄瓜	Cucumber	109.4	130.9	99.0	105.0	110.3
冬瓜	Wax Gourd	105.4	109.8	109.6	96.7	107.0
西葫芦	Summer Squash	111.9	115.9	125.0		63.2
苦瓜	Balsm Pear	101.9	107.1	94.8	93.4	110.9
南瓜	Pumpkin	102.1	94.2	100.0	112.0	104.5
丝瓜	Luffa	112.6	122.9	85.1	128.6	113.1
豆类蔬菜	Leguminous Vegetables	93.6	93.3	89.2	100.0	102.5
豇豆	Cowpea	97.5		88.9	100.4	104.6
四季豆	French Beans	74.0		74.0		
茄果类蔬菜	Solanaceous Fruit Vegetable	91.3	93.8	94.3	94.0	82.9
茄子	Aubergine	100.2	104.0	103.8	87.9	100.0
青椒	Green Pepper	103.7	103.5	98.7	107.9	105.0
辣椒	Capsicum	94.7	124.2	91.8	93.8	68.5
西红柿	Tomato	91.0	80.8	92.4	100.0	95.6
莴苣及菊苣类蔬菜	Lettuce and Chicory Vegetables	100.0	101.4	99.8	97.0	88.2
生菜	Lettuce	99.7	98.4	91.6	97.0	107.8
莴笋	Asparagus Lettuce	100.1	111.2	113.9		69.3
葱蒜类蔬菜	Allium Vegetables	102.5	93.8	114.0	109.1	87.9
大葱	Allium Fistulosum					
细香葱	Chive	107.9	96.7	149.7	110.7	80.6

4-32 续表 2 continued

（上年同期＝100） (preceding year=100)

指 标	Item	全 年 Annual Year	一季度 First Quarter	二季度 Second Quarter	三季度 Third Quarter	四季度 Fourth Quarter
大蒜	Garlic					
韭菜	Leek	98.7	92.4	94.6	108.3	95.3
水生蔬菜	Aquatic Vegetables	104.2	100.0		104.4	103.6
莲藕	Lotus Root	102.4	100.0		104.4	103.4
荸荠	Chufa	106.7				104.1
食用菌	Edible Fungus	101.1	110.8	87.3	95.8	111.0
平菇	Oyster Mushroon	107.7	110.5	93.1	101.0	121.8
双孢蘑菇	Double Spore Mushroom	116.4	142.2	100.0		
鸡腿菇	Coprinus Comatus					
茶树菇	Glossy Ganoderma					
黑木耳	Black Fungus	81.0	82.5	64.2	79.6	106.9
黄背木耳	Auricularia Polytricha	103.5	100.6			107.1
水果及坚果	Fruit and Nuts	90.6	95.2	85.8	83.2	112.5
水果（园林水果）	Fruit（Garden Fruit）	90.6	95.2	85.8	83.2	112.5
柑橘类水果	Citrus Fruit	90.0	92.7	71.8	90.8	91.7
柑橘	Citrus	89.9	83.0		100.0	94.5
橙	Orange	94.9	101.8	71.8		106.5
柚	Pomelo Grapefruit	82.0	106.8		68.0	75.1
葡萄	Grape	95.4			95.4	
巨峰葡萄	Kyoho Grape	96.2			91.4	
热带水果	Tropical Fruits	83.0	100.3	84.9	65.7	176.8
香蕉	Banana	135.3	100.3	116.9	159.5	176.8
龙眼	Longan	45.5			45.5	
荔枝	Lychee	47.8		70.2	32.4	
芒果	Mango	71.8			71.2	
瓜类水果	Melon Fruit	101.4		93.4	111.4	101.0
西瓜	Watermelon	101.5		92.8	112.9	101.0
香瓜	Muskmelon	100.7		101.0	100.0	
其他水果	Other Fruit	93.2	81.8		98.9	96.6
柿子	Persimmon	93.2	81.8		98.9	96.6

4-32 续表 3 continued

（上年同期=100） (preceding year=100)

指 标	Item	全 年 Annual Year	一季度 First Quarter	二季度 Second Quarter	三季度 Third Quarter	四季度 Fourth Quarter
茶及饮料原料	Tea and Beverage Raw Materials	103.1	104.2	102.3	103.8	102.8
茶叶	Tea	103.1	104.2	102.3	103.8	102.8
绿茶	Green Tea	103.8	104.2	102.3	105.6	103.3
中草药材	Chinese Medicinal Herbs	114.4	118.5	107.5	97.6	135.0
林业产品	**Forestry Products**	**102.9**	**104.8**	**100.3**	**100.9**	**101.7**
育种和育苗	Breeding and Seedling Raising	106.4	115.9	103.3	97.8	108.8
木材采伐产品	Timber Harvesting Products	99.3	99.5	99.0	99.3	100.0
原木	Log	99.4	99.6	99.0	99.3	100.0
针叶原木	Coniferous Log	98.2	98.9	98.6	97.8	98.5
马尾松原木	Ping Log	97.8	97.9	98.0	97.5	
杉木原条	Chinese Fir	99.4	100.4	100.2	98.5	98.5
非针叶原木	Non Coniferous Wood	102.4	101.1	99.9	102.1	104.0
按树原木	Eucalyptus Log	101.8	101.1	99.9	102.1	104.0
竹材采伐产品	Bamboo Cutting Products	105.3	97.4	106.8	114.4	102.6
林产品	Forest Product	110.2	112.3	109.0	111.3	110.8
饲养动物及其产品	**Feeding Animals and Their Products**	**91.7**	**95.6**	**85.2**	**94.4**	**95.5**
活牲畜	Live Cattle	86.6	84.8	71.7	92.2	97.0
猪	Pig	84.9	83.4	68.8	91.9	96.1
种猪	Boar	87.0	90.8	74.6	89.6	97.2
仔猪	Piglet	65.4	71.0	49.6	66.0	77.5
能繁殖母猪	Breeding Sows					
其他活猪	Other Pigs	85.7	84.6	70.1	91.9	96.9
牛	Cattle	102.1	97.7	101.8	102.2	106.5
羊	Sheep	103.1	101.0	99.4	105.9	104.7
活家禽	Live Poultry	112.9	137.2	125.8	105.5	93.2
活鸡	Chickens	113.8	142.8	127.9	108.9	89.9
活鸭	Live ducks	109.7	115.3	117.9	98.7	108.0

4-32 续表 4 continued

（上年同期=100） (preceding year=100)

指 标	Item	全 年 Annual Year	一季度 First Quarter	二季度 Second Quarter	三季度 Third Quarter	四季度 Fourth Quarter
畜禽产品	Livestock and Poultry Products	99.7	126.9	125.5	95.0	86.2
禽蛋	Poultry of Eggs	115.4	126.9	144.9	117.7	105.9
鸡蛋	Egg	126.3	126.9	144.9	129.0	110.4
鸭蛋	Duck's Egg	100.0			100.0	100.0
蚕茧	Silkworm Cocoon	89.9		109.6	86.9	73.8
渔业产品	**Fishery Products**	**103.4**	**105.3**	**105.1**	**104.0**	**100.4**
海水养殖产品	Seawater Artificially Cultured Products	109.1	111.2	117.5	114.2	99.7
海水养殖虾	Mariculture of Prawns	96.7	103.1	98.5	85.3	101.3
海水养殖蟹	Mariculture of Crabs	106.8	110.0	101.2		
海水养殖贝类	Mariculture of Shellfish	118.4	117.1	133.3	134.0	98.5
海水养殖牡蛎	Mariculture of Oyster	103.8	88.7	110.9	112.5	104.0
海水养殖蛤	Mariculture of Clams	136.5	151.9	160.6	161.3	91.6
海水捕捞产品	Seawater Fishing Products	102.5	104.1	95.5	95.1	103.8
海水捕捞鲜鱼	Marine Fishing Fresh Fish	103.2	106.4	98.0	96.6	98.8
海水捕捞虾	Marine Fishing Shrimp	97.0	102.2	95.2	85.7	101.9
海水捕捞蟹	Marine Fishing Crab	96.5	96.3	76.9	93.2	123.0
海水捕捞软体水生动物	Marine Aquatic Animals	100.6	100.4	101.2	99.4	101.1
淡水养殖产品	Fresh Water Farming Products	100.0	101.4	102.4	100.4	99.3
养殖淡水鱼	Cultured Freshwater Fish	102.9	106.0	102.5	101.1	101.7
养殖淡水鲤鱼	Cultured Freshwater Carp	109.4	102.1	109.1	108.6	117.9
养殖淡水草鱼	Cultured Freshwater Grass Carp	101.8	103.6	106.5	100.2	97.2
养殖淡水鳙鱼（胖头鱼）	Cultured Freshwater Bighead	102.8	105.9	105.8	99.3	100.6
养殖淡水罗非鱼	Cultured Freshwater Tilapia	102.1	105.2	100.0	102.3	100.2
养殖淡水鲢鱼	Cultured Freshwater Silver Carp	100.6	113.0	93.1	95.7	99.6
其他淡水养殖产品	Other Cultured Freshwater Products	86.9	83.8	101.4	97.6	89.6
淡水养殖龟	Cultured Freshwater Turtle	69.4	63.4	100.0	96.6	71.6
淡水养殖鳖	Cultured Freshwater Turtles	101.3	100.5	102.5	98.3	104.3

4-33 分季度农产品生产者价格指数

（上年同期=100）

指 标	Item	2014			
		一季度 First Quarter	二季度 Second Quarter	三季度 Third Quarter	四季度 Fourth Quarter
农产品生产者价格指数	**Producer Price Indices for Farm Products**	**100.9**	**95.2**	**98.7**	**100.2**
农业产品	**Agriculture Products**	**103.0**	**93.1**	**100.5**	**103.2**
谷物	Cereal	101.8	101.4	101.9	103.6
稻谷	Rice	101.8	102.3	102.2	104.4
早籼稻	Early Indica Rice	103.7	103.5	102.6	106.0
晚籼稻	Late Indica Rice	101.4	102.0	100.7	103.0
玉米	Corn	101.9	97.4	100.4	102.3
薯类	Tubers	101.9	109.2	125.0	98.4
油料	Oil-bearing Crops	100.0	96.2	101.1	107.7
花生	Peanut	99.6	97.6	101.1	106.1
豆类	Beans	96.8	101.4	101.5	91.5
大豆	Soybean	96.8	101.4	101.5	91.5
生麻	Raw Hemp	100.0	121.7	104.4	126.3
糖料	Sugar	95.7	93.6		93.0
甘蔗	Sugar Cane	95.7	93.6		93.0
未加工烟草	Untreated Tobacco	100.0		99.8	106.2
蔬菜及食用菌	Vegetables and Edible Fungus	103.3	89.3	104.4	102.7
蔬菜	Vegetables	103.3	89.3	104.3	102.7
叶菜类蔬菜	Leafy Vegetables	100.7	96.4	106.9	111.7
芹菜	Celery	102.2			
油菜	Rape	87.2	115.8	109.0	109.1
菠菜	Spinach				110.9
空心菜	Water Spinach		82.4	102.5	115.4
小白菜	Bok Choy	94.0	144.0	106.4	97.6
白菜类蔬菜	Chinese Cabbage Group	84.7	132.6	102.7	106.8
大白菜	Napa Cabbage	84.7	132.6	102.7	106.8
普通白菜	Common Chinese Cabbage	80.6			100.0
菜心（菜薹）	Chinese Flowering Cabbage	108.9	104.1	93.6	100.5
芥菜类蔬菜	Mustard Vegetables	88.6	108.6	117.9	110.5
叶用芥菜	Leaf Mustard	88.6	108.6	117.9	110.5
甘蓝类蔬菜	Brassica Vegetables	92.7			
结球甘蓝	Common Head Cabbage	92.7			
菜花	Cauliflower	109.0	137.1	133.3	107.7
芥蓝	Cabbage Mustard	97.6	106.5		111.1

Producers Price Indices for Farm Products by Quarter

(preceding year=100)

2015				2016				2017			
一季度 First Quarter	二季度 Second Quarter	三季度 Third Quarter	四季度 Fourth Quarter	一季度 First Quarter	二季度 Second Quarter	三季度 Third Quarter	四季度 Fourth Quarter	一季度 First Quarter	二季度 Second Quarter	三季度 Third Quarter	四季度 Fourth Quarter
98.0	**99.4**	**106.4**	**101.9**	**107.6**	**113.9**	**104.5**	**101.4**	**99.7**	**98.0**	**96.9**	**101.0**
96.2	**94.9**	**102.7**	**98.4**	**100.8**	**105.3**	**103.5**	**103.2**	**102.6**	**108.4**	**107.2**	**104.7**
100.5	101.6	98.9	98.2	96.9	93.9	98.1	97.3	94.7	101.6	99.1	108.3
101.0	102.1	99.0	100.2	99.1	97.9	100.2	96.4	94.1	100.3	99.0	109.0
	102.9	98.7	100.7	96.6		100.0	95.5			99.0	
101.0	101.9	100.2	99.7	99.8	97.9	101.0	97.1	94.1	100.3		109.0
98.7	99.6	97.8	88.0	89.1	76.4	83.9	102.2	96.5	107.3	100.0	104.9
100.6	83.3	108.7	108.8	104.8	134.4		102.3	97.0	94.3		105.5
98.8		102.8	81.2			104.5	100.0	100.0		100.5	100.0
98.8		102.8	81.2			104.5	100.0	100.0		100.5	100.0
100.0	98.2	100.0	100.6	100.0	100.0	100.0	100.0	100.0	100.0	100.0	100.0
100.0	98.2	100.0	100.6	100.0	100.0	100.0	100.0	100.0	100.0	100.0	100.0
122.9	123.5	114.7	116.2	105.0	117.0	102.6	97.6	93.5	100.0	97.4	102.6
90.9	89.4		112.1	107.1	106.8		106.7	111.1	113.3		102.0
90.9	89.4		112.1	107.1	106.8		106.7	111.1	113.3		102.0
		106.8	100.0			100.4	108.4			100.4	
91.9	103.0	112.5	108.1	120.7	94.5	97.7	108.6	86.0	100.7	109.3	105.5
91.3	102.4	112.8	108.0	121.5	93.5	97.2	109.1	85.3	101.0	109.2	105.7
93.8	96.9	115.4	118.2	148.9	101.8	102.2	104.4	69.5	98.3	112.8	108.1
105.1			109.2	112.4			153.3	78.0			153.9
94.2	110.3	116.5	116.6	149.5	96.8	109.1	96.4	81.0	81.8	102.7	100.2
91.9			115.9	109.5	114.2		117.7	71.1			115.8
	91.4	110.8	96.1		99.1	100.0	132.3		103.2	118.7	99.6
97.5	95.8	123.2	115.7	129.3	101.6	100.3	98.3	55.1	72.0	103.4	101.5
103.9	101.5	104.6	111.2	144.4	118.8	88.7	101.9	67.0	75.6	113.3	111.0
105.3	111.4	101.1	118.0	116.7	107.2	97.0	120.8	69.5	82.5	98.4	113.5
113.2	100.0		104.4	183.6	82.5		104.7	59.2	87.8		93.9
100.0	92.6	113.6	109.2	188.8	145.5	78.4	91.0	63.5	64.3	132.1	113.9
80.2	95.9	107.9	116.5	190.9	89.4	93.0	91.3	59.7	100.4	106.7	118.8
80.2	95.9	107.9	116.5	190.9	89.4	93.0	91.3	59.7	100.4	106.7	118.8
98.0	135.0	116.4	134.1	110.5	98.1	101.6	101.9	83.2	105.9		93.1
	200.0		66.7	117.5	95.6	101.6	93.7	77.7	105.9		
100.3	100.0	129.4	149.2		102.9						
95.7			127.7	103.5			115.6	88.6			93.1

4-33 续表 1

（上年同期=100）

指 标	Item	2014			
		一季度 First Quarter	二季度 Second Quarter	三季度 Third Quarter	四季度 Fourth Quarter
根茎类蔬菜	Root Vegetables	113.0	111.6	109.4	106.0
白萝卜	White Radish	82.7	83.3		85.5
胡萝卜	Carrot	111.1			107.1
生姜	Ginger	117.6	171.9	109.4	123.0
芋头	Taro	103.8	111.1	107.7	101.8
山药	Common Yam Rhizome	109.9	108.3	100.5	96.0
瓜菜类蔬菜	Melons and Vegetables	70.7	78.8	99.0	98.3
黄瓜	Cucumber	112.6	94.1	102.5	96.9
冬瓜	Wax Gourd	134.5	92.8	82.8	77.1
西葫芦	Summer Squash	63.3			92.1
苦瓜	Balsm Pear		66.7	98.0	99.6
南瓜	Pumpkin		80.3	114.2	100.0
丝瓜	Luffa		93.5	105.2	105.8
豆类蔬菜	Leguminous Vegetables	102.1	93.5	105.0	95.0
豇豆	Cowpea		95.3	107.7	99.0
四季豆	French Beans	102.1	91.2	90.0	90.4
茄果类蔬菜	Solanaceous Fruit Vegetable	110.2	84.3	101.2	98.9
茄子	Aubergine		87.2	108.2	102.6
青椒	Green Pepper	100.0	92.3	109.5	102.5
辣椒	Capsicum	111.6	76.4	102.1	106.8
西红柿	Tomato	110.0	114.6	97.6	88.7
莴苣及菊苣类蔬菜	Lettuce and Chicory Vegetables	125.6	106.7	108.8	108.0
生菜	Lettuce	126.0	106.7	108.8	108.1
莴笋	Asparagus Lettuce	104.1		100.0	100.0
葱蒜类蔬菜	Allium Vegetables	102.6	101.9	99.6	90.8
大葱	Allium Fistulosum				107.1
细香葱	Chive	111.9	102.6		79.9
大蒜	Garlic	99.5	107.3		93.6
韭菜	Leek	101.4	99.1	99.6	99.3
水生蔬菜	Aquatic Vegetables	94.5	127.2	113.0	
莲藕	Lotus Root	102.6	100.0	113.0	
荸荠	Chufa	93.5	128.6		
食用菌	Edible Fungus	103.5	108.7	107.9	
双孢蘑菇	Double Spore Mushroom	101.9	108.7		
香菇	Mushrooms	107.1	103.5	107.9	93.6
黑木耳	Black Fungus				
黄背木耳	Yellow Back Fungus				

continued

(preceding year=100)

2015				2016				2017			
一季度 First Quarter	二季度 Second Quarter	三季度 Third Quarter	四季度 Fourth Quarter	一季度 First Quarter	二季度 Second Quarter	三季度 Third Quarter	四季度 Fourth Quarter	一季度 First Quarter	二季度 Second Quarter	三季度 Third Quarter	四季度 Fourth Quarter
84.0	66.7		68.5	85.1	104.2	105.6	145.3	105.1	114.6		98.1
106.0			106.0	101.4	105.3		125.2	104.8	111.3		97.5
54.9	66.7			100.0	103.5			103.5	117.0		99.3
				65.3		105.6	218.5	106.2			
				114.8	75.7	85.0	97.9	87.7	109.7	122.8	117.7
			34.4		70.8	81.7	99.6	91.8	115.2	123.5	115.2
102.1	116.4	120.5	112.9		103.5	42.4		85.4	150.7	139.0	127.7
	123.3	126.5	109.5	114.8	102.6		29.0	85.0	96.3		123.4
105.9	116.8	121.6	123.0		60.9	93.9	107.7	92.2	108.7	119.0	119.1
84.3			65.5		97.8	69.2	94.7			108.8	109.6
	124.5	121.7	115.0		67.4	103.7	106.3		85.1	130.1	112.7
	99.5	109.7	118.4	135.3	83.9	98.5	102.2		103.9	110.5	90.3
	106.5	113.0	100.3		75.7	97.1	102.5		105.2	112.2	87.5
86.7	113.6	107.7	103.0	150.0	95.7	102.5	100.0		109.4	111.5	
	120.0	105.2	104.9	106.0	102.2	99.6	117.2	93.3	98.6	97.2	111.7
	105.1	115.3		141.7	79.6	74.7	102.7	80.8	106.6	108.0	108.4
75.5	101.4	111.6	127.2	97.0	116.0	110.8	100.9	115.9	104.7	108.7	106.0
	104.6	102.3	106.4	68.0	92.0	34.6	137.4	94.0	90.6	69.4	104.3
104.4	106.0	113.6	109.9	119.4	117.2	233.3	96.7	91.4	103.2	106.8	121.4
94.9	100.7	112.1	108.3	113.8	114.9	88.9	113.9	69.7	83.8	119.2	108.9
65.2	99.3	129.0	154.1	115.3	109.4	88.9	97.3	75.5	92.4	121.5	119.6
104.2	91.8	128.9	111.7	110.7	125.5		129.8	48.6	68.2		98.6
96.7	98.9	133.7	125.0	139.8	93.8	102.3	103.4	71.4	56.2	99.1	95.0
135.1	74.0	108.1	98.9								
99.4	87.6	97.3	125.0				115.5		32.0	119.7	93.0
100.2				193.8							
		101.0	127.0	114.4	83.1	102.1	93.1	71.4	69.4	89.2	97.2
98.8				104.7	103.5	84.1	82.2	103.5	121.0	102.4	100.7
99.3	83.3	95.6	124.7		103.5	84.1	82.2	103.5	121.0	102.4	100.7
100.3	105.2	102.6	99.1	104.7							
		102.6	95.8	106.3	114.1	107.1	99.9	99.2	95.3	112.4	102.5
100.3	105.2		106.4	114.5	104.5	104.4	91.9	100.9	99.6	111.5	97.2
102.8	114.7	106.0	109.1	118.1				107.0			
100.0	100.0	106.3	110.7	100.0				100.0	100.0		
				109.6							
116.3	143.1	108.7	109.6	95.1	118.0		126.3	99.6	102.8		95.6
103.4	106.8	100.0	100.0	94.8	117.1		107.1	84.2			116.7

4-33 续表 2

（上年同期=100）

指 标	Item	2014 一季度 First Quarter	二季度 Second Quarter	三季度 Third Quarter	四季度 Fourth Quarter
水果及坚果	Fruit and Nuts	145.6	90.1	94.6	108.7
水果（园林水果）	Fruit（Garden Fruit）	145.6	90.1	94.6	108.7
柑橘类水果	Citrus Fruit	109.7	98.6	102.9	107.9
柑橘	Citrus	113.2	101.6	102.9	107.8
橙	Orange	106.1	98.5		107.1
柚	Pomelo Grapefruit	99.5			119.7
葡萄	Grape			99.6	80.0
巨峰葡萄	Kyoho Grape	116.2		99.6	80.0
热带水果	Tropical Fruits	156.1	93.9	86.3	110.1
香蕉	Banana	156.1	95.9	102.3	110.1
龙眼	Longan			84.9	
荔枝	Lychee		86.5	61.4	
芒果	Mango		130.2	108.8	
瓜类水果	Melon Fruit		79.5	105.2	91.1
西瓜	Watermelon		72.0	105.6	91.1
香瓜	Muskmelon		140.1	101.6	
其他水果	Other Fruit		101.1	101.3	111.9
柿子	Persimmon			100.5	111.9
茶及饮料原料	Tea and Beverage Raw Materials	101.0	99.0	102.1	106.1
茶叶	Tea	101.0	99.0	102.1	106.1
绿茶	Green Tea	101.0	99.0	102.1	106.1
中草药材	Chinese Medicinal Herbs	105.3	101.5	100.8	99.9
林业产品	**Forestry Products**	**113.1**	**100.7**	**102.0**	**101.5**
育种和育苗	Breeding and Seedling Raising	117.3	99.8		
木材采伐产品	Timber Harvesting Products	111.2	100.7	101.8	101.5
原木	Log	111.2	100.7	101.8	101.5
针叶原木	Coniferous Log	107.9	100.0	102.1	101.6
马尾松原木	Ping Log				
杉木原条	Chinese Fir				
非针叶原木	Non Coniferous Wood	121.4	102.1	100.8	101.3
桉树原木	Eucalyptus Log				
竹材采伐产品	Bamboo Cutting Products	105.0		107.7	101.7
林产品	Forest Product	125.4	120.0	112.3	95.7

continued

(preceding year=100)

2015				2016				2017			
一季度 First Quarter	二季度 Second Quarter	三季度 Third Quarter	四季度 Fourth Quarter	一季度 First Quarter	二季度 Second Quarter	三季度 Third Quarter	四季度 Fourth Quarter	一季度 First Quarter	二季度 Second Quarter	三季度 Third Quarter	四季度 Fourth Quarter
107.1	90.9	102.2	78.2	75.2	123.4	112.9	114.6	104.0	115.4	117.2	99.4
107.1	90.9	102.2	78.2	75.2	123.4	112.9	114.6	104.0	115.4	117.2	99.4
109.4	112.5	104.9	94.5	78.4	94.5	107.0	109.4	123.7	108.1	117.4	116.7
106.9		100.5	94.5	66.7		104.6	111.0	123.6		117.4	116.7
112.9	112.5		96.8	94.7	94.5		109.0	134.4	108.1		147.5
111.8		115.9	92.9	90.5		113.0	104.4	113.7			99.1
103.4		116.8		98.7		85.6				116.7	100.0
104.3		122.1		99.6		86.5				121.7	100.0
103.8	114.7	102.0	47.1	70.1	142.0	129.8	100.0	66.7	95.7	123.3	67.4
103.8	73.7	43.2	47.1	70.1	89.6	169.9	100.0	66.7	79.0	65.0	67.4
		105.3				140.7				145.4	
	135.1	109.7			166.2	147.6			103.5	137.3	
	106.3	119.2				88.0			95.0	102.4	
	58.1	83.8	113.1		111.6	104.1	112.8		145.4	102.9	103.0
	54.6	74.5	113.1		114.5	104.4	114.2		151.7	103.2	104.2
	86.5	111.4			90.6	102.5			124.6	101.2	
			49.2	37.1		109.3	150.4	169.3		82.8	88.9
			49.2	37.1		109.3	150.4	169.3		82.8	88.9
101.9	102.8	100.1	102.2	96.1	100.0	100.2	100.5	94.3	102.9	103.1	101.7
101.9	102.8	100.1	102.2	96.1	100.0	100.2	100.5	94.3	102.9	103.1	101.7
101.9	102.8	100.1	102.2	96.1	100.0	100.2	100.6	94.3	102.9	104.5	102.4
89.2	112.3	90.4	90.8	55.3	126.7	101.1	70.4	71.2	104.8	106.0	117.1
96.9	**98.0**	**98.4**	**96.5**	**92.3**	**96.2**	**97.6**	**97.7**	**99.4**	**103.5**	**100.3**	**101.4**
86.4	90.4	86.1		96.3	99.2	121.6	101.1	92.5	100.6	107.2	101.7
99.9	100.2	100.7	97.7	91.2	96.0	96.7	96.8	97.5	103.5	99.8	99.9
99.9	100.2	101.0	97.7	91.0	95.9	96.6	96.8	97.4	103.1	99.9	100.0
100.0	100.1	103.2	99.1	90.2	96.5	98.3	96.7	97.4	106.2	102.0	100.0
99.8	100.0	104.7	99.5	89.2	95.5	97.7	96.0	97.4	108.0	102.5	101.3
100.3	100.5	98.7	97.8	91.9	99.4	99.9	98.5	97.3	101.3	100.3	96.1
99.7	100.2	95.1	93.8	92.6	94.7	93.6	97.0	97.5	97.2	96.1	99.9
97.8	100.2	95.1	93.8	92.6	94.7	93.6	96.8	97.5	97.2	96.1	99.9
102.5		96.7	92.7	94.3	97.8	97.4	95.4	94.4	100.4	98.9	97.6
98.6	90.4	90.7	92.8	88.4	92.0	96.5	105.5	121.8	111.9	107.7	114.8

4-33 续表 3

（上年同期＝100）

指 标	Item	2014 一季度 First Quarter	二季度 Second Quarter	三季度 Third Quarter	四季度 Fourth Quarter
饲养动物及其产品	**Feeding Animals and Their Products**	**94.5**	**95.4**	**97.0**	**97.7**
活牲畜	Live Cattle	94.7	94.4	96.3	97.0
猪	Pig	94.7	94.4	96.3	97.0
种猪	Boar	89.5	81.0	91.6	91.7
仔猪	Piglet	93.9	93.6	93.7	96.2
能繁殖母猪	Breeding Sows	94.7	101.7	104.2	100.0
其他活猪	Other Pigs	94.7	94.4	96.3	97.0
牛	Cattle				
羊	Sheep	108.4	106.4	104.7	102.5
活家禽	Live Poultry	92.7	106.8	105.2	105.3
活鸡	Chickens	91.6	107.3	106.5	106.0
活鸭	Live ducks	97.5	104.4	102.6	102.0
畜禽产品	Livestock and Poultry Products	94.8	94.2	94.1	97.2
禽蛋	Poultry of Eggs	94.8	92.6	102.0	105.0
鸡蛋	Egg	98.5	98.5	101.3	105.4
鸭蛋	Duck's Egg	94.8	92.6	102.0	105.0
蚕茧	Silkworm Cocoon		94.9	91.3	93.3
渔业产品	**Fishery Products**	**103.1**	**98.1**	**99.8**	**103.1**
海水养殖产品	Seawater Artificially Cultured Products		96.2	101.9	110.7
海水养殖虾	Mariculture of Prawns				
海水养殖蟹	Mariculture of Crabs				
海水养殖贝类	Mariculture of Shellfish		96.2	101.9	110.7
海水养殖牡蛎	Mariculture of Oyster		96.2	101.9	110.7
海水养殖蛤	Mariculture of Clams				
海水捕捞产品	Seawater Fishing Products	105.9	101.3	95.1	97.2
海水捕捞鲜鱼	Marine Fishing Fresh Fish	105.6	101.2	91.0	94.4
海水捕捞虾	Marine Fishing Shrimp	102.9	107.4	100.0	105.3
海水捕捞蟹	Marine Fishing Crab	107.6	98.8	100.2	100.8
海水捕捞软体水生动物	Marine Aquatic Animals	106.3	101.9	106.2	102.2
淡水养殖产品	Fresh Water Farming Products	100.1	98.1	101.3	101.8
养殖淡水鱼	Cultured Freshwater Fish	101.6	101.4	100.9	102.1
养殖淡水鲤鱼	Cultured Freshwater Carp	98.4			108.0
养殖淡水草鱼	Cultured Freshwater Grass Carp	100.1	97.3	100.5	96.5
养殖淡水鳙鱼（胖头鱼）	Cultured Freshwater Bighead	102.0	99.7	102.8	107.8
养殖淡水罗非鱼	Cultured Freshwater Tilapia	103.0	100.9	100.0	99.6
养殖淡水鲢鱼	Cultured Freshwater Silver Carp	102.7	105.2	100.7	98.8
其他淡水养殖产品	Other Cultured Freshwater Products	96.8	92.2	102.6	100.7
淡水养殖龟	Cultured Freshwater Turtle	104.0		107.7	107.1
淡水养殖鳖	Cultured Freshwater Turtles	93.0	92.2	100.0	97.4

continued

(preceding year=100)

2015				2016				2017			
一季度 First Quarter	二季度 Second Quarter	三季度 Third Quarter	四季度 Fourth Quarter	一季度 First Quarter	二季度 Second Quarter	三季度 Third Quarter	四季度 Fourth Quarter	一季度 First Quarter	二季度 Second Quarter	三季度 Third Quarter	四季度 Fourth Quarter
101.7	**106.6**	**114.8**	**108.8**	**124.7**	**135.3**	**107.9**	**100.9**	**93.4**	**79.3**	**83.0**	**95.0**
98.2	108.8	122.3	114.1	132.6	147.1	110.1	99.6	96.3	76.5	76.4	86.7
98.0	110.3	124.5	115.9	136.3	153.1	112.1	100.3	96.2	74.7	74.6	85.1
73.8	90.0	104.1	162.4	116.8	152.7		93.4	99.9	100.8	98.5	97.1
97.0	112.1	128.3	123.2	169.7	204.7	153.9	119.2	107.3	76.7	67.5	73.5
98.5	105.6	101.3	103.2	103.0			110.0	104.4			
98.4	110.3	124.6	115.2	134.3	149.3	110.8	99.5	94.6	74.2	74.6	85.5
96.2	95.8	102.4	100.1	96.6	97.5	93.2	93.6	100.3	89.6	93.2	103.0
104.5	96.0	93.0	90.9	95.0	88.5	82.1	92.6	93.5	96.4	100.3	101.8
120.6	108.6	96.3	92.6	97.7	102.7	95.4	98.8	79.3	73.8	99.3	122.1
125.3	112.1	95.7	93.1	98.4	103.0	94.9	98.0	77.8	69.6	94.5	125.2
102.7	95.5	97.5	90.0	94.9	101.3	96.4	102.4	85.3	89.4	108.7	108.3
98.6	92.7	85.4	91.6	93.5	96.7	109.5	115.2	91.9	98.9	108.8	119.3
98.6	99.5	95.7	99.9	93.5	86.6	88.6	94.0	91.9	71.2	90.7	106.0
97.9	99.2	92.9	99.9	90.0	86.6	81.3	89.5	87.4	71.2	84.8	106.0
100.0	100.0	100.0		100.0		100.0	100.0	100.0		100.0	
	87.1	81.7	86.4		104.9	117.1	128.5		121.6	115.3	127.7
101.1	**101.9**	**98.0**	**98.7**	**104.5**	**104.3**	**103.1**	**102.4**	**100.0**	**100.7**	**106.4**	**107.7**
104.2	109.0	95.8	106.4	113.1	115.0	106.6	108.2	101.6	106.9	115.9	115.9
	103.5	76.4	89.7	107.1	130.0	107.2	105.5		102.3	105.3	98.0
97.0	103.4			112.2	87.8	88.5		101.1			
105.3	113.6	109.1	118.8	117.4	108.6	108.7	110.1	101.7	110.2	123.1	129.0
104.2	112.2		127.4	126.2	104.9	109.4	114.1	97.3	106.6	139.1	137.8
106.6	115.3	109.1	108.2	106.5	113.0	107.8	105.2	107.1	114.7	102.7	118.3
103.8	102.5	100.5	101.3	101.6	99.8	104.0	105.5	106.6	101.8	100.5	105.4
101.3	100.0	100.5	101.7	102.2	98.7	102.9	103.5	107.5	102.1	100.3	106.8
103.9	109.1	103.7	104.1	99.9	101.8	100.9	102.0	101.8	102.0	101.0	102.0
107.8	110.5	104.5	101.1	98.8	99.7	103.0	104.3	99.2	100.0	99.9	106.6
105.0	92.2	91.6	89.7	96.7	105.1	103.6	111.1	116.2	102.0	102.5	99.7
97.5	96.4	98.5	91.6	99.6	100.9	99.8	96.7	95.8	97.8	101.8	102.6
99.2	95.5	100.3	92.8	98.7	101.0	100.1	100.8	97.9	100.2	104.9	103.9
98.9	111.1	103.1	103.6	101.9	100.1	99.0	98.9	94.5	94.5	112.9	100.8
100.6	98.2	97.9	97.1	99.9	99.9	101.0	101.8	101.9	108.2	109.8	105.4
97.2	93.8	93.5	92.4	90.9		96.9	102.7	98.1	94.1	102.6	103.7
99.7	87.3	88.0	84.5	101.1	100.7	98.1	100.0	98.5	101.5	101.4	99.2
98.5	94.1	123.6	92.5	97.1	103.8	104.9	100.4	94.3	95.2	99.7	111.1
90.8	99.6	91.1	86.4	103.1	100.6	98.6	80.1	88.3	80.3	89.6	97.3
	100.0	89.6	79.8	110.0	110.0	100.0	56.9	73.3	63.6	81.3	90.6
90.8	99.2	92.3	91.9	97.4	92.9	97.5	99.1	100.5	93.9	96.0	102.9

4-34 农产品生产者价格指数

Producers Price Indices for Farm Products

（上年=100） (preceding year=100)

指 标	Item	2013	2014	2015	2016	2017
农产品生产者价格指数	**Producer Price Indices for Farm Products**	**102.5**	**98.1**	**102.0**	**106.1**	**98.2**
农业产品	**Agriculture Products**	**106.4**	**98.4**	**98.8**	**103.2**	**104.4**
谷物	Cereal	98.3	102.4	99.6	95.3	100.6
稻谷	Rice	97.6	103.0	100.8	98.2	100.1
早籼稻	Early Indica Rice	96.4	104.0	101.0	97.4	99.0
晚籼稻	Late Indica Rice	98.6	102.1	100.7	98.9	101.1
玉米	Corn	100.7	100.5	96.0	86.5	102.1
薯类	Tubers	97.3	102.8	99.5	109.6	99.0
油料	Oil-bearing Crops	102.8	101.5	98.4	102.0	100.1
花生	Peanut	102.6	101.2	98.4	102.0	100.1
豆类	Beans	102.2	97.5	99.8	100.0	100.0
大豆	Soybean	102.2	97.5	99.8	100.0	100.0
生麻	Raw Hemp	116.8	110.9	120.0	106.0	98.2
糖料	Sugar	95.9	92.9	97.6	106.9	108.6
甘蔗	Sugar Cane	95.9	92.9	97.6	106.9	108.6
未加工烟草	Untreated Tobacco	105.1	102.1	104.0	103.6	100.4
蔬菜及食用菌	Vegetables and Edible Fungus	108.0	102.3	103.4	101.9	99.0
蔬菜	Vegetables	108.1	102.3	103.3	101.7	98.9
叶菜类蔬菜	Leafy Vegetables	113.5	105.4	105.9	113.5	94.5
芹菜	Celery	154.3	102.2	107.6	131.2	115.0
油菜	Rape	94.3	105.8	111.7	109.0	92.3
菠菜	Spinach		110.9	104.2	113.8	85.7
空心菜	Water Spinach	102.3	100.7	98.2	107.0	106.9
小白菜	Bok Choy	117.7	107.3	110.5	106.7	82.8
白菜类蔬菜	Chinese Cabbage Group	100.0	106.5	107.1	112.9	89.6
大白菜	Napa Cabbage	100.0	106.5	109.4	111.0	90.1
普通白菜	Common Chinese Cabbage	115.7	93.2	106.2	104.6	87.5
菜心（菜薹）	Chinese Flowering Cabbage	113.1	100.0	104.2	117.0	89.5
芥菜类蔬菜	Mustard Vegetables	95.5	108.4	102.9	104.3	95.9
叶用芥菜	Leaf Mustard	95.5	108.4	102.9	104.3	95.9
甘蓝类蔬菜	Brassica Vegetables	85.3	92.7	114.5	103.3	90.9
结球甘蓝	Common Head Cabbage	85.3	92.7		101.1	87.2
菜花	Cauliflower	117.7	120.4	123.4	102.9	102.9
芥蓝	Cabbage Mustard	95.8	106.7	113.3	109.8	90.9

4-34　续表 1　continued

（上年＝100）　　　　(preceding year=100)

指　标	Item	2013	2014	2015	2016	2017
根茎类蔬菜	Root Vegetables	108.0	114.0	70.4	98.5	106.1
白萝卜	White Radish	113.0	83.7	106.0	110.8	105.1
胡萝卜	Carrot	119.8	109.4	61.0	102.6	107.7
生姜	Ginger	115.8	128.1		100.7	106.2
芋头	Taro	94.4	107.6		87.0	107.1
山药	Common Yam Rhizome	102.0	104.1	34.4	84.5	107.2
瓜菜类蔬菜	Melons and Vegetables	120.6	92.8	115.7	72.2	121.3
黄瓜	Cucumber	105.8	103.5	120.0	78.5	99.4
冬瓜	Wax Gourd	116.5	106.2	116.0	88.3	104.4
西葫芦	Summer Squash	77.7	78.8	73.4	88.9	109.3
苦瓜	Balsm Pear	128.7	87.7	120.5	94.1	104.9
南瓜	Pumpkin	105.9	98.3	108.2	96.7	102.0
丝瓜	Luffa	106.2	101.0	106.3	91.2	101.1
豆类蔬菜	Leguminous Vegetables	105.9	97.2	107.1	107.7	110.4
豇豆	Cowpea	104.9	100.3	110.1	106.2	100.0
四季豆	French Beans	107.0	93.6	110.0	98.8	97.0
茄果类蔬菜	Solanaceous Fruit Vegetable	98.3	102.1	106.1	104.5	108.8
茄子	Aubergine	97.8	100.0	104.4	74.0	90.6
青椒	Green Pepper	92.8	101.0	108.5	116.8	106.1
辣椒	Capsicum	99.0	101.9	102.5	114.7	82.4
西红柿	Tomato	98.1	102.8	109.1	101.2	104.9
莴苣及菊苣类蔬菜	Lettuce and Chicory Vegetables	118.9	110.8	107.8	121.6	71.3
生菜	Lettuce	119.3	110.9	115.5	120.6	78.1
莴笋	Asparagus Lettuce	93.3	101.2	104.6		
葱蒜类蔬菜	Allium Vegetables	108.6	98.4	103.7	115.5	73.5
大葱	Allium Fistulosum		107.1	100.2	193.8	
细香葱	Chive	125.0	96.2	109.8	100.0	81.4
大蒜	Garlic	100.9	98.0	98.8	94.9	108.9
韭菜	Leek	107.0	100.0	101.9	88.0	108.9
水生蔬菜	Aquatic Vegetables	107.6	111.0	101.4	104.7	
莲藕	Lotus Root	106.8	103.7	99.2	105.2	100.8
荸荠	Chufa	107.9	113.7	103.8	104.1	102.0
食用菌	Edible Fungus	105.9	104.0	106.0	118.1	107.0
双孢蘑菇	Double Spore Mushroom	107.8	105.4	104.7	100.0	100.0
香菇	Mushrooms	126.7	102.6		109.6	
黑木耳	Black Fungus	83.3		115.3	108.8	99.8
黄背木耳	Yellow Back Fungus			102.4	107.9	100.0

4-34 续表 2 continued

（上年=100） (preceding year=100)

指 标	Item	2013	2014	2015	2016	2017
水果及坚果	Fruit and Nuts	132.4	96.3	93.9	103.9	112.0
水果（园林水果）	Fruit（Garden Fruit）	132.4	96.3	93.9	103.9	112.0
柑橘类水果	Citrus Fruit	107.4	106.7	104.8	90.4	120.4
柑橘	Citrus	110.3	106.0	103.4	83.7	120.2
橙	Orange	97.1	104.2	107.2	98.6	129.9
柚	Pomelo Grapefruit	106.1	108.3	106.6	103.1	105.0
葡萄	Grape	110.0	106.9	109.6	91.7	111.7
巨峰葡萄	Kyoho Grape	110.0	106.9	110.6	95.7	110.2
热带水果	Tropical Fruits	145.9	94.5	97.0	120.7	103.9
香蕉	Banana	109.4	112.9	63.7	104.3	70.2
龙眼	Longan	169.4	84.9	105.3	140.7	145.4
荔枝	Lychee	99.2	76.4	119.0	155.9	119.5
芒果	Mango	76.9	122.4	114.1	88.0	99.2
瓜类水果	Melon Fruit	144.3	90.5	81.9	108.9	116.2
西瓜	Watermelon	147.9	87.5	78.4	111.5	119.1
香瓜	Muskmelon	109.0	120.4	101.4	101.7	113.5
其他水果	Other Fruit	85.9	104.1	49.2	88.8	103.6
柿子	Persimmon	77.1	106.1	49.2	88.8	103.6
茶及饮料原料	Tea and Beverage Raw Materials	98.0	102.3	101.7	98.7	99.8
茶叶	Tea	98.0	102.3	101.7	98.7	99.8
绿茶	Green Tea	98.0	102.3	101.9	98.4	99.6
中草药材	Chinese Medicinal Herbs	106.7	102.1	101.1	70.5	94.2
林业产品	**Forestry Products**	**103.7**	**103.2**	**97.7**	**95.1**	**101.1**
育种和育苗	Breeding and Seedling Raising	89.0	100.1	87.0	99.4	98.8
木材采伐产品	Timber Harvesting Products	104.3	103.4	99.7	95.2	100.1
原木	Log	104.3	103.4	99.8	95.2	100.1
针叶原木	Coniferous Log	104.9	102.0	100.7	95.2	101.3
马尾松原木	Pine Log	105.0		101.1	94.6	102.1
杉木原条	Chinese Fir	104.4		99.4	97.3	98.7
非针叶原木	Non Coniferous Wood	102.7	107.4	97.5	95.1	97.2
桉树原木	Eucalyptus Log	102.7		96.8	94.4	97.7
竹材采伐产品	Bamboo Cutting Products	107.4	104.6	96.7	95.9	97.8
林产品	Forest Product	114.2	108.3	93.9	96.4	112.8

4-34 续表 3 continued

（上年＝100） (preceding year=100)

指 标	Item	2013	2014	2015	2016	2017
饲养动物及其产品	**Feeding Animals and Their Products**	**98.5**	**96.1**	**108.0**	**115.7**	**87.5**
活牲畜	Live Cattle	97.2	95.7	111.1	120.1	83.4
猪	Pig	97.2	95.7	112.5	123.0	82.0
种猪	Boar	103.7	88.6	108.8	118.7	99.2
仔猪	Piglet	85.4	94.3	116.1	159.0	80.0
能繁殖母猪	Breeding Sows	158.6	101.5	103.5	106.3	104.4
其他活猪	Other Pigs	97.2	95.7	112.5	121.5	81.7
牛	Cattle			99.1	95.3	97.0
羊	Sheep	112.4	105.4	96.0	89.6	97.4
活家禽	Live Poultry	102.7	102.3	103.6	98.6	92.6
活鸡	Chickens	101.9	102.5	105.6	98.6	91.3
活鸭	Live ducks	105.4	101.6	96.3	98.6	97.5
畜禽产品	Livestock and Poultry Products	112.2	95.2	90.3	107.3	110.6
禽蛋	Poultry of Eggs	119.7	98.7	98.5	92.2	92.6
鸡蛋	Egg	101.6	101.0	97.5	86.7	87.3
鸭蛋	Duck's Egg	119.8	98.7	100.0	100.0	100.0
蚕茧	Silkworm Cocoon	107.9	93.2	85.1	116.7	121.7
渔业产品	**Fishery Products**	**103.7**	**101.5**	**99.4**	**103.6**	**103.7**
海水养殖产品	Seawater Artificially Cultured Products	107.9	103.2	102.6	110.0	109.3
海水养殖虾	Mariculture of Prawns	107.9		90.0	111.5	101.7
海水养殖蟹	Mariculture of Crabs			100.5	95.9	101.1
海水养殖贝类	Mariculture of Shellfish		103.1	112.0	111.1	116.0
海水养殖牡蛎	Mariculture of Oyster		103.1	113.9	113.5	119.9
海水养殖蛤	Mariculture of Clams			109.5	108.0	111.3
海水捕捞产品	Seawater Fishing Products	101.4	100.5	102.3	101.8	104.4
海水捕捞鲜鱼	Marine Fishing Fresh Fish	101.3	98.9	100.8	99.7	105.2
海水捕捞虾	Marine Fishing Shrimp	107.1	103.8	106.3	101.4	101.7
海水捕捞蟹	Marine Fishing Crab	100.0	101.5	105.2	100.3	101.7
海水捕捞软体水生动物	Marine Aquatic Animals	100.9	104.0	94.0	103.8	104.8
淡水养殖产品	Fresh Water Farming Products	102.5	101.1	95.6	97.8	99.7
养殖淡水鱼	Cultured Freshwater Fish	103.0	101.8	96.6	100.0	102.1
养殖淡水鲤鱼	Cultured Freshwater Carp	103.9	104.3	104.2	100.0	100.7
养殖淡水草鱼	Cultured Freshwater Grass Carp	101.9	98.5	98.4	100.6	106.4
养殖淡水鳙鱼（胖头鱼）	Cultured Freshwater Bighead	103.2	102.8	94.3	96.5	99.6
养殖淡水罗非鱼	Cultured Freshwater Tilapia	108.1	100.8	89.7	99.9	100.2
养殖淡水鲢鱼	Cultured Freshwater Silver Carp	101.3	101.9	100.5	101.8	101.6
其他淡水养殖产品	Other Cultured Freshwater Products	101.0	99.1	91.5	87.9	88.9
淡水养殖龟	Cultured Freshwater Turtle	98.8	106.3	89.3	77.2	77.5
淡水养殖鳖	Cultured Freshwater Turtles	102.1	95.4	93.3	96.7	98.2

4-35 农产品集贸市场价格（2018年）

单位：元/公斤

指 标	Item	1 月 January	2 月 February	3 月 March	4 月 April	5 月 May
粮食类	**Grain**					
籼稻	Rice	3.02	3.02	2.97	3.00	2.99
小麦	Wheat	5.50	5.50	5.50	5.50	5.50
玉米	Corn	2.36	2.35	2.38	2.38	2.38
大豆	Soybean	7.43	7.48	7.48	7.43	7.55
籼米	Indica	5.39	5.44	5.44	5.46	5.44
经济作物类	**Economic Crops Category**					
花生仁	Peanuts	12.00	12.00	11.88	11.75	11.75
油菜籽	Rapeseed					4.40
畜产品类	**Animal Products**					
活猪	Live Pig	14.45	13.95	12.00	10.68	10.11
仔猪	Piglets	26.64	27.38	23.29	20.14	16.60
猪肉	Pork	21.38	21.63	19.88	17.50	16.13
活牛	Live Cattle	27.68	28.30	26.95	26.45	26.08
牛肉	Beef	65.75	70.50	65.88	64.88	64.50
活羊	Live Sheep	31.71	34.00	31.66	30.51	30.23
羊肉	Mutton	69.75	74.88	71.25	70.88	70.50
活鸡	Live Chicken	26.50	26.88	25.50	24.00	23.75
鸡蛋	Eggs	12.88	13.00	12.45	12.15	11.73
水产品类	**Aquatic Products**					
草鱼	Grass Carp	15.38	16.63	15.88	15.75	15.88
鲤鱼	Cyprinoid	13.13	14.50	14.00	13.38	13.88
鲢鱼	Silver Carp	9.57	10.14	9.43	9.57	9.71
蔬菜类	**Vegetables**					
大白菜	Chinese Cabbage	2.84	2.66	2.98	3.63	3.95
黄瓜	Cucumber	5.29	6.36	5.93	5.14	4.43
西红柿	Tomato	4.94	5.06	4.63	4.38	4.83
菜椒	Green Pepper	7.88	9.38	7.88	7.56	7.38
四季豆	French Beans	8.75	10.25	8.50	7.00	5.75
水果类	**Fruit Group**					
红富士苹果	Fuji apple	11.75	12.25	11.50	11.38	11.13
香蕉	Banana	4.56	5.56	5.26	5.29	4.93
橙子	Orange	6.53	7.19	7.17	6.77	6.84

Rural Market Fairs Prices of Agricultural Products（2018）

（yuan/kg）

6 月 June	7 月 July	8 月 August	9 月 September	10 月 October	11 月 November	12 月 December
2.98	2.89	2.85	2.88	2.90	2.86	2.88
5.50	5.50	5.50	5.50	5.50	5.50	5.50
2.35	2.34	2.30	2.30	2.25	2.25	2.28
7.43	7.43	7.40	7.40	7.38	7.33	7.38
5.44	5.39	5.36	5.36	5.39	5.34	5.34
11.75	11.75	12.00	11.81	11.81	11.81	11.69
10.96	12.34	13.59	14.28	14.05	13.98	13.59
18.31	19.51	22.79	23.81	23.40	23.50	23.41
16.88	18.75	20.00	20.56	21.13	20.50	20.13
26.20	26.20	26.45	26.70	26.98	27.84	28.46
64.75	65.25	65.25	65.63	67.38	68.50	70.75
30.80	30.80	30.94	31.37	32.51	34.29	35.72
70.50	70.38	70.25	70.63	72.75	74.00	77.00
23.88	23.94	25.00	24.50	24.50	24.25	24.75
11.93	12.38	13.58	13.80	13.68	13.13	13.00
15.88	15.88	15.88	16.00	16.13	15.88	15.75
13.88	13.75	13.75	13.88	13.88	13.75	13.50
9.57	9.57	9.86	9.57	9.71	9.43	9.57
3.75	3.65	3.75	4.36	4.13	3.23	2.93
3.66	4.29	5.64	6.71	6.23	5.43	7.29
4.58	5.09	5.43	7.13	8.31	6.50	6.25
7.25	7.60	7.58	8.75	10.88	9.38	8.50
6.00	7.50	8.50	8.50	8.88	6.60	7.40
10.88	10.75	11.00	11.88	11.50	11.25	11.25
4.50	4.43	5.19	5.69	5.88	5.83	5.75
5.50	5.50	5.50	5.90	6.44	6.20	6.00

4-36 农产品集贸市场价格指数（2018年）

（上年同期＝100）

指 标	Item	1月 January	2月 February	3月 March	4月 April	5月 May
粮食类	**Grain**					
籼稻	Rice	111.9	110.2	106.8	106.8	103.8
小麦	Wheat	100.0	100.0	100.0	110.0	105.8
玉米	Corn	92.5	94.4	96.7	98.8	96.7
大豆	Soybean	94.3	96.1	97.1	97.4	99.3
籼米	Indica	100.7	100.7	108.2	101.7	101.3
经济作物类	**Economic Crops Category**					
花生仁	Peanuts	95.4	95.8	95.0	94.9	94.9
油菜籽	Rapeseed					
畜产品类	**Animal Products**					
活猪	Live Pig	82.0	80.4	73.0	68.5	68.6
仔猪	Piglets	77.7	76.5	67.0	59.6	51.5
猪肉	Pork	80.7	84.8	80.7	72.9	70.5
活牛	Live Cattle	105.3	99.7	97.1	96.6	95.3
牛肉	Beef	96.0	106.6	100.4	98.3	97.7
活羊	Live Sheep	85.2	100.0	97.6	97.1	96.6
羊肉	Mutton	95.9	105.1	104.6	105.4	106.8
活鸡	Live Chicken	101.9	118.8	129.9	123.8	118.0
鸡蛋	Eggs	106.4	111.8	114.4	112.5	107.8
水产品类	**Aquatic Products**					
草鱼	Grass Carp	107.9	116.7	105.9	100.8	98.4
鲤鱼	Cyprinoid	101.9	110.4	106.6	101.0	104.8
鲢鱼	Silver Carp	117.6	121.6	110.2	106.3	104.5
蔬菜类	**Vegetables**					
大白菜	Chinese Cabbage	99.6	115.7	133.6	123.9	119.7
黄瓜	Cucumber	82.7	102.1	103.9	95.7	98.7
西红柿	Tomato	79.3	88.8	83.0	73.0	87.8
菜椒	Green Pepper	111.8	141.5	115.4	100.8	118.1
四季豆	French Beans	115.1	127.0	109.0	94.6	90.1
水果类	**Fruit Group**					
红富士苹果	Fuji apple	103.9	108.9	102.2	101.2	98.9
香蕉	Banana	111.8	134.3	106.3	99.2	88.4
橙子	Orange	145.1	159.8	134.5	120.9	117.9

Rural Market Fairs Price Indices of Agricultural Products（2018）

（preceding year=100）

6 月 June	7 月 July	8 月 August	9 月 September	10 月 October	11 月 November	12 月 December
104.6	101.0	103.6	102.9	103.9	98.6	95.7
103.8	100.0	100.0	100.0	100.0	100.0	100.0
96.7	97.1	95.4	97.5	96.2	95.3	95.4
98.7	99.3	98.9	98.7	98.5	97.7	98.4
100.7	100.6	100.0	100.2	100.7	99.3	99.3
95.9	96.9	98.9	99.4	100.5	99.4	98.4
78.5	87.0	93.1	97.9	97.0	97.1	94.5
61.3	65.9	77.0	79.2	84.4	90.8	89.1
78.0	88.2	93.2	95.6	99.4	97.0	93.1
94.8	94.8	95.7	98.0	99.0	101.5	103.3
98.1	99.2	99.6	99.8	102.9	104.6	107.6
99.8	100.8	100.7	101.7	104.9	108.1	113.6
109.3	111.0	110.8	111.4	113.4	113.0	113.2
115.1	116.0	116.9	105.4	100.5	96.0	94.3
107.2	110.5	112.0	109.3	107.7	106.1	101.6
95.0	94.2	94.2	96.6	101.7	99.3	100.8
101.8	100.0	100.0	103.7	104.8	103.8	101.9
103.0	103.0	104.6	101.5	103.7	99.3	100.0
107.8	88.0	89.3	113.2	111.3	83.9	87.7
78.5	79.9	96.2	126.6	99.0	95.1	124.4
77.0	82.2	88.6	137.4	141.3	123.1	116.2
111.9	114.3	110.2	122.7	155.4	136.3	111.3
88.9	93.2	98.5	106.3	101.5	82.5	89.7
95.6	93.5	95.7	100.0	97.9	97.7	97.2
86.5	88.6	120.7	133.9	158.9	153.4	138.9
100.0	105.8	110.0	118.0	143.1	88.6	92.3

4-37 农产品集贸市场价格环比指数（2018年）

（上月=100）

指 标	Item	1 月 January	2 月 February	3 月 March	4 月 April	5 月 May
粮食类	**Grain**					
籼稻	Rice	100.3	100.0	98.3	101.0	99.7
小麦	Wheat	100.0	100.0	100.0	100.0	100.0
玉米	Corn	98.7	99.6	101.3	100.0	100.0
大豆	Soybean	99.1	100.7	100.0	99.3	101.6
籼米	Indica	100.2	100.9	100.0	100.4	99.6
经济作物类	**Economic Crops Category**					
花生仁	Peanuts	101.0	100.0	99.0	98.9	100.0
油菜籽	Rapeseed					
畜产品类	**Animal Products**					
活猪	Live Pig	100.5	96.5	86.0	89.0	94.7
仔猪	Piglets	101.4	102.8	85.1	86.5	82.4
猪肉	Pork	98.8	101.2	91.9	88.0	92.2
活牛	Live Cattle	100.5	102.2	95.2	98.1	98.6
牛肉	Beef	100.0	107.2	93.4	98.5	99.4
活羊	Live Sheep	100.9	107.2	93.1	96.4	99.1
羊肉	Mutton	102.6	107.4	95.2	99.5	99.5
活鸡	Live Chicken	101.0	101.4	94.9	94.1	99.0
鸡蛋	Eggs	100.6	100.9	95.8	97.6	96.5
水产品类	**Aquatic Products**					
草鱼	Grass Carp	98.4	108.1	95.5	99.2	100.8
鲤鱼	Cyprinoid	99.1	110.4	96.6	95.6	103.7
鲢鱼	Silver Carp	100.0	106.0	93.0	101.5	101.5
蔬菜类	**Vegetables**					
大白菜	Chinese Cabbage	85.0	93.7	112.0	121.8	108.8
黄瓜	Cucumber	90.3	120.2	93.2	86.7	86.2
西红柿	Tomato	91.8	102.4	91.5	94.6	110.3
菜椒	Green Pepper	103.1	119.0	84.0	95.9	97.6
四季豆	French Beans	106.1	117.1	82.9	82.4	82.1
水果类	**Fruit Group**					
红富士苹果	Fuji apple	101.5	104.3	93.9	99.0	97.8
香蕉	Banana	110.1	121.9	94.6	100.6	93.2
橙子	Orange	100.5	110.1	99.7	94.4	101.0

Rural Market Fairs Price Chain Index of Agricultural Products（2018）

(preceding month=100)

6 月 June	7 月 July	8 月 August	9 月 September	10 月 October	11 月 November	12 月 December
99.7	97.0	98.6	101.1	100.7	98.6	100.7
100.0	100.0	100.0	100.0	100.0	100.0	100.0
98.7	99.6	98.3	100.0	97.8	100.0	101.3
98.4	100.0	99.6	100.0	99.7	99.3	100.7
100.0	99.1	99.4	100.0	100.6	99.1	100.0
100.0	100.0	102.1	98.4	100.0	100.0	99.0
108.4	112.6	110.1	105.1	98.4	99.5	97.2
110.3	106.6	116.8	104.5	98.3	100.4	99.6
104.6	111.1	106.7	102.8	102.8	97.0	98.2
100.5	100.0	101.0	100.9	101.0	103.2	102.2
100.4	100.8	100.0	100.6	102.7	101.7	103.3
101.9	100.0	100.5	101.4	103.6	105.5	104.2
100.0	99.8	99.8	100.5	103.0	101.7	104.1
100.5	100.3	104.4	98.0	100.0	99.0	102.1
101.7	103.8	109.7	101.6	99.1	96.0	99.0
100.0	100.0	100.0	100.8	100.8	98.5	99.2
100.0	99.1	100.0	100.9	100.0	99.1	98.2
98.6	100.0	103.0	97.1	101.5	97.1	101.5
94.9	97.3	102.7	116.3	94.7	78.2	90.7
82.6	117.2	131.5	119.0	92.8	87.2	134.3
94.8	111.1	106.7	131.3	116.5	78.2	96.2
98.2	104.8	99.7	115.4	124.3	86.2	90.6
104.3	125.0	113.3	100.0	104.5	74.3	112.1
97.8	98.8	102.3	108.0	96.8	97.8	100.0
91.3	98.4	117.2	109.6	103.3	99.1	98.6
80.4	100.0	100.0	107.3	109.2	96.3	96.8

4-38 农产品集贸市场价格

单位：元/公斤

指 标	Item	1 月 January			2 月 February		
		2015	2016	2017	2015	2016	2017
粮食类	**Grain**						
籼稻	Rice	2.83	2.84	2.70	2.82	2.84	2.74
小麦	Wheat	5.00	5.00	5.50	5.00	5.00	5.50
玉米	Corn	2.87	2.63	2.55	2.84	2.61	2.49
大豆	Soybean	7.44	7.70	7.88	7.45	7.70	7.78
籼米	Indica	5.35	5.38	5.35	5.33	5.38	5.40
经济作物类	**Economic Crops Category**						
花生仁	Peanuts	12.73	12.48	12.58	12.75	12.60	12.53
畜产品类	**Animal Products**						
活猪	Live Pig	14.13	17.25	17.63	13.63	17.74	17.35
仔猪	Piglets	17.70	27.08	34.29	17.44	28.63	35.79
猪肉	Pork	21.78	25.30	26.50	21.63	26.88	25.50
活牛	Live Cattle	26.29	26.14	26.29	26.57	26.57	28.38
牛肉	Beef	67.50	67.75	68.50	69.50	69.50	66.13
活羊	Live Sheep	36.72	38.20	37.20	37.20	38.80	34.00
羊肉	Mutton	75.57	74.75	72.75	77.00	76.25	71.25
活鸡	Live Chicken	24.90	26.00	26.00	25.38	26.88	22.63
鸡蛋	Eggs	13.18	12.71	12.10	13.13	12.44	11.63
水产品类	**Aquatic Products**						
草鱼	Grass Carp	14.40	14.58	14.25	15.00	15.00	14.25
鲤鱼	Cyprinoid	12.83	13.19	12.88	13.44	13.56	13.13
鲢鱼	Silver Carp	8.43	8.46	8.14	8.69	8.46	8.34
蔬菜类	**Vegetables**						
大白菜	Chinese Cabbage	2.16	3.56	2.85	2.38	4.00	2.30
黄瓜	Cucumber	5.57	6.49	6.40	6.49	8.21	6.23
西红柿	Tomato	4.71	5.73	6.23	4.60	6.66	5.70
菜椒	Green Pepper	6.89	6.93	7.05	6.65	9.03	6.63
四季豆	French Beans	6.80	6.65	7.60	6.73	8.75	8.07
水果类	**Fruit Group**						
红富士苹果	Fuji apple	12.03	11.50	11.31	12.65	11.58	11.25
香蕉	Banana	5.58	4.54	4.08	5.75	5.08	4.14
橙子	Orange	5.48	5.58	4.50	6.20	6.15	4.50

Rural Market Fairs Prices of Agricultural Products

(yuan/kg)

3 月 March			4 月 April			5 月 May			6 月 June		
2015	2016	2017	2015	2016	2017	2015	2016	2017	2015	2016	2017
2.85	2.83	2.78	2.85	2.80	2.81	2.84	2.78	2.88	2.87	2.76	2.85
5.00	5.00	5.50	5.00	5.00	5.00	5.00	5.00	5.20	5.00	5.00	5.30
2.89	2.59	2.46	2.86	2.54	2.41	2.86	2.51	2.46	2.86	2.50	2.43
7.54	7.68	7.70	7.60	7.68	7.63	7.60	7.80	7.60	7.58	7.73	7.53
5.35	5.36	5.03	5.36	5.36	5.37	5.31	5.38	5.37	5.28	5.40	5.40
12.78	12.73	12.50	12.78	12.85	12.38	12.80	13.23	12.38	12.83	13.48	12.25
12.70	19.05	16.43	13.04	19.58	15.60	13.74	20.60	14.73	14.96	20.33	13.96
16.98	35.13	34.74	17.78	36.10	33.78	19.31	38.99	32.25	22.31	39.49	29.89
20.58	27.25	24.63	20.31	28.63	24.00	20.88	29.75	22.88	22.33	29.75	21.63
26.00	26.43	27.75	25.71	26.00	27.38	25.71	26.00	27.38	25.86	25.57	27.63
67.25	67.75	65.63	66.25	67.13	66.00	66.63	67.00	66.00	67.00	66.75	66.00
36.80	38.80	32.43	36.40	38.80	31.43	36.40	38.80	31.29	36.00	37.30	30.86
74.50	75.25	68.13	74.13	75.25	67.25	74.13	74.63	66.00	73.88	73.13	64.50
25.25	26.00	19.63	24.88	25.50	19.38	25.25	25.13	20.13	25.75	25.38	20.75
12.50	12.05	10.88	12.19	12.13	10.80	12.08	12.00	10.88	12.18	11.88	11.13
15.08	14.50	15.00	14.68	14.38	15.63	14.55	14.13	16.14	14.75	14.13	16.71
13.60	13.44	13.13	13.33	13.38	13.25	13.19	13.13	13.25	13.23	13.25	13.63
8.51	8.34	8.56	8.26	8.29	9.00	8.11	8.29	9.29	8.14	8.51	9.29
2.73	4.30	2.23	3.34	4.00	2.93	3.35	3.73	3.30	3.70	3.40	3.48
5.40	7.09	5.71	4.36	5.14	5.37	4.23	3.69	4.49	4.51	3.50	4.66
4.30	6.20	5.58	4.53	6.13	6.00	5.05	4.73	5.50	4.55	4.93	5.95
6.38	10.50	6.83	6.44	8.33	7.50	5.95	6.08	6.25	6.23	5.79	6.48
6.00	8.00	7.80	5.75	7.50	7.40	5.75	5.20	6.38	6.75	5.88	6.75
12.15	11.33	11.25	11.88	11.31	11.25	11.75	11.13	11.25	12.13	11.00	11.38
5.90	5.20	4.95	5.71	5.50	5.33	5.60	5.38	5.58	5.28	5.43	5.20
6.25	6.20	5.33	7.60	6.67	5.60	8.00	5.30	5.80	5.60	5.15	5.50

4-38 续表

单位：元/公斤

指　标	Item	7 月 July 2015	7 月 July 2016	7 月 July 2017	8 月 August 2015	8 月 August 2016	8 月 August 2017
粮食类	**Grain**						
籼稻	Rice	2.84	2.72	2.86	2.82	2.72	2.75
小麦	Wheat	5.00	5.00	5.50	5.00	5.00	5.50
玉米	Corn	2.87	2.53	2.41	2.86	2.53	2.41
大豆	Soybean	7.58	7.70	7.48	7.70	7.70	7.48
籼米	Indica	5.26	5.39	5.36	5.26	5.38	5.36
经济作物类	**Economic Crops Category**						
花生仁	Peanuts	12.85	13.50	12.13	13.55	13.38	12.13
畜产品类	**Animal Products**						
活猪	Live Pig	16.61	19.34	14.18	18.01	18.98	14.59
仔猪	Piglets	26.05	37.30	29.59	28.53	35.88	29.58
猪肉	Pork	24.95	28.88	21.25	27.25	28.38	21.45
活牛	Live Cattle	26.00	25.29	27.63	26.00	25.29	27.63
牛肉	Beef	67.25	66.25	65.75	68.50	66.00	65.50
活羊	Live Sheep	36.00	37.20	30.57	37.60	37.20	30.71
羊肉	Mutton	73.88	73.00	63.38	74.50	72.75	63.38
活鸡	Live Chicken	25.75	25.00	20.63	26.38	25.00	21.38
鸡蛋	Eggs	12.53	11.75	11.20	13.10	12.13	12.13
水产品类	**Aquatic Products**						
草鱼	Grass Carp	14.80	13.88	16.86	14.95	13.98	16.86
鲤鱼	Cyprinoid	13.50	13.25	13.75	13.63	13.13	13.75
鲢鱼	Silver Carp	8.37	8.43	9.29	8.50	8.29	9.43
蔬菜类	**Vegetables**						
大白菜	Chinese Cabbage	3.43	3.68	4.15	3.60	3.85	4.20
黄瓜	Cucumber	4.20	3.94	5.37	4.97	5.07	5.86
西红柿	Tomato	5.05	4.34	6.19	5.66	4.36	6.13
菜椒	Green Pepper	6.33	5.55	6.65	6.48	6.15	6.88
四季豆	French Beans	6.85	6.50	8.05	8.30	7.15	8.63
水果类	**Fruit Group**						
红富士苹果	Fuji apple	12.00	11.00	11.50	11.78	10.83	11.50
香蕉	Banana	5.18	4.85	5.00	5.08	5.20	4.30
橙子	Orange	5.50	4.95	5.20	5.70	5.20	5.00

continued

（yuan/kg）

9 月 September			10 月 October			11 月 November			12 月 December		
2015	2016	2017	2015	2016	2017	2015	2016	2017	2015	2016	2017
2.82	2.71	2.80	2.82	2.62	2.79	2.84	2.66	2.90	2.85	2.67	3.01
5.00	5.00	5.50	5.00	5.20	5.50	5.00	5.20	5.50	5.00	5.20	5.50
2.80	2.53	2.36	2.71	2.51	2.34	2.65	2.53	2.36	2.66	2.55	2.39
7.70	7.65	7.50	7.73	7.78	7.49	7.69	7.88	7.50	7.68	8.00	7.50
5.26	5.35	5.35	5.29	5.30	5.35	5.31	5.33	5.38	5.34	5.35	5.38
13.43	13.00	11.88	12.73	12.75	11.75	12.58	12.75	11.88	12.53	12.63	11.88
17.78	18.80	14.58	17.30	17.33	14.48	16.48	17.08	14.40	16.75	17.10	14.38
28.85	35.65	30.05	28.05	33.80	27.74	26.23	32.63	25.89	26.85	33.13	26.26
27.00	28.00	21.50	26.75	26.38	21.25	25.13	25.38	21.13	25.25	25.50	21.63
26.14	25.14	27.25	25.86	25.00	27.25	25.71	25.00	27.43	25.86	25.86	27.55
69.00	65.75	65.75	67.75	65.50	65.50	67.50	65.50	65.50	67.75	65.50	65.75
37.60	37.20	30.86	37.80	37.20	31.00	38.20	37.40	31.71	37.40	36.80	31.43
74.63	72.50	63.38	75.00	71.75	64.13	74.88	71.25	65.50	74.25	70.75	68.00
26.25	25.38	23.25	26.50	25.25	24.38	25.75	25.13	25.25	26.00	25.38	26.25
13.20	12.63	12.63	13.13	12.38	12.70	12.88	12.18	12.38	12.65	12.13	12.80
14.91	14.00	16.57	14.53	14.00	15.86	14.43	13.75	16.00	14.55	13.88	15.63
13.35	13.10	13.38	12.95	13.00	13.25	12.95	12.50	13.25	13.31	12.75	13.25
8.46	8.26	9.43	8.43	8.36	9.36	8.43	8.29	9.50	8.43	8.29	9.57
3.75	3.93	3.85	3.45	3.60	3.71	3.20	3.55	3.85	2.98	3.38	3.34
4.91	4.87	5.30	4.57	4.93	6.29	5.06	4.86	5.71	5.49	5.17	5.86
5.88	5.39	5.19	6.08	5.50	5.88	5.85	5.70	5.28	6.25	5.75	5.38
6.65	7.55	7.13	6.58	7.13	7.00	6.78	7.38	6.88	7.20	7.63	7.64
8.13	7.50	8.00	7.30	6.25	8.75	5.75	5.80	8.00	6.55	6.00	8.25
12.03	10.95	11.88	11.78	11.00	11.75	11.88	10.85	11.51	11.68	10.94	11.58
4.90	5.58	4.25	4.65	4.69	3.70	4.45	4.23	3.80	4.33	3.83	4.14
5.70	5.20	5.00	5.75	5.00	4.50	6.97	5.80	7.00	6.07	5.67	6.50

4-39 农产品集贸市场价格指数

（上年同期=100）

指 标	Item	1 月 January			2 月 February		
		2015	2016	2017	2015	2016	2017
粮食类	**Grain**						
籼稻	Rice	103.7	100.4	95.1	101.8	100.7	96.5
小麦	Wheat	94.3	100.0	110.0	90.9		110.0
玉米	Corn	101.1	91.6	97.0	99.7	91.9	95.4
大豆	Soybean	105.4	103.5	102.3	105.2	103.4	101.0
籼米	Indica	105.3	100.6	99.4	104.5	100.9	100.4
经济作物类	**Economic Crops Category**						
花生仁	Peanuts	102.7	98.0	100.8	110.8	98.8	99.4
畜产品类	**Animal Products**						
活猪	Live Pig	98.6	122.1	102.2	102.8	130.2	97.8
仔猪	Piglets	99.3	153.0	126.6	106.5	164.2	125.0
猪肉	Pork	92.7	116.2	104.7	98.1	124.3	94.9
活牛	Live Cattle	104.6	99.4	100.6	105.7	100.0	106.8
牛肉	Beef	100.4	100.4	101.1	103.9	100.0	95.2
活羊	Live Sheep	105.5	104.0	97.4	107.5	104.3	87.6
羊肉	Mutton	103.3	98.9	97.3	105.3	99.0	93.4
活鸡	Live Chicken	120.0	104.4	100.0	130.3	105.9	84.2
鸡蛋	Eggs	110.3	96.4	95.2	113.2	94.7	93.5
水产品类	**Aquatic Products**						
草鱼	Grass Carp	94.1	101.3	97.7	98.0	100.0	95.0
鲤鱼	Cyprinoid	92.9	102.8	97.6	97.3	100.9	96.8
鲢鱼	Silver Carp	105.0	100.4	96.2	110.0	97.4	98.6
蔬菜类	**Vegetables**						
大白菜	Chinese Cabbage	120.0	164.8	80.1	119.0	168.1	57.5
黄瓜	Cucumber	105.3	116.5	98.6	99.7	126.5	75.9
西红柿	Tomato	86.3	121.7	108.7	86.0	144.8	85.6
菜椒	Green Pepper	98.4	100.6	101.7	92.2	135.8	73.4
四季豆	French Beans	101.5	97.8	114.3	84.7	130.0	92.2
水果类	**Fruit Group**						
红富士苹果	Fuji apple	111.3	95.6	98.3	116.1	91.5	97.2
香蕉	Banana	110.3	81.4	89.9	111.0	88.4	81.5
橙子	Orange	107.5	101.8	80.6	106.2	99.2	73.2

Rural Market Fairs Prices Indices of Agricultural Products

(preceding year=100)

3 月 March			4 月 April			5 月 May			6 月 June		
2015	2016	2017	2015	2016	2017	2015	2016	2017	2015	2016	2017
101.4	99.3	98.2	101.8	98.3	100.4	102.9	97.9	103.6	104.0	96.2	103.3
90.9	100.0	110.0	90.9	100.0	100.0	92.6	100.0	104.0	94.3	100.0	106.0
101.8	89.6	95.0	101.8	88.8	94.9	101.8	87.8	98.0	101.4	87.4	97.2
107.0	101.9	100.3	105.9	101.1	99.3	106.3	102.6	97.4	106.0	102.0	97.4
103.9	100.2	93.8	103.5	100.0	100.2	100.4	101.3	99.8	98.9	102.3	100.0
112.7	99.6	98.2	113.0	100.6	96.3	111.2	103.4	93.6	109.2	105.1	90.9
101.5	150.0	86.2	121.5	150.2	79.7	107.3	149.9	71.5	117.8	135.9	68.7
107.5	206.9	98.9	117.4	203.0	93.6	113.3	201.9	82.7	129.7	177.0	75.7
102.0	132.4	90.4	106.9	141.0	83.8	104.2	142.5	76.9	111.1	133.2	72.7
103.4	101.7	105.0	102.3	101.1	105.3	100.6	101.1	105.3	101.1	98.9	108.1
100.9	100.7	96.9	98.7	101.3	98.3	100.4	100.6	98.5	101.1	99.6	98.9
107.0	105.4	83.6	107.7	106.6	81.0	106.4	106.6	80.6	105.5	103.6	82.7
101.3	101.0	90.5	101.4	101.5	89.4	100.6	100.7	88.4	101.0	99.0	88.2
126.9	103.0	75.5	120.5	102.5	76.0	114.1	99.5	80.1	112.5	98.6	81.8
107.9	96.4	90.3	104.6	99.5	89.0	98.6	99.3	90.7	99.2	97.5	93.7
100.3	96.2	103.4	101.0	98.0	108.7	99.5	97.1	114.2	98.3	95.8	118.3
101.3	98.8	97.7	103.3	100.4	99.0	102.4	99.6	100.9	98.9	100.2	102.9
107.6	98.0	102.6	105.9	100.4	108.6	100.3	102.2	112.1	99.2	104.6	109.2
92.5	157.5	51.9	114.0	119.8	73.3	111.3	111.3	88.5	107.3	91.9	102.4
90.6	131.3	80.5	98.4	117.9	104.5	159.0	87.2	121.7	144.1	77.6	133.1
74.0	144.2	90.0	92.8	135.3	97.9	116.1	93.7	116.3	90.1	108.4	120.7
90.5	164.6	65.0	100.5	129.4	90.0	108.2	102.2	102.8	116.7	92.9	111.9
82.8	133.3	97.5	96.6	130.4	98.7	115.0	90.4	122.7	122.7	87.1	114.8
113.5	93.3	99.3	109.2	95.2	99.5	108.0	94.7	101.1	111.3	90.7	103.5
103.7	88.1	95.2	95.5	96.3	96.9	88.5	96.1	103.7	85.4	102.8	95.8
110.4	99.2	86.0	136.9	87.8	84.0	113.2	66.3	109.4	74.4	92.0	106.8

4-39 续表

（上年同期＝100）

指 标	Item	7月 July			8月 August		
		2015	2016	2017	2015	2016	2017
粮食类	**Grain**						
籼稻	Rice	101.4	95.8	105.1	100.4	96.5	101.1
小麦	Wheat	94.3	100.0	110.0	94.3		110.0
玉米	Corn	101.4	88.2	95.3	100.0	88.5	95.3
大豆	Soybean	105.3	101.6	97.1	106.1	100.0	97.1
籼米	Indica	98.3	102.5	99.4	99.1	102.3	99.6
经济作物类	**Economic Crops Category**						
花生仁	Peanuts	109.8	105.1	89.9	114.4	98.8	90.7
畜产品类	**Animal Products**						
活猪	Live Pig	123.5	116.4	73.3	123.3	105.4	76.9
仔猪	Piglets	142.9	143.2	79.3	145.0	125.8	82.4
猪肉	Pork	119.5	115.8	73.6	122.5	104.2	75.6
活牛	Live Cattle	101.1	97.3	109.3	101.1	97.3	109.3
牛肉	Beef	101.3	98.5	99.2	102.6	96.4	99.2
活羊	Live Sheep	102.9	103.3	82.2	107.8	98.9	82.6
羊肉	Mutton	101.0	98.8	86.8	102.1	97.7	87.1
活鸡	Live Chicken	110.8	97.1	82.5	109.3	94.8	85.5
鸡蛋	Eggs	98.3	93.8	95.3	97.3	92.6	100.0
水产品类	**Aquatic Products**						
草鱼	Grass Carp	99.8	93.8	121.5	100.7	93.5	120.6
鲤鱼	Cyprinoid	101.5	98.2	103.8	101.3	96.3	104.7
鲢鱼	Silver Carp	99.6	100.7	110.2	106.4	97.5	113.8
蔬菜类	**Vegetables**						
大白菜	Chinese Cabbage	84.1	107.3	112.8	91.1	106.9	109.1
黄瓜	Cucumber	116.7	93.8	136.3	123.3	102.0	115.6
西红柿	Tomato	114.8	85.9	142.6	126.3	77.0	140.6
菜椒	Green Pepper	112.4	87.7	119.8	123.4	94.9	111.9
四季豆	French Beans	107.4	94.9	123.8	120.3	86.1	120.7
水果类	**Fruit Group**						
红富士苹果	Fuji apple	103.5	91.7	104.5	101.1	91.9	106.2
香蕉	Banana	89.3	93.6	103.1	78.8	102.4	82.7
橙子	Orange	72.7	90.0	105.1	75.0	91.2	96.2

continued

(preceding year=100)

9 月 September			10 月 October			11 月 November			12 月 December		
2015	2016	2017	2015	2016	2017	2015	2016	2017	2015	2016	2017
100.0	96.1	103.3	100.0	92.9	106.5	99.7	93.7	109.0	100.4	93.7	112.7
98.0	100.0	110.0	98.0	104.0	105.8	98.0	104.0	105.8	100.0	104.0	105.8
97.9	90.4	93.3	94.8	92.6	93.2	92.7	95.5	93.3	92.4	95.9	93.7
103.9	99.4	98.0	104.3	100.7	96.3	104.2	102.5	95.2	103.2	104.2	93.8
98.3	101.7	100.0	98.9	100.2	100.9	98.5	100.4	100.9	99.3	100.2	100.6
111.9	96.8	91.4	105.0	100.2	92.2	103.7	101.4	93.2	99.4	100.8	94.1
120.1	105.7	77.6	118.4	100.2	83.6	112.5	103.6	84.3	116.4	102.1	84.1
145.5	123.6	84.3	141.8	120.5	82.1	138.1	124.4	79.3	149.3	123.4	79.3
120.0	103.7	76.8	118.9	98.6	80.6	114.2	101.0	83.3	116.7	101.0	84.8
101.1	96.2	108.4	99.5	96.7	109.0	97.8	97.2	109.7	98.4	100.0	106.5
103.2	95.3	100.0	100.7	96.7	100.0	99.3	97.0	100.0	99.1	96.7	100.4
108.1	98.9	83.0	106.8	98.4	83.3	105.5	97.9	84.8	102.8	98.4	85.4
103.2	97.2	87.4	101.4	95.7	89.4	99.3	95.2	91.9	98.4	95.3	96.1
108.3	96.7	91.6	109.1	95.3	96.6	108.1	97.6	100.5	106.6	97.6	103.4
96.4	95.7	100.0	95.8	94.3	102.6	95.6	94.6	101.6	96.9	95.9	105.5
102.8	93.9	118.4	100.2	96.4	113.3	98.0	95.3	116.4	100.5	95.4	112.6
103.7	98.1	102.1	100.2	100.4	101.9	99.6	96.5	106.0	102.4	95.8	103.9
105.8	97.6	114.2	105.4	99.2	112.0	105.8	98.3	114.6	105.0	98.3	115.4
97.4	104.8	98.0	95.8	104.4	103.1	115.1	110.9	108.5	112.9	113.4	98.8
95.5	99.2	108.8	109.6	107.9	127.6	108.6	96.1	117.5	88.1	94.2	113.3
131.3	91.7	96.3	144.8	90.5	106.9	127.2	97.4	92.6	133.6	92.0	93.6
115.7	113.5	94.4	116.9	108.4	98.2	114.0	108.9	93.2	117.5	106.0	100.1
109.1	92.3	106.7	128.1	85.6	140.0	104.6	100.9	137.9	97.0	91.6	137.5
101.1	91.0	108.5	97.8	93.4	106.8	98.8	91.3	106.1	98.3	93.7	105.9
71.5	113.9	76.2	75.9	100.9	78.9	74.4	95.1	89.8	74.1	88.5	108.1
75.0	91.2	96.2	75.0	87.0	90.0	124.5	83.2	120.7	102.9	93.4	114.6

4-40 农产品集贸市场价格环比指数

（上月＝100）

指 标	Item	1月 January			2月 February		
		2015	2016	2017	2015	2016	2017
粮食类	**Grain**						
籼稻	Rice	99.7	99.6	101.1	99.7	100.0	101.5
小麦	Wheat	100.0	100.0	105.8	100.0		100.0
玉米	Corn	99.7	98.9	100.0	99.0	99.2	97.6
大豆	Soybean	100.0	100.3	98.5	100.1	100.0	98.7
籼米	Indica	99.4	100.7	100.0	99.6	100.0	100.9
经济作物类	**Economic Crops Category**						
花生仁	Peanuts	101.0	99.6	99.6	100.2	101.0	99.6
畜产品类	**Animal Products**						
活猪	Live Pig	98.2	103.0	103.1	96.5	102.8	98.4
仔猪	Piglets	98.4	100.9	103.5	98.5	105.7	104.4
猪肉	Pork	100.7	100.2	103.9	99.3	106.3	96.2
活牛	Live Cattle	100.0	101.1	101.7	101.1	101.6	107.9
牛肉	Beef	98.7	100.0	104.6	103.0	102.6	96.5
活羊	Live Sheep	100.9	102.1	101.1	101.3	101.6	91.4
羊肉	Mutton	100.2	100.7	102.8	101.9	102.0	97.9
活鸡	Live Chicken	102.1	100.0	102.4	101.9	103.4	87.0
鸡蛋	Eggs	100.9	100.5	99.8	99.6	97.9	96.1
水产品类	**Aquatic Products**						
草鱼	Grass Carp	99.5	100.2	102.7	104.2	102.9	100.0
鲤鱼	Cyprinoid	98.7	99.1	101.0	104.8	102.8	101.9
鲢鱼	Silver Carp	105.0	100.4	98.2	103.1	100.0	102.5
蔬菜类	**Vegetables**						
大白菜	Chinese Cabbage	81.8	119.5	84.3	110.2	112.4	80.7
黄瓜	Cucumber	89.4	118.2	123.8	116.5	126.5	97.3
西红柿	Tomato	100.6	91.7	108.3	97.7	116.2	91.5
菜椒	Green Pepper	112.4	96.3	92.4	96.5	130.3	94.0
四季豆	French Beans	100.7	101.5	126.7	99.0	131.6	106.2
水果类	**Fruit Group**						
红富士苹果	Fuji apple	101.3	98.5	103.4	105.2	100.7	99.5
香蕉	Banana	95.6	104.8	106.5	103.1	111.9	101.5
橙子	Orange	92.9	91.9	79.4	113.1	110.2	100.0

Rural Market Fairs Prices Chain Indices of Agricultural Products

(preceding month=100)

3 月 March			4 月 April			5 月 May			6 月 June		
2015	2016	2017	2015	2016	2017	2015	2016	2017	2015	2016	2017
101.1	99.7	101.5	100.0	98.9	101.1	99.7	99.3	102.5	101.1	99.3	99.0
100.0	100.0	100.0	100.0	100.0	90.9	100.0	100.0	104.0	100.0	100.0	101.9
101.8	99.2	98.8	99.0	98.1	98.0	100.0	98.8	102.1	100.0	99.6	98.8
101.2	99.7	99.0	100.8	100.0	99.1	100.0	101.6	99.6	99.7	99.1	99.1
100.4	99.6	93.1	100.2	100.0	106.8	99.1	100.4	100.0	99.4	100.4	100.6
100.2	101.0	99.8	100.0	100.9	99.0	100.2	103.0	100.0	100.2	101.9	98.9
93.2	107.4	94.7	102.7	102.8	94.9	105.4	105.2	94.4	108.9	98.7	94.8
97.4	122.7	97.1	104.7	102.8	97.2	108.6	108.0	95.5	115.5	101.3	92.7
95.2	101.4	96.6	98.7	105.1	97.4	102.8	103.9	95.3	106.9	100.0	94.5
97.9	99.5	97.8	98.9	98.4	98.7	100.0	100.0	100.0	100.6	98.4	100.9
96.8	97.5	99.2	98.5	99.1	100.6	100.6	99.8	100.0	100.6	99.6	100.0
98.9	100.0	95.4	98.9	100.0	96.9	100.0	100.0	99.6	98.9	96.1	98.6
96.8	98.7	95.6	99.5	100.0	98.7	100.0	99.2	98.1	99.7	98.0	97.7
99.5	96.7	86.7	98.5	98.1	98.7	101.5	98.6	103.9	102.0	101.0	103.1
95.2	96.9	93.6	97.5	100.7	99.3	99.1	98.9	100.7	100.8	99.0	102.3
100.5	96.7	105.3	97.4	99.2	104.2	99.1	98.3	103.3	101.4	100.0	103.5
101.2	99.1	100.0	98.0	99.6	100.9	99.0	98.1	100.0	100.3	100.9	102.9
97.9	98.6	102.6	97.1	99.4	105.1	98.2	100.0	103.2	100.4	102.7	100.0
114.7	107.5	97.0	122.3	93.0	131.4	100.3	93.3	112.6	110.5	91.2	105.5
83.2	86.4	91.7	80.7	72.5	94.0	97.0	71.8	83.6	106.6	94.9	103.8
93.5	93.1	97.9	105.4	98.9	107.5	111.5	77.2	91.7	90.1	104.2	108.2
95.9	116.3	103.0	100.9	79.3	109.8	92.4	73.0	83.3	104.7	95.2	103.7
89.2	91.4	96.7	95.8	93.8	94.9	100.0	69.3	86.2	117.4	113.1	105.8
96.1	97.8	100.0	97.8	99.8	100.0	98.9	98.4	100.0	103.2	98.8	101.2
102.6	102.4	119.6	96.8	105.8	107.7	98.1	97.8	104.7	94.3	100.9	93.2
100.8	100.8	118.4	121.6	107.6	105.1	105.3	79.5	103.6	70.0	97.2	94.8

4-40 续表

（上月＝100）

指 标	Item	7月 July			8月 August		
		2015	2016	2017	2015	2016	2017
粮食类	**Grain**						
籼稻	Rice	99.0	98.6	100.4	99.3	100.0	96.2
小麦	Wheat	100.0	100.0	103.8	100.0		100.0
玉米	Corn	100.4	101.2	99.2	99.7	100.0	100.0
大豆	Soybean	100.0	99.6	99.3	101.6	100.0	100.0
籼米	Indica	99.6	99.8	99.3	100.0	99.8	100.0
经济作物类	**Economic Crops Category**						
花生仁	Peanuts	100.2	100.2	99.0	105.5	99.1	100.0
畜产品类	**Animal Products**						
活猪	Live Pig	111.0	95.1	101.6	108.4	98.1	102.9
仔猪	Piglets	116.8	94.5	99.0	109.5	96.2	100.0
猪肉	Pork	111.7	97.1	98.2	109.2	98.3	100.9
活牛	Live Cattle	100.5	98.9	100.0	100.0	100.0	100.0
牛肉	Beef	100.4	99.3	99.6	101.9	99.6	99.6
活羊	Live Sheep	100.0	99.7	99.1	104.4	100.0	100.5
羊肉	Mutton	100.0	99.8	98.3	100.8	99.7	100.0
活鸡	Live Chicken	100.0	98.5	99.4	102.5	100.0	103.6
鸡蛋	Eggs	102.9	98.9	100.6	104.6	103.2	108.3
水产品类	**Aquatic Products**						
草鱼	Grass Carp	100.3	98.2	100.9	101.0	100.7	100.0
鲤鱼	Cyprinoid	102.0	100.0	100.9	101.0	99.1	100.0
鲢鱼	Silver Carp	102.8	99.1	100.0	101.6	98.3	101.5
蔬菜类	**Vegetables**						
大白菜	Chinese Cabbage	92.7	108.2	119.3	105.0	104.6	101.2
黄瓜	Cucumber	93.1	112.6	115.2	118.3	128.7	109.1
西红柿	Tomato	111.0	88.0	104.0	112.1	100.5	99.0
菜椒	Green Pepper	101.6	95.9	102.6	102.4	110.8	103.5
四季豆	French Beans	101.5	110.5	119.3	121.2	110.0	107.2
水果类	**Fruit Group**						
红富士苹果	Fuji apple	98.9	100.0	101.1	98.2	98.5	100.0
香蕉	Banana	98.1	89.3	96.2	98.1	107.2	86.0
橙子	Orange	98.2	96.1	94.5	103.6	105.1	96.2

continued

(preceding month=100)

9 月 September			10 月 October			11 月 November			12 月 December		
2015	2016	2017	2015	2016	2017	2015	2016	2017	2015	2016	2017
100.0	99.6	101.8	100.0	96.7	99.6	100.7	101.5	103.9	100.4	100.4	103.8
100.0	100.0	100.0	100.0	104.0	100.0	100.0	100.0	100.0	100.0	100.0	100.0
97.9	100.0	97.9	96.8	99.2	99.2	97.8	100.8	100.9	100.4	100.8	101.3
100.0	99.4	100.3	100.4	101.7	99.9	99.5	101.3	100.1	99.9	101.5	100.0
100.0	99.4	99.8	100.6	99.1	100.0	100.4	100.6	100.6	100.6	100.4	100.0
99.1	97.2	97.9	94.8	98.1	98.9	98.8	100.0	101.1	99.6	99.1	100.0
98.7	99.1	99.9	97.3	92.2	99.3	95.3	98.6	99.4	101.6	100.1	99.9
101.1	99.4	101.6	97.2	94.8	92.3	93.5	96.5	93.3	102.4	101.5	101.4
99.1	98.7	100.2	99.1	94.2	98.8	93.9	96.2	99.4	100.5	100.5	102.4
100.5	99.4	98.6	98.9	99.4	100.0	99.4	100.0	100.7	100.6	103.4	100.4
100.7	99.6	100.4	98.2	99.6	99.6	99.6	100.0	100.0	100.4	100.0	100.4
100.0	100.0	100.5	100.5	100.0	100.5	101.1	100.5	102.3	97.9	98.4	99.1
100.2	99.7	100.0	100.5	99.0	101.2	99.8	99.3	102.1	99.2	99.3	103.8
99.5	101.5	108.7	101.0	99.5	104.9	97.2	99.5	103.6	101.0	101.0	104.0
100.8	104.1	104.1	99.5	98.0	100.6	98.1	98.4	97.5	98.2	99.6	103.4
99.7	100.1	98.3	97.5	100.0	95.7	99.3	98.2	100.9	100.8	101.0	97.7
98.0	99.8	97.3	97.0	99.2	99.0	100.0	96.2	100.0	102.8	102.0	100.0
99.5	99.6	100.0	99.7	101.2	99.3	100.0	99.2	101.5	100.0	100.0	100.7
104.2	102.1	91.7	92.0	91.6	96.4	92.8	98.6	103.8	93.1	95.2	86.8
98.8	96.1	90.4	93.1	101.2	118.7	110.7	98.6	90.8	108.5	106.4	102.6
103.9	123.6	84.7	103.4	102.0	113.3	96.2	103.6	89.8	106.8	100.9	101.9
102.6	122.8	103.6	99.0	94.4	98.2	103.0	103.5	98.3	106.2	103.4	111.0
98.0	104.9	92.7	89.8	83.3	109.4	78.8	92.8	91.4	113.9	103.5	103.1
102.1	101.1	103.3	97.9	100.5	98.9	100.9	98.6	98.0	98.3	100.8	100.6
96.5	107.3	98.8	94.9	84.1	87.1	95.7	90.2	102.7	97.3	90.5	108.9
100.0	100.0	100.0	100.9	96.2	90.0	121.2	116.0	155.6	87.1	97.8	92.9

主要统计指标解释

居民消费价格指数 是反映一定时期内城乡居民所购买的生活消费品和服务项目价格变动趋势和程度的相对数，是对城市居民消费价格指数和农村居民消费价格指数进行综合汇总计算的结果。通过该指数可以观察和分析消费品的零售价格和服务项目价格变动对城乡居民实际生活费支出的影响程度。

城市居民消费价格指数 是反映一定时期内城市居民家庭所购买的生活消费品价格和服务项目价格变动趋势和程度的相对数。通过该指数可以观察和分析消费品的零售价格和服务项目价格变动对城镇居民收入和消费支出的影响。

农村居民消费价格指数 是反映一定时期内农村居民家庭所购买的生活消费品价格和服务项目价格变动趋势和程度的相对数。该指数可以观察农村消费品的零售价格和服务项目价格变动对农村居民收入和生活消费支出的影响。

商品零售价格指数 是反映一定时期内城乡商品零售价格变动趋势和程度的相对数。商品零售价格的变动与国家的财政收入、市场供需的平衡、消费与积累的比例关系有关。因此，该指数可以从一个侧面对上述经济活动进行观察和分析。

农业生产资料价格指数 指反映一定时期内农业生产资料价格变动趋势和程度的相对数。其编制目的是了解农业生产中投入物质资料价格的变动状况，服务于国民经济核算。1994年以前，农业生产资料价格指数仅仅是商品零售价格指数的一个类别，此后，从商品零售价格指数中分离出来，单独编制。

农产品生产价格指数 是反映一定时期内，农产品生产者出售农产品价格水平变动趋势及幅度的相对数。该指数可以客观反映全国农产品生产价格水平和结构变动情况，满足农业与国民经济核算需要。其中某代表品生产价格指数是通过对全部有出售该产品行为的调查单位的个体指数进行几何平均求得的，类价格指数是通过对其所属的类（或代表品）的价格指数进行加权平均求得的。季度累计价格指数的计算方法与分季指数的计算方法相同。

工业生产者出厂价格指数 是反映一定时期内全部工业产品第一次出售时的出厂价格总水平的变动趋势和变动幅度的相对数。

工业生产者出厂价格指数 是反映作为中间投入的原材料、燃料、动力购进价格总水平的变动趋势和变动幅度的相对数。

固定资产投资价格指数 是反映一定时期内固定资产投资品及取费项目的价格变动趋势和变动幅度的相对数。该指数可以准确地反映固定资产投资中涉及的各类投资品和取费项目价格变动趋势和变动幅度，消除按现价计算的固定资产投资指标中的价格变动因素，真实地反映固定资产投资的规模、速度、结构和效益。

新建商品住宅销售价格 指新建的、用于居住的进入房地产市场进行交易的房屋，第一次进行产权登记时的实际交易价格（合同价格）。其价格由成本、税金、利润、代收费用等组成，它受地段、层次、朝向、质量、材料差价等因素的影响。

二手住宅销售价格 指用于居住的进入房地产市场进行交易的房屋，再次进行产权登记时的实际交易价格。该指标取自《存量房屋买卖合同》。若合同中含有相关税费，则应将其扣除。

Explanatory Notes on Main Statistical Indicators

Consumer Price Indices reflect the trend and degree of changes in prices of consumer goods and services purchased by urban and rural households during a given period. They are obtained by combining Consumer Price Indices of Urban Household and Consumer Price Indices of Rural Household. The Indices enable the observation and analysis of the degree of impact of the changes in the prices of retailed goods and services on the actual living expenses of urban and rural residents.

Consumer Price Indices of Urban Household reflect the trend and degree of changes in prices of consumer goods and services purchased by urban households during a given period. It can be used to observe and analyze the impact of price changes in consumer goods and services on urban household income and consumption expenditure.

Consumer Price Indices of Rural Household reflect the trend and degree of changes in prices of consumer goods and services purchased by rural households during a given period. It can be used to observe the impact of change in retail prices of consumer goods and service prices on rural household income and consumption expenditure on living.

Retail Price Indices reflect the trend and degree of change in retail prices of commodities during a given period. The change in retail prices of commodities is related to government revenue, the equilibrium of market supply and demand, and the ratio of consumption to accumulation. Therefore, the retail price indices are useful from an oblique perspective for observing and analyzing the changes of the above economic activities.

Price Indices for Means of Agricultural Production reflect the trend and degree of changes in the prices of the means of agricultural production during a given period. Compilation of these indices helps to understand the price changes of material input in agricultural production and facilitate the compilation of national accounts. Before 1994, price indices for means of agricultural production were a sub-category in the retail price indices for commodities, and it has been compiled separately since 1994.

Producer Prices Indices for Farm Products reflect the trend and degree of changes in producers' prices received by farmers when they sell farm products during a given period. These indices depict the change in the level and structure of producer prices for farm products of the country and meet the needs of agricultural statistics and national accounts statistics. The producer price index for a given product is calculated as the geometrical mean of individual indices for all surveyed units which sell such product, and the indices for a product category is obtained as the weighted mean of price indices for all products in the category. Method for calculating accumulative quarterly indices is the same as for calculating the individual quarterly indices.

Producer Price Indices for Industrial Products reflect the trend and degree of changes in general ex-factory prices of all manufactured goods for first sale during a given period.

Purchasing Price Indices for Industrial Producers reflect changes in the level and degree of purchasing prices such as intermediate input such as raw materials, fuels and power.

At present, close to 1,800 products in 9 categories, including fuels and power, ferrous metals, non-ferrous metals, chemicals, building materials, are covered in China for the survey to produce indices of purchasing prices of raw materials, fuels and power.

Price Indices for Investment in Fixed Assets reflect the trend and degree of changes in prices of investment goods and projects in fixed assets during a given period. Removing the factor of price change in the aggregates of investment at current prices, this indicator shows the changes in the prices of commodities and fees involved in the investment of fixed assets, and can be used to observe the actual size, growth, structure, and efficiency of investment in fixed assets.

New Commodity Residential Houses Selling Price Index refers to the newly built into the real estate market, used to live in trading houses, undertake property right registration for the first time the actual transaction price of (the contract price). Its price by cost, taxes and profits, collecting fees, etc, it is location, level, orientation, quality, the factors of material price difference.

Second-hand Housing Sales price refers to enter the real estate market for residential houses, which trade, undertake property right registration of actual transaction prices again. The index from the stock of the sale and purchase contract. If contract is contained in the relevant taxes, it should be deducted.

第五篇　农业生产

Chapter 5　Agriculture Production

简要说明

一、本篇资料的主要内容及统计范围

本篇资料反映广西农业生产的基本情况，内容主要包括主要粮食作物生产情况、主要畜禽生产情况等方面的统计资料。

（一）粮食作物

统计范围包括全部农业生产经营户，各种经济组织类型、各个系统的全部农业生产单位和非农业单位附属的农业生产活动单位。但不包括农业科学试验机构进行的农业生产。调查内容包括从抽样调查样本取得的各季农作物播种面积和产量资料。

1. 农作物播种面积（粮食作物）：包含谷物、豆类、薯类播种面积，由农业生产经营户和农业生产经营单位两部分组成。

2. 农作物产量（粮食作物）：包含实测作物（早稻、中稻、晚稻、玉米）和非放样实测作物（薯类、豆类、高粱、小麦、谷子、其他谷物等粮食作物）的单产和产量。

（二）畜禽

主要畜禽监测调查是按照国家统计局相关统计报表制度要求、以猪、牛、羊、禽等主要畜禽产品作为调查主题、由国家统计局广西调查总队统一组织、部署实施开展的国家常规性、制度性调查项目，该项目主要调查内容如下：

1. 生猪调查。对于自治区范围内的生猪生产情况进行调查。

2. 牛调查。牛包括役用牛和肉牛，对牛的养殖情况和牛奶的生产情况开展季度调查。

3. 羊调查。羊包括绵羊和山羊，羊调查主要指对自治区范围内的羊的养殖情况开展调查。

4. 禽调查。禽类包括鸡、鸭、鹅三个种类，禽类调查包括鸡蛋和禽类养殖情况的调查。

二、本篇的资料来源及统计调查方法

（一）粮食作物

1. 由国家统计局广西调查总队根据国家统计局《农林牧渔业统计报表制度》《农业产值和价格综合统计报表制度》开展抽样调查获得资料整理提供。

2. 调查方法：

（1）农作物播种面积：①省级播种面积：在32个国家抽样调查县内抽取调查样方，由市县级国家调查队对样方压盖的全部地块进行实地调查（包含无人机遥感测量调查和掌上电脑〈PDA〉实地调查方式）获得。调查周期分春播、夏播、秋冬播三个农作物播种季节。②县级播种面积：在38个粮食生产大县中开展以县为总体的播种面积调查，由市县级国家调查队或统计局对样方压盖的全部地块进行实地调查（包含无人机遥感测量调查和PDA实地调查方式）获得。调查周期分春播、夏播、秋冬播三个农作物播种季节。

（2）农作物单位面积产量：①省级产量：在32个国家抽样调查县内抽取调查样方，由市县级国家调查队对样方压盖的全部地块上种植粮食作物的地块进行放样实测和非放样实测调查获得。调查周期分春收、早稻、秋收三个农作物收获季节。②县级产量：在38个粮食生产大县中开展以县为总体的播种面积调查，由市县级国家调查队或统计局对样方覆盖的全部地块上种植粮食作物的地块进行放样实测和非放样实测调查获得。调查周期分春收、早稻、秋收三个农作物收获季节。

（二）畜禽

畜牧业生产基本情况由国家统计局广西调查总队根据每年的调查情况所提供。主要有季报和月报。

调查分为三大块：

1. 主要畜禽产品监测调查。即以生猪、牛、羊、禽为调查主题，实行按季度调查和上报调查数据，调查对象：全自治区111个县区所有大型规模养殖户全数调查（大型的标准是：生猪年饲养量5000头以上、肉牛1000头以上和肉禽10万只以上）；14个市、29个国家调查县（区）抽中的中小型养殖户（如生猪年饲养量100～5000头）抽样调查；抽中的调查小区散养户抽样调查。

2. 生猪调出大县调查，就是按照国家统计局核定给广西的生猪调出大县，仅以生猪品种的生产情况为调查主题，对县范围内的生猪生产情况进行调查，实行月度调查与季度调查相结合模式，主要数据按照月度上报报表数据。2017年末，生猪大县生猪饲养量占全自治区比重大半。

3. 万头猪场联网直报。年饲养量达到万头以上的养猪场（户）(2017年底广西万头猪场联网直报企业共73家)按制度要求，登陆国家统计局统计联网直报平台，报送生猪生产情况。

5-1　主要粮食作物生产情况（1985—2018年）

Basic Statistics on Main Grain Crops（1985—2018）

年 份 Year	粮食作物 Grain Crops			早 稻 Early Rice		
	播种面积（千公顷）Sown Area（1000 hectares）	每公顷产量（公斤/公顷）Per Hectare Output（kg/hectare）	总 产 量（万吨）Total Output（10 000 tons）	播种面积（千公顷）Sown Area（1000 hectares）	每公顷产量（公斤/公顷）Per Hectare Output（kg/hectare）	总 产 量（万吨）Total Output（10 000 tons）
1985	3447.3	3240.5	1117.1	1153.2	4701.7	542.2
1986	3530.6	3166.9	1118.1	1157.9	4556.4	527.6
1987	3539.5	3418.6	1210.0	1145.5	4863.2	557.1
1988	3510.7	2976.6	1045.0	1128.5	4691.9	529.5
1989	3596.9	3533.0	1270.8	1178.4	5070.4	597.5
1990	3639.9	3744.8	1363.1	1190.3	5287.9	629.4
1991	3567.7	3758.7	1341.0	1124.1	5473.9	615.3
1992	3521.8	4028.9	1418.9	1153.6	5710.8	658.8
1993	3538.8	4115.8	1456.5	1137.1	5678.5	645.7
1994	3633.6	3502.0	1272.5	1134.1	4554.3	516.5
1995	3662.7	4117.7	1508.2	1148.4	5846.4	671.4
1996	3708.0	4070.4	1509.3	1152.4	5795.7	667.9
1997	3738.5	4132.1	1544.8	1155.3	5983.7	691.3
1998	3757.7	4143.8	1557.1	1147.9	5551.9	637.3
1999	3725.5	4227.6	1575.0	1116.4	5966.6	666.1
2000	3655.9	4180.9	1528.5	1078.1	5865.9	632.4
2001	3641.9	4150.0	1511.4	1141.5	5148.5	587.7
2002	3556.9	4180.0	1486.8	1130.3	5383.5	608.5
2003	3470.0	4222.2	1465.1	1118.5	5353.6	598.8
2004	3511.2	3983.0	1398.5	1098.9	5217.0	573.3
2005	3496.2	4254.0	1487.3	1131.3	5056.1	572.0
2006	3133.2	4556.4	1427.6	1053.3	5261.6	554.2
2007	2969.4	4670.3	1386.8	985.1	5413.7	533.3
2008	2944.1	4671.4	1375.3	971.7	5307.2	515.7
2009	3023.9	4738.3	1432.8	969.7	5596.6	542.7
2010	3003.7	4568.0	1372.1	940.1	5509.0	517.9
2011	3013.9	4586.4	1382.3	911.2	5635.4	513.5
2012	2978.2	4789.1	1426.3	894.3	5861.6	524.2
2013	2974.1	4877.8	1450.7	886.7	5984.0	530.6
2014	2947.7	4927.9	1452.6	871.2	5921.7	515.9
2015	2950.6	4857.3	1433.2	837.9	5954.2	498.9
2016	2897.1	4898.0	1419.0	828.2	5994.9	496.5
2017	2853.1	4803.5	1370.5	810.7	5799.9	470.2
2018	2802.0	4899.0	1373.0	790.5	5952.0	470.5

注：2007—2017年数据根据第三次全国农业普查数据进行了修订（下相关表同）。
Note: Data from 2007 to 2017 have been revised according to the Third Agricultural Census. The same applies to the relevant tables following.

5-1 续表 continued

年 份 Year	晚 稻 Late Rice			玉 米 Corn		
	播种面积（千公顷）Sown Area（1000 hectares）	每公顷产量（公斤/公顷）Per Hectare Output（kg/hectare）	总 产 量（万吨）Total Output（10 000 ton）	播种面积（千公顷）Sown Area（1000 hectares）	每公顷产量（公斤/公顷）Per Hectare Output（kg/hectare）	总 产 量（万吨）Total Output（10 000 ton）
1985	1124.5	3616.7	406.7			
1986	1180.9	3407.6	402.4			
1987	1172.7	3855.2	452.1			
1988	1151.2	3015.1	347.1			
1989	1134.5	3963.0	449.6			
1990	1174.5	4330.4	508.6			
1991	1182.4	4217.7	498.7			
1992	1160.2	4453.5	516.7			
1993	1131.8	4547.6	514.7			
1994	1132.2	3413.7	386.5			
1995	1136.9	4546.6	516.9			
1996	1143.3	4537.7	518.8			
1997	1143.8	4416.0	505.1			
1998	1140.0	5064.0	577.3			
1999	1123.8	4825.6	542.3			
2000	1068.7	4775.9	510.4	610.7	3016.2	184.2
2001	1147.3	4915.9	564.0	556.9	3025.7	168.5
2002	1142.0	4659.4	532.1	520.3	3094.4	161.0
2003	1110.2	4800.0	532.9	531.1	3007.0	159.7
2004	1125.0	4245.3	477.6	586.6	3002.0	176.1
2005	1108.4	4767.2	528.4	575.7	3682.5	212.0
2006	1038.8	4944.2	513.6	516.3	3844.7	198.5
2007	980.3	4969.2	487.1	489.6	4162.4	203.9
2008	971.2	5056.6	491.1	488.7	4228.8	206.7
2009	971.9	5125.4	498.1	533.0	4209.0	224.3
2010	954.6	5200.0	496.4	536.4	3870.4	207.6
2011	954.8	4785.5	456.9	563.0	4318.5	243.2
2012	941.8	5205.8	490.3	577.0	4309.7	248.7
2013	924.5	5252.2	485.5	583.5	4516.3	263.5
2014	911.2	5474.3	498.8	579.3	4551.4	263.7
2015	894.1	5414.2	484.1	617.0	4496.8	277.5
2016	871.8	5495.3	479.1	603.2	4571.6	275.8
2017	849.9	5327.6	452.8	591.2	4594.5	271.6
2018	826.6	5461.2	451.4	584.4	4678.1	273.4

5-2　主要县（区）粮食生产情况

Basic Statistics of Grain by Major County（District）

地　区	Region	粮食播种面积（千公顷）Sown Area of Grain（1 000 hectares）		粮食单位面积产量（公斤/公顷）Output of Grain Per Hectare（kg/hectare）		粮食总产量（万吨）Total Output of Grain（10 000 tons）	
		2017	2018	2017	2018	2017	2018
南宁市	**Nanning**						
邕宁区	Yongning District	26.4	27.1	5243.8	4972.0	13.9	13.5
武鸣区	Wuming District	67.8	67.1	5149.7	5040.1	34.9	33.8
隆安县	Long'an	38.3	37.2	4494.1	4490.6	17.2	16.7
马山县	Mashan	39.1	39.7	4573.7	4688.8	17.9	18.6
上林县	Shanglin	38.1	37.2	4678.5	4704.8	17.8	17.5
宾阳县	Binyang	71.6	72.0	5063.4	4900.1	36.2	35.3
横　县	Hengxian	76.7	75.7	5312.5	5160.2	40.8	39.1
柳州市	**Liuzhou**						
柳江区	Liujiang District	33.2	30.1	5141.3	5054.9	17.1	15.2
柳城县	Liucheng	32.3	29.1	5146.0	5060.4	16.6	14.7
鹿寨县	Luzhai	32.0	26.9	5104.8	5179.2	16.3	13.9
桂林市	**Guilin**						
临桂区	Lingui District	46.9	44.8	5261.8	5304.9	24.7	23.7
阳朔县	Yangshuo	23.2	19.5	4907.4	4846.7	11.4	9.4
灵川县	Lingchuan	32.7	26.9	5067.0	5210.5	16.6	14.0
全州县	Quanzhou	76.5	72.6	5306.4	5258.8	40.6	38.2
兴安县	Xing'an	37.9	31.3	5395.3	5622.2	20.5	17.6
永福县	Yongfu	26.0	23.8	4947.4	4911.0	12.8	11.7
平乐县	Pingle	30.2	30.4	5242.6	5015.0	15.9	15.2
梧州市	**Wuzhou**						
藤　县	Tengxian	48.4	42.8	5451.0	5303.9	26.4	22.7
岑溪市	Cenxi	46.2	44.6	4972.3	4561.6	23.0	20.3
北海市	**Beihai**						
合浦县	Hepu	64.5	54.9	5015.2	4770.2	32.3	26.2

5-2 续表 continued

地　区	Region	粮食播种面积（千公顷）Sown Area of Grain（1 000 hectares）		粮食单位面积产量（公斤/公顷）Output of Grain Per Hectare（kg/hectare）		粮食总产量（万吨）Total Output of Grain（10 000 tons）	
		2017	2018	2017	2018	2017	2018
钦州市	**Qinzhou**						
钦北区	Qinbei District	54.7	46.4	4978.9	4905.5	27.2	22.8
灵山县	Lingshan	74.5	65.3	5160.4	5075.6	38.4	33.2
浦北县	Pubei	46.5	43.0	5331.1	5240.7	24.8	22.5
贵港市	**Guigang**						
港南区	Gangnan District	40.6	39.1	5641.5	5568.0	22.9	21.8
平南县	Pingnan	63.8	66.9	5442.5	5164.5	34.7	34.6
桂平市	Guiping	102.3	104.5	5387.1	5370.2	55.1	56.1
玉林市	**Yulin**						
容　县	Rongxian	38.4	38.1	5695.3	5528.4	21.9	21.0
陆川县	Luchuan	43.8	41.1	5867.4	5749.6	25.7	23.6
博白县	Bobai	85.2	80.1	5485.3	5381.5	46.8	43.1
兴业县	Xingye	40.2	35.3	5885.8	5949.0	23.6	21.0
北流市	Beiliu	57.4	53.7	5569.0	5660.8	32.0	30.4
百色市	**Baise**						
田阳县	Tianyang	22.0	21.5	5240.9	5300.3	11.5	11.4
靖西市	Jingxi	50.3	48.5	4397.1	4198.6	22.1	20.4
贺州市	**Hezhou**						
八步区	Babu District	33.9	31.7	5432.9	5303.1	18.4	16.8
河池市	**Hechi**						
环江毛南族自治县	Huanjiang	23.5	21.7	5314.9	5489.6	12.5	11.9
宜州区	Yizhou District	47.6	41.6	4572.0	4551.1	21.8	18.9
来宾市	**Laibin**						
兴宾区	Xingbin District	64.0	55.0	4716.3	4602.0	30.2	25.3
象州县	Xiangzhou	33.2	30.6	5338.1	5157.8	17.7	15.8

5-3　主要畜禽生产情况（1978—2018年）

Basic Statistics of major Livestock and Poultry（1978—2018）

年　份 Year	生　猪 Live Hog			牛 Cattle		
	存　栏（万头）Number of Hogs（10 000 heads）	出　栏（万头）Slaughter Hogs（10 000 heads）	肉产量（万吨）Output of Pork（10 000 tons）	存　栏（万头）Number of Cattle（10 000 heads）	出　栏（万头）Slaughter Cattle（10 000 heads）	肉产量（万吨）Output of Beef（10 000 tons）
1978	1246.3	650.6		413.9	7.4	
1979	1103.0	683.2	36.6	415.5	8.5	0.5
1980	1034.1	564.7	39.7	411.0	5.0	0.3
1981	1125.3	514.7	42.6	428.3	6.5	0.5
1982	1284.2	610.2	50.4	460.4	7.1	0.6
1983	1355.3	691.6	56.4	484.0	7.6	0.6
1984	1350.0	743.5	61.8	522.7	9.1	0.8
1985	1435.7	693.4	60.8	560.2	12.5	1.1
1986	1563.8	733.2	62.1	595.5	14.8	1.3
1987	1564.6	841.0	69.1	627.2	21.3	1.8
1988	1527.2	876.1	71.3	648.0	27.2	2.4
1989	1634.0	939.4	76.9	672.8	28.1	2.4
1990	1742.5	1063.9	87.2	703.9	35.0	3.0
1991	1808.6	1195.0	97.4	708.7	44.2	3.8
1992	1903.9	1349.9	109.8	712.3	55.3	4.8
1993	1923.6	1464.4	118.1	714.8	60.3	5.3
1994	1990.1	1654.3	134.4	724.8	67.1	5.9
1995	2075.7	1905.8	153.6	738.8	73.5	6.5
1996	2137.0	2187.0	175.9	747.4	83.2	7.5
1997	2244.0	2378.4	190.0	759.6	96.9	8.7
1998	2085.2	2424.5	194.0	776.3	105.8	9.5
1999	2309.6	2547.0	202.5	770.7	99.9	8.9
2000	2415.6	2756.9	217.9	775.3	108.9	9.8
2001	3154.6	2768.4	208.1	766.6	115.5	10.4
2002	3029.3	2656.5	190.8	766.5	129.1	11.6
2003	2637.7	2555.1	179.8	760.6	144.4	12.9
2004	2671.0	2462.5	161.7	739.7	163.5	14.6
2005	3015.0	2831.9	186.0	735.6	188.3	16.9
2006	2259.9	2957.2	210.3	403.8	117.1	10.9
2007	2169.3	2767.3	206.2	396.8	125.4	11.7
2008	2307.0	2935.0	218.4	421.8	133.7	12.5
2009	2332.4	3119.9	232.3	448.0	143.0	13.4
2010	2344.0	3230.0	241.5	450.0	146.3	13.7
2011	2412.0	3195.1	239.8	441.7	150.4	14.3
2012	2466.6	3342.1	252.5	453.6	147.7	13.9
2013	2471.5	3456.7	261.3	457.0	148.2	14.3
2014	2360.3	3518.0	266.3	448.6	149.6	14.4
2015	2303.7	3416.8	258.8	445.9	149.3	14.4
2016	2216.1	3280.1	249.8	418.7	149.8	14.7
2017	2293.7	3355.1	255.0	326.6	117.0	11.7
2018	2298.3	3465.8	263.9	328.6	123.6	12.3

5-3 续表 continued

年 份 Year	羊 Sheep			家 禽 Poultry		
	存 栏（万头）Number of Sheep（10 000 heads）	出 栏（万头）Slaughter Sheep（10 000 heads）	肉产量（万吨）Output of Mutton（10 000 tons）	存 栏（万头）Number of Poultry（10 000 heads）	出 栏（万头）Slaughter Poultry（10 000 heads）	肉产量（万吨）Output of Poultry（10 000 tons）
1978	94.8	17.8				
1979	87.5	16.0	0.3			
1980	80.3	15.1	0.2			
1981	78.0	14.2	0.2			
1982	79.8	12.6	0.2			
1983	76.6	10.3	0.2			
1984	71.8	11.9	0.2			
1985	66.6	14.4	0.2			
1986	63.6	15.7	0.2			
1987	66.7	15.3	0.2			
1988	68.8	17.4	0.2			
1989	74.6	18.2	0.3			
1990	80.6	21.5	0.3			
1991	84.0	25.5	0.4			
1992	89.1	30.3	0.4			
1993	95.4	34.7	0.5			
1994	104.2	38.9	0.6			
1995	131.5	51.5	0.8			
1996	161.6	66.3	1.1			
1997	228.7	102.8	1.6			
1998	239.2	133.1	2.1			
1999	241.1	150.9	2.3			
2000	241.8	165.0	2.5			
2001	237.6	173.8	2.6		24617.3	43.4
2002	232.4	181.5	2.6		22918.3	41.6
2003	246.6	194.4	2.8		21206.9	29.3
2004	278.1	217.7	3.2		20166.1	28.4
2005	260.0	255.0	3.8		27111.6	33.5
2006	151.4	166.5	2.5	23957.5	60123.0	94.5
2007	155.1	176.0	2.7	25938.8	64538.1	105.3
2008	176.4	190.9	2.9	27495.1	69701.1	113.7
2009	190.0	205.0	3.2	28180.0	72834.0	118.4
2010	193.4	212.3	3.3	28501.3	77058.4	124.9
2011	198.2	205.0	3.2	30282.6	79169.8	128.8
2012	203.6	206.0	3.2	31202.6	82631.7	136.0
2013	202.2	205.6	3.2	30625.4	82218.5	135.3
2014	201.6	205.0	3.2	30656.0	78288.1	128.2
2015	202.6	205.3	3.2	31330.4	80825.0	132.5
2016	203.7	207.2	3.3	30860.5	82237.3	135.0
2017	222.4	209.7	3.3	32712.1	86486.3	142.0
2018	223.5	210.9	3.4	33300.9	84929.5	138.8

主要统计指标解释

粮食产量 指农业生产经营者日历年度内生产的全部粮食数量。按收获季节包括夏收粮食、早稻和秋收粮食，按作物品种包括谷物、薯类和豆类。其产量计算方法：谷物按脱粒后的原粮计算，豆类按去豆荚后的干豆计算；薯类（包括甘薯和马铃薯，不包括芋头和木薯）1963年以前按每4公斤鲜薯折1公斤粮食计算，从1964年开始改为按5公斤鲜薯折1公斤粮食计算，2014年开始按鲜薯计算；城市郊区作为蔬菜的薯类(如马铃薯等)按鲜品计算，并且不作粮食统计。1989年以前全国粮食产量数据主要靠全面报表取得，1989年开始使用抽样调查数据。

猪、牛、羊肉产量 指当年出栏并已屠宰、除去头蹄下水后带骨肉(即胴体重)的重量。包括全社会范围内的产量。1996年以前为全面统计并逐级上报数据。1996年第一次农业普查以后，根据普查结果，对畜牧业主要年报数据进行了修正。1999年以后，国家统计局在部分地区开展了猪、牛、羊、禽等主要畜禽品种的抽样调查，并用抽样数据作为国家定案数据使用。未开展抽样调查的地区和品种，仍使用各级统计部门逐级上报数据。2007年，根据第二次农业普查结果，对2000—2006年畜牧业主要年报数据进行了修正。2008年，建立了主要畜禽监测调查制度，猪、牛、羊、禽等主要畜禽数据均以抽样调查数为法定数据。

期初（末）畜禽存栏头（只）数 指报告期初（末）农村各种合作经济组织和国营农场、农民个人、机关、团体、学校、工矿企业、部队等单位以及城镇居民饲养的大牲畜、猪、羊、家禽等畜禽的存栏数。数据上报方式及数据调整情况同猪、牛、羊肉产量。

当年出栏头数 指农林牧渔企业生产单位饲养的，供屠宰并已出栏的全部牲畜头数。包括交售给国家，集市上出售的部分。

常用耕地 是指耕地总资源中专门种植农作物并经常进行耕种、能够正常收获的土地。包括当年实际耕种的熟地；弃耕、休闲不满三年，随时可以复耕的地；开荒利用三年以上的土地。在统计口径上包括南方小于1米、北方小于2米宽的沟、渠、路和田埂。不包括临时种植农作物的坡度在25度以上的陡坡地；在河套、湖畔、库区临时开发的成片或零星土地；也不包括已列为国家和省（区、市）退耕计划但临时耕种的土地。常用耕地是国家需要重点保护的耕地，是反映我国农业综合生产能力的一个重要指标。

农作物播种面积 指实际播种或移植有农作物的面积。凡是实际种植有农作物的面积，不论种植在耕地上还是种植在非耕地上，均包括在农作物播种面积中。在播种季节基本结束后，因遭灾而重新改种和补种的农作物面积，也包括在内。它是反映我国耕地面积利用情况的一个重要指标。目前，农作物播种面积主要包括粮食、棉花、油料、糖料、麻类、烟叶、蔬菜和瓜类、药材和其他农作物九大类。

Explanatory Notes on Main Statistical Indicators

Grain Output refers to the total output of grains produced by agricultural producers within a calendar year. It includes summer grain, early rice and autumn grain if classified by harvest seasons; it covers cereal, tubers and beans if classified by type of crops. Output of cereal should be limited to husked grain only. Output of beans refers to dry beans without pods. The output of tubers（sweet potatoes and potatoes, not including taros and cassava）are converted into that of grain at the ratio 4:1, i.e. 4 kilograms of fresh tubers were equivalent to 1 kilogram of grain up to 1963. Since 1964 the ratio for conversion has been 5:1, and Starting from 2014, the ratio for conversion has been 1:1. Tubers supplied as vegetables（such as potatoes）in cities and suburbs are calculated as fresh vegetables and their output is not included in the output of grain. Data on grain production before 1989 were obtained through the Comprehensive Statistical Reporting System. Since 1989, data from sample surveys are used.

Output of Pork, Beef, and Mutton refers to the meat of slaughtered hogs, cattle, sheep and goats with head, feet, and offal taken away. Data refers to the production of the whole country. Before 1996, it was a comprehensive reporting from the lower level to the upper one. The First Agricultural Census of China in 1996 revealed some discrepancy between the production of animal products from the annual reports and that from the census. Efforts were made to adjust the output value of animal husbandry to make the figures from the annual reports consistent with the census data. Since 1999, the NBS conducted sample surveys for the major animal husbandry products, such as hogs, cattle, sheep and goats and fowls, and the data from sample surveys are used as national finalized data. Those products, which are not covered by the sample survey, are still reported by statistical agencies level by level. In 2007, the data on animal husbandry from 2000 to 2006 were revised according to the results of the Second Agriculture Census of China. In 2008, A Monitoring and Survey Program was set up on main livestock, the data on the main livestock such as hog, cattle, sheep and poultry became the official data based on the sampling survey.

Number of Livestock or Poultry in Stock at Beginning（or End） refers to the total number of large animals, pigs, sheep, fowls, etc. raised by rural cooperative organizations, state farms, rural individuals, government agencies, schools, industrial and mining enterprises, army, and urban residents at the beginning（or end）of the reference period. Data reporting system and data adjustment are the same as that in the output of pork, beef and mutton.

Number of Livestock Slaughtered refers to the total number of animals for butchering by farming, forestry, animal husbandry and fishery, including parts of selling to country and markets.

Regularly Cultivated Land refers to farmland among the total land resources, which is exclusively used for farming and is under regular cultivation with harvest in normal years. Included are currently cultivated land, land that has been abandoned or put in idle for less than 3 years and could be re-used for cultivation at any time, and new-claimed land that has been put into cultivation for more than 3 years. According to statistical coverage, it includes the gouges, dykes, roads and ridges of field with 1 meter wide in Southern areas and 2 meters wide in Northern areas. Excluded under this category are steep slope land over 25 degrees under temporary cultivation, land（large or small plots）that is claimed along river bends, lake sides or banks of reservoirs, as well as land that has been designated under the "Green for Grain" programme of the state and provincial governments but is still temporarily under cultivation. The regularly cultivated land is the key protection land of the nation, an important indicator reflecting the comprehensive productivity of agriculture of China.

Sown Area of Crops refers to area of land sown or transplanted with crops regardless of being in cultivated area or non-cultivated area. Area of land re-sown due to natural disasters is also included. This is an important indicator that can reflect the utilization condition of the cultivated land in China. At present, the sown area of crops mainly include the following 9 categories of crops: grain, cotton, oil-bearing crops, sugar crops, fiber crops, Tobacco, Vegetables and melons, medicinal materials and other farm crops.

国家统计局南宁调查队

2019年4月28日，南宁调查队到邕宁区开展无人机遥感测量工作

2018年，国家统计局南宁调查队（以下简称南宁调查队）在国家统计局广西调查总队和南宁市委、市政府的正确领导下，紧扣“建一流‘首府调查’队伍，树权威‘国家调查’品牌”的总目标，围绕“强化依法统计、深化改革创新，奋力提升新时代‘国家调查’公信力”年度工作思路目标，狠抓工作落实，圆满地完成了各项工作任务。

一、深化业务改革，推动统计调查工作高质量发展

（一）住户调查电子记账100%全覆盖。充分利用住户调查联席会议工作机制平台，分省、分市县样本同时推进。2019年5月，南宁市新一轮住户调查1610户记账户实现100%电子记账。

（二）积极探索创新取得新成果。一是住户调查：全面测算近20年来全市分县区数据，完善南宁市分县区住户调查数据评估模型，制定出台《南宁市分县区城乡居民收入汇总数据评估实施细则》。二是农作物播种面积调查：全面应用无人机，不再需要人工辅助地块识别辨认。三是房地产价格调查：与住房局交换数据采取电脑光盘交接和设置只读权限的办法，有效破解网签数据报送“保密性和一致性”问题。四是工业生产者价格调查：分类制作联网直报平台安装、登录、填报操作规程GIF动画，并就台账填报制作图片说明对每项指标进行实例解释，细致精准指导企业填报。五是居民消费价格调查：采取“集中特训+网络在线+现场小灶”模式强化培训指导，有效夯实源头数据质量。六是主要畜禽监测调查：深入开展工作方法调查研究，撰写的《南宁市武鸣区2017年生猪产量抽查调研报告》被总队作为经验材料转发全系统学习借鉴。

二、务求工作实效，全面提升综合工作水平

（一）统计分析精品迭出。认真开展月度、季度、半年度数据分析和经济形势调研分析工作。2018年撰写上报调查信息100篇、调查报告23篇，获总队采用调查信息62篇、调查报告18篇；“市两办”采用136篇次，市领导批示6篇次，自治区两办采用35篇次，区党政领导批示1篇次，国家局采用15篇，国家局批示11篇，中办国办采用6篇次，中央领导批示4篇次。申报总队立项开展的2项课题研究取得初步成果。

（二）统计宣传影响力扩大。持续推动统计新闻宣传工作向宽领域、深层次、高水平发展，逐步扩大覆盖面，增强影响力，牢牢掌握舆论话语权和主导权。据统计，截止2019年4月，在微信平台共发布信息72条，其中2条获国家统计局微信公众号“统计微讯”采用；通过《广西日报》《南宁晚报》等主流媒体发布农村居民收入、居民消费价格等重要调查数据68次；官网更新发布工作信息300多条，进一步提高调查工作的传播力和影响力。

（三）调查数据规范化管理。一是编撰出版《南宁调查年鉴2018》、汇编《调查报告集》、编发《南宁调查》月刊，分送各级党政领导和有关

部门阅参，有效增进各级各部门对调查工作的了解和重视。二是与周边6个省会城市共同编制《“菜篮子”主要商品价格资料》，建立起物价信息监测对接机制和数据共享机制。三是依法依规提供数据，定期向市政府报送主要调查经济指标数据，每月报送“美丽南宁·整洁畅通有序大行动”专项考评结果和分析报告等。

（四）信息化水平不断提高。启用电子编制证系统，实现在线办理入编和销编手续。建成以南宁调查队为主会场、市辖各县区局队为分会场的视频会议系统。探索应用电子访户系统、住户调查“微大数据”开发利用、“两本台账”网络电子化、无人机影像数据采集等项目研发取得了积极成果。

三、坚持依法统计，全力开辟依法治统新局面

（一）加大统计普法宣传力度。以工作布置和业务培训、“宪法日”“统计开放日”等多种形式宣传统计法律知识；加强统计领域信用体系建设，对统计调查上严重失信企业进行公示和联合惩戒，培育统计调查诚信环境。举办了两期法治讲堂，邀请总队领导和专家学者深入解读分析《关于深化统计管理体制改革提高统计数据真实性的意见》《统计违纪违法责任人处分处理建议办法》《新时代法治前景》。

2018年6月6日，南宁调查队住户科到邕宁区那文村向记账户了解辣椒等蔬菜生产销售情况

（二）加大统计执法力度。一是强化执法队伍建设，提高统计执法能力。选派3人参加国家局和总队执法检查工作，选派2人参加执法资格考试并顺利通过，提高规范执法能力。二是加大对统计违法违规案件的查处力度，有效遏制统计违法行为。全年立案查处违法案件19起，涉及数据质量1起，处以罚款1起，形成有效震慑。三是开展“双

2019年1月17日，南宁调查队赴坛洛镇下楞村开展新春慰问

随机”执法检查常态化，及时化解数据质量风险隐患。“双随机”抽查调查企业8家、重点检查调查企业2家。

四、提升党建水平，强力发挥党建引领作用

（一）提升组织建设水平。一是旗帜鲜明的加强党组织建设和党员教育管理；二是积极开展组织建设提升行动和特色活动；三是努力发挥好党支部的战斗堡垒作用和党员先锋模范作用。

（二）打造党建工作品牌。深入开展“党建+住户调查”“党建+农业调查”等品牌创建活动，深化创新型调查行动，着力打造“绿城党旗红·调查数据真”党建工作品牌，实现党建与工作业务深度融合发展。党建工作品牌创建思路和主题活动的实际效果得到了市直机关工委的高度评价。

（三）提升“大党建”效能。党支部推进“支部建设升级”“支部规范化建设”等基础工程，利用与2个村级党支部结对共建平台，组织党员进农村、进社区开展政策宣传、志愿服务、结对帮扶、文明创建等活动，充分发挥党支部战斗堡垒作用和党员先锋模范作用。

2018年9月20日，广西调查总队主办、南宁调查队承办的第九届“中国统计开放日”现场宣传活动在南宁市举办

国家统计局柳州调查队

2018年，国家统计局柳州调查队（以下简称柳州调查队）在国家统计局广西调查总队的正确领导下，在柳州市委、市政府的关心与支持下，认真贯彻落实十九大精神和广西国家调查队工作会议精神，以习近平新时代中国特色社会主义思想为指引，认真谋划、狠抓落实，顺利推进各项统计调查工作。

一、奋力打造“党旗红·数据真”党建品牌，积极推进党建与调查业务深度融合

（一）把党建品牌创建与调查业务示范网点建设同部署同推进

2018年6月，在融水县古鼎村建立柳州市“党旗红·数据真”党建品牌暨住户调查首个示范网点，将“党旗红·数据真”党建品牌创建与住户调查业务开展同步推进，充分调动和发挥调查工作中党员模范带头作用，以“先进带后进、党员带群众”传帮带方式，不断提升调查对象配合度，促进调查数据质量的提高。通过发挥党员记账户引领作用，实现该网点调查户100%采用电子记账。

（二）巧借十九大代表宣讲，提高住户调查配合度

邀请党的十九大代表柳城县住户调查记账户韦美芳到调查网点宣讲十九大精神，通过党代表的言传身教提高记账户调查配合度，促使调查户愿记账、记真账、记全账，从而实现住户调查源头数据质量进一步提高。

（三）开展党员数据质量基层行活动

组织党员干部深入乡镇统计机构、基层调查点和贫困村屯开展3次调查数据质量基层行活动，分别围绕基层统计规范、源头数据采集、精准扶贫帮扶等主题开展座谈交流式、示范带动式、业务指

2018年6月13日，柳州调查队在融水县融水镇古鼎村举行“党旗红·数据真”党建品牌暨住户调查示范网点揭牌仪式

2018年8月6日，柳州调查队到鹿寨县中渡镇大兆村调查点指导电子记账工作

导式和体验服务式等多形式活动，助力提升调查数据质量。

二、努力推进精神文明建设，国家调查队品牌效应进一步凸显

2018年，柳州调查队以创建文明单位为契机，坚持精神文明建设和业务工作“两手抓两手硬”，全力打造一支“阳光、上进、友善”的调查队伍，积极营造“风正、气顺、人和”良好工作氛围，树立国家调查队良好形象。合理充分使用现有办公场所，在各科室及会议室、走廊过道墙面划分创建区域，营造良好创建氛围，多次举办“我们的节日”系列活动，组织干部职工参加市直机关职工运动会、歌咏比赛、志愿者服务等活动并获得丰硕成果，合唱团荣获庆祝自治区成立60周年辉煌颂歌——柳州市直属机关歌咏会演优秀组织奖，价格调查科荣获2018年度柳州市“巾帼文明岗”荣誉称号，农业调查科科长陈芳荣获“柳州市五一巾帼标兵”荣誉称号，国家调查品牌效应不断凸显。

三、拓宽载体，强化学习，进一步激发党组织活力

以开展“学习贯彻十九大、机关党员率先行”活动为契机，以“三会一课”和结对共建为载体，通过组织党员集中学习、队领导上党课、党员写感悟、聆听十九大代表讲党课、党建知识现场测试、十九大精神及党的基础知识竞赛、举办辖区国家调查队学习贯彻党的十九大精神专题培训班等途径，不断激发党组织活力。

四、聚焦主业，全力推进服务型统计建设取得良好业绩

（一）调查数据利用发布工作取得新突破

首次建立季度经济形势专题分析会议制度，每季度定期召开专题经济形势分析会，深入分析主要调查指标运行情况和相关经济领域发展形势，研究存在的问题，探讨其原因并提出预测和对策建议，整理撰写主要调查指标运行形势材料报市政府，为领导提供更加精准的决策参考服务。首次举办调查数据新闻发布会，与柳州市统计局定期联合召开柳州市经济运行情况新闻发布会。积极向《柳州日报》《南国今报》和广西新闻网等主流新闻媒体以及在“柳州调查”官方微信公众平台发布调查数据和统计宣传材料。

（二）统计调查服务水平稳步提升

2017年12月—2018年11月，全队共编发调

2018年9月20日，柳州调查队联合鹿寨调查队、鹿寨县统计局在鹿寨县文化广场开展统计开放日集中宣传活动

2018年10月，柳州调查队到柳城县开展县级粮食产量调查实割实测

查信息（含约稿，下同）62篇、调查报告23篇；调查信息和报告共得到上级部门采用和批示157篇次，其中：总队采用采用调查信息和调查报告分别是51篇次和10篇次，柳州市委市政府采用34篇次。此外，继续做好服务地方经济社会发展工作。高质高效开展“柳州市城市管理提升年大行动”专项考评等地方党委政府委托的专项调查工作，充分发挥国家调查“轻骑兵”优势，展示国家调查队良好形象。

五、进一步规范统计调查行为，不断提高调查数据真实性

在各项业务审核、自查、交叉检查基础上，集中力量开展数据真实性核查行动。组织开展“双随机”执法检查和法规纪检联动核查，并对专业负责人进行提醒谈话。此外，围绕统计法治宣传主题，深入“社会公众、统计机构、调查对象”，丰富创新第九届“中国统计开放日”“12·4”国家宪法日和“12·8”《统计法》颁布纪念日活动内容，深入推进“七五”统计普法工作。

2018年5月25日，组织柳州辖区调查队干部职工到桂林灌阳开展“不忘初心、牢记使命”现场主题教育活动

国家统计局桂林调查队

2018年，在国家统计局广西调查总队党组的正确领导下，在全队干部职工的共同努力下，国家统计局桂林调查队（以下简称桂林调查队）坚持以习近平新时代中国特色社会主义思想和十九大精神为指导，认真贯彻落实《关于深化统计管理体制改革提高统计数据真实性的意见》《统计违纪违法责任人处分处理建议办法》《防范和惩治统计造假、弄虚作假督察工作规定》（以下简称《意见》《办法》《规定》）等重要统计改革文件，全面落实广西国家调查队工作会议部署，扎实完成全年工作任务，深入推动全面从严治党治队。

一、加强党的建设，夯实党建工作基础

（一）深入学习习近平新时代中国特色社会主义思想和党的十九大精神。党组中心组、党支部分别制定学习计划开展学习 19次；6月份组织党员参加市委党校学习贯彻十九大精神培训班；组织参加市直机关工委举办“学习宣传贯彻党的十九大精神宣传板报展评活动”、学习宣传贯彻党的十九大精神心得体会征文活动，荣获板报三等奖，选送作品二等奖的好成绩；梁白冰写作的十九大精神征文《运枪小道上的感悟》获《中国信息报》刊载。

（二）深入推进“两学一做”教育常态化制度化。推进主题教育与“两学一做”学习教育常态化制度化紧密结合，与“党旗红·数据真”党建品牌创建工作深度融合，力求不忘初心为党旗增光添彩，牢记使命确保数据真实准确；开展文明科室评比工作，评选月度文明科室，鼓励争先创优。

（三）开展党建质量年、“周五党日+”活动。通过落实党的组织生活制度，党组织战斗堡垒作用不断增强；制定“周五党日+”活动方案和活动计划，组织参观桂林抗战文化城展览，开展党员“重温入党志愿书”暨党员过“入党生日”等23次“周五党日+”专题活动。

二、完成调查任务，确保数据真实准确

（一）紧抓三个“加强”。加强业务培训，通过“大讲堂”“开小灶”“实地学”等多种培训形式，加强对调查对象、辅调员、调查员的培训，进一步提高人员素质，筑牢工作基础；加强制度建设，完善调查样本管理台账等10个住户调查工

2018年6月27日，桂林调查队党建与业务融合，开展《统计法》进社区活动

2018年8月16日，桂林调查队召开2018年上半年数据新闻发布会

作记录台账，实现数据质量责任可追溯，制定《桂林调查队工业生产者价格调查企业工作考评办法》等，进一步用制度压实责任，调动人员工作积极性；加强样本维护，居民消费价格指数（CPI）规范调查网点和规格品替换，灵活走位准确反映当地物价走势；采购经理调查以实地走访的形式对统计员有调整的企业情况进行摸底，并开展现场培训；8月份与市住建委组成联合调查组，对市区50个在售活跃楼盘进行大巡查，通过提高样本代表性、实地核查巡查的方式，做到心中有数。

（二）强化数据审核。坚持全部账本账机一致性检查，确保录入数据无误，减少和防止数据录入差错；CPI调查坚持每个采价日晚上查询上报情况，参照CPI同类规格品价格变化情况，对价格变化幅度较大和应动未动的规格品提出审核意见；住户调查利用好10个台账，实现全程记录；每周的20号左右，利用“周五党日+”活动平台，发动全体党员对账本进行逐一审核，排查记账不规范现象。

（三）稳步推进统计法制工作。调查业务培训会和年报会均进行《统计法》《统计上严重失信企业信息公示暂行办法》等法律法规的宣讲，营造依法统计的良好生态；发放7期《统计调查事务告知书》，进一步维护了统计调查法制环境，夯实统计执法基础；积极开展统计执法检查工作，以“双随机”方式进行统计执法检查5次，立案1起。通过宣讲、送书、执法，进一步推行依法统计工作。

三、优化行政管理，确保规范高效优质

（一）加强制度建设，倡导优质服务。共完善《国家统计局桂林调查队督促检查工作办法》等29项制度；编印《桂林调查队办公室服务指南》，列明工作流程，贴心提示易错易漏事项，进一步优化行政管理。

（二）规范行政文秘工作，做好财务和“县账市管”工作。严把政治关、程序关、文字关、数字关，切实提高办文质量。收发文、会议纪要编发有序；严格执行“三重一大”决策制度，确保行政决策“三有”。增设“县账市管”会计1人，并聘用1人协助工作，“县账市管”力量空前充实；全面梳理相关财务制度，编制差旅台账、养老保险台账等，理顺费用发生情况；做到经费使用与预算、业务开展相结合，提高经费使用的安全性和计划性。

（三）人事教育工作有序推进。开展统计岗位知识培训，选派6人参加全国统计系统统计专

业知识基础班、提高班，选派2人到总队跟班学习采购经理指数编制工作；分管领导带队到先进队学习取经；组织参加党务培训班4人次；积极组织在线学习教育，拓展知识获取平台；深入谈心谈话，关心关爱干部，组织全面体检一次。

四、提升服务意识，展示国家调查形象

（一）信息分析工作稳步有序。全年总队共采用调查信息12篇，采用率75%；调查报告总队采用7篇，采用率为77.8%；桂林市两办采用调查信息12篇次；约稿信息27篇次，其中6篇国家局采用，5篇获国家局领导批示。同比撰写数量有大幅提升。

（二）专项服务成效良好。受当地市委市政府相关部门委托，经总队批准，全年组织完成桂林市营商环境调查、桂林市创建文明城市模拟测评等两项重大专项调查，展现轻骑兵的风采，得到了市委市政府的充分肯定，地方绩效考评获得一等奖，实现了锻炼队伍、服务地方的多赢局面。

（三）数据解读方式进一步多样化。开通微信公众号，设置国家发布、广西发布、桂林发布等子菜单，及时对外发布数据；常态化数据新闻发布工作，召开2017年度、2018年上半年共2次数据新闻发布会，向媒体和公众发布桂林市主要调查数据指标情况，回答记者的提问。通过对公众和媒体的“敞开式”沟通，进一步提升调查品牌影响力。

（四）政务信息量大幅提升。政务信息报送量和采用量双双“破百”，全队共上报政务信息138条，总队采用113条，采用量同比增长50.7%。其中，3篇政务被国家局采用，1篇获中国信息报采用。

2018年9月20日，桂林调查队开展第九届“中国统计开放日”宣传活动

国家统计局梧州调查队

2019年2月11日，梧州市委书记全桂寿（中）到梧州调查队慰问全体干部职工，对队员们致以新春的问候与祝福

2018年，在国家统计局广西调查总队及梧州市党委政府的正确领导和关心指导下，国家统计局梧州调查队（以下简称梧州调查队）认真学习贯彻习近平新时代中国特色社会主义思想、党的十九大精神和中央经济工作会议精神，自觉践行“两个维护”，深入贯彻落实2018年广西国家调查工作会议精神，围绕本年度工作重点，抓住“担当、规范、实效”三个关键点，牢牢把握统计调查数据质量工作主线，主动开拓思路，以“认认真真、踏踏实实”的作风开展好各项工作。

一、打造品牌，“党建+X”深融合

2018年是“党建质量年”，梧州调查队以党建引领各项业务工作的开展，注重创新工作方式，推动各项工作全面启动、“提质进档”。2018年，梧州队党支部书记邓以光被中共梧州市委评为“梧州市2016—2018年优秀党务工作者”，被市直属机关工委评为“优秀党务工作者”；队党支部被市直属机关工委评为“先进基层党组织”。

二、深耕细作，数据质量齐共进

一是提高思想认识，深挖业务风险点。各科室齐步共进，紧盯时间节点开展“以数谋私、数字腐败”全面排查和专项整治行动。二是以培训为抓手，加强指导，夯实业务基础。三是严密监控，把关数据源头生产。

三、稳扎稳打，统计改革出成绩

一是全力推广电子记账工作。拟定《梧州市住户调查电子记账推广实施方案》，全面开展电子记账摸底意愿调查工作；7月17日，市政府印发了由市住调办代拟的《关于进一步加强和改进住户调

2019年2月11日，梧州市常务副市长吴浩岭（中）到梧州调查队慰问全体干部职工

2018年8月22日，梧州调查队到苍梧县调查点现场核查上半年住户调查数据

查工作的通知》，8月起正式开展电子记账试点工作。二是完满完成局队业务分工优化。按照国家统计局关于印发《地方统计局与国家调查队部分业务分工调整优化方案》文件精神，于2018年6月份将“四下”企业抽样调查的各项专业全部移交给地方统计局。

四、主动作为，行政水平上台阶

一是全面完善各项规章制度。从健全完善制度入手，将制度建设作为规范内部管理工作的有效途径，按照合法合规、务实管用的原则及时开展制度修订工作。二是重点督办确保事事有着落。三是规范行政办文办公。四是财务管理工作水平提升。五是无纸化办公取得新突破。六是顺利创建了二级档案室。七是进一步加强队伍建设，锻造一支想干事、能干事、干成事的干部队伍。

五、有的放矢，“三举措”依法治统

一是加强宣传，厚植依法治统意识。有的放矢，面向全体干部职工、调查对象及社会公众开展多层次、别开生面的统计知识学习宣传活动。二是主动查摆，贯彻依法治统理念。主动从主客观角度出发，查摆调查中存在的法治风险，将依法治统的理念渗透到风险防控中。三是细致执法，落实依法治统措施。

六、提量提质，优质服务上台阶

一是信息报告质量双提升。二是强化数据分析解读，为地方提供优质服务。

2018年9月19日，梧州调查队在梧州市潘塘公园法治文化广场举办“走进四经普”——第九届“中国统计开放日”现场宣传活动

国家统计局北海调查队

2019年2月11日，北海市常务副市长陈维（左三）慰问北海调查队干部职工

2018年，在国家统计局广西调查总队（以下简称广西调查总队）正确领导下，在北海市委、市政府的关心支持下，按照广西国家调查工作会议部署，认真贯彻落实《关于深化统计管理体制改革提高统计数据真实性的实施意见》（以下简称《意见》）、《统计违纪违法责任人处分处理建议办法》（以下简称《办法》），以提高数据质量为中心，以“党旗红·数据真”党建品牌建设和文明单位创建为抓手，认真落实“六个坚持”措施，强化基础工作，打造调查品牌，提升统计服务，圆满完成全年目标任务。

一、落实全面从严治党，建设过硬调查队伍

（一）党组统领全局

开展“党旗红·数据真”党建品牌建设和文明单位创建活动，结合“不忘初心牢记使命”专题教育和“我为党建献谋策”活动，打造北海队党建特色品牌，全面推进“两学一做”学习教育常态化制度化。认真组织学习贯彻《意见》《办法》，把《意见》《办法》落实到具体统计调查工作。

（二）从严落实巡视整改

认真开展中央第三巡视组巡视国家统计局党组和广西调查总队第三巡察组巡察国家统计局北海调查队反馈问题整改工作，对2017、2018年设立的统计调查项目和14个专业进行全面梳理，加大防范和惩治统计造假、弄虚作假、统计执法力度，安排专人到市保密局查阅《意见》《办法》贯彻落实记录，确保两个文件在地方落地落实。制定和完善各项管理制度，形成长效机制，确保整改工作符合要求。

（三）打响“党旗红·数据真”品牌

通过志愿服务、爱国主义教育、理论课题研究、挂职跟班学习等方式，全面提升干部队伍整体素质。两名党员分别荣获2018年市直机关“优秀党员”和“优秀党务工作者”称号。深入基层开展数据核查、调查点回访、热点难点调研、党的思想政治和统计法律法规宣传，直接联系群众、服务群众，住户科荣获2018年市直机关“共产党员先锋岗”称号。

二、切实增强质量意识，提升统计数据真实性

（一）强化业务培训

根据调查业务特点采取观看视频、现身说法、观摩学习等方式开展针对性培训。对水产加工企业辅导员、青蟹养殖户、水产品捕捞户进行差异化培训，提高农产品价格采集能力。

（二）强化数据审核

对联网直报的调查专业坚持立报立审，对非联网直报的调查专业，坚持领导带队回访核实。对上报的数据进行逻辑、机账、对比审核，落实调查

2018年7月12日，北海调查队开展主题党日活动参观国家安全教育馆

员、科室负责人、分管领导“三审”制度，提高报表数据质量。

（三）强化执法检查

全年对16家企业开展“双随机”统计执法检查，对1家统计违法企业进行行政处罚，进一步提高统计法治水平。按照业务规范化要求，对14个专业审核记录、访户记录、电话查询记录、上报审批记录进行自查，进一步规范数据产生过程。

三、着力统计品牌创建，提升统计服务水平

（一）加强统计宣传，营造有利调查氛围

认真组织统计法、宪法学习考试，确保全员学法知法守法。将统计法宣讲列入年报、工作布置、业务培训会议议程，提高调查对象工作配合度。开通北海调查官方微信公众号，在走访调查做好统计法律法规宣传，与北海当地高校合作举办统计开放日活动，发放宣传资料600余份，接受师生咨询1000余人次，营造宣传调查、依法统计的浓厚社会氛围。

（二）提升优质服务水平

汇编《调查信息》《调查报告》《调查专报》《调查季度资料》，开发统计调查数据资源。全力做好统计分析和信息工作，2018年，获总队采用调查报告10篇、调查信息56篇，其中中央领导批示6篇、中办采用3篇、国办采用3篇、国家局领导批示10篇、国家局采用13篇、自治区党委采

2018年9月7日，北海调查队开展“党旗红·数据真”基层党组织结对共建启动仪式

用10篇、自治区政府采用25篇。上报政务信息133篇，其中获总队采用105篇，获国家局采用6篇，同比分别增长9.3%和50%。工作情况交流获总队采用8篇，同比增长100%。北海市主流媒体刊发城乡居民可支配收入、居民消费价格指数（CPI）运行情况等分析6篇，北海市机关党建网发布信息14条。

（三）服务地方决策

加强城乡居民可支配收入、CPI、工业生产者价格指数（PPI）、采购经理指数（PMI）、房地产价格指数等的调查监测，提高预警预判的前瞻性和准确性。开展国务院大督查营商环境调查，选派专人参与暗访工作，定期上报“红黑榜”材料，为提高政府优化营商环境出谋出力。

（四）局队调整业务顺利移交

制定移交工作方案，制作移交清单，及时整理好各项移交资料。召开局队业务优化调整协调推进会，举行单项业务交接会，确保移交工作规范庄重。举办移交业务局队联合培训会，为一县三区统计局开展业务培训。过渡期间，指导统计局开展样本核查、现场调查和数据上报，确保交得出、接得稳。

四、持续压实“两个责任”，党风廉政建设纵深推进

每半年专题听取班子成员落实“两个责任”情况。纪检组不定期对辖区县级调查队负责人和纪检监察员谈话，听取“两个责任”落实情况。进一步完善重点领域和关键环节廉政风险防控机制和制度建设。发挥纪检监督作用，紧盯人、财、物、数等风险点，对干部人事任免、重大事项安排、重大经费支出、专项调查经费使用、“三公经费”审计等全程参与。

2018年12月7日，北海调查队到扶贫东星村开展志愿服务活动

国家统计局防城港调查队

2018年，在国家统计局广西调查总队（以下简称广西调查总队）的正确领导下和防城港市党委政府的大力支持下，国家统计局防城港调查队（以下简称防城港调查队）深入贯彻落实习近平总书记关于统计工作重要批示指示精神、习近平总书记视察广西重要讲话精神，以全面推进从严治党、狠抓数据质量、激发工作活力、推动改革创新、提升优质服务、强化督查督办和推行“四个不让”的工作思路为抓手，真抓实干，狠抓落实，圆满完成各项工作。

一、以品牌创建为引领，不断开创新时代党建新局面

精心打造“边海党旗红·港城数据真”党建工作品牌，将党建与业务工作有机结合。选取住户调查网点作为阵地建设，开展住户调查工作示范网点、优秀辅助调查员、“为国记账”党员示范户和标兵示范户评比创建工作，实现党建带业务的工作成效。认真贯彻落实党建条块结合工作机制，认真落实支部书记第一责任人责任、支委成员“一岗双责”责任，并签订相关责任书。以党建工作为主线，带动统计文化建设工作。把文明单位创建列为本队重要工作计划，向市文明办汇报市级文明单位创建工作，动员全体干部职工积极参与。

二、以保障数据质量为目标，夯实统计调查基层基础

一是压实数据质量责任，不断增强提高统计数据质量和真实性的责任感、紧迫感和使命感。开展中央领导对统计工作的批示指示、中央深改组《关于深化统计管理体制改革提高统计数据真实性的意见》等重要精神学习，牢固树立国家队意识和调查队意识。二是加强业务基础基层建设，不断提高数据质量。修订完善《防城港市城乡居民收入汇总数据评估实施细则（试行）》《国家统计局防城港调查队统计调查数据质量管理责任规定》等方法制度，规范基础台账管理。三是提高业务培训质量，增强调查能力。全年开展20多次培训会，着力提高辅助调查员和调查对象对业务知识的理解和掌握。

2018年6月7日，广西调查总队总队长赵太想（右二）赴防城港调查队开展业务实地调研

2018年10月17日，防城港调查队深入上思县叫安镇平江村扶贫点开展老党员、困难群众慰问活动

三、以国家调查主业为核心，圆满完成各项调查任务

严格按照广西调查总队工作部署，积极稳妥推进住户调查、工业生产者价格、采购经理、农民工监测调查、劳动力调查等17项调查业务工作。充分发挥联席会议制度作用，先后召开4次会议进行研究部署，15次联合市统计局、市农委等有关部门进行样本轮换专题调研稳步推进住户调查、主要畜禽监测调查工作。全面完成农村党员培训调查、投资环境监测调查等专项调查工作。在完成国家调查的同时，接受市绩效办的委托，顺利完成2017年绩效工作调查，对市直100多个单位、县（市、区）开展调查。

2019年1月30日，防城港调查队开展住户调查工作指导调研

四、以优质信息报告为突破口，不断提高优质服务水平

建立实行调查信息报告研讨会制度，拓宽调查调研范围，就城港市农民工欠薪情况、服务贸易发展情况、春耕备耕相关情况、行政事业性收费和政府性基金、全域旅游、沿边开放开发情况、房地产市场现状等经济社会热点开展专题调研。2018年，自主调研信息报告实现零突破，常态调查信息、报告的质量稳步提升，采用率均比上年有所提高。通过中国统计出版社出版《防城港十年统计调查资料汇编》，在市政府门户网站、“防城港统计调查”微信公众号和防城港市主流媒体等平台加大指标诠释、数据解读、制度公开和知识普及力度，提高了社会公众影响力。

五、以新的发展理论为指导，全面推进统计调查工作改革创新

改革创新主要畜禽监测、农产品价格调查方式方法，加强电子信息化技术在全市部分农业调查工作中的运用，切实提升统计运作效率。圆满完成规下工业调查、批零住餐、规下建筑业调查、建筑业小微企业抽样调查等“四下”企业调查移交工作，顺利开展月度劳动力调查。全面推广住户调查电子记账工作，分省样本电子记账有效户覆盖率已经超过90%。

六、以法治建设为保障，深入推进依法治统

一是加强对基层统计人员、调查对象的普法教育工作，对基层统计人员、调查对象开展统计法律法规培训工作，把统计普法教育融入统计调查工作全过程。二是做好统计随机执法检查工作。增加执法设备，规范执法流程。全年共开展4次统计执法检查，对采购经理、工业生产者价格调查等共10家企业进行了执法检查。三是加强统计法制宣传，利用重要节点，面向社会公众大力宣传统计法律法规，提升依法调查氛围。

七、以新时代作风建设为切入点，推进全面从严治党、治队落实到位

签订党风廉政建设承诺书，始终将党风廉政建设和反腐败工作与业务工作、分管工作紧密结合起来，形成党组负责人负总责，一级抓一级，一级向一级负责的工作格局。采取集中学习、专题宣讲、观看视频等方式，相继开展特色新时代作风建设“四个不让”主题活动自查工作、开展2018年度工作任务完成情况专项督查、“学先进、赶先进”活动。扎实开展形式主义、官僚主义问题专项治理工作、巡视整改工作。紧盯人、财、物、数等方面风险点，及时修订和完善培训办法、会议办法、公务用车管理办法、数据质量管理等制度。深化廉政

教育，筑牢廉政思想防线。年内集中开展党风廉政建设专题学习12次，组织观看警示教育片，开展实地警示教育活动，在节假日等关键节点通过短信平台、QQ群、微信群发送节日廉政信息。

八、以队伍建设为重点，促进年青干部成长

一是选派优秀年青干部到基层挂职锻炼，推荐干部到市政府办公室跟班学习。二是举报各类综合能力培训班，为想干事、会干事、干成事、不出事的干部创造良好条件。三是经常性开展谈心谈话活动，了解青年干部职工的生活情况，思想动向，树立全队一盘棋思想。积极开展活动，丰富干部职工业余生活，提高干部职工团结协作能力，增强凝聚力、向心力和执行力。四是进一步压担子，力促年青干部成长。进一步明确工作目标，力求上水平、出成绩。纪检组季度找谈话，全体干部高质量完成全年工作目标。

2019年3月22日，防城港调查队召开学习《意见》《办法》精神专题学习会

国家统计局钦州调查队

2018年，国家统计局钦州调查队党组在国家统计局广西调查总队的正确领导下，在地方党委、政府的关心支持下，认真贯彻落实全区国家调查工作会议的部署，按照“弘扬工匠精神，争创一流业绩”的总基调，以及“强党建、转作风、提质效、争先进”的总思路，抓重点、补短板，攻坚克难，砥砺奋进，带领全体队员优质高效完成了全年各项统计调查工作任务。

一、突出思想政治建设，激发了队伍内生动力

1.做实了理论学习。队党组以强烈的政治责任感、使命感，抓实习近平新时代中国特色社会主义思想和党的十九大精神学习，以及新时代党纪党规、统计法规、统计改革文件等的学习。全年召开学习会议23次，本队和辖区县级调查队党员干部、辅助调查员共360多人次参加了学习，二是动员自主学习。向全体党员干部分发了《习近平谈治国理政（第二卷）》《习近平新时代中国特色社会主义思想三十讲》《梁家河》等书籍供其自学，经常督促全体队员按时按量完成在线学习任务。三是推动思想交流。全年全体人员撰写学习心得21篇，3名党组成员和6名科室骨干党员以党课形式分享了学习所得。

2018年11月20日，钦州调查队组织全体党员干部赴在灵山县烟墩镇莲塘村委开展“结对共建联合党课”活动

2.加强了干部培养。通过内部培训和选送外出学习等方式，不断提高统计调查干部素质，确保统计调查干部能适应快速变化形势和工作节奏，全年自办党课培训7期，80多人次接受了教育；选派了13名干部参加上级培训班，组织5批次科室业务人员针对自身业务短板分赴百色、北海、柳州等先进调查队交流学习，拓宽视野，激发活力。坚持高标准，向总队党组推荐了3名优秀后备干部，依规按期转正2名科级干部，选派1名新公务员驻村扶贫锻炼，争取总队支持从系统外选调了2名队员，通过购买劳务派遣方式增聘5名辅助调查员，充实了队伍力量。

3.坚持了民主集中。队党组深入贯彻《新形势下党内政治生活若干准则》，认真执行民主集中制和“三重一大”决策制度，“三重一大”事项严格遵循征求意见集思广益、民主讨论凝聚共识、坚持原则集中统一的决策程序，高质量召开年度民主生活会和巡察整改民主生活会，营造从严从实、团结和谐的良好氛围。

二、创新党建活动载体，擦亮了党建工作品牌

充分发挥党建工作在业务改革发展中的引领作用，全力打造“党旗红·数据真”党建工作品牌，实现党建工作与业务发展的深度融合、互促共进，数据质量得到了有效提高。

1.党建品牌创建工作创新推进。以开展“双亮双比”主题活动（党员亮身份亮承诺、比作风比业绩）为抓手，创造性地推动总队创建“党旗红·数据真”党建工作品牌的部署落地生根，开花结果，制定了《党员“亮身份亮承诺、比作风比业绩”

考评办法》，明确了“亮身份、亮承诺、比作风、比业绩”等四个板块内容的评比细则，以量化考核标准评选党员先锋模范岗和党员业务标兵、优秀党员，推动品牌创建各项措施落到实处。

2.党员先锋模范作用充分发挥。全队重要的业务、重大的活动都有党员担纲，党员干部起到了先锋模范和中流砥柱作用。“七·一”期间组织开展“骨干党员上党课”活动；8月份组织开展科室骨干“业务大讲堂”活动；搭建“党建+业务”平台，组织骨干党员到住户调查点开展“住户调查党旗红·电子记账数据真”主题培训活动，组织辅助调查员签订并宣读了《“党旗红·数据真”工作责任承诺书》；发挥党员辅调员、党员调查户的作用，在QQ群、微信群里发挥正能量，当好国家调查宣传员。

2018年6月28日，钦州调查队组织辖区调查队全体党员干部开展主体党日活动

3.党性党风锤炼活动丰富多彩。全年共上7次党课，到浦北县廉政教育基地开展党风廉政现场教育，到梧州市中共广西第一个农村党支部纪念馆等开展“不忘初心”党性锤炼和革命传统教育活动，到北海开展国家安全教育活动。通过组织各项活动，大大提高了党支部的创造力、凝聚力、战斗力。

4.结对共建与扶贫攻坚互促共进。队机关党支部与扶贫点灵山县烟墩镇莲塘村党支部开展结对共建活动。选派精干力量驻村扶贫，向莲塘村拨付了1.5万元产业发展资金，向村党支部拨付了3000元党建活动经费；每逢重要节日都收到了帮扶干部的问候和粮油慰问品，精准扶贫各项工作有序推进。

三、抓好反馈问题整改，彰显了巡视巡察成效

认真贯彻落实《中共国家统计局广西调查总队党组关于向钦州调查队党组反馈巡察意见的通知》和《中共国家统计局广西调查总队党组关于落实巡视整改工作方案的通知》文件精神，做到态度鲜明行动坚决，统一思想统一行动，主动查摆认领问题，深入剖析落实措施，建立台账对账销号，切实抓好巡视巡察整改工作，并且做到举一反三，巡察组反馈的19个突出问题全部整改到位，整改过程中修订了18项规章制度，达到了巡视巡察整改见思想见行动见实效的目标。

四、强化方法制度落实，确保了调查数据真实

1.圆满完成各项调查工作。围绕2018年广西调查队系统重点工作任务，深化改革创新，召开2018年钦州国家调查工作暨推广住户调查电子记账动员会，实现了调查网点均开展电子记账目标，全市记账户电子记账率为63.4%；主动与市统计局沟通联系，局队业务调整圆满完成等；顺利完成住户收支、劳动力、居民消费价格指数、工业生产者价格、主要畜禽监测、农作物播种面积、农作物单位面积产量、采购经理、投资环境等15项调查工作。

2.统计法治工作不断深入。认真贯彻落实统计机构负责人防范和惩治统计造假、弄虚作假责任制规定，强化调查过程痕迹管理，在各科室全面推行调查日志制度，通过痕迹管理促进责任落实、工作落实。有3名队员通过了国家统计局组织的执法证考试，全年共组织统计执法检查4次，举办统计法制宣讲6次，开展“9·20”统计开放日、

2018年9月20日，钦州调查队在钦州市年年丰广场开展统计法制宣传活动

“12·4”国家宪法日、“12·8”统计法颁布纪念日等宣传活动。

3.管理制度建设日益完善。开展规章制度修订攻坚月活动，以现有的《国家统计局钦州调查队各项规章制度（2010版）》为基础，按照全面、规范、科学、实用的原则，认真排查现行制度中跟不上新形势、不符合新要求的条款，分业务类别落实专人开展制度的修订工作，制度修订过程均公开征求意见、集体讨论决定，修订完善了56项党建、业务等管理制度，并制订成册。

4.统计服务水平不断提升。制订聘用人员信息写作奖励办法，调动聘用人员撰写信息报告的积极性。开通了“钦州统计调查”统计微信公众号，形成了以政府网站、日报、电台、微信公众号等对外宣传窗口的大宣传格局，满足各界用户对统计的需求。全年共组织上报调查信息报告59篇，比上年增加22篇；在钦州市政府网站发布信息6条，钦州日报刊登信息4条，统计微信公众号发布数据信息13条。

5.行政保障能力进一步提升。全年共组织上报政务信息111篇，得到广西调查总队采用71篇，其中国家统计局采用5篇。接待前来调研、检查指导工作的各级领导12批次；收到文件共383件，制发各类公文194件，办理请示报告67件。严格执行公文处理制度，对文件的收、发、传、管做到规范化、程序化。

五、严格履行“两个责任”，促进了全面从严治党

1.坚持自律自省，做好廉政表率。定期召开党组学习会学习中央八项规定精神和《廉洁自律准则》等规章制度，以身作则自觉接受广大干部群众和社会各界的监督。把整治形式主义、官僚主义作为一项重要的政治任务，召开警示教育月活动专题学习会议，部署开展整治工作。

2.强化宣传教育，筑牢思想防线。把学习贯彻《中国共产党纪律处分条例》等党内法规列为队党组中心组重要学习内容。经常在Q群发布典型案例和在队内传阅各级纪检监察部门案例通报等，每逢春节、中秋等重要节日，采用组织学习上级通知精神、群发短信通知等形式，提醒本队及辖区灵山队、浦北队全体党员干部严格遵守中央八项规定精神和党风廉政各项规定。

3.强化日常监督，确保制度落地。制订实施了《防范现金和实物发放风险的核查制度》，纪检组和财务联合每季回访抽查7—10户调查对象领取现金补贴实物宣传品的到位情况，防止虚报冒领。党组书记、纪检组长就工作纪律开展集体谈话，将考勤情况作为年终评先选优依据。加强制度执行的监督落实，组成工作组定期督促检查，定期向党组报组织告各项制度执行情况。党组书记定期率队到辖区调查队检查指导党建和党风廉政建设工作，确保辖区调查队风清气正。

2018年7月3日，钦州调查队组织全体干部职工参观“以案为镜典型案例警示教育巡展”

国家统计局贵港调查队

2018年，国家统计局贵港调查队在国家统计局广西调查总队和贵港市委、市政府的正确领导下，深入学习贯彻习近平新时代中国特色社会主义思想、十九大精神，贯彻落实全区调查工作会议精神，结合实际，精心组织实施“五新五创”工作思路，积极进取，开拓创新，扎实工作，较好地完成了全年各项工作任务。

一、纵深推进全面从严治党，巩固良好政治生态

深刻认识全面从严治党的极端重要性，深刻理解“坚持党对一切工作的领导”的重大意义，切实加强党对队内调查业务、优质服务、统计法治、队伍管理、群团组织等工作的领导；将新党章、习近平新时代中国特色社会主义思想、十九大精神等内容纳入党组中心组学习内容，制定年度党员学习教育培训计划；严格落实党建工作责任制，严格按照程序圆满完成党支部换届选举工作，通过换届选举，由党组书记兼任支部书记，强化坚持党的领导，全面从严治党、从严治队的决心，党支部的战斗堡垒作用进一步增强；加强阵地建设顺利完成贵港市党建示范点创建工作，贵港队党支部荣获2018年度市直机关事业单位党组织五星级党支部称号。

二、深化业务建设，提高统计调查数据质量

抓规范推进住户调查，强化业务培训指导，每月收账时进行现场审查，每个季度对辅助调查员进行一次考核，提升辅助调查员工作水平；高标准开展农业调查，按照调查时点开展工作，深入到每个调查样方，逐一录入各个地块的地物信息及其面积，运用软件加载样方无人机航拍影像对地块属性

2018年6月27日，广西调查总队总队长赵太想（左一）到贵港调查队调研指导党建工作

2018年6月11日，贵港调查队到港南区八塘镇调研指导劳动力调查工作

进行二次核对；规范程序开展企业调查，采取加强人文关怀、业务指导、现场走访、人机审核，提高业主配合热情、配合能力、数据真准性、验收把关能力；加强指标分析推进价格调查，严格遵循“三定一直”采价原则，做好即采即报即审，及时开展重点行业、重要规格品的跟踪分析和研判；强化协作高质量完成投资环境监测调查、农村党员培训情况调查等专项调查任务。

三、注重运用法治思维，加快建设法治调查

聚焦重点，抓好年度法治工作目标任务分解落实，组织签订《统计法治建设责任书》，严格按照统计法组织实施各项统计调查活动；组织全体队员开展专题学习讨论，着力提升全体干部职工法治思维；利用培训会、日常走访、统计开放日、法制宣传日各个时点积极开展普法宣传，增强统计调查对象和社会公众依法统计意识；加大统计执法检查力度，开展4次“双随机”统计执法检查，对2家提供不真实统计资料的企业进行立案查处。

四、强化服务意识，扩大国家调查影响

切实做好调查信息报告的撰写和报送工作，为党政决策提供信息服务，2018年信息采编量继续保持良好势头，得到总队采用的调查信息和调查报告99篇，采用总分排在全区前列；定期向地方各相关部门公布12期《贵港调查简讯》，印制《贵港调查季度资料》4期，向贵港市两办报送《贵港调查专报》90期，完成《贵港调查年鉴2018》编辑发行工作，年内5篇新闻通稿获得广西日报、贵港日报刊登；对官方微信公众订阅号“贵港调查”相关栏目进行优化调整，定期发布贵港市人均可支配收入、CPI等权威数据，推送各项统计调查活动和创建文明单位活动的新闻报道，不断提升贵港调查的社会影响力。

五、深化从严管理，提高调查保障能力

充分发挥班子核心作用，有组织、有计划、有步骤地抓好班子成员的理论学习；落实民主集中制，坚持重大事项集体议事制度，改进和严格民主生活会制度，坚持开展经常性批评与自我批评，增进班子凝聚力和战斗力；选派1名干部任驻村扶贫工作队员，在实践中培养锻炼干部；积极做好党员发展，壮大党员队伍，发展党员1名；开展“领导干部讲坛”活动、“每季一读”读书活动、“岗位技术能手”业务比武活动；严格目标管理考评，

2018年9月28日，贵港调查队到覃塘区住户调查点调研指导记账工作

科学量化对队员的考核标准，并将目标考核同年终评先评优挂钩；切实加强财务管理，严守财经纪律；严格执行中央八项规定精神，抓好学习，改进作风；加强业务规范化流程管理，严防统计造假、弄虚作假；加强信息制度建设，规范管理，确保网站、系统安全运行。

六、落实党风廉政建设责任制，完善监督管理机制

认真履行党建工作“第一责任人”的职责，推进党风廉政建设；党组书记召开干部集体谈话会议2次，到桂平、平南调查队开展党风廉政建设主体责任落实情况调研督导2次；组织观看警示教育片、以反面案例开展警示教育大讨论，坚持开展新提拔干部任职前谈话和廉政谈话，抓好节假日廉政警示教育提醒工作；设立意见箱、网络举报邮箱、举报电话等多渠道的监督方式，加强监督；坚持落实巡察整改工作与提升业务相结合，确保各项调查任务完成。

2019年4月22日，贵港调查队统计执法人员到企业开展统计执法检查

国家统计局玉林调查队

2018年7月31日，国家统计局玉林调查队党支部党员到仁东镇绿一红色文化生态园开展“不忘初心党旗红·牢记使命数据真”主题党日活动

2018年，国家统计局玉林调查队在国家统计局广西调查总队的正确领导下，认真学习贯彻习近平新时代中国特色社会主义思想和党的十九大精神，始终拥护并坚决执行总队的各项决定，贯彻落实2018年广西国家调查工作会议精神，不断增强“四个意识”，团结带领全队干部职工锐意进取，真抓实干，狠抓落实，有序地推进各项工作，现将有关情况报告如下：

一、创新提升，全力抓好新形势下党建工作

（一）抓好党建常规工作

进一步完善党建工作领导小组，强化党建主体责任，确保党建工作推进扎实有力。积极谋划年度党建要点，按季度召开党组中心组理论学习，坚持“三会一课”制度，增强意识形态管理。强化党员队伍建设。2018年转正预备党员1名，1人递交了入党申请书。

（二）全力推进“党旗红·数据真”党建工作品牌创建

组织开展“党建质量年”活动，通过“党员干部素质能力大提升”“不忘初心·牢记使命”主题教育活动、“党旗红·数据真”大讨论、“数据质量大查摆”“基础数据大检查”“服务调查对象，提升数据质量”活动、“法治宣传基层行”和“大兴调研风，助力数据真”等一系列活动，探索党建工作和业务工作相融合，夯实党建品牌创建之基。

（三）积极谋划创建文明单位

主动与玉林市委宣传部沟通了解，对标创建体系标准，分阶段划重点开展创建。重点开展单位统计调查文化建设，购置相关软硬件设施。开展丰富多彩的集体活动，增强全队干部职工的凝聚力。

二、强化依法治队，为数据质量保驾护航

（一）加强统计法律法规宣传

积极开展第九届“中国统计开放日”和改革开放40周年统计宣传活动。积极参与“讲好统计调查故事”活动；通过发放宣传资料、张贴统计宣传海报、短信、调查专业QQ群、微信群、队工作群向调查对象、采价员、辅助调查员及市统计局有关人员宣传统计法规简释、统计宣传语、第四次全国经济普查标语、感谢慰问简信。结合执法检查开展普法宣传活动。

2018年12月4日，玉林调查队开展法治宣传活动

（二）增强执法水平，加大执法监督检查力度

一是组建本队的统计执法骨干人才库，2018年全队共4人通过国家统计执法证资格考试。二是对玉林市12家工业生产者价格调查企业开展“双随机”抽样执法检查，对玉林市7个县市区开展住户调查基础数据质量检查活动，全面排查统计造假、弄虚作假行为，为维护统计法权威、提高调查数据质量保驾护航。

三、抓好中心工作，全面提升调查业务的工作质量

（一）住户调查电子记账超额完成目标任务

以玉林市政府办名义印发《玉林市推广住户调查电子记账实施方案》，督促各县落实经费保障，加强制度保障。把牢宣传动员、业务培训、监测审核“三关”，扎实推进电子记账工作。2018年全市1020户记账户的电子记账开户率已经达到68.9%，超额完成年内实现调查网点电子记账全覆

2018年7月30日，玉林市住调办召开2018年玉林市住户调查工作暨电子记账推广会

盖，记账户电子记账率达到50%以上的目标，为电子记账工作全面铺开奠定了坚实基础。

（二）多措并举顺利完成样板轮换、新增前期工作

一是做好畜禽监测调查样本轮换的前期工作，做好对博白、陆川、容县、兴业、北流五个生猪调出大县的样本轮换指导工作，加强监督审核，确保样本轮换顺利开展。二是对2018年玉林市新增的3个劳动力调查样本点，通过队主要领导亲自协调，分管领导具体抓、严把关，业务人员全程跟踪指导，分类指导、严格选聘辅调员、试点先行、善用激励机制、举办赶队会分享先进经验、解决存在问题等措施，克服种种困难，按时按质顺利完成全国月度劳动力调查样本摸底工作备。

（三）着力做好人事工作，充实调查队伍力量

组织开展干部轮岗工作。队内干部轮岗2人，选派一名副科级干部到贫困村任驻村第一书记。选派干部到总队跟班学习、“充电”，提拔任用了3名科级干部。通过国家公务员考试，招录年轻干部2名、从地方选调2名优秀基层公务员，增加公益性岗位人员3人到队工作，切实扭转了玉林调查队人员紧缺的局面，加强调查队伍建设。同时，加强与地方政府的沟通，积极推进北流调查队建队工作；协助总队配齐领导班子人员。

四、补短板抓质量，全面提升优质服务水平

召开专题会议，深入研究分析优质服务工作滞后根源，提出整改的思路。制定年度任务目标，把任务量化到个人。把优质服务、政务信息完成任务情况的作为评优提干的参考依据，并纳入年度绩效考评中。对优质服务工作在各级采用情况进行定期通报，及时反馈各科室的采用情况和任务量对比情况，提醒、跟进相关科室撰稿进程，保障各项信息报告按时上报。2018年玉林调查队获国家局采用政务信息1篇，总队采用89篇（含工作要事、工作经验交流）；调查信息、约稿信息获总队采用信息42篇次，报告5篇次。为地方党委政府报送信息26篇次，获采用10篇次。

五、加强党风廉政建设，进一步筑牢思想防线

对党风廉政建设“两个责任”落实情况的内容进行细化，组织本队以及辖区博白调查队签订《党风廉政建设承诺书》。开展典型案例警示教育，送廉政提醒短信、发放廉政读物、党组中心组学习、参观廉政基地、廉政党课等多种形式加强干部对廉政知识的学习。完善纪检类制度，梳理“人、财、物、数”各项内部控制制度，形成完整制度体系，夯实监督执纪制度基础。开展基础数据质量专项大检查，针对重点数据领域，联合开展统计执法检查，积极防范数据不实风险。深入开展扶贫领域腐败和作风问题专项治理工作。

2019年2月，玉林调查队和容县统计局联合开展劳动力调查陪访

国家统计局百色统计调查队

2018年10月12日，广西调查总队总队长赵太想到百色调查队调研指导工作

2018年，在国家统计局广西调查总队的正确领导下，国家统计局百色调查队深入贯彻党的十九大、十九届二中、三中全会精神，以及广西国家调查工作会议精神，紧紧围绕“党建质量年”工作主题，坚持围绕中心，服务大局，按照稳中求进、稳中有升的工作思路，进一步解放思想，改进作风，坚持“两个规范化”建设标准和要求，全力推进业务改革、党建人事、行政管理、业务管理、财务管理等各项中心工作，确保全年调查工作显成效、亮点纷呈。

一、党的建设得到进一步加强

一是严格执行党组中心组学习制度。认真制定并实行党组中心组学习计划，加强领导班子思想政治建设，不断提高政治理论水平和综合素质管理能力；二是坚持标准，推进党支部建设。强化党支部履行党章要求的意识，发挥党支部主体作用。三是紧扣规范，严格党内政治生活。四是落实巡视整改，推进从严治队。深入学习贯彻落实中央第三巡视组巡视国家统计局党组工作动员会议精神，对各调查专业、各方面工作进行全面自查自纠，发现问题及时整改。五是高度重视，精心组织，深入开展“党旗红·数据真”党建品牌创建活动。认真开展“党员先锋行　保障数据真”“党课强教育　坚定诚与信”“聚焦重点专业　联动检查提质增效”等活动。

二、党建引领保障数据质量

围绕“党建质量年”主题，继续执行由队纪检组牵头，整合办公室、综合和法规科骨干组成综合检查组不定期开展数据质量和规范化督查，强化风险防控的工作机制；组织科室联合开展数据质量管控工作，综合和法规科每月对住户调查科完成初审后的全部记账本进行复查，全力防范和排除记账数据造假风险。

三、服务地方社会经济发展进一步深化

围绕服务型统计建设，深化优质服务内容和形式。一是承接重大地方调查项目，更深度参与地方经济社会发展。先后承接百色市发改委委托

2018年6月28日，百色调查队组织党员干部到冬笋社区开展“双报到”及“七一”慰问困难党员活动

2018年7月19日，百色市常务副市长容贤标（右中）到百色调查队调研

的公众航空出行意向调查、百色市国家卫生城市创建工作指挥部办公室委托的巩卫长效机制监测调查工作。二是承接进度评估课题。先后承接百色市发展研究中心《百色市“十三五”规划中期评估》《左右江革命老区振兴规划进度评估》以及百色市供销社《资产重组改革进度评估》三个课题，报总队审批后依法组织实施，调查队社会影响力进一步扩大。

四、统计法制建设取得新进展

一是统计执法力量得到增强。有1名干部顺利通过国家统计局举办的统计执法资格考试并获得统计执法资格，全队获得统计执法资格人数增至4人，其中1人入选国家统计执法骨干库。二是提高思想认识，认真学习贯彻《意见》《办法》《规定》和全区调查队系统统计法治会议精神等统计法治精神。三是强化法制宣传，积极做好预防数据造假工作。利用2017年“12·4”国家宪法日、“12·8”《统计法》颁布纪念日等时间节点，在住户调查小区附近开展有针对性的现场法制宣传。四是加强统计执法，内部数据质量联保机制深度发展。法规制度与住户专业联动，对那坡、右江等县（区）住户一体化工作开展执法检查，有效促进全市住户调查工作依法统计、依法治统落到实处。

五、举办知识讲座促进能力提升

精心组织举办辖区市县调查队知识讲座，内容包括党的十九大精神解读、百色市社会经济发展现状解析、党风廉政建设知识、统计调查分析写作等，得到辖区调查队干部职工广泛好评。

六、组织跟班学习夯实县级住户调查工作基础

以市住调办名义抽调辖区部分县住调办新业

2018年7月3，百色市调查队到汪甸村开展电子记账培训

务人员到队跟班学习，通过言传身教方式，强化法制教育、业务培训、案例教学、综合考核，为基层调查工作打好基础。

七、无人机遥感测量技术显著提高

不断创新和打磨无人机航拍工作技法，实践出更加稳定、更加高效的无人机航拍方式方法，保障航拍工作安全，实现无人机航拍零事故。应其他市县调查队邀请，9月中旬安排专业人员携带无人机前往其他县（区）协助开展无人机遥感测量工作，得到相关调查队领导干部一致好评。

八、档案管理工作首“破百”取九连优

及时制定2018年档案工作年度计划，明确分管领导和具体责任人；积极与市档案局沟通交流，做好日常档案管理工作；周密部署，全员行动，全面开展2017年度档案资料收集、整理、归档工作。2017年度档案管理工作顺利通过市级档案管理考评工作组检查考评，获得103.5分，首次突破一百分大关，再次荣获优秀等次，这是百色调查队自2009年参加市级档案管理工作年度考评以来第9次获此殊荣。

九、争取地方支持收获强大助力

加强请示汇报，争取地方党政领导对调查工作的支持，常务副市长多次听取调查工作情况汇报，并亲率相关部门到队调研指导工作，协调解决调查工作遇到的难题；市政府继续将部分调查业务工作经费纳入地方财政预算，追加住户调查电子记账业务经费，继续将2017年度绩效奖励金纳入地方财政保障等，极大提振调查人工作热情和干劲。

十、整合资源，助力精准脱贫工作

根据人员变动，及时调整充实精准脱贫工作组，调整选派一名干部任精准脱贫驻村工作队员，全脱产开展扶贫联系点脱贫攻坚工作；组织干部多次深入扶贫联系点开展“三个一”活动，与贫困户同吃饭、同劳动、共同筹划产业发展；先后向扶贫联系点村委捐款近2万元，支持村委基础设施建设。

2018年11月8日，百色调查队到扶贫点靖西市仙奉村开展入户访问工作

国家统计局贺州调查队

2018年，国家统计局贺州调查队（以下简称贺州调查队）在国家统计局广西调查总队的正确领导和贺州市委、市政府的关心支持下，认真贯彻落实党的十九大和十九届二中、三中全会精神，以党建工作为引领，切实落实“两个责任”，认真抓好调查数据质量，不断提高统计调查能力，促进各项工作不断进步。

2018年7月6日，贺州调查队党支部与八步区铺门镇上洞村党支部在上洞村举行“党旗红·数据真”结对共建签约和揭牌仪式

一、科学做好谋划，制定“128”工作思路

确定了贺州调查队2018年—2020年“一个中心、二大目标、八项措施”的工作思路（简称“128”工作思路）。一个中心：围绕品牌建设，提升整体水平。二大目标：一是党建工作争创总队星级党支部；二是业务工作在总队单项考核中获奖面达到50%以上。八项措施：一是抓班子建设，形成坚强的领导班子集体；二是抓党建工作，充分发挥党建引领作用；三是抓工作谋划，努力扭转贺州队后进局面；四是抓综合管理，促各项工作执行落实到位；五是抓调查品牌，推进党建与业务深度融合；六是抓数据质量，确保统计调查数据真实性；七是抓党纪政风，深入推进系统全面从严治党；八是抓沟通协调，助推调查队工作有效开展。

二、加强党的建设，充分发挥党建引领作用

1.积极实施党支部建设提升工程，创新开展党建与业务工作的“六个融合”。一是党建工作与住户调查的深度融合。与住户调查样本村八步区铺门镇上洞村党支部开展以“党旗红·数据真”为主题的支部结对共建，树立“为国记账党员记账示范户”，建立记账户活动“沙龙”。二是党建工作与精准扶贫的深度融合。与扶贫点八步区大宁镇公保村党支部开展以“党旗红·奔小康”为主题的支部结对共建活动，加入八步区大宁镇“大宁·忠福党建联盟”。三是党建工作与优质服务的深度融合。积极为地方党委政府决策提供信息参考。四是党建与服务社会的深度融合。成立党员服务小分队，为调查对象、社会公众、农业开发合作项目提供政策咨询和数据服务。五是党建工作与人才培养的深度融合。加强与高校科研合作，贺州学院在贺州调查队建立“实践教学科研基地”，贺州调查队与贺州学院合作研究课题《贺州市统计数据质量问题研究》《基于数据挖掘的农民人均可支配收入数据质量评价体系的构建》分别通过贺州市委和国家社会科学基金项目立项。六是党建工作与信息技术的深度融合，积极探索开展“智慧党建”。

2.深入开展“党建质量年”活动。严格规范和执行“三会一课”制度，加大党建工作宣传力度，全年累计被贺州党建网采用8篇党建信息，被总队首页采用信息6篇，子网采用信息8篇。

2018年8月14日，贺州调查队到铺门镇上洞村“住户调查党旗红·电子记账数据真”活动

三、抓实数据质量，确保调查数据真实、可靠、及时、完整

1.加强业务培训。分别召开了工价、消价、采购经理、住户和劳动力调查等专业的业务培训会议，加强对调查对象和辅助调查员的培训和指导，严格执行国家统计局调查制度，规范开展统计调查和数据填报工作，坚决杜绝统计造假和弄虚作假。

2.坚持问题导向，推进问题整改。全面梳理制度执行、责任落实、能力水平、条件保障、基层基础、外部环境、坚持“三个独立”等方面影响数据质量的问题，列出问题清单，明确整改措施，落实整改责任，限定整改时间，狠抓问题整改。

3.开展双随机执法检查。继续加大统计执法检查和统计查询力度，全年对5家工价企业、4家采购经理企业和2个县统计局住户数据进行了执法检查或数据核查。

四、认真贯彻落实总队工作部署，积极推进统计业务改革

1.住户调查电子工作顺利推进。成立了全市推广电子记账领导工作小组，先后印发了有关文件、工作方案，全面推进住户调查电子记账工作。

2.圆满完成调查业务移交工作。认真贯彻落实国家统计局和广西国家调查总队关于地方统计局与国家调查队部分业务分工调整优化的文件精神，采取有力措施，与地方统计局实现业务无缝对接，共完成6项业务329家样本单位的业务移交工作。

五、提高综合管理能力，推动各项工作执行落实到位

1.完善制度修订。组织各科室对照总队最新制度要求完善和修订本队工作制度，完成了全部制度修订并印制成册。

2.加大重点工作督查督办力度。根据全队工作重点，制定《贺州调查队2018年督查督办工作计划》，定期对重点工作和业务进行督查，开展各项工作督查督办19次。

3.加强优质服务工作。组织开展了贺州市CPI、两个收入、春耕备耕、生猪生产等90多篇信息撰写，其中被广西调查总队采用了调查信息和调查报告56篇，在2018年度广西国家调查队系统调查信息报告采用得分情况中排名第六。全年为市委市政府提供信息和调查报告37篇，编印了8期《贺州调查信息》。

4.加强政务信息写作。政务信息撰写质量进一步提高，共上报政务信息74篇，其中总队采用62篇；上报工作要事11篇，总队采用11篇。

2018年12月4日，广西调查总队副总队长杨锡虹（左二）、财政部驻广西财政监察专员办事处党组成员、副监察专员黄利红（左四）到贺州调研住户调查工作

5.加强与地方沟通协调。一是原贺州市委常委、副市长廖和明对贺州队的工作汇报作出批示，这是市领导首次对贺州队工作给予批示。二是抓好国家统计局富川调查队的筹建工作，协调办公场地、开办及办公经费、班子和人员选调等问题，各项筹备工作顺利推进。

6.加强对外宣传。一是邀请记者跟拍报道住户调查和CPI调查工作，两篇宣传贺州调查队工作的文章分别在《贺州日报》发表，有效提高了公众对贺州调查队的认知，提高调查数据公信力。二是开通“贺州调查”公众微信号，提升了调查队的知名度。

六、狠抓党风廉政建设，深入推进全面从严治党

1.认真落实“两个责任”和“一岗双责”。一是签订了党风廉政建设承诺书，做到层层传导压力，压实责任。二是党组成员认真抓好分管领域的党风廉政建设工作，做好与科室负责人谈心谈话。

2.加强执纪监督问责。认真落实中央八项规定精神及其实施细则，落实总队党风廉政建设承诺书的要求，在干部岗位变动、“三公”消费、津补贴发放、婚丧喜庆等重要环节做好监督检查，做好风险防控，做到关口前移。

2019年2月27日，广西调查总队纪检组长姜永亮（左一）率队到贺州调查队调研

国家统计局河池调查队

2018年，国家统计局河池调查队在国家统计局广西调查总队的正确领导下，坚持以习近平新时代中国特色社会主义思想和党的十九大精神为指导，以提高统计数据真实性为核心任务，用心打造党建工作品牌，从严抓好党风廉政建设，扎实做好巡察整改，努力强化政务管理和服务保障，认真开展各项调查业务工作，真抓实干，较好地完成了各项工作任务。

一、党的建设不断加强，以落实全面从严治党要求为第一要务

1.深入学习习近平新时代中国特色社会主义思想和党的十九大精神，加强党组中心组的理论学习和“三会一课”制度，队班子成员每季度给全体党员上党课，组织科级干部参加市委开办的十九大精神理论培训班。

2.努力打造“党旗红·数据真”党建工作品牌。一是组织辖区内市县调查队全体干部赴革命老区东兰县开展“不忘初心　坚守调查”演讲活动，参观韦拔群纪念馆，并在革命烈士纪念碑前献花及重温入党誓词；二是与市统计局、金城江区统计局、河池镇人民政府等单位联合开展主题党日活动，参观爱国教育基地；三是组织党员干部到扶贫点开展义务植树活动，通过辛勤劳动种下“真数（树）林”；四是组织全队干部赴东兰县革命教育基地参加总队机关党委举办的“不忘初心 牢记使命”主题教育活动，并协助做好前期准备和后勤保障工作。

3.扎实开展巡视巡察整改工作。队党组始终把巡视巡察整改作为一项重大的政治任务，深挖根源，坚持问题导向不遮掩、不回避，确保反馈意见全面整改到位。

4.坚持从严教育管理，加强党员队伍建设。党员规模不断壮大，2018年新发展党员1名，转正党员1名；定期开展思想政治工作和谈心活动，督促党员按时参加组织生活。

2018年7月24日，组织河池区域调查队到宜州监狱开展警示教育活动

二、数据质量不断提升，以提高数据真实性准确性为初心目标

一是按要求完成规定动作，为数据真实性保驾护航。不折不扣贯彻执行《统计违纪违法责任人处分处理建议办法》和《统计法实施条例》，持之以恒开展违规违纪和腐败案件警示教育，强化数据质量担当意识组织开展清理将调查队列为地方考核文件自查，业务相关记录自查，落实调查项目审批与制度执行自查，夯实调查工作基础自查等一系列自查工作，组织队员签订《依法统计承诺书》，提高依法履职的自觉性。二是全面落实赵太想总队长批示精神以及法规制度处指导方案，从作风态度入手，努力提升业务质量。三是严格执行国家调查方案，顺利完成城乡住户调查、劳动力调查等20项常规调查以及投资环境监测等专项调查。

2019年1月，广西调查总队副总队长王洪琛到河池参加民主生活会

三、信息写作量质并提，以强化优质服务意识为强队之路

通过“四阶四会”提升优质服务水平。在布置任务阶段召开动员部署会、在调研走访阶段召开调研碰头会、在分析写作阶段召开指导培训会、审核上报阶段召开点评总结会等措施，着力培育写作环境，全面提升全队优质服务水平。2018年，全

2019年3月12日，河池调查队到住户调查点开展植树活动

队共撰写调查报告8篇，总队采用7篇；调查信息51篇，总队采用44篇，均超额完成全年任务。

四、宣传工作卓有成效，以创新新闻宣传方式为发展之窗

一是全年向地方党委信息管理办公室上报信息31篇；为地方政府及有关部门、河池日报社提供《河池市CPI专报》12期、《河池市城乡居民收入专报》4期，其中《2018年河池投资环境满意度小幅上升 新旧问题叠加尚需破解》报告获市长批示。二是创建“河池调查”微信公众号，宣传服务水平得到进一步提高。三是顺利完成《河池调查资料汇编（2006—2017）》，填补了本队建队以来年鉴资料的空白，充分展示了河池队的发展历程。

五、管理水平日臻成熟，以行政规范化标准化为动力之源

提高公文管理工作，切实发挥以文辅政作用。坚持“互联网+思维”，充分利用OA平台和地方公文处理系统，实现每一份公文都可倒查、可追溯、可运用。全面梳理健全制度，以督查督办促进执行力度。以“保量提质”为目标，不断提升政务信息写作水平。2018年共编发政务信息112篇，总队采用86篇（含6篇工作交流），国家局内网采用10篇。加强人事教育管理，规范干部队伍建设，首次组织在清华大学开设河池市统计调查综合能力提升培训班。财务管理规范高效，以内部风险防范管控为管理中枢，进一步规范和完善财务收支。

六、“两个责任”落实到位，以党风廉政建设为管党治党主要抓手

按照“一岗双责”要求，组织全队干部签订党风廉政建设承诺书，将党风廉政建设责任压力逐级传导、层层落实。深化监督检查，锲而不舍落实中央八项规定精神，深入开展了扶贫领域腐败和作风突出问题专项治理工作，未发现违纪违规问题。通过开展定期组织学习纪检知识专题和案例通报、节前廉政教育、到宜州监狱深入开展警示教育等方式筑牢全队干部职工拒腐防变的思想道德防线。加强日常监督，强化执纪问责，畅通信访举报渠道，努力构建风清气正的政治生态。全年实现0信访0举报，全队未发生违法违纪行为。积极探索党风廉政“市管县”工作方法，组建“纪检+党建、法规、财务”检查组，赴辖区4个县队开展推进党风廉政建设“市管县”纪检工作检查暨廉政谈心谈话。

2019年4月10日，河池调查队到东兰县开展畜禽调研

国家统计局来宾调查队

2018年6月28日，广西调查总队队长赵太想（右一）到来宾调查队调研并深入联系企业指导工作

2018年以来，国家统计局来宾调查队（以下简称来宾调查队）在国家统计局广西调查总队及来宾市委、市人民政府的正确领导和大力支持下，深入学习贯彻落实习近平新时代中国特色社会主义思想和党的十九大精神，坚持党对统计调查工作的绝对领导，以全面从严治党为主线，聚焦提升统计调查数据质量，各项调查工作取得重要阶段性成果，统计分析服务呈现新气象。

一、深入推进新时代党的建设

一是强化思想引领，夯实理论基础。多种形式开展政治理论学习和党课活动，全年开展专题党课教育6次，理论中心组集中学习13次，涉及政治理论、重大会议精神、党内法规、脱贫攻坚、保密知识、统计业务知识等23个专题。

二是积极开展党建品牌创建工作。制定“党旗红·数据真”党建工作品牌创建方案、品牌内涵、外延及标识。

三是打造党支部规范化建设示范点。认真抓好“三会一课”质量，定时召开好“三会一课”，严格执行全流程管理。进一步加强党建活动阵地建设，打造党员活动室、道德讲堂、“新时代”讲习所等党建活动场所，重点打造升级30多平方米的标准化党建活动室及80多米的党建文化长廊。支部建设工作被来宾市直属机关工委确定为来宾市直属机关党组织规范化建设示范点。

二、持续推进党风廉政建设

一是加强廉政教育，压实“两个责任”。组织干部职工到市廉政教育基地、市清风文化园开展实地警示教育。先后观看廉政教育片8次，利用“来宾调查”微信公众号，展示本队廉政建设工作动态和强化廉政宣传教育。与各科室负责人，象州、忻城队长签订了党风廉政建设承诺书。队党组书记、纪检组长深入辖区县队调研指导党风廉政建设工作6次，有力推动了党风廉政建设和反腐败工作。

二是抓好执纪监督，严格落实中央八项规定。严格控制“三公经费”支出，严格执行“三重一大”集体决策制度。完善内控机制，成立了财务内部控制建设领导小组，出台公务用车、物品采

2018年7月31日，来宾调查队到兴宾区正龙乡果塘村开展住户调查电子记账推广工作

购、人员考勤等制度规定。班子成员严格遵守和执行中央八项规定精神，认真抓好分管工作，当好严和实的表率，切实担负起管党治党责任、推动发展责任。

三、顺利推进各项业务工作

一是电子记账全覆盖。市人民政府印发推广电子记账工作实施方案，2018年底，全市实现调查网点电子记账全覆盖，各县区记账户电子记账率均达50%以上，提前完成全年工作目标任务。

二是月度劳动力调查工作有亮点。逐级落实责任分工，深入调查点绘制和编制网点（村）委会建筑物示意图、《居（村）委会住宅建筑物清单》《居（村）委会住房单元底册》，有序推进月度劳动力调查样本优化调整摸底工作，在2018年广西月度劳动力工作会议上作典型发言。

三是居民消费价格调查实现新突破。建立月报数据评估机制，印发《来宾市2018年CPI月报审核评估完成情况记录》，建立分级数据评估机制和核查管理机制，采用纸质采价和手持数据采集器“双轨制”采价，推行调查网点和规格品的动态管理制度。

四是在各项常规调查工作方面。扎实开展新样本农民工监测调查工作，高标准完成手持PDA播种面积调查，扎实做好粮食调查、产量调查、农作物播种面积调查、主要畜禽监测调查、生猪产出大县调查、农产品集贸市场价格调查、主要农作物中间消耗调查、农产品生产价格调查等工作。

四、进一步提升统计调查数据质量

建立和完善分市县住户调查管理工作机制，制定本市县级城乡居民收入汇总数据评估工作实施细则，顺利完成评估并通过自治区住调办的核定。召集6个县（市、区）业务人员开展集中现场交叉检查，狠抓检查发现问题的整改落实，圆满完成总队检查反馈问题整改工作。

加强联网直报现场指导，提升数据质量。严格实施数据质量分级负责和问责制度，完成对辖区6个县（市、区）检查工作全覆盖。实现了数据质量压力层层传导、责任逐级落实。严格国家调查各

2018年7月31日，来宾调查队到兴宾区迁江镇高长村开展党旗田间别样红·数据实测最真实现场采样工作

环节质量控制，以业务流程规范为基础，建立数据生产全程痕迹纪录。

五、切实加强统计法制建设

向调查对象发放《统计法》宣传册500多份，集中调查对象开展统计法知识培训。组织全队干部职工学习统计法律法规并闭卷测试。深入调查网点和企业开展法制宣传“小课堂”30多场，受训200人次以上。加强统计执法检查，联合市统计局首次对辖区6个县（市、区）的住户调查开展一次集中的统计执法检查，实现了对住户调查分省样本和分市县样本执法检查的全覆盖，先后对8家企业开展执法检查，坚决查处各类统计违法案件。

六、统计分析服务呈现新气象

2018年，来宾调查队工作取得阶段性成果，共承办广西调查系统大会3次，作典型发言4次；全年获广西调查总队采用调查信息5篇，调查报告11篇，约稿42篇。政务信息获国家统计局采用2篇，总队采用116篇，工作情况交流9篇，有效推介分享来宾统计调查工作的经验和特色。

2018年12月4日，来宾调查队在迎宾广场开展统计法治宣传活动

国家统计局崇左调查队

2018年，国家统计局崇左调查队（以下简称崇左调查队）认真贯彻落实习近平新时代中国特色社会主义思想和党的十九大精神，根据国家统计局广西调查总队工作部署，坚持以党建工作为引领，从严从实抓好巡视巡察整改工作；以“党旗耀边关·国调出实数”为主题，扎实推进“党旗红·数据真”党建品牌创建活动；以落实《防范和惩治统计造假、弄虚作假督察工作规定》为载体，强化《统计法》《统计法实施条例》《统计违纪违法责任人处分处理建议办法》的贯彻执行，促进全队党建工作水平明显提升，从严治党、从严治队扎实推进，调查数据真实性得到有效保障，依法统计、依法治统力度持续加大，统计调查服务能力不断提高。

一、以党建工作为引领，扎实推进全面从严治党、从严治队

1.深入学习贯彻习近平新时代中国特色社会主义思想和党的十九大精神。到住户调查点开展“不忘初心·牢记使命”深入学习贯彻党的十九大精神主题党课和“党旗在国家调查飘扬，数据在基层网点搞准”主题座谈会，在崇左市委党校举办学习贯彻党的十九大精神专题培训班，以实际行动贯彻落实党的十九大精神。

2.扎实推进基层党建工作，“党旗耀边关·国调出实数”党建品牌创建活动有序开展并取得良好成效。通过“完善一套制度、开展七个活动、打造一批特色主题”，扎实推进基层党建工作，打造“党旗耀边关·国调出实数”党建品牌成效显著。

3.认真抓好巡视巡察整改工作。结合实际，扎实开展中央巡视国家统计局反馈意见整改工作。从严从快，切实做好总队巡察反馈意见整改工作。

4.以党建带创建，文明单位创建工作有效推进。2018年崇左调查队成为崇左市直属机关工委推荐申报崇左市文明单位的2个单位之一。

5.强化“两个责任”落实，抓好党风廉政建设工作。统一印制发放党组及班子成员落实党风廉政建设“两个责任”履职情况记录台账；积极落实“市管县”工作，派出检查组对两个县队进行现场检查；加强对重大决策、干部选拔任用、大额资金使用、调查数据质量等制度执行情况的监督检查；紧盯年节假期、出差、干部岗位变动等重要节点，以及开会培训、“三公”消费、津补贴发放、婚丧喜庆等重要环节，加强监督提醒；建立廉政谈话室，开展廉政谈心谈话；组织干部职工到

2018年12月19日，广西调查总队副总队陆奉昌（左一）到崇左调研畜牧业生产情况

广西南宁监狱所开展廉政警示教育活动，常敲“廉钟”，随时警示筑防线。

2019年1月29日，崇左调查队召开2018年度调查数据新闻发布会

二、注重基层基础规范化建设，着力提高统计调查数据真实性

1.夯实调查基础，强化组织实施及管理。一是做好调查样本名录库和调查资料库等“两库”建设。二是完善各专业走访调研工作制度，加强和规范走访调研工作。三是统一发放印制专用资料盒及资料清单，指导调查对象做好调查台账资料收集、整理和存放。

2.规范业务管理，提高调查数据真实性。一是通过发文和会议的形式布置专业调查任务，做到调查全领域告知、全对象培训，明确调查对象的责任和义务。二是修订完善数据质量评估办法，加强评估工作。

3.以全面检查和“双随机”抽查相结合，确保源头数据质量。一是队领导带队深入调查点、调查户现场检查指导。二是以“双随机”抽查检查为基础，全面开展影响数据质量基础工作自查。制作《国家统计局崇左调查队各专业影响数据质量问题清单及整改措施一览表》上墙，确保各专业做到全域痕迹管理。

4.住户调查电子记账推广工作取得初步成效。一是地方政府支持，发文部署全市住户调查电子记账工作。二是制定方案目标，加强业务培训。三是强化审核监督和督导通报。全市记账户电子记账活跃率达65%，推广电子记账工作实现良好开局。

5.严格落实局队部分业务调整优化部署，“四下”企业调查按时移交。制定印发《国家统计局崇左调查队办公室关于成立局队业务分工调整优化工作领导小组的通知》，切实加强对局队部分业务分工调整优化工作的组织协调，于6月29日全部完成移交了业务移交工作。

三、以全面强化守规落地为要求，不断提升依法治统工作水平

1.严格执行国家调查制度方法。一是做到调查全领域告知、全对象培训、全程记录、全样本留底、全流程审查、全节点追责制度，夯实统计调查基础工作。二是与各县（市、区）统计局、国家调查队及各调查企业、调查对象签订数据质量承诺书，明确职责与责任追究，通过层层压实责任，强调制度落实到调查的各个环节，确保调查数据质量。

2.成功将《统计法》纳入党校领导干部教育培训课程。5月份，崇左市委党校举办崇左市2018年统计法治专题培训，这是崇左市委党校首次将《统计法》纳入党校培训的课程，标志着崇左调查队队推动《统计法》进党校迈出了重要的一步。

3.加大统计普法宣传力度。一是利用统计开放日契机，宣传统计法制知识。二是在各专业业务培训和布置会上，组织与会统计员中的中共党员集体宣读诚信统计承诺书，营造诚信统计良好氛围。三是强化全体队员统计法治知识的学习。组织全体干部职工学习《防范和惩治统计造假、弄虚作假督察工作规定》，并开展《规定》知识闭卷考试。同时，编印《统计法律法规及规章制度学习手册》，成为干部职工防范和遏制“统计造假、弄虚

作假”、提高统计数据真实性的好帮手。

四、加强统筹规范管理，着力提升综合保障水平

1.统筹兼顾，加强政务管理。一是高标准办文。严格按照公文办理规范化要求，及时办理各类公文。二是强化OA使用，提升政务管理效率。

2.明确责任，强化网络信息安全。将网络信息安全工作纳入年度目标管理责任制，建立网络信息安全责任追究制度和信息安全月度检查工作制度，定期对计算机进行病毒查杀和漏洞扫描，保证系统安全。

3.以升级晋档为目标，成功创建一级档案室。密切与崇左市档案局的沟通联系，通过购买服务等方式，加强档案室软硬件建设，成功晋级为广西壮族自治区市直机关一级档案室。

4.强化宣传教育，做好保密工作。一是抓好日常保密知识的宣传。二是注重督促检查。定期检查所有科室非涉密电脑是否连接或输出涉密资料、检查涉密文件登记台账和密件借阅登记台账记录情况。三是做好密件清退，把好涉密载体销毁关。四是开展统计保密安全知识专题培训。

5.加大督查督办力度，进一步推进工作落实。注重加强对贯彻落实总队工作部署和全年重点工作完成情况的督促检查，建立督查督办工作台账，及时跟踪各项督查事项落实情况。

6.规范预算约束，强化财务管理。一是强化预算执行。采取细化预算编制、规范预算支出、注意分析预算执行情况等措施，加强监控预算执行情况。二是完善内部控制风险评估。建立内部控制制度，严把报账“受理关”、支出“政策关”、会计“基础关”，不断提高会计核算规范化水平，切实防范财务风险。

7.加强人事教育管理，完善管理机制。一是修订完善本队绩效考评办法、干部年度考核量化办法和聘用职工绩效考核办法，充分发挥目标管理考评和干部年度量化考核的作用。二是加强干部教育培训。将在职在编干部教育培训纳入地方干部教育培训体系，累计选派干部参加地方组织的各类培训班30人次，党员干部进党校培训实现全

2019年3月15日，崇左调查队联合辖区扶绥、大新调查队深入到扶绥县昌平乡那塘村住户调查点开展“党旗耀边关数海先锋行”主题党日活动

覆盖。此外，在市委党校举办了专题培训班，与国家统计局大数据统计学院联合举办培训班，提升干部综合能力水平。

五、强化统计调查服务，进一步提升统计调查服务水平

1.在落实好国家调查职能的基础上，突出专项服务。结合脱贫攻坚工作，组织专业人员赴龙州县开展脱贫攻坚工作成效调研，形成“崇左市创新边贸扶贫模式，兴边富民效果显著”调查报告上报国家统计局。

2.精准发力，优质服务水平进一步提高。全年上报调查信息报告获得总队采用65篇，经总队综合组稿后获得国家统计局采用14篇，比上年同期增加3篇；获得国家统计局领导批示12篇，比上年同期增加4篇；获得中央领导批示7篇。

3.积极稳妥做好统计新闻宣传。一是制定印发《国家统计局崇左调查队2018年新闻发布工作方案》，积极开展新闻宣传。二是定期举办新闻发布会。三是制定出台《国家统计局崇左调查队微信公众号管理办法》。四是稳妥开展“第九届中国统计开放日”活动，崇左电视台《百姓关注》栏目以“崇左市举办第九届统计开放日”为题对宣传活动进行报道。

六、服务中心工作，扎实开展精准扶贫，切实做好扶贫领域腐败和作风问题专项治理工作

1.扎实开展精准扶贫工作。崇左调查队积极响应崇左市委市政府关于精准扶贫的工作部署，在挂点帮扶村宁明县北江乡东什村2016年实现脱贫的基础上，继续加大跟踪监测力度。在派驻工作队员长期驻村开展工作的同时，2018年，每个月坚持组织全队各帮扶联系人深入挂点村开展帮扶工作。

2.切实做好扶贫领域腐败和作风问题专项治理工作。一是召开专题民主生活会，就扶贫领域存在的问题作对照检查，深刻剖析问题产生的思想根源，实事求是地提出了整改的方向和措施。二是制定扶贫领域存在问题整改方案，切实加强和完善扶贫领域腐败和作风问题专项治理工作。三是立行立改。组织干部深入扶贫挂点乡镇、村屯全面了解情况，协调解决存在的困难和问题。

国家统计局上林调查队

2018年，国家统计局上林调查队（以下简称上林调查队）在国家统计局广西调查总队的正确领导下，以党的十九大精神和习近平新时代中国特色社会主义思想为指导，深入贯彻2018年国家调查队综合工作会议精神，改进作风，开拓创新，坚持开展综合服务，较好完成各项工作。

一、深入贯彻落实综合工作会议精神

上林调查队结合实际，从“三个方面”将综合调查会议精神贯彻落实到位。一是及时传达会议精神。召开全体职工会议认真学习总队长赵太想在全区综合会议上的讲话精神，提高思想认识，转变工作思路，明确综合和新闻宣传工作的出发点与着力点。由队长主动向县委政府主要领导传达综合调查培训会议精神，达成共享共用信息共识，达到调研报告调查系统和地方两办信息平台同步更新效果。由各业务股长向辅助调查员、调查企业进一步传达会议精神，延伸信息捕捉触手，实现基层调查对象主动提供实时经济和新闻宣传热点、亮点。二是主动聚焦综合主业。建立健全制度，规范强化综合工作，更新本队的目标管理岗位责任制，明确各人工作分工职责；强化新闻宣传，与上林电视台、《上林时讯》等当地媒介结队共建，积极更新“上林调查”公众微信号，多渠道广泛宣传，提高统计调查工作影响力；严格执行“双签”制度，重点把控数据移交，强化数据管理。三是学用结合层层抓落实。深化学习抓落实，确保“学到位”，学习理论业务知识，组织系统优秀调查信息汇编月度读书会，提高全队整体综合宣传水平；精准对标抓落实，确保“优质用”，根据各股室业务，制定新闻宣传服务目标，由股长签订优质服务承诺书，评选“宣传服务标兵”加大督察督办力度，监控服务进度与质量。

二、精心筹划开展统计开放日活动

上林调查队紧扣“走进四经普”与广西改革开放四十周年成就的主题，“三步棋”精心部署开展第九届中国统计开放日宣传活动。第一步—组织全民共参与。上林调查队携手县统计局，同时邀请分管统计的黄凤强副县长以及电视台、时讯等主流媒体，召集各调查专业辅助调查员与调查企业，在县城流动人口密集的人民会堂广场开展全天候的第九届中国统计开放日现场宣传。将政府部门——舆论媒体——调查对象——社会公众联成一线，凝聚全民参与的强大合力，引领社会各界一同走进统计调查工作，全力打造统计调查的公信力“金牌名片”。同时，号召全体队员充分发挥自己的人脉力量，将本次宣传主题、活动内容等上传朋友圈、QQ空间、微博等现代信息交流平台，一传十、十传百，让更多人了解统计开放日活

2018年11月1日，广西调查总队总队长赵太想（右三）到上林县寨鹿村开展住户电子记账及成立“绿城党旗红　调查数据真”讲习调研

2018年6月14日，广西调查总队副总队长陆奉昌（右一）到上林县主要畜禽监测调查网点——大坡村苏达谋合作社，开展畜禽生产形势调研

动，了解统计调查“轻骑兵”，了解、认识、并参与统计调查工作。第二步一多措实施精宣传。一是利用人民广场及汽车客运站前的大型LED显示屏，连续三日循环播放“读懂四经普”等短视频，通过“名人视角”普及“四经普”基本知识，运用音响设备播放统计调查对改革开放和民生发展的贡献与影响，营造统计开放日宣传的浓厚氛围。二是设置宣传长廊，在广场悬挂宣传横幅，张贴宣传海报，摆放宣传展板，通过大量展品广泛宣传本届统计开放日主题，再由“统计解说员”深入浅出地解说《统计法实施条例》，展现统计调查的科学性和严谨性，号召社会公众共同参与学法、知法、守法。三是印制《图说“四经普”》漫画折页，以生动有趣的图解形式讲述“四经普”的实施意义与特点，引导广大调查对象进一步支持配合调查工作，如实填报统计数据，为来年“四经普”的实施奠定良好的群众基础。第三步一有奖竞答气氛佳。为避免枯燥单一的宣传模式，上林调查队在宣传活动当日设置有奖趣味竞答环节，围绕调查队概况、统计法律法规、统计开放日常识、改革开放民生发展等内容，引导在场群众主动阅读宣传展板和折页资料积极抢答，吸引公众注意力，活跃宣传氛围，发放印制“上林统计调查”字样的实用奖品，让“统计调查”高频率地出现在公众的眼中、身边、手上、脑里，让宣传效果深入人心。

三、创新举措主动宣传深入人心

上林调查队创新举措，通过多种渠道开展综合宣传工作，效果深入人心。一是叠加媒体效应，强宣传。加强与当地新闻媒介联系，多方协调记者跟踪报道队内重大活动，在电视台、《上林时讯》、上林网等主流媒体阵地，强化对赵太想总队长等总队领导开展粮食产量调研、成都、邛崃等兄弟调查队居民学习交流住户电子记账推广工作等重点项目的宣传，普及统计调查工作内容，打响“上林调查”品牌。二是利用统计开放日，促宣传。9月20日，紧扣“走进四经普”与广西改革开放四十周年发展成就的主题，利用公共大型LED显示屏循环播放短视频，开设横幅、海报、展板宣传长廊，设置有奖趣味竞答环节，深入开展统计开放日宣传活动，增进了社会各界

2018年9月20日，上林调查队在县人民广场开展第九届统计开放日宣传活动，上林县分管统计调查工作副县长黄凤强（右一）参与现场宣传

对统计调查工作的支持和配合。三是量身定制纪念品，广泛宣传。为住户、畜禽、农产品价格记账户量身定制235枚“为国记账”牌匾上墙，增强其荣誉感。制作笔记本、玻璃水杯、雨伞、小提桶、环保袋等纪念品，印上统计标志及队名，作为宣传品分发各乡镇分管领导、统计员，作为纪念品分发配合开展调查的辅调员、调查对象，宣传本队工作面貌、宣传统计法制，广泛提高国家调查队的知晓率。

2018年11月2日，广西调查总队总队长赵太想（右二）、副总队长陆奉昌（左一）到上林县山河村样本田中开展晚稻实割实测工作

2018年11月2日，广西调查总队总队长赵太想（右一）、副总队长陆奉昌到上林县山河村样本田中开展晚稻实割实测工作

国家统计局扶绥调查队

2018年，国家统计局扶绥调查队（以下简称扶绥调查队）认真学习贯彻落实党的十九大和十九届一中、二中、三中全会精神，认真贯彻落实国家统计局广西调查总队开展“党建质量年”的决策部署，积极适应统计调查工作发展改革的新常态要求，全队干部职工同心协力，开拓进取，出色高质量地完成广西调查总队和县委县政府布置的各项调查任务。

一、党建统领调查工作

全面落实全国统计工作会议决策部署，以推进党的建设为统领，以提高调查数据质量为目标，以开展“党建质量年”为主线，制定《国家统计局扶绥调查队2018年党建工作要点》和《国家统计局扶绥调查队“党旗红·数据真”活动实施方案》，让党建工作贯穿到调查队每一项工作中。

（一）开展有特色的“党旗红，数据真”暨党员记账户培训记账户活动。在全县10个城乡住户调查网点中，树立“党员记账户”典型，开展“党旗红·数据真”暨党员记账户培训记账户活动，提高普通记账户的记账质量。

（二）开展宣传贯彻十九大精神暨记账知识文艺晚会。2018年6月5日，由扶绥调查队主办、扶绥县乡韵艺术团和扶绥县龙头乡那塘村委会协办的《共学十九大 同记国家账——学习宣传党的十九大精神暨住户记账知识（电子记账推介会）》文艺晚会在扶绥县住户调查点龙头乡那塘村举行，将宣传党的十九大精神及住户调查工作深度融合，提高当地群众对调查工作的配合度。

（三）联合总队开展“结对共建”活动。2018年8月1日，国家统计局广西调查总队副巡视员邱洪刚率总队第三党支部一行17人，到扶绥调查队党支部开展“党旗红·数据真”结对共建活动。总队第三党支部和扶绥队党支部分别以“微党课”的形式给全体党员干部上一堂生动的党课，随后两个支部的党员到住户调查点进行了丰富多彩的节目表演。

二、成功创建县级文明单位

坚持以习近平新时代中国特色社会主义思想和党的十九大精神为指导，以培育和践行社会主义核心价值观为根本，不断提高干部职工思想道德素质、科学文化素质和健康素质，通过全队人员的不懈努力，扶绥调查队已于2018年9月份顺利通过县级文明单位测评验收，2018年11月13日获得扶绥县第十四批县级文明单位牌匾。

三、信息优质服务工作效果明显

扶绥调查队始终把统计优质服务作为提高政府统计公信力，提高领导决策参与力，扩大统计

2018年8月1日，广西调查总队第三党支部到扶绥县开展“党旗红　数据真”结对共建活动

2018年9月8日，扶绥调查队前往帮扶渠荖村开展扶贫专款捐赠活动

2018年11月13日，扶绥调查队以高标准通过县级文明单位验收，并获得扶绥县第十四批文明单位牌匾

调查工作影响力的突破口。2018年，该队上报政务信息87篇，被广西调查总队采用60篇，采用率为69.0%，其中获国家统计局采用1篇，继续保持较高水平；上报广西调查总队的调查信息41篇，被总队组稿采用32篇，采用率78.0%；上报扶绥县委办、政府办调查信息10篇，被采用8篇，充分发挥了统计调查部门应有的参谋助手作用。

四、严格执行国家调查制度，确保调查业务正常开展

（一）紧盯调查工作流程，落实制度不懈怠。组织干部职工学习调查方案制度，熟悉工作流程，针对调查工作特点，提出调查工作计划和步骤，化解工作重点和难点。成立调查数据监督领导小组，每月和每季度或者每个调查周期，监督领导小组进行回访或检查，确保调查制度落实不打折、不走样，防止调查制度变成“稻草人”。

（二）明晰工作责任，监督检查不含糊。分管队领导负主体责任和监督责任，主管业务队员负主要责任。业务股与队员分别与队签订工作责任状，明晰工作责任。实行调查数据监督检查制度，严守数出于户、数出于企的底线。

（三）彻查数据风险点，追责到底不手软。分专业进行地毯式调查数据风险大排查，发现调查数据与调查对象提供不符的，刨根问底彻查数据来源渠道，严肃查处篡改、伪造调查数据的责任单位和个人。调查数据出现质量问题的，按照“一岗双责”和“一案双查”要求，启动调查数据质量问责机制，对队员在调查工作中存在的“庸、懒、散、慢、拖”、不作为、乱作为造成调查工作失责进行约谈。

（四）注重调查业务事前、事中、事后、抽检全过程管理。事前加强调查业务知识培训，采取分类分专业培训，股长培训队员，队员一对一培训调查对象，大大提高调查员的调查水平和操作技能。事中注重调查过程记录，采取痕迹化调查管理，夯实调查工作基础。事后强化调查检查工作，确保调查数据质量。

五、狠抓党风廉政建设主体责任落实

（一）明确领导主体责任，强化党风廉政建设的组织领导。认真部署落实“两个责任”和作风建设工作，确保“一把手”五项主要责任，队班子成员四项分管领导责任落到实处，做到早研究、早部署，确保党风廉政建设工作有序开展。

（二）着重抓好风险防控，防患于未然。按照《国家统计局扶绥调查队廉政风险防控管理实施办法》的要求，对全体干部职工进行集体廉政谈话，与各股股长签订《党风廉政建设责任承诺书》，并对全队各股的岗位廉政风险防控承诺、防控措施落实情况进行监督。

（三）严格执行“三重一大”审议制度。对涉及队内“三重一大”及干部职工切身利益问题，都按集体研究、会议决定的原则，确保决策的民主化、科学化。

2019年2月11日，扶绥县委书记罗彪、县长孙国梁等领导率队到扶绥调查队慰问全体干部职工

国家统计局马山调查队

2018年6月14日，广西调查总队副总队长陆奉昌（左三）带队到马山开展上半年畜禽生产形势调研

2018年，国家统计局马山调查队（以下简称马山调查队）结合本队实际，深入推进“两学一做”学习教育常态化制度化，转变思想观念，强化服务意识，谋实事、创实绩，深入推进统计调查改革与发展，较好的完成本队各项工作。在2018年各项考核评比工作中，马山调查队获2018年度广西分市县住户调查业务考评二等奖。现将具体情况汇报如下：

一、夯实党的基础，加强党的引领

一是推行党组织积分管理，创新考核体系。马山调查队每月将本支部开展“三会一课”、党员活动日等党建活动签到、记录、活动现场等拍照并转换为PDF文件后，会同活动小视频发送至县直工委指定平台备检，县直工委对本支部进行月考评，以每月考评积分累计，结合日常工作进行半年考评、年终考评。二是党组织建在网络上，服务落在行动上。马山调查队将党员纳入全国党员管理信息系统，实现党员电子身份认证、党员和党组织数据网上统计分析等功能，实现党员动态管理。全体在职党员注册“绿城党旗红”“八桂先锋”“学习强国”党建信息平台，每月更新党建信息动态，了解党的政策和时事动态，实现组织关系网上转接功能，以“党员联在手机上，党组织建在网络上，服务落在行动上”的实效，激发出党支部富有时代气息的无限活力。三是打造党建工作品牌，推进党的建设向纵深发展。马山调查队坚持党建引领和品牌领航，从2018年4月起党支部启动“党旗红·数据真”党建工作品牌建设，持续推进马山调查队党的建设向纵深发展。2018年11月，马山调查队联合南宁队进基层社区新时代讲习所召开“绿城党旗红·调查数据真”主题活动启动仪式，马山调查队将在基层调查点建立临时党支部，挂牌新时

2018年7月16日，马山调查队开展农业估产调查工作

2018年8月1日，马山调查队到马山县金钗镇独秀村记账户家进行电子记账月报工作

代讲习所，鼓励基层党员带动记账户记账，提升统计数据质量。四是支部共建活动进基层，助力脱贫攻坚。近两年，队党支部与基层调查点党支部开展结对共建活动，切实加强与基层调查点党支部间党建工作经验交流，压实数据质量责任，增强党支部活力。

二、加强各项工作，提高服务水平

一是马山调查队坚持以“为国家宏观调控服务、为党委政府决策”为目标，深入抓好调查分析工作，把约稿作为调查信息报告工作重点来抓，在统计分析上力求广度和深度，深入基层调研听取群众反映的热点、难点问题撰写调查信息，进一步增强组约稿的归纳提炼能力，严把调查信息报告审核关，努力提升稿件质量和调查资料的可读性，确保无差错事故发生，提高统计优质服务水平。2018年，上报约稿信息和调查信息29篇、政务信息27篇、工作要事12篇、工作交流4篇。二是9月20日，马山调查队联合县统计局精心组织开展第九届“中国统计开放日”系列活动，活动现场通过悬挂宣传条幅4条，设立咨询台，发放电子记账、第四次全国经济普查、改革开放40周年广西民生发展成就宣传彩页200多份，发放“四经普”单位清查告知书1000多份，为群众宣传统计政策、普及统计知识。在县城主要街道展示4版宣传板报，以《扬帆起航谋发展，为国调查创新篇》为主题，通过前后对比，宣传改革开放以来马山局队在发展农业生产、提高城乡居民生活水平、改善投资环境等经济社会发展方面的成就。三是2018年5月28日，加方乡花衣村电子记账辅助调查员曾金淑代表马山县在广西住户调查电子记账动员会暨业务培训会上作电子记账工作经验介绍，把马山县好的经验做法向全区推崇。2018年7月20日，河池市住调办组织辖区内统计局、调查队赴马山调查队就有关住户调查电子记账工作进行经验交流，传经送宝。

三、牢固“两个意识”，高质量完成国家调查任务

马山调查队各专业按照调查工作制度细化工作流程，通过流程上墙、制度上墙，规范各项业务工作流程，明确由股员负责收集报表数据，股长、分管领导和主要领导三级审核把关的个人责任。领导班子切实加强对国家调查任务的组织协调，强化对数据采集、录入、审核、评估和上报

2018年9月20日，马山局队第九届“中国统计开放日”宣传现场

提高全队干部的统计法治水平。

2019年3月10日，马山调查队到住户调查网点进行一季度季报工作

为落实总队“双随机”原则，10月10日—11日，马山调查队随机抽取主要畜禽监测调查样本企业开展统计执法检查，邀请都安调查队持证人员兼纪检监察员协助开展“双随机”统计执法检查2次。2018年9月起开展领导干部违规干预统计工作记录台账季报填报工作，确保调查队系统“三个独立”职权不受侵犯，切实防范和惩治领导干部违规干预统计工作。马山调查队充分深入基层调

环节的管控，确保源头数据质量。加大现场走访力度，建立健全走访记录台账，把控各专业调查规范化流程，在提升源头统计数据质量上下真功夫。坚持“一盘棋”业务建设，加强统筹规划，按照“集全力、稳基础”的工作要求，在各项业务同步或交叉开展时，主要领导率先做到“人财物统筹提早一刻”，分管领导带头做到“业务谋划深入一级”，股室负责人积极做到“工作时间多留一分”，调查人员认真做到“收归采集细致一度”，以上率下，扎实统计数据源头工作。

四、学法用法，规范统计法制工作

马山调查队将统计法及相关法律法规、规章的学习列入本队干部的学习培训计划，做到学法有计划、有安排、有落实、有检查，

查点等时间节点举办宣传活动，利用各种宣传媒体开设统计知识专栏，利用下乡机会直面群众宣传统计法律法规，做到统计宣传形式多样、通俗易懂，生动活泼，注重宣传效果。马山调查队实行并不断完善统计法律事务告知制度，进一步加强统计执法检查力度，巩固执法成果，引导和鼓励调查对象诚信统计。

2019年5月24日，马山调查队在黄番村开展春播影像航拍

国家统计局横县调查队

一、机构沿革

（一）基本情况

国家统计局横县调查队（以下简称横县调查队）于2017年9月经国务院批准成立，是由国家统计局实行垂直管理的正科级机构。2019年2月27日，在国家统计局广西调查总队的精心指导下，在横县县委、县人民政府及国家统计局横县调查队建队筹备组的共同努力下，横县调查队在横县召开国家统计局横县调查队成立大会。国家统计局广西调查总队党组成员、副总队长王洪琛，横县县委常委、副县长洪奔出席会议并为国家统计局横县调查队成立揭牌。

（二）职能职责

国家统计局横县调查队既是政府统计调查机构，也是统计执法机构，依法独立行使统计调查、统计监督的职权，独立向国家统计局和国家统计局广西调查总队上报调查结果，并对上报的调查资料的真实性负责。同时，完成国家统计局和总队布置的各项统计调查任务；协助地方统计局完成重大国情国力普查任务；组织指导地方调查队的有关业务工作；依法查处本单位组织实施的统计调查中发生的统计违法行为；开展统计信息化有关工作；负责本单位党的建设、纪检监察和干部管理工作；完成国家统计局和总队交办的其他事项。在高质量完成国家统计局布置的各项统计调查任务的前提下，按照上级国家调查队布置或经批准后完成有关地方统计调查任务。

（三）机构设置及人员编制情况

国家统计局横县调查队设4个职能股室：（一）办公室：综合协调、管理队里的政务；承担文秘、机要、政务信息、会务、保密、档案、督办、文印、信访、安全、消防、对外联系、接待、后勤服务、综合治理等工作；负责本队机构编制管理、人事统计、教育培训、外事、聘用人员、离退休人员管理、财务管理、网络安全及信息化建设等工作。（二）农业调查股：组织实施农作物播种面积和产量调查、农产品价格调查、中间消耗统计等方面的农业生产调查；畜牧业等农业农村专项调查。（三）住户和价格调查

2019年2月27日，横县调查队召开国家统计局横县调查队成立大会

2019年3月12日，横县调查队到六景镇石板村了解记账户一季度收入形势

家调查事业高质量发展。

（二）抓好党风廉政建设，强化党建引领作用。一是积极组建成立党支部。横县调查队积极与县直机关工委的沟通协调，于年初组建成立了横县调查队党支部，进一步强化了对全体党员的教育和管理，不断发挥党建引领业务开展的积极作用。二是严格执行党风廉政建设责任制。抓好队领导班子这些关键少数，切实落实好“一岗双责”，把党风廉政建设工作贯穿于各项工作之中。三是加强党风廉政宣传教育。组织干部职工对违法党纪国法案件特别是统计违纪违法的典型案例的学习教育，通过以案释法，引导干部职工知法懂法守法，不断加强党风廉政制度建设和执行制度的自觉性。四是积极提升纪检监察干部履职尽责能力。于5月份安排了纪检监察员到总队纪检监察室跟班学习两个月，进一步提升横县调查队纪检监察员切实履行全面从严治党监督责任，履行纪检、监察职能，更有效落实领导纪检监察工作的能力。

（三）精心组织，扎实推进建队相关事宜。积极开展横县调查队组建筹备前期工作。在广西调查总队精心指导下和横县调查队建队筹备组的统筹协调下，顺利完成横县调查队办公楼装

股：组织实施住户收支与生活状况调查、农户固定资产投资调查；农民工监测调查、农民工市民化进程动态监测调查、退耕还林（草）监测调查、网购用户专项调查。（四）专项调查股：组织实施劳动力调查，对就业热点问题开展典型调查分析研究、小微企业跟踪调查、服务消费调查及其他企业类统计调查、营商环境调查、文明城市测评和未成年人思想道德建设工作测评调查、社情民意类调查、反映新产业、新业态、新商业模式的三新经济监测调查等国家常规调查工作。（五）人员机构：横县调查队参照公务员法管理事业编制数为8名，其中正科级领导职数1名（队长），副科级领导职数2名（副队长1名，纪检监察员1名）。国家统计局横县调查队现有职工12名，其中国家公务员6名，聘用人员6名。

二、工作开展情况

（一）加强学习，提高政治站位。坚持以习近平新时代中国特色社会主义思想和党的十九大精神为指导，深入学习贯彻落实习近平总书记等中央领导关于统计工作重要指示批示精神，全面贯彻落实全国统计工作会议精神，落实《意见》《办法》《规定》精神，努力推动广西国

2019年3月12日，横县调查队到六景镇张村了解记账户一季度收入形势

修、领导班子配备、办公用品设备采购等组建前期准备工作。

（四）建章立制，推动各项工作规范开展。根据横县调查队工作实际，逐渐完善本队各项工作制度，及时制定印发了《国家统计局横县调查队工作规则》《国家统计局横县调查队重大事项请示报告制度》《国家统计局横县调查队办公设备网络安全管理规定》《国家统计局横县调查队保密工作制度》《国家统计局横县调查队会议管理制度》《国家统计局横县调查队聘用人员管理办法》等文件制度，促使横县调查队各项工作流程逐步走上规范化、制度化。

（五）积极协调，稳妥推进业务移交前期工作。一是多次召开局队业务协调会。主动加强与县统计局沟通协调，多次召开局队业务移交前期工作座谈交流会，明确业务移交前后相关调查业务的责任分工，确保移交前调查工作开展不松懈，促进业务移交过渡期间相关工作的稳固开展。二是加强调查队伍力量。根据实际工作需要，并积极协调县统计局做好新招录队员的业务"传帮带"，及时安排各专业人员到县统计局进行一对一跟班学习，确保局队业务移交后相关业务能移交得过，开展得好。三是横县调查队已经从二季度开始主动跟进小微企业跟踪调查、劳动力调查、畜禽调查、住户调查、农业调查等相关调查，为下一步业务移交奠定良好基础。

（六）强化法制教育，严格依法调查。一是组织专题学习。多次召开队务会议，对《意见》《办法》和《规定》进行专题学习，提高队班子领导对统计相关文件规定的深入理解，守住统计调查底线，切实带头严格按照有关文件规定依法依规调查。二是召开全体学习会议。由队主要领导主持召开全体干部职工会议，对《统计法》进行学习专题，会上认真通读全文，加深全体干部职工对《统计法》的理解，敬畏《统计法》，遵守《统计法》，提高学法懂法用法的能力和水平，保障各项调查工作的依法依规开展。

2019年3月14日，横县调查队到横州镇长寨村开展一季度数据核查工作

国家统计局鹿寨调查队

2018年，国家统计局鹿寨调查队（以下简称鹿寨调查队）在国家统计局广西调查总队及鹿寨县委、县政府的正确领导下，认真贯彻落实全区调查工作会议及县委、县政府的工作会议精神，坚持以习近平新时代中国特色社会主义思想为指导，深入学习贯彻党的十九大精神，以加强党的建设为统领，全面压实“两个责任”，进一步提高数据真实性，扎实推进各项工作，圆满完成各项工作任务。

一、落实全面从严治党要求，进一步加强党建工作

2018年，鹿寨调查队深入学习习近平新时代中国特色社会主义思想和党的十九大精神，扎实开展“不忘初心 牢记使命”主题教育，努力打造“党旗红·数据真”党建工作品牌。一是全面落实党建工作责任制，制定了年度党建工作要点和理论学习计划，并严格按照计划安排学习，截至10月31日共集中学习12次，组织全员参加柳州辖区调查队党的十九大精神专题培训班1次。二是严格执行“三会一课”制度，支部建立了支部会议、活动（学习）记录本，每位党员都建立了学习笔记本。截至10月31日，队领导班子成员为党员上党课3次。三是认真开展“党建质量年”活动，其中开展“主题党日”活动10次，党员干部撰写心得体会20余篇。党员参加区、市、县党校培训班学习各1次，到市队参加集中学习2次；分别组织开展了3次党的十九大知识测试和党建知识测试；组织党员开展革命教育2 次，到我县爱国主义教育基地参观学习1 次；认真开展 “不忘初心，重温入党志愿书” “学用新思想 争做新先锋”等活动，活动有方案、有记录、有图片、有总结。

二、抓好“两个责任”的落实，不断加强党风廉政建设

2018年，鹿寨调查队认真贯彻落实“中央八项规定”精神，领导班子切实履行党风廉政建设“两个责任”，在日常工作中注重抓早抓小，做到早提醒、早防范。一是结合本队实际及时制定了党风廉政建设工作要点，明确全年工作目标和要求；二是在年初组织全队干部职工签订了党风廉政建设承诺书；三是做好全队廉政学习教育工作，认真组织学习全国统计部门党风廉政建设视频会议精神以及各类涉及纪检的法规、制度及各级纪委通报的典型案例，在节庆日等重要时间节点通过召开会议、发送网络信息等形式提醒全队人员廉洁过节。截至10月31日，共组织学习11次；组织观看警示教育片和到廉政文化园参观学习各1次；在办公区域制作有廉政教育展板；四是加强与柳州调查队党组纪检组的汇报，今年以来共汇报了3次，每

2018年7月10日，鹿寨调查队开展城乡住户调查记账户使用电子记账软件现场培训

月按时上报党风政风监督工作情况统计表；五是严格执行廉政谈话制度。每季度向柳州调查队党组纪检组汇报1次，并接受廉政谈话2次；鹿寨调查队开展集体廉政谈话2次，开展一对一谈心谈话1次；六是坚持贯彻民主集中制原则。鹿寨调查队“三重一大”决策都经过领导班子讨论决定，同时纪检监察员全程参会并独立发表个人意见。参与重大经费开支过程，监督经费开支合规性。截至10月31日，鹿寨调查队共召开班子会议18次，纪检监察员参与了全部会议，对“三重一大”事项的决策和执行进行了全程监督，共印发会议纪要15期。七是深化廉政风险防控机制建设，实时防控重点领域、重点岗位的廉政风险，加强对廉政风险机制落实情况的监督检查，今年开展执纪监督检查共2次；八是加强与地方党委、政府和纪检部门的联系，积极组织参加各级廉政工作会议，并接受县委常委、副县长马耀洲主持召开的分管部门廉政谈话会；九是加强纪律作风建设，提高廉洁自律意识。认真履行上下班制度，严格执行请假审批、领导干部外出报告制度和值班制度等；严格遵守“中央八项规定”精神，规范财务审批。今年以来，鹿寨调查队未出现公车私用、铺张浪费、滥发钱物、出入私人会所、收受红包礼金等违法违纪问题，也未收到任何信访、举报案件。

2019年5月，柳州调查队到鹿寨县平山镇龙婆村指导月度劳动力调查工作

三、认真开展总队巡察整改工作

鹿寨调查队根据国家统计局广西调查总队党组巡察反馈意见，逐条逐项研究，深挖问题原因，制定整改措施，落实责任领导、责任股室（岗位）和责任人，明确整改时限，确保整改事事有着落、件件有回音，制定了《国家统计局鹿寨调查队关于落实国家统计局广西调查总队党组巡察反馈意见的整改方案》，并按方案认真进行整改。鹿寨调查队经过一个月的认真整改，取得了阶段性成果，为克服“交卷”思想和“过关收场”心态，鹿寨调查队巡察整改工作领导小组将继续保留，持续聚焦巡察组反馈意见，进一步突出问题导向，坚持目标不变、标准不降，劲头不松、力度不减，对未形成制度的整改措施进行梳理归纳，以制度化的形式长期抓，对已形成制度的整改措施要加强监督检查，确保落地生根。

四、依托信息技术提升行政规范化水平

全面推行无纸化办公，使用通达OA系统进行收发文及上报请示、政务和调查信息，提高文件的流转和办文效率。同时，继续做好通达OA系统的“传帮带”工作，由办公室负责对通达OA系统的操作方法、常用流程进行讲解，确保文件收发规范运转。以“行政事业单位资产管理信息系统”中的数据为基础，制作固定资产电子台账，确保每项固定资产都有对应的管理人员，实现固定资产的动态管理，方便日常的查询、清核。

五、开展形式多样普法学法活动

一是2017年12月4日，鹿寨调查队联合国家统计局柳州调查队、融安县统计局在融安县长安镇开展现场法治宣传活动，在今年的“中国统计开放日”，鹿寨调查队联合国家统计局柳州调查队、鹿寨县统计局在鹿寨县人民广场开展现场《统计法》和开展全国第四次经济普查调查宣传活动。通过在活动现场摆放展板、横幅，进行

《统计法》宣传，向群众发放宣传资料和纪念品，并接受群众现场咨询，有效增进广大群众对统计法的了解；在日常工作中，利用调查工作布置会、培训会、座谈会等向调查对象、辅助调查员进行统计法治宣传，在入户调查过程中向调查户宣传统计法律法规，做到普法常态化。

二是在今年的“中国统计开放日”，鹿寨调查队与柳州调查队联合到企业及畜禽规模养殖场开展《统计法》宣传活动，与企业领导养殖场负责人及相关人员进行了座谈。

2019年5月10日，鹿寨调查队开展春播面积调查航拍工作

三是积极组织队员参加在线《监察法》和《宪法》法律知识测试，同时还组织全队人员参加各类统计法治工作培训会，在队内不定期组织学习法律法规知识，进一步增强干部职工自觉遵规守纪的意识。

六、加强常规统计调查与专项调查工作，不断提高工作质量

鹿寨调查队牢固树立国家队意识，坚持“三个独立”，把确保统计调查数据质量放在第一位，全力以赴开展各项工作。

一是顺利开展2018年新一轮住户调查记账工作，同时顺利推进电子记账。

农业调查、居民消费价格调查、主要畜禽监测调查、农民工市民化调查、规模以下工业抽样调查等14项常规业务有序开展，圆满完成2018年农村党员教育培训情况调查。

二是圆满完成局队业务分工调整。圆满完成了规模以下工业抽样调查、小微企业固定资产投资情况调查、规模以下企业创新调查、以全国为总体的限额以下批发零售住宿餐饮行业抽样与问卷调查、月度劳动力调查等业务的移交工作；并顺利开展了月度劳动力调查工作。

七、进一步加强干部队伍教育管理

2018年，积极组织队员参加上级和地方政府部门举办的各类培训学习；4月，队班子成员参加了县委举办的鹿寨县乡科级领导干部培训班；5月，组织全体队员进党校学习；6月，队支部书记参加国家局举办的调查队党支部书记培训示范班；10月，队主要领导参加了国家统计局广西调查总队举办的广西国家调查队系统领导能力提升培训班；组织队员参加国家局在线学习；在队内不定期举办业务和政治理论知识的学习培训。通过学习，提高了大家的理论水平和业务能力。

国家统计局象州调查队

2018年10月，象州调查队到象州县党风廉洁警示教育基地开展警示教育活动

2018年，在国家统计局广西调查总队和地方党委、政府的正确领导下，国家统计局象州调查队（以下简称象州调查队）坚持以习近平新时代中国特色社会主义思想为指导，认真落实党风廉政建设主体责任和监督责任，围绕深化管理体制改革提高统计数据真实性的核心任务，进一步夯实基础工作，着力提高源头调查数据质量，一步一个脚印，较好的完成2018年各项工作任务。

一、深入学习十九大精神，扎实推进党建工作

（一）持续深入推进党的十九大精神学习贯彻工作。系统深入地开展学习工作，通过集中培训、反复学习、深入讨论等方式，引领全队党员干部更加全面准确把握十九大精神。领导班子带头学习、带头宣讲，通过示范带动面上的学习，抓好学用结合。

（二）扎实推进党建工作，认真打造“党旗红·数据真”工作品牌。象州调查队以“不忘初心·牢记使命”为核心任务，努力打造“党旗红·数据真”党建工作品牌。加强班子建设，努力争创先进党支部；开展“党员先锋示范岗”活动，认真打造党员数据质量责任示范岗；积极打造特色“主题党日”活动，根据工作计划，于每月28日前后开展具有单位特色的“主题党日”活动。

（三）强化主体责任，不断推进党风廉政建设向纵深发展。利用本队内网开设“纪检监察”专栏，及时转载中央和地方纪委通报的严重违纪违法典型案件；落实“两个责任”，党风廉政建设纵深推进，深入学习贯彻廉洁自律准则、监督和问责条例等党纪党规。

二、扎实业务基础，凝神聚力完成各项调查任务

（一）推进电子记账工作，住户统计事业亮点纷呈。一是采取分点包户的原则，形成

2018年6月，象州调查队到那芙村委开展6月份主题党日活动

2018年3月，象州调查队到城西社区开展访户工作

“日审”常态化。对名目不清，数量、单价有疑问，连续3天不记账的记账户进行电话提醒，账目有明显错误的进行退回处理。二是同步培训辅助调查员，发挥辅助调查员的作用。要求辅助调查员进行体验式电子记账，掌握记账技能，定时检查指导记账户电子记账账目。三是加强数据汇总审核。列出存在严重收不抵支和记账笔数偏少等问题的记账户清单，及时访户，提高访户时效性和针对性，保障住户调查源头数据真实准确。四是严格按照国家方法制度做好样本管理、入户访问、审核上报等工作，严禁无依据修改数据，确保数据真实可靠。

（二）多措并举，顺利完成农产量调查工作。一是全面培训，提升辅调员业务水平。象州调查队通过召开播面调查培训会议、农产量调查辅助员培训会议，加强对辅助调查员播种面积调查以及粮食单产抽样调查的业务培训。每项农业调查工作开展前，都要与辅助调查员开展面对面的业务指导，与室内业务培训相结合，提高辅助调查员的统计业务水平。二是求真务实，提高调查数据质量。在数据采集如夏收粮食测产期间，充分利用大学生实习岗位，统筹人员车辆，积极谋划调查时间和路线，以100%收割样本为工作任务，提前计划，提前预约，保障早稻产量实测调查的有序推进。

（三）坚持狠抓劳动力调查数据质量，巩固调查网点。一是坚持每月下点入户指导督查。二是加强对辅助调查员的督导，预防提前入户的现象。三是在辖区内开展劳动力调查摸底工作。

（四）夯实基础，切实提升主要畜禽监测调查工作水平。一是选好辅助调查员，加强业务指导。二是认真审核，完成数据录入。三是平时检查与重点检查相结合。四是加强辅助调查员业务培训。

（五）积极作为，主动担当，确保规模以下工业抽样调查业务交接工作如期高质量完成。象州调查队与县统计局就部分业务分工调整优化工作召开座谈会，并就分工调整工作达成了“不折不扣执行上级要求、认真细致做好业务培训、平稳有序完成移交工作、实事求是开展调查”等四项共识，一季度顺利完成了规模以下工业抽样调查业务移交工作。

（六）细化时间安排，主动作为，确保限下批零住餐抽样调查业务交接工作如期完成。象州调查队将分工调整工作中确定的各项事项进一步细化分解，明确工作任务的具体内容、进度安排和注意事项等，积极稳妥地推进县统计局与象州调查队业务分工调整优化工作落到实处，一季度顺利完成移交工作。

（七）夯实农产品价格和中间消耗调查基础工作。一是明确责任和工作目标。二是加强培训，提质保量。三是提升报表审查力度，力求数

2018年11月，象州调查队到调查点开展实割实测调查

出有据。

三、强化干部资源意识，不断加强年轻干部队伍建设

（一）坚持正确用人导向，完善人才培养机制。调整充实纪检监察员，任命新的工作业务股长，对干部进行轮岗，建立AB角制度，将编外干部与编内干部同学习、同考核，健全干部激励机制，从干部需求的多元化规律出发，让能干事、会干事的干部受到激励。

（二）积极创造条件，加强干部教育培训，努力提升调查能力水平。队领导干部、普通干部列入地方党校培训成为常态化。通过多种形式的学习培训，努力为调查统计事业锻炼出信念坚定、为民服务、勤政务实、敢于担当、清正廉洁的年轻干部。

（三）加强干部扶贫锻炼，鼓励年轻干部敢于冒尖。2018年4月，选派优秀驻村扶贫工作队员到大乐镇那芙村鸡德屯开展驻村扶贫工作，增加农村工作经验及综合协调能力。要求驻村队员以高度的责任感坚守在基层一线，严格落实驻村相关制度，落实好帮扶村精准扶贫工作。

2018年9月，象州调查队到那芙村鸡德屯贫困户家走访慰问

国家统计局忻城调查队

2018年7月3日，忻城调查队到农业调查点测产

2018年，国家统计局忻城调查队（以下简称忻城调查队）以党的十九大精神为指导，以贯彻落实中央《关于深化统计管理体制改革提高统计数据真实性的意见》《统计违纪违法责任人处分处理建议办法》等重要统计改革文件精神为重点，围绕2018年广西国家调查工作会议提出的重点工作任务，以“强党建，稳业务，优服务，重督查，提高数据真实性”为工作思路，增强“四个意识”，严守数据质量生命线，克难攻坚，众志成城，全力推进各项工作顺利开展。

一、强化党建工作

抓“党建质量年”活动，创建“党旗红·数据真”党建工作品牌。制定了忻城调查队“党旗红·数据真”党建工作品牌创建方案，明确了品牌创建工作措施和职责；年内共组织开展品牌创建活动7次，如：2月11日，举办“党旗红·数据真”数据质量承诺书签订仪式，8月24日，开展“党旗红·数据真”优秀记账户评比活动等。通过请党员辅助调查员和党员记账户参与“党旗红·数据真”党建品牌创建活动过程，充分发挥党员先锋模范带头作用，以点带面，提高数据质量。

二、规范业务管理

抓好辅助调查员和调查对象管理。与辅助调查员签订数据质量承诺书，切实杜绝了由人为篡改数据带来的风险。组织开展2017年度优秀辅助调查员评选活动，共11名辅助调查员获2017年度优秀辅助调查员称号，充分调动基层调查人员的工作积极性。继续采取集中培训和现场培训的方式对专业辅助调查员和调查对象进行培训，日常下乡、入户随到随训，使业务规范内化于心。建立业务微信群和电话联络方式，随时保持和辅助调查员、调查对象间的联系。通过嘘寒问暖，赠送小礼品等方式，打好“感情牌”，增加配合度，提高数据质量。严格按照国家调查方案制度的要求，掌握指标解释，清楚填报流程，对数据采集流程、报表填报规则和方法做到心中有数。认真执行数据质量控制办法，各专业上报数据前，先由专业负责人初审，再提交分管领导二审，最后由队长定审，规范化管理调查资

2018年7月12日，忻城调查队到劳动力调查点实地陪调

2018年9月20日，忻城调查队在忻城县中心广场开展第九届统计开放日活动

料，确保原始资料真实、完整，数据录入后再次进行全面的账机对应检查，数据生产全过程实现规范操作。

三、树立法治权威

将统计法宣传贯穿调查业务全过程，每次队内会议均强调要遵守统计法、保障数据质量，业务培训也将杜绝和防范数据造假、弄虚作假摆在首位。日常下乡下点对辅助调查员、调查对象常提醒、常强调，到调查点张贴统计法宣传海报，向调查对象发放《统计调查事务告知书》，提高辅助调查员、调查对象统计法治意识。采取多种形式面对广大统计调查对象开展法制宣传日、政务公开日、“中国统计开放日”等宣传活动，取得良好效果，进一步树立统计法权威。

四、抓好优质服务

2018年共获得总队采用调查信息23篇。同时，积极向地方党委政府上报各类调查信息，及时反映地方经济社会发展新趋势、新情况，充分发挥调查队的参谋助手作用。2018年来共上报忻城县两办调查信息22篇，其中获得县级采用3篇，获得市级采用1篇，上报的调查信息《忻城县山羊“羊痘病”高发》得到忻城县党委领导批示。

五、压实“两个责任”

一是坚持以上率下，压实主体责任。队长主动承担落实全面从严治党的主责、首责和全责，既带头管好班子、带好队伍、做好表率，又要把压力传导给其他班子及各股室负责人，真正把责任扛起来、把压力传下去。其他班子成员、各股室负责人和队长签订《党风廉政责任状》，严格落实“一岗双责”要求，做到一级抓一级，一级带一级，确保责任落实不衰减、不间断。二是上好“谈心谈话课”，及时掌握队员思想动向，同时将队员意见建议进行整理汇总，研究可行性措施，2018年以来，共开展谈心谈话活动13次，有效促进了各项工作的落实。

2019年8月2日，忻城调查队到住户调查点进行电子记账推广工作

国家统计局阳朔调查队

2018年7月16日，阳朔调查队到高田镇安定村委安定村开展农业实割实测产量调查

2018年，国家统计局阳朔调查队（以下简称阳朔调查队）在国家统计局广西调查总队的正确领导下，在全队干部职工的共同努力下，深入认真学习贯彻党的十九大、十九届二中、三中全会精神，努力提高政治站位，自觉运用习近平新时代中国特色社会主义思想武装头脑，强化四个意识，不断改进工作作风，提高调查数据质量，围绕2018年广西国家调查工作会议精神部署，较好地完成了各项工作。

一、深入加强从严治党，推动“党旗红·数据真”党建品牌建设

阳朔调查队党支部对“党旗红·数据真”党建工作品牌的创建非常重视，根据总队“党旗红·数据真”党建工作品牌创建的要求结合自身工作实际认真研究谋划。2018年以来，阳朔调查队党支部先后开展11次主题党日活动，活动内容涉及基层暖心活动、知识竞赛、义务植树、专题集中学习、支部共建活动、重温入党志愿书、参观教育学习等多方面的内容，形式新颖、内容丰富。同时，按照“六有”的要求，阳朔调查队党支部主题党日活动均能做到有活动方案、有学习资料、有学习笔记、有活动记录及照片、有党员签到表、有活动总结，活动台账建设规范有序。有效地推动了基层党建工作和品牌的创建，做到形式与内容的统一，坚决摒弃形式主义和“花架子”，让党员群众看到变化、党员干部受到教育、活动实效得到认可。

二、强化担当，全面贯彻落实党风廉政建设责任制

阳朔调查队将党风廉政建设纳入重要日程，专题讨论研究，精心部署落实。参照总队2018年党风廉政建设和统计建设的工作要点，结合本队实际情况制定了《国家统计局阳朔调查队2018年党风廉政建设和统计行风建设工作要点》。根据《国家统计局桂林辖区调查队党风廉政建设“两

2018年7月17日，阳朔调查队组织开展党员（含入党积极分子）到桂林市恭城县预防职务犯罪警示教育基地参观学习活动

2018年10月25日，阳朔调查队在阳朔县福利镇忠和村委水寨村开展住户电子记账一对一培训

个责任”落实情况工作手册》狠抓责任落实，狠抓党风廉政教育。2018年7月17日，组织党员（含入党积极分子）到桂林恭城预防职务犯罪警示教育基地参观学习，通过廉政基地丰富翔实的图片、文字、视频资料，展示了我党的反腐历程和十八大以来的反腐成效，促使全队党员干部以反面典型为镜鉴，以正面典型为标杆，自觉做到防微杜渐、警钟长鸣，修身立德，把好人生航向，提高廉洁自律意识，始终以一名优秀共产党员的标准要求自己，永葆党员干部清正廉洁的本色，筑牢拒腐防变的思想道德防线。

三、统一思想狠抓落实，深入贯彻落实各项工作部署

阳朔调查队翟中元队长要求全体队员切实提高思想认识，真正做到真抓实干、担当作为努力把各项工作落到实处中去。

2018年下半年，阳朔调查队在总队的统一部署下开展住户调查电子记账推广工作，由分管领导亲自抓，采用了先摸底、后培训的方式提高住户调查电子记账推广工作。采取一对一入户培训的方式提高调查户参与电子记账的热情和提升住户调查电子记账的水平，较好较快地推动了阳朔县住户调查电子记账工作开展。

2018年阳朔调查队农业畜禽“三加强”确保调查数据质量。一是加强访户力度。不但从访户次数上下功夫，而且从每一次访户中下大力气，力求访户有实效，为养殖户排忧解难，为顺利开展调查打好基础。二是加强业务培训。采取“一对一”的培训模式，针对辅调员和养殖户对畜禽调查工作中的一些薄弱环节，做好业务培训。三是加强数据审核。对取得的一手畜禽调查数据进行人工审核，对有疑问的数据及时核准、核实，确保数据的完整性。

四、攻坚克难，努力完成精准扶贫任务

2018年阳朔调查队坚决贯彻落实国家的精准扶贫战略，深入贯彻落实党的十九大会议精神，以全面脱贫摘帽为目标，坚持真扶贫、扶真贫，为贫困户办好实事，重实效，在促进发展上下功夫，推进和加快贫困户的脱贫致富的步伐。

一是在精准扶贫工作中讲政治顾大局，根据阳朔县委要求，向挂点村派驻一名干部全脱产驻村扶贫，巩固扶贫攻坚成果。

二是为贫困户解决实际困难，积极为贫困户在各类招聘会上报名找工作，解决贫困户就业问题，并为一户贫困户通上了生活用电，解决了长期不通电的问题。

三是积极为贫困户申请各类补贴，解决了贫困户家庭生活和生产资金困难的问题。

2019年3月15日，阳朔调查队到高田镇桥头村委贫困户陆仲庭家中开展扶贫工作

国家统计局兴安县调查队

2018年1月6日，兴安县调查队到莫川开展城乡住户一体化培训

2018年，国家统计局兴安县调查队（以下简称兴安县调查队）在国家统计局广西调查总队和兴安县委、县政府的正确领导和大力支持下，较好地完成了本队2018年的既定目标。

一、以党建为首，全面加强从严治党、从严治队

一是把政治建设摆在首位，学习宣传贯彻党的十九大精神。以习近平新时代中国特色社会主义思想指导全队工作。坚持“三会一课”制度，强化政治纪律和组织纪律，不断提高政治素养，逐步完善党建的各项工作。

二是强化“两个责任”落实。党支部定期研究部署党建工作，领导班子带头开展、参与各项组织活动；3月份领导班子分别签订了《廉政建设承诺书》。4月份印发《2018年党风廉政建设工作要点》，统筹推进本队党风廉政建设。严守中央“八项规定”，严明节假日廉政纪律，严格做好个人事项报告；严格执行民主集中制，落实好“三重一大”决策制度；强化纪检监督履职担当，突出纪检监察主责主业，班子成员按照党风廉政建设“两个责任”的分工和要求，自觉接受纪检监察和干部群众的监督。

三是认真践行“党旗红·数据真”活动。1. 在全队营造党建学习氛围，除了在会议室组织学习外，选派3人参加总队组织“不忘初心、牢记使命”百色起义精神主题教学，选派1人次参加县委组织党务工作培训，并进行“不忘初心、牢记使命”遵义会议主题教学，及时传达学习精神，撰写学习心得；2. 积极开展“党旗红·数据真”主题党课日活动，兴安队沿湘江北上，在红军长征伤亡最惨重全州开展“继承长征精神，扎根调查事业”主题党日活动，活动中参观红军湘江阻击战会议旧址和红军遗物，听讲解，感精神，队员纷纷表示，要扎根平凡的基层调查事业，不怕困难，勇于牺牲，做出不平凡的贡献；3. 于6月8日，兴安县调查队全体党员到本队帮扶联系点高尚镇东河村委开展支部共建活动。活动以“宣十九大精神 创党建品牌”为主题，以座谈会形式开展，党支部共建活动从“宣传19大、捐赠学习资料、座谈交流”三个方面进行，取得良好效果；4. 于11月13—16日，党支部参加了总队组织的党建工作者培训班。

二、压实责任，全面贯彻落实中央提高数据真实性意见的精神

一是召开专题培训，深入传达会议精神。2018年分别召开专题培训会议，组织全体干部学习了《全面贯彻落实中央提高数据真实性意见》《国家统计局关于深入学习贯彻执行〈防范和惩治统计造假、弄虚作假督察工作规定〉》《国家调

2018年5月28日，兴安县调查队召开农业辅调员培训会

查队系统统计违纪违法责任人责任追究办法》文件精神。通过学习，增强了调查队员在深化统计管理体制改革方面的政治意识、担当意识和责任意识，明确了自身在数据质量方面应担负起的责任，切实发挥一线统计工作者在确保数据质量真实性工作中的重要作用。

二是开展多次自查，夯实数据基础。2018年开展了调查数据“三个独立”“调查业务相关记录情况”“国家统计制度执行情况”等多方面自查。综合法规股联合各股室对各项调查业务开展全面自查。检查方面包括常见的住户缺项、涂改、重笔，跳行，缺页等问题，也包括各项业务的基础台账完善情况，访户情况，核实修改记录情况，上报审批档案保存情况。通过自查，及时发现存在的问题，包点人第一时间进行整改，确保数据质量。

三、以数据质量为本，全面高效完成各项调查业务

一是住户调查质量稳步提升。坚持走访，夯实调查基础。发扬勤下点，勤培训，勤跟踪精神，坚持走访制度；电子记账工作稳步推进。积极推进电子记账，覆盖全网点，电子记账率达到65%。

二是农业调查工作如期完成。根据年初有关工作部署要求，兴安县队对15个村委春播面积调查工作进行了精心组织、周密部署，制定了工作方案，坚持实地PDA数据采集，严格按照广西程序操作手册进行导入汇总，并及时上报总队；按照上级有关工作部署和要求，顺利完成了随机抽选的100个农户的种植意向调查、农作物春播调查、农情监测调查等系列调查工作，为各级政府随时掌握农业生产新情况、指导农业生产提供了重要的参考信息。

三是圆满完成局队业务分工调整优化工作。按照总队《广西规模以下工业调查及相关工作局队分工调整实施方案》要求，及时与县统计局沟通协调，召开业务交接座谈会，统一认识，积极探索交接工作及后续业务开展中遇到的问题及困难，提出解决的方法，以便统计局业务人员尽快熟悉工作，并在调查工作的各个环节做好传帮带。按照要求，顺利完成了局队业务交接工作。

四是畜禽监测调查数据质量稳步提升。根据主要畜禽监测调查方案制度要求，全力开展主要畜禽监测调查工作，采用队员包点包村，采集台账资料。包点队员与调查点辅助调查员每个月都要进场入户，对规模户和生产单位，实地检查台

2018年9月19日，兴安县调查队纪检监察员于朝明带队进行中稻测产

账并抄录过录表，确保台账数据的真实性。今年上半年对辅助调查员开展两次业务培训，对抽中的大、中小型生猪规模户全部建立了生猪生产出售台账。

四、心系地方，继续为地方提供优质服务

一是认真做好县脱贫攻坚精准帮扶工作。成立工作小组深入到帮扶点高尚镇东河村，对扶贫户开展“一对一”帮扶，了解家庭致贫原因，有针对性地提出脱贫方案。下派一名调查队员到扶贫点驻村，专职开展扶贫工作；二是队领导多次应邀陪同县领导到各乡镇进行城乡居民收入、畜禽养殖情况和农业种植情况等与本队调查业务有关的调研活动，深入了解农村基层农业生产生活状况；三是及时向县领导和有关部门提供调查数据和分析材料，切实做好优质服务工作，积极参加县里有关工作会议，为兴安经济建设发展献言献策；四是心系贫困村调查点，为城乡住户一体化调查点水埠村委争取40吨水泥帮扶，获得了调查点的肯定和工作支持。

2019年3月29日，兴安县调查队全体党员到华江开展“缅怀先烈　传承长征精神”主题党日活动

国家统计局全州调查队

2018年以来，在国家统计局广西调查总队党组的正确领导下，在全州县委、县政府的关心支持下，国家统计局全州调查队（以下简称全州调查队）深入学习贯彻落实习近平新时代中国特色社会主义思想和党的十九大精神，紧紧围绕广西国家调查工作会议决策部署，以加强党的建设为统领、以夯实基础工作和提高数据质量水平为抓手，务实进取，圆满完成各项工作任务。

一、坚持党的领导，加强党的建设

（一）加强党的领导。2018年认真学习贯彻落实中央领导同志对统计工作的指示批示精神和中央印发的《深化统计管理体制改革提高数据真实性意见》《统计违法违纪责任人处分处理建议办法》《防范和惩治统计造假、弄虚作假督察工作规定》等精神，进一步统一党员、干部和职工的思想认识，坚持党对一切工作包括统计调查工作的领导，明确统计机关首先是党的政治机关。

（二）加强党的政治建设。党支部和支部全体党员坚决维护习近平总书记的核心地位，坚决维护以习近平同志为核心的党中央权威和集中统一领导。

（三）坚决落实党建工作责任制。认真履行“一岗双责”，坚持民主集中制，“三会一课”等党内政治生活正常化，召开党支部会13次、支部党员大会6次、组织生活会1次。建设党员活动室，开展经常性的党员活动，不断增强党员的党性意识、增强党支部的凝聚力。2018年先后组织开展“重走长征路、重温革命史 不忘初心、牢记使命”“点亮微心愿，牵手童年梦”等主题党日活动。认真落实“党建质量年”主题活动，持续推进“两学一做”学习教育常态化制度化，积极打造“党旗红·数据真”党建工作品牌，将党建工作融入统计调查工作，以党建促业务、以业务促党建，不断激发党员干部干事创业的积极性和党支部的活力。

2018年11月6日，全州调查队到全州县庙头镇白果村开展农业调查

二、调查工作进展顺利，数据质量水平进一步提高

（一）切实加强业务培训。全州调查队始终将业务培训工作放在突出位置，2018年以来，在常规的年度集中业务培训之外，先后两次组织住户调查辅助调查员集中进行住户调查制度方案和防范统计造假的知识培训，并以走访入户为契机，根据存在的问题有针对性地对辅助调查员和记账户进行一对一讲解培训，确保源头数据真实可靠。农业调查工作人员和辅助调查员深入田间开展估产和实测实割，并对辅助调查员实割实测

全流程进行现场指导，确保样本数据采集真实、准确。主要畜禽监测调查、流通与消费价格指数调查、劳动力调查等，严格按照调查方案和制度要求，扎实开展好业务培训，提高业务人员工作水平。

（二）加强基础数据审核。围绕调查数据的准确性，加大对调查数据的审核力度，确保调查数据质量。各专业严格审核基础数据，如住户调查在归集账本时即对账本字迹是否存在篡改、数量金额是否存在奇异值、生活用电、用水、自产自用实物账登记是否准确等进行逐笔审核，发现问题即与记账户进行沟通，保证“数出我手有依据”；劳动力调查通过入户陪访、回访，针对总队反馈的重点数据进行电话核查，确保调查数据与实际相符，保障数据真实性。

2019年5月9日，全州县永岁镇双桥村委记账户正在互相交流电子记账APP的使用心得

（三）从严开展自查工作。2018年以来，全州调查队认真贯彻落实中央关于深化统计管理体制改革提高数据真实性意见的精神，从制度执行、责任落实、能力水平、条件保障及“三个独立”等方面开展自查，揪出影响数据质量的问题所在，狠抓问题整改，不断增强干部职工深化统计管理体制改革的政治意识、担当意识和责任意识，进一步增强国家调查队意识，坚决筑牢抵制数据造假、弄虚作假的思想防线，坚决守住不编造、篡改数据的底线，确保数据真实性。

（四）圆满完成局队业务交接工作。全州调查队认真贯彻落实全国统计工作会议精神、国家统计局及国家统计局广西调查总队关于局队部分业务分工调整优化的相关文件精神，扎实做好局队部分业务分工调整优化工作。在移交工作中坚决做到不缺、不漏、不迟，做好文件资料、调查点等的移交，同时与全州县地方统计局积极沟通、交流，搞好局队合作，制定详细的移交工作清单，做到每次移交有文字记录，按照文件要求，顺利完成规下工业调查、规模以下批零住餐调查、规下服务业调查等全部历史数据、有关资料和工作文件的交接。

（五）使用无人机遥感测量技术开展农业调查。2018年春播调查开始正式使用无人机遥感测量技术开展播种面积调查工作，调查效率提升一半以上，2018年春播和夏播无人机样方调查应用比率分别超过50%和80%，发挥了很好的辅助作用、减少了人员力量的投入、降低了调查人员野外作业的劳动强度，也使得调查更为精准、数据更具有可追溯性。

2018年12月10日，全州队到安和镇开展统计法制宣传活动

三、统计服务水平显著提升

通过制定考核细则、量化工作任务、将责任分配到个人、组织信息写作能手分享写作经验和技巧等方式，提高整体信息写作水平，全州调查队2018年共上报政务信息30篇，获总队内网采用26篇，被总队以上采用调查

信息报告16篇，向全州县委、县政府报送调查报告10期，统计服务水平进一步提升。

四、法制工作常抓不懈

多层次开展统计普法宣传工作。对领导干部、辅助调查员、调查对象开展三级普法宣传教育。在县政府组织或召集的有关会议上，适时地向地方和部分的党政领导干部宣传和解读统计法律法规和中央对统计工作的文件精神；队领导干部通过召开会议集体学习统计法、统计法实施条例、国家统计局广西调查总队发布的统计执法“双随机”抽查办法等统计法律法规和相关部分，提高法治意识；在开展调查业务培训、布置工作等会议中，同时对辅助调查员进行统计法律法规的培训，使每一位辅助调查员做到学法、懂法、遵法、守法。对调查对象以访户为契机，向其解读统计法律知识，列举统计违纪违法案例，提高调查对象对统计法律法规的理解程度。对广大群众通过充分利用12月份的统计法治宣传月和9月份中国统计开放日系列活动，进行《统计法》《统计法实施条例》等的宣传，提高群众对《统计法》的认识、对调查队工作的认可和理解，夯实基层调查工作基础。

2018年6月6日，全州调查队党支部与兴安县调查队党支部开展重走长征路，重温革命史“不忘初心、牢记使命”主题党日活动

国家统计局平乐调查队

2018年7月3日，广西调查总队纪检组长吴多明率队到平乐调查队调研

2018年，国家统计局平乐调查队（以下简称平乐调查队）在国家统计局广西调查总队和平乐县委、县政府的正确领导下，全体队员团结奋进，以贯彻《关于深化统计管理体制改革提高统计数据真实性的意见》为核心，认真结合实际深入推进从严治党治队，强化改革创新意识，压实数据责任，夯实数据基础，取得了一定的成效。

一、以党建工作为核心，引领业务工作发展

平乐调查队按照《全面落实党风廉政建设主体责任和监督责任的实施意见》的要求，明晰党风廉政建设工作责任，认真履职，领导班子把党风廉政建设融入到统计调查业务工作中，始终做到"不松手"；领导班子主要负责人对重要工作亲自部署、重大问题亲自过问、重要环节亲自协调、重要案件亲自督办。抓好班子、带好队伍，充分发挥推进全面从严治党、落实党风廉政建设的领导、核心和表率作用。激励先进，激活中间、带动后进，引导全体队员自觉践行统计核心价值观，增强职业自信，形成干事创业良好氛围。同时创新活动形式，激发党支部活力。一是党支部提高组织能力，创新工作机制，主动开展与地方党委、纪委及机关党委工作部门的协调、沟通与合作，积极对接地方、融入地方，探索构建条块结合、资源共享、优势互补的"条+块"党建工作新格局，变党建工作"独唱"为"合唱"。二是充分调动队员的积极性，严格落实好"三会一课"制度、党支部书记述职制度，党员评议制度的常规动作。通过活动驱动，一体带动形成党建工作的"强磁场"，激发党支部活力，进一步提升基层党组织凝聚力和组织力。以党支部为阵地，在广西调查总队"党旗红 数据真"党建工作品牌创建活动指导下，平乐调查队坚持用创新的思路抓统计，把党支部的党建工作和调查工作有机地结合起来，使党建工作渗透到了统计工作的方方面面、贯穿于统计工作的全过程，真正做到发现问题、分析问题、解决问题，促进工作，以党务带动业务，业务促进党务，党务业务共同进步，扎实有力推进各项调查工作。

二、以落实"两个责任"为重点，夯实党风廉政工作

平乐调查队领导班子自觉履行党风廉政主体责任，精心谋划，严格管理，认真贯彻落实上级党风廉政工作要求，精心谋划党风工作，对干部严格教育、严格要求、严格管理、严格监督。发扬民主，公开透明，自觉接受群众监督。纪检监察员立足纪检 "智囊、监督、传令、把关" 岗位职责，加强政策学习和理解，积极向领导建言

献策，当好参谋助手，及时提醒领导班子完成责任范围内的党风廉政工作职责。全程参与本队“三重一大”事项决策过程，充分进行监督，适时发表意见。定期对中央八项规定精神落实情况、执行有关制度情况、党风廉政建设责任制执行情况、“三重一大”落实情况进行监督检查。坚持紧盯人、财、物、数等方面风险点，针对重点人、重点事、重要时间节点、重要工作环节，及时更新、修订、新建规章制度做好廉政风险防控。

三、确保数据真实，高质量完成各项调查任务

加强传达培训，提高对规范化条款的解读能力。一是做好业务要求的传达和贯彻执行。参加总队业务培训后，业务负责人将总队要求原汁原味向领导班子成员传达，并结合工作实际谈问题谈措施，形成意见后进行工作布置。业务负责人将规范化要求向调查对象和辅助调查员通俗易懂传达，确保执行不走样。二是进一步加深对规范化条款的解读。综合法规股牵头，就总队印发的广西市县队目标管理考核办法内容做了1次解读，进一步提高各股室对规范化条款的理解和执行力。

规范操作，严格遵守调查各项规章制度。坚持以数据质量为中心，对照国家统计调查方法制度，坚持“独立调查、直接调查、独立报告”原则，重点抓好数据采集、审核、评估、上报、跟踪等各环节，确保采集按制度，审核有记录，评估有依据，上报按时限，跟踪有反馈。扎实完成现阶段居民收支调查、县级粮食产量抽样调查、畜禽监测、劳动力调查、农村党员培训情况调查等各项调查任务，目前数据生产进行有序，未出现重大数据差错。

监督检查，抓好数据生产过程风险防控。一是坚持数据经过“四级”审核，即上报数据需经过调查员、股长、分管领导、主要领导审核并签发。二是统筹安排，压实个人责任。住户调查电子记账每月由包点人员将负责调查点的初审问题整理成表格并逐一向记账户反馈，注明是新出现的错误或重复性错误，及时向调查户核实并修正或说明。三是提醒各股室及时按照规范化制度进行自查，对辅助调查员工作情况进行抽查，进行量化考核。

四、强化统计服务，提升优质服务和统计宣传能力

深入基层，提高为地方的服务能力。根据工作情况，修订本队优质服务工作制度和考核办

2018年12月，平乐调查队统计开放日利用住户调查契机发放宣传册和宣传品

法，进一步激发全体干部职工写作积极性。截至目前，全队人员在完成调查工作的同时深入调研，撰写约稿，共撰写调查信息14篇，总队采用11篇，采用率78%。立足深入基层调查工作方式优势，紧紧围绕中央和地方各级党委政府重要部署、重大定位、重点工作，加强调查研究，做好统计分析，服务党政决策。及时对经济社会运行情况进行监测评价，快速反映情况，准确揭示问题，积极回应各单位部门的统计数据查询。营造氛围，多角度加强统计普法宣传。以领导干部为关键强化统计普法教育；以统计人员为重点强化统计普法培训；以调查对象和社会公众为主体强化统计普法宣传。

2019年3月，广西调查总队劳动力处到平乐队龙窝村开展月度劳动力调查

国家统计局藤县调查队

2018年10月13日，梧州市文明单位创建验收工作小组到藤县调查队开展市文明单位验收工作

2018年在国家统计局广西调查总队正确领导下，国家统计局藤县调查队（以下简称藤县调查队）坚持以习近平新时代中国特色社会主义思想为指导，全面学习贯彻党的十九大精神，贯彻落实国家统计局各项工作部署，以“着力提高调查数据真实性”和“在新起点上深入推进系统全面从严治党”抓手，压实党风廉政建设“两个责任”，贯彻落实中央八项规定精神，较好地完成了2018年国家统计调查工作任务，并为地方党委政府提供统计优质服务。现将全年工作汇报如下：

一、围绕2018年调查工作会议精神，精心谋划，完满完成全年各项工作

（一）全面贯彻落实总队调查工作会议精神

藤县调查队及时召开全体队员会议，传达赵太想总队长在年初广西国家调查队系统工作会议和年中工作会议上的报告精神；针对本队的实际情况提出全年各项工作重点和奋斗目标。以2018年广西国家调查重点工作任务为主线，以全面推进从严治党、提高党建质量工作为抓手，积极开展“党旗红·数据真”党建品牌创建和争创“梧州市文明单位”工作，围绕中央《意见》《办法》等改革文件精神，增强做好统计改革的自信心，理清工作思路，抓好调查工作痕迹管理，着力提高调查数据真实性。

（二）以数据质量为核心，完满完成全年国家调查任务

完满完成的国家常规调查任务。顺利完成城乡住户调查、农民工监测调查、贫困监测调查、农产量调查、粮食大县面积产量调查、农产品价格调查、主要畜禽监测调查、劳动力月度调查、小微企业跟踪调查等14项国家常规调查任务，确保数据真实可靠、报表上报的及时，各专业调查数据质量明显提高。

2018年11月23日，梧州市农委、藤县农业局到藤县藤州镇积和村开展粮食产量调研工作

活动规范党费准时缴纳；支部党建活动规范化进一步提高，党建制度、“三会一课”痕迹管理、党支部活动记录等有学习资料、有照片、有党员签到表、有活动总结。

（二）扎实开展“不忘初心、牢记使命”主题教育

开展“不忘初心、牢记使命”主题教育，着力解决党员干部信念不坚定、宗旨不牢固、初心缺失、使命感不强、担当不力等突出问题；6月份组织全体党员干部到红军胜利突破湘江纪念馆开展党性情景教育，弘扬共产党人的“革命理想高于天”信念和“为人民谋幸福”的价值观，每个党员都提交了主题教育心得体会；开展迎七·一党员大会和重温入党志愿书党课教育，牢固树立“四个意识”，进一步增强每一个党员的先锋带头作用，全心全意为人民服务的宗旨更加坚定。

（三）努力打造“党旗红·数据真”党建工作品牌

在广西调查总队党建工作领导小组的领导下，结合本队工作实际，研究制定“党旗红·数据真”党建工作品牌创建方案并印发实施执行；

（三）优质服务有新进展

狠抓优质服务工作，坚持以提供优质服务为工作绩效，在调查信息和政务信息有了可喜突破；虽然与先进队相比，藤县调查队还有差距，但与自己比成绩还是喜人的。不仅是在完成国家调查任务的基础上，积极拓宽为地方党委政府的服务领域，提升服务地方经济社会发展能力。

二、坚持全面从严治党，强化党的领导

（一）以“党建质量年”活动加强党支部建设

1. 落实党建工作“一岗双责”责任。以学习贯彻《关于新形势下党内政治生活的若干准则》为指导，严格履行党支部书记等党员领导干部党建工作“一岗双责”责任；坚持民主集中制、严格执行“三会一课”、组织生活会制度，推进支部党骨政治生活经党化，增强党建工作和从严治党的责任意识和政治责任。

2. 全面提高党内组织生活质量。认真落实组织生活会和民主评议党员、谈心谈话等制度；认真谋划开好“主题党日”活动，制定主题党日活动方案，上半年开展了党日活动6次，结合主题党日

2018年11月23日，梧州市农委、藤县农业局到藤县藤州镇积和村开展粮食产量调研工作

党建工作与业务工作的融合度，在重要的国家统计调查工作中，与调查村、党员调查户联动，党建引领调查工作的作用明显地进一步加强，调查数据造假、弄虚作假得到有效遏压。树立模范股室，提升了党组织的凝聚力、战斗堡垒作用，争当模范的良好风气越来越浓厚，促进了全队各项工作质量的全面提升。

（四）压实党风廉政建设责任

贯彻落实党风廉政建设的"两个责任"，切实抓好本单位党风廉政建设和反腐败工作。明确队主要领导对单位的党风廉政建设工作负主体责任，班子成员对职责范围内的党风廉政建设承担领导责任，纪检监察员对党风廉政建设和反腐败工作有监督职责；党员干部和各股室负责人签订《党风廉政建设责任书》，对照年度责任清单，汇报"两个责任"的落实情况；上半年队主要领导和纪检监察员分别上党风廉政教育党课1次，队主要负责人、纪检监察员与有关股室负责人开展廉政谈心谈话2次。

（五）落实意识形态工作责任

以习近平新时代中国特色社会主义思想为引领，抓实抓牢意识形态领域工作。进一步强化责任意识、阵地意识、使命意识，开展旗帜鲜明开展意识形态领域宣传教育，牢牢占领思想高地和舆论阵地；准确地把握单位和全员政治、思想动态，推进社会主义核心价值观和统计职业道德教育，全面提高干部职工的思想道德素养，坚决维护以习近平同志为核心的党中央高度权威和集中统一领导。

2019年5月31日，藤县调查队党支部到住户调查点民益村大岭分校开展"党旗红·数据真——国家统计调查，庆六一情暖童心"活动

国家统计局博白调查队

2018年，国家统计局博白调查队（以下简称博白调查队）在国家统计局广西调查总队和博白县委县政府的正确领导下，以习近平新时代中国特色社会主义思想为指导，深入学习贯彻党的十九大精神，按照2018年广西国家调查工作会议和年中工作会议部署，坚持从严治党，一手抓党建、一手抓业务，较为顺利完成各项工作。

一、党建工作取得长足进步

全力抓好党建工作，高度重视理论学习。一是不断提高思想认识，坚持将党建工作摆在重要位置，作为重要的政治任务看待，坚决维护习近平总书记党中央的核心、全党的核心地位，牢固树立“四个意识”、坚定“四个自信”，自觉在思想上政治上行动上同以习近平同志为核心的党中央保持高度一致，不断促进单位党建工作又好又快发展。二是加强政治理论学习，定期召开专题学习会，由党支部书记带领学习习近平新时代中国特色社会主义思想和党的十九大精神，此外与时俱进，不断更新学习党的新思想新精神新理论，如及时学习党的十九届一中、二中、三中全会精神和习近平在纪念马克思200周年诞辰大会上的讲话精神等。此外为加深干部职工对习近平新时代中国特色社会主义思想和党的十九大精神认识，邀请了原博白县人大常委会主任、自治区优秀党员、62年党龄的老党员刘继殿同志到队上“做新时代合格党员”的主题党课，提高各位党员干部的思想觉悟，坚定共产主义理想信念。

发挥党员引领作用，做好党建品牌创建。以“党建质量年”为主题，按照总队部署深入开展“党旗红·数据真”党建工作品牌创建。一是按照“围绕党建带业务，抓好业务促党建”的工作思路，立足总体发展规划，创新发展，落实党支部合理分工，将重要调查业务如住户和农业均安排党员负责，加强业务骨干培养，在工作中激发党员示范引领作用，以业务考核为主要依据，培养一批政治素质过硬、道德品格优秀、理论功底深厚、专业技术精湛、实践经验丰富、工作业绩一流的党员业务标兵，实现党建工作与业务工作深度融合。二是加强宣传教育，在单位走廊和会

2018年9月20日，博白调查队联合博白县统计局开展第九届“中国统计开放日”活动

议室制作张贴党建工作板报和“三重一大”海报，进一步增强党员的主人翁意识和历史使命感。三是充实人员力量，提升党务工作水平。通过公开招聘的方式选取聘用1名热心党务事业发展的优秀人才充实到党务工作队伍中，并由队长带领党员干部到县国税局学习交流党建工作。四是打造好精品主题当日活动，如结合精准扶贫政策要求，多次组织党员下基层慰问生活困难群众，与他们同劳动、同生活，倾听困难群众诉求，使党和群众的联系更加紧密。

2018年12月4日，博白调查队在单位大门开展宪法宣传日活动

二、稳步提高数据质量

落实数据质量责任，夯实基层统计数据。一是不断加强理论学习，组织全体干部职工学习《统计法》《统计法实施条例》《关于深化统计管理体制改革提高统计数据真实性的意见》《统计违纪违法责任人处分处理建议办法》《防范和惩治统计造假、弄虚作假督察工作规定》等有关统计的法律文件规章制度，切实提高干部职工的统计法制意识，树牢不敢造假、不能造假、不想造假的意识。二是明确数据质量管理三级体系，队分管领导压实业务股室的数据审核责任，业务股室压实各专业辅调员的报表收集初步核查责任，各专业辅调员压实调查户的数据填报责任，通过层层压实，确保基层数据质量真实可靠。三是建立健全质量管理和责任追究制度，明确谁主管谁负责、谁具体承担工作职责谁负责工作质量，谁审核谁负责，谁上报谁负责的责任意识。四是加强数据质量隐患排查，主动跟地方相关政府部门联系，明确拒绝将调查队列为数据责任单位。

加强业务规范化建设，扎实推进各项调查业务。一是严格按照国家统计调查制度要求开展各项工作，顺利完成各项调查业务。二是加强痕迹化管理，按照总队规范化要求开展各项工作，夯实基层业务规范化，加强数据生产过程的监督检查。三是严格按照调查业务移交实施方案，和县统计局圆满顺利完成规下工业调查、批零住餐调查、小微固投调查等业务移交。

三、优质信息服务取得较大进步

树立服务意识，提高服务水平。一是信息写作水平稳步提升。截至11月20日，博白调查队政务信息报送总队40篇，获采用27篇，与去年10篇相比提升较快；调查信息报送总队19篇，获采用10篇，报送篇数和采用篇数与去年相比均有一定的提高。二是服务地方政府成效明显，报送地方政府及有关部门调查信息和调查报告22篇，得到县政府办有关领导高度评价。

四、统计法治工作水平得到有力提高

加强统计法治学习，树牢依法调查意识。一是再次组织学习中央《关于深化统计管理体制改革提高统计数据真实性的意见》《统计违纪违法责任人处分处理建议办法》，专题学习《防范和惩治统计造假、弄虚作假督察工作规定》以及国家局印发的各类统计法治文件，扎实提高领导干部和业务人员的统计法治意识。二是积极开展统计执法检查，年内开展了针对住户和消价调查的统计执法检查，对执法检查的问题及时反馈，督促住户和消价整改落实，以执法检查促进调查业务规范化，提高数据质量。三是扎实开展统计法治宣传教育，一方面通过统计开放日、宪法宣传日、《统计法》颁布纪念日等重要活动时点开展统计法治宣传，另一方面利用业务股室召开培训会的同时，组织乡镇统计助理、辅助调查员和调

2019年3月26日，博白调查队陪同玉林调查队、玉林市畜牧局到博白县乡镇调研畜牧生产情况

查对象等学习《统计法》《统计法实施条例》，让参与培训的人员明白“数字造假”的统计底线碰不得，做到“诚信做人，真实统计”。

五、持续推进党风廉政建设

加强廉政教育，提高廉洁意识。一是严格执行《博白调查队党风廉政建设责任制度》，印发《2018年党风廉政建设工作要点》，组织签订了《2018年党风廉政建设承诺书》《中央八项规定精神承诺书》。二是定期组织召开专题学习会，坚持每季度召开一次党风廉政建设专题学习会，集中组织学习当季重要会议、文件通知及有关制度精神，使全队在编干部职工能够进一步学习领会党风廉政建设的新精神、新要求、新做法、新形势，提高政治站位。三是扎实开展廉政警示教育，一方面在本队内网开设《党风廉政建设宣传专栏》，将有关法律法规、重要领导讲话、违法违纪典型案例等内容挂网，供单位干部职工学习，第二方面是利用短信平台开展“廉政短信每月一言”警示教育，节假日前夕都发送一条以上的廉政宣传短信到每一名干部职工手机上，加强廉政风险防控；第三方面是组织干部职工参观廉政警示教育基地，不定期观看廉政影片、法制教育节目，下发有关学习资料等通过多种形式的学习交流活动，增强全体干部职工的法治意识、廉洁意识，自觉学法、懂法、守法、用法，在工作中自觉矫正行为偏差，树立正确的权力观、利益观、政绩观。

2019年4月24日，博白调查队到东平镇枫木村开展精准扶贫工作，图为向枫木村委捐赠工作用电脑

国家统计局桂平调查队

2018年，国家统计局桂平调查队（以下简称桂平调查队）在国家统计局广西调查总队和桂平市委、市政府的正确领导下，全体队员团结奋进，围绕广西国家调查工作会议精神，认真贯彻落实十九大报告精神，不忘初心，牢记使命，全力以赴奋斗新时代，推动各项工作纵深发展。在2018年考核中，荣获目标管理考核一等奖。

2019年1月3日，贵港市委副书记、桂平市委书记钟畅姿（左三）到西山镇大起村住户收支调查记账户黄绍文家中开展春节慰问

一、以党建工作为引领，推动各项工作落实

桂平调查队把党的政治建设摆在首位，坚持党对统计调查工作的领导，以党的建设引领带动各项工作迈上新台阶。每月开展党员固定活动日。支部书记按时上党课，并开展好组织生活会。要求每个党员都过好党组织生活。严把发展党员“入口关”，发展了一名预备党员，一名入党积极分子，壮大了党支部的组织力量。印制上墙了《国家统计局桂平调查队2018年党建工作板报》，更新印制了13幅党建宣传和数据质量宣传标语。顺利完成了支委换届工作。开展“不忘初心、牢记使命”主题教育。6月28—29日，组织全体在职党员到桂林兴安县开展红色主题教育活动。深入开展“党建质量年”活动，实施党支部建设提升工程，5月31日，桂平调查队党支部与桂平黎明医院党支部进行结对共建签约仪式，共同签订党组织结对共建协议书，并慰问住院脑瘫儿童。

加强党风廉政建设工作，驰而不息纠正四风。深入学习贯彻《中国共产党党内监督条例》《中国共产党纪律处分条例》《关于新形势下党内政治生活的若干准则》等党纪党规，开展警示教育活动，开展廉政风险防控的排查。桂平调查队将中央纪委监察局制作的《给形式主义官僚主义画个像》系列10幅漫画制成墙报，贴在单位大门入门左侧位置，警示全体干部职工时时自省。

二、以品牌创建为抓手，“党旗红·数据真”创建活动取得阶段性成效

桂平调查队以品牌创建为抓手，在多方面取得成效。一是组织功能“提档升级”。充分发挥党支部战斗堡垒作用，推动党支部服务发展、服务基层、服务群众的能力不断增强。利用调查业务下乡访户之机，听取群众意见，为样本村和调查对象解决一些力所能及的实质性问题。二是党员队伍生机活力“提档升级”。年初制定了固定党日活动，设计自选动作并按计划开展，丰富党员组织生活，增强学习能力。三是党内规章制度执行力“提档升级”。党内制度得到落实，党建工作制度逐步健全，党内政治生活规范化、活动经常化、工作科学化水平不断提高。四是基础保障水平“提档升级”。桂平调查队党支部换届选

2019年5月17日，广西调查总队副总队长王洪琛（中）莅临桂平调查队指导工作座谈会

三、以数据质量为核心，高质量完成国家调查任务

三方面做好春夏播面积调查。一是为辅助调查员配备PDA，提高工作效率。由于面积调查时间紧，为了提高调查效率，在去年的基础上增加了金田、罗秀、中沙等偏远地区的辅助调查员的PDA现场采集培训，并查看培训质量，为全年的面积调查打下良好基础。二是加强审核，减少错误信息。在种植作物录入中，对于经过审核后出现的不符合季节种植的作物，通过与辅助调查员多问多了解，经过确认后修正，确保数据真实反映。三是做好分析评估。对于早稻、玉米等重点粮食作物，做好拍照编号，并观察其长势，了解种植户的种植意愿，准确把握近期种植形势，并形成评估分析。

多措施谋划部署住户调查工作。一是迅速传达学习会议精神。二是继续狠抓基础数据质量。吸取经验教训，克服样本轮换后新平台与老程序的各种问题，严格按照制度要求做好基础数据审核、录入和及时上报。同时，结合贵港住调办反

举工作圆满完成，支委增至3人，党务工作力量得到加强壮大。经费投入力度也加大，支部活动室购置了书柜和图书，支部组织多种形式的学习教育活动，党建氛围进一步浓厚。五是调查数据质量"提档升级"。在各项调查业务中开展自查自改，党员干部带头牢固树立"四个意识"，积极贯彻落实国家局、总队关于防范和惩治统计造假弄虚作假的各项工作部署。在住户调查中积极稳妥推进电子记账，农业调查配备无人机航拍调查地块作物，调查数据质量得到提高。

2019年5月24日，桂平调查队组织全体队员前往红色经典爱国主义教育基地桂平市金田起义博物馆开展"弘扬爱国主义精神 做奋发统计调查人"爱国主义主题教育活动

馈的基础工作检查发现问题，对照会上市级队的基础工作检查发言材料，开展自查和整改，对所有样本点所有记账户进行入户面访指导和查缺补漏，进一步夯实基数数据质量。三是提前谋划推广电子记账工作。根据国家统计局和总队的工作部署，推进住户调查电子记账工作。四是加强工作汇报，争取地方大力支持。主动向市领导汇报当前住户调查工作的新形势和全区住户调查会议精神，并利用参加市里经济运行分析会、扶贫工作会议之机，向市领导介绍电子记账的特点、优点、难点及下一步工作打算，获得了市委市政府的肯定和支持。

四、以优质服务为宗旨，发挥好参谋助手作用

提高经济形势分析和数据解读能力。认真做好政务信息和调查信息报送，做好数据的分析解读及报送工作。一是加强沟通联系，多调研、多汇报、多沟通，做好数据公布之前的汇报沟通工作，提高抗干扰能力。二是加大信息报送工作，发挥“轻骑兵”优势，及时收集、报送地方经济社会发展的新情况。三是及时完成总队及桂平市委市政府的约稿任务。四是提高调查队知名度和公信力。2018年，获得总队采用32篇调查信息，21篇政务信息。

2019年5月24日，桂平调查队到金田镇金田村农业调查网点开展“田间地头党旗红，我的业务大家评”活动

国家统计局北流调查队

一、基本情况

国家统计局北流调查队（以下简称北流调查队）挂牌成立于2019年元月16日，机构设置办公室、住户和价格调查股、农业调查股和专项调查股4个职能股室；2019年，现全队在编人员6人，聘用人员5人，队伍成员富有朝气，充满活力；它是一支扬帆起航的小船，有工作经验丰富的“领航员”，有积极上进，勇于开拓创新的“水手”，在统计调查的大海上探索，发掘数据的宝藏，为统计调查事业做出应有的贡献。作为新建队，北流调查队力争立足新起点，开好局、起好步，牢固树立国家队和调查队意识，充分发挥调查队轻骑兵的特点，依法履行工作职能，围绕政府中心工作做好统计服务，努力开创统计调查工作新局面。

二、工作开展情况

（一）加强行政管理，打开工作局面

通过认真学习领会有关文件精神，加强干部政治思想教育和队伍建设，有条不紊地推进单位的制度建设、业务发展等具体工作。同时结合本队工作实际，进一步健全和完善制度，细化并落实管理、监督机制，实行目标考核责任制管理，确保机关有序运转。2019年，北流调查队务实党建基础，正行风，树新风，学先进，补短板，努力提高统计调查质量和调查服务水平，力争建设成一支“政治过硬、业务过硬、纪律过硬、作风过硬、数据过硬”的人民群众满意的团队。

（二）加强党政建设，全面从严治党

认真履行党建工作责任制，全面推进党的政治建设、思想建设、组织建设、作风建设、纪律建设；强化党风廉政教育，严格干部监督管理，严肃执纪问责，健全全面从严治党长效机制，深入推进全面从严治党、治队。坚定践行“两个坚决维护”，树立“四个意识”，增强“四个自信”，扎实推进干部作风建设，使北流调查队成为严明政治纪律，统一意志行动的“真正钢铁般的组织”。

2019年1月16日，国家统计局北流调查队成立暨揭牌仪式

1. 加强基层党组建设，推进党支部建设。

经中共北流市直属机关工作委员会的批准和严格规范的党支部建立程序，中共国家统计局北流调查队支部于2019年2月18日正式挂牌成立。现支部共有3名党员，队长党永富任党支部书记，落实行政主要负责人担任同级党的组织负责人工作制度。按“五个一”和“七有”的标准创建了党员活动室。

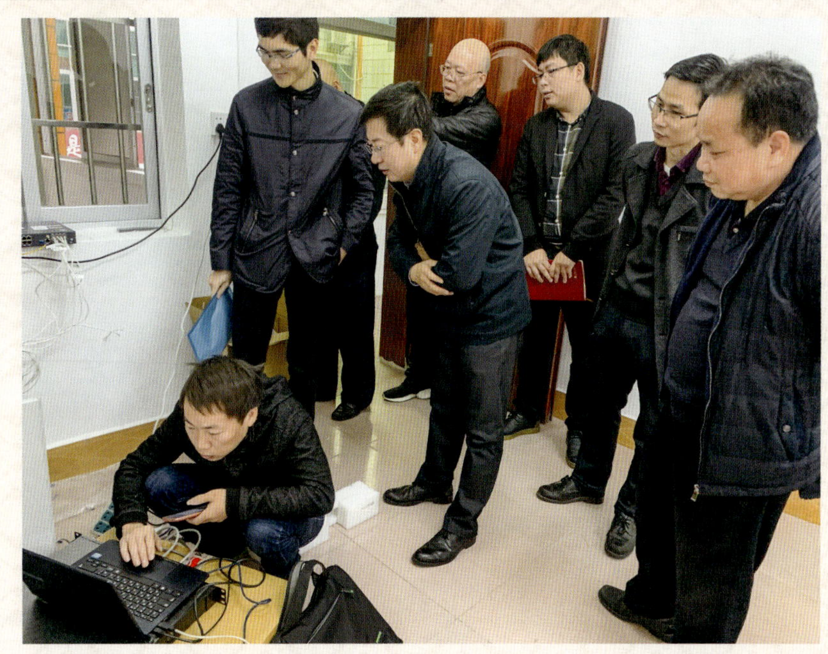

2019年2月26日，广西调查总队副巡视员孟兆维一行4人到北流队开展信息化检查及防火墙实施工作

2. 深入学习两会精神，抓好党建品牌创建。

一是抓实主题党日制度，一月一计划一月一主题，深入开展“主题党日+”活动。二是抓实固定党日制度，每月20日为固定党日，加强对党员的党性教育，助推“两学一做”常态化、制度化。结合当前工作实际，今年主要把脱贫攻坚、扫黑除恶等作为“主题党日+”活动重头戏。三是在2019年4月1日开展了“党员公开大承诺”活动，把党员公开承诺与促进本单位改革发展稳定的工作融为一体。活动从科学定诺、公开承诺、履职践诺、民主评诺四个环节开展。

3. 加强党风廉政建设，筑牢思想防火墙。

一是通过学习有关法律法规、总队文件精神、典型案例警示教育等形式，共开展了10次党风廉政教育，开展了一次廉政谈心谈话活动，把党风廉政教育抓在日常，不断筑牢党员干部拒腐防变思想防线。二是加强班子成员落实党风廉政建设责任制和反腐倡廉工作的督促和指导，努力完成党风廉政建设“两个责任”的各项工作任务。

（三）科学严格规范，强化工作实效，加强队伍建设，提高业务水平

北流调查队常规调查业务包括农业、畜禽业、住户收支与生活状况、农户、农民工、居民消费价格、劳动力、小微企业、服务业、文明城市测评等。在统计调查工作中，坚定树立高点定位，稳中求进意识；坚持依法履职，按章办事；坚定践行统计核心价值观，夯实统计调查基础，勤于学习，真抓实干，勇于创新；坚持求真务实，实事求是的原则，科学高效地完成统计调查工作。

1. 做好业务交接准备，借鉴工作经验。

作为新建队，虽然业务尚未正式交接，但北流调查队从两个方面做好业务交接准备工作。一是严格落实国家局及总队下发的新的统计调查方法制度，按照过渡期业务工作的具体措施和办法，加强与玉林队、北流市统计局的沟通联系，做好业务工作的交接准备，确保业务正式交接做到组织有序、工作不乱、数据有效衔接。二是多措并举引进人才。公开招聘5名编外工作人员，通过组织人员参加业务培训、跟班学习、提前介入调查业务等方式，为下一步调查业务工作的开展夯实基础。

2. 紧贴工作实际，开展学习培训。

北流调查队多措并举，形成“三位一体”培训体系，组织全体学习领会党章党规和系列讲话；在会议上开展相关文件材料精神和总队规章制度和法律法规学习；对聘用人员进行岗前业务培训；安排人员参加相关业务知识培训；组织干部职工参加总队微课堂视频培训等不断提高干部职工综合业务水平。

（四）完善规章制度，强化管理能力

2019年2月28日，北流调查队深入农户家中了解生产生活情况

1. 完善规章制度，建立长效机制。

北流调查队把建立健全规章制度工作列入重要议事日程，加快建立健全各项工作制度，包括法制工作类、行政文秘类，经费财务类、人事纪检类和统计业务类，以队务会议的形式讨论通过并发文存档。

2. 加大培训力度，做好网络安全。

北流调查队出台了相关的信息系统运维管理制度。严格做到每台计算机安装杀毒软件、定期杀毒、设置开机密码等；派人参加总队、地方举办的网络安全培训班，并在队内自发组织网络信息安全和正版软件使用知识培训会。

2019年4月25日，北流调查队到北流市清水口镇大塘边村开展“党建引领扫黑除恶促脱贫攻坚”调研与宣传

国家统计局田阳调查队

2018年，国家统计局田阳调查队（以下简称田阳调查队），在国家统计局广西调查总队的正确领导下，在田阳县委、县政府的关心和支持下，认真贯彻落实《关于深化统计管理体制改革提高统计 数据真实性的实施意见》《统计违纪违法责任人处分处理建议办法》（以下简称《意见》《办法》）、全区调查工作会议、年中工作会议精神，严格执行统计报表制度，着力提高调查数据质量，以规范化建设促进各项调查工作圆满完成。

一、加强基础建设，强化党建引领，稳步加强党支部建设

1. 加强基层基础建设。一是严格落实党建"一岗双责"制度，党员领导干部带头抓党建，实现党建工作职责清单化、内容条目化。二是完善了党员名录册，建立健全名录册管理办法。2018年田阳调查队党支部表决通过发展预备党员1名，发展入党积极分子1名。三是深入学习贯彻党的十九大精神，认真学习习近平总书记系列讲话精神，持续推进"两学一做"学习教育常态化制度化。2018年共召开党员大会4次，开展固定党日活动11次，主题党日活动3次，党课学习4次，组织民主评议党员，组织班子成员开展批评和自我批评。

2. 稳步开展党建品牌创建工作。一是建成了党员活动室，配备桌椅等设备，张贴上墙制度，为加强党员教育建设提供基础保障。二是将党建工作与业务工作统筹计划、集中部署，确保两手抓、两不误、两促进，充分发挥党员先锋模范作用，以实际行动带动其他干部，切实强化党建引领。三是积极开展文明单位创建活动，2018年10月6日，田阳调查队获评为第十四批田阳县文明单位称号。

二、强化素质，加强管理，努力提升队伍整体素质

一是加强学习，提高理论知识。积极开展"知识讲堂"活动，形成教育的长效机制。制定《党支部学习计划》《干部教育培训计划》，努力提高队伍整体素质。2018年队内开展了三期"知识大讲堂"活动。

二是召开专题会议，传达学习会议精神。田阳调查队召开全体干部职工会议，深入传达学习了2018年广西国家调查工作会议精神、广西国家调查队系统2018年年中工作会议精神和全区调查队系统法制工作会议精神，会上再次学习《意见》《办法》文件精神。通过学习，查摆自身问题，制定措施，确保会议精神贯彻落实到位。

2018年9月20日，田阳调查队开展第九届"统计开放日"活动

2018年12月14日，田阳调查队到那波镇永常村开展畜禽样本轮换摸底工作

三是加强干部队伍管理力度。印发《干部及聘用人员目标管理考核办法》，从工作纪律、业务工作情况、优质服务三个方面加以考核，每月通报考核评分情况。2018年度田阳调查队共获采用政务信息21篇、工作情况交流2篇、约稿信息22篇。

三、加强法制宣传教育工作，推动调查工作全面进步

充分利用中国统计开放日、“12·4”宪法日、“12·8”统计法颁布纪念日等重要事件节点及入户时机，开展统计法制宣传教育工作，严格统计执法检查。2018年9月20日，田阳调查队开展第九届“中国统计开放日”宣传活动，活动以“走进四经普”为主题，以统计法基础知识、第四次全国经济普查和纪念改革开放40周年为主要宣传内容，与群众零距离接触，促进群众理解统计调查、走进统计调查。

四、抓业务，圆满完成各项调查任务

2018年以来，田阳调查队坚持以提高数据质量为中心，严格执行国家统计调查方法制度，强化规范化建设，圆满完成各项调查任务。

1. 有序推广电子记账。通过对记账户的摸底问卷调查和积极宣传后，2018年7月22日以兴华社区作为电子记账的试点调查点，于8月份在全县调查小区推广和培训电子记账。2018年开户成功86户，验收合格86户。

2. 2018年，业务人员深入调查网点逐块田地调查，采集数据审核评估上报，圆满完成秋冬播、春播、夏播面积调查及春夏播、秋冬播意向调查。

3. 2018年田阳县组织实施畜禽监测调查任

2019年1月25日，田阳调查队到统合调查点开展2019年秋冬播时像采集工作

务，调查散养户133户，规模户9户。2018年12月14日，田阳调查队开展畜禽样本轮换摸底工作。

4. 2018年10月，田阳调查队开展月度劳动力调查样本摸底工作，利用农普示意图、城区规划图等资料，与高德地图比对，再根据社区工作人员掌握情况整理，记录两表一图，圆满完成摸底工作。

5. 圆满完成局队业务分工调整。2018年田阳调查队通过“组织领导到位、资料交接到位、培训指导到位、走访协助到位”，圆满完成规模以下工业抽样调查、限下批零住餐行业调查、小微企业固定资产投资情况调查、规模以下企业创新调查交接工作。

2018年7月3日，党支部组织全体党员干部赴田阳县百育镇新民村二督暴动纪念碑开展党日活动

五、狠抓党风廉政建设

一是抓好廉政教育。紧抓重要节点开展廉政警示教育，学习典型案例，收看警示教育片。不定期通过宣传栏等方式进行廉政宣传，教育提醒广大党员干部自觉抵制各种不正之风，切实强化干部职工的廉政意识。二是抓好日常管理。结合各股室实际制定廉政风险承诺书，制定年度工作要点，组织修订《制度汇编》，并组织学习。根据新要求，制定《固定资产出入库登记表》，新增公务接待等8个OA审批流程，并严格执行。规范对外提供数据流程，明确落实文员、综合法规股负责人、队领导三级审核机制。同时，加强对日常考勤、差旅费管理、财务管理等方面的检查，切实从源头严防廉政风险。

六、创新服务理念，优化统计服务工作

2018年，田阳调查队每季度向县直各职能部门收集关于城乡居民增收和社会经济发展的“亮点”材料，定期提供居民“两个收入”反馈数据，积极为地方经济发展做贡献。2018年2月，田阳调查队经总队批准接受田阳县绩效办委托开展2017年度绩效考评社会评价调查。

国家统计局田东调查队

2018年，在国家统计局广西调查总队和田东县委、县政府的正确领导下，国家统计局田东调查队（以下简称田东调查队）认真学习贯彻党的十九大精神和习近平新时代中国特色社会主义思想，以广西国家调查工作会议、年中工作会议精神为指引，深刻领会《关于深化统计管理体制改革提高统计数据真实性的意见》核心精神，坚持国家调查队意识，严守独立调查、直接调查和独立上报原则，健全完善党组织基础建设，落实全面从严治党责任，着力提高调查数据真实性，全队干部职工积极进取，开拓创新，扎实工作，较好地完成了全年各项工作任务。

一、对标定级，党建工作整体提升

深入学习贯彻党的十九大精神和习近平新时代中国特色社会主义思想的精神实质和丰富内涵，全面推动各项调查业务发展。全年共召开党员大会4次，开展固定党日活动12次，专题活动1次，党课学习4次，党内政治生活规范化水平有较好提升，政治理论学习、爱国主义教育和警示教育成果丰硕。补选支部委员1人，建立支部委员会，进一步完善党组织的建设，增强党支部的战斗力。

开展对标定级行动，共评上5月份到12月份五星党支部。年内先后开展“党旗红·数据真，关爱贫困儿童活动”“党旗红·数据真，关爱山区留守儿童”和“脱贫攻坚党旗红，不忘初心数据真，隆重纪念建党97周年”活动，力争以党建工作品牌为国家调查事业凝聚党心民心。

二、狠抓落实，重大决策部署贯彻到位

贯彻落实中央第三巡视组对国家统计局巡视反馈意见和整改要求到位。以问题为导向，共采取对应的整改措施18项，整改坚持时间服从质量、进度服从效果原则，在明确工作进度的前提下，确保整改工作善始善终、善作善成。完成全部“当下改”任务和有序推进各项“长久立”任务。

三、对焦问题，各项调查工作再上新台阶

2018年8月17日，田东调查队开展粮食产量实割实测调查

针对制度执行、责任落实、能力水平、条件保障、基层基础、外部环境、坚持“三个独立”等方面存在影响数据质量的问题，自查自纠、立整立改，调查工作基层基础进一步夯实。田东调查队梳理出9个具体问题，田东队针对存在的问题，编制整改图，明确整改责任和整改措施，即知即改、立行立改，各调查业务规范化有明显提升。协力推进局队业务调整优化，稳步推进住户调查电子记账等重点工作，扎实完成常规业务调查工作。

保证队内财务活动、调查业务在制度之内运行，风险在制度之内得到防控。

二是政务信息工作实现新突破。2018年，共编发政务信息54篇，总队采用42篇，其中1篇获国家统计局采用。采用量排在广西县级调查队第4位。与田东县政府门户网站取得联系，向县网站投送宣传信息6篇，获采用刊登5篇，其中有一篇宣传信息在“部门动态”栏目置顶挂网一周。向田东县深化领导班子建设年领导小组报送活动信息11篇，其中有3篇信息分别在第5期、第9期、第10期的田东县深化领导班子建设年活动工作简报中刊登，采用量排全县第2位，在中区市直驻田东单位中排首位。

三是细化政务管理工作。编印公务用车使用审批等各类登记簿。新增公务外出/用车审批等OA流程，指定专人负责印章使用登记本和电话记录本。通过细化政务管理流程、重要业务全面留痕，确保各项工作有序规范。

2018年9月4日，田东调查队在调查点开展住户调查电子记账推广业务培训

四、辨症施治，优质服务水平再提升

全年上报调查信息22篇，反馈采用19篇，其中自治区党委政府采用13篇次，批示1篇次；国家局采用7篇，国家局领导批示6篇；中办国办采用3篇次，中央领导批示3篇。抽选精干力量完成2018年上半年广西国家调查队系统调研分析培训班发言课题《田东县农村普惠金融改革成效与问题》的撰写工作。同时田东队上全年共向县党政部门报送调查报告信息6篇。

五、教育先行，统计法制工作环境有优化

一是坚持不懈学习贯彻中央领导同志重要指示批示精神，锲而不舍学习《统计法》《统计法实施条例》和《统计违纪违法责任人处理建议办法》。二是重点对内自查自纠，以检查促业务提升。三是加强对外统计法制宣传教育，优化统计法制工作环境。四是备战执法证考试，2名干部顺利通过考试，解决执法瓶颈。

六、善作善成，综合业务有所突破

一是开展财务风险评估和调查业务风险评估，查找风险点，扎牢制度的笼子，

七、强化担当，切实担负起党风廉政建设主体责任和监督责任

落实党风廉政谈话制度，领导班子成员就分管股室开展双向谈话活动，通过听取工作汇报，

2018年11月21日，田东调查队到全国爱国主义教育示范基地——右江工农民主政府旧址开展警示教育

2018年12月4日，田东调查队开展国家宪法日统计法治宣传活动

了解干部思想状况，收集干部意见建议。通过党风廉政谈话制度，结合调查工作，共排查梳理出统计数据生产、资金管理、内部控制等领域4大廉政风险点，纪检干部针对排查出的廉政风险点，绘制防控图，明确防控措施，加强监督检查，真正做到防范于未然。对经费收支业务、政府采购业务、公务接待业务及“三重一大”议事流程的严管严控、全面监督，基本做到风险防控全覆盖。

八、朝夕不倦，为精准扶贫工作竭智尽力

2018年是田东县脱贫摘帽攻坚年，百尺竿头需再进一步。田东调查队根据田东县党委、政府工作部署，继续做好一对一帮扶工作，不拖全县脱贫摘帽的后腿。按“规定动作”开展正常入户帮护活动，同时先后开展春节、中秋节慰问活动，开展“党旗红·数据真 扶贫攻坚”活动，开展控辍保学、辍学儿童劝返活动，切实将党委、政府各项脱贫政策落实到位。

国家统计局田林调查队

2018年是深化统计改革的重要一年，国家统计局田林调查队（以下简称田林调查队）在国家统计局广西调查总队指导下，紧密团结在以习近平同志为核心的党中央周围，以贯彻《关于深化统计管理体制改革提高统计数据真实性的意见》为核心任务，坚持“三个独立”，着力加强党的基层基础建设，着力提高调查数据真实性，加快推进现代统计调查体系建设，进一步提高全队的业务水平。

一、狠抓业务，工作再上新台阶

田林调查队坚持以提高数据质量为中心，对照国家统计调查方法制度，规范数据采集、审核、上报等各个环节的操作，扎实完成各项国家常规调查和专项调查任务。

1. 城乡一体化住户调查工作。强化培训，提高辅助调查员的调查能力和调查户的记账能力。根据业务工作需要及调查制度要求，田林队每季度对辅助调查员及记账户进行一次集中记账培训。日常工作中针对记账存在的不足和薄弱环节，及时采取现场解说方式进行培训，通过培训，有效地提高了辅助调查员的调查能力和调查户的记账能力。开展自查自纠工作，及时发现问题并进行改正，确保无篡改数据现象，调查户有修改现象的必有调查户签字确认。

2. 农业调查工作。按要求完成7个农产调查点的播意向调查、播种植面积调查和粮食产量调查。切实做好调查数据的收集、整理和上报，并及时向总队农业处反馈工作情况。在农产品生产者价格调查和农作物中间消耗调查过程中，调查员都到下到调查点收集台账，查看出售价格情况，掌握农产品价格，掌握农作物农药化肥使用情况，客观反映农产品生产者价格水平和变动情况，准确反映农作物种植消耗情况，为各级政府制定农业生产与农产品流通政策提供决策依据。每期报表都按调查户台账和提供的数据如实上报，严格把关不搞弄虚作假，遵守调查规章制度。

2018年12月4日，田林调查队参加田林宪法宣传日活动

3. 畜禽调查工作。为更好地把握畜禽调查工作做好、做细，队领导每季度开展调查工作前，召开辅助调查员培训例会，以下乡工作指导和邀请到单位培训相结合，要求辅助调查员下到农户家登记要注意礼貌，交谈记账要有技巧和耐心，存栏、自繁、出售等情况要认真记录，了解畜禽价格变动。主要畜禽监测调查严格按照调查方案执行，每季度定期下点记账收表，切实做到不迟报、不重报、不漏报。

4. 专项调查工作。积极做

2018年10月18日，田林调查队到六隆镇百怀村给贫困户发放慰问金

好规模以下工业抽样调查、限额以下批发零售住宿餐饮行业抽样调查、小微企业固定资产投资工作的交接工作。按时完成个体经营户跟踪调查及农村党员培训调查等调查任务。开展对企业统计人员和辅助调查员的培训力度，加强与企业的沟通联系，对企业报送的报表认真审核，发现问题及时征询企业，积极提高统计报表数据质量。

5. 劳动力调查工作。2018年以来，田林调查队队按照国家统计局的工作安排和要求，参照全国劳动力调查住户底册和抽样框的做法，精心组织，统筹安排开展工作。2018年以来，劳动力调查队伍人员稳定，业务能力逐渐增强，基本实现“两个100%”目标。

二、弘扬党建主旋律，深化从严治党

认真学习和领会总队全力打造“党旗红·数据真”党建工作品牌的精神和内涵，根据该队党建和业务实际，制定品牌创建方案，加强宣传教育引导，把党建品牌创建工作列入“三会一课”学习内容和党员活动日内容，通过征求意见，谈心谈话等方式，查找本支部党建存在的问题、解决问题的办法，把全队党员干部的思想和行动统一到品牌创建上来，打稳打牢实施品牌基础工程。领导班子及成员树立“四个意识”、严格落实“两个责任”和“一岗双责”，将党建工作与“管思想、带队伍、提士气、抓作风、防风险、促业务”紧密结合，牢固树立抓好党建是本职、抓不好党建是失职、不抓党建是渎职的责任意识。严格规范“三会一课”制度，坚持每季度上党课，坚持每季度召开党支部党员会议以及每月召开支部会议讨论党建工作，切实发挥党内民

2018年12月27日，田林调查队到各村屯小学开展贫困地区留守儿童专题调研工作

主，抓好党组织生活，以党建工作增强全队党员干部的政治敏锐性、执行力、凝聚力和战斗力，把党建工作和业务工作一起谋划、一起部署、一起考核，防止“一手硬、一手软”。

三、恪守工作纪律，做好统计服务工作

（一）参与地方经济建设。严格按照国家统计局的有关规定，加强工作汇报、建言献策，全力争取地方政府的支持。每季度向县直各职能部门收集关于城乡居民增收和社会经济发展的“亮点”材料，定期反馈居民“两个收入”数据，参加国民经济运行分析会、农业生产工作，积极为地方经济发展做贡献。

（二）积极参与脱贫攻坚工作。田林队积极参与地方脱贫攻坚工作，派出驻村干部，长驻帮扶村。田林队积极向贫困户宣传党和政府帮扶政策，做好贫困户产业规划指导和帮扶工作，2018年初至今田林队帮扶的贫困户共有25户，入户超过100人次，产业均取得进展，其中14户贫困户实现稳定创收，远离贫困线，顺利实现脱贫摘帽。另外，田林队在经费十分紧张的情况下，还援助帮扶村建三座垃圾池，有效解决了帮扶村垃圾无处堆放和处理的现象，获得了村民一致好评，也为今后统计调查工作开展奠定了一定的群众基础。

2019年5月10日，广西调查总队劳动力处一行到田林调研

国家统计局环江调查队

2018年7月16日，环江县县长黄炳峰（左五）到县住户调查点开展农村经济调研

2018年，国家统计局环江调查队（以下简称环江调查队），在国家统计局广西调查总队的正确领导下，在县委、县政府的关心和支持下，认真贯彻全区调查工作会议精神，围绕总队工作部署，以提高统计调查数据质量为核心，狠抓队伍建设和基础工作建设，实事求是完成各项工作任务。

一、狠抓党建工作不放松

认真开展“党建质量年”活动，全力打造“党旗红·数据真”工作品牌。认真学习和领会总队全力打造“党旗红·数据真”党建工作品牌的精神和内涵，根据本队党建和业务实际，制定方案，把党建品牌创建工作列入“三会一课”学习内容和党员活动日内容，通过征求意见，谈心谈话等方式，查找本支部党建存在的问题、解决问题的办法，把全队党员干部的思想和行动统一到品牌创建上来，打牢实施品牌基础工程。严格规范“三会一课”制度，坚持每季度上党课，坚持每季度召开党支部党员会议以及每月召开支部会议讨论党建工作，切实发挥党内民主，抓好党组织生活，以党建工作增强全队党员干部的凝聚力和战斗力，防止党建工作和业务工作“一手硬、一手软”。

二、咬定数据质量不放松

在队务会议、全队会议上多次组织干部职工深入学习《意见》《办法》《统计法实施条例》，强调依法规范行使统计调查权和数据管理权，特别是住户季报涉及两个收入数据汇总和发布的情况，认真按照程序依法依规对外提供数据，防止数据的舆情舆论风险；按照总队法规处、住户处到环江检查时提出的整改意见逐一对照认领并强化落实整改。队内各股室间交叉检查，重点核查数据账页、账本和方案落实情况，互相指出日常工作的不足，督促改进，学习提高。

三、加强纪检监督不松懈

借助“微信课堂”、摘抄印发党的十九大精神重要论述学习小卡片等新型方式，让全体队

2018年7月11日，环江调查队开展住户调查电子记账业务培训

2018年8月20日，环江调查队开展农业实割实测调查工作

员在调查业务繁忙间隙，也能够省时、省力、轻松、高效的提升自身思想政治素养，扎牢思想意识防线。队领导主动与一般干部职工一起参与单位日常清洁卫生轮值，带头维护单位清洁；队内党员干部坚持做到带头遵守单位考勤制度，不迟到、不早退、不缺勤，成为单位制度的模范践行者；党员带头在日常工作生活中多说维护核心、拥戴核心、维护中央大政方针的话，多做有利于团结有利于工作开展的事，坚决杜绝背道而驰；队领导坚持半个月开展一次干部谈心谈话会，在轻松愉快的氛围里耐心为干部职工排忧解难，增强全队凝聚力。以落实“两个责任”为抓手，严格对照党风廉政建设责任书，逐条落实。队班子成员切实履行一岗双责，做到中央八项规定精神逢会必讲、逢会必强调，对财务、公务接待等工作常过问、常督促，在全队树立“中央八项规定就是高压线”意识，不论是谁都决不能逾越雷池半步。

四、加强法制工作不缺位

组织干部认真学习《条例》《读本》，拟定学习方案，制定学习计划，并在学习结束后组织开展知识测试，保证学习效果，真正做到知法、守法、懂法、用法，不断提升依法调查能力、提升执法水平，做到学以致用。坚持“调查到哪就宣传到哪”的思路，以此次学习《条例》《读本》为契机，创建“调查队+城镇住户调查+社区”“调查队+农村住户调查+农户”“调查队+规下工业调查+企业”“调查队+党风廉政民意调查+机关干部”等法制宣传分类模式，使法制宣传教育工作尽可能覆盖到各网点、各调查对象，确保依法调查，保证数据真实准确有效及时。制定完善《统计法治宣传教育工作制度》，落实工作职责，组建统计法治宣传领导小组，确定各专业负责人为宣传员。强化工作责任，利用季报会、年报会和基础工作检查契机，组织开展本专业辅调员及调查对象学习培训。灵活运用宣传模式，通过召开座谈会，拉横幅、发放贴有宣传标语的调查纪念品等灵活多样的宣传形式，扩大《条例》《读本》影响力，确保统计法治宣传深入人心。

五、严格财务工作不走样

环江调查队通过加强财务管理水平、建立健全财务会计制度、严守财经制度、把好凭证审核等措施，进一步夯实财务管理工作。一是加强学习教育，提高思想认识。开展专题会议，对《八项规定严格禁止的财务行为80条》《调查队系统财务应知90条》《财务管理110条》进行详细解读，切实提高全体干部对财经纪律、中央八项规定的认识，自觉构筑财务规范防线。二是建立健全各项制度建设。把完善管理制度作为推动财务精细化管理的重要抓手，及时建立健全了预算、核算、固定资产、三公经费、会议（培训）、公车、采购等一系列内部管理规章制度，加强整个调查业务流程中财务控制，使财务管理工作更加规范化。三是严守财经制度、认真履行职责。财务人员以客观、严谨、细致的工作态度，复核各项会计凭证和原始单据，对凭证内容填写不规范、有错误、不合理合法的，坚决不予报账，严防报销手续不全、漏报漏审的情况发生。

2018年10月9日，环江调查队到大才乡同进村开展住户调查工作

国家统计局南丹调查队

2018年9月20日，南丹调查队联合南丹县统计局开展统计开放日活动

2018年，在国家统计局广西调查总队的悉心指导下，国家统计局南丹调查队（以下简称南丹调查队）深入贯彻十九大精神，紧密团结在以习近平同志为核心的党中央周围，紧紧围绕全国统计工作会议、全区统计调查工作会议精神，在紧抓不懈各项常规性工作的同时，有力推进重点和创新工作，扎实做好各项工作。

一、夯实管党治党责任，推动党建工作再上台阶

一是注重学习培训，助力党建工作落地生根。分批次脱产参加南丹县委组织部组织的科级干部学习贯彻习近平新时代中国特色社会主义思想和党的十九大精神集中轮训班。二是开展“党建+”活动，推进“党旗红·数据真”品牌建设。在住户工作中为党员记账户开展“七一”慰问，树立记账标杆，开展“党旗红·数据真”品牌宣传，促进党建工作品牌深入基层人心。三是开展“支部结对共建”活动。开展与扶贫联系村月里镇月里社区党支部结对共建活动，采取“一对一”支部共建活动，加强党建工作经验交流。

二、落实全面从严要求，抓好纪检监察工作

一是认真落实反腐倡廉部署，贯彻落实“两个责任”。队班子担负起党风廉政建设的主体责任，纪检监察员履行监督责任，参与重大事项、重大开支等“三重一大”决策全过程。二是加强廉政教育，筑牢党员干部反腐意识。三是严明纪律，强化监督。纪检监察干部切实履行监督职责，认真执好纪、问好责、把好关，切实维护中央八项规定和各项纪律的严肃性。

三、强化行政管理效能，确保工作落实到位

1. 严肃纪律，夯实财务工作基础。明确财经纪律，组织职工学习财务制度及财务规范报账知

2018年12月5日，南丹调查队到六寨镇巴定社区开展住户年报工作

识，提升思想重视，筑牢防线，结合预算控制数制定了合理的会议计划、培训计划以及采购计划。强化监督管理，加强制度建设，纪检监察员参与涉及“三重一大”事项的财务支出决议，对固定资产采购、公务接待、公车使用等事项监督到位。

2. 加强管理，提升统计服务水平。南丹调查队着力加强单位内部统计信息管理，提高服务水平。将约稿、政务信息撰写纳入单位年度考核优秀评选和绩效考评等次评定体系。2018年，南丹调查队获总队采用调查信息24篇、国办采用2篇、中办采用4篇、国家局采用11篇、区党委采用5篇、区政府采用12篇；获总队采用政务信息42篇（含工作动态信息25篇、工作情况交流2篇、工作要事12篇、调查文化3篇）。

2019年2月25日，南丹调查队到八圩乡立坳村开展春播意向调查

2019年3月7日，为庆祝“三八”国际劳动妇女节109周年，南丹队全体员工及各女性辅调员赴南丹县里湖乡恩村村，深入“歌娅思谷·中国白裤瑶民俗风情园”体验民俗文化

四、加强统计法制工作，推进统计法治建设

1. 加强统计法制培训，提高依法统计意识。利用每周例会、辅调员培训会议、下基层调查等时机，加强调查业务人员、辅调员以及广大调查队员统计普法警示教育，将统计法制宣传与日常工作相结合、与开展统计调查工作相结合。加大统计普法宣传力度，提高依法统计、依法治统工作水平。

2. 加大法治宣传力度，营造良好社会氛围。抓住重要时点加强现场宣传。抓住统计开放日、法制宣传日等重要时点，通过发放张贴统计普法宣传画、印制宣传品、悬挂横幅、发送宣传短信等开展形式多样、内容丰富的统计法治宣传活动，取得了较好的普法实效，进一步提高普法宣传效果。

五、全力支持地方精准扶贫工作

2018年，南丹调查队根据中央、自治区以及河池市委市政府的统一部署、按照县委县政府的统一领导，选派优秀年轻干部作为扶贫工作队员，按要求脱产到南丹县月里镇月里社区开展精准扶贫驻村工作，在村干带领下工作队走访全村41个自然屯、77户贫困户。此外，南丹调查队与定点扶贫村月里社区党总支部开展支部共建，协助基层党支部发展建设，进行扶贫项目建设资金支持等。

六、深化业务建设，扎实推进各项工作开展

1. 周密部署，夯实住户调查工作基础。一是建章立制，建立健全各项工作规章制度。包括辅助调查员工作责任制度、数据反馈制度、数据评

2019年3月13日，广西调查总队副巡视员邱洪刚（中）一行人到南丹调查队开展贫困监测基础工作检查

估制度、调查员访户制度等，确保工作有序规范开展。二是加强联系，夯实基础。住户股人员坚持每月到调查点指导记账，发现问题及时纠正。三是狠抓数据质量评估，评估报告内容具体、详实。

2. 层层把关，扎实推进农业调查工作。一是严格执行制度，确保调查工作质量。各项农业调查业务严格按照制度规定开展。二是推进业务规范化建设，保证数有所依。做好访户记录、电话访问记录；数据上报做到规范化层层审批，分管领导审批后上报。业务调查工作完成后，及时整理相关材料，保证原始资料完整。三是加强数据审核力度。强化畜禽季度调查数据审核，刨根问底，减少漏记、少记现象。

3. 严控质量，全力抓好月度劳动力调查工作。一是完善调查制度，规范调查方法，构建劳动力调查科学管理长效机制。二是严抓回访核查工作，保障现场调查、数据审核、电话核查三阶段的有效运转。三是严格按照摸底文件要求，组织人力投入，圆满完成新轮换样本点摸底调查工作。

4. 紧密联系，有序推进局队业务分工调整。根据国家统计局和广西调查总队的工作要求，为保证规模以下工业业务分工调整部分工作能够按照要求顺利移交，南丹调查队高度重视，明确交接目标、任务实施步骤、重点工作完成时间节点等具体要求，落实具体负责人员，并及时与县局交流沟通，由局队联合发文对业务调整工作落实具体分工。

2019年3月21日，南丹调查队到月里镇上稿村开展住户收支调查“双随机”统计执法检查

国家统计局都安调查队

2018年6月5日，都安调查队开展“党建领航　助力瑶山留守儿童”，为关爱留守儿童公益事业贡献力量

2018年，国家统计局都安调查队（以下简称都安调查队）领导班子坚持以习近平新时代中国特色社会主义思想为指导，深入学习贯彻党的十九大精神，全面落实全国统计工作、广西调查系统国家调查会议、年中会议的决策部署，真抓实干、务求实效，顺利完成全年各项工作任务。

一、加强党的领导，强化党建引领，推进从严治党纵深发展

（一）党的建设不断加强

1. 深入学习习近平新时代中国特色社会主义思想和党的十九大精神。以党支部为堡垒，以“三会一课”为途径，结合“不忘初心　牢记使命”主题教育，深入学习习近平新时代中国特色社会主义思想和党的十九大精神，开辟“新时代讲习所”党建学习文化园，定期组织开展讲习宣传活动，推动习近平新时代中国特色社会主义思想和十九大精神往深里走、往实里走、往心里走。

2. 深入推动党建工作品牌建设。坚持党建引领和品牌领航，启动“党旗红 数据真”党建工作品牌建设，研究制定工作实施方案，开创“党建+理论武装”“党建+单位联建”“党建+业务调查”“党建+创新服务”“党建+精准脱贫”等“1+1+N”党建工作新模式新机制，推动将品牌建设落到调查点上、调查户里。2018年，都安调查队分别与联席单位、调查网点签订互联共建共享协议，推动党建工作、调查业务、服务项目深度融合，将“党建+”引向深入。

3. 组织建设水平不断提高。“三会一课”制度进一步落实，定期开展谈心谈话活动，规范支部建设。固定党日活动制度有效落实，组织党员干部赴东兰县开展“列宁岩里找初心”主题教学活动，开展“不忘初心，重温入党志愿书”“党课进田间 调查不放松”“心系贫困山区留守儿童”“脱贫攻坚 支部在行动”“学用新思想 争做新先锋”等丰富多彩的特色主题教育活动，进一步深化党性教育。

（二）“两个责任”深入落实

把领导班子主体责任、主要领导第一责任、纪检监察员监督责任、班子成员“一岗双责”的责任横向协同与纵向压力传导结合起来，构建起落实有力、履责见效的“四责协同”工作机制，形成落实党风廉政建设责任“共同体”，推动全面从严治党强向纵深发展。

二、坚持问题导向，建立健全机制，推动调查工作上档进位

（一）数据真实性不断提高

都安调查队认真贯彻落实《意见》和《办

2018年7月17日，都安调查队深入农业调查网点开展“党课进田间　调查不放松”活动，提高农业调查实割实测水平

法》，充分利用支部学习会、全体会议、业务研讨会、业务培训会等形式组织全体队员集中深入学习，不断夯实业务基础，稳步推进局队业务优化调整交接、住户电子记账工作等统计改革工作，落实统计执法与纪检监察联动机制，坚决反对和制止统计上弄虚作假，以问题为导向，全面开展影响数据质量风险隐患排查，不断强化流程规范，耕好数据质量责任田。

（二）优质服务成效不断提升

1. 数据解读能力进一步提升。2018年，都安调查队聚焦经济社会及农村发展的热点问题，开展以粮食、生猪、山羊、精准脱贫、企业发展等为问题专项调研活动约50余次，获总队采编调查信息41篇，努力打造统计调查精品，为地方经济发展提供优质服务。

2. 统计调查资料定期编辑机制基本形成。《都安调查》内部阅读手册编印、分送工作进入常态，形成每季度编印一册的定期机制，同时分送自治县党委及政府主要领导、分管领导、城乡住户调查联系会议各成员单位，提供及时准确全

2018年9月20日，都安调查队联合都安县统计局、安阳镇人民政府在县城人流量较大的三合商业广场开展第九届中国统计开放日集中宣传活动

2019年1月27日，都安调查队深入下坳镇肯友村，与贫困户座谈共商脱贫计划

面的统计数据和分析研究成果，获得一致好评。

3. 统计宣传工作有所突破。2018年以来，都安调查队积极探索新方式、新模式提高统计宣传工作，加深社会公众对国家调查队伍的认知度。一是与自治县宣传部、自治县广电中心建立资源共享与人才交流双向互动平台和沟通渠道，注重挖掘和报送新闻点。2018年以来，《都安新闻》采用并播出都安调查队新闻共6则，《河池日报》《都安密洛陀》刊登都安调查队稿件2篇，新闻宣传效果明显；二是开发利用新媒体，向总队微信公众号编辑上报并推送微信信息2则，向地方宣传部官方微信推送统计开放日活动信息1则，进一步扩大宣传面。

（三）法治教育持续有效

建立统计法治宣传阵地，邀请总队法规处专家授课，不断抓牢统计法治宣传，做到统计业务开展到哪里，普法宣传教育就跟随到哪里，使统计法治宣传贯穿统计工作全过程。

（四）内控机制进一步规范

坚持把完善管理制度作为推动财务精细化管理的重要抓手，研究制定内部控制建设工作方案，及时建立健全了预算、核算、固定资产、三公经费、会议（培训）、印刷、公车、采购、公务租车等一系列内部管理规章制度，严格执行“三重一大”决策制度，对风险点及重点岗位以制度形式实行重点监督、重点跟踪，从制度层面防范内控风险。

三、强化沟通协调，精准开展帮扶，助力地方脱贫攻坚工作

积极参与精准脱贫工作，建立“清单式”帮扶机制，选派年轻干部担任驻村工作队员，开展“扶贫暖冬慰问”“闹春耕促生产”“一户一册一卡”入户登记、结对帮扶座谈会、贫困户医疗救助代办等帮扶活动，调拨办公桌椅、档案柜等帮助联系村改善办公条件，支持帮扶联系村产业发展资金，与联系村共商产业脱贫之策，与贫困户共谋脱贫增收之路。

国家统计局灵山调查队

2018年7月20日，灵山调查队到灵山县太平镇谭有村指导记账户进行电子记账操作

2018年，国家统计局灵山调查队（以下简称灵山调查队）以习近平新时代中国特色社会主义思想和党的十九大精神为指导，深入贯彻落实习近平总书记关于统计工作的重要讲话指示批示精神，以及党中央、国务院和国家统计局关于统计工作重大决策部署，以提高统计数据真实性为目标，认真按照广西调查总队部署，以实施“执行力提升年”为载体，坚持高点求进，高位求先，圆满完成统计调查各项工作。

一、坚持党建引领，促进党建与业务相融合

开展结对共建，互促党建工作水平。为互促党建工作水平高，灵山调查队党支部与住户调查、农业调查网点武利镇大黎村党支部确立为党建结对共建单位，通过分享各自工作资源、交流工作经验、解决实际问题等途径，创新了党建工作载体，提高了党建工作水平和调查网点配合度，达到了抓党建促调查业务的目的。

开展“树模范”活动，助力调查数据质量。积极在调查对象中开展“争创党员诚信记账户”活动，在全县12个住户调查网点中共树立16户党员记账户“党员诚信记账示范户”，通过充分发挥党员示范带动作用，不断提高记账户记账质量。

以“微党课”为载体，提高数据真实性。充分发挥轻骑兵作用，队领导带队深入12个调查网点村（社区），以“微党课”形式，向调查村（社区）干部、调查对象宣传党十九大精神、中央领导同志关于统计工作的重要指示批示精神和党中央、国务院对统计工作的新要求，“微党课”内容精练，让村（社区）干部、调查对象听得懂、能领会，使他们充分认识到努力提高统计数

2018年11月12日，灵山调查队到灵山县新圩镇独树村开展粮食产量调查工作

2019年3月22日 灵山调查队到灵山县新圩镇大里村正在教记账户进行电子记账操作

广西调查总队的要求，统筹安排，及早部署，进一步规范行使统计调查权，高效地完成了各项调查工作、按时按质完成农村党员教育培训、2017年度灵山县绩效考评公众满意度问卷调查等专项调查工作。

三、创新教育思路，进一步推进党风廉政建设工作

在严格落实党风廉政建设主体责任和监督责任的基础上，灵山调查队以创新教育对象、创新教育方式、创新教育内容、创新教育载体、创新汇报方式等方式开展党风廉政教育，增强了全体人员廉洁自律、廉洁从政的意识。

开展家庭助廉活动，共筑拒腐防变的家庭防线。以“营造幸福美满家庭，构筑家庭拒腐防线”为主题，深入开展家庭助廉宣传教育活动。通过采取召开家庭助廉教育活动动员会、向全体干部职工家庭成员发放家庭助廉倡议书、签订家庭助廉承诺书、亲情寄语征集活动等措施，充分发挥家庭成员在反腐倡廉工作中的作用，共同筑起拒腐防变的家庭防线。

四、提供优质服务，提升灵山调查队美誉度

加强撰写信息工作。以成立写作小组、分配撰写任务、讨论写作提纲、讨论观点提炼及写作重点等方式提高了全体队员撰写信息的积极性，提高了全队优质服务水平。2018年，灵山调查队撰写上报调查信息22篇，政务信息39篇。

加强新闻宣传。一是利用微信公众号“灵山调查”进行宣传。2018年，灵山调查队在微信公众号共发布信息53篇，拓宽群众了解统计信息的渠道，提高统计调查知识的覆盖面。二是利用节点进行宣传。利用“法制宣传日”“统计开放日”等节点，大力开展宣传。2018年9月，举办“第九届中国统计开放日暨统计法治宣传晚

据真实性就是牢固树立“四个意识”和践行“两个维护”的具体体现，进一步提高了他们依法如实调查、如实报数的主动性和自觉性。

二、提高政治站位，努力提高数据质量

牢固树立抓数据质量就是讲政治的理念。一是组织学习再提高。组织全体队员学习讨论习近平总书记等中央领导同志对统计工作重要指示批示精神，学习传达党中央、国务院和国家统计局对统计工作的新要求，严格贯彻落实《中华人民共和国统计法》《统计法实施条例》等等统计法律法规，在全队营造抓数据质量就是讲政治的理念，进一步传导压力，增强全体队员防范和惩治统计造假、弄虚作假的责任感、使命感和紧迫感。

推行诚信建设，促进如实调查如实报数自觉性。一是组织学习统计诚信建设的相关文件，强化统计职业道德、职业操守教育和统计法律法规意识。二是全面推行统计诚信体系建设。在2016年、2017年在部分专业逐步推广诚信建设的基础上，2018年，灵山调查队在全部专业推行诚信建设，建立了调查对象、灵山调查队和负责队员三方诚信统计承诺制度，增强了相关人员如实依法调查意识。

圆满完成各项调查工作。认真按调查制度和

会”。晚会上表演原创小品《您想要多少》，以小品的方式演绎住户收支调查访户工作，让群众在笑声中了解数据真实的重要性和如实及时记账的要求，取得了较好的效果；晚会穿插统计调查知识有奖问题，增加了观众的互动。

服务基层，提高配合度。一是深入基层开展形式多样的“双报到双服务”活动。二是积极参与地方精准扶贫工作。按要求履行单位帮扶各项工作职责，派出一人驻贫困村担任工作队员，从资金上积极支持联系贫困户脱贫工作，组织帮扶干部积极参与扶贫领域腐败和作风问题专项整治工作，认真深入贫困户开展了解情况、宣传政策、帮助制订脱贫措施等帮扶活动，积极参与扶贫日系列活动。2018年灵山调查队所联系的8户贫困户已有4户为脱贫对象。

2019年5月26日，灵山调查队联合住户调查点在灵山县人民广场开展统计法治宣传晚会及有奖问答活动

国家统计局浦北调查队

2018年，国家统计局浦北调查队（以下简称浦北调查队）严格按照国家统计局广西调查总队工作部署，扎实创建“党旗红·数据真”党建工作品牌，加强党的引领，严抓党风廉政建设，夯实统计基础工作，着力提高数据质量。

一、精心开展“党旗红·数据真”工作品牌创建活动

（一）夯实支部基础建设用。认真落实“三会一课”、组织生活会、谈心谈话、党员民主评议、党费收缴管等制度，每月召开支部大会研究支部工作，解决重点难点问题，部署党建工作，确保党建工作有序推进。

（二）加强党员思想教育。积极以党课、主题党日、“双报到、双服务”、两学一做学习教育制度化常态化为载体，加强党员思想教育，共开展了4次党课、12次主题党日活动、4次“双报到 双服务”活动。积极将党员干部纳入地方同教育共培训，组织党员干部参加了浦北县学习贯彻习近平新时代中国特色社会主义思想和党的十九大精神轮训班。加强钦州智慧党建、“八桂先锋”等学习平台的推广使用，积极鼓励引导党员积极运用碎片化时间加强日常学习，提高了党员干部思想认识和党性修养。

（三）认真开展支部互联共建共享活动。先后与11个调查点签订“党旗红·数据真”基层党组织互联共建共享协议书，加强与调查点村委党支部的党建、调查业务互联共建共享活动，交流党建工作经验，共享党建资源，管理好辅调员和记账户，推进党建跟业务工作融合，进一步提高数据质量。

二、认真抓好党风廉政建设工作

（一）从严落实“两个责任”。把全面从严治党、从严治队任务纳入工作总体布局，压紧压实全面从严治党主体责任和监督责任。健全和完善党风廉政建设工作责任机制，印发2018年党风廉政建设工作要点，组织各股长签订党风廉政建设承诺书，抓好廉政责任分解， 传导压力。加强党风廉政和业务工作的监督检查，切实落实党风廉政监督责任，督促干部职工履行“一岗双责”。

（二）开展廉政提醒和谈心谈话。一是开展经常性节前廉政集体谈话，在重大节假日放假之前，组织学习国家统计局、广西调查总队和地方纪委有关廉洁过节文件通知，开展节前集体廉政谈话；二是加强干部谈心谈话。2018年以来，领导班子成员先后15次开展谈心谈话活动，加强对苗头性、倾向性问题的谈心谈话，明确廉政要求，提高干部职工“一岗双责”意识，将业务工作和廉政工作同步落实。

2018年9月20日，浦北调查队开展第九届中国统计开放日宣传

2018年11月21日，浦北调查队党支部于 村党支部签订互联共建协议

（三）开展廉政警示教育。组织党员干部观看县纪委查处扶贫领域和作风问题及反腐倡廉图片展、观看钦州市纪委典型案例警示展，以案说法、以案明纪，接受思想洗礼，增强廉洁政的自觉性和主动性。

三、加强管控，严把数据质量关

（一）加强数据生产全过程的痕迹管理。加强访户记录、审核记录、查询记录、上报审批等数据生产全过程的痕迹管理，完善基础工作台账，确保数据可追溯。分管领导不定期检查，发现问题及时要求整改，确保数据真实准确。

（二）强化督查督办对工作的促进作用。先后11次开展督查督办工作，及时跟踪各项重点工作的开展情况，研究解决存在问题，落实整改责任，促进统计调查工作的规范开展，提高数据质量。

（三）建立领导干部违规干预统计工作记录台账。根据国家统计局广西调查总队要求，建立了领导干部违规干预统计工作记录台账，加强违规干预统计工作记录和备案，切实维护数据的真实性。

（四）建章立制，防范数据风险。印发了《国家统计局浦北调查队开展“以数谋私、数字腐败”全面排查和专项整治工作方案》《国家统计局浦北调查队调查业务风险防控工作方案》和《国家统计局浦北调查队落实巡视整改工作方案》等方案，开展排查和专项整治，并落实整改问题清单、任务清单和责任清单，防范数据风险。

四、努力推进统计调查改革工作

（一）扎实推进住户电子记账工作。为推进住户调查电子记账工作，浦北调查队对120户记账户进行了基本情况排查，筛选了部分条件成熟的调查户作为首批推广对象，并采取辅调员县

2019年5月28日，浦北调查队到龙门镇大坡村开展访户工作

城集中培训和电子记账户分点培训的方式进行指导，抓好早提醒、早培训、早审核，提高记账户电子记账意识、记账水平和数据质量。

（二）革新农业统计调查手段。不断革新农业统计调查手段，充分利用卫星遥感、无人机航拍、手持移动终端等新手段进行数据采集，精确获取农作物种植面积和品种，大幅度提高了农作物调查的时效性和精准度，有效解决了调查手段与调查任务不匹配的矛盾。

（三）有序推进局队业务调整。与县统计局联合成立了局队业务分工调整优化工作领导小组，按照成熟一项移交一项的原则，顺利完成规下工业调查和限下批零住餐调查工作的交接。

五、切实提高依法治统水平

（一）加强统计法治学习。组织干部职工学习《统计违纪违法责任人处分处理建议办法》、组织开展《统计法》《统计法实施条例》和《宪法》考试，以考促学，将法制培训纳入会议、访户培训内容，提升干部职工和调查对象统计法律法规的认识，保障数据的真实准确。

（二）做好“双随机”抽样统计执法检查工作。开展了3次“双随机”抽样执法检查活动，检查过程中，严格执行执法检查相关制度，做好统计法律义务告知事项，规范做好调查笔录，在实践中提高统计执法检查水平，提高统计法的威慑力。

六、严抓服务型统计建设

积极参与总队约稿的调研工作，通过专项的调研和分析，为党委政府科学决策提供优质高效的服务。2018年，共上报25篇调查信息，被总队采用的超过20篇次，超额完成了全年6篇的工作任务。

2019年6月28日，浦北调查队党支部到浦北县大成镇柑子根村（原广东省合浦县白石水地区“农村第一党支部”旧址）开展“不忘初心、牢记使命”主题教育暨“七一”活动

第六篇 分析资料

Chapter 6 Analysis of Data

6-1　2018年广西壮族自治区国民经济和社会发展统计公报

Statistical Communique on Nations Economic & Social Development of Guangxi Zhuang Autonomous Region in 2018

2018年广西壮族自治区国民经济和社会发展统计公报[1]

广西壮族自治区统计局　国家统计局广西调查总队

2019年3月27日

2018年，广西各级各部门在自治区党委、政府的坚强领导下，坚持以习近平新时代中国特色社会主义思想为指导，深入学习贯彻党的十九大精神，全面落实“三大定位”新使命和“五个扎实”新要求，坚持稳中求进工作总基调，深入贯彻新发展理念，落实高质量发展要求，以供给侧结构性改革为主线，持续打好三大攻坚战，统筹稳增长、促改革、调结构、惠民生、防风险，做好稳就业、稳金融、稳外贸、稳外资、稳投资、稳预期工作，广西经济运行总体平稳、稳中提质，各项社会事业全面进步，高质量发展迈出了新的步伐。

一、综合

初步核算，全年广西生产总值[2]（GDP）20352.51亿元，比上年增长6.8%。其中，第一产业增加值增长5.6%，第二产业增加值增长4.3%，第三产业增加值增长9.4%。第一、二、三产业增加值占地区生产总值的比重分别为14.8%、39.7%和45.5%，对经济增长的贡献率分别为13.1%、25.4%和61.5%。按常住人口计算，全年人均地区生产总值41489元，比上年增长5.8%。全员劳动生产率[3]为71455元/人，比上年提高6.5%。

图1　2014—2018年广西生产总值（GDP）增速

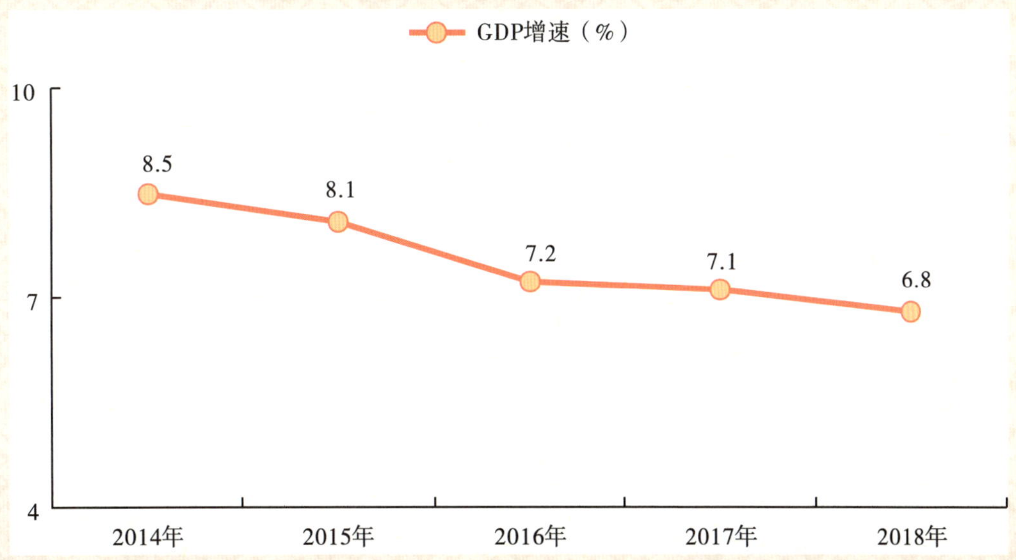

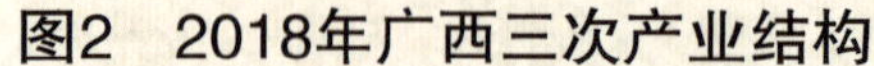

图2 2018年广西三次产业结构

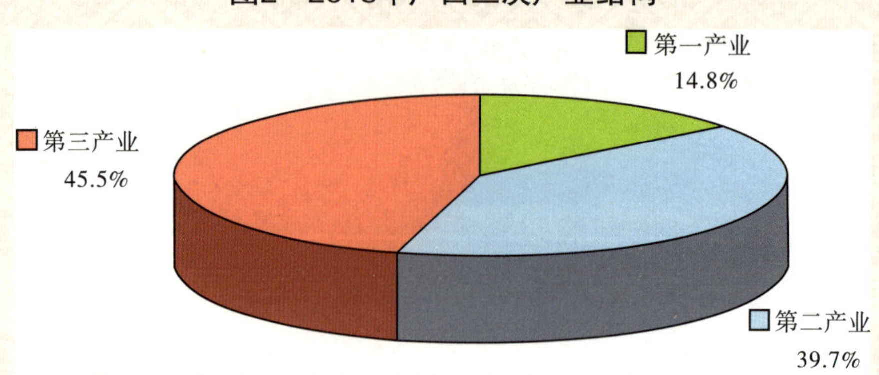

年末广西户籍总人口5659万人，比上年末增加59万人。广西常住人口[4]4926万人，比上年末增加41万人，其中城镇人口2474万人，占常住人口比重（常住人口城镇化率）为50.22%，比上年末提高1.01个百分点。户籍人口城镇化率为31.72%，比上年末提高0.49个百分点。全年出生人口71.3万人，出生率为14.12‰；死亡人口30.4万人，死亡率为5.96‰；自然增长率为8.16‰。

表1 2018年广西常住人口数及其构成

指　　标	年末数（万人）	比重（%）
常住人口	4926	100.00
其中：城镇	2474	50.22
乡村	2452	49.78
其中：男性	2555.5	51.88
女性	2370.5	48.12
其中：0～14岁	1086.66	22.06
15～64岁	3348.71	67.98
65岁及以上	490.63	9.96

年末广西就业人员2848.3万人(按常住人口径统计)，其中城镇就业人员1282.4万人。全年城镇新增就业42.1万人。年末城镇登记失业率为2.34%。广西农民工总量1273.6万人，比上年下降0.2%。其中，外出农民工912.4万人，下降1.1%；本地农民工361.2万人，增长2.0%。

全年广西居民消费价格比上年上涨2.3%。工业生产者出厂价格上涨3.2%。工业生产者购进价格上涨3.4%。固定资产投资价格上涨4.5%。农产品生产者价格下降2.7%。

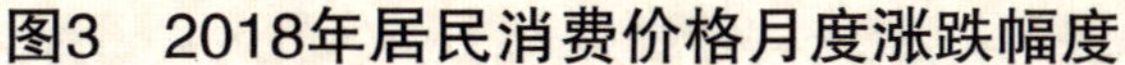
图3 2018年居民消费价格月度涨跌幅度

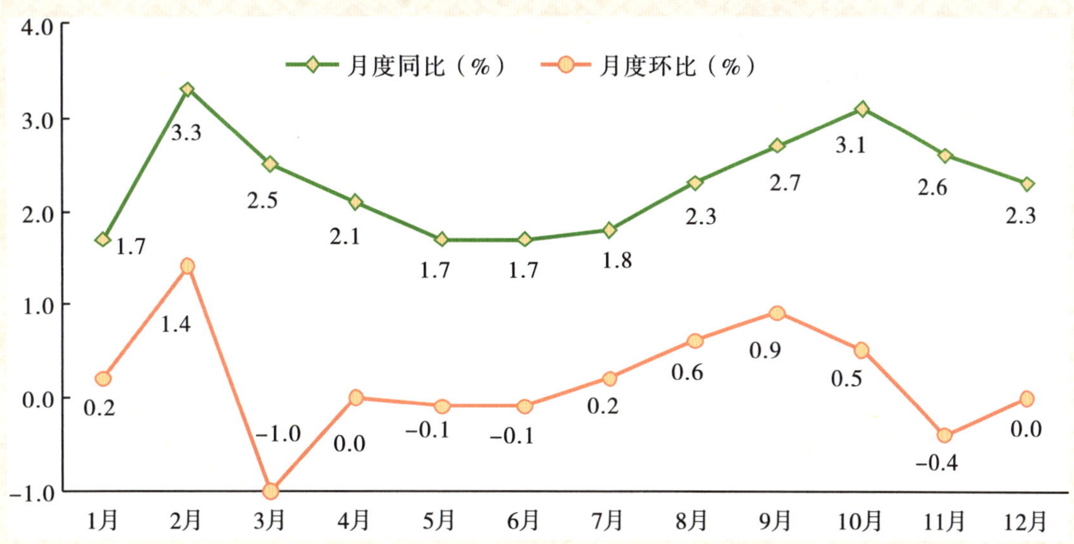

表2 2018年广西居民消费价格比上年涨跌幅度

单位：%

指　　标	广西		
		城　市	农　村
居民消费价格	2.3	2.4	2.2
其中：食品烟酒	1.0	1.3	0.5
衣着	1.5	1.8	0.8
居住	4.3	4.1	4.7
生活用品及服务	1.9	1.7	2.1
交通和通信	1.6	1.7	1.6
教育文化和娱乐	2.5	2.6	2.3
医疗保健	4.5	4.7	4.3
其他用品和服务	1.3	1.5	1.0

供给侧结构性改革深入推进。广西年末商品房待售面积1380.19万平方米，比上年末减少218.66万平方米。年末规模以上工业企业资产负债率为63.0%，比上年末下降0.3个百分点[5]。全年规模以上工业企业每百元主营业务收入中的费用为6.7元，比上年减少0.23元。全年生态保护和环境治理业、农业固定资产投资（不含农户）分别比上年增长100.3%和25.9%。

新动能培育进展良好。全年规模以上工业中，高技术制造业[6]增加值比上年增长11.6%。全年规模以上服务业[7]中，软件和信息技术服务业营业收入比上年增长17.4%。全年高技术制造业投资比上年增长23.5%，装备制造业投资增长17.1%。全年新能源汽车比上年增长1.08倍，电子元件增长47.9%，锂离子电池增长16.9%，光电子器件增长53.5%。

脱贫攻坚成效显著。按照每人每年2995元的农村贫困标准计算，年末广西农村贫困人口140万人，比上年末减少106万人；广西贫困发生率3.3%，比上年下降2.4个百分点。贫困地区（33个国家贫困县）农村居民人均可支配收入10761元，比上年名义增长10.7%，扣除价格因素，实际增长8.3%。

图4　2014—2018年年末广西贫困人口和贫困发生率

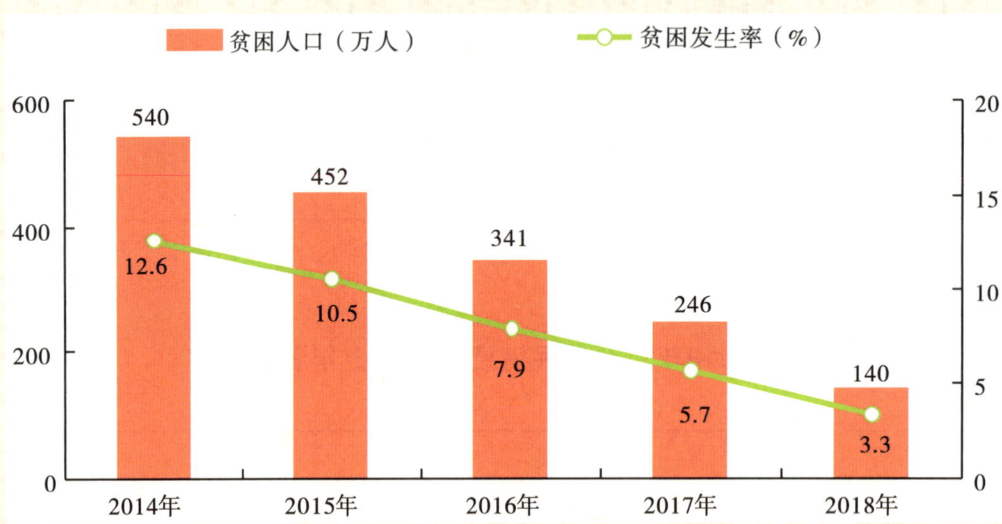

质量效益稳步提升。全年广西财政收入2790.35亿元，比上年增长7.1%；一般公共预算收入1681.48亿元，增长4.1%，其中，税收收入1122.03亿元，增长6.1%，占一般公共预算收入的比重为66.7%。一般公共预算支出5310.89亿元，比上年增长8.2%，民生重点领域支出占一般公共预算支出的比重为80.5%。全年广西规模以上服务业企业营业收入比上年增长11.3%，营业利润增长6.0%。

图5　2014—2018年广西财政收入及其增长速度

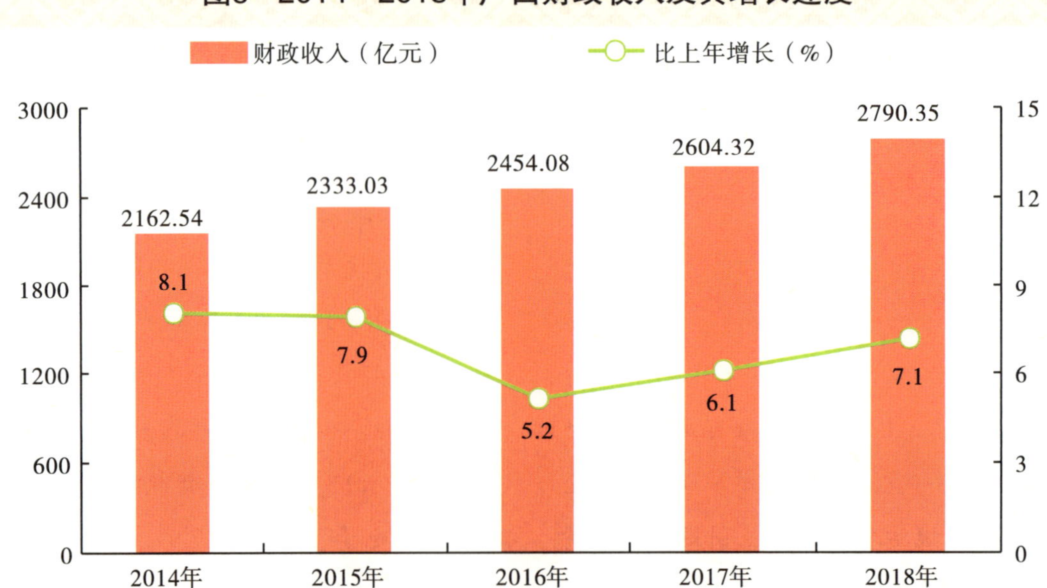

二、农业[8]

全年广西粮食种植面积2802.1千公顷，比上年减少50.9千公顷；甘蔗种植面积886.40千公顷，增加10.28千公顷；油料种植面积243.39千公顷，增加4.12千公顷；蔬菜种植面积1439.67千公顷，增加39.93千公顷；木薯种植面积182.26千公顷，减少15.23千公顷；果园面积1263.63千公顷，增加89.21千公顷；桑园面积189.45千公顷，减少1.72千公顷。

全年广西粮食总产量1372.8万吨，比上年增加2.3万吨，增产0.2%。其中，春收粮食产量21.3万吨，减产1.8%；早稻产量470.5万吨，增产0.1%；秋粮产量881.0万吨，增产0.3%。全年谷物产量1296万吨，减产0.2%。其中，稻谷产量1016万吨，减产0.4%；玉米产量273万吨，增产0.6%。油料产量66.66万吨，增产2.7%；甘蔗产量7292.76万吨，增产2.2%；蔬菜产量（含食用菌）3432.16万吨，增产4.6%；园林水果产量1790.55万吨，增产13.3%。

图6　2014—2018年广西粮食产量

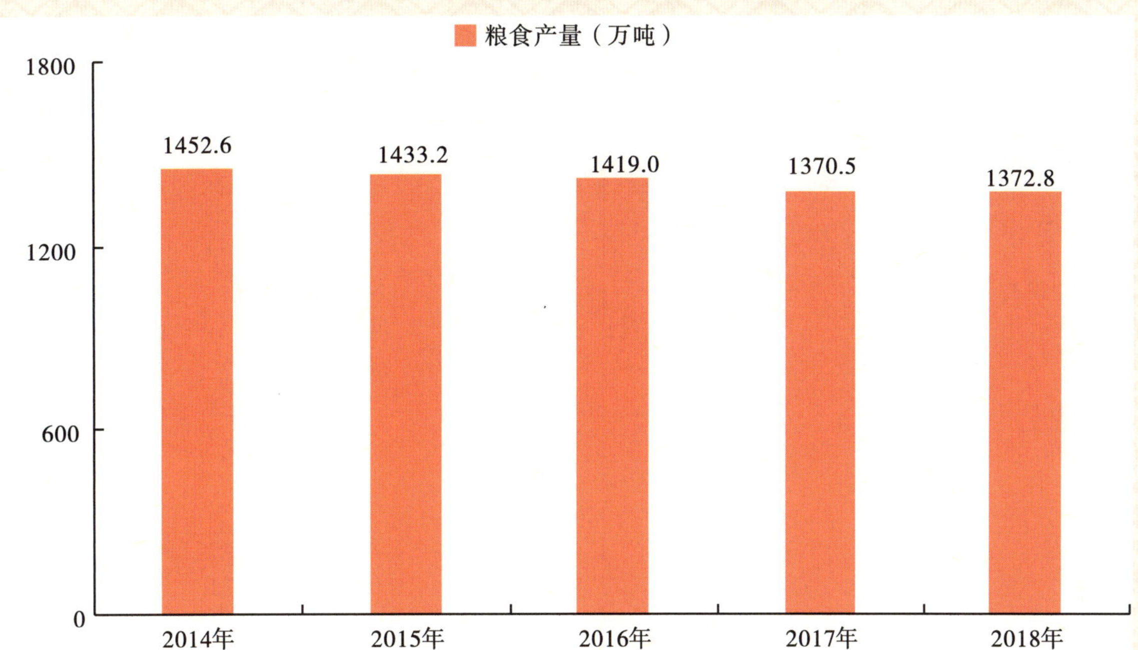

全年广西猪牛羊禽肉产量418.4万吨，比上年增长1.6%。其中，猪肉产量263.9万吨，增长3.5%；牛肉产量12.3万吨，增长5.2%；羊肉产量3.4万吨，增长1.3%；禽肉产量138.8万吨，下降2.2%。禽蛋产量22.3万吨，下降7.8%；牛奶产量8.9万吨，增长8.9%。全年生猪出栏3465.8万头，比上年增长3.3%；年末生猪存栏2298.3万头，比上年末增长0.2%。全年蚕茧产量36.89万吨，增长3.8%。

全年广西水产品产量329.81万吨，比上年增长3.1%，其中海水产品产量192.22万吨，增长0.6%。

全年广西木材产量3100万立方米，比上年增长1.6%。天然松脂70.4万吨，增长1.2%。油茶籽23.32万吨，增长3.3%。

表3　2018年主要农产品产量及其增长速度

产品名称	产量（万吨）	比上年增长（%）
粮食	1373.0	0.2
其中：稻谷	1016.2	-0.4
其中：早稻	470.5	0.1
晚稻	451.4	-0.3
玉米	273.4	0.6
油料	66.66	2.7
其中：花生	62.67	3.1
甘蔗	7292.76	2.2
其中：果蔗	303.0	19.6
蔬菜（含菌类）	3432.16	4.6
烤烟	1.43	-31.9
木薯	166.67	-9.6
茶叶	7.52	4.3
园林水果	1790.55	13.3
其中：柑橘类	836.49	22.0
香蕉	323.19	-6.2
菠萝	3.59	1.3
荔枝	61.69	21.4
龙眼	52.01	26.1
芒果	63.60	8.8
火龙果	23.77	126.7
百香果	22.02	67.9
食用坚果	12.56	2.9
其中：核桃	0.25	1.7
肉类总产量	426.74	1.5
猪肉	263.89	3.5
禽肉	138.83	-2.2
蚕茧	36.89	3.8
水产品	329.81	3.1
其中：海水产品	192.22	0.6

三、工业和建筑业

全年广西全部工业增加值比上年增长4.7%。规模以上工业增加值增长4.7%。在规模以上工业中，分经济类型看，国有控股企业增加值增长5.8%，股份制企业增长5.6%，外商及港澳台商投资企业增长4.8%，其他经济类型企业下降1.9%。分门类看，采矿业下降14.0%，制造业增长4.3%，电力热力燃气及水生产和供应业增长16.3%。

图7 2014—2018年广西全部工业增加值增速（%）

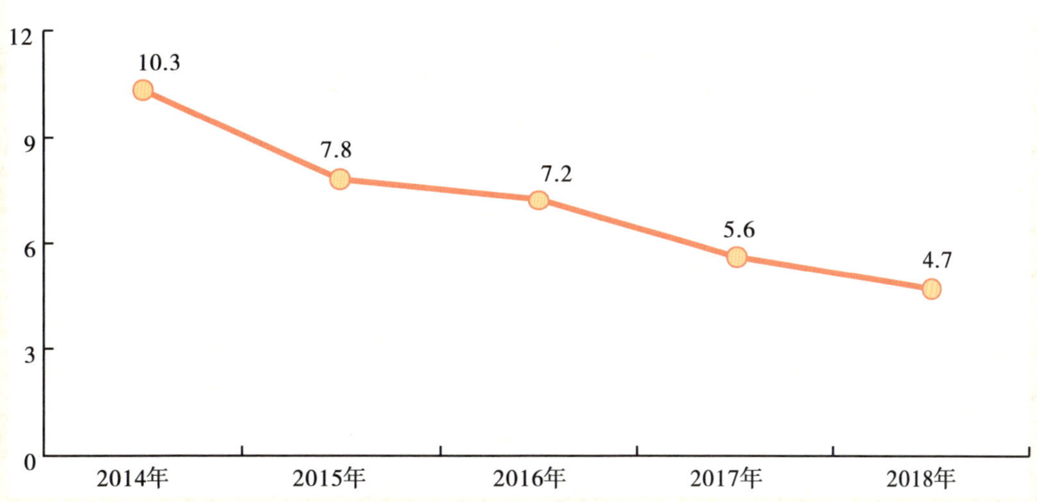

全年广西规模以上工业中，农副食品加工业增加值比上年增长15.8%，木材加工和木竹藤棕草制品业增长19.6%，专用设备制造业增长18.9%，计算机通信和其他电子设备制造业增长21.7%，电气机械及器材制造业增长2.7%，汽车制造业下降6.8%，有色金属冶炼及压延加工业增长14.6%，黑色金属冶炼及压延加工业增长5.2%，电力热力生产和供应业增长16.9%。

表4 2018年广西规模以上工业主要产品产量及其增长速度[9]

产品名称	单位	产量	比上年增长（%）
成品糖	万吨	1016.37	12.7
发酵酒精	万千升	47.17	-10.8
卷烟	万箱	140.01	-2.9
机制纸及纸板	万吨	294.84	2.5
原煤	万吨	470.7	10.5
原油	万吨	51.9	17.7
天然气	亿立方米	0.2	-8.7

续表

产品名称	单位	产量	比上年增长（%）
发电量	亿千瓦小时	1591.3	20.5
其中：火电[10]	亿千瓦小时	825.7	32.8
水电	亿千瓦小时	563.2	3.1
粗钢	万吨	2243.43	4.3
钢材	万吨	2890.93	13.2
十种有色金属	万吨	309.6	54.1
其中：电解铝	万吨	186.54	103.1
氧化铝	万吨	816.77	-7.0
水泥	万吨	11744.13	6.3
显示器	万台	1619.72	-2.9
电子元件	亿只	279.47	47.9
化肥（折100%）	万吨	35.82	-58.2
发动机	万千瓦	19300.72	-6.2
汽车	万辆	215.05	-12.8
铁合金	万吨	398.31	-5.5

全年广西规模以上工业企业利润1100.1亿元，比上年增长1.9%[11]。分经济类型看，国有控股企业利润407.6亿元，比上年增长11.0%；股份制企业773.5亿元，增长1.2%；外商及港澳台商投资企业268.6亿元，增长12.7%。分门类看，采矿业利润49.9亿元，比上年增长0.2%；制造业965.2亿元，增长0.1%；电力、热力、燃气及水生产和供应业85.1亿元，增长29.3%。

全年广西具有资质等级的总承包和专业承包建筑业企业实现总产值4671.72亿元，比上年增长11.0%。其中国有控股企业2053.09亿元，比上年增长20.0%。

四、固定资产投资

全年广西固定资产投资（不含农户）比上年增长10.8%，其中，第一产业投资增长18.6%；第二产业投资增长13.0%，其中工业投资增长12.2%；第三产业投资增长9.9%。基础设施投资增长9.8%，占固定资产投资（不含农户）的比重为26.5%。民间固定资产投资增长12.2%，占固定资产投资（不含农户）的比重为49.0%。六大高耗能行业投资比上年下降2.1%，占固定资产投资（不含农户）的比重为8.2%。

图8　2014—2018年广西固定资产投资增速

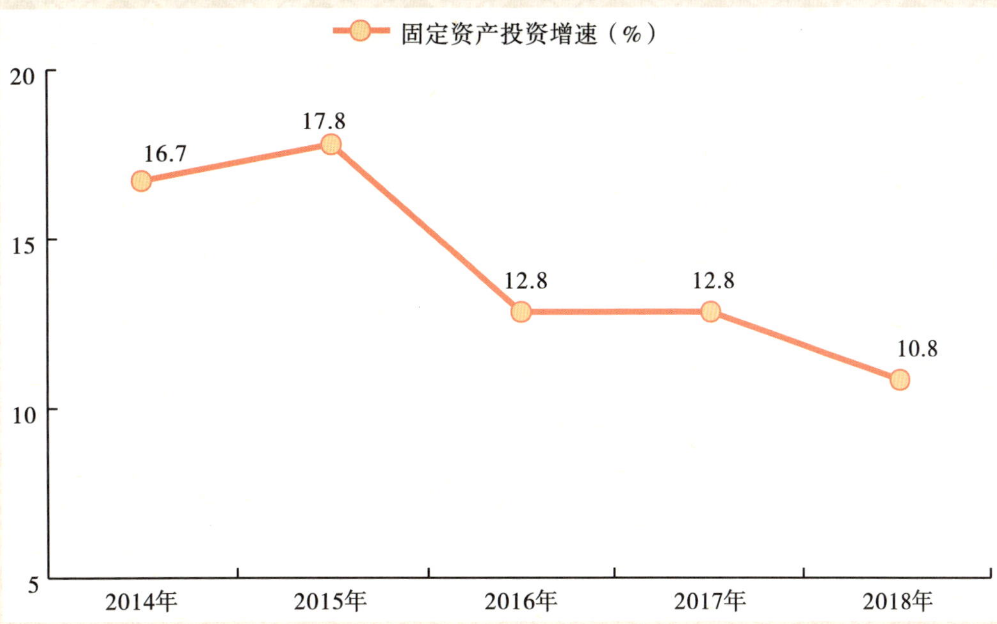

表5　2018年广西分行业固定资产投资（不含农户）增长速度

行业	比上年增长（%）
总计	10.8
农、林、牧、渔业	18.6
采矿业	31.3
制造业	22.5
其中：农副食品加工业	14.2
造纸和纸制品业	29.2
石油加工、炼焦和核燃料加工业	77.7
化学原料和化学制品制造业	12.0
非金属矿物制品业	32.5
黑色金属冶炼和压延加工业	164.2
有色金属冶炼和压延加工业	-30.7
金属制品业	31.0
通用设备制造业	48.9
专用设备制造业	42.3
交通运输设备制造业	-43.2
电气机械和器材制造业	21.7
通信设备计算机和其他电子设备制造业	25.7
电力、热力、燃气和水生产和供应业	-13.4
其中：电力、热力的生产与供应业	-20.3

续表

行业	比上年增长（%）
建筑业	24.0
交通运输、仓储和邮政业	19.0
信息传输、软件和信息技术服务业	1.3
批发和零售业	17.1
住宿和餐饮业	26.7
金融业	-35.9
房地产业	12.1
租赁和商务服务业	-3.9
科学研究和技术服务业	42.1
水利、环境和公共设施管理业	1.7
居民服务、修理和其他服务业	-15.4
教育	13.4
卫生和社会工作	-4.0
文化、体育和娱乐业	19.3
公共管理、社会保障和社会组织	-17.4

全年广西房地产开发投资3004.13亿元，比上年增长11.9%。其中住宅投资2217.50亿元，增长11.8%；办公楼投资98.07亿元，下降4.6%；商业营业用房投资320.52亿元，下降1.0%。商品房销售面积6212.90万平方米，增长20.1%，其中住宅5589.89万平方米，增长19.3%。

表6　2018年广西房地产开发和销售主要指标完成情况及其增长速度

指　　标	单位	绝对数	比上年增长（%）
投资额	亿元	3004.13	11.9
其中：住宅	亿元	2217.50	11.8
其中：90平方米及以下	亿元	514.19	-8.6
房屋施工面积	万平方米	25399.02	11.9
其中：住宅	万平方米	18522.84	12.6
房屋新开工面积	万平方米	6059.30	23.4
其中：住宅	万平方米	4672.08	27.6
房屋竣工面积	万平方米	2192.94	18.1
其中：住宅	万平方米	1654.54	11.9
商品房销售面积	万平方米	6212.90	20.1
其中：住宅	万平方米	5589.89	19.3

续表

指 标	单位	绝对数	比上年增长（%）
本年资金来源	亿元	3989.51	13.4
其中：国内贷款	亿元	504.84	3.7
其中：个人按揭贷款	亿元	891.22	13.1
本年购置土地面积	万平方米	602.95	-10.7
土地成交价款	亿元	201.19	-7.4

五、国内贸易[12]

全年广西社会消费品零售总额8291.59亿元，比上年增长9.3%。按经营地统计，城镇消费品零售额7240.82亿元，增长9.1%；乡村消费品零售额1050.77亿元，增长10.6%。按消费类型统计，商品零售额7470.28亿元，增长9.2%；餐饮收入额821.31亿元，增长10.0%。

图9 2014—2018年广西社会消费品零售总额增速

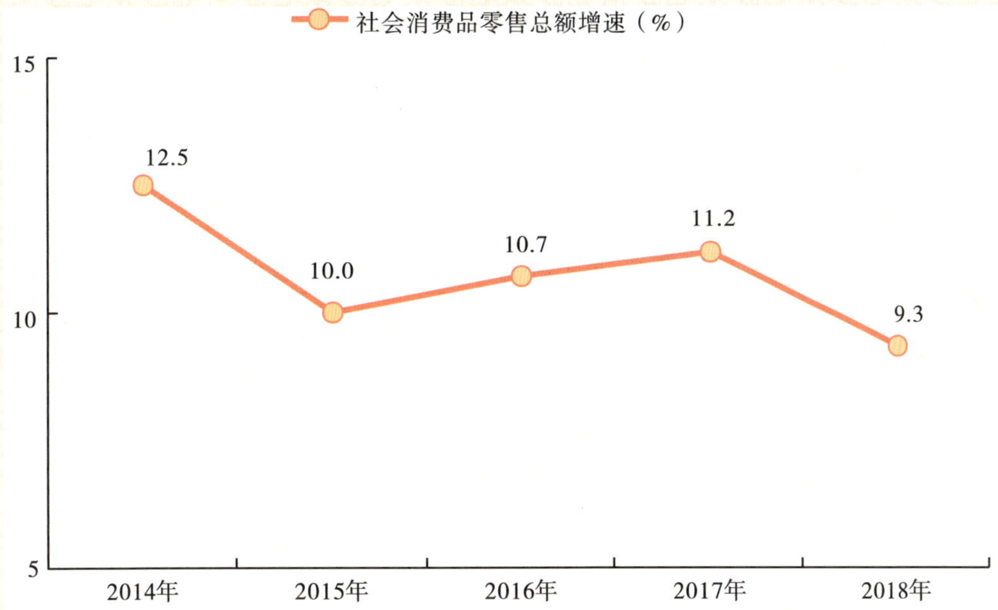

在限额以上单位商品零售额中，粮油、食品、饮料、烟酒类零售额比上年增长6.9%，服装、鞋帽、针纺织品类增长1.8%，化妆品类增长6.2%，金银珠宝类下降1.9%，日用品类增长3.2%，家用电器和音像器材类增长11.1%，中西药品类增长7.9%，文化办公用品类增长3.9%，家具类增长0.1%，通讯器材类下降20.1%，建筑及装潢材料类增长0.7%，汽车类增长0.1%，石油及制品类增长11.7%。

六、对外经济

全年广西货物进出口总额4106.71亿元，比上年增长5.0%。其中，出口2176.14亿元，增长14.6%；进口1930.57亿元，下降4.1%。贸易顺差（进口小于出口）245.57亿元，比上年增加359.83亿元。对东盟国家进出口总额2061.49

亿元，比上年增长6.3%。其中，出口1259.80亿元，增长13.9%；进口801.69亿元，下降3.7%。

全年广西对外实际投资额（不含银行、证券、保险）8.97亿美元，比上年下降3.8%。全年广西对外承包工程和劳务合作实际完成营业额7.29亿美元，比上年增长5.7%。

图10　2014—2018年广西进出口总额

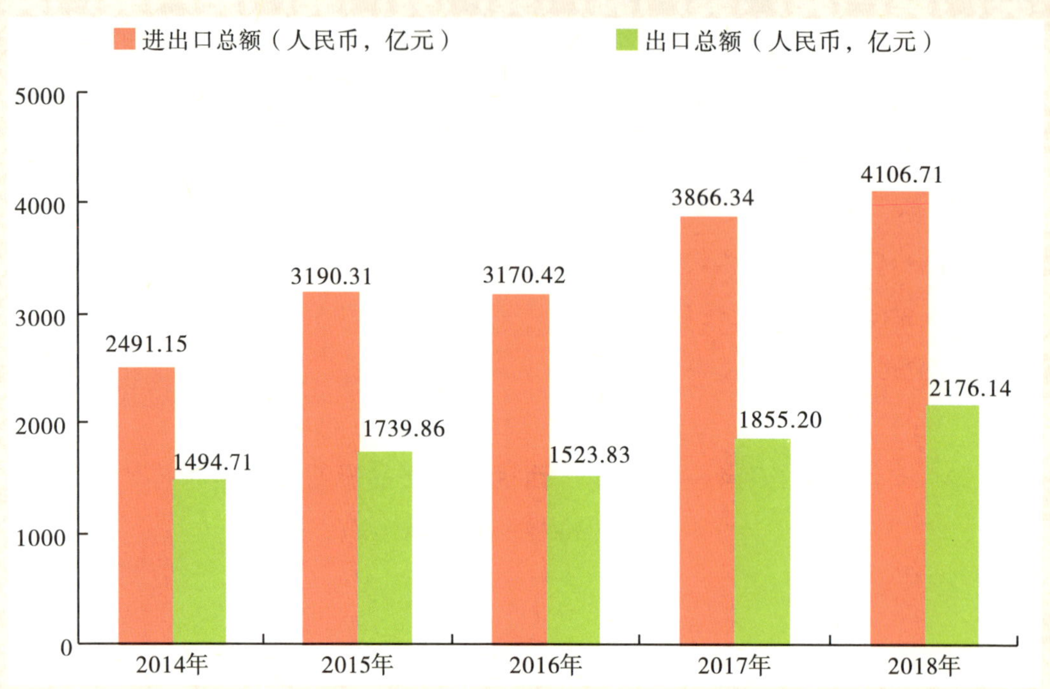

表7　2018年广西货物进出口总额及其增长速度

指　　标	绝对数（亿元）	比上年增长（%）
货物进出口总额	4106.71	5.0
其中：一般贸易	1380.77	-3.1
其中：货物出口额	2176.14	14.6
其中：一般贸易	548.94	1.8
来料加工	35.30	-57.4
进料加工	479.74	39.0
边境小额贸易	1032.50	22.5
货物进口额	1930.57	-4.1

表8　2018年广西对主要国家和地区货物进出口总额及其增长速度

国家和地区	货物出口额（亿元）	比上年增长（%）	货物进口额（亿元）	比上年增长（%）
亚洲	1759.10	19.4	1164.33	-2.3
其中：东盟	1259.80	13.9	801.69	-3.7
其中：越南	1142.13	17.3	607.23	-12.8
其中：中国香港	360.96	43.9	48.36	358.6

续表

国家和地区	货物出口额（亿元）	比上年增长（%）	货物进口额（亿元）	比上年增长（%）
日本	25.42	9.0	24.49	-5.4
韩国	21.18	16.2	26.96	17.5
非洲	36.37	-10.2	98.75	15.3
欧洲	118.96	3.7	59.44	6.7
其中：欧盟	105.37	1.8	43.95	11.3
拉丁美洲	40.04	-9.5	355.03	-8.1
北美洲	194.43	2.2	144.10	-19.4
其中：美国	182.65	1.2	65.49	-37.8
大洋洲	27.25	-26.0	108.86	-5.2

七、金融和保险

全年广西金融业增加值1403.19亿元，比上年增长6.9%。

年末广西金融机构本外币各项存款余额29789.78亿元，比年初增加1890.14亿元，其中人民币各项存款余额29620.03亿元，增加1905.80亿元。年末金融机构本外币各项贷款余额26688.31亿元，比年初增加3445.23元，其中人民币各项贷款余额26143.38亿元，增加3355.04亿元。

表9　2018年广西金融机构本外币存贷款余额及其增长速度

指　　标	年末数（亿元）	比上年末增长（%）
各项存款余额	29789.78	6.8
其中：住户存款	15334.39	11.0
其中：人民币	15282.07	11.1
非金融企业存款	8176.92	-3.0
各项贷款余额	26688.31	14.9
其中：境内短期贷款	1395.86	16.4
境内中长期贷款	9013.50	24.2

年末广西上市公司（A股）数量37家，市价总值2406.64亿元。

全年广西保险公司原保险保费收入629.03亿元，比上年增长11.3%。其中，财产险业务原保险保费收入219.11亿元，增长11.8%；寿险业务原保险保费收入292.62亿元，增长3.2%；健康险和意外险业务原保险保费收入117.30亿元，增长37.1%。支付各类赔款及给付223.86亿元，增长23.1%。其中，财产险业务赔款98.19亿元，增长15.5%；寿险业务给付72.67亿元，增长10.4%；健康险和意外险业务赔款及给付53.00亿元，增长70.7%。

八、交通运输和邮电

年末广西公路总里程12.54万公里，比上年末新增0.22万公里；其中，高速公路里程5563公里，比上年末新增304公里。年末铁路营业总里程5202公里，比上年末增加11公里；其中，高速铁路营业里程1771公里。

表10　2018年广西旅客、货物运输量及其增长速度

指　　标	单位	绝对数	比上年增长（%）
旅客运输总量	亿人次	5.07	-0.7
旅客运输周转量	亿人公里	816.65	4.9
货物运输总量	亿吨	19.07	9.2
货物运输周转量	亿吨公里	4983.78	8.0

全年广西货物运输总量19.07亿吨，比上年增长9.2%。货物运输周转量4983.78亿吨公里，增长8.0%。全年港口完成货物吞吐量3.79亿吨，比上年增长9.9%，其中外贸货物吞吐量1.31亿吨，增长8.3%。港口集装箱吞吐量395.66万标准箱，增长24.2%。

全年广西旅客运输总量5.07亿人次，比上年下降0.7%。旅客运输周转量816.65亿人公里，增长4.9%。

年末广西民用汽车保有量590.40万辆，比上年末增长17.1%，其中私人汽车保有量533.62万辆，增长17.9%。轿车保有量300.64万辆，增长19.8%，其中私人轿车285.82万辆，增长19.9%。

全年广西完成邮政业务总量126.77亿元，比上年增长44.0%。邮政业全年完成邮政函件业务0.29亿件，包裹业务48.2万件，快递业务量4.81亿件，快递业务收入61.50亿元。全年完成电信业务总量2051.51亿元，比上年增长188.2%。电信业新增移动电话交换机容量773万户，年末达到12582万户。年末广西电话用户总数5306.1万户，其中移动电话用户5045.3万户。移动电话普及率上升至102.4部/百人。固定互联网宽带接入用户1230.6户，比上年增加262.6万户，其中固定互联网光纤宽带接入用户1142.3万户，比上年增加334.1万户；移动宽带用户4108.6万户，增加608.8万户。互联网用户5465.9万户，增加701.5万户。互联网宽带接入通达的行政村比重达到100%。全年移动互联网接入流量22.88亿G，比上年增长261.6%。

九、居民收入消费和社会保障

全年广西居民人均可支配收入21485元，比上年名义增长7.9%，扣除价格因素，实际增长5.5%。广西居民人均可支配收入中位数[13]18017元，名义增长7.8%。按常住地分，城镇居民人均可支配收入32436元，比上年名义增长6.3%，扣除价格因素，实际增长3.8%。农村居民人均可支配收入12435元，比上年名义增长9.8%，扣除价格因素，实际增长7.4%。广西农民工人均月收入3375元，比上年增长4.2%。

全年广西居民人均消费支出14935元，比上年名义增长11.3%，扣除价格因素，实际增长8.8%。按常住地分，城镇居民人均消费支出20159元，名义增长9.9%，扣除价格因素，实际增长7.3%；农村居民人均消费支出10617元，名义增长12.5%，扣除价格因素，实际增长10.1%。恩格尔系数为30.4%，比上年下降2.5个百分点，其中城镇为30.7%，农村为30.1%。

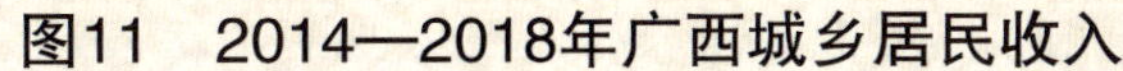
图11 2014—2018年广西城乡居民收入

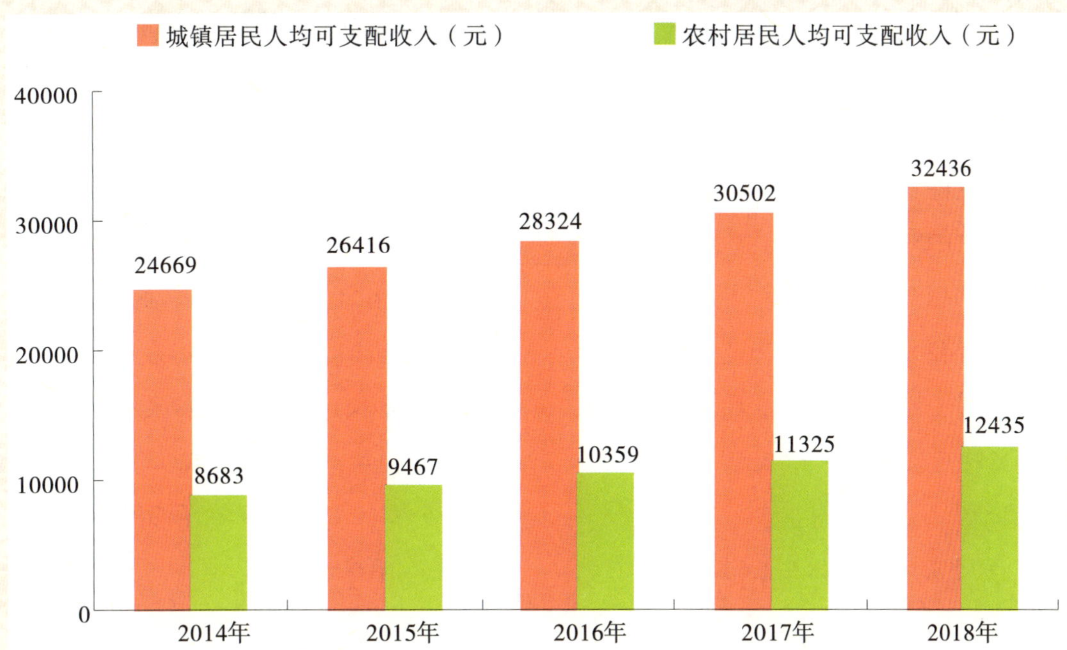

年末广西参加城镇职工（包括企业和机关事业单位）基本养老保险人数825.88万人，比上年末增加48.08万人。参加城乡居民基本养老保险人数1889.62万人，增加83.68万人。参加基本医疗保险人数5136.69万人。其中，参加城镇职工基本医疗保险人数588.47万人，增加31.72万人；参加城乡居民基本医疗保险人数4548.22万人。参加失业保险人数323.52万人，增加21.39万人。年末广西领取失业保险金人数5.49万人。参加工伤保险人数412.6万人，增加23.81万人，其中参加工伤保险的农民工44.88万人，减少1.36万人。参加生育保险人数366.2万人，增加27.62万人。

年末广西社会保障卡持卡人数4033.56万人，比上年末增加688.67万人。广西共有12万人享受城市居民最低生活保障，182.2万人享受农村居民最低生活保障，24.7万人享受特困人员救助供养。全年民政部门资助184.15万人参加基本医疗保险，医疗救助33.16万人次。

年末广西共有为儿童提供救助收养服务的机构42个，床位0.4万张，年末收养0.1万人。各类社区服务设施2736个，其中社区服务中心297个，社区服务站1990个。

十、科学技术和教育

全年安排科学研究与技术开发计划项目1794项，资助经费262605万元。其中，科技重大专项经费155714万元，重点研发计划经费25739万元，技术创新引导专项（基金）经费13120万元，科技基地和人才专项经费51943万元，自然科学基金16089万元。取得省部级以上登记科技成果2469项，其中，应用技术成果2193项，软科学研究成果1项，基础理论成果275项。全年广西获广西科技进步奖项目148项，其中，特别贡献奖2项，自然科学奖23项，技术发明奖15项，科学技术进步奖108项。全年广西专利申请量44220件，比上年下降2.2%，其中发明专利申请量20299件，比上年下降4.7%。全年广西授权专利20545件，比上年增长34.6%，其中授权发明专利4328件，比上年下降4.92%。每万人口发明专利拥有量为4.36件，比上年增长14.5%。全年共签订技术合同2148

项，技术合同成交金额61.4亿元，比上年增长55.8%。

年末广西共有产品检测实验室（指广西获得省级实验室资质认定的检验检测实验室）1264个，国家级检测中心11个，自治区级检测中心40个。广西累计完成产品认证企业个数（有效期内）5958个。广西共有法定计量技术机构87个，全年强制检定计量器具423.98万台（件）。累计制、修订地方标准数1938个，有效期内广西名牌产品数637个，地理标志保护产品91个。

全年广西研究生教育招生1.31万人，在校研究生3.41万人，毕业生0.91万人。普通高等教育招生30.4万人，在校生94.22万人，毕业生21.38万人。各类中等职业教育（不含技工）招生24.8万人，在校生67.76万人，毕业生18.57万人。普通高中招生36.8万人，在校生103.58万人，毕业生29.58万人。普通初中招生73.75万人，在校生212.64万人，毕业生63.96万人。普通小学招生85.97万人，在校生476.78万人，毕业生73.1万人。特殊教育招生0.75万人，在校生3.36万人，毕业生0.27万人。学前教育在园幼儿219.8万人。九年义务教育巩固率为95%，高中阶段毛入学率为89.4%。

表11　2018年各类教育发展情况

指　　标	招生人数（万人）	在校生人数（万人）	毕业生人数（万人）
研究生	1.31	3.41	0.91
普通高等教育	30.4	94.22	21.38
中等职业教育（不含技工）	24.8	67.79	18.57
普通高中	36.8	103.58	29.58
普通初中	73.75	212.64	63.96
普通小学	85.97	476.78	73.1
特殊教育	0.75	3.36	0.27

十一、文化旅游、卫生健康和体育

年末广西共有县级以上公共图书馆115个，文化馆124个，博物馆251个，国有艺术表演团体108个。广西共有50个项目列入国家级非物质文化遗产名录，759个项目列入自治区级非物质文化遗产名录。

年末广西共有广播电台7座，电视台6座，广播电视台84座。有线广播电视用户634.87万户，数字电视用户604.09万户。年末广播节目综合人口覆盖率为97.56%；电视节目综合人口覆盖率为98.78%。全年出版各类报纸5.57亿份，各类期刊0.4亿册，图书2.74亿册。年末广西共有档案馆143个，已开放各类档案7.12万卷。

全年广西入境过夜游客562.33万人次，比上年增长9.7%；国际旅游（外汇）消费27.78亿美元，增长15.9%。接待国内旅客6.78亿人次，增长30.8%，国内旅游消费7436.08亿元，增长37.2%。旅游总消费7619.90亿元，增长36.5%。

年末广西共有医疗卫生机构33743个，其中医院624个，乡镇卫生院1264个，社区卫生服务中心168个，诊所（卫生所、医务室）9592个，村卫生室20409个，疾病预防控制中心118个，卫生监督所（中心）119个，妇幼保健院（所、站）104个。年末广西卫生技术人员42.03万人，其中执业医师和执业助理医师10.6万人，注册护士14.04万人，乡村医生和卫生员3.26万人。医疗卫生机构床位25.59万张，其中医院17.32万张，乡镇卫生院6.53万张。

全年广西运动员在世界三大赛中获金银铜牌16枚，其中金牌6枚，银牌5枚，铜牌5枚。

十二、资源、环境和应急管理

全年广西国有建设用地供应总量3.0万公顷，比上年增长53.6%。其中，工矿仓储用地0.4万公顷，增长57.1%；住宅用地0.4万公顷，增长61.5%；基础设施等用地2.0万公顷，增长53.5%。

全年广西完成造林面积249.7千公顷，其中人工造林面积109.2千公顷，占全部造林面积的43.7%；林业重点工程完成造林面积40.8千公顷。截至年底，广西建成自然保护区达78个，其中国家级自然保护区23个，获批国家级生态文明建设示范市县3个。自然保护区面积128.5万公顷。森林覆盖率62.37%。活立木蓄积量7.9亿立方米。新增实施水土流失地区封育保护面积285平方公里。

全年广西电力消费量比上年增长17.8%。重点耗能工业企业单位油气产量综合能耗下降4.1%，机制纸及纸板综合能耗下降6.3%，原油加工单位综合能耗下降1.9%，单位水泥熟料综合能耗下降1.1%，单位合成氨生产综合能耗下降0.4%，吨钢综合能耗下降0.8%，每千瓦时火力发电标准煤耗下降4.1%。

近岸海域61个海水水质监测点中，达到国家一、二类海水水质标准的监测点占68.9%，三类海水占14.7%，四类、劣四类海水占16.4%。

在监测的14个设区市中，城市空气质量达标的市占42.9%，未达标的市占57.1%。城市区域昼间声环境质量较好的市占57.1%，一般的占42.9%。

全年广西平均降水量1516.7毫米。全年广西平均气温为21℃，比上年下降0.1℃，共有6个热带气旋直接影响广西。

年末广西城镇污水处理厂日处理能力439.9万立方米，比上年末增长1.2%；城镇污水处理率为94.5%，提高0.7个百分点。城镇生活垃圾无害化处理率为99.1%。城镇建成区绿地率为32.4%；人均公园绿地面积12.54平方米，增加0.58平方米。

年末广西共有地震台站244个，地震监测台网7个。

全年广西各级气象台共发布气象预警信号9472次，全年自治区气象台发布预警95次。广西共有海洋观测站8个。

注释：

[1]本公报中2018年数据均为初步统计数。部分数据因四舍五入的原因，存在总计与分项合计不等的情况。

[2]地区生产总值、各产业增加值、人均地区生产总值绝对数按现价计算，增长速度按不变价格计算。其中，2018年GDP数据按调整后的专业可比口径进行计算。

[3]全员劳动生产率为地区生产总值（现价）与全部就业人员的比率，增速按可比价计算。

[4]常住人口指在广西居住半年以上的人口，以及户口在广西、外出广西不满半年或在境外工作学习的人口。

［5］由于统计制度规定的口径调整、统计执法、剔除重复数据、企业改革剥离等因素，2018年规模以上工业企业财务指标增速及变化按可比口径计算。

［6］高技术制造业包括医药制造业，航空、航天器及设备制造业，电子及通信设备制造业，计算机及办公设备制造业，医疗仪器设备及仪器仪表制造业，信息化学品制造业。

［7］规模以上服务业统计范围包括年营业收入1000万元及以上，或年末从业人员50人及以上的交通运输、仓储和邮政业，信息传输、软件和信息技术服务业，房地产业（不含房地产开发经营），租赁和商务服务业，科学研究和技术服务业，水利、环境和公共设施管理业，教育，卫生和社会工作；年营业收入500万元及以上，或年末从业人员50人及以上的居民服务、修理和其他服务业，文化、体育和娱乐业法人单位。

［8］2017年粮食生产、畜禽肉产量等相关数据根据第三次全国农业普查结果进行了修订。

［9］2017年部分产品产量数据进行了核实调整，2018年产量增速按调整后的可比口径计算。

［10］火电包括燃煤发电量，燃油发电量，燃气发电量，余热、余压、余气发电量，垃圾焚烧发电量，生物质发电量。

［11］见注释［5］。

［12］根据第三次全国农业普查结果及有关制度规定，对2017年社会消费品零售总额及分项基数进行修订，2018年增速按可比口径计算。

［13］人均收入中位数是指将所有调查户按人均收入水平从低到高顺序排列，处于最中间位置的调查户的人均收入。

资料来源：

本公报中城镇新增就业、登记失业率、社会保障数据来自人力资源社会保障厅；户籍总人口数据来自公安厅；财政数据来自财政厅；物价、城乡居民收入和支出、恩格尔系数、农民工、贫困人口、部分农业数据来自国家统计局广西调查总队；进出口数据来自南宁海关；外商直接投资、对外承包工程和劳务合作等数据来自商务厅；金融数据来自中国人民银行南宁中心支行；保险数据来自中国保险监督委员会广西监管局；公路里程、港口数据来自交通运输厅；旅客、货物运输量和周转量数据来自交通运输厅、中国铁路南宁局集团有限公司和广西机场集团；铁路营业里程、高速铁路数据来自南宁铁路局；汽车保有量数据来自自治区交警总队；邮政业务数据来自自治区邮政管理局；电信业务数据来自自治区通信管理局；教育数据来自教育厅；安排科技计划课题、专利数据、技术合同等数据来自科技厅；质量检验、标准制定修订数据来自自治区质量技术监督局；艺术表演团体、博物馆、公共图书馆、文化馆、娱乐场所、互联网上网服务营业场所（网吧）、非物质文化遗产、旅游数据来自文化和旅游厅；广播电视、报纸、期刊、图书数据来自自治区新闻出版广电局；档案数据来自自治区档案局；卫生数据来自卫生健康委；体育数据来自自治区体育局；社会服务及救助数据来自民政厅；国有建设用地供应数据来自自然资源厅；林业数据来自自治区林业局；自然保护区、环境监测数据来自生态环境厅；城市污水处理、建成区绿地覆盖率来自住房城乡建设厅；气象预警、平均气温、热带气旋数据来自自治区气象局；地震数据来自自治区地震局；其他数据均来自自治区统计局。

6-2　2018年广西城镇居民生活调查报告

Urban Residents Living Investigation Report in 2018

2018年度广西城镇居民可支配收入增速放缓

2018年，广西深入贯彻落实中央各项方针政策，紧紧围绕“两个建成”战略目标，实施一系列符合广西实际的重大举措，人民生活明显改善，城镇居民可支配收入稳定增长。但从全国范围来看，2018年度广西城镇居民可支配收入增速明显低于全国平均水平，呈现放缓趋势。

一、广西城镇居民人均可支配收入增长情况

2018年广西城镇居民人均可支配收入为32436元，在全国31个省市中排名第23位；同比名义增长6.3%，在全国31个省市中排名第31位。可支配收入名义增幅比全国平均水平7.8%低1.5个百分点，扣除价格因素实际增长3.8%。

（一）分季度看，可支配收入增速呈现回落趋势

2018年一季度广西城镇居民人均可支配收入8838元，同比名义增长7.0%，比上年同期（7.2%）回落0.2个百分点。上半年广西城镇居民人均可支配收入15968元，同比名义增长6.1%，比上年同期（7.3%）回落1.2个百分点。前三季度广西城镇居民人均可支配收入24184元，同比名义增长6.0%，比上年同期（7.3%）回落1.3个百分点。2018年度广西城镇居民人均可支配收入为32436元，同比名义增长6.3%，比上年同期（7.7%）回落1.4个百分点。全年居民可支配收入增速与2017年同期相比下降趋势明显（具体情况见图1）。

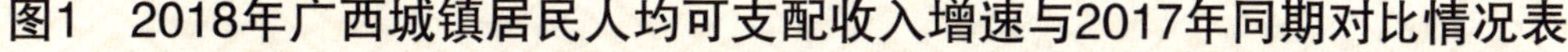

图1　2018年广西城镇居民人均可支配收入增速与2017年同期对比情况表

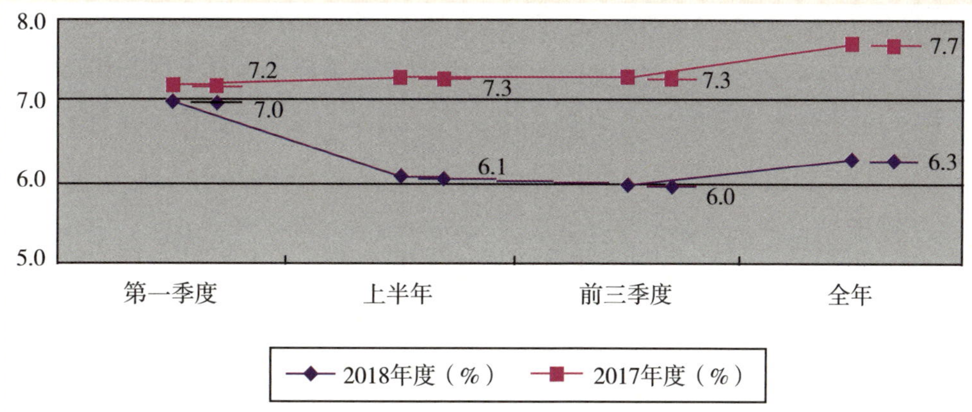

（二）从结构看，四大项收入全面增长但工资性收入增长较慢

2018年广西城镇居民四大项收入全面增长，工资性收入对城镇居民收入增长贡献率显著降低。工资性收入占比为55.8%，比2017年下降3个百分点，依然是城镇居民收入的最主要来

源。经营净收入、财产净收入、转移净收入占比均有所提高，占比均比上年提高1个百分点左右（具体情况见表1）。

1.工资性收入增速较低。2018年广西城镇居民人均工资性收入18084元，同比增加141元，增长0.8%。对可支配收入增长的贡献率为7.3%，拉动可支配收入增长0.8个百分点，拉动作用比上年同期降低4.6个百分点。

2.经营净收入较快增长。2018年广西城镇居民人均经营净收入5595元，同比增加691元，增长14.1%。对可支配收入增长的贡献率为35.7%，拉动可支配收入增长2.2个百分点，拉动作用比上年同期提高1.8个百分点。

3.财产净收入快速增长。2018年度广西城镇居民人均财产净收入2889元，同比增加499元，增长20.9%，增幅居四大项收入之首。对可支配收入增长的贡献率为25.8%，拉动可支配收入增长1.6个百分点，拉动作用比上年同期提高1.0个百分点。

4.转移净收入小幅增长。2018年度广西城镇居民人均转移净收入5868元，同比增加603元，增长11.5%。对可支配收入增长的贡献率为31.2%，拉动可支配收入增长2.0个百分点，拉动作用比上年同期提高0.4个百分点。

表1　2018年广西城镇居民人均可支配收入结构与2017年对比情况表

指标名称	2017年		2018年			2017年度贡献率（%）	2018年度贡献率（%）	2017年度拉动百分点	2018年度拉动百分点
	绝对值（元）	占比（%）	绝对值（元）	占比（%）	增幅（%）				
可支配收入	30502	—	32436	—	6.3	—	—	—	—
工资性收入	17943	58.8	18084	55.8	0.8	66.6	7.3	5.1	0.5
经营净收入	4904	16.1	5595	17.2	14.1	4.6	35.7	0.4	2.2
财产净收入	2390	7.8	2889	8.9	20.9	7.4	25.8	0.6	1.6
转移净收入	5265	17.3	5868	18.1	11.5	21.4	31.2	1.6	2.0

（三）从全国看，可支配收入增幅与全国平均水平差距逐步拉大

从2010年—2018年数据来看，广西城镇居民人均可支配收入绝对数一直低于全国平均水平。排名呈下降态势：在全国31个省（区、市）中的排位从2010年的13位逐年下降到2018年23。绝对额与全国差距不断扩大：2010年，广西城镇居民人均可支配收入17064元，约为全国平均水平的91%，比全国低1715元；到2018年，广西城镇居民人均可支配收入32436元，约为全国平均水平的83%，与全国差额扩大到6815元（具体情况见表2）。

表2　广西城镇居民人均可支配收入与全国平均水平比较情况表

年份	全国（元）	广西（元）	广西与全国的差额	广西相当于全国的比例（%）	广西在全国的排位
2010年	18779	17064	-1715	91	13
2011年	21427	18854	-2573	88	14

续表

年份	全国（元）	广西（元）	广西与全国的差额	广西相当于全国的比例（%）	广西在全国的排位
2012年	24127	21242	-2885	88	15
2013年	26467	23305	-3162	88	15
2014年	28844	24669	-4175	86	16
2015年	31195	26416	-4779	85	18
2016年	33616	28324	-5292	84	22
2017年	36396	30502	-5894	84	23
2018年	39251	32436	-6815	83	23

注：本表数据为城乡住户调查一体化改革后调整的新口径数据。

从与周边省份比较情况来看，2018年广西城镇居民增速明显低于周边省份，平均约低2个百分点。从绝对值来看，2018年广西城镇居民可支配收入低于大部分省份，比海南低913元，比云南低1052元，比湖南低4262元，比广东低11905元，比江西低1383元，比贵州高844元（具体情况见表3）。

表3 广西城镇居民人均可支配收入与周边省份比较情况表

地区	2018年镇居民可支配收入（元）	增速（%）	增速排名	与广西对比收入差距（元）
全国	39251	7.8	—	6815
广西	32436	6.3	31	—
湖南	36698	8.1	14	4262
广东	44341	8.2	10	11905
海南	33349	8.2	11	913
云南	33488	8	18	1052
贵州	31592	8.6	5	-844
江西	33819	8.4	7	1383

二、近年广西城镇居民收入增速放缓的主要原因

（一）从宏观层面看，经济增长放缓影响居民收入的增长

1.广西地区生产总值（GDP）增速回落幅度快于全国。2013—2018年的6年间，广西GDP增速从10.2%逐年下降到6.8%，下降3.4个百分点，而同期全国GDP下降1.2个百分点；增速在全国排位由第12位下降至第15位。2018年广西GDP增长6.8%，比上年回落0.3个百分点。

2.广西人均GDP绝对值与全国差距呈现扩大趋势。2014年广西人均GDP为33090元，比全国人均GDP低13915元；2017年广西人均GDP为38102元，比全国人均GDP低21099元，差距呈现扩大趋势。

受GDP增速回落幅度快于全国、人均GDP绝对值与全国差距的宏观经济因素影响，近年来广西居民人均可支配收入同全国的差距呈现同步扩大趋势。2014年广西人均可支配收入为24669元，比全国低4175元；2017年广西人均可支配收入为30502元，比全国低5894元。

（二）从收入结构看，工资性收入等增长乏力拉低城镇居民收入增幅

一是工资性收入绝对值与全国差距逐年增大。2014—2018年，广西城镇居民人均工资性收入分别比全国少4044、4174、4172、4258、5708元，工资性收入差距占全部收入差距的八成以上（见表4）。

表4　2014—2018年广西工资性收入与全国的差异

指　标		2014年	2015年	2016年	2017年	2018年
可支配收入（元）	广西	24669	26416	28324	30502	32436
	全国	28844	31195	33616	36396	39251
	差额	-4175	-4779	-5292	-5894	-6815
工资性收入（元）	广西	13893	15163	16493	17943	18084
	全国	17937	19337	20665	22201	23792
	差额	-4044	-4174	-4172	-4258	-5708

二是2018年工资性收入差距拉大了与周边省份的差距。2018年广西城镇居民工资性收入仅增长141元，增长额度比云南省低1686元，比湖南低1115元，比江西低1515元，差距十分明显。工资性收入增长低也导致增长速度在全国排名靠后。如广西和云南两省城镇居民可支配收入绝对值差别不大，分别为32436元和33488元。从收入结构看，广西经营性净收入、财产净收入、转移净收入收入三项收入合计增长1793元，高于云南三项收入合计增长682元，但由于广西城镇居民工资性收入仅增长141元，云南增长1827元，差距1686元，导致广西城镇居民可支配收入增速远低于云南（见表5）。

表5　2018年广西与周边省份城镇居民可支配收入结构变动比较

地区	城镇居民收入		工资性收入		经营净收入		财产净收入		转移净收入	
	绝对值	增加值	绝对值	增加值	绝对值	增加值	绝对值	增加值	绝对值	增加值
全国	39251	2855	23792	1591	4443	378	4028	421	6988	465
广西	32436	1934	18084	141	5595	691	2889	499	5868	603
湖南	36698	2750	20022	1256	5253	647	3715	511	7709	337

续表

地区	城镇居民收入		工资性收入		经营净收入		财产净收入		转移净收入	
	绝对值	增加值	绝对值	增加值	绝对值	增加值	绝对值	增加值	绝对值	增加值
广东	44341	3360	32180	2105	4873	310	5816	741	1472	221
海南	33349	2527	21506	1102	3349	169	3244	869	5249	384
云南	33488	2481	18744	1827	3855	42	4518	174	6371	466
贵州	31592	2512	—	—	—	—	—	—	—	—
江西	33819	2621	21451	1656	2824	219	2951	320	6594	426

注：据贵州调查总队介绍，贵州未计算城镇居民可支配收入分结构数据。

表6　2018年广西与周边省份城镇居民可支配收入结构变动增长情况

地区	城镇居民收入			工资性收入		经营净收入		财产净收入		转移净收入	
	绝对值（元）	增速（%）	增速排名	绝对值（元）	增速（%）	绝对值（元）	增速（%）	绝对值（元）	增速（%）	绝对值（元）	增速（%）
全国	39251	7.8	—	23792	7.2	4443	9.3	4028	11.7	6988	7.1
广西	32436	6.3	31	18084	0.8	5595	14.1	2889	20.9	5868	11.5
湖南	36698	8.1	14	20022	6.7	5253	14	3715	16	7709	4.6
广东	44341	8.2	10	32180	7	4873	6.8	5816	14.6	1472	17.7
海南	33349	8.2	11	21506	5.4	3349	5.3	3244	36.6	5249	7.9
云南	33488	8.0	18	18744	10.8	3855	1.1	4518	4	6371	7.8
贵州	31592	8.6	5								
江西	33819	8.4	7	21451	8.4	2824	8.4	2951	12.2	6594	6.9

注：据贵州调查总队介绍，贵州未计算城镇居民可支配收入分结构数据。

从城镇居民增收情况来看，城镇居民各主要群体工资性收入增长水平普遍低于全国水平和周边省份。一是机关事业单位人员收入增长缓慢。据人社厅提供的数据显示，从2008年至2017年广西公务员年平均工资增长率为9.4%，而江西增长率为14.3%，云南增长率为14.0%，贵州增长率为13.0%，四川增长率为11.7%，重庆增长率为11.0%，湖南增长率为10.4%。机关2017年正处长的年申报收入，广西约15.17万元，低于江西（约25万元）、安徽（约24万元）、云南（约20万元）、四川（约18.5万元）、重庆（约18.26万元）等经济发展水平中等的省市。二是企业人员收入增长缓慢，职工收入在全国排名靠后。据自治区统计局提供的数据显示，2018年前3季度广西四上企业在岗职工（含劳务派遣）平均工资为37157元，在全国31个省市中排名第30位，在西部12个省市中排名第12位。

三是转移净收入拉动力减弱。2014年—2017年广西城镇居民转移净收入增速远低于全国，年均增速比全国低9.6个百分点。对城镇居民人均可支配收入的拉动力也不断减弱，分别拉动可支配收入增长1.1、0.7、-1.8和1.6个百分点。2018年前三季度，广西城镇居民人均转移净收入4177元，同比增加176元，增长4.4%。对可支配收入增长的贡献率为12.8%，拉动可支配收入增长0.8个百分点，拉动作用比上年同期降低1.3个百分点。

（三）从收入人群看，社会主要群体收入增速放缓

1.机关事业单位增资对全体城镇居民收入影响较小。根据人社厅统计数据，2017年末广西机关事业单位在职人员共114.1万人，其中机关公务员30.9万人，事业单位工作人员83.2万人。2017年广西城镇常住人口2404万人，机关事业单位工作人员占城镇人口比重仅4.6%。由于增幅少、占比小，机关事业单位增资对拉动广西城镇居民收入增长影响较小。

2.就业人数占比较高的私营企业职工工资性收入增长乏力。统计数据显示，2017年末广西私营企业职工人数为787万人，非私营企业职工人数为398万人，私营企业职工人数占比70%。从企业职工收入情况来看，非私营企业收入增速较快，规模以上企业职工收入增速较快，私营企业职工收入增速较慢。调查数据显示，2018年前三季度广西城镇居民非私营企业职工工资性收入同比增长4.7%，私营企业职工工资性收入同比增长-0.6%。从自治区统计局提供的数据来看，2018年前三季度规模以上工业企业、资质以上建筑业、规模以上服务业、批发零售住宿餐饮业等“四上”企业从业人员310万人，从业人员平均工资收入增长9.6%。经测算，“四上”企业从业人员工资性收入增长能够拉动广西城镇居民收入增长水平约1.3个百分点。

3.退休人员保障能力增强对广西城镇居民收入增长贡献较大。根据人社部门提供数据，2017年底广西共有约248万名退休人员，2018年广西月人均基本养老金由调整前的2805元，调整至2952元，月人均增加147元，增幅5.2%，拉高广西城镇居民收入水平约0.5个百分点。

三、提高城镇居民可支配收入工作建议

（一）激发经济活力，提高居民收入水平。一是调整经济结构，加快推进重点项目。以调整和优化经济结构为主线，以重点项目为载体，加快推进新型工业化进程，优先发展先进制造业，积极催生新经济新业态，将广西丰富的资源转化为经济效益，通过经济高速增长促进城镇居民收入水平提高。二是引导企业加大科技创新和技改力度，大力培育优势产业集群，加大企业从业人员的培训力度，让更多的企业从业人员掌握新知识新技术，从而获得更高的薪酬待遇。三是扩大就业规模，提升就业质量。坚持就业优先战略，落实积极的就业政策，把促进就业作为经济社会发展的优先目标，在稳增长、调结构中努力创造更多的就业岗位。

（二）实施增资政策，完善工资增长机制。一是做好公务员级别工资考核晋级晋档、事业单位考核晋升薪级工资档次等工作，每两年调整一次机关事业单位基本工资待遇。二是增加津贴补贴。根据各地实际情况，逐步适当调整机关事业单位人员津贴补贴标准。落实好无休假补贴等政策，适当提高乡镇机关事业单位工作人员补贴。三是提高机关公务员绩效奖金标准，事业单位绩效奖金逐年灵活增长。四是规范奖励性补贴。在中央规范政策框架内，设立社会治安综合治理奖，立法设立民族团结

进步奖励，对民族团结进步做出贡献的机关事业单位工作人员给予奖励。对获得全国文明城市、文明村镇、文明单位荣誉称号的机关事业单位工作人员给予奖励。

（三）提高就业质量，增加企业人员收入。一是提高最低工资标准。根据各地经济发展状况、职业平均工资和生活消费水平，适时适度提高最低工资标准。逐步推广按小时计酬的最低工资标准办法。二是提高企业职工工资水平。推动企业建立健全工资集体协商制度，适时发布重点行业工资指导线，加大劳动保障执法检查力度，引导企业合理提高工资水平。指导督促国有企业在经济效益增长基础上提高工资水平，当年在岗职工平均工资未增长的，企业负责人年薪不得增长。三是扩大就业规模和提高就业质量。2019年城镇登记失业率控制在3.5%以内，加强技能人才培训，2019年职业技能培训50万人以上。实施大学生创业引领计划，加快建设众创空间、大学生创业孵化载体，加大创业金融支持力度。四是落实税收优惠政策。认真落实促进产业转型升级、科技创新、保障和改善民生等各项税收优惠政策，将减税红包发放给企业和个人。

（四）完善保障体系，增加转移净收入。一是提高企业和机关事业单位人员养老金。按照国家和自治区统一部署，逐年调整企业和机关事业单位人员退休养老待遇。二是统筹提高社会救助标准。从2019年起，逐年提高城镇低收入家庭救助标准、城镇特困人员供养标准。三是实施价补联动机制。城镇居民生活费用价格指数同比上涨2%及以上的，向城镇低收入居民分档发放物价补贴。

6-3 2018年广西农村居民生活调查报告

Urban Residents Living Investigation Report in 2018

2018年广西农村居民可支配收入增速排全国第二

据国家统计局广西调查总队住户调查数据显示，2018年广西农村居民人均可支配收入为12435元，比上年同期增加1110元，名义增长9.8%，增幅比全国平均水平高1.0个百分点，在全国排第2位；扣除价格因素实际增长7.4%，比全国平均水平高0.8个百分点。全年农村居民人均消费支出为10617元，比上年同期增加1180元，增长12.5%。

一、广西农村居民可支配收入增长特点

（一）人均可支配收入近四年增速最高

2018年广西各级政府各有关部门以习近平新时代中国特色社会主义思想为指导，全面贯彻落实党的十九大、中央农村工作会议精神和习近平总书记视察广西重要讲话精神，牢牢把握“三农”工作主动权，全面实施乡村振兴战略，奋力开创新时代广西“三农”发展新局面。近四年来广西农村居民人均可支配收入增速稳中有进，2015年至2018年名义增速分别为9.0%、9.4%、9.3%和9.8%，均保持在9%以上的较快增长模式。剔除价格因素，实际增幅分别是7.4%、7.6%、8.1%和7.4%。可支配收入名义增速在全国排位也从2015年第15位上升到2018年第2位。

（二）人均工资性收入占可支配收入比重增加

2018年广西各级各有关部门落实和完善积极的就业政策，提升最低工资标准，实施惠民富民工程，着力打好精准脱贫攻坚战，加大对新型职业农民的培育和支持力度，多渠道促进农民就业增收。四年来广西农村居民人均工资性收入占可支配收入比重不断提升，从2015年的26.9%提升到2018年的29.7%，对可支配收入的贡献率也从27.3%提升至40.5%，连续4年广西农村居民人均工资性收入增幅高于人均可支配收入增幅。

（三）经营净收入结构得到较大改善

2018年广西实施质量兴农工程，牢牢抓住农业供给侧结构性改革这条主线，加快构建现代农业产业体系、生产体系、经营体系，优化农村营商环境，非农经营净收入高速增长。2018广西农村居民经营净收入结构进一步优化升级，其中人均第三产业净收入首次突破千元达1255元，比上年增加292元，同比增30.3%。四年来，广西农村居民人均非农经营净收入逐年提升，占可支配收入的比重从2015年的9.0%提高至2018年的11.5%。

表1 2018年广西农村居民人均可支配收入变动情况表

（单位：元/人）

指标名称	2018年（元）	2017年（元）	增长率（%）	占比（%）	贡献率（%）
人均可支配收入	12435	11325	9.8	—	—
工资性收入	3691	3242	13.8	29.7	40.5
经营净收入	5393	5103	5.7	43.4	26.2
第一产业经营净收入	3961	4010	-1.2	—	—
农业	2436	2433	0.1	—	—
林业	517	435	18.7	—	—
牧业	837	930	-10.1	—	—
渔业	171	212	-19.1	—	—
第二产业经营净收入	177	130	36.7	—	—
第三产业经营净收入	1255	963	30.3	—	—
财产净收入	242	185	30.4	1.9	5.0
转移净收入	3109	2795	11.2	25.0	28.3

（四）城乡居民可支配收入比继续缩小

近年来，自治区党委政府采取一系列政策措施，加大收入分配调节力度，加快推进收入分配制度改革，在增加城乡居民收入、缩小城乡居民收入差距方面取得较好成效。2018年广西农村居民人均可支配收入比上年增加1110元，增长9.8%，增幅高于城镇居民人均可支配收入增幅3.5个百分点。四年来广西城乡居民收入差距逐年缩小，从2015年的1∶2.79缩小为2018年的1∶2.61（其中农村收入为1），城乡收入差距比共缩小0.18。

二、促进广西农村居民增收的主要因素

（一）工资性收入快速增长

2018年广西农村居民人均工资性收入3691元，较上年同期增加449元，增长13.8%，占可支配收入的比重为29.7%，对可支配收入的贡献率为40.5%，拉动可支配收入增幅4.0个百分点。工资性收入增长的主要原因：

1.政策利好促进务工人数增长。一是2018年广西继续深化粤桂劳务协作，深入开展春风行动及各项就业援助专项行动，极大地促进了广西农村非农务工人数的增长；二是扎实执行精准扶贫就业帮扶政策，召开扶贫就业专场招聘会，设立就业扶贫车间，吸纳贫困劳动力转移就业，提高了农村居民低收入群体的务工人数。

2.最低工资标准提高促进务工工资上涨。2018年广西调整了最低工资标准，新标准在原来的基础上增幅达20%，同时发布了2018年工资指导线。

（二）经营净收入稳步增长

2018年广西农村居民人均经营净收入5393元，较上年同期增加290元，增长5.7%，占可支配收入的比重为43.4%，对可支配收入的贡献率为26.2%，拉动可支配收入增幅2.5个百分点。经营净收入增长的主要原因：

1.非农产业经营净收入高速增长。一是积

极鼓励农民工回乡创业，安排专项资金用于农民工创业补贴和创业园建设，扶持家庭农场、专业大户和农民合作社等新型经营主体，取得较好效果；二是发挥区域特色，积极举办“三月三”旅游、百色芒果节、灵山荔枝节等旅游节庆活动，带动农家乐、农村休闲游等旅游项目，提高了农村居民第三产业收入。

2.特色农产品促进一产经营净收入。近年来广西农村居民一产净收入增长主要依靠“一根蔗、一个果”，即糖料蔗和柑橘类水果的拉动。一是甘蔗价格文件出台以及“双高”甘蔗的推广，甘蔗价格维持高位运行。据调查显示，2018年广西农村居民出售甘蔗价格平均达520元/吨，人均出售甘蔗收入1370元，比上年同期增32%；二是广西柑橘类水果种植规模扩大，前几年种植的柑橘类水果陆续进入挂果期，产量增长较快。据调查，2018年广西农村居民人均出售柑橘类水果达164公斤，比上年同期增112.4%。

（三）财产净收入高速增长

2018年广西农村居民人均财产净收入242元，较上年同期增加57元，增长30.4%，占可支配收入的比重为1.9%，对可支配收入的贡献率为5.0%，拉动可支配收入增幅0.5个百分点。财产净收入增长的主要原因：

1.非农经营高速增长带动红利收入增加。随着投资观念的改善，越来越多的农村居民参与或入股非农经营项目，而非农经营收益的提高，也使得农村居民人均红利收入快速增加。据调查，2018年广西农村居民人均红利收入110元，比上年增31元，同比上涨39.7%。

2.农家乐等拉动房屋租金收入上涨。农村非农经营的活跃刺激了农村房屋租赁市场，不少农民将自家的房子出租用作农家乐等经营场所，增加了农村居民房屋租金收入。据调查，2018年广西农村居民人均房屋租金净收入24元，比上年增10元，同比上涨80.2%。

（四）转移净收入稳步增长

2018年广西农村居民人均转移净收入3109元，较上年同期增加314元，增长11.2%，占可支配收入的比重为25.0%，对可支配收入的贡献率为28.3%，拉动可支配收入增幅2.8个百分点。转移净收入增长的主要原因：

1.离退休人员养老金标准提高。根据桂人社发〔2018〕26号文件规定，从2018年1月1日起，退休人员每人每月增加基本养老金45元，同比增幅约为5%。

2.从政府得到的实物折价收入提高。随着精准扶贫异地搬迁政策的落实，越来越多的农村贫困人口获得政府提供的住房，农村居民人均从政府得到的实物折价收入高速增长。据调查，2018年广西农村居民人均从政府和组织得到的实物折价收入166元，比上年同期增加74元，同比增81.0%

三、影响广西农村居民增收的不利因素

（一）部分大宗农产品价格较低

2018年，广西大宗农产品如生猪、蚕茧以及柑橘累水果的价格同比有所下降。据畜禽调查显示，全年猪价基本维持在4.8元/斤～7.0元/斤区间，而上年则维持在6.8元/斤～7.8元/斤，受“猪周期”、环保以及非洲猪瘟禁止外调等因素的影响，生猪价格持续低位运行；全年蚕茧价格呈高开低走态势，受到病虫害和市场需求不旺等因素影响，四季度广西蚕茧价格同比下跌26.2%；受扩充面积产量大增以及今年雨水较多品质下降等因素影响，柑橘类水果收购价格同比下降。其中四季度蜜桔价格普遍下跌，且跌幅较大，上年同期收购价约为2.2元/公斤～2.8

元/公斤，2018年仅为0.8元/公斤～1.2元/公斤，砂糖橘价格也从上年同期的3.6元/公斤～5元/公斤降为2018年的3.0元/公斤～4.2元/公斤。

（二）农业生产经营成本增加

主要是农业生产资料价格上涨，使得农业生产的经营成本增加。据CPI调查显示，受原材料价格上涨和环保要求提高企业限产停产等因素的影响，2018年广西农业生产资料价格同比上涨1.8%，涨幅比2017年提高0.4个百分点。其中从分类结构看，化学农药价格同比上涨3.4%、化肥价格上涨6.7%、农业用工价格上涨10.1%等，上涨幅度较大。

（三）农产品加工比重不高

广西特色农产品砂糖桔、柿子、蚕茧等缺乏一产生产、二产加工、三产运输销售等完整的产业体系，加工企业较少，农产品深加工薄弱，产品附加值较低，在本地市场需求不旺的情况下，大部分农产品只能依靠外销，以合作社等形式销售的数量所占比重不大，多数为散户自行销售，容易被外地企业或收购商压价压级。据国家统计局统计，2017年广西蚕茧产量31.8万吨排全国第一，产量占全国的49.5%，但丝绸产品产量排位靠后，甚至比不上其他省份的零头，羸弱的加工能力影响广西农村居民特别是蚕农收入增长。

四、促进广西农村居民增收的几点建议

（一）继续加强对重要农产品产业扶持力度

一是加大对农产品加工企业扶持力度，进一步加强农产品深加工能力，提高广西初级农产品的加工占比，切实稳定广西农产品供求关系，稳步提升重要农产品销售价格；二是要加强重要农产品种植的规划，重视砂糖橘等大面积扩种现象，研究制定政策以应对因盲目扩种导致品质下降，市场供大于求导致价格下跌等影响农村居民增收的情况，对当前柑橘类水果滞销要引起高度重视；三是做好重要农产品战略规划，做好畜禽疫病防疫并及时出台甘蔗收购价格文件，稳定广西农村居民的种养信心。

（二）继续强化政策鼓励农民创业

一是继续扶持农民非农创业。从2018年广西农村居民经营净收入结构来看，第二、三产业已经成为经营净收入新的增长点，需继续强化政策支持，在金融、财税、土地等领域加强对农民创业的扶持力度，继续鼓励农村居民发展非农产业经营，进一步优化广西农村居民收入结构，保持经营净收入稳步增长；二是继续执行政策做好产业扶贫。根据市场需求，针对贫困农户落实好产业扶贫政策，不断提高农村贫困居民的收入，补足广西农村居民收入短板。

（三）加大农民工培训和就业指导力度

一是以市场为导向，提高服务意识，根据企业用工需求有针对性的开设培训课程，继续加大农民工培训力度，使农民工学有所用，实现务工人员和用人企业的双赢；二是继续做好农民工就业招聘的春风行动，及时收集企业用工信息，加强在乡镇、村一级的宣传力度，为农民工就业提供帮助。

（四）继续促进小农生产与现代农业有机衔接

继续推进农村集体产权制度改革，推进农业规模化综合生产的发展，采用合作社、家庭农场或引进龙头企业等方式，将农村地区零散的资源整合起来，制定科学的种养标准，对农产品的生产、加工和销售进行统一管理，有力地解决散户种养技能不高、劳动力和资金缺乏等造成的问题，同时也可以不断提升农产品质量，拓宽销售市场，切实增加农村居民收入。

6–4 2018年广西农村贫困监测调查报告

Rural Poverty Monitoring Investigation Report in 2018

2018年广西农村贫困监测报告

2018年，自治区党委、政府认真贯彻党中央、国务院《关于打赢脱贫攻坚战三年行动的指导意见》，贯彻“核心是精准、关键在落实、确保可持续”的要求，紧紧围绕“两不愁、三保障”目标，强化落实，因地制宜，精准施策，贫困地区农民收入水平明显提高，贫困发生率持续下降，群众获得感显著增强。据国家统计局广西调查总队贫困监测调查结果显示，2018年广西减贫106万人，贫困地区（指33个国家贫困监测县，下同）农村居民人均可支配收入10761元，比上年增长10.7%，高于广西农村平均水平0.9个百分点。

一、广西脱贫攻坚成效显著

（一）贫困人口减少106万

经国家统计局核定，2018年底广西贫困人口140万人，比上年减少106万人，减贫速度（减贫人口占上年贫困人口的比重）为43.2%，比上年（27.8%）加快15.4个百分点；贫困发生率3.3%，比上年（5.7%）下降2.4个百分点。

2012年以来，广西农村贫困人口由2012年的755万人减少至2018年的140万人，六年累计减少615万人，下降幅度为81.5%，平均每年减少102.5万人，贫困发生率由2012年的18.0%下降至2018年的3.3%。

表1 2012—2018年广西贫困人口和贫困发生率

	贫困人口（万人）		贫困发生率（%）	
	数量	减少	水平	下降
2012年	755	195	18.0	4.6
2013年	634	121	14.9	3.1
2014年	540	94	12.6	2.3
2015年	452	88	10.5	2.1
2016年	341	111	7.9	2.6
2017年	246	95	5.7	2.2
2018年	140	106	3.3	2.4

（二）贫困地区农民收入与广西平均水平差距不断缩小

1.贫困地区农民收入增长10.7%。2018年广西贫困地区（33个国家贫困县）农村居民人均可支配收入10761元，增长10.7%；2013—2018年，广西贫困地区农村人均可支配收入逐年上升，2018年相比2013年增加了4509元，增长72.1%。可支配收入增速维持10%以上。

图1 贫困地区农村人均可支配收入与增速

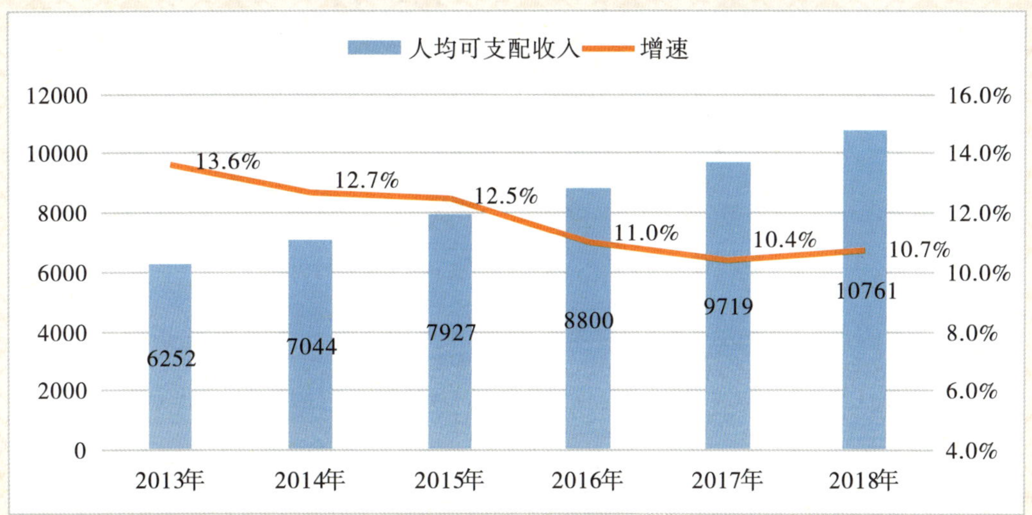

从分项看，工资性收入和转移净收入增长较快。2018年广西贫困地区农村居民可支配收入10761元，增长1042元。其中，工资性收入3032元，增幅14.1%；转移净收入3010元，增幅12.4%；经营净收入保持平稳增长，增幅为7.8%。

表2 广西贫困地区农村居民人均可支配收入情况

指 标	2018年（元）	2017年（元）	增长(%)	拉动增长(%)
可支配收入	10761	9719	10.7	—
一、工资性收入	3032	2658	14.1	3.9
二、经营净收入	4582	4251	7.8	3.4
三、财产净收入	136	132	3.0	…
四、转移净收入	3010	2678	12.4	3.4

2.贫困地区收入增速高于广西水平。一是贫困地区收入水平占广西的比重继续增大。2018年贫困地区农村居民人均可支配收入10761元，占广西农民收入的比重由2013年的80.2%提高至2018年的86.5%，收入差距不断缩小。二是贫困地区收入增速持续高于广西水平。从收入增速看，2013—2018年广西贫困地区农民收入增速持续高于广西水平，2018年比上年增长10.7%，比广西快0.9个百分点。

3.国家贫困县农民收入增长速度快于区定贫困县。2018年国家贫困县农村居民收入增长10.7%；21个区定贫困县农村居民人均可支配收入为12064元，增长10.4%，国家贫困县农村居民收入增速比区定贫困县快0.3个百分点。

4.预脱贫摘帽县农民收入增速高于全国水平。2018年广西14个预脱贫摘帽县农村居民人均可支配收入均实现不同程度增长，各县增幅基本快于全国水平，其中，苍梧县、天峨县、金城江区收入增速较快，达到11%以上。从2016—2018年，广西14个预脱贫摘帽县农村居民可支配收入平均增速都在9%以上，快于全国平均水平。

表3 预脱贫摘帽县农村居民人均可支配收入

地区	2018年		2017年		2016年		2016年—2018年
	收入	增幅	收入	增幅	收入	增速	平均增速
龙胜	11640	10.1%	10572	10.4%	9576	10.5%	10.3%
资源	11025	10.6%	9968	10.3%	9037	9.7%	10.2%
田东	14665	8.5%	13516	8.4%	12469	11.7%	9.5%
田阳	16199	9.0%	12109	8.3%	11181	10.6%	9.3%
西林	10203	10.0%	9275	7.8%	8604	9.8%	9.2%
平果	12520	9.2%	11465	8.1%	10606	11.0%	9.4%
富川	11077	9.9%	10079	9.8%	9179	9.4%	9.7%
大新	12526	10.5%	11336	10.9%	10222	9.6%	10.3%
宁明	11786	10.8%	10637	10.7%	9609	9.8%	10.4%
金秀	10254	10.5%	9280	9.3%	8490	8.2%	9.3%
武宣	12295	10.1%	11167	9.0%	10245	9.0%	9.4%
金城江	10887	11.6%	9755	9.3%	8925	8.8%	9.9%
天峨	8878	11.7%	7948	9.9%	7232	8.1%	9.9%
苍梧	9008	11.0%	8115	9.7%	7397	9.6%	10.1%
广西	12435	9.8%	11325	9.3%	10359	9.4%	9.5%
全国	14617	8.8%	13432	8.6%	12363	8.2%	8.5%

（三）消费支出涨幅扩大，居住、交通支出增长较快

2018年广西贫困地区农村居民人均生活消费支出9352元，比上年增加1073元，增长13.0%，增幅比上年提高6.2个百分点，居住、交通通信、医疗保健等消费增长较快。

食品消费方面：由于粮食、猪肉、水果价格下降，2018年贫困地区农村居民人均食品消费支出为2848元，比上年降低2.9%。

衣着消费方面：人均衣着支出为323元，增长8.3%。

居住方面：人均居住支出2089元，增长21.8%，一是易地扶贫搬迁工作取得实效，广西异地搬迁入住7.2万人，建设住房竣工约2万套。二是居民收入提高，住房消费意愿增强，住房装潢维修消费比上年增长45.7%。

生活用品及服务消费方面：人均生活用品及服务消费支出557元，增长22.1%，每百户洗衣机购买量由2.4台上升为4.5台。

交通通信方面：人均交通通信支出1248元，增长24.5%，每百户摩托车、移动电话购买量分别增长65.8%和35.6%。

教育文化消费方面：人均教育文化娱乐支出1200元，增长19.9%，每百户家用笔记本电脑

购买量增长86.1%。

医疗保健方面：人均医疗保健支出936元，增长22.2%。

表4　贫困地区农村居民生活消费支出情况

指标名称	2018年（元）	2017年（元）	比上年	
			增加额	增幅（%）
人均生活消费支出	9352	8279	1073	13.0
（一）食品烟酒	2848	2932	-84	-2.9
（二）衣着	323	299	24	8.3
（三）居住	2089	1716	373	21.8
（四）生活用品及服务	557	456	101	22.1
（五）交通通信	1248	1003	245	24.5
（六）教育文化娱乐	1200	1001	199	19.9
（七）医疗保健	936	765	171	22.2
（八）其他用品和服务	151	107	44	40.6

二、贫困地区农民增收情况分析

（一）平均工资水平提高，促进工资性收入增长

从2018年1月起，广西最低工资标准进行了调整，各地区职工的最低工资标准均有提高，平均涨幅达到20%左右。南宁市调整后执行的最低工资标准为：全日制用工最低工资标准为1680元/月，非全日制小时工最低工资标准为16元/小时。相比于原来的1400元/月，全日制用工最低工资标准每月增加了280元，增幅达20%。最低工资标准提高，有效拉动了农村进城务工人员收入的增长。

（二）积极实施就业扶贫，促进农民增收

各地积极举办“2018年春风行动”招聘会，特别是在乡镇、村大力发展扶贫车间，使农村居民特别是贫困户能就近就地就业。据有关部门统计，2018年广西认定就业扶贫车间1160家，吸纳贫困劳动力就业1.29万人；38个农民工创业园引入722家企业，带动3915名贫困劳动力就业；设立公益性岗位3.02万个，吸纳贫困劳动力就业1.66万人。隆安县2018年有40家扶贫车间，实现就业2970多人，其中贫困人口就业870多人，解决了部分贫困户就业问题。

（三）加大扶贫资金投入力度，促进农民收入增长

一是财政资金投入大幅增加。2018年，自治区、市、县三级财政共筹措落实财政专项扶贫资金87.63亿元。其中，自治区财政安排38.87亿元，比2017年增加14.44亿元；市级财政安排16.99亿元，比2017年增加5.70亿元；县级财政安排31.77亿元，比2017年增加7.25亿元。二是东西部协作扶贫资金投入加大。2018年广东省落实财政帮扶资金10.91亿元，县均投入3000多万元，实施帮扶项目282个，受益贫困人口50多万人，带动脱贫34.24万人。三是教育精准扶贫力度加大。2018年广西共下达补助资金18.38亿元，资助各学段建档立卡贫困家庭学生100.17万人次，发放补助资金9.64亿元。四是落实综

合保障政策。广西符合条件的建档立卡贫困人口115万人纳入农村低保，占农村低保对象总数的57.21%，广西农村低保平均标准达年人均3812元，困难群众救助补助资金78.02亿元。

（四）主要大宗农产品增产，部分抵消价格下跌影响

一是粮食和糖料蔗保持增产。据调查统计，2018年广西粮食总产量1373万吨，增产2.3万吨；糖料蔗产量增长3.6%。二是园林水果产量增长13.2%。其中，亚热带水果荔枝、龙眼、芒果、葡萄等水果大丰收，芒果和柑橘产量各增长7.4%和23.1%，虽价格有所下降，但产量创历史新高；三是茶叶、油茶等特色农产品量价齐升，拉动了家庭经营收入的增长。

（五）农村电商发展迅速，缓解农产品卖难问题

2018年广西建设47个电子商务进农村综合示范县，其中33个国家贫困县全部纳入，共建成电商服务站点4029个，物流配送网点2717个，销售农副产品价值总额3.93亿元。如都安县入选2018年全国电子商务进农村示范县，获得1500万元中央财政专项资金支持，在全县设立19个乡镇级电商物流配送服务站，设立130个村级电商物流配送服务点。

三、当前脱贫攻坚和农民增收存在问题

（一）扶贫产业面临自然与市场风险，影响农民收入

当前，一些以种养为主的农业扶贫产业发展较快，如水果等，但由于存在产销脱节、产品同质化等问题，导致农产品滞销或产品价格下跌现象，农户承担着自然风险和市场风险，影响农民收入稳定增长。罗城县2018年毛葡萄丰产，由于加工企业设备不足消纳缓慢，毛葡萄外销渠道不畅，出现多年未有的毛葡萄卖难问题，兼之受连续下雨影响，毛葡萄落果严重，大多数都烂在地里，增产不增收，直接影响到农民收入，严重影响农民生产积极性。四把镇地门村吴某某种植毛葡萄25亩，2018年仅采收6吨，收购价格每斤1.8元，比上年下跌25%，扣除成本，还亏损1万多元。

（二）加工企业流动资金不足，出现“打白条”现象

一些农产品加工企业由于回款不如预期，流动资金紧张，货款兑付难，出现了蚕茧、甘蔗“白条”。特别是制糖企业资金流紧张，兑付蔗款困难，出现多年未见“打白条”现象。如崇左市2018年14家主要制糖企业平均蔗款兑现率仅为42.8%，比上年同期低31.5个百分点；某糖业有限责任公司2018年榨蔗量为493611吨，未付蔗款为24475.9万元，比上年同期增多14266.9万元；另一家糖业有限公司由于资金紧张，该糖厂蔗区仅按蔗农糖料蔗进厂的40%比例支付；蔗农凌某自2018年12月17日砍蔗以来，已入厂原料蔗105吨，应收蔗款为5.2万元，但截至2019年1月7日，尚未有蔗款到账。

（三）受经济下行和中美贸易战影响，外出务工人员减少

部分企业处于停工或半停工状态，部分外出从业人员已经提前返乡或在外另找工作，影响寄带回收入增长。另据调查，受中美贸易摩擦影响的企业中，有24%选择了减产和裁员来暂时规避损失。如梧州市某纺织制品有限责任公司减产80%，减少管理人员10人和普通员工40人，桂林某工具有限公司减产24%，裁减26人。另据农民工监测数据显示，2018年广西外出农民工（离开本乡镇）912.4万人，比上年减少9.7万人，下降1.1%。

（四）帮扶工作针对性不够，有待进一步加强

当前精准脱贫工作到了攻坚拔寨关键阶段，提高帮扶工作的针对性是关键。在调研中发现，一些地方帮扶工作针对性不够强，帮扶工作停留在填填表、慰问阶段，没有根据各家各户不同情况采取相应措施，致使一些有病贫困户不了解医保政策不敢就医，一些没有技术的群众不知道参加技术培训，一些被拖欠工资的贫困群众不懂维权，等等。如都安县贫困户蓝某外出务工，被欠工资2000元，因不懂维权途径，帮扶方面又未能给予相应的协调帮助，致使被拖欠的工资一直没有得到解决。

四、几点建议

（一）把握好五个关系，提升脱贫攻坚效果

一是脱贫与返贫的关系。在做好贫困户脱贫的同时，也要做好新出现困难户的识别和帮扶，解决因病因灾等致贫群众的问题。二是建档立卡贫困户与退出户的关系。一些退出户经济条件比较差，收入不稳定，极容易出现返贫，但目前扶贫政策对退出户没有相应扶持，这部分群体需要引起关注。三是脱贫与未脱贫的关系。一些地方对脱贫村“爆破式”脱贫，集中大量物力财力开展攻坚，但对未脱贫村缺少项目资金安排，应该统筹兼顾，共同推进。四是贫困户扶持中“输血”与“造血”的关系。对贫困群众不仅要解决当前生活困难，也要立足长远，从根本上解决技能培训、产业发展、就医、子女就学等问题，不仅授之以“鱼”，还要授之以“渔”。五是处理好帮扶工作中的“虚”与“实”的关系。既要了解贫困户信息，填写好帮扶手册，更要帮助贫困户出主意想办法，落实帮扶政策，激发贫困户内生动力，解决贫困户生产生活困难，把帮扶工作落到实处。

（二）加强招商引资，加快扶贫产业发展

鼓励工商资本下乡，使更多的企业和企业家投入到扶贫产业发展之中。引进一些具有影响力、社会责任感强的农业产业化龙头企业，形成具有竞争力的特色产业，促进贫困户的增收。引入的产业化龙头企业要有责任担当意识，能够主动化解产业化扶贫中的市场风险和自然风险，从而使贫困户从风险中解脱出来，实现稳定的收入和可持续发展，提高脱贫质量。

（三）加强扶贫培训，提高干部能力和贫困户内生动力

一是加强干部培训，使帮扶工作更具针对性。2018年新一批驻村队员派驻后，各地开展了相应的培训，但由于脱贫攻坚工作涉及面广，政策性强，组织、扶贫、农业农村、人社等部门要加强对第一书记和工作队员培训，让他们懂方法、熟政策，提高帮扶工作水平。二是加强贫困户的种养技术和技能培训，提高贫困户技能。扶贫、农业农村和人社部门加强宣传，吸引更多贫困群众和外出务工人员参加技能培训，提高劳动技能，拓宽就业门路，激发贫困户内生动力，提升帮扶工作的效果。

6-5 2018年广西居民消费价格调查报告
Consumer Prices Investigation Report in 2018

2018年广西居民消费价格平稳温和运行

据国家统计局广西调查总队调查，2018年广西居民消费价格（CPI）上涨2.3%，涨幅低于3%的控价目标，比上年扩大0.7个百分点，比全国平均水平高0.2个百分点，在全国31个省、自治区、直辖市中排第8位。其中，城市上涨2.4%，农村上涨2.2%，工业品价格上涨2.1%，服务价格上涨3.7%。

一、广西居民消费价格运行情况

（一）八大类商品和服务价格“全线上涨”

调查的八大类商品及服务价格同比呈“全线上涨”的态势。其中：食品烟酒类、衣着类、居住类、生活用品及服务类、交通和通信类、教育文化和娱乐类、医疗保健类、其他用品和服务类价格分别上涨1.0%、1.5%、4.3%、1.9%、1.6%、2.5%、4.5%、1.3%。具体如图1所示：

图1 2018年八大类商品价格同比柱形图

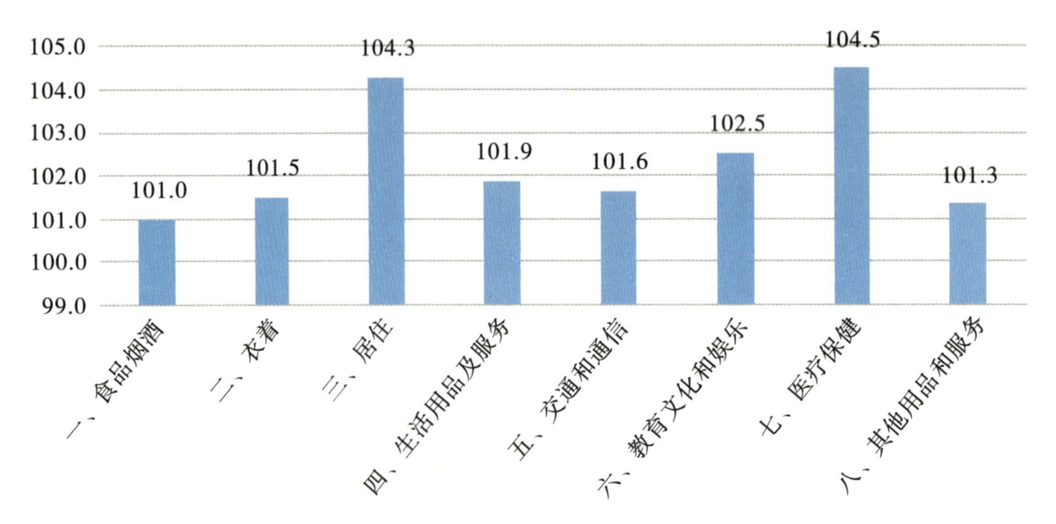

（二）各月同比涨幅呈“M”型走势，环比指数涨跌互现

从同比来看，涨幅呈“M”型走势，1—3月和9—12月CPI呈“冲高——回落”。从环比来看，2月受春节节日效应影响，环比涨幅为全年最高，3月回落明显，降幅全年最大。4—7月走势趋于平稳。8—10月受暴雨台风以及旅游旺季影响，上涨明显，11—12月走势平稳。

图2 2018年CPI环比同比变动趋势

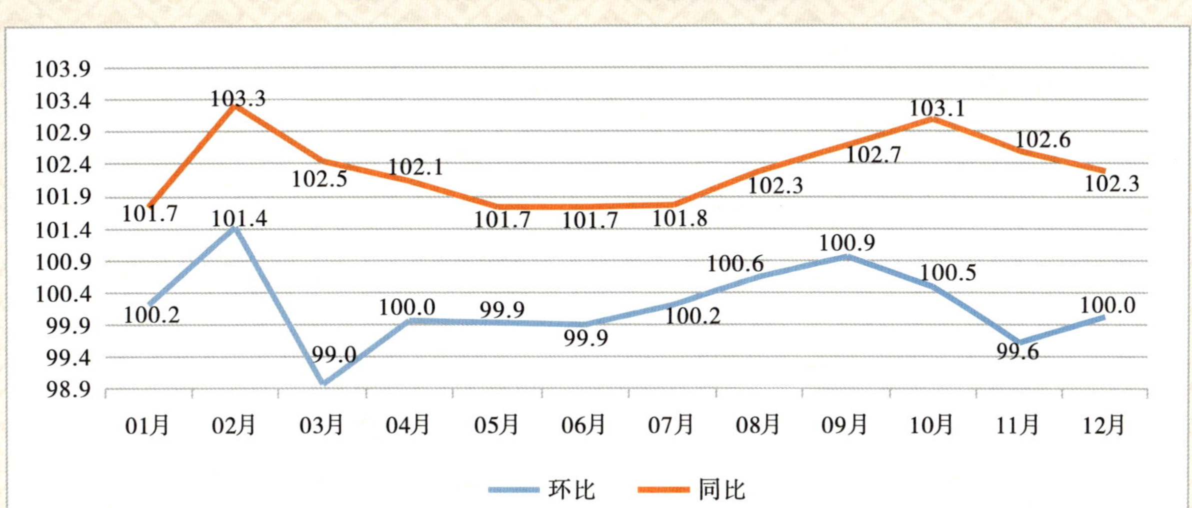

（三）服务价格涨幅明显

2018年广西服务价格同比上涨3.7%，影响居民消费价格总水平上涨约1.3个百分点，约占CPI涨幅的56.5%，服务价格涨幅创近10年来新高。服务价格不断攀升对CPI总水平的领涨作用愈发明显，比消费品价格涨幅高2.1个百分点，比食品烟酒类涨幅高2.7个百分点。从各月同比来看，2018年广西各月服务价格涨幅均在3%以上，其中2月涨幅达到最高值，上涨4.6%。

图3 2018年广西服务价格同比走势

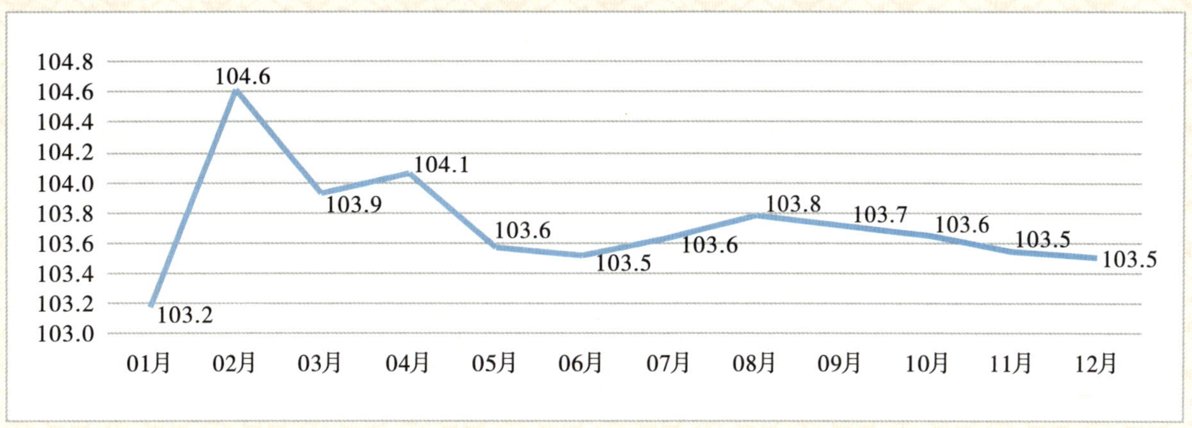

（四）工业品价格连续两年上涨

工业品价格上涨2.1%。工业品价格连续两年上涨，影响居民消费价格总水平上涨约0.7个百分点。受政策性调价影响，汽油、柴油价格分别上涨12.8%和14.1%。

（五）涨幅在周边省（直辖市）中排名靠前

与海南省、广东省、重庆市、湖南省、四川省、贵州省、云南省等周边省（直辖市）相比，广西2018年CPI涨幅排第二位。

图4　广西及周边省（直辖市）2018年CPI

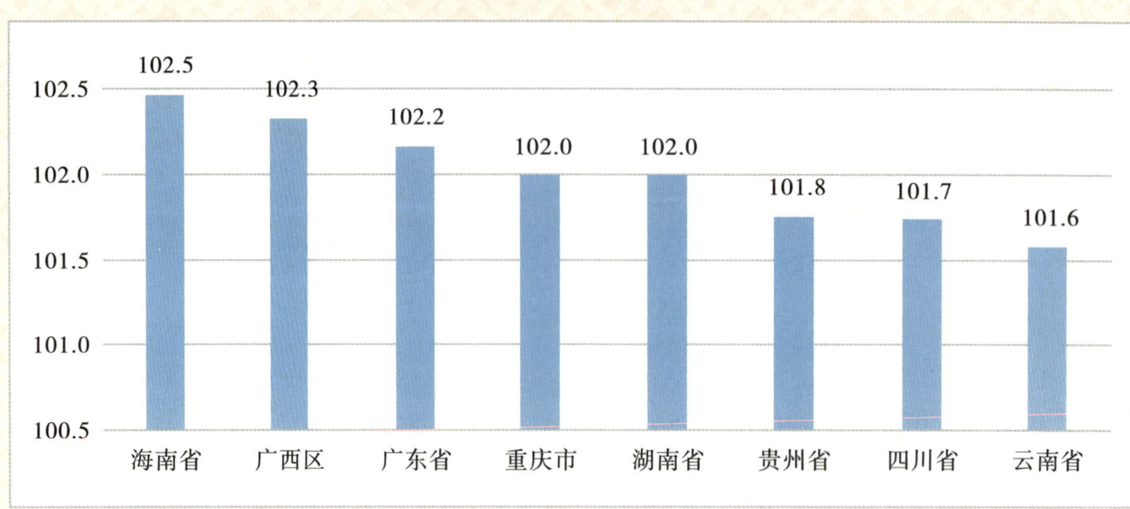

二、主要商品及服务价格变动特点及原因分析

（一）居住价格上涨明显

2018年广西居住价格上涨4.3%，涨幅比上年同期扩大1.9个百分点，影响广西居民消费价格总水平上涨0.9个百分点。居住类价格上涨的主要原因是房地产市场升温拉动房屋租赁价格上涨影响。随着城镇化进程的不断加快，住房的刚性需求增大，再加上海南省实行新房限购政策后，外地购房团看中广西这块房地产价格“洼地”，纷纷来广西投资购房，推动房屋价格快速上涨，如2018年11月南宁、桂林、北海市新建商品住宅价格同比分别上涨7.6%、8.1%、10.9%。新建房价格快速上涨带动房屋租金和装修价格不断攀升，2018年广西私房房租、自有住房价格分别上涨5.8%、4.6%，合计影响居民消费价格总水平上涨0.5个百分点。

（二）医疗保健类持续上涨

政策性调价医疗保健类价格上涨。根据2017年《广西壮族自治区人民政府关于印发广西深化医药卫生体制改革“十三五”规划的通知》(桂政发〔2017〕16号)要求，广西全面铺开医疗改革，各地根据改革政策纷纷上调医疗服务项目价格，拉动医疗服务价格上涨。2018年广西医疗保健类上涨4.5%，其中医疗服务价格上涨4.5%，影响居民消费价格总水平上涨0.2个百分点，其中护理、其他综合医疗服务、中医治疗、一般医疗服务等医疗服务价格分别上涨25.4%、19.9%、11.3%、10.6%。

（三）食品烟酒价格小幅上涨

2018年食品烟酒类价格同比上涨1.0%，影响广西居民消费价格总水平上涨0.3个百分点，其中食品价格同比上涨0.4%。

1.禽肉和蛋类价格恢复性上涨。广西禽肉类价格上涨7.0%，其中鸡价格上涨7.0%、鸭价格上涨9.7%；蛋类价格上涨8.5%，其中鸡蛋价格上涨8.7%，合计影响居民消费价格总水平上涨0.2个百分点。主要原因是2017年年初广西区内出现人感染H7N9禽流感的情况，使得2017年禽肉和蛋类价格大幅下降，2018年随着H7N9禽流感影响逐渐减小，居民对禽肉和蛋类需求较上年同期有所回暖，价格上涨。

2.鲜菜价格以涨为主。鲜菜价格同比上涨3.3%，影响居民消费价格总水平上涨0.1个百分点。从各月同比看，鲜菜价格同比分别上涨4.1%、17.9%、8.0%、1.3%、2.5%、2.7%、

-9.6%、-3.7%、8.0%、12.0%、-1.4%、-0.5%，呈“八涨四跌”态势。鲜菜价格上涨受两方面影响：一是天气影响蔬菜生产供应。据广西气象局资料显示：2018年2月初，广西受冷空气影响，桂东大部分地区出现了霜（冰）冻天气；9月，受超强台风“山竹”影响，对鲜菜的生产及运输造成较大的负面影响，鲜菜市场供应紧张，价格上涨；12月，广西迎来低温阴雨天气，蔬菜供应减少。

3.水产品价格涨幅明显。水产品价格上涨4.2%，影响居民消费价格总水平上涨0.1个百分点。其中淡水鱼价格上涨4.8%，海水鱼价格上涨1.3%，虾蟹类价格上涨4.6%。主要原因首先是年初广西经历低温雨雪冰冻天气过程，影响了部分水产养殖品种的投苗和成活率，一定程度上助推了价格上涨；其次全国环保持续高压态势，对不符合环保要求的水产养殖场所进行取缔、拆除、封填、禁养、限养，使得水产品供应量减少；再次是水产饲料的主要原料鱼粉从2017年10月的10500元/吨上涨至2018年11月的11300元/吨，豆粕从2017年10月的2900元/吨上涨至2018年12月的3029元/吨，持续上升的饲料价格提高了水产品的养殖成本。

4.猪肉价格呈“V”型走势。猪肉价格同比下降9.9%，影响居民消费价格总水平下降约0.3个百分点。从各月同比来看，2月猪肉价格降幅开始扩大，到5月降幅达到最大值，下降18.5%，6月开始降幅收窄，到9月收窄至下降5.5%，10—12月降幅基本稳定4%左右。1—5月生猪价格受生猪产能、供应量扩大影响，价格持续走低；6—9月由于前期生猪价格低位运行，部分养殖户淘汰能繁母猪减少存栏量，供应量减少，生猪价格开始反弹，10—12月受外省非洲猪瘟疫情影响，广西生猪禁止外调，价格有所回落。

（四）教育文化和娱乐价格上涨成为CPI上涨的有力推手

教育文化和娱乐上涨2.5%，影响居民消费价格总水平上涨0.3个百分点，其中学前教育上涨6.9%，课外教育上涨6.7%，合计影响居民消费价格总水平上涨0.2个百分点。一是随着居民生活水平日益提高，对子女教育特别是学前教育以及课外教育重视程度增大，对学前教育以及课外教育等非义务教育需求增加。二是受政策性影响部分公立幼儿园上调教育费和保育费等收费项目，拉动学前教育价格上涨。如9月南宁市日托学费从1320元/学期上涨到1590元/学期。

三、2019年居民消费价格走势分析

从推动物价上涨因素来看，一是2019年服务价格中的医疗服务价格上涨主要是受2017年医疗改革影响，2019年该因素将逐渐减弱，医疗服务价格涨幅将趋于平稳；二是未来是否会受非洲猪瘟影响仍不清晰，2019年猪肉价格趋势不明朗；三是从11月南宁、桂林、北海新建商品住宅价格指数同比仍继续上涨来看，房价上涨有带动私房房租及自有住房价格继续上涨的可能性；四是2018年3月国务院办公厅出台《国务院办公厅关于促进全域旅游发展的指导意见》（国办发〔2018〕15号），进一步加快旅游供给侧结构性改革。《意见》的出台将会对旅行社收费、长途汽车、飞机票等与旅游相关的服务项目价格产生一定影响。五是农产品总体供求平衡。六是人工成本持续增加。预测2019年CPI呈稳中带涨态势，但不排除极端天气、自然灾害等不确定因素的出现，可能对CPI的短期走势带来影响。

四、稳定居民消费价格的对策建议

2018年主要是服务价格和居住类上涨主导了广西CPI的上涨，因此，要稳定物价关键是要遵循“立足当前、着眼长远、综合施策、重点治理、保障民生、稳定预期”的原则。对此提出以下建议：

（一）进一步加强市场价格监控力度

建立健全市场价格监测网络，加强对市场价格的监测，及时捕捉反映市场价格的苗头性、倾向性问题和潜在的不稳定因素，加强重要农产品、服务行业和重要生产资料的价格监测，加强对市场价格运行情况的跟踪分析，及时掌握市场价格变动的异常情况，提高对市场价格异常波动的反应能力，维护良好的市场秩序，为政府价格决策和其他经济决策提供科学依据。

（二）关注物价走势，有效落实社会救助和保障标准与物价上涨挂钩联动机制

各地要及时关注物价走势。2018年广西各市县共出现23次CPI同比涨幅超过3.5%，根据2016年广西壮族自治区物价局、民政厅、财政厅、人力资源和社会保障厅、国家统计局广西调查总队联合下发《关于进一步完善社会救助和保障标准与物价上涨挂钩联动机制的通知》（桂价电〔2016〕25号）要求，如单月CPI同比涨幅达到3.5%，要及时启动社会救助和保障标准与物价上涨挂钩联动机制，做好临时补贴发放工作，进一步保障联动机制保障对象的合法权益。

6-6　2018年广西农业生产资料价格调查报告

Agricultural Production Investigation Report in 2018

2018年广西农业生产资料价格涨幅持续扩大

2018年，受化学肥料持续高位运行、农业用工价格不断上涨等因素影响，广西农业生产资料价格连续四年上涨，除仔畜幼禽及产品畜价格大幅下降外，其余农资产品价格呈不同程度上扬。据国家统计局广西调查总队调查，2018年广西农业生产资料价格同比上涨1.8%，涨幅比2017年扩大0.4个百分点。

一、农业生产资料价格运行特点

（一）各月价格环比涨跌互现

2018年1—12月，广西各月农业生产资料价格环比涨幅分别为1.2%、0.8%、-0.1%、-0.3%、-0.3%、0%、0.1%、0.8%、0.6%、0.7%、-0.2%、-0.4%，全年各月涨跌不均，先是1—5月份高开低走，到6月份开始连续四个月上涨，11、12月份后连续下降。

图1　2018年各月广西农业生产资料价格环比指数走势

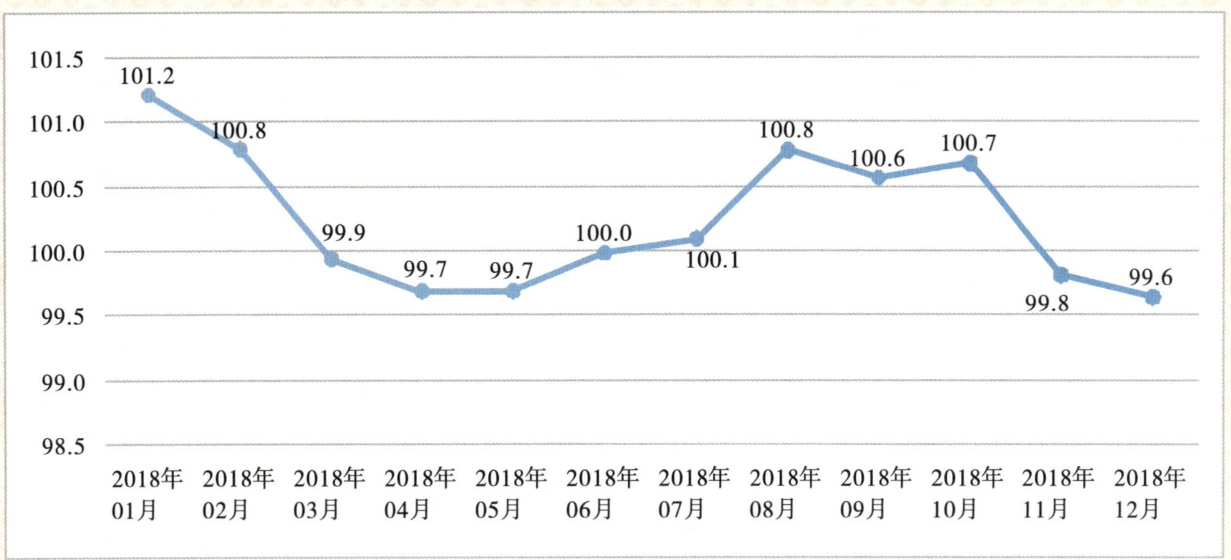

（二）各月价格同比高位徘徊

2018年1—12月，广西各月农业生产资料价格同比涨幅同比呈上升态势，从2月份开始呈逐步上升趋势，10月涨幅达到全年最大值3.8%，全年有5个月份同比涨幅超2%。

图2　2018年各月广西农业生产资料价格同比指数走势

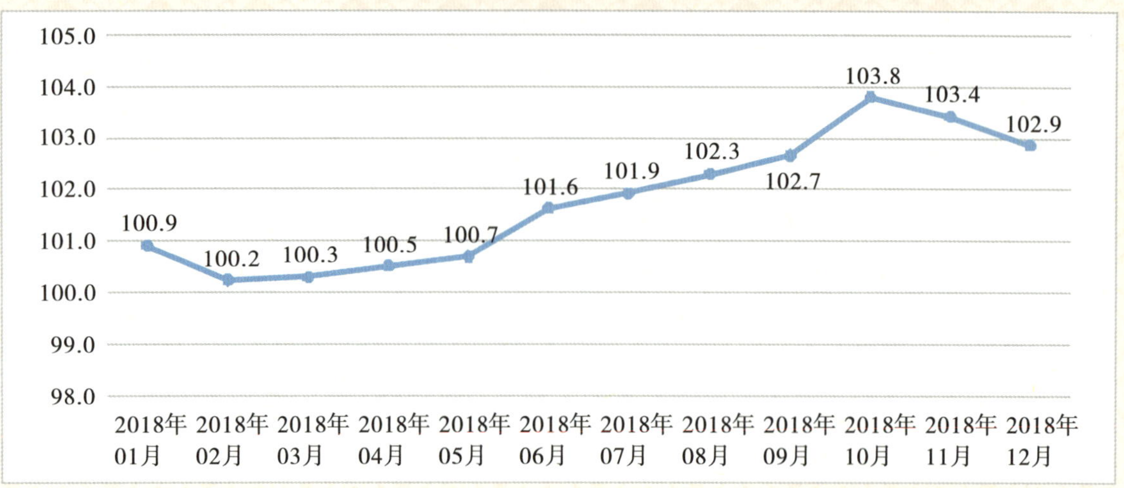

（三）十大类农业生产资料价格呈“九升一降”

2018年广西十大类农业生产资料价格呈“九升一降”趋势。其中：农机用油价格上涨13.0%，化学肥料价格上涨6.7%，农业生产服务价格上涨6.5%，农用手工工具价格上涨4.0%，机械化农具价格上涨3.7%，农药及农药器械价格上涨3.2%，半机械化农具价格上涨1.1%，其他农用生产资料上涨1.0%，饲料价格上涨0.8%；仔畜幼禽及产品畜价格下降22.2%。

表1　2017年与2018年各类农业生产资料价格指数表

调查类别	2017年	2018年	变动幅度（±%）
农业生产资料价格指数	101.4	101.8	0.4
一、农用手工工具	102.3	104.0	1.7
二、饲料	101.3	100.8	-0.5
三、仔畜幼禽及产品畜	90.4	77.8	-12.6
四、半机械化农具	101.5	101.1	-0.4
五、机械化农具	102.6	103.7	1.1
六、化学肥料	103.0	106.7	3.7
七、农药及农药器械	100.7	103.2	2.5
八、农机用油	111.5	113.0	1.5
九、其他农用生产资料	100.6	101.0	0.4
十、农业生产服务	104.8	106.5	1.7

1.种植业类农资价格高居不下。2017年部分重要农资价格大幅上涨，受政策调整、原材料价格上涨等多重因素导致2018年广西区农机用油、化学肥料和农药及农药器械价格持续高位徘徊。

（1）农机用油大幅上涨。2018年农机用油价格上涨13.0%，涨幅为十大类最大，影响农业生产资料价格总水平上涨0.56个百分点。其中农用柴油价格上涨13.5%，润滑油上涨9.2%。

（2）化学肥料价格一路上扬。2018年广西化肥价格上涨6.7%，影响总指数上涨1.49个百分点，是拉动农业生产资料价格总水平上涨的主要因素。其中：氮肥价格上涨14.3%，磷肥价格上涨4.5%，钾肥上涨6.1%，复合肥上涨2.8%。从各月同比走势来看，化肥价格从2月开始不断呈上涨趋势，10月达到全年最大值9.1%。

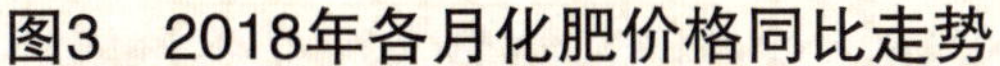
图3　2018年各月化肥价格同比走势

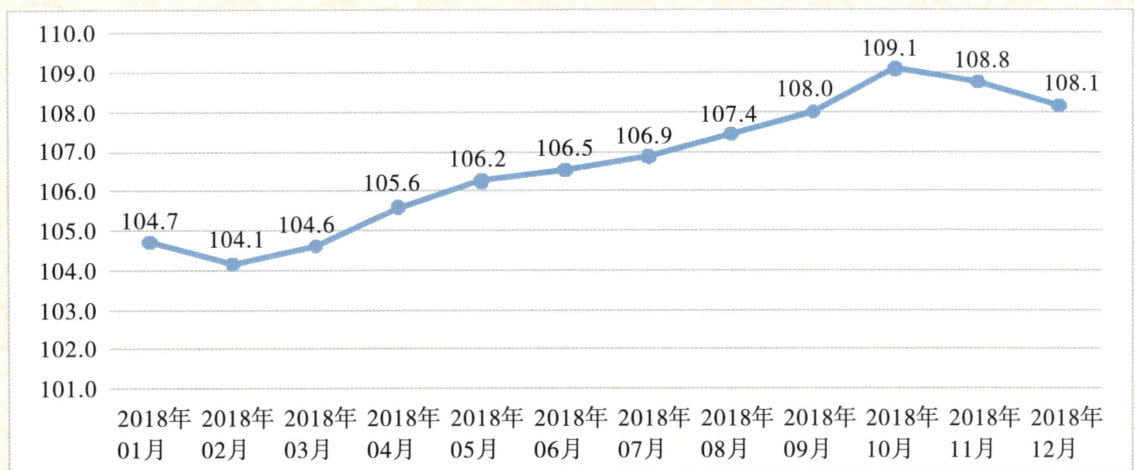

（3）农药及农药器械价格上涨。2018年农药及农药器械价格上涨3.2%，拉动农资价格总水平上涨0.27个百分点，其中化学农药价格上涨3.4%。

2.农业生产服务价格高位运行。2018年广西农业生产服务价格上涨6.5%，拉动农资价格总水平上涨0.84个百分点，涨幅比上年同期扩大1.7个百分点。其中涨幅较大的农业用工价格上涨10.1%、排灌费上涨3.3%，合计影响农资价格总水平上涨0.79个百分点。从各月同比走势来看，农业生产服务价格一直呈上涨趋势，除3月份价格为4.6%，其余月份涨幅均在6%以上。

图4　2018年各月农业生产服务价格同比走势

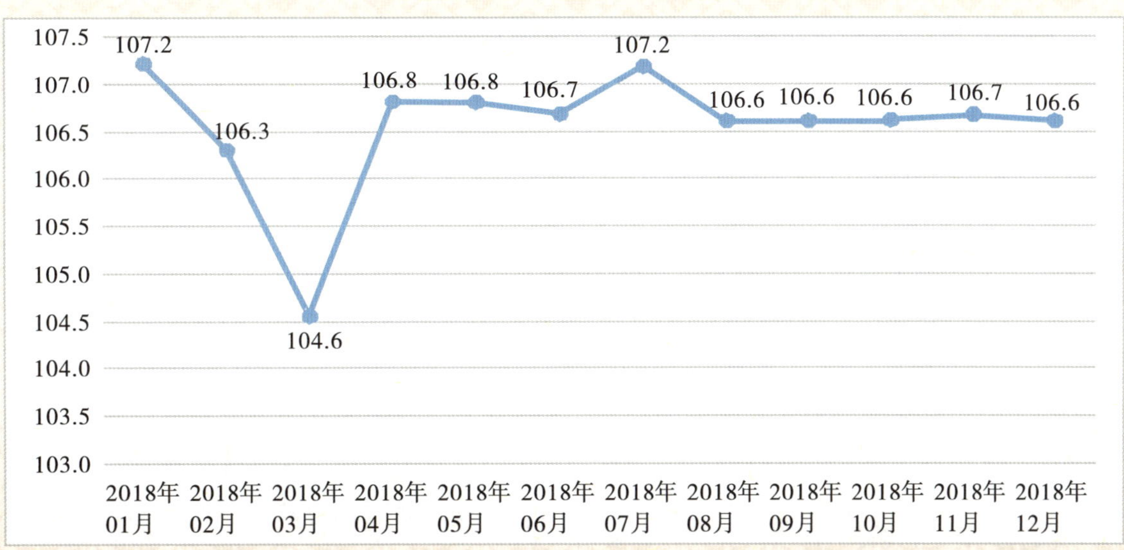

3.农资畜禽价格持续低迷。2018年仔畜幼禽及产品畜下降22.2%，相比去年同期大幅度下降12.6个百分点，拉动农业生产资料价格总水平下降1.91个百分点。其中仔畜价格下降29.2%，拉动农业生产资料价格总水平下降1.83个百分点，产品畜下降20.6，拉动农业生产资料价格总水平下降0.19个百分点。从各月同比来看，仔畜幼禽及产品畜价格从1月开始一直处于下行状态，到5月份下降达全年最大值34.8%。

图5　2018年各月仔畜幼禽及产品蓄价格同比指数

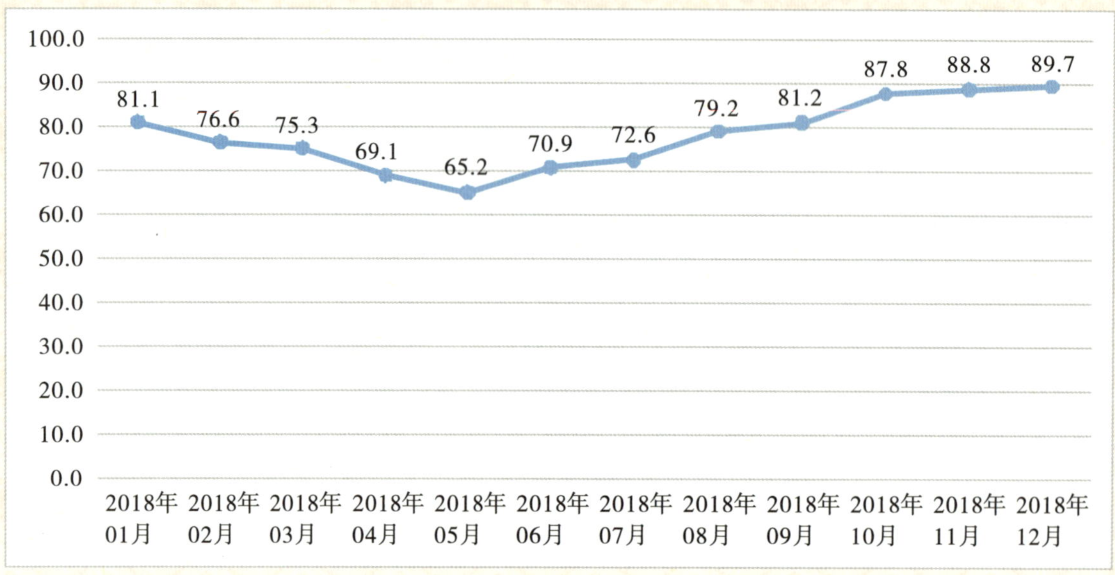

4.饲料价格涨幅偏低。受仔畜幼禽及产品畜价格下跌影响，2018年饲料价格与上年比涨幅缩小，2018年广西饲料价格上涨0.8%，影响农业生产资料价格总水平上涨0.19个百分点。其中混合饲料上涨0.9%，其他饲料上涨0.3%。

二、影响农资价格变动的因素

（一）政策调整影响农用柴油上涨

由于国际原油价格波动，国家政策性调整成品油价格，随着汽油、柴油等价格上涨，影响农用柴油价格上涨13.5%。2018年，国内油价总共调整了26次，其中13次上调，12次下调，搁浅（即未调整）1次，上调幅度大于下调幅度，如2018年上半年汽油上涨了535元/吨，柴油上涨520元/吨。

（二）环保压力增大，生产成本上涨拉动部分农资价格上涨

一是环保督查导致部分化肥农药生产企业开工受限。2018年6月7日至7月7日，中央环境保护督察组开始广西“回头看”督察工作，部分不合格的化肥农药企业进行停产或限产整顿。贵港市某化肥企业从5月份开始停产检修，投入了超过50万元更换锅炉（主要是变更为生物质锅炉），同时改用生物质作燃料，另外由于停产2个多月，减少生产氮胺3万余吨，市场供给减少。二是成本上涨。原材料价格上涨，供暖季节煤、天然气等燃料和原料供应紧张，加上正式实施环保税（《环境保护税法》规定，大气污染物征收税额为每污染当量1.2～12元，水污染物税额为每污染当量1.4～14元），企业生产成本明显提高。另外油价上调，运费

成本也不断上升。据扶绥县某肥料店老板反映，2017年下半年开始，从南宁运化肥至扶绥的运费上涨了10元/吨，广西某商贸有限公司扶绥经营部反映，2018年从南宁托运农药到扶绥，每件从2017年的2元涨到3元，涨幅为50%。

（三）基本工资上调拉动农业用工上涨

劳动基本工资逐年提高，拉动农业用工以及农业生产服务价格上涨。2018年广西提高最低工资标准，三类工资涨幅均达20%左右，同时失业保险金最低档由原来的最低工资标准一类的70%提高到80%。随着社会工资水平不断提高，农村富余劳动力特别是青壮年劳动力外出务工有增无减，特别是在农忙时节，农业用工不足的问题愈发明显，推动人工价格上涨。如每年1月是砍甘蔗的高峰期，蔗农需要大量砍甘蔗的工人，田阳县反映，2018年雇佣砍甘蔗工的费用与往年比有所上涨，2018年1月人工砍蔗费为150元/人，比上年同期上涨30元，涨幅25.0%。

（四）生猪生产位于高位，导致仔畜幼禽价格大幅下降

仔猪、能繁母猪价格下降是仔畜幼禽及产品畜价格下降的主要因素。在经历2015年“猪周期”之后，自2016年以来，生猪市场行情良好，养殖效益增加，各地规模养殖比重进一步提高，许多养殖企业（户）扩大补栏规模，生猪存栏、出栏量逐年增加。2016年底广西区生猪存栏量为2216.1万头，出栏量为3280.1万头，到2018年广西生猪存栏为2298.3万头，全年累计出栏生猪3465.8万头，涨幅分别为3.7%和5.7%。生猪供应阶段性供过于求，上市量多而市场终端消费疲软，猪价一路下跌，导致仔猪、能繁母猪价格受到极大影响。虽然下半年为生猪消费的传统旺季，供需关系变化导致价格上涨，与上半年头均生猪出栏价格11.13元/公斤相比（据养殖户经验，成本价约13.0元/公斤），生猪出栏价格止跌回升，生猪出栏价格上涨2.56元，涨幅23.05%，产值增加327.08元，增幅24.09%，但10月份起广西区周边省份出现非洲猪瘟等疫情，生猪广西区内销售有限，猪价下跌，导致仔畜、能繁母猪销量下降从而价格下降。

三、保持农业生产资料价格平稳运行的政策建议

农业是中国国民经济的支柱，也为中国经济的发展与建设提供了基础的保障，农资价格变动频繁影响农业市场稳定。因此，各级政府应持续密切关注农资价格动态，不断完善农资市场监督体系，加强养殖产业资源调配，科学引导养殖业发展，减少农资价格波动。

（一）密切关注农资价格动态，保持农资价格平稳运行

各级政府有关部门要一如既往地重视农资价格问题，密切关注农资价格动态，及时了解和掌握农资市场价格行情，创新工作方法，关注农资的价格走势，不断探索监督措施对策、行政措施、经济措施，确保各项惠农政策落实，保持农资价格平稳运行。

（二）完善农资市场监督体系

不断完善农资市场价格调控机制，加强监测预警。加强对农业生产资料价格、农产品流通信息的监测和发布，规范农业生产资料价格执法行为，对增长过快的产业，可以采用经济、行政等手段进行有效遏制，扶持发展缓慢但对市场有重要影响的产业，维持市场平稳，防止价格大幅波动。

（三）加快农资生产企业转型

各级政府应加大对农资生产企业资金扶持力度，科学引导农资生产企业转型升级，加强

科技创新，鼓励农资企业通过结构调整、兼并重组等方式实现产业升级，坚持创新驱动发展战略，着力创新经营服务，提高能源利用率，减少环境污染。

（四）大力推广生猪先进环保的养殖技术，科学引导生猪养殖发展

要大力推广生猪高架床养殖等先进环保的养殖技术，对技术先进、环保水平高的养殖企业进行重点扶持，发挥价格补贴政策的作用，组织相关部门对养殖户进行技术指导和培训，提高养殖效益，保证生猪供应，并及时了解市场行情和养殖情况，有效引导，避免养殖户盲目补出栏，降低猪周期的不利影响。同时，强化疫病防治力度，做好疫情预防与监测工作，建立完善新型服务体系和预警机制，帮助养殖户提高应对突发疫情的能力，避免价格大起大落对养殖户及居民生活造成不利影响。

6-7 2018年广西工业生产者出厂价格调查报告

Industrial Producer Prices Investigation Report in 2018

2018年广西工业生产者价格涨幅回落

2018年，面对错综复杂的国内外形势和持续加大的经济下行压力，在自治区党委、政府的坚强领导下，广西经济平稳运行，工业经济平稳增长，工业生产者价格继续上涨，但涨幅回落。据国家统计局广西调查总队调查数据显示，2018年，广西工业生产者出厂价格（PPI）同比上涨3.2%，涨幅较上年同期回落4.4个百分点，购进价格同比上涨3.4%，涨幅较上年同期回落3.1个百分点。

一、2018年总体运行情况

（一）同比涨幅上半年呈“V”型走势，下半年持续收窄

从月度同比看，2018年前11个月广西工业生产者出厂价格同比持续上涨，1—6月同比分别上涨3.9%、3.3%、2.9%、3.7%、4.8%和4.9%，涨幅呈现-高位回落后又快速反弹的“V”型走势，7—11月同比分别上涨4.7%、3.9%、3.0%、2.5%和2.1%，涨幅不断收窄，12月同比下降0.5%，28个月来首次由升转降。广西工业生产者购进价格（IPI）1—12月同比分别上涨4.7%、3.5%、3.1%、2.8%、3.3%、4.1%、4.3%、3.6%、3.3%、3.3%、2.7%、1.6%，涨幅走势与出厂价格走势基本一致。

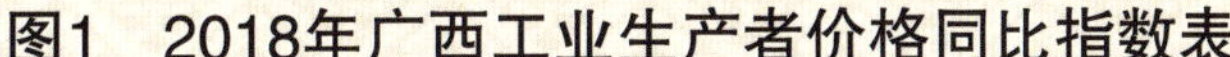
图1 2018年广西工业生产者价格同比指数表

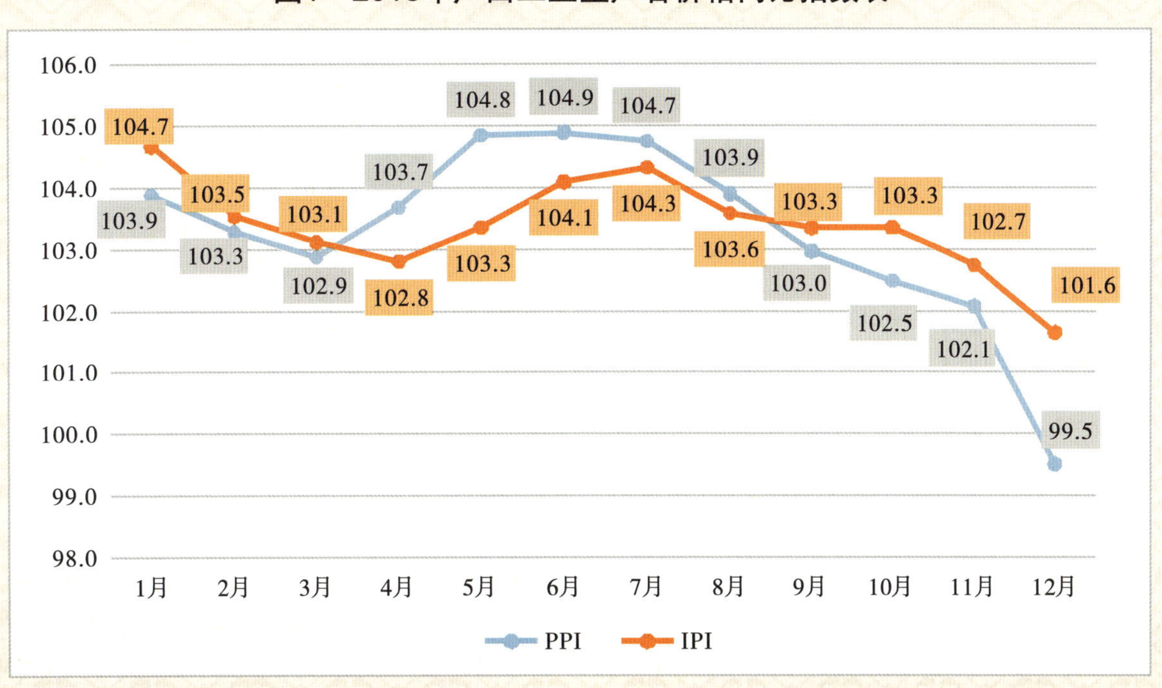

（二）环比PPI中间升两头降，IPI平稳运行

从月度环比看，2018年广西工业生产者出厂价格环比呈现中间升两头降的运行态势，1—4月出厂价格持续下降，环比分别下降0.2%、0.1%、0.1%和0.4%，5月开始由降转升，5—6月环比分别上涨0.6%和0.1%，7月环比持平，8—10月环比分别上涨0.5%、0.7%和0.3%，11月开始由升转降，环比分别下降0.3%和1.5%，降幅不断扩大。2018年IPI环比指数呈“7升2降3平”的平稳运行态势，1月环比上涨0.3%，2月和3月环比持平，4月环比下降0.1%，5月份开始由降转升，持续上涨，5—10月环比分别上涨0.1%、0.4%、0.1%、0.1%、0.5%和0.8%，11月环比持平，12月由升转降，环比下降0.4%。

图2　2018年广西工业生产者价格环比指数表

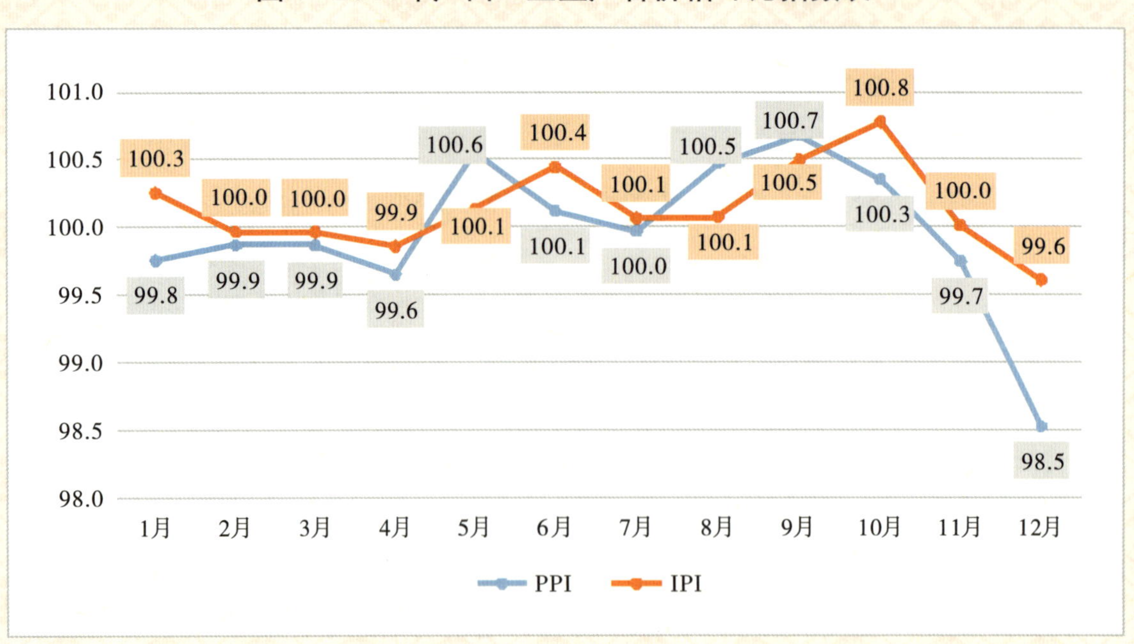

二、主要运行特点

（一）生产资料与生活资料价格走势相反

2018年，生产资料出厂价格比上年上涨4.9%，其中采掘工业价格上涨3.8%，原材料工业价格上涨5.1%，加工工业价格上涨4.9%。生活资料出厂价格比上年下降2.3%，其中食品价格下降4.5%，衣着、一般日用品和耐用消费品价格分别上涨0.4%、2.0%和0.6%。本轮PPI上涨主要集中在产业链中上游的资源型企业，而生活资料下降主要是受制糖业和植物油加工业产品价格持续下降影响，因此出现生产资料与生活资料出厂价格走势相反的情况。

（二）五大传统行业带动出厂价格上涨

从大类行业看，与上年相比，2018年调查的37个工业大类行业产品价格呈“29升7降1平”的运行态势，上涨面达到78.4%。其中涨幅最大的是石油和天然气开采业，上涨25.1%，降幅最大的是农副食品加工业，下降5.8%。黑色金属冶炼和压延加工业、石油、煤炭及其他燃料加工业、非金属矿物制品业、有色金属冶炼和压延加工业和化学原料和化学制品制造业这五个传统大类行业同比分别上涨9.5%、17.8%、9.3%、3.2%和5.0%，分别影响总指数上涨1.18、0.76、0.62、0.20和0.25个百分点，是拉动总指

数上涨的主要因素，共拉动总指数上涨3.0个百分点，影响程度为77.3%。

（三）广西价格走势与全国基本一致

2018年，全国工业生产者出厂价格同比指数为103.5，广西为103.2，在31个省、区、直辖市排位中，居第18位，全国工业生产者购进价格同比指数为104.1，广西为103.4，居第24位。

（四）九大类原材料购进价格“七升两降”

2018年广西工业生产者购进价格比上年上涨3.4%，九大类原材料购进价格呈“七升两降”的走势。其中建筑材料及非金属类价格上涨9.3%、燃料、动力类价格上涨6.9%、木材及纸浆类价格上涨4.4%、化工原料类价格上涨3.8%、黑色金属材料类价格上涨2.0%、其他工业原材料及半成品类价格上涨2.1%、纺织原料类价格上涨1.1%，有色金属材料及电线类价格下降0.3%、农副产品类价格下降0.3%。

三、工业生产者价格变动因素分析

（一）国内经济增长的影响

PPI作为经济活动的“晴雨表”之一，其变动是随着经济增长的变化而发生变化的。2018年，面对严峻的国际形势和国内艰巨的改革发展任务，国民经济运行保持总体平稳、稳中有进的良好态势，2018年国内生产总值900309亿元，按可比价格计算，比上年增长6.6%，实现了6.5%左右的预期发展目标。分季度看，一季度同比增长6.8%，二季度增长6.7%，三季度增长6.5%，四季度增长6.4%，经济增长速度逐季回落，经济面临较大下行压力。同时固定资产投资增速回落，2018年全国固定资产投资（不含农户）635636亿元，比上年增长5.9%，增速比上年同期回落1.3个百分点。受此影响，2018年广西工业生产者价格同比继续保持上涨态势，但涨幅下半年开始不断收窄。

（二）供给侧结构性改革和环保政策的影响

2015年，党中央决定实施供给侧结构性改革，经过几年的努力，取得了重要阶段性成效，近3年来，钢铁行业化解1.5亿吨过剩产能，清除1.4亿吨“地条钢”，钢铁、水泥等过剩产能去产能目标基本完成，工业产能利用率稳中有升，2018年黑色金属冶炼和压延加工业产能利用率为78%，比上年上升2.2个百分点，去产能使得重点行业供求关系发生了明显变化，产品价格也相应回升。随着供给侧结构性改革的深入推进，钢材库存减少，市场价格上涨，2018年广西钢压延加工产品出厂价格同比上涨9.1%。

随着环保整治的深入推进，一批环保不达标的企业受到强制限产、停产整顿，既直接推高了上游产品的价格，又影响了下游企业的正常生产，导致成本上升、产量下降，进而推高了下游产品价格。2018年水泥行业在环保整治错峰限产、集中停产、优化产能结构和加强产能置换等政策推动下，价格一路上扬，2018年广西水泥制造产品出厂价格同比上涨21.7%。受此影响，下游的商品混凝土等水泥制品制造业产品出厂价格同比上涨，2018年同比上涨8.6%。同时受环保整治政策影响，水泥上游的一大批不达标的采石场被关停，造成市场供应减少，价格快速上涨，2018年广西非金属矿采选业产品出厂价格同比上涨10.5%。

（三）国际大宗商品价格传导的影响

今年以来，受世界经济复苏、贸易摩擦升级及地缘政治等因素影响，全球主要大宗商品市场整体升温，原油价格整体上扬。自2016年跌到30美元/桶之下后，国际石油市场原油价格一直在上涨。2018年大部分时间，由于产量可能受限和全球石油库存的下降，原油价格不断上涨，2018年10月3日，布伦特原油价格涨到4年来的最高点86美元/桶。随后受美国、俄罗斯和沙特阿拉伯的石油产量达到历史性高位和对全球经济增长放缓的担忧等多重因素影响，国际原油价格开始暴跌。受国际原油价格波动影响，国内成品油价格相应调整，国际油价虽然10月下旬开始暴跌，但是2018年全年油价整体仍上涨，2018年广西石油、煤炭及其他燃料加工业产品出厂价格同比上涨17.8%，石油和天然气开采业产品出厂价格同比上涨25.1%。

（四）市场供求关系影响

价格是由供给与需求之间的互相影响、平衡产生的，影响价格变动的最主要因素是商品的供求关系。在市场上，当某种商品供不应求时，其价格就会上涨；而当商品供过于求时，其价格就会下降。制糖业作为广西的支柱产业之一，其产品价格变动主要受食糖供需关系变化影响。2018年受全球食糖产量增加和供应过剩影响，国际糖价一直在低位徘徊，国内食糖也连续两年增产。统计数据显示，2018年全国成品糖产量为1554万吨，同比增长10.9%。随着国内人口增速显著放缓，加上饮食健康意识增强，食糖消费增长空间有限，食糖市场需求疲软，出现供过于求的局面，糖价持续下跌，2018年广西制糖业产品出厂价格同比下降18.2%。

四、2019年PPI走势分析

从国际方面看，2019年全球经济复苏放缓，叠加全球经贸摩擦、地缘政治风险发酵，国际经济环境复杂多变；2019年石油输出国组织（OPEC）成员国可能启动新一轮减产，但美俄大概率增产及全球经济下滑将拖累需求，叠加特朗普的不确定性和地缘政治冲突，预计油价后势将大幅波动。

从国内方面看，随着我国经济下行压力加大，基建逆周期调控的必要性凸显，2018年下半年基建利好政策相继出台，基建投资成为稳需求的重要工具有望提速，对PPI将构成支撑。经过近两年的环保督察和治理，国内空气质量有明显改善，环保限产边际趋松可能性较大，环保限产力度有望弱于往年，对PPI的支撑将减弱。

从翘尾因素看，据测算，2019年除了3月份翘尾持平和4月份翘尾为上涨以外，其余各月的翘尾均为下降。

综合以上因素，在国内外经济形势、调控政策不发生较大变化的情况下，预计2019年广西工业生产者价格将承压下行。

6-8 2018年广西固定资产投资价格调查报告

Fixed Assets Investment Price Investigation Report in 2018

2018年广西固定资产投资价格平稳上涨

2018年，面对错综复杂的经济形势，在自治区党委政府正确领导下，广西坚持稳中求进工作总基调，积极推进项目建设，固定资产投资保持较快增长，固定资产投资价格呈上涨态势。调查数据显示，2018年广西固定资产投资价格同比上涨4.5%，涨幅较上年扩大0.1个百分点。

一、2018年广西固定资产投资价格总体运行情况

（一）固定资产投资价格总指数平稳上涨

自2016年起，受供给侧结构性改革和环保治理等政策影响，低端过剩产能得到化解，供给质量得到改善，钢材、水泥等主要建筑材料材料价格回升，从2016年第4季度开始，固定资产投资价格由负转正，进入上行通道，2017年第四季度达到峰值，同比上涨6.5%。进入2018年后固定资产投资价格涨幅回落，2018年广西固定资产投资价格同比上涨4.5%。分季度看，一季度同比上涨5.1%，二季度同比上涨3.9%，三季度同比上涨4.1%，四季度同比上涨4.8%。2016年以来广西固定资产投资价格指数变动趋势见图1。

图1 2016—2018年广西固定资产投资价格指数表

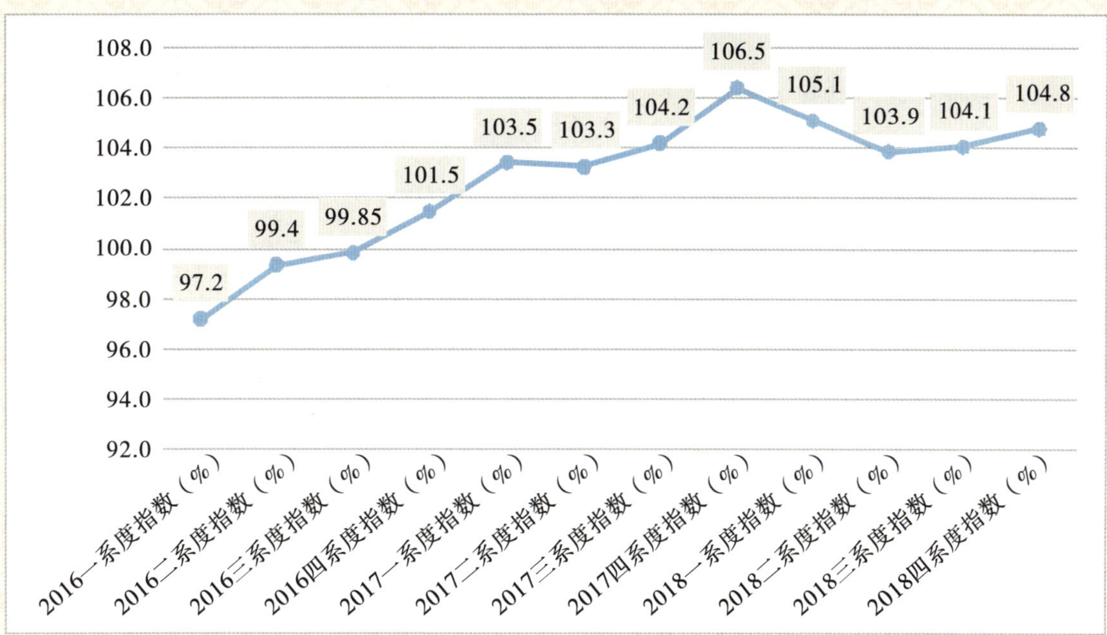

（二）分类价格指数全面上涨

2018年，构成固定资产投资价格的建筑安装、装饰工程价格，设备、工器具购置价格和其他费用价格三大类指数全面上涨。其中，建筑安装、装饰工程价格同比上涨6.3%，分季度看，一季度上涨7.3%，二季度上涨5.4%，三季

度上涨5.8%，四季度上涨6.6%；设备、工器具购置价格同比上涨0.6%，分季度看，一季度上涨0.7%，二季度上涨0.6%，三季度上涨0.6%，四季度上涨0.5%；其他费用价格同比上涨0.3%，分季度看，一季度下降0.5%，二季度上涨0.7%，三季度下降0.1%，四季度上涨1.1%。

图2　2016年以来广西固定资产投资主要分类价格走势

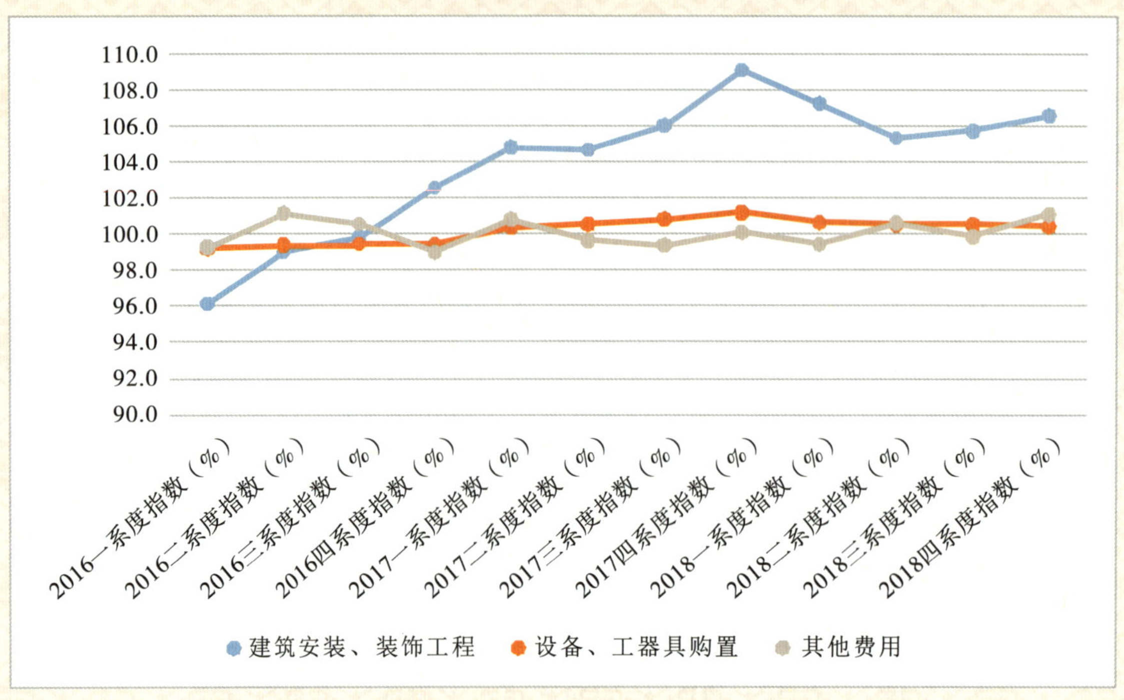

（三）广西固定资产投资价格涨幅低于全国平均水平

2018年，全国固定资产投资价格同比上涨5.4%，广西固定资产投资价格涨幅比全国低0.9个百分点，在全国30个省（区、市）中，按照涨幅由高到低排列，广西居于第23位。

二、2018年广西建筑安装、装饰工程价格变动情况

建筑安装、装饰工程价格是影响固定资产投资价格变动的主要因素，对固定资产投资价格总指数的影响率超过九成，因此建筑安装、装饰工程价格的变动情况决定了固定资产投资价格总指数的走势。2018年广西建筑安装、装饰工程价格同比上涨6.3%，构成建筑安装、装饰工程价格的人工费、材料费和机械使用费三项价格全部上涨，其中材料费价格是主要影响因素。

（一）建筑材料价格高位运行。2018年，广西建筑材料价格延续2017年的快速上涨态势，同比上涨7.2%，涨幅较上年收窄0.1个百分点，保持高位运行。分季度看，1—4季度广西建筑材料价格同比分别上涨8.4%、6.0%、6.5%和7.9%。从材料分类看，七大类材料价格全面上涨。

1.钢材价格快速上涨，但涨幅回落。随着供给侧结构性改革的深入推进和环保政策的落实，钢材市场价格在2016年第四季度触底回升后，快速上涨，2017年底达到高位后震荡调整。2018年钢材价格同比上涨9.4%，涨幅较上

年回落6.1个百分点。分季度看，一季度同比上涨19.1%，二季度同比上涨7.2%，三季度同比上涨6.4%，四季度同比上涨4.7%，涨幅逐季收窄。钢材作为建筑施工主要使用原材料，占建筑施工单位材料采购成本比重较大，价格走势情况对固定资产投资价格影响较为明显。

2.水泥价格大幅上涨，涨幅扩大。受环保治理影响，水泥实行错峰生产，同时环保不达标的水泥厂关停，水泥市场供减少，加上国家加大基建投资，水泥需求旺盛，市场供不应求，销售价格持续上涨。2018年水泥价格同比上涨11.2%，涨幅较上年扩大4.9个百分点。分季度看，1—4季度水泥价格同比分别上涨6.2%、11.1%、11.2%和16.2%，涨幅逐季扩大。

3.地方建筑材料价格上涨明显。2018年地方建筑材料价格同比上涨4.1%，涨幅较上年扩大1.1个百分点。分季度看，1—4季度地方建筑材料价格同比分别上涨2.1%、2.9%、3.7%和7.7%，涨幅逐季扩大。主要是因为2018年6月，中央第五环境保护督察组进驻广西，开展为期1个月的环境保护督察“回头看”。受此影响，大量小型和不合规的砂石企业被关停，导致沙石市场供应紧张，价格快速上涨。受水泥和砂石价格上涨影响，混凝土价格随之上涨。

4.化工材料价格继续上涨。受国际原油价格持续上涨影响，化工材料价格随之上涨。2018年化工材料价格同比上涨8.4%，涨幅较上年扩大4.2个百分点。分季度看，1—4季度化工材料价格同比分别上涨3.9%、5.5%、11.8%和12.4%，涨幅逐季扩大。

5.木材、电料和其他材料价格继续保持上涨态势，同比分别上涨4.6%、6.0%和1.1%。

（二）人工费价格保持平稳上涨。受生活水平提高、市场工资上调和建筑行业用工短缺等多重因素影响，多年来人工费价格持续上涨。2018年，广西建筑施工企业人工费用价格同比上涨4.1%，涨幅较上年收窄0.2个百分点。从分季走势看，一季度上涨4.6%，二季度上涨4.2%，三季度上涨4.4%，四季度上涨3.0%。从人工费的分类构成看，工程管理人员人工费同比上涨3.9%，工程技术人员人工费同比上涨4.6%，普通工人人工费同比上涨4.0%。

（三）机械费价格继续小幅上涨。受油价上涨推动，2018年机械费价格同比上涨2.5%，涨幅较上年扩大0.3个百分点。分季度看，1—4季度机械费价格同比分别上涨2.9%、2.5%、2.7%和1.7%。

三、影响固定资产投资价格的主要因素

（一）固定资产投资持续增长带动投资价格上涨

2012年以来，广西固定资产投资一直保持着两位数的增长。2018年广西多举措保障投资和项目进展，全年广西固定资产投资（不含农户）比上年增长10.8%，比全国（5.9%）高4.9个百分点。其中，房地产开发投资比上年增长11.9%，商品房销售面积比上年增长20.1%，商品房销售额比上年增长26.8%。固定资产投资的增长和房地产市场的回暖带动各项建筑用材料、人工、机械的需求增长，从而拉动固定资产投资价格上涨。

（二）环保政策效果突显，主要建筑材料价格持续上涨

2015年，党中央决定实施供给侧结构性改革，经过几年的努力，取得了重要阶段性成效，钢铁、水泥等过剩产能去产能目标基本完成。去产能使得钢材、水泥等行业供求关系发生了明显变化，产品价格也相应回升。

从2015年底至2017年底，我国对31个省

（区、市）完成了第一轮中央环保督察全覆盖，累计立案处罚2.9万家。2018年，中央组织开展了两批中央生态环境保护督察央环保督察行动，立案处罚超过1.1万家。随着环保整治的深入推进，一批“散乱污”企业和环保不达标企业被关停。因环保治理乱开采，一些地方建筑材料如砂、石、商品混凝土等材料供应量有所减少，价格上涨。

（三）国内成品油价格上涨推动固定资产投资成本上升

2018年从年初到年底，国际油价上演了一场过山车行情。从年初开始一路上涨，至10初出现2018年最高值，布伦特原油价格达到87.3美元/桶，较年初上涨29.6%；此后价格快速下跌，一度跌至50.4美元/桶，为2017年8月以来的最低水平。受此影响，国内成品油价格也经历了大涨大跌行情，但整体来看，与上年同期相比，涨幅仍高达17.7%。成品油价格上涨助推建筑安装、装饰工程化工材料和机械使用费价格出现明显上涨。

四、2019年固定资产投资价格走势预测

（一）基建投资补短板加大投资品需求，对固定资产投资价格形成上拉力

尽管外部环境复杂严峻、国民经济面临下行压力，但2018年我国经济运行仍实现了总体平稳、稳中有进的发展态势，为2019年经济增长打下坚实基础。2018年底召开的中央经济工作强调，我国经济发展拥有足够韧性和巨大潜力，经济长期向好的态势不会改变，2019年国家将继续实施积极的财政政策和稳健的货币政策，发挥投资的关键作用，促进形成强大国内市场，加大城际交通、物流、市政基础设施等投资力度，补齐农村基础设施和公共服务设施建设短板。基建投资增加将会带动投资产品市场走强，对固定资产投资价格形成上拉力。

（二）市场供求不断改善，建材价格小幅波动

经过三年的努力，钢材、水泥等过剩产能得到了化解，但受效益好转影响，一些地方企业变相扩产能、盲目增产量的冲动依然存在，部分品种结构不合理的问题仍然没有解决。在宏观经济承受下行压力的情况下，对市场供需平衡形成不利影响。2019年，供给侧结构性改革将继续深化，防范已化解产能复产工作将进一步开展，环保严监管仍会持续，有利于改善市场供需形势。总体来看，钢材、水泥市场有望供需平衡，价格仍将呈小幅波动走势。

2019年，面对更为复杂的国际经济环境，国内经济继续平稳运行存在积极因素，但同时仍具有不确定性。在中美贸易摩擦没有进一步恶化的情况下，随着供给侧结构型改革和环保督察工作的深入推进，大宗商品市场将保持平稳发展，供需两端温和增长，预计2019年固定资产投资价格将平稳运行，略有上涨。

6-9　2018年广西农产品生产者价格调查报告

Farm Products Prices Investigation Report in 2018

2018年广西农产品生产者价格下跌2.7%

据国家统计局广西调查总队农产品生产者价格调查，2018年广西农产品生产者价格同比下跌2.7%，其中一至三季度分别为下跌1.1%、6.0%和3.9%，四季度上涨0.3%。从全年情况看，畜牧业产品、种植业产品生产者价格分别比上年同期下跌8.3%和0.8%，林业、渔业生产者价格比上年同期分别上涨2.9%和3.4%，由于畜牧业价格同比下跌幅度较大，拖累了全年价格指数下跌。从近三年看，广西农产品生产者价格指数呈逐年下降趋势。

图1　2016—2018年广西农产品生产者价格指数情况（上年同期=100）

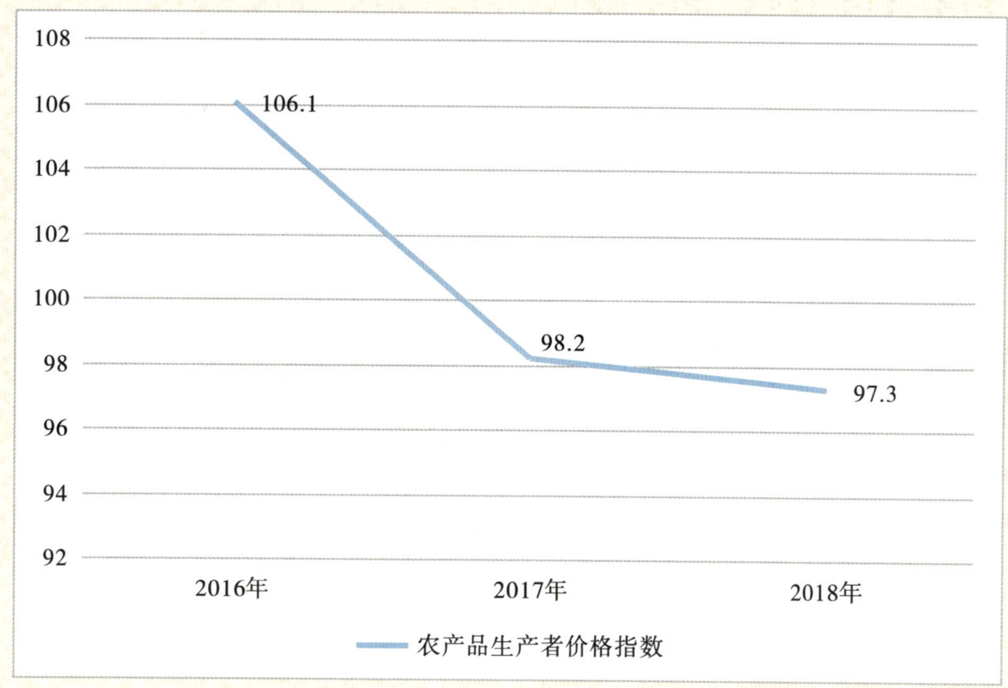

一、种植业产品价格下跌0.8%

2018年广西种植业产品价格比上年同期下跌0.8%。其中：谷物、豆类、蔬菜及食用菌、茶及饮料原料、中草药材价格同比分别上涨2.5%、1.9%、1.2%、3.1%和14.4%；生麻价格与上年持平；薯类、油料、糖料、水果价格比上年同期分别下跌7.3%、1.8%、0.6%和9.4%。由于水果、薯类、糖料等价格下跌导致全年种植业产品价格的下跌，其中又以水果价格下跌最大。

（一）谷物价格上涨2.5%。主要是因为中晚稻减产，农民惜售粮食心态增加导致。据广西粮食产量调查显示，2018年广西早稻产量470.5万吨，比上年增长0.1%；中稻产量94.4万吨，下降2.5%；晚稻产量451.4万吨，比上年下降0.3%。另外，受到玉米种植面积减少以及市场上豆粕等饲料价格上涨的影响，玉米价格也出现上涨。

（二）糖料价格小幅下跌0.6%。2018年广西甘蔗生产者价格同比下跌0.6%，其中四季度价格下降1.9%。据甘蔗主产地来宾市、崇左市和南宁市反映，由于2018年白砂糖出厂价格下降带动糖料蔗收购价格下降。2018年四季度开始执行的2018/2019年榨季糖料蔗收购价格方案，即普通糖料蔗收购首付价为每吨490元，比2017/2018年榨季首付价每吨500元，下降10元，降幅2.0%，优质糖料蔗收购首付价为每吨520元，比上榨季首付价每吨530元，下降10元，降幅1.89%。

（三）蔬菜价格上涨1.2%。主要原因一是受到季节性天气影响，市场供应会出现波动而导致价格不稳定。2018年下半年，广西的阴雨天、寒冷天较多，叶菜类、白菜类、芥菜类等蔬菜生长受到影响，市场供应量下降，价格上涨。二是受到蔬菜商贩外运需求的影响。例如四季度比较适宜瓜豆类蔬菜植物生长，豇豆、苦瓜等蔬菜因不易腐烂，适宜长途存储运输，外地收购商直接上门收购，收购量增大致使本地市场豇豆、苦瓜供应量减少，价格上涨。

（四）水果价格大幅下跌9.4%。特别是二季度、三季度广西水果价格同比分别下跌14.2%和16.8%。分品种看：

橙：二季度橙价格同比下跌29.9%。据靖西市反映，橙价格下跌主要原因一是由于精准扶贫产业的扶持，种植面积不断增加，造成市场供过于求，夏橙出现滞销现象。二是受气候的影响，主要在果实成熟期阴雨连绵，影响夏橙的甜度，大部分夏橙酸度偏高影响口感，消费者消费热度不高。

荔枝、龙眼：二季度、三季度荔枝价格同比分别下降28.2%、67.6%；三季度龙眼价格下降54.5%。主要原因：一是荔枝龙眼遇上生产大年，销售难。据灵山县某荔枝种植专业合作社表示，该合作社2018年荔枝产量约4万公斤，而上年产量只有约1万公斤，产量增加了约3倍；灵山县某农场表示，该场荔枝产量较上年增加了80%左右。平南县调查户卢某反映，其2018年龙眼产量达到28500公斤，是上年2.8倍，市场供应远远大于需求。二是广东、海南等外地荔枝、龙眼主产区产量也丰收，上市时间与本地荔枝上市时间重叠，进一步降低了荔枝、龙眼出售价格。三是本地的深加工能力有限，外销渠道又不畅，价格进一步下跌。

芒果：三季度，芒果价格同比下跌28.8%。主要原因：一是前几年田东县、田阳县等地大力发展种植的芒果陆续挂果，修剪枝条、嫁接改良、摘花留果、套果和施肥除害等管护技术日趋成熟完善，气候较上年适合芒果生长，芒果生长收获期间没遇冰雹天气，因此，2018年芒果比上年增产三成以上；二是受周边海南、广东等地芒果收成较好，价格较低的冲击，本地芒果价格上不去，客商收购量也下降。

此外，调研发现柑橘主要产地的桂林、全州等地，受近年南丰蜜桔大面积扩种导致产量大幅增加和四季度冰冻天气导致柑橘品质受损的影响，四季度蜜桔价格普遍下跌，且跌幅较大，上年收购价约为2.2—2.8元/公斤，2018年仅为0.8—1.2元/公斤，且收购商贩减少、卖柑橘难，不少种植户由于价格过低、人工成本高甚至放弃了柑橘的采摘和出售。

（五）中草药材价格上涨14.4%。主要是鸡骨草、牛大力、穿心莲的价格上涨。据了解，近年来市场上中草药材的价格一直居高不下，原因有：一是人们对中药保健需求的逐步提高，各种中草药材市场需求量较大；二是中草药材普遍有着种植时间较长、护理成本较高的特点，据种植户反映，2018年聘请一名工人工资为70元/天，比上年上涨不少，同时由于2018年遭遇寒潮，需要请工人护理的时间大大加长，总用工量也有增加；三是城市化进程的加快导致中草药材种植面积逐渐减少。

二、林业产品生产者价格上涨2.9%

2018年，广西林业产品生产者价格比上年同期上涨2.9%，其中：林产品、竹材采伐产品、育种和育苗价格同比分别上涨10.2%、5.3%和6.4%，木材采伐产品价格同比下跌0.7%。分种类看，属于育种和育苗种类的软枝油茶苗价格和属于林产品的松脂、油桐籽价格上涨较快。据田林县反映，2018年第四季度软枝油茶苗价格增长的原因主要是：政府大力推广油茶种植，每亩种植补贴500元，而且茶油价格也较高，2017年茶油每公斤100元，2018年每公斤80元左右，这样大大刺激了农户的种植热情，以致软枝油茶苗销量很好，所以苗圃场抓住这个机会提升价格，使得田林县软枝油茶苗的价格大幅度提高。油桐籽价格上涨，主要是很多农户改种了桉树、杉树以及其他果树，油桐籽产量大大减少，物稀价高，桐油厂只能抬高价格收购原料，以保证桐油产量供应。此外，据梧州市、田东县反映，由于松香市场行情上涨拉动，下游产品松节油价格大幅上涨，以及2018年夏季雨水天气过多影响松脂产量减少，且松树被大量砍伐，树源减少，现有树源青黄不接等因素导致了松脂价格上涨。

三、畜牧业产品价格下跌8.3%

2018年广西畜牧业产品价格比上年同期下跌8.3%，其中生猪、畜禽产品价格分别下跌15.1%和0.3%，牛、羊、活家禽价格分别上涨2.1%、3.1%和12.9%。分种类看：

生猪价格依然下跌，但是跌幅逐季缩小。一到四季度生猪价格同比分别下跌16.6%、31.3%、8.1%和3.9%。主要原因首先是广西生猪存栏量保持高位。据广西主要畜禽调查，2018年一季度广西猪肉产量69.4万吨，增长3.6%，生猪存栏2214.4万头，同比增长3.3%，生猪出栏903.9万头，增长3.5%。其次是市场需求不旺。居民对猪肉的消费需求保持稳定甚至略有下降，转而消费牛肉、羊肉、鱼肉等更加高蛋白食品。再次是2018年四季度由于受云南、湖南、广东等周边非洲猪瘟影响，广西活猪外运受限，造成活猪存量上升，又导致价格下跌。

牛、羊价格稳步上涨，主要是因为牛、羊的养殖成本不断上涨，而养殖周期较长、养殖量较为稳定，决定了价格保持稳中有升的走势。另外，随着生活水平的不断提高，居民对牛、羊等高品质肉产品的消费需求不断增加，也是促使牛、羊价格不断上涨的原因。

鸡和鸡蛋价格的上涨主要原因：一是因“禽流感”影响上年价格大跌，因而2018年同比涨幅较大。二是2018年以来禽类无大疫情，产销两旺。三是鸡苗价格上涨，养殖成本增加，也导致肉鸡、鸡蛋价格上涨。四是清明、端午、中秋等传统节日居民对禽类及蛋类消费需求增加，拉动价格上涨。

蚕茧价格在第三、第四季度下跌明显，其中三季度下跌13.1%，四季度下跌26.2%，全年蚕茧价格同比下跌10.1%。据环江县、宜州区等地反映，受三季度高温多雨影响，秋蚕出现僵病死虫、脓病等增多，蚕茧品质下降，导致价格下跌。此外，2018年下半年国内茧丝销售价格持续走跌、行情低迷，导致鲜茧价格波动下滑。由于本地没有丝绸服装生产企业落户，本地茧站生产的干茧在满足本地区的缫丝企业购买需要的基础上，每年60%以上都要销售到区内其他缫丝企业和区外销售企业。受制于外部环境影响，资金回笼较慢，茧丝企业和茧站普遍承受着较大的收烘蚕茧所需流动资金压力，导致鲜茧收购时常发生压级压价、打“白条”的现象。

四、渔业生产者价格上涨3.4%

2018年广西渔业生产者价格同比上涨3.4%。其中：海水养殖产品、海水捕捞产品价格同比分别上涨9.1%和2.5%。淡水养殖产品价格同比持平。分品种来看：

海水养殖蛤价格上涨36.5%。据防城港市、钦州市反映，海水养殖蛤价格大幅上涨的原因：一是养殖难度大，出货量减少带动价格上涨。受海水污染和西南风吹起淤泥较多等影响，养殖海水质量下降，增大了养殖难度，导致产量大幅减少，价格上涨。二是文蛤苗价格提高拉动文蛤价格上涨。文蛤苗成本约占总成本70%，文蛤苗主要来自江浙一带，虽然苗规格不同，但整体价格都在上涨，增加了养殖成本。钦州市某养殖户反映，1000粒/公斤的文蛤苗2017年约14000元/吨，2018年约为16000元/吨，同样规格的文蛤苗2018年比上年上涨了2000元/吨，价格同比上涨14.29%。文蛤苗价钱上涨，是拉动文蛤价格上涨的主要原因。三是蛤发病率高，成活率低。如防城港市港口区某渔业产销专业合作社反映，2018年养殖蛤发病严重，所养蛤类全部死亡，四季度没有规格品出售。

养殖淡水鲤鱼价格上涨9.4%，主要原因是受上年草鱼价格上涨影响，养殖户加大草鱼养殖力度，相对地减少鲤鱼苗养殖数量，导致2018年草鱼产量大，鲤鱼产量较少，因而鲤鱼价格上涨。

此外，渔业产品还受到居民消费需求增加和供应量有限的矛盾影响，价格也上涨。据北海市反映，入秋以来，在节假日期间海鲜消费需求旺盛，优质的生猛海鲜还未上市就已被水产商及酒店高价预定，市场供应趋紧，海产品价格普遍上涨。

五、2018年广西农产品生产的几个特点和值得注意的问题

（一）生猪价格持续走低，不稳定因素增多。2017年以来广西生猪价格进入下行周期，猪价屡创新低，养殖场、养殖户损失较大。2018年，在环保治理取得成效等因素影响下，生猪价格开始逐季缓慢回升，但是下半年受到“非洲猪瘟”的影响，生猪价格回涨受阻。由于猪价涨跌对整个广西农产品价格指数影响较大，因此，稳定生猪生产，保持生猪价格稳定具有重要意义。

（二）水果价格跌下“神坛”。2018年广西荔枝、龙眼价格碰上“大年”，产量较2017年上升，但是价格却大幅下跌，农民得量不得价。另外，砂糖橘、橙子等柑橘类水果价格也下跌。据媒体报道，目前广西柑橘种植面积预计达700万亩，产量700万吨，已经位居全国之首。在2018年价格下跌而种植面积不断增长的情况下，如何延长水果产业链、稳定种植面积以及扩大销售渠道是各级政府和广大果农面临的迫切问题。

（三）特色农林产品大有作为。广西丘陵山区面积众多，近年来不少市县大力发展适宜的特色农林产品，收益不错。如贵港的鸡骨草、穿心莲种植，田林县的油茶种植、梧州的松林松脂产业等，在价格上涨的情况下，农户、企业收入可观。因此，可以对上述特色农林产品的种植加以引导，提高农民收入。

6-10 2018年广西粮食生产调查报告

Grain Crops Investigation Report in 2018

2018年广西粮食产量调查报告

根据国家统计局广西调查总队粮食产量实测调查结果并经国家统计局核定，2018年广西粮食总产量略高于上年，粮食播种面积持续下降，单产实现恢复性增长。

一、粮食总产量略高于上年

2018年广西粮食播种面积4203万亩，比上年减少76.4万亩，下降1.8%；亩产326.6公斤，增加6.4公斤，增长2.0%；总产量1373万吨，增加2.3万吨，增长0.2%。其中，谷物面积3568.6万亩，减少86.1万亩，下降2.4%；亩产363.1公斤，增加8公斤，增长2.3%；总产量1295.9万吨，减少2.0万吨，下降0.2%（注：2017年粮食产量相关数据根据第三次全国农业普查结果进行了修订）。在全国31个省（区）中，广西粮食单产列第25位，面积列第17位，总产量列第17位。

从主要品种看，早稻播种面积1185.7万亩，减少30.4万亩，下降2.5%，亩产396.8公斤，增加10.2公斤，增长2.6%，总产量470.5万吨，增加0.3万吨，增长0.1%；中稻播种面积203.3万亩，比上年减少8.3万亩，下降3.9%，亩产464.1公斤，比上年增加6.4公斤，增长1.4%，总产量94.4万吨，比上年减少2.5万吨，减少2.5%；玉米播种面积876.6万亩，减少10.2万亩，下降1.1%，亩产311.9公斤，增加5.6公斤，增长1.8%，总产量273.4万吨，增加1.8万吨，增长0.6%；晚稻播种面积1239.8万亩，减少35.1万亩，下降2.7%，亩产364.1公斤，增加8.9公斤，增长2.5%，总产量451.4万吨，减少1.4万吨，下降0.3%。

表1 2018年广西粮食产量情况表

季节	总产量		面积		单产	
	万吨	比上年增长（%）	万亩	比上年增长（%）	公斤/亩	比上年增长（%）
全年	1373	0.2	4203	-1.8	326.6	2.0
早稻	470.5	0.1	1185.7	-2.5	396.8	2.6
中稻	94.4	-2.5	203.3	-3.9	464.1	1.4
玉米	273.4	0.6	876.6	-1.1	311.9	1.8
晚稻	451.4	-0.3	1239.8	-2.7	364.1	2.5

二、粮食生产的主要特点

（一）春收粮食作物播种面积和单产均呈下降趋势

2018年春收粮食播种面积161万亩，减少2.4万亩，下降1.4%，亩产132.3公斤，减少0.4公斤，下降0.3%，总产量21.30万吨，减少0.4万吨，下降1.8%。春收粮食减产的主要原因：一是春收粮食作物中单产较高且面积较大的主要品种马铃薯的播种面积比上年减少1.2千公顷，下降2.2%，减幅较大；二是受低温阴雨霜冻天气影响，单产略有下降。

（二）早稻播种面积下降，单产呈恢复性增长

2018年早稻播种面积1185.7万亩，减少30.4万亩，下降2.5%，亩产396.8公斤，增加10.2公斤，增长2.6%，总产量470.48万吨，增加0.3万吨，增长0.1%。广西早稻在播种面积下降的情况下，总产量保持略增的态势，主要原因是：早稻生产期间广西大部没有发生大范围较重的干旱及洪涝等自然灾害，农业气象对早稻生长总体较为有利，病虫害发生面积少、危害轻，早稻单产在上年遭受较严重洪涝灾害减产的基础上呈恢复性增长。据广西调查总队对调查样方的早稻受灾情况统计，2018年早稻受灾面积占早稻播种面积比重为5.4%，比上年减少8.7个百分点，成灾面积比重为1.0%，比上年减少4.4个百分点，早稻受灾情况轻微，早稻生产属较好年景。

（三）秋收粮食播种面积下降，总产量略有增长

秋收粮食（国家口径，下同）播种面积2856.5万亩，减少43.7万亩，下降1.5%，亩产308.4公斤，增加5.5公斤，增长1.8%，总产量881.0万吨，增加2.4万吨，增长0.3%。在秋收粮食主要作物中，中稻和夏收玉米由于生产期间气象条件较为有利，呈实质性增长，晚稻单产在上年下降3.1%的基础上实现恢复性增长，但仍未能恢复到2016年的水平。

三、影响2018年粮食生产的有利因素

（一）农业气象总体上粮食生产有利

广西粮食作物主要有早稻、玉米、中稻、晚稻等，对粮食生产有重大影响的灾害性天气，一是台风天气引发的洪涝灾害；二是干旱；三是寒露风天气。至秋粮收获，广西没有出现大范围较重的旱灾天气，台风带来降雨，但未引发大范围较重的灾害，光温条件配合总体较好，降雨时间分布比较均匀，寒露风出现时间在10月9日之后，属于偏晚的年份，对晚稻影响不大，农业气象总体上对粮食生产有利。

1.台风对早稻及秋粮生产的影响总体有利。2018年，影响广西的台风主要有6月的“艾云尼”、7月的“山神”、8月的“贝碧嘉”以及9月的“百里嘉”和“山竹”。在影响广西的台风中，除“山竹”带来明显的大风降雨外，其余几个台风对广西粮食作物的影响不太。9月中旬第22号台风“山竹”对广西晚稻的影响总体来说利大于弊，特别是桂中、桂北前期降雨量偏少，台风带来的降雨，增加了山塘、地头水柜、水库的蓄水，使旱地持续保持墒情，对晚稻及旱粮作物中后期生产用水均较为有利。

2.寒露风天气对晚稻单产影响程度较低。据自治区气象部门资料，2018年10月9日至21日，广西从北向南先后出现10～13天寒露风天气过程，但这次寒露风出现时间偏晚，广西大部地区晚稻已抽穗、灌浆，特别桂北、桂中地区晚稻已经进行灌浆黄熟阶段，桂南、桂东晚稻产区的晚稻基本抽穗、灌浆，只有少数迟插的晚稻受到影响，总体上看，寒露风天气对晚稻单产影响程度是轻微的。据广西调查总队对网点受灾情况调查，晚稻受灾面积占播种面积比重为9.92%，其中受寒露风影响的晚稻面积比例仅2.55%，寒露风对晚稻的影响较轻。

3.旱地持续保持墒情对夏播旱粮作物有利。广西春播玉米、豆类、薯类、其他杂粮等生长期间，农业气象条件较好，单产高于上年。据实测调查，春播玉米单产351公斤，同比增长4.8%，大豆、绿豆、红薯等旱粮作物单产也有不同程度的增长。7月下旬广西桂南地区出现强降雨过程，8月的“贝碧嘉”以及9月的“百里嘉”和“山竹”等台风影响，广西大部

先后出现降雨过程，使旱地持续保持墒情，对夏播玉米、薯类、豆类等旱粮作物的播种、发芽、生长都较有利，薯类、豆类旱粮作物单产较上年增长。

（二）良种种植面积大，田间管理及时有效

据自治区农业部门统计，2018年广西早稻推广杂交稻面积1113.9万亩，占早稻插秧面积的80.8%，其中优质杂交稻949.6万亩，占早稻插秧面积的68.2%，超级稻示范推广面积700.5万亩，占早稻插秧面积的50.8%。晚稻推广杂交晚稻1142.15万亩，占晚稻面积的81.7%，优质稻1233.47万亩，占晚稻面积的88.23%，超级稻600.94万亩，占晚稻面积的42.99%。大力推广正大、迪卡、桂单等系列抗旱、抗逆的优良玉米品种，良种覆盖率达95%以上。

据自治区农业部门统计，6月14日，广西早稻追肥一次1379.3万亩，追肥二次1296.0万亩，病虫害发生870.3万亩，防治1008.6万亩，一类禾苗占49.8%，二类禾苗占39.8%，三类禾苗占10.4%，早稻一、二类禾苗面积占早稻总面积的89.6%。9月6日，广西晚稻追肥一次1393.11万亩，追肥二次1297.20万亩，分别占已插晚稻面积的99.65%和92.79%，病虫发生面积585.37万亩，病虫防治面积785.17万亩。晚稻一、二类禾苗比重达88.38%，夏播玉米一、二类苗比重达86.85%。从广西调查总队在各调查县建立的主要粮食作物生长监测点9月15日上报的观测结果看，36.1%的观测点晚稻长势好于上年，52.8%与上年持平，11.1%不如上年；夏播玉米中，33.3%的观测点长势好于上年，66.7%与上年持平。广西早稻、玉米、晚稻等主要粮食作物田间管理及时，禾苗长势普遍较好。

四、影响2018年粮食生产的不利因素

主要粮食作物播种面积下降明显，是影响2018年粮食生产的不利因素。2018年广西早稻因播种面积减少，致使早稻产量减少约11.8万吨；晚稻因播种面积减少导致产量减少12.4万吨左右；玉米因播种面积减少导致产量减少3.1万吨左右。在主要粮食品种中，早稻、晚稻播种面积下降明显。导致粮食作物播种面积下降的主要原因：

（一）粮食作物收益低，农民粮食生产积极性不高

据广西农产品生产价格调查情况显示，种植业生产中，粮食生产收益一直以来低于其他农作物，农民种粮收益有限，种粮意愿不高。如：鹿寨县调查点中龙田、俄洲、木岗、思民和吉云等5个村晚稻面积减少或未种植，而改种水果的较多，少数是只种早稻，到了夏播就改种蔬菜或者丢荒。种植水果、马蹄和草莓的比较收益均比晚稻高，亩收益达上万元，而种植晚稻只是赚自己的人工费，种植水稻的农户基本是为了满足基本生活需。

（二）生产成本上涨，种植效益进一步下降

虽然农民种粮有补贴，近年来粮价也稳中有涨，但受农资价格居高不下等因素的影响，农民并没有从中得到多少的实惠，一定程度上制约了农民的种粮积极性。据岑溪市对部分农户的种植效益概算，本地双季稻每亩产值2350元，每亩消耗1200元，每亩收益1150元，如扣除人工750元，收益更低，一个劳动力，正常耕作3亩田地，一年的种粮收入大约3500元。相比之下，外出务工一个月就有3000至3500元的工资收入。因此，一定程度上抑制了农户的种粮积极性，许多农村的青壮年选择外出打工。

（三）气候原因叠加水利设施不完善，导致部分地方春播推迟，影响夏播进度

2018年开春受天气阴冷影响，桂中、桂北部分地区早稻种植推迟，收获较晚，影响部

分晚稻播种。双季种植受天气、水利、种植技术等影响较大，随着年轻劳动力外出务工，留守从事粮食作物种植的多是老人，加之广西地块破碎，水利设施无法全部覆盖，且水利设施维护保养不当的现象在地块破碎的地方较为常见，导致早稻收割完后，无灌溉用水，后续只能不种作物。

（四）园艺果树种植持续增加，挤占粮食播种面积

如：桂林市平乐县的10调查村，目前只有5个村还种植晚稻，其他五个已基本不种植晚稻，高桥村夏播全部种植马蹄，莲藕和慈姑等蔬菜类作物，安隆村和协中村以果树和淮山为主，全都不种植晚稻。百色市靖西市调查村园艺果树种植面积340.04亩，比上年同期284.84亩，增加55.2亩，增长19.37%，主要原因是受精准扶贫政策影响，政府大力推广土地流转，加快特色产业的覆盖，提高农户经济效益。据靖西市新甲乡新荣村村民反映，种植粮食全年收益不超过1500元/亩，而种植水果或经济作物每亩产值在8000元以上，粮食产量经济效益低，农户更愿意种植水果或经济效益高的作物，所以导致粮食种植面积下降。河池市南丹县调查村本季园艺果树种植面积575.25亩，较2017年增加122.34亩，增长27.01%，农户种植的园艺果树大部分是桑树、砂糖橘、红心柚。这种大面积改种果树的现象，在广西几大水果产区较为普遍。

（五）政策性影响导致耕地面积区域性下降

广西提出了打造“一村一品”和特色产业园的政策，各地在积极探索、推广政策的落实。如：岑溪市安平镇富宁村的岑溪市威隆蔬果产业示范区，2015年开始建设，通过几年来的不断发展，由原来从农户租赁流转农田200亩扩大到目前的500亩，已建成以大棚种植为主的西瓜、哈密瓜、蔬菜标准化种植示范区。至目前为止，岑溪市经上级核验认定的农业示范园区共占用耕地9213亩，占全市耕地面积的1.49%。

五、对广西粮食生产的几点建议

（一）努力提高水稻种植的机械化水平

广西的水稻种植区域较广，种植区田块小且分散，水稻种植劳动强度大，种植成本高，在农业劳动力大量转移的背景下，需要进一步提高农机技术研发投入，加大农用机械的推广应用力度和农机维修支持，提高水稻种植机械化水平，减轻粮食生产劳动强度，降低种植成本，提高种粮效益。

（二）大力支持粮食生产规模化经营

目前，由于粮食生产效益不高，也阻碍了粮食生产的规模化经营。从土地流转的情况看，流转后的耕地用于种植粮食作物，扣除租地费用和耕作成本后所得利润远低于投入其他项目所获得收益，导致进行粮食种植的企业极少。农户由于人均水田少，亦不愿意把土地流转给别人耕种，此外，由于当前土地还是不少农民正常生活的保障，受传统观念影响，农民不敢流转土地，即使愿意流转的农户仍有不少只签订短期流转合同。为此，仍需进一步完善土地流转制度，鼓励粮食生产规模化经营，对种粮企业和大户在技术和资金上予以支持。

（三）强化粮食生产功能区的保护工作，积极引导种植结构调整

各地根据粮食生产规划划定了粮食生产功能区，有关部门要加强粮食生产功能区的保护工作，对粮食生产功能区的种植结构调整要积极加以引导，完善监管考核制度，确保粮食生产功能区发挥其应有的作用。

6-11　2018年广西畜禽生产调查报告

Aninimal Production Investigation Report in 2018

2018年广西畜牧业保持平稳发展

据国家统计局广西调查总队监测调查，2018年广西生猪养殖继续向规模化发展、家禽养殖规模逐步恢复、牛羊养殖保持小幅增长态势，畜禽生产总体继续保持稳步发展态势。

一、主要畜禽养殖规模呈现小幅扩张

2018年末，广西猪、牛、羊、禽存栏量分别为2298.3万头、328.6万头、223.5万只和33300.9万只，同比分别增长0.2%、0.6%、0.5%和1.8%，其中能繁母猪存栏262.4万头、同比增长0.3%；全年猪、牛、羊、禽累计出栏量分别为3465.8万头、123.6万头、210.9万头和84929.5万只，同比分别增长3.3%、5.7%、0.6%和-1.8%，猪牛羊禽肉产量418.4万吨，同比增长1.6%，畜禽生产总体继续保持稳步发展态势。

表1　2018年广西主要畜禽养殖规模表

	2018年末存栏（万只）	增长（%）	2018年累计出栏（万只）	增长（%）
猪	2298.3	0.2	3465.8	3.3
家禽	33300.9	1.8	84929.5	5.7
牛	328.6	0.6	123.6	0.6
羊	223.5	0.5	210.9	-1.8

（一）生猪生产平稳发展，盈利稳定

1.从养殖规模看，前三季度不断扩大，四季度有所回缩

2018年一至四季度，广西生猪存栏、能繁母猪存栏平稳略增，生猪出栏保持同比增长。根据广西调查总队的监测数据显示，2018年四个季度生猪存栏、能繁母猪存栏和生猪出栏的数据均较上年同期有所增长，截至2018年末，广西生猪存栏、能繁母猪存栏量分别为2298.3万头和262.4万头，同比分别增长0.2%和0.3%，全年累计出栏生猪3465.8万头，同比增长3.3%。虽然在上半年经历了生猪价格急剧滑坡的影响，下半年又受到邻省非洲猪瘟疫情波及，但广西生猪产业仍能健康发展，生猪产能保持稳步上升。

总体看来，广西生猪生产形势健康发展，生猪养殖结构也在不断向规模化、科学化进步。在这几轮猪周期调整中，小、散养殖户所占比例显著减少，规模户和大型生产单位快速扩张，强势地利用自身发展优势挤压小、散养户的生存空间。大型养殖户（包括生产企业）由于自身有足够的能繁母猪储备，在猪周期波动中，一直呈现出稳定增长的态势，市场低迷时，产能基本保持稳定，价格高涨时，产业又能快速扩张。相信随着生猪产业的快速发展，规模化现代化养殖一定会占据越来越重要的地位。

图1　2017—2018年各季度生猪季末存栏量（单位：万头）

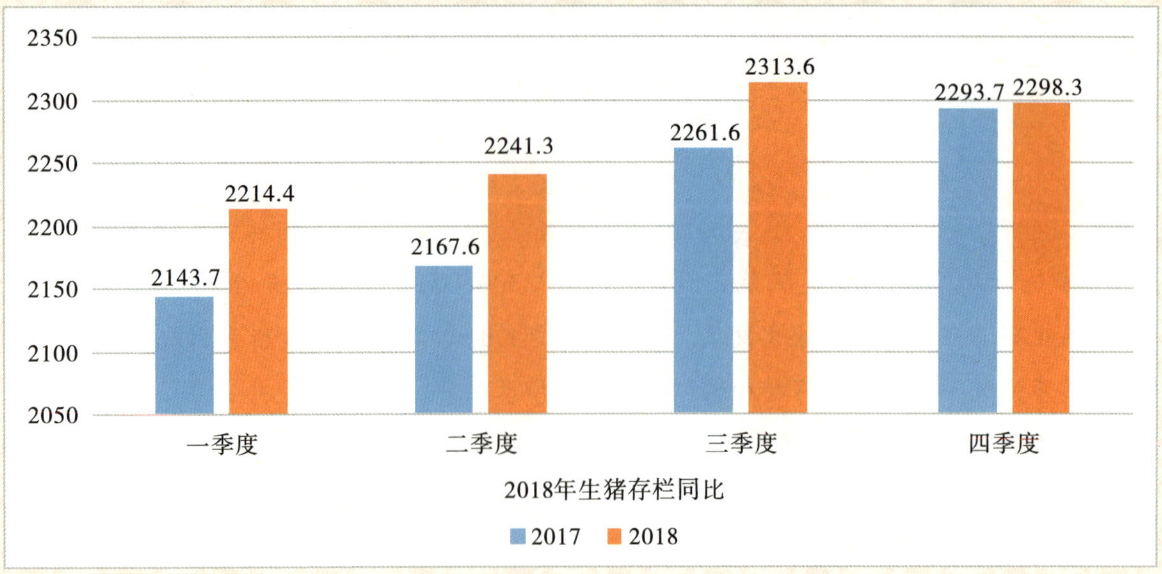

2350
2300
2250
2200
2150
2100
2050
2143.7
2214.4
2167.6
2241.3
2261.6
2313.6
2293.7
2298.3
一季度
二季度
三季度
四季度
2018年生猪存栏同比
2017
2018

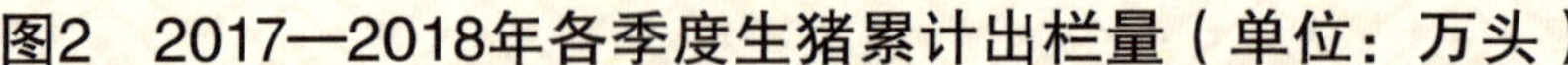

图2　2017—2018年各季度生猪累计出栏量（单位：万头）

4000
3500
3000
2500
2000
1500
1000
500
0
873.3
903.9
1696.8
1776.5
2487.1
2578.7
3355.1
3465.8
一季度
上半年
前三季度
全年
2018年生猪出栏同比
2017
2018

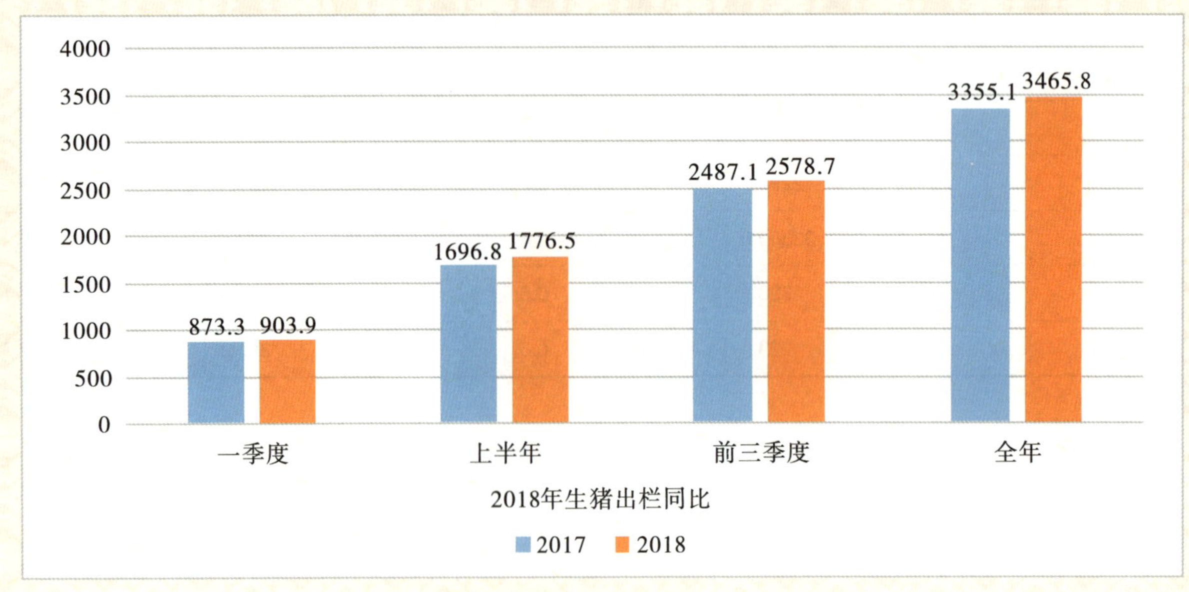

2.从生猪价格看，5个月价格低于成本价

2017年一季度，随着生猪产能的逐渐恢复，在春节过后，生猪价格出现急剧下跌的现象，尤其三月份生猪价格出现断崖式暴跌，由月初13.5元/公斤左右跌至月底11.3元/公斤左右，低过成本线，至5月份一度跌至10元/公斤以下。6月中旬，国家统计局广西调查总队在南宁、玉林、贵港等地调研期间，当地的肉猪出售价格基本在11元/公斤～11.6元/公斤，虽然较5月份略有回升，但养猪行业仍处于亏损状态。6月底7月初开始快速回升，但至8月份猪价上升超过14元/公斤后开始小幅震荡波动，徘徊在13.6元/公斤到14.6元/公斤。10月份，受外省非洲猪瘟疫情影响，广西下发《关于暂停广西生猪调运出本自治区的通知》，猪价又出现了短期内的小幅下跌，由14.4～15元/公斤降至12.4～13元/公斤，但仅经过一周左右的阵痛期，猪价便回升至13.8元/公斤左右，12月中旬，平均猪价在14元/公斤以上，保持在盈亏平衡点以上。从全年生猪价格走势看，3—7月5个月，生猪价格低于成本价（据养殖户经验，成本价约13.0元/公斤）。

图3　2018年广西各月生猪平均价格（单位：元/公斤）

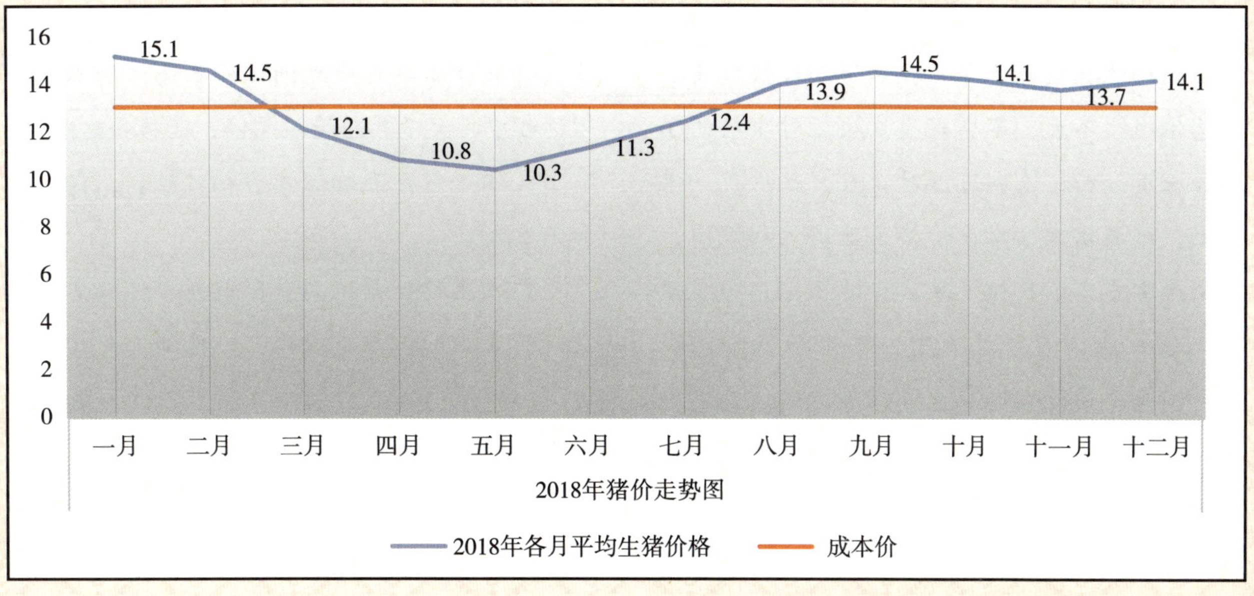

3.从养殖收益看，下半年养殖户养殖扭亏为盈，全年基本保持不亏或略有盈利

据调研访问，大部分养殖户认为今年生猪市场上下半年走势明显，下半年的盈利基本上能够抹平上半年所受亏损，有的略有盈利。2018年四季度，规模户的生猪养殖成本为13元/斤左右，杨翔、农垦集团等大型养猪场的饲养成本已经能控制在大约12元/斤，甚至更低。按照12月底当前生猪出售价格14元/公斤的出栏平均价格计算，每出售一头220斤重的活猪的利润在240～300元之间。养殖户对生猪后市的判断相对乐观。养殖场老板表示：目前虽然受非洲猪瘟疫情影响，养殖户普遍不敢大肆扩栏，但目前广西猪价基本保持稳定，养殖户能够保持平本有赚，眼看年关将至，猪肉消费将进入旺季，看好猪价能够继续上升。

（二）家禽价格维持高位促进养殖规模恢复

2017年的禽流感疫情对家禽养殖带来的较大冲击。2018年，广西家禽的价格总体维持在较高区间，养殖户盈利有保证促进养殖规模的恢复。据调研，2018年一季度，部分规模养殖户阉鸡23.26元/公斤，每只获利20元左右；三黄鸡和灵山土鸡平均价格为16.2元/公斤，每只获利5元左右。仔鸡价格为3.5～4元/只，养殖户补栏愿望强烈，鸡苗供不应求。二、三季度鸡价继续保持在成本线以上。如某养殖公司5—9月份的肉鸡出栏价格为10.9元/公斤、9.9元/公斤，13.5元/公斤，14.5元，除6月份处于小幅亏损状态，其他月份均为盈利状态。四季度，部分养殖户项鸡出栏价格在15～16元/公斤，阉鸡价格在16～20元/公斤左右，若为家禽土鸡价格则更高一点。春节将至，看好近期活鸡价格行情继续向好，可能会保持到2019年上半年左右。

（三）牛、羊生产发展基本平稳

虽然近年来市场上牛、羊肉价格一直较高，但广西牛、羊产业规模仍相对较小，产业规模快速发展的各项条件尚不具备，所以整体上生产一直处于平稳发展的态势。

二、当前畜牧业生产发展面临的问题

（一）生猪规模养殖水平较低，抗市场风险能力较弱

广西生猪规模化养殖虽然得到较快发展，但总体规模不大，不少规模户缺乏对市场的了解和深度分析，有利可图时，农户往往就一哄而上，造成供大于求，价格下跌，无利可图，甚至严重亏本。价格下跌后普通散养户由于缺乏规模效益，养殖成本高，抗市场风险能力弱，不得不通过大幅减少存栏或清栏，抵御市场风险，造成市场畜禽产品供给急剧减少，畜禽生产出现剧烈波动，给普通居民的生活和畜禽生产的正常进行造成了严重影响。

（二）养殖成本呈上升态势

一是雇工价格稳中略长。据调研，2018年生猪生产雇工成本比上年略有上涨。普通饲养员的工资是3000元/月，技术人员平均工资每月为4000～5000元，与上年比雇工价格涨幅不大，基本在5%～10%之间。大型生猪企业雇工价格每年保持8%～10%左右稳定增长，小型养殖户或普通规模户的雇工价格与2017年相比基本持平。二是玉米、豆粕等价格上涨。据对部分大型规模养殖户调研，饲料价格小幅上涨。四季度，玉米价格为2100元/吨，比去年同期上涨了100元/吨左右，涨幅为4.8%，与上半年价格持平。受中美贸易战影响，豆粕作为猪饲料原料，其供货来源和渠道虽不受影响，但价格上升幅度较大，豆粕价格由2930元/吨上涨到3030元/吨，涨幅为3.4%，每头生猪饲料养殖成本上涨约30～40元左右。

（三）养殖业环保压力趋大

新环保法实施后，环保执法力度不断加强，大量不合环保规定的养殖场被迫停养、禁养、搬迁。如广西生猪大县武鸣区，在县改区的过程中，由于城镇区域禁养、限养政策的限制，大量的养猪场被迫关停、搬迁，对当地生猪产业发展有很大影响；作为生猪调出大县的博白县和合浦县在地九洲江和南流江的环境治理过程中，大量养殖场被关停，迁移和改造。

（四）畜产品加工能力相对较弱，需加强和完善

广西生猪产量虽列全国前列，但以猪肉为原料的食品加工却是短腿，生猪加工业相对来说仍比较薄弱，直接影响生猪产业的发展，影响生猪饲养户的利润收入。另外，生猪加工业欠发达，市场无法消化过多的生鲜猪肉，也影响到市场的平稳供给，造成价格波动，影响生产生活。

三、建议和措施

（一）要大力推广生猪高架床养殖等先进环保的养殖技术

这几年，国家环保政策日趋严格，根据政策要求，沿河沿江流域附近、饮用水源保护区、城镇居民区和主要交通干线两侧等大片区域都实行了严格的生猪禁养、限养措施，加上当前养猪实行的是污染零排放政策，所有养殖场都必须配备有相应规模的排污、治污设备。面对当前环保的高压态势，生猪养殖必须从以前的脏、乱、臭的旧局面，向未来科学、环保、健康的新生态所转化。相关部门，应该紧紧抓住本次猪周期生产结构调整的难得机遇，大力推广和发展生猪高架床养殖等先进环保的养殖技术，对技术先进、环保水平高的养殖企业进行重点扶持，为未来生猪产业可持续、健康发展打下坚实基础。

（二）强化疫病防治力度，提高疫情防控能力

虽然这几年广西生猪、家禽疫情较为平稳，尚未发生任何大规模疾病疫情的情况，但应始终重视疫情防疫，继续做好防疫监测和服务工作，进一步建立健全疫情防疫防治机制加强培养专业技术人才，帮助养殖户提高应对突发疫情的能力，同时做好疫情疾病的监测预警工作，最大限度地减少疫情对养殖业的影响。

（三）主动推动畜牧业产业结构调整，大力发展规模化养殖

一是各级党政应加大相应的优惠扶持政策，加强规划和引导，主动引导带动养殖户从事畜牧标准化规模化产业化经营。二是以现有畜禽标准化规模养殖场为基础，建设一批规模养殖实训基地，重点发展规模养殖户。三是加大对从事畜牧标准化规模化产业化的单位、个人、经济组织等给予物质奖励，资金扶持，税收优惠支持等，用政策调动各主体积极性。

（四）积极建设投融资平台，降低信贷门槛，加大信贷支持力度

融资渠道不畅、贷款难，目前仍是困扰养殖业发展的关键。一是要大力支持有实力的龙头企业，建立养殖户贷款担保机制，并在资本金和贴息方面给予支持；二是积极引导普通中小型养殖户创建专业合作社，开展信用合作、联户联保，探索小额贷款、投融资、信用担保、保险等平台建设；三是推进养殖业小额信贷工作，着力拓宽投融资渠道，为现代畜牧业发展提供更多的资金支持。

附录一 广西主要社会经济指标

APPENDIX I Main Social and Economic Indicators of Guangxi

附录1-1　地区生产总值（1979—2018年）

Gross Domestic Product（1979—2018）

资料来源：《广西统计年鉴》
Source：Guangxi Statistical Yearbook.
（按当年价格计算）（calculated at current prices）　　　　单位：亿元（100 million yuan）

年　份 Year	地　区生产总值 Gross Domestic Product	第一产业 Primary Industry	第二产业 Secondary Industry	工业 Industry	建筑业 Construction	第三产业 Tertiary Industry	人均地区生产总值（元/人） Per Capita GDP （yuan/person）
1979	84.59	37.57	27.98	25.12	2.86	19.04	246
1980	97.33	44.07	30.79	27.78	3.01	22.47	278
1981	113.46	52.58	33.01	29.71	3.30	27.87	317
1982	129.15	63.15	34.72	30.98	3.74	31.28	354
1983	134.60	63.59	37.09	32.39	4.70	33.92	363
1984	150.27	66.26	43.26	36.97	6.29	40.75	399
1985	180.97	77.49	54.69	45.92	8.77	48.79	471
1986	205.46	85.62	69.03	58.41	10.62	50.81	525
1987	241.56	99.94	81.79	70.96	10.83	59.83	607
1988	313.28	118.25	100.69	86.38	14.31	94.34	770
1989	383.44	149.98	109.97	97.11	12.86	123.49	927
1990	449.06	176.77	118.45	104.79	13.66	153.84	1066
1991	518.59	195.17	141.02	123.66	17.36	182.40	1211
1992	646.60	233.03	187.48	161.44	26.04	226.09	1490
1993	871.70	250.11	321.10	273.03	48.07	300.49	1982
1994	1198.29	333.79	469.81	404.59	65.22	394.69	2675
1995	1497.56	453.15	535.86	461.25	74.61	508.55	3304
1996	1697.90	534.88	587.37	503.32	84.05	575.65	3706
1997	1817.25	582.74	614.07	524.49	89.58	620.44	3928
1998	1911.30	586.70	667.29	561.34	105.95	657.31	4346
1999	1971.41	567.72	682.34	570.76	111.58	721.35	4444
2000	2080.04	557.38	732.76	612.33	120.43	789.90	4652
2001	2279.34	576.34	771.18	639.55	131.64	931.82	5058
2002	2523.73	601.99	846.89	699.15	147.74	1074.85	5558
2003	2821.11	658.78	984.08	813.79	170.29	1178.25	6169
2004	3433.50	817.88	1253.70	1044.80	208.90	1361.92	7461
2005	3984.10	912.50	1510.68	1264.84	245.84	1560.92	8590
2006	4746.16	1032.47	1878.56	1592.33	286.23	1835.12	10121
2007	5835.33	1241.35	2434.00	2098.73	335.27	2159.98	12302
2008	7038.88	1453.75	3050.82	2640.34	410.48	2534.31	14689
2009	7784.98	1458.49	3400.42	2882.54	517.88	2926.07	16098
2010	9604.01	1675.06	4536.66	3885.20	651.46	3392.29	20292
2011	11764.97	2047.22	5707.57	4883.31	824.26	4010.18	25424
2012	13090.04	2172.37	6287.19	5318.97	968.22	4630.48	28069
2013	14511.70	2290.64	6778.48	5647.39	1134.51	5442.58	30873
2014	15742.62	2413.44	7378.14	6118.23	1264.16	5951.04	33237
2015	16870.04	2565.45	7766.34	6408.64	1358.56	6538.25	35330
2016	18293.66	2772.82	8273.66	6816.64	1458.41	7247.18	37977
2017	18523.26	2878.30	7450.85	5822.93	1635.69	8194.11	38102
2018	20352.51	3019.37	8072.94	6288.72	1792.64	9260.20	41489

注：2018年地区生产总值及其相关数据均为快报数。
Note: The GDP data of 2018 in this chapter are from quick statistics data.

附录1-2 财政、金融（1979—2018年）

Government Finance & Financial Intermediation（1979—2018）

资料来源：《广西统计年鉴》
Source：Guangxi Statistical Yearbook.
单位：亿元 （100 million yuan）

年 份 Year	财 政 Finance			金 融 Banking		
	公共财政预算收入 Public Budget Income	公共财政预算支出 Public Budget Expenditure	收支差额 Income & Expenditure Balance	各项存款年底余额 Total Saving Deposit Balance	各项贷款年底余额 Total Loan Balance	城乡居民储蓄存款年底余额 Urban and Rural Savings Deposits
1979	12.05	20.60	-8.54			
1980	12.58	17.44	-4.86			
1981	12.73	16.04	-3.32			
1982	13.03	17.44	-4.41			
1983	13.58	18.84	-5.26			
1984	13.47	23.06	-9.59			
1985	20.18	29.75	-9.57	94.96	118.38	34.23
1986	25.23	42.22	-16.99	124.85	152.47	48.40
1987	30.54	47.70	-17.16	160.54	186.26	67.64
1988	33.89	53.27	-19.39	165.67	210.61	81.73
1989	41.41	57.74	-16.33	211.22	277.75	107.35
1990	46.83	65.00	-18.17	271.17	326.29	152.29
1991	55.92	71.61	-15.69	351.85	389.76	201.39
1992	61.20	78.48	-17.28	501.66	499.20	277.02
1993	95.93	107.49	-11.56	662.74	664.72	406.04
1994	62.26	124.93	-62.67	915.24	835.52	572.34
1995	79.44	140.59	-61.15	1152.32	1055.67	735.50
1996	90.51	157.01	-66.50	1361.17	1203.41	884.55
1997	99.16	170.83	-71.68	1568.83	1423.48	1013.14
1998	119.67	198.36	-78.69	1792.10	1516.49	1150.08
1999	133.56	224.98	-91.41	2010.14	1719.19	1257.26
2000	147.05	258.49	-111.43	2269.06	1613.25	1374.42
2001	178.67	351.65	-172.98	2518.94	1764.05	1538.95
2002	186.73	419.86	-233.13	2784.14	1941.07	1736.60
2003	203.66	443.60	-239.94	3175.34	2320.66	1971.66
2004	237.77	507.47	-269.70	3673.19	2759.65	2240.11
2005	283.04	611.48	-328.44	4202.84	3056.86	2561.34
2006	342.58	729.52	-386.94	4971.86	3595.25	2946.22
2007	418.83	985.94	-567.12	5749.94	4287.79	3185.28
2008	518.42	1297.11	-778.69	7024.10	5066.68	3851.95
2009	620.99	1621.82	-1000.83	9583.13	7268.41	4686.20
2010	771.99	2007.59	-1235.60	11746.77	8867.52	5702.43
2011	947.72	2545.28	-1597.56	13527.97	10646.43	6682.21
2012	1166.06	2985.23	-1819.16	15966.65	12355.52	8042.23
2013	1317.60	3208.67	-1891.06	18400.48	14081.01	9532.48
2014	1422.28	3479.79	-2057.51	20298.54	16070.95	10532.76
2015	1515.16	4065.51	-2550.36	22793.54	18119.30	11434.29
2016	1556.27	4441.70	-2885.44	25477.80	20640.54	12606.56
2017	1615.13	4908.55	-3293.42	27899.64	23226.14	13814.30
2018	1681.45	5310.74	-3629.29	29789.78	26688.31	15334.39

注：根据中国人民银行报表调整，2015年起城乡居民储蓄存款改为住户存款。
Note: According to the people's Bank of China to adjust the report, from urban and rural residents in 2015 to household savings deposits.

附录1-3 人口（1979—2018年）

Population（1979—2018）

资料来源：《广西统计年鉴》
Source：Guangxi Statistical Yearbook.
单位：万人　　　　(10 000 persons)

年 份 Year	总户数（万户）Total Households（10 000 households）	总人口（年末）Total Population（year-end）	按性别分 By Sex		按城乡分 By Residence		常住人口 Permanent Population	人口密度（人/平方公里）Population Density（person/sq.km）
			男性 Male	女性 Female	城镇人口 Urban Population	乡村人口 Rural Population		
1979	666	3470	1786	1684				
1980	676	3538	1822	1716				149
1981	694	3613	1862	1751				
1982	706	3684	1902	1782				
1983	718	3733	1930	1803				
1984	734	3806	1970	1836				
1985	757	3873	2005	1868				164
1986	783	3946	2044	1902				
1987	808	4016	2082	1934				
1988	831	4088	2119	1969				
1989	867	4150	2152	1998				
1990	896	4242	2205	2037	641	3601		179
1991	918	4324	2250	2074				183
1992	950	4380	2285	2095				185
1993	973	4438	2317	2121				187
1994	997	4493	2346	2147				190
1995	1020	4543	2377	2166	838	3705		192
1996	1040	4589	2398	2191				194
1997	1069	4633	2421	2212				196
1998	1092	4675	2442	2233				198
1999	1110	4713	2463	2250				199
2000	1140	4751	2484	2267	1337	3414		201
2001	1178	4788	2506	2282	1350	3438		202
2002	1197	4822	2521	2301	1365	3457		204
2003	1235	4857	2542	2315	1411	3446		205
2004	1285	4889	2559	2330	1550	3339		206
2005	1329	4925	2587	2338	1567	3093	4660	208
2006	1374	4961	2612	2349	1635	3084	4719	209
2007	1416	5002	2634	2368	1728	3040	4768	201
2008	1459	5049	2659	2390	1838	2978	4816	203
2009	1499	5092	2681	2411	1904	2952	4856	205
2010	1347	5159	2708	2451	1849	2761	4610	195
2011	1359	5199	2730	2469	1942	2703	4645	196
2012	1361	5240	2759	2481	2038	2644	4682	197
2013	1383	5282	2772	2510	2115	2604	4719	199
2014	1567	5475	2891	2584	2187	2567	4754	201
2015	1575	5518	2913	2605	2257	2539	4796	202
2016	1586	5579	2943	2636	2326	2512	4838	204
2017	1586	5600	2951	2649	2404	2481	4885	206
2018	1600	5659	2980	2679	2474	2452	4926	207

附录1-4 就业和劳动报酬基本情况

Basic Statistics on Employment and Labor Remuneration

资料来源：《广西统计年鉴》
Source：Guangxi Statistical Yearbook.

指 标	Item	2014	2015	2016	2017	2018
劳动力资源总数（万人）	**Total Resource of Labor Force（10 000 persons）**	**3399**	**3438**	**3465**	**3498**	**3528**
占人口总数比重（%）	Proportion in Total Population（%）	71.49	71.69	71.62	71.61	71.62
劳动力资源利用率（%）	Utilization Ratio of Resource of Labor Force（%）	82.30	82.03	81.99	81.25	80.73
从业人员合计（万人）	**Employed Persons（10 000 persons）**	**2795**	**2820**	**2841**	**2842**	**2848**
第一产业	Primary Industry	1450	1427	1423	1415	1404
第二产业	Secondary Industry	540	513	500	498	494
第三产业	Tertiary Industry	805	880	918	929	950
从业人员构成（%）	**Composition of Employed Persons（%）**					
第一产业	Primary Industry	51.90	50.60	50.10	49.80	49.30
第二产业	Secondary Industry	19.30	18.20	17.60	17.50	17.34
第三产业	Tertiary Industry	28.80	31.20	32.30	32.70	33.36
按城乡分从业人员（万人）	**Employed Persons by Urban and Rural Areas（10 000 persons）**					
城镇从业人员	Urban Employed Persons	1145	1198	1236	1247	1282
国有单位	State-owned Units	206.48	202.37	201.82	201.64	199.10
城镇集体单位	Urban Collective-owned Units	15.09	13.27	13.21	12.44	10.85
股份合作单位	Cooperative Units	2.04	2.06	1.88	1.67	1.51
联营单位	Joint Ownership Units	0.15	0.14	0.11	0.07	0.07
有限责任公司	Limited Liability Corporations	113.59	125.21	123.25	125.95	125.28
股份有限公司	Share-holding Corporations Ltd.	27.66	27.55	27.41	24.62	25.41
港澳台投资单位	Units with Funds from Hong Kong, Macao & Taiwan	17.20	16.36	16.17	16.38	11.27
外商投资单位	Foreign Funded Units	13.43	12.92	12.98	11.39	10.49
私营企业	Private Enterprises		168.00	247.00	248.67	282.72
个体	Self-employed Individuals		212.00	252.00	270.30	304.27
在岗职工人数	Number of Staff & Workers at Post	326.50	329.60	325.50	316.73	304.44
国有单位	State-owned Units	184.15	178.80	178.36	175.28	173.45
城镇集体单位	Urban Collective-owned Units	10.82	10.08	9.62	8.78	7.45
其他类型单位	Others	131.54	140.72	137.50	132.67	123.54
乡村从业人员	Rural Employed Persons	1635	1622	1605	1595	1566
城镇单位从业劳动报酬（元）	**Remuneration of Staff & Workers in Urban Units（yuan）**					
单位从业人员平均劳动报酬	Average Remuneration of Staff & Workers	45424	52982	57878	63821	70606
国有单位	State-owned Units	46065	57247	63751	70407	76904
城镇集体单位	Urban Collective-owned Units	36874	40510	43064	46457	51855
城镇登记失业人数（万人）	**Number of Registered Unemployed Persons in Urban Areas（10 000 persons）**	**18.66**	**18.13**	**18.13**	**14.72**	**16.71**
城镇登记失业率（%）	**Registered Unemployment Rate in Urban Areas（%）**	**3.15**	**2.92**	**2.93**	**2.21**	**2.34**

主要统计指标解释

地区生产总值（原国内生产总值） 是指一个地区所有常住单位在一定时期内生产活动的最终成果。地区生产总值有三种表现形态，即价值形态、收入形态和产品形态。从价值形态看，它是所有常住单位在一定时期内所生产的全部货物和服务价值超过同期投入的全部非固定资产货物和服务价值的差额，即所有常住单位的增加值之和；从收入形态看，它是所有常住单位在一定时期内所创造并分配给常住单位和非常住单位的初次分配收入之和；从产品形态看，它是最终使用的货物和服务减去进口货物和服务。在核算中，地区生产总值的三种表现形态表现为三种计算方法，即生产法、收入法和支出法。三种方法分别从不同的方面反映地区生产总值及其构成。根据国家统计局有关我国GDP核算和数据发布制度的规定，广西国内生产总值自2004年起更名为“广西生产总值”，简称“广西GDP”。

三次产业 是根据社会生产活动历史发展的顺序对产业结构的划分，产品直接取自然界的部门称为第一产业，对初级产品进行再加工的部门称为第二产业，为生产和消费提供各种服务的部门称为第三产业。

我国的三次产业划分是：

第一产业：农业（包括种植业、林业、牧业和渔业）。

第二产业：工业（包括采掘业，制造业，电力、煤气及水的生产和供应业）和建筑业。

第三产业：除第一、第二产业以外的其他各业。由于第三产业包括的行业多，范围广，根据我国的实际情况，第三产业又分为两大部分：一是流通部门，二是服务部门。

财政收入 是指国家财政参与社会产品分配所取得的收入，是实现国家职能的财力保证。财政收入所包括的内容几经变化，目前主要包括：（1）各项税收，包括增值税、营业税、消费税、土地增值税、城市维护建设税、资源税、城市土地使用税、印花税、房产税、车船使用税、屠宰税、个人所得税、企业所得税、关税、契税、农牧业税和耕地占用税等。（2）专项收入：包括征收排污费收入、城市水资源费收入、教育费附加收入、矿产资源补偿费收入。（3）其他收入，包括国有资产经营收益、国有企业计划亏损补贴、基本建设贷款归还收入、基本建设收入、罚没收入、行政性收费收入、其他收入等。

财政支出 是指国家为行使其职能，对筹集的财政资金进行有计划的分配使用的总称。国家财政支出，体现政府的活动范围和方向，反映财政资金的分配关系。财政支出主要包括：（1）基本建设支出；（2）企业挖潜改造资金；（3）地质勘探费；（4）科技三项费用；（5）流动资金；（6）支援农村生产支出；（7）农林水利气象等部门的事业费；（8）工业交通等部门事业费；（9）商业部门事业费；（10）城市维护费；（11）文教卫生事业费；（12）科学事业费；（13）其他部门事业费；（14）抚恤和社会福利救济费；（15）国防支出类；（16）行政管理费；（17）公检法支出；（18）价格补贴支出；（19）支援不发达地区支出；（20）专项支出；（21）农业综合开发支出；（22）行政事业单位离退休经费（23）其他支出等。

存款 指企业、机关、团体或居民根据资金必须收回的原则，把货币资金存入银行或其他信用机构保管并取得一定利息的一种信用活动形式。根据存款对象的不同可划分为企业存款、财政存款、机关团体存款、基本建设存款、城镇储蓄存款、农村存款等科目。它是银行信贷资金的主要来源。

贷款 指银行或其他信用机构根据资金必须归还的原则，按一定利率，为企业、个人等提供资金的一种信用活动形式。我国银行贷款分为流动资金贷款、固定资产贷款、城乡个体工商户贷款以及农业贷款等科目。

户数 包括家庭户（含单身独居）和集体户。

人口数 指一定时点、一定地区范围内有生命的个人的总和。

市镇人口 指市人口和县辖镇人口。

乡村人口 指县辖乡的全部人口。

Explanatory Notes on Main Statistical Indicators

Gross Domestic Product (GDP) refers to the final products of all resident units in a region during a certain period of time. Gross domestic product is expressed in three different forms, i.e. value added, income, and products respectively. The form of value added refers to the total value of all products and services produced by all resident units during a certain period of time minus total value of input of materials and services of the nature of non-fixed assets of the summation of the value added of all resident units; the form of income includes all the income created by all resident units and distributed primarily to all resident and non-resident units; the form of products refers to all final goods and services minus imports of goods and services. In the practice of national accounting, gross domestic product is calculated with three approaches, i.e. product approach, income approach, and expenditure approach respectively to reflect gross domestic product and its composition from different aspects.

Three Industries Industry structure has been classified according to the historical sequence of development. Primary industry refers to extraction of natural resources; secondary industry involves processing of primary products; and tertiary industry provides services of various kinds for production and consumption. Industry in China comprises:

Primary industry: agriculture (including farming, forestry, animal husbandry and fishery).

Secondary industry: industry (including mining and quarrying, manufacturing, and electricity, gas and water production and supply).

Tertiary industry: all other industries not included in primary or secondary industry. Since tertiary industry includes various trades and is with extensive coverage, it is divided into 2 parts according to our country's actual situation: circulation department and service department.

Government Revenue refers to the revenue of the government finance by means of participating in the distribution of the social products, which are the financial resources for ensuring the government to function. The contents of government revenue have been changed several times. Now it includes the following main items: (1) Various tax revenues, including value added taxes, business tax, consumption tax, land value added tax, tax on city maintenance and construction, resources tax, tax on use of urban land, stamp tax, tax on real estate, tax on the use of vehicles and ships, slaughter tax, personal income tax, enterprise income tax, tariff, contract tax, tax on agriculture and animal husbandry and tax on occupancy of cultivated land, etc. (2) Special income: including revenue collected from imposing fee on sewage treatment, revenue collected from imposing fee on urban water resources, extra-charges for education, and revenue collected from imposing fee on mine resources. (3) Other revenues, including profits from management of state-owned assets, subsidies to loss-making state-owned enterprise, revenue from the repayment of capital construction loan, revenue from capital construction, penalty, administration income and other incomes.

Government Expenditure refers to the (1) Expenditure for capital construction; (2) Innovation funds of the enterprises; (3) Geological prospecting expenses; (4) Expenditures for science and technology promotion; (5) Circulating funds; (6) Expenditure for supporting rural production; (7) Operating expenses of the departments of farming, forestry, water conservancy and meteorology etc; (8) Operating expenses of the departments of industry, transport; (9) Operating expenses of the department of commerce; (10) Expenditure for city maintenance; (11) Operating expenses of the departments of culture, education and public health; (12) Operating expenses of the department of science; (13) Operating expenses of the other departments; (14) Pension for the disabled or for the families of the bereaved and relief funds for social welfare; (15) Expenditures for national defense; (16) Administrative expenses (17) Expenditure for public security agency, procurator agency and court of justice; (18) Expenditure for price subsidies; (19) Expenditure for supporting under-developed areas; (20) Special expenditure; (21) Expenditure for comprehensive development of agriculture; (22) Expenditure for retired persons in administrative department; (23) Other expenditures.

Deposit is a form of credit by which enterprises, institutions, organizations or residents can put money into banks and other credit institutions for safekeeping and interest earning under the principle of free withdrawal. According to different depositors, deposits are divided into enterprise deposits, treasury deposits, deposits of government agencies and organizations, capital construction deposits, urban savings deposits, rural deposits and other deposits. Deposits are major sources of the credit funds of banks.

Loan is a form of credit by which banks and other credit institutions provide funds at certain interest rate to enterprises and individuals in the light of the principle of unconditional repayment. Loans from Chinese banks include circulating capital loans, fixed assets loans, loans to urban and rural individuals engaged in industrial and commercial business and agricultural loans.

Households include family household (including single household) and collective households.

Total Population refers to the total number of people alive at a certain point of time within a given area.

Urban Population refers to city population and town population.

Country Population refers to the total population under the jurisdiction of country.

附录二 全国及各省（直辖市、自治区）主要统计调查指标

APPENDIX Ⅱ Main Statistical Survey Indicators by Region

附录2-1 全国及各省（直辖市、自治区）城镇居民人均收入与支出

Per Capita Income and Expenditure of Urban Households by Region

单位：元　　（yuan）

地区	Region	城镇居民人均可支配收入 Per Capita Disposable Income of Urban Households		城镇居民人均消费支出 Per Capita Consumption Expenditure of Urban Households	
		2017	2018	2017	2018
全　国	**National**	**36396**	**39251**	**24445**	**26112**
北　京	Beijing	62406	67990	40346	42926
天　津	Tianjin	40278	42976	30284	32655
河　北	Hebei	30548	32977	20600	22127
山　西	Shanxi	29132	31035	18404	19790
内蒙古	Inner Mongolia	35670	38305	23638	24437
辽　宁	Liaoning	34993	37342	25379	26448
吉　林	Jilin	28319	30172	20051	22394
黑龙江	Heilongjiang	27446	29191	19270	21035
上　海	Shanghai	62596	68034	42304	46015
江　苏	Jiangsu	43622	47200	27726	29462
浙　江	Zhejiang	51261	55574	31924	34598
安　徽	Anhui	31640	34393	20740	21523
福　建	Fujian	39001	42121	25980	28145
江　西	Jiangxi	31198	33819	19244	20760
山　东	Shandong	36789	39549	23072	24798
河　南	Henan	29558	31874	19422	20989
湖　北	Hubei	31889	34455	21276	23996
湖　南	Hunan	33948	36698	23163	25064
广　东	Guangdong	40975	44341	30198	30924
广　西	Guangxi	30502	32436	18349	20159
海　南	Hainan	30817	33349	20372	22971
重　庆	Chongqing	32193	34889	22759	24154
四　川	Sichuan	30727	33216	21991	23484
贵　州	Guizhou	29080	31592	20348	20788
云　南	Yunnan	30996	33488	19560	21626
西　藏	Tibet	30671	33797	21088	23029
陕　西	Shaanxi	30810	33319	20388	21966
甘　肃	Gansu	27763	29957	20659	22606
青　海	Qinghai	29169	31515	21473	22998
宁　夏	Ningxia	29472	31895	20219	21977
新　疆	Xinjiang	30775	32764	22797	24191

附录2-2 全国及各省（直辖市、自治区）农村居民人均收入与支出

Per Capita Income and Expenditure of Rural Households by Region

单位：元 (yuan)

地 区	Region	农村居民人均可支配收入 Per Capita Disposable Income of Rural Households		农村居民人均消费支出 Per Capita Consumption Expenditure of Rural Households	
		2017	2018	2017	2018
全 国	**National**	**13432**	**14617**	**10955**	**12124**
北 京	Beijing	24240		18810	
天 津	Tianjin	21754	23065	16386	16863
河 北	Hebei	12881	14031	10536	11383
山 西	Shanxi	10788	11750	8424	9172
内蒙古	Inner Mongolia	12584	13803	12184	12661
辽 宁	Liaoning	13747	14656	10787	11455
吉 林	Jilin	12950	13748	10279	10826
黑龙江	Heilongjiang	12665	13804	10524	11417
上 海	Shanghai	27825	30375	18090	19965
江 苏	Jiangsu	19158	20845	15612	16567
浙 江	Zhejiang	24956	27302	18093	19707
安 徽	Anhui	12758	13996	11106	12748
福 建	Fujian	16335	17821	14003	14943
江 西	Jiangxi	13242	14460	9870	10885
山 东	Shandong	15118	16297	10342	11270
河 南	Henan	12719	13831	9212	10392
湖 北	Hubei	13812	14978	11633	13946
湖 南	Hunan	12936	14093	11534	12721
广 东	Guangdong	15780	17168	13200	15411
广 西	Guangxi	11325	12435	9437	10617
海 南	Hainan	12902	13989	9599	10956
重 庆	Chongqing	12638	13781	10936	11977
四 川	Sichuan	12227	13331	11397	12723
贵 州	Guizhou	8869	9716	8299	9170
云 南	Yunnan	9862	10768	8027	9123
西 藏	Tibet	10330	11450	6691	7452
陕 西	Shaanxi	10265	11213	9306	10071
甘 肃	Gansu	8076	8804	8030	9065
青 海	Qinghai	9462	10393	9903	10352
宁 夏	Ningxia	10738	11708	9982	10790
新 疆	Xinjiang	11045	11975	8713	9421

附录2-3 广西与全国居民消费价格主要分类指数（2018年）

Consumer Price Indices by Category in Country and Guangxi（2018）

（上年＝100） （preceding year＝100）

指　标	Item	全国平均 National Average	广　西 Guangxi
居民消费价格指数	**Consumer Price Index**	**102.1**	**102.3**
食品烟酒	Food, Tobacco and Liquor	101.9	101.0
粮食	Grain	100.8	100.9
鲜菜	Fresh Vegetables	107.1	103.3
畜肉	Livestock Meat	96.2	93.2
水产品	Aquatic Products	102.3	104.2
蛋	Eggs	112.0	108.5
鲜果	Fresh Fruits	105.6	100.6
衣着	Clothing	101.2	101.5
居住	Residence	102.4	104.3
生活用品及服务	Household Facilities Articles and Services	101.6	101.9
交通和通信	Transportation and Communication	101.7	101.6
教育文化和服务	Education Culture and Services	102.2	102.5
医疗保健	Health Care and Medical Services	104.3	104.5
其他用品和服务	Other Supplies and Services	101.2	101.3
商品零售价格指数	**Retail Price Index**	**101.9**	**101.6**
食品	Food	102.1	101.0
饮料、烟酒	Beverages, Tobacco and Liquor	101.5	101.5
服装、鞋帽	Garments, Shoes and Hats	101.3	100.9
纺织品	Textiles	100.8	99.3
家用电器及音像器材	Household Appliances, Music and Video Equipment	99.5	99.6
文化办公用品	Cultural and Office Appliances	100.0	100.2
日用品	Articles for Daily Use	101.1	100.9
体育娱乐用品	Sports and Recreation Articles	100.8	100.9
交通、通信用品	Transportation and Communication Appliances	98.6	98.6
家具	Furniture	102.5	101.6
化妆品	Cosmetics	101.0	101.3
金银珠宝	Gold, Silver and Jewelry	97.9	95.7
中西药品及医疗保健用品	Traditional Chinese and Western Medicines and Health Care Articles	104.5	104.9
书报杂志及电子出版物	Books, Newspapers, Magazines and Electronic Publications	103.5	102.7
燃料	Fuels	109.7	111.0
建筑材料及五金电料	Building Materials and Hardware	102.8	102.6
农业生产资料价格指数	**Price Index of Means of Agricultural Production**	**103.1**	**101.8**

附录2-4 全国及各省（直辖市、自治区）居民消费价格指数

Consumer Price Indices by Region

（上年=100） (preceding year=100)

地区	Region	2014 指数 Index	2014 排位 Rank	2015 指数 Index	2015 排位 Rank	2016 指数 Index	2016 排位 Rank	2017 指数 Index	2017 排位 Rank	2018 指数 Index	2018 排位 Rank
全国	**National**	**102.0**		**101.4**		**102.0**		**101.6**		**102.1**	
北京	Beijing	101.6	28	101.8	5	101.4	25	101.9	6	102.5	3
天津	Tianjin	101.9	21	101.7	9	102.1	7	102.1	4	102.0	22
河北	Hebei	101.7	23	100.9	29	101.5	22	101.7	8	102.4	6
山西	Shanxi	101.7	25	100.6	30	101.1	31	101.1	28	101.8	25
内蒙古	Inner Mongolia	101.6	30	101.1	25	101.2	30	101.7	9	101.8	24
辽宁	Liaoning	101.7	24	101.4	19	101.6	20	101.4	24	102.5	2
吉林	Jilin	102.0	15	101.7	10	101.6	18	101.6	15	102.1	13
黑龙江	Heilongjiang	101.5	31	101.1	26	101.5	23	101.3	25	102.0	20
上海	Shanghai	102.7	3	102.4	2	103.2	1	101.7	10	101.6	29
江苏	Jiangsu	102.2	9	101.7	8	102.3	5	101.7	7	102.3	9
浙江	Zhejiang	102.1	13	101.4	17	101.9	11	102.1	3	102.3	10
安徽	Anhui	101.6	27	101.3	21	101.8	16	101.2	26	102.0	19
福建	Fujian	102.0	14	101.7	7	101.7	17	101.2	27	101.5	31
江西	Jiangxi	102.3	7	101.5	15	102.0	9	102.0	5	102.1	14
山东	Shandong	101.9	17	101.2	23	102.1	8	101.5	17	102.5	5
河南	Henan	101.9	18	101.3	20	101.9	10	101.4	23	102.3	11
湖北	Hubei	102.0	16	101.5	13	102.2	6	101.5	16	101.9	23
湖南	Hunan	101.9	19	101.4	18	101.9	13	101.4	20	102.0	21
广东	Guangdong	102.3	8	101.5	12	102.3	4	101.5	18	102.2	12
广西	Guangxi	102.1	12	101.5	14	101.6	19	101.6	13	102.3	8
海南	Hainan	102.4	6	101.0	27	102.8	2	102.8	1	102.5	4
重庆	Chongqing	101.8	22	101.3	22	101.8	15	101.0	29	102.0	16
四川	Sichuan	101.6	29	101.5	16	101.9	12	101.4	21	101.7	27
贵州	Guizhou	102.4	4	101.8	6	101.4	27	100.9	31	101.8	26
云南	Yunnan	102.4	5	101.9	4	101.5	21	100.9	30	101.6	30
西藏	Tibet	102.9	1	102.0	3	102.5	3	101.6	11	101.7	28
陕西	Shaanxi	101.6	26	101.0	28	101.3	29	101.6	12	102.1	15
甘肃	Gansu	102.1	10	101.6	11	101.3	28	101.4	22	102.0	17
青海	Qinghai	102.8	2	102.6	1	101.8	14	101.5	19	102.5	1
宁夏	Ningxia	101.9	20	101.1	24	101.5	24	101.6	14	102.3	7
新疆	Xinjiang	102.1	11	100.6	31	101.4	26	102.2	2	102.0	18

附录2-5　全国及各省（直辖市、自治区）商品零售价格指数

Retail Price Indices by Region

（上年＝100）　　　　（preceding year＝100）

地区	Region	2014 指数 Index	2014 排位 Rank	2015 指数 Index	2015 排位 Rank	2016 指数 Index	2016 排位 Rank	2017 指数 Index	2017 排位 Rank	2018 指数 Index	2018 排位 Rank
全　国	**National**	**101.0**		**100.1**		**100.7**		**101.1**		**101.9**	
北　京	Beijing	99.1	31	98.5	31	98.1	31	99.2	31	101.1	28
天　津	Tianjin	100.9	22	100.3	11	100.5	23	100.8	25	101.6	19
河　北	Hebei	101.0	16	100.2	14	101.2	5	101.4	9	102.2	8
山　西	Shanxi	100.6	28	99.3	30	100.5	25	101.3	14	101.7	15
内蒙古	Inner Mongolia	100.7	26	100.5	9	100.6	21	101.2	17	101.6	18
辽　宁	Liaoning	101.0	18	100.5	10	101.0	10	100.7	26	101.4	24
吉　林	Jilin	101.2	12	99.8	23	101.3	2	101.4	6	102.4	5
黑龙江	Heilongjiang	100.8	25	100.1	16	101.1	6	99.9	30	101.1	29
上　海	Shanghai	100.9	24	101.1	2	100.8	15	100.9	22	101.6	20
江　苏	Jiangsu	101.6	5	100.6	6	100.8	14	101.9	2	102.6	3
浙　江	Zhejiang	100.9	19	99.9	21	101.0	7	101.4	10	102.1	9
安　徽	Anhui	100.4	30	99.7	27	100.8	12	101.7	4	101.9	13
福　建	Fujian	101.1	14	99.9	20	100.7	18	100.6	27	101.5	21
江　西	Jiangxi	101.2	10	100.5	8	100.6	22	101.0	19	101.0	30
山　东	Shandong	101.0	15	100.2	13	101.3	3	100.8	24	102.2	7
河　南	Henan	101.0	17	99.8	26	100.3	29	101.3	11	102.9	1
湖　北	Hubei	100.9	21	100.5	7	100.8	17	100.3	29	101.2	26
湖　南	Hunan	101.2	11	99.9	22	101.0	9	101.3	15	102.3	6
广　东	Guangdong	101.4	7	99.6	28	100.8	16	101.6	5	102.1	12
广　西	Guangxi	101.4	8	100.1	18	100.4	26	101.2	18	101.6	17
海　南	Hainan	101.2	9	99.8	25	101.0	8	102.0	1	102.5	4
重　庆	Chongqing	100.9	23	100.2	15	101.3	4	100.8	23	101.2	27
四　川	Sichuan	100.6	29	100.2	12	100.8	13	100.5	28	101.4	25
贵　州	Guizhou	101.2	13	100.1	17	100.2	30	100.9	20	101.8	14
云　南	Yunnan	101.6	4	100.8	5	100.7	19	101.3	13	101.5	22
西　藏	Tibet	102.2	1	101.4	1	102.1	1	101.4	7	101.5	23
陕　西	Shaanxi	100.7	27	99.8	24	100.3	28	101.3	12	102.1	11
甘　肃	Gansu	101.7	2	101.0	3	100.9	11	101.4	8	101.7	16
青　海	Qinghai	101.5	6	101.0	4	100.4	27	101.2	16	102.1	10
宁　夏	Ningxia	100.9	20	100.1	19	100.7	20	101.8	3	102.9	2
新　疆	Xinjiang	101.7	3	99.6	29	100.5	24	100.9	21	100.9	31

附录2-6 全国和36个大中城市居民消费价格指数

Price Indices of Consumer in China and 36 Large and Medium-sized Cities

（上年=100） (preceding year=100)

地区	Region	2014		2015		2016		2017		2018	
		指数 Index	排位 Rank	指数 Index	排位 Rank	指数 Index	排位 Rank	指数 Index	排位 Rank	指数 Index	排位 Rank
全　国	**National**	**102.1**		**101.7**		**102.2**		**101.8**		**102.2**	
北　京	Beijing	101.6	33	101.8	10	101.4	31	101.9	14	102.5	8
天　津	Tianjin	101.9	29	101.7	16	102.1	17	102.1	7	102.0	25
石家庄	Shijiazhuang	102.0	25	101.0	33	101.6	27	101.4	30	102.3	13
太　原	Taiyuan	102.2	15	100.4	36	101.2	33	101.8	19	101.8	29
呼和浩特	Hohhot	101.2	36	101.8	11	101.4	30	101.4	29	102.1	20
沈　阳	Shenyang	102.2	14	101.2	29	101.7	25	101.4	27	103.0	2
大　连	Dalian	102.0	26	101.6	17	101.9	19	102.1	8	103.0	1
长　春	Changchun	102.2	17	101.3	25	101.4	32	101.3	33	102.0	22
哈尔滨	Harbin	102.0	22	101.4	22	101.8	22	101.6	23	102.5	7
上　海	Shanghai	102.7	7	102.4	3	103.2	1	101.7	22	101.6	33
南　京	Nanjing	102.6	9	102.0	7	102.7	5	101.9	15	102.4	10
杭　州	Hangzhou	102.0	24	101.8	12	102.6	8	102.5	3	102.3	15
宁　波	Ningbo	101.9	28	101.8	13	102.1	18	101.8	17	102.2	17
合　肥	Hefei	102.0	20	101.6	20	102.6	6	101.4	26	102.0	24
福　州	Fuzhou	101.7	31	101.4	21	102.5	9	101.4	31	101.5	34
厦　门	Xiamen	102.2	12	101.7	14	101.7	23	102.0	10	101.8	28
南　昌	Nanchang	102.5	10	101.6	19	102.1	15	102.1	6	102.3	14
济　南	Jinan	102.2	13	101.9	9	102.7	4	102.0	12	102.6	5
青　岛	Qingdao	102.6	8	101.2	27	102.5	10	102.0	13	102.1	19
郑　州	Zhengzhou	102.0	21	101.1	31	102.3	13	101.8	20	102.4	11
武　汉	Wuhan	101.9	27	101.4	23	102.4	12	101.9	16	101.9	27
长　沙	Changsha	102.7	6	101.1	32	101.9	20	101.3	32	102.0	23
广　州	Guangzhou	102.3	11	101.7	15	102.7	3	102.3	4	102.4	12
深　圳	Shenzhen	102.0	23	102.2	5	102.4	11	101.4	28	102.8	3
南　宁	Nanning	101.6	32	101.9	8	101.4	29	102.3	5	102.5	6
海　口	Haikou	102.2	16	101.2	28	103.0	2	103.3	1	102.4	9
重　庆	Chongqing	101.8	30	101.3	26	101.8	21	101.0	34	102.0	21
成　都	Chengdu	101.3	35	101.1	30	102.2	14	102.0	9	101.4	35
贵　阳	Guiyang	102.7	5	102.3	4	101.1	34	101.0	35	101.7	32
昆　明	Kunming	103.1	1	102.4	2	101.7	24	100.5	36	101.7	31
拉　萨	Lasa	103.0	2	102.2	6	102.6	7	101.4	25	101.1	36
西　安	Xi'an	101.4	34	100.7	34	100.9	35	102.0	11	101.9	26
兰　州	Lanzhou	102.2	18	101.3	24	100.8	36	101.5	24	101.7	30
西　宁	Xining	102.8	3	102.5	1	102.1	16	101.8	18	102.7	4
银　川	Yinchuan	102.1	19	101.6	18	101.7	26	101.7	21	102.2	18
乌鲁木齐	Urumqi	102.8	4	100.7	35	101.5	28	102.8	2	102.2	16

附录2-7　全国和36个大中城市商品零售价格指数

Price Indices of Retail in China and 36 Large and Medium-sized Cities

（上年＝100）　　　　(preceding year＝100)

地　区	Region	2014		2015		2016		2017		2018	
		指数 Index	排位 Rank	指数 Index	排位 Rank	指数 Index	排位 Rank	指数 Index	排位 Rank	指数 Index	排位 Rank
全　国	**National**	**100.8**		**99.8**		**100.7**		**100.9**		**101.7**	
北　京	Beijing	99.1	35	98.5	36	98.1	36	99.2	36	101.1	29
天　津	Tianjin	100.9	21	100.3	10	100.5	27	100.8	29	101.6	23
石家庄	Shijiazhuang	101.2	14	100.2	16	101.7	5	100.9	25	101.9	15
太　原	Taiyuan	100.7	26	98.6	35	100.8	19	101.7	5	101.7	20
呼和浩特	Hohhot	98.6	36	99.5	29	101.1	12	101.2	17	101.6	22
沈　阳	Shenyang	101.3	10	100.0	20	100.6	26	101.0	23	101.7	18
大　连	Dalian	101.0	20	99.5	28	102.0	2	101.5	10	101.5	26
长　春	Changchun	101.2	16	99.1	33	101.2	11	101.2	16	102.9	2
哈尔滨	Harbin	101.5	8	100.2	14	101.6	6	99.7	34	100.7	34
上　海	Shanghai	100.9	23	101.1	2	100.8	18	100.9	24	101.6	24
南　京	Nanjing	102.0	4	100.6	5	100.5	28	101.6	8	102.8	3
杭　州	Hangzhou	100.8	24	100.2	15	101.5	7	101.0	20	102.0	13
宁　波	Ningbo	100.3	33	100.4	8	101.8	4	101.1	19	102.1	11
合　肥	Hefei	100.3	34	99.5	27	100.8	15	102.3	1	101.7	21
福　州	Fuzhou	100.6	30	99.4	30	100.7	23	100.3	32	101.5	25
厦　门	Xiamen	100.7	29	100.0	18	100.0	33	100.8	28	101.8	17
南　昌	Nanchang	101.1	17	100.5	6	100.4	29	101.0	21	100.8	33
济　南	Jinan	101.2	15	100.3	9	100.8	17	101.0	22	102.6	5
青　岛	Qingdao	102.3	2	100.0	21	102.0	3	100.8	30	101.8	16
郑　州	Zhengzhou	101.1	18	99.0	34	100.2	31	101.7	7	103.6	1
武　汉	Wuhan	100.5	31	100.0	19	101.3	9	100.1	33	101.4	27
长　沙	Changsha	101.7	7	99.6	25	100.9	13	101.4	14	102.5	6
广　州	Guangzhou	101.5	9	99.1	32	101.2	10	102.0	2	102.2	9
深　圳	Shenzhen	101.0	19	99.7	23	100.3	30	101.5	9	102.0	12
南　宁	Nanning	100.7	28	100.4	7	99.8	34	100.9	26	101.1	30
海　口	Haikou	101.2	12	100.2	17	100.9	14	101.7	4	102.4	7
重　庆	Chongqing	100.9	22	100.2	13	101.3	8	100.8	27	101.2	28
成　都	Chengdu	100.4	32	99.5	26	100.8	16	99.4	35	100.7	35
贵　阳	Guiyang	101.2	11	99.7	22	99.5	35	101.4	13	102.3	8
昆　明	Kunming	101.8	6	100.7	3	100.8	21	101.3	15	101.1	32
拉　萨	Lasa	102.3	3	101.5	1	102.4	1	101.2	18	101.1	31
西　安	Xi'an	100.7	27	99.7	24	100.1	32	101.7	6	102.2	10
兰　州	Lanzhou	101.8	5	100.6	4	100.7	22	101.8	3	101.7	19
西　宁	Xining	101.2	13	100.2	12	100.6	24	101.4	12	102.0	14
银　川	Yinchuan	100.8	25	100.2	11	100.8	20	101.5	11	102.7	4
乌鲁木齐	Urumqi	102.4	1	99.4	31	100.6	25	100.7	31	100.5	36

附录2-8 全国及各省（直辖市、自治区）工业生产者出厂价格指数（2018年）

（上年同期=100）

地 区	Region	全 年 Annual Year	1 月 January	2 月 February	3 月 March	4 月 April
全 国	**National**	**103.5**	**104.3**	**103.7**	**103.1**	**103.4**
北 京	Beijing	100.0	100.0	100.0	99.6	99.3
天 津	Tianjin	105.4	106.3	104.8	104.8	105.9
河 北	Hebei	106.2	109.3	107.5	106.1	107.7
山 西	Shanxi	106.7	107.5	107.3	106.8	105.7
内蒙古	Inner Mongolia	103.2	104.8	104.0	103.3	103.0
辽 宁	Liaoning	104.8	106.1	105.8	105.0	105.1
吉 林	Jilin	102.8	102.2	102.3	102.2	102.8
黑龙江	Heilongjiang	109.0	105.7	105.6	103.5	106.5
上 海	Shanghai	101.7	102.5	102.0	101.2	101.2
江 苏	Jiangsu	102.8	103.6	102.7	102.2	102.5
浙 江	Zhejiang	103.4	104.1	103.5	103.0	103.4
安 徽	Anhui	103.0	104.3	103.6	103.2	103.6
福 建	Fujian	102.8	102.4	101.9	101.5	101.3
江 西	Jiangxi	104.2	107.7	106.2	105.2	105.2
山 东	Shandong	103.7	104.4	103.9	103.5	103.6
河 南	Henan	103.6	105.2	104.6	104.5	104.2
湖 北	Hubei	104.2	105.0	104.4	103.8	103.9
湖 南	Hunan	103.2	103.7	103.5	103.2	103.3
广 东	Guangdong	101.8	101.4	100.7	100.4	100.8
广 西	Guangxi	103.2	103.9	103.3	102.9	103.7
海 南	Hainan	108.2	106.5	106.1	104.9	105.7
重 庆	Chongqing	102.1	103.0	102.3	101.9	101.6
四 川	Sichuan	103.6	106.2	105.3	104.4	104.2
贵 州	Guizhou	101.8	100.6	100.8	101.5	101.2
云 南	Yunnan	102.4	104.1	103.6	102.8	102.5
西 藏	Tibet	100.1	100.5	101.6	99.5	100.2
陕 西	Shaanxi	105.4	104.1	103.9	104.2	104.3
甘 肃	Gansu	109.5	110.2	109.3	107.2	109.7
青 海	Qinghai	104.8	108.9	108.5	105.8	106.3
宁 夏	Ningxia	107.3	110.6	110.0	107.6	107.1
新 疆	Xinjiang	111.2	109.9	109.2	105.8	109.7

Producer Price Indices for Industrial Products by Region（2018）

(preceding year=100)

5 月 May	6 月 June	7 月 July	8 月 August	9 月 September	10 月 October	11 月 November	12 月 December
104.1	**104.7**	**104.6**	**104.1**	**103.6**	**103.3**	**102.7**	**100.9**
99.6	100.1	100.5	100.6	100.6	100.3	100.1	99.5
107.1	108.1	107.9	106.1	105.8	105.6	103.2	99.7
108.4	109.3	107.5	105.6	105.1	105.2	104.0	100.1
105.9	108.6	108.4	107.6	106.2	105.5	106.4	104.5
104.0	105.0	104.7	103.7	102.3	101.2	101.9	100.3
105.8	106.3	106.4	105.3	104.5	104.2	103.3	100.7
103.8	104.0	103.7	103.2	103.3	103.1	102.1	100.4
108.9	112.1	114.8	113.2	114.0	113.6	108.7	102.4
101.8	102.6	102.7	102.3	101.9	101.6	101.0	99.9
103.4	103.9	103.7	103.4	103.0	102.6	102.0	100.5
104.3	104.7	104.4	104.1	103.7	103.0	102.2	100.9
103.9	104.3	103.9	103.1	102.5	102.3	101.6	100.1
102.1	102.6	103.3	103.9	104.1	104.1	103.6	102.4
106.1	106.2	105.2	103.8	102.3	101.8	101.5	100.2
104.4	104.9	104.9	104.2	103.8	103.6	102.4	100.6
104.5	104.7	104.1	103.3	102.6	102.4	102.1	100.9
104.6	105.1	105.2	104.7	104.2	104.3	103.7	102.1
103.7	104.2	104.2	103.7	103.1	102.8	102.4	101.1
101.2	101.7	102.3	102.7	102.9	102.8	102.7	101.8
104.8	104.9	104.7	103.9	103.0	102.5	102.1	99.5
108.2	109.9	110.6	112.4	112.8	112.3	107.7	102.3
102.0	102.3	102.4	102.3	102.1	101.9	101.7	101.3
104.3	104.2	104.1	103.7	102.8	102.3	101.6	100.9
101.7	103.0	103.5	103.1	101.7	101.1	102.2	101.8
103.1	103.6	103.3	102.1	101.4	101.1	100.9	100.3
101.5	101.5	100.7	99.4	100.3	99.7	98.4	98.6
105.0	106.8	107.4	106.9	107.0	106.7	106.1	102.9
112.5	114.3	113.6	110.2	108.8	109.2	109.1	101.3
106.9	107.8	107.8	104.7	102.9	101.9	99.8	98.1
108.3	108.9	108.6	107.6	106.4	105.7	104.9	102.3
112.2	115.0	116.7	115.4	114.4	114.9	109.6	102.7

附录2-9 全国及各省（直辖市、自治区）工业生产者购进价格指数（2018年）

（上年同期=100）

地 区	Region	全 年 Annual Year	1 月 January	2 月 February	3 月 March	4 月 April
全 国	**National**	**104.1**	**105.2**	**104.4**	**103.7**	**103.7**
北 京	Beijing	100.8	100.8	100.5	100.0	100.3
天 津	Tianjin	106.2	108.0	106.9	106.1	106.0
河 北	Hebei	104.0	105.6	104.7	103.0	103.0
山 西	Shanxi	105.5	107.0	106.7	106.5	105.6
内蒙古	Inner Mongolia	102.4	103.8	103.4	102.8	102.3
辽 宁	Liaoning	104.5	105.0	104.9	103.8	103.8
吉 林	Jilin	103.5	103.8	103.6	103.0	103.6
黑龙江	Heilongjiang	109.0	106.7	106.2	104.3	106.4
上 海	Shanghai	105.2	105.4	103.8	102.8	103.1
江 苏	Jiangsu	104.6	106.4	105.3	104.3	104.7
浙 江	Zhejiang	105.1	106.7	105.6	104.6	104.6
安 徽	Anhui	105.3	107.1	106.8	106.5	105.5
福 建	Fujian	102.8	103.3	102.5	101.9	101.6
江 西	Jiangxi	103.2	104.6	103.9	103.0	103.3
山 东	Shandong	103.6	104.6	103.7	103.1	103.4
河 南	Henan	104.0	105.1	104.4	103.8	104.2
湖 北	Hubei	104.8	105.5	104.6	104.0	103.9
湖 南	Hunan	103.5	104.6	103.8	103.5	103.3
广 东	Guangdong	102.5	102.9	102.5	101.9	101.1
广 西	Guangxi	103.4	104.7	103.5	103.1	102.8
海 南	Hainan	110.8	102.9	104.8	104.5	104.9
重 庆	Chongqing	102.5	103.2	102.5	102.3	102.4
四 川	Sichuan	105.3	107.5	106.9	106.1	105.4
贵 州	Guizhou	103.4	103.7	102.3	102.4	103.0
云 南	Yunnan	104.4	105.1	105.0	106.0	105.5
西 藏	Tibet					
陕 西	Shaanxi	104.2	104.0	103.4	102.6	104.1
甘 肃	Gansu	109.8	110.9	110.3	107.1	107.9
青 海	Qinghai	104.5	105.9	107.0	105.4	106.5
宁 夏	Ningxia	106.5	107.0	106.9	106.0	106.2
新 疆	Xinjiang	109.2	112.7	110.6	107.8	108.3

Purchasing Price Indices for Industrial Producers by Region（2018）

(preceding year=100)

5 月 May	6 月 June	7 月 July	8 月 August	9 月 September	10 月 October	11 月 November	12 月 December
104.3	**105.1**	**105.2**	**104.8**	**104.2**	**104.0**	**103.3**	**101.6**
100.4	100.7	100.9	101.2	101.4	100.9	101.2	100.9
106.5	107.8	107.9	107.0	106.2	105.7	104.7	101.7
103.4	104.9	104.7	104.2	103.4	104.4	104.5	102.2
105.6	107.1	106.8	106.0	104.4	103.4	103.9	103.1
102.7	103.0	102.7	102.0	101.6	101.6	101.2	101.2
104.3	105.4	105.7	105.1	104.7	104.7	104.3	102.0
104.0	104.6	104.4	103.9	104.0	103.8	102.8	100.3
108.9	111.5	114.1	112.7	113.0	112.9	108.8	103.0
103.9	105.9	107.2	107.2	106.9	107.0	106.5	102.6
105.3	106.0	105.8	105.3	104.6	104.1	102.8	100.6
105.6	106.6	106.7	106.1	105.3	104.6	103.4	101.2
105.9	106.7	106.5	105.4	104.5	103.6	103.0	102.0
102.2	102.9	103.9	104.2	103.8	103.2	102.9	101.2
104.0	104.2	104.2	103.5	102.4	102.3	102.1	100.7
104.1	104.8	104.7	104.2	103.6	103.5	102.8	101.3
105.1	105.2	104.7	104.8	103.9	103.2	102.5	101.8
105.1	106.1	106.0	106.1	105.1	104.9	104.4	101.9
104.0	104.3	104.2	103.7	103.1	102.9	102.8	101.7
101.3	102.7	103.0	103.1	102.9	103.4	102.9	101.6
103.3	104.1	104.3	103.6	103.3	103.3	102.7	101.6
106.7	111.2	116.4	114.9	114.6	118.6	118.1	112.4
102.6	102.9	102.8	102.8	102.5	102.2	102.0	101.5
105.9	105.9	106.1	105.4	104.3	104.0	103.8	102.9
103.7	104.1	104.8	104.4	104.1	103.2	102.9	102.2
106.0	106.0	105.3	104.5	103.7	103.3	101.7	101.0
104.3	105.1	105.5	105.1	104.8	104.7	104.3	103.0
110.1	112.5	113.8	111.5	111.6	111.1	108.0	103.2
105.8	105.1	106.3	103.9	102.8	104.6	101.2	99.4
106.1	106.9	108.7	107.8	107.1	106.3	106.1	103.1
109.2	110.0	110.5	109.7	109.7	110.4	108.2	104.1

附录2-10 全国70个大中城市住宅销售价格指数（2018年）

（上年同期=100）

地区	Region	新建商品住宅价格指数				
		1月 January	2月 February	3月 March	4月 April	5月 May
北京	Beijing	98.8	99.7	99.4	99.3	99.5
天津	Tianjin	99.9	100.6	100.4	100.6	100.9
石家庄	Shijiazhuang	102.6	102.7	102.5	102.7	104.0
太原	Taiyuan	107.8	107.5	107.6	107.7	107.5
呼和浩特	Hohhto	106.8	107.4	107.6	108.1	109.3
沈阳	Shenyang	111.4	112.1	111.4	110.3	110.0
大连	Dalian	110.4	110.7	110.8	110.9	111.6
长春	Changchun	109.5	109.0	109.3	109.3	109.5
哈尔滨	Harbin	111.5	110.8	111.1	112.0	111.1
上海	Shanghai	99.8	99.4	99.7	99.8	99.6
南京	Nanjing	98.0	98.5	98.3	98.4	98.4
杭州	Hangzhou	99.0	99.5	99.6	99.7	99.9
宁波	Ningbo	106.2	106.0	105.5	105.6	104.8
合肥	Hefei	99.7	99.7	99.6	99.4	99.7
福州	Fuzhou	97.7	98.5	98.2	98.3	97.2
厦门	Xiamen	102.3	102.2	100.1	100.4	101.2
南昌	Nanchang	106.0	105.3	104.6	104.2	103.9
济南	Jinan	100.9	101.4	100.9	100.6	100.5
青岛	Qingdao	103.6	103.9	103.3	103.1	104.8
郑州	Zhengzhou	99.0	99.6	99.2	99.6	101.4
武汉	Wuhan	100.7	101.3	101.2	100.5	101.5
长沙	Changsha	105.4	105.2	104.4	103.8	104.5
广州	Guangzhou	103.7	103.1	100.8	99.2	100.1
深圳	Shenzhen	96.6	97.5	97.7	97.8	98.3
南宁	Nanning	108.4	108.4	107.6	106.6	105.7
海口	Haikou	101.7	105.2	104.8	107.2	110.1
重庆	Chongqing	108.3	108.2	107.7	107.4	107.5
成都	Chengdu	98.7	100.0	100.8	101.1	103.4
贵阳	Guiyang	111.2	110.9	110.3	110.1	109.7
昆明	Kunming	110.6	111.4	111.5	110.4	110.8
西安	Xi'an	111.1	111.3	111.2	111.2	111.0
兰州	Lanzhou	105.3	105.8	105.6	105.7	105.7
西宁	Xining	105.7	106.2	106.0	105.5	105.1
银川	Yinchuan	104.1	105.2	105.9	106.2	106.2
乌鲁木齐	Urumqi	107.5	108.7	109.3	110.1	110.8

Residential Sales Price Index in 70 Large-scale and Medium-scale Cities（2018）

（preceding year＝100）

Housing Price Indices of Newly Constructed Commercial Residential Buildings						
6 月 June	7 月 July	8 月 August	9 月 September	10 月 October	11 月 November	12 月 December
99.9	100.2	100.2	100.4	100.8	101.4	102.3
101.2	101.3	101.6	101.9	101.9	101.9	101.7
103.9	105.7	106.5	107.5	110.7	112.0	114.9
106.9	107.7	109.5	110.0	109.8	110.8	111.2
110.1	111.8	113.9	116.7	117.6	119.6	121.0
109.8	110.3	111.0	111.7	112.7	112.6	112.7
113.0	113.2	113.8	113.8	113.8	114.3	114.4
110.2	110.3	110.8	110.2	110.6	111.9	111.8
110.9	112.6	113.3	113.8	114.3	114.9	114.4
99.8	99.8	99.8	99.8	99.6	100.1	100.4
98.2	98.1	98.4	98.7	99.0	100.8	100.7
100.3	101.1	101.9	102.4	103.7	104.4	105.6
104.2	104.8	106.6	107.1	106.9	106.7	106.1
99.8	100.1	101.8	102.9	103.5	103.8	104.2
99.5	101.0	103.5	105.1	106.1	108.0	108.5
100.7	100.5	100.3	100.5	100.6	99.9	99.6
105.3	106.8	107.4	107.9	108.0	108.8	109.3
103.9	106.9	110.2	112.3	113.3	115.4	115.9
107.0	108.8	110.1	110.4	110.7	112.2	113.3
103.2	104.7	106.7	107.3	108.4	109.4	109.4
102.3	103.2	104.8	105.2	107.9	109.7	110.8
106.3	108.5	110.3	110.9	110.6	110.9	111.1
101.5	101.6	103.3	104.3	104.7	104.9	108.3
98.7	99.3	100.3	100.0	99.6	99.6	100.1
106.7	106.2	107.4	107.6	107.6	107.6	108.9
113.1	119.0	121.4	121.7	122.4	123.0	122.1
107.7	108.2	109.0	110.0	110.6	111.1	111.6
105.3	106.5	108.2	108.9	110.0	111.8	112.7
110.3	111.3	112.5	114.0	118.3	119.6	118.8
112.1	114.7	115.9	118.0	119.2	118.6	116.6
110.4	110.6	113.5	120.0	120.7	121.8	122.4
106.2	106.6	107.8	108.9	110.4	110.7	110.8
107.5	107.8	109.0	110.5	111.6	111.6	112.0
107.1	107.7	109.0	109.6	109.7	108.9	109.2
111.3	111.2	112.1	111.9	111.6	110.5	109.8

附录2-10 续表 1

（上年同期=100）

地 区	Region	新建商品住宅价格指数				
		1 月 January	2 月 February	3 月 March	4 月 April	5 月 May
唐 山	Tangshan	106.9	106.7	106.6	104.9	104.8
秦 皇 岛	Qinhuangdao	105.8	107.0	107.7	107.3	107.0
包 头	Baotou	103.8	106.8	107.2	107.1	107.4
丹 东	Dandong	104.2	103.6	104.1	106.1	111.7
锦 州	Jinzhou	100.9	103.4	103.9	104.4	104.6
吉 林	Jilin	108.1	107.5	106.9	106.7	106.1
牡 丹 江	Mudanjiang	106.9	106.6	106.5	106.4	105.8
无 锡	Wuxi	97.3	98.8	98.4	98.0	97.7
扬 州	Yangzhou	109.1	108.7	107.7	106.8	105.9
徐 州	Xuzhou	108.3	109.8	110.0	109.5	109.1
温 州	Wenzhou	107.2	107.1	106.5	105.0	103.6
金 华	Jinhua	109.3	109.2	108.2	107.8	107.0
蚌 埠	Bengbu	108.4	107.6	107.0	104.7	101.5
安 庆	Anqing	105.7	105.3	103.9	102.5	102.2
泉 州	Quanzhou	100.1	100.0	99.6	100.0	100.1
九 江	Jiujiang	108.3	107.4	106.5	105.5	104.6
赣 州	Ganzhou	101.1	101.8	101.8	101.5	101.8
烟 台	Yantai	109.5	108.7	108.4	109.1	108.6
济 宁	Jining	109.8	109.1	108.5	108.1	107.1
洛 阳	Luoyang	108.9	109.2	108.2	108.0	107.0
平 顶 山	Pingdingshan	107.0	107.7	107.2	107.1	107.4
宜 昌	Yichang	108.2	108.6	108.5	106.6	105.7
襄 阳	Xiangyang	106.7	106.7	106.5	106.2	105.4
岳 阳	Yueyang	107.9	108.7	108.6	108.1	108.0
常 德	Changde	110.2	108.5	107.2	107.3	106.5
惠 州	Huizhou	103.7	104.3	103.1	102.7	102.2
湛 江	Zhangjiang	108.3	108.1	108.2	107.4	104.8
韶 关	Shaoguan	104.3	107.3	106.0	104.8	104.1
桂 林	Guilin	107.2	108.7	108.5	107.8	107.5
北 海	The North Sea	110.5	112.2	112.3	111.1	108.9
三 亚	Sanya	103.3	103.9	102.2	105.4	108.2
泸 州	Luzhou	106.6	106.8	106.7	106.7	107.2
南 充	Nanchong	109.9	110.8	110.1	110.1	110.8
遵 义	Zunyi	107.9	108.7	109.3	109.4	110.0
大 理	Dali	106.4	106.9	108.1	108.7	109.3

continued

(preceding year=100)

Housing Price Indices of Newly Constructed Commercial Residential Buildings						
6 月 June	7 月 July	8 月 August	9 月 September	10 月 October	11 月 November	12 月 December
105.1	106.7	109.6	111.4	112.9	113.8	113.1
108.0	108.2	110.7	113.2	115.0	115.7	117.4
108.2	109.7	111.8	112.0	113.1	112.5	111.4
115.0	114.9	114.9	115.8	116.2	116.3	117.1
104.7	105.1	105.8	107.4	108.7	110.2	112.6
106.9	107.6	109.3	109.9	111.0	112.1	112.6
107.8	108.8	109.2	110.9	112.2	111.9	111.7
97.8	99.2	102.9	103.6	104.4	105.6	105.2
105.5	108.0	109.0	110.3	111.2	113.3	113.4
107.8	109.8	113.0	113.9	115.5	116.6	117.6
103.1	102.3	103.2	103.4	103.0	102.2	101.9
106.3	106.1	106.9	106.5	106.0	105.3	104.5
99.2	100.1	102.3	104.3	105.5	106.8	107.7
103.0	103.9	105.8	106.5	108.5	109.1	109.0
99.8	100.0	101.0	101.8	101.5	102.2	101.5
104.4	104.9	106.1	107.0	107.3	108.9	109.8
101.9	102.2	103.8	104.7	105.6	106.3	107.5
108.4	110.6	111.4	111.6	112.3	112.3	113.5
107.1	107.7	108.8	108.6	110.1	111.8	112.6
104.7	105.1	105.2	106.9	108.0	110.1	111.0
106.1	106.4	106.8	107.6	107.5	107.8	108.0
105.7	108.7	110.1	111.5	112.1	112.1	112.9
104.2	105.9	108.6	108.7	111.6	112.5	114.1
107.4	107.4	109.0	109.7	109.6	109.5	108.5
105.4	104.4	106.4	107.5	109.2	110.2	110.7
102.1	102.6	103.2	103.5	103.9	103.8	103.9
104.6	104.7	106.2	107.1	108.5	107.3	107.7
104.4	103.4	104.9	105.1	105.4	106.0	105.4
107.2	106.4	106.0	106.8	107.0	108.1	108.2
108.0	106.8	109.1	109.5	110.0	110.9	111.8
112.6	116.5	121.2	119.6	118.1	116.4	115.7
107.7	107.9	110.2	113.0	114.1	113.7	111.8
110.5	111.0	113.1	114.3	115.1	114.6	114.0
110.2	110.1	110.9	111.4	112.7	114.1	113.8
109.9	111.4	112.9	113.9	116.0	118.5	118.8

附录2-10　续表 2

（上年同期=100）

地　区	Region	二手住宅价格指数				
		1 月 January	2 月 February	3 月 March	4 月 April	5 月 May
北　京	Beijing	96.9	95.4	93.2	93.1	94.3
天　津	Tianjin	98.2	100.2	98.8	99.4	101.3
石家庄	Shijiazhuang	99.8	100.0	99.6	99.6	100.9
太　原	Taiyuan	108.3	107.2	108.3	108.7	109.0
呼和浩特	Hohhto	102.8	103.6	104.0	104.5	105.2
沈　阳	Shenyang	107.3	107.3	106.7	105.9	105.4
大　连	Dalian	105.9	106.5	106.5	106.3	106.3
长　春	Changchun	105.5	105.8	105.7	105.7	106.3
哈尔滨	Harbin	106.6	107.6	108.5	109.1	109.0
上　海	Shanghai	100.8	100.2	98.9	98.0	97.7
南　京	Nanjing	97.6	98.3	99.0	99.9	99.7
杭　州	Hangzhou	106.9	106.7	106.5	106.6	106.7
宁　波	Ningbo	107.2	107.2	107.4	107.1	106.7
合　肥	Hefei	99.3	100.0	100.1	100.5	100.6
福　州	Fuzhou	104.9	103.8	102.0	101.1	99.8
厦　门	Xiamen	102.2	99.6	94.5	94.8	94.9
南　昌	Nanchang	103.1	102.4	102.5	102.6	103.0
济　南	Jinan	102.3	101.8	100.8	99.9	99.8
青　岛	Qingdao	110.6	108.0	107.7	107.7	107.5
郑　州	Zhengzhou	99.7	99.1	98.5	97.7	97.6
武　汉	Wuhan	108.8	108.2	107.0	105.7	106.7
长　沙	Changsha	110.6	110.3	108.4	104.6	104.0
广　州	Guangzhou	107.6	105.5	102.4	101.8	102.3
深　圳	Shenzhen	102.6	104.7	105.0	104.4	105.0
南　宁	Nanning	107.0	107.2	107.1	106.2	105.4
海　口	Haikou	100.6	100.7	101.3	102.3	103.5
重　庆	Chongqing	108.0	107.7	107.2	107.1	107.2
成　都	Chengdu	103.5	103.2	102.0	101.1	101.6
贵　阳	Guiyang	104.9	105.4	105.4	105.0	104.9
昆　明	Kunming	106.4	107.8	107.3	106.9	107.8
西　安	Xi'an	108.9	108.3	108.4	109.4	109.5
兰　州	Lanzhou	103.5	104.8	104.8	104.6	104.4
西　宁	Xining	102.5	103.1	103.1	102.8	102.8
银　川	Yinchuan	101.2	101.6	101.7	101.8	101.6
乌鲁木齐	Urumqi	109.5	111.4	113.8	115.0	116.2

continued

(preceding year=100)

Housing Price Indices of Second-Hand Residential Buildings						
6 月 June	7 月 July	8 月 August	9 月 September	10 月 October	11 月 November	12 月 December
95.4	96.5	97.4	97.8	98.0	97.9	98.1
103.6	104.1	105.8	106.1	106.4	106.2	106.0
101.8	103.9	105.0	105.2	104.6	104.4	104.6
108.8	109.5	110.1	111.0	110.5	110.9	109.9
106.0	108.1	110.6	112.6	114.0	116.9	117.9
105.7	106.0	106.3	107.1	107.3	107.7	107.7
106.7	107.4	108.2	108.9	108.4	108.9	108.7
107.7	107.8	108.8	108.9	109.7	110.0	110.1
108.5	110.2	110.6	111.3	110.8	111.1	110.9
97.5	97.8	97.9	97.9	97.4	97.5	97.3
99.2	99.3	99.6	100.2	100.4	101.0	101.1
106.7	106.8	106.8	106.2	105.4	104.6	104.6
105.8	106.2	106.7	106.9	106.2	105.5	104.8
101.6	101.3	101.9	102.7	103.2	103.1	103.1
99.0	99.7	100.1	99.9	100.4	100.0	99.7
95.2	95.0	95.1	95.1	94.7	94.3	94.4
103.4	105.0	106.4	107.2	108.2	109.6	110.5
100.0	102.7	106.3	107.8	108.6	109.4	110.1
107.2	108.8	110.4	110.9	111.4	111.9	111.2
97.8	98.7	100.1	100.6	101.0	101.0	101.0
105.6	105.8	106.3	106.3	106.7	107.5	107.9
104.6	107.0	108.0	107.9	108.0	108.0	108.0
101.7	101.9	102.5	102.5	102.7	102.3	102.3
105.6	105.6	106.9	107.0	105.9	105.5	104.8
104.3	103.0	104.2	104.4	104.4	104.7	106.7
104.8	108.2	110.7	111.1	111.4	111.8	111.5
107.1	107.2	108.2	108.5	108.7	108.9	109.2
101.9	103.2	104.5	104.7	104.6	105.1	105.8
105.5	107.1	108.5	110.9	112.6	112.8	112.6
108.1	110.3	112.0	114.4	115.5	115.3	115.4
109.5	109.7	111.3	114.1	115.7	115.9	115.0
104.6	104.8	106.3	108.1	110.0	111.0	110.4
103.3	103.5	104.7	106.1	106.8	106.8	107.2
102.3	103.2	104.0	105.4	105.7	105.5	105.4
115.8	114.5	115.3	115.7	115.5	114.1	113.7

附录2-10　续表 2

（上年同期=100）

地　区	Region	二手住宅价格指数				
		1 月 January	2 月 February	3 月 March	4 月 April	5 月 May
唐　山	Tangshan	103.3	103.5	103.3	102.0	102.3
秦皇岛	Qinhuangdao	105.4	105.0	104.2	103.6	104.4
包　头	Baotou	102.6	103.8	102.9	102.9	103.0
丹　东	Dandong	102.7	102.9	103.0	104.2	105.3
锦　州	Jinzhou	100.2	100.4	100.8	101.4	101.9
吉　林	Jilin	103.8	103.8	103.7	103.7	103.9
牡丹江	Mudanjiang	102.9	103.5	103.4	103.1	103.4
无　锡	Wuxi	108.5	108.1	106.3	104.4	103.3
扬　州	Yangzhou	105.5	105.3	104.5	104.0	103.4
徐　州	Xuzhou	105.3	105.6	105.6	105.7	105.2
温　州	Wenzhou	106.4	105.9	105.5	104.6	103.9
金　华	Jinhua	107.5	108.3	108.0	107.3	107.2
蚌　埠	Bengbu	107.1	106.5	106.0	104.9	103.4
安　庆	Anqing	105.9	105.9	105.0	103.3	102.4
泉　州	Quanzhou	105.9	105.0	104.1	102.9	102.4
九　江	Jiujiang	104.4	104.2	103.7	103.5	103.2
赣　州	Ganzhou	102.7	102.4	102.3	102.5	102.8
烟　台	Yantai	106.5	106.7	106.5	106.2	105.9
济　宁	Jining	106.6	107.7	108.1	108.4	108.8
洛　阳	Luoyang	104.2	104.3	104.2	104.3	103.8
平顶山	Pingdingshan	105.6	106.3	106.3	106.4	106.3
宜　昌	Yichang	106.6	106.8	106.6	105.9	105.1
襄　阳	Xiangyang	105.7	104.9	104.5	104.5	104.4
岳　阳	Yueyang	104.6	104.8	104.5	104.4	104.4
常　德	Changde	104.2	104.3	103.9	103.9	103.6
惠　州	Huizhou	106.0	106.1	105.0	104.1	103.1
湛　江	Zhangjiang	107.4	107.0	106.8	105.7	104.5
韶　关	Shaoguan	105.1	104.8	103.2	102.6	102.8
桂　林	Guilin	103.1	103.3	103.6	103.4	103.3
北　海	The North Sea	108.0	107.6	107.3	106.2	104.3
三　亚	Sanya	101.7	101.4	101.0	102.3	104.4
泸　州	Luzhou	104.4	104.6	104.7	104.8	106.2
南　充	Nanchong	107.0	107.5	107.6	108.0	108.1
遵　义	Zunyi	105.3	106.4	106.4	106.3	106.3
大　理	Dali	102.9	104.3	104.6	104.9	105.4

continued

(preceding year=100)

Housing Price Indices of Second-Hand Residential Buildings						
6 月 June	7 月 July	8 月 August	9 月 September	10 月 October	11 月 November	12 月 December
102.5	103.5	104.6	105.5	106.1	107.4	108.1
105.2	105.8	107.2	107.7	108.7	110.0	110.3
103.3	104.1	105.4	105.6	106.0	106.1	105.9
105.9	106.0	106.5	106.7	106.4	106.7	106.6
102.1	102.5	102.5	104.1	104.5	105.7	107.5
104.4	105.4	106.3	106.9	107.2	108.5	108.5
103.5	103.8	104.6	104.9	105.3	105.3	104.8
102.2	102.7	103.6	105.3	105.8	105.2	104.9
103.3	104.5	106.0	107.6	108.8	109.8	109.4
104.4	105.4	107.5	108.2	109.0	109.2	109.3
102.6	102.2	102.1	101.6	101.2	100.7	100.8
107.0	107.8	108.4	107.4	106.7	105.9	104.9
101.6	102.6	104.6	105.3	105.9	106.5	107.2
102.7	102.5	104.3	105.5	107.6	108.2	107.8
102.2	103.0	103.6	103.1	102.9	102.5	101.8
102.9	103.3	104.5	105.0	105.8	106.7	106.9
103.3	103.8	105.3	106.6	107.4	107.9	108.4
105.9	107.3	108.8	110.0	110.7	111.0	111.2
108.6	110.4	112.3	113.8	115.1	115.8	116.7
103.4	104.6	106.2	107.6	108.0	109.5	110.4
105.9	106.1	106.1	107.1	107.4	107.7	108.4
104.4	106.5	109.1	111.1	111.9	111.6	111.2
103.9	105.2	107.5	108.5	109.0	109.5	110.1
104.4	104.6	106.8	108.0	107.9	107.4	106.9
103.3	103.1	106.4	107.3	107.8	107.9	107.9
102.9	103.8	104.8	105.6	106.0	106.8	106.9
104.2	104.6	105.1	105.1	104.9	104.7	104.3
102.8	103.0	104.6	105.5	106.0	106.9	107.3
103.4	103.4	103.3	104.6	105.2	106.0	106.5
103.5	103.2	104.8	106.6	106.7	107.4	107.9
106.9	110.4	112.4	113.0	112.6	112.0	113.0
106.2	107.4	108.8	110.6	111.1	110.7	110.3
108.1	108.8	110.7	111.8	111.4	110.6	109.9
106.9	108.1	109.2	109.6	109.9	110.8	110.5
105.7	107.3	109.2	110.1	111.7	113.9	114.5

附录2-11 全国及各省（直辖市、自治区）固定资产投资价格指数（2018年）

Price Indices of Investment in Fixed Assets by Region（2018）

（上年＝100） (preceding year =100)

地　区	Region	固定资产投资 Investment in Fixed Assets	建筑安装工程 Construction and Installation	设备、工器具 Purchase of Equipment, Tools and Instruments	其他费用 Others
全　国	**National**				
北　京	Beijing	103.8	108.2	100.4	100.6
天　津	Tianjin	104.5	106.9	101.0	100.5
河　北	Hebei	105.0	106.7	101.3	100.6
山　西	Shanxi	104.5	106.5	101.0	100.9
内蒙古	Inner Mongolia	103.6	104.6	101.0	100.8
辽　宁	Liaoning	103.5	104.4	100.8	101.2
吉　林	Jilin	104.6	107.8	100.8	100.9
黑龙江	Heilongjiang	103.3	104.4	100.8	100.4
上　海	Shanghai	105.6	109.2	100.8	101.0
江　苏	Jiangsu	106.0	109.6	100.7	102.3
浙　江	Zhejiang	105.7	108.8	100.7	101.9
安　徽	Anhui	105.8	108.5	101.0	100.8
福　建	Fujian	104.9	106.7	100.8	100.4
江　西	Jiangxi	106.4	109.2	100.1	101.0
山　东	Shandong	106.1	108.7	101.5	101.5
河　南	Henan	105.4	107.4	101.5	101.0
湖　北	Hubei	106.6	108.8	101.1	102.3
湖　南	Hunan	104.8	105.8	100.7	102.6
广　东	Guangdong	106.2	108.4	101.1	101.3
广　西	Guangxi	104.5	106.3	100.6	100.3
海　南	Hainan	106.2	108.0	101.0	101.7
重　庆	Chongqing	105.0	106.3	101.0	100.5
四　川	Sichuan	106.4	109.0	101.0	103.7
贵　州	Guizhou	105.2	106.0	101.7	101.1
云　南	Yunnan	104.9	105.7	100.9	100.6
西　藏	Tibet				
陕　西	Shaanxi	105.4	107.1	100.6	103.1
甘　肃	Gansu	104.6	105.4	101.8	101.5
青　海	Qinghai	104.3	105.2	101.0	102.2
宁　夏	Ningxia	103.5	104.7	100.9	100.0
新　疆	Xinjiang	103.7	104.5	101.1	100.2

附录2-12　全国及各省（直辖市、自治区）工业生产者出厂价格指数

Producer Price Indices for Industrial Products by Region

（上年=100）　　(preceding year=100)

地　区	Region	2013	2014	2015	2016	2017
全　国	**National**	**98.1**	**98.1**	**94.8**	**98.6**	**106.3**
北　京	Beijing	97.4	99.1	96.9	98.1	100.7
天　津	Tianjin	97.0	96.3	90.3	97.9	108.4
河　北	Hebei	96.6	95.2	89.1	99.9	115.0
山　西	Shanxi	90.7	91.4	87.7	96.8	119.4
内蒙古	Inner Mongolia	97.0	97.3	94.0	98.9	110.6
辽　宁	Liaoning	99.0	98.2	93.9	98.8	108.1
吉　林	Jilin	98.7	99.1	95.3	98.4	103.1
黑龙江	Heilongjiang	98.0	97.1	86.0	95.1	109.3
上　海	Shanghai	98.2	98.9	96.1	98.8	103.5
江　苏	Jiangsu	98.0	98.3	95.3	98.1	104.8
浙　江	Zhejiang	98.2	98.8	96.4	98.3	104.8
安　徽	Anhui	98.2	97.4	93.9	98.5	108.0
福　建	Fujian	98.4	98.6	97.0	99.1	104.1
江　西	Jiangxi	98.5	97.8	93.7	98.6	107.9
山　东	Shandong	98.4	98.4	95.2	98.5	105.5
河　南	Henan	98.5	98.1	95.4	99.0	106.8
湖　北	Hubei	99.2	98.4	96.7	99.0	105.6
湖　南	Hunan	98.5	98.4	96.3	98.9	105.8
广　东	Guangdong	98.8	98.9	96.8	99.4	103.3
广　西	Guangxi	98.2	98.4	97.0	99.1	107.6
海　南	Hainan	99.5	97.6	89.8	96.0	108.8
重　庆	Chongqing	98.0	98.3	96.4	98.6	104.1
四　川	Sichuan	98.7	98.7	96.1	98.9	106.5
贵　州	Guizhou	97.4	98.3	94.9	97.9	107.2
云　南	Yunnan	97.5	97.8	93.2	97.6	105.2
西　藏	Tibet	99.8	99.0	97.2	102.9	110.0
陕　西	Shaanxi	97.3	97.1	90.8	97.6	110.8
甘　肃	Gansu	96.9	96.7	87.0	94.9	114.5
青　海	Qinghai	97.0	96.1	93.1	98.5	116.7
宁　夏	Ningxia	96.0	96.3	93.7	99.1	112.1
新　疆	Xinjiang	96.5	96.2	82.4	94.5	113.7

附录2-13 全国及各省（直辖市、自治区）固定资产投资价格指数

Price Indices of Investment in Fixed Assets by Region

（上年=100） (preceding year=100)

地 区	Region	2013	2014	2015	2016	2017
全 国	**National**	**100.3**	**100.5**	**98.2**	**99.4**	**105.8**
北 京	Beijing	99.9	100.0	97.6	99.7	104.7
天 津	Tianjin	99.5	100.5	99.9	99.4	104.3
河 北	Hebei	99.9	100.2	98.0	99.4	106.7
山 西	Shanxi	100.5	99.6	98.2	100.0	106.3
内蒙古	Inner Mongolia	99.6	99.8	98.0	99.5	103.4
辽 宁	Liaoning	100.0	99.7	97.9	99.2	104.0
吉 林	Jilin	100.0	100.2	97.6	98.7	104.7
黑龙江	Heilongjiang	100.1	100.0	99.0	99.4	103.4
上 海	Shanghai	100.2	100.5	97.0	99.6	106.7
江 苏	Jiangsu	100.5	101.1	96.2	98.8	107.6
浙 江	Zhejiang	100.0	100.6	97.4	99.5	105.8
安 徽	Anhui	100.2	100.3	96.9	99.2	107.4
福 建	Fujian	100.1	100.4	98.3	100.0	105.6
江 西	Jiangxi	100.4	100.1	96.8	100.0	106.1
山 东	Shandong	100.4	100.3	97.7	99.1	105.8
河 南	Henan	99.9	100.0	97.6	99.2	107.4
湖 北	Hubei	100.5	101.0	99.4	100.1	105.9
湖 南	Hunan	101.3	101.5	100.4	100.4	105.7
广 东	Guangdong	101.4	101.5	99.0	100.3	105.3
广 西	Guangxi	100.1	101.6	98.8	99.5	104.4
海 南	Hainan	99.3	100.6	99.4	100.1	104.1
重 庆	Chongqing	100.5	100.3	98.2	98.9	105.3
四 川	Sichuan	100.4	100.5	97.9	99.8	107.7
贵 州	Guizhou	100.9	101.1	98.4	98.6	106.1
云 南	Yunnan	101.1	101.0	99.1	100.1	104.9
西 藏	Tibet					
陕 西	Shaanxi	102.0	101.1	98.8	99.9	105.3
甘 肃	Gansu	100.4	100.1	97.7	98.7	105.9
青 海	Qinghai	101.5	100.9	98.2	99.6	106.1
宁 夏	Ningxia	99.8	100.8	97.5	99.6	105.9
新 疆	Xinjiang	100.5	100.3	98.3	99.9	103.5

附录2-14　全国粮食作物播种面积（1980—2018年）

Sown Area of Grain Crops by Nationwide（1980—2018）

单位：千公顷　　　　(1 000 hectares)

年 份 Year	粮食作物播种面积 Sown Area of Grain Crops	稻 谷 Rice	小 麦 Wheat	玉 米 Corn	大 豆 Soybean	薯 类 Tubers
1980	117234	33878	28844	20087	7226	10153
1981	114958	33295	28307	19425	8024	9620
1982	113462	33071	27955	18543	8419	9370
1983	114047	33136	29050	18824	7567	9402
1984	112884	33178	29576	18537	7286	8988
1985	108845	32070	29218	17694	7718	8572
1986	110933	32266	29616	19124	8295	8685
1987	111268	32193	28798	20212	8445	8868
1988	110123	31987	28785	19692	8120	9054
1989	112205	32700	29841	20353	8057	9097
1990	113466	33064	30753	21401	7560	9121
1991	112314	32590	30948	21574	7041	9078
1992	110560	32090	30496	21044	7221	9057
1993	110509	30355	30235	20694	9454	9220
1994	109544	30171	28981	21152	9222	9270
1995	110060	30744	28860	22776	8127	9519
1996	112548	31406	29611	24498	7471	9797
1997	112912	31765	30057	23775	8346	9785
1998	113787	31214	29774	25239	8500	10000
1999	113161	31283	28855	25904	7962	10355
2000	108463	29962	26653	23056	9307	10538
2001	106080	28812	24664	24282	9482	10217
2002	103891	28202	23908	24634	8720	9881
2003	99410	26508	21997	24068	9313	9702
2004	101606	28379	21626	25446	9589	9457
2005	104278	28847	22793	26358	9591	9503
2006	105068	28938	23723	28463	9304	7877
2007	105748	28919	23831	29478	8754	8082
2008	106793	29241	23617	29864	9127	8427
2009	108986	29627	24291	31183	9190	8636
2010	109876	29873	24257	32500	8516	8750
2011	110573	30057	24270	33542	7889	8906
2012	111205	30137	24268	35030	7172	8881
2013	111956	30312	24117	36318	6791	8963
2014	112723	30310	24069	37123	6800	8940
2015	113343	30216	24141	38119	6506	8839
2016	113035	30178	24187	36768	7202	8941
2017	112220	30176	23988	35445	-	8937
2018	117037	30189	24268	42129	-	7180

附录2-15 全国粮食作物总产量（1980—2018年）

Total Output of Grain Crops by Nationwide（1980—2018）

单位：万吨 （10 000 tons）

年 份 Year	粮食作物总产量 Total Output of Grain Crops	稻 谷 Rice	小 麦 Wheat	玉 米 Corn	大 豆 Soybean	薯 类 Tubers
1980	32056	13991	5521	6260	794	2873
1981	32502	14396	5964	5921	933	2597
1982	35450	16160	6847	6056	903	2705
1983	38728	16887	8139	6821	976	2925
1984	40731	17826	8782	7341	970	2848
1985	37911	16857	8581	6383	1050	2604
1986	39151	17222	9004	7086	1161	2534
1987	40298	17426	8590	7924	1247	2821
1988	39408	16911	8543	7735	1165	2697
1989	40755	18013	9081	7893	1023	2730
1990	44624	18933	9823	9682	1100	2743
1991	43529	18381	9595	9877	971	2716
1992	44266	18622	10159	9538	1030	2844
1993	45649	17751	10639	10270	1531	3181
1994	44510	17593	9930	9928	1600	3025
1995	46662	18523	10221	11199	1350	3263
1996	50454	19510	11057	12747	1322	3536
1997	49417	20073	12329	10431	1473	3192
1998	51230	19871	10973	13295	1515	3604
1999	50839	19849	11388	12809	1425	3641
2000	46218	18791	9964	10600	1541	3685
2001	45264	17758	9387	11409	1541	3563
2002	45706	17454	9029	12131	1651	3666
2003	43070	16066	8649	11583	1539	3513
2004	46947	17909	9195	13029	1740	3558
2005	48402	18059	9745	13937	1635	3469
2006	49804	18172	10847	15160	1508	2701
2007	50160	18603	10930	15230	1273	2808
2008	52871	19190	11246	16591	1554	2980
2009	53082	19510	11512	16397	1498	2995
2010	54648	19576	11518	17725	1508	3114
2011	57121	20100	11740	19278	1449	3273
2012	58958	20424	12102	20561	1302	3279
2013	60194	20361	12193	21849	1195	3329
2014	60703	20651	12621	21565	1215	3336
2015	62144	20823	13019	22463	1179	3326
2016	61625	20708	12885	21955	1294	3356
2017	61791	20856	12977	21589	-	3419
2018	65789	21213	13143	25733	-	2856

附录2-16 全国及各省（直辖市、自治区）粮食作物播种面积

Sown Area of Grain Crops by Region

单位：千公顷 (1 000 hectares)

地区	Region	2014	2015	2016	2017	2018
全国	**National**	**112722.6**	**113342.9**	**113034.5**	**112219.6**	**117037.0**
北京	Beijing	120.2	104.5	87.3	66.8	56.0
天津	Tianjin	345.8	350.0	357.3	351.2	350.0
河北	Hebei	6332.0	6392.5	6327.4	6190.7	6539.0
山西	Shanxi	3286.4	3287.2	3241.4	3204.4	3137.0
内蒙古	Inner Mongolia	5651.0	5726.7	5784.8	5757.8	6790.0
辽宁	Liaoning	3235.1	3297.4	3231.4	3227.2	3484.0
吉林	Jilin	5000.7	5078.0	5021.7	5023.3	5600.0
黑龙江	Heilongjiang	11696.4	11765.2	11804.7	11827.1	14215.0
上海	Shanghai	164.9	161.9	140.1	118.7	130.0
江苏	Jiangsu	5376.1	5424.6	5432.7	5406.4	5476.0
浙江	Zhejiang	1266.8	1277.8	1255.4	1282.0	976.0
安徽	Anhui	6628.9	6632.9	6644.5	6642.5	7316.0
福建	Fujian	1197.7	1193.2	1176.7	1179.4	834.0
江西	Jiangxi	3697.3	3705.6	3686.2	3667.4	3721.0
山东	Shandong	7440.0	7492.1	7511.5	7447.0	8405.0
河南	Henan	10209.8	10267.2	10286.2	10135.5	10906.0
湖北	Hubei	4370.4	4466.0	4436.9	4471.7	4847.0
湖南	Hunan	4975.1	4944.7	4890.6	4862.4	4748.0
广东	Guangdong	2507.0	2505.8	2509.3	2500.1	2151.0
广西	Guangxi	3067.7	3059.3	3023.6	2976.2	2802.0
海南	Hainan	394.0	375.6	360.4	348.3	286.0
重庆	Chongqing	2242.5	2234.0	2250.1	2239.0	2018.0
四川	Sichuan	6467.4	6453.9	6453.9	6441.4	6266.0
贵州	Guizhou	3138.4	3114.9	3113.3	3051.2	2740.0
云南	Yunnan	4508.2	4487.3	4481.2	4446.1	4175.0
西藏	Tibet	176.4	178.9	182.9	184.8	183.0
陕西	Shaanxi	3076.5	3073.5	3068.7	3045.3	3006.0
甘肃	Gansu	2842.5	2849.6	2814.0	2782.5	2645.0
青海	Qinghai	280.1	277.1	281.1	278.6	281.0
宁夏	Ningxia	771.3	770.4	778.3	775.6	736.0
新疆	Xinjiang	2255.9	2395.0	2401.1	2289.1	2220.0
广西居全国位次	**Order of Precedence of Guangxi in the Country**	**18**	**18**	**18**	**18**	**17**

附录2-17 全国及各省（直辖市、自治区）粮食作物总产量

Total Output of Grain Crops by Region

单位：万吨 （10 000 tons）

地 区	Region	2014	2015	2016	2017	2018
全 国	**National**	**60702.6**	**62143.9**	**61625.0**	**61790.7**	**65789.0**
北 京	Beijing	63.9	62.6	53.7	41.1	34.0
天 津	Tianjin	176.0	181.7	196.4	212.0	210.0
河 北	Hebei	3360.2	3363.8	3460.2	3508.0	3701.0
山 西	Shanxi	1330.8	1259.6	1318.5	1299.9	1380.0
内蒙古	Inner Mongolia	2753.0	2827.0	2780.3	2768.4	3553.0
辽 宁	Liaoning	1753.9	2002.5	2100.6	2136.7	2192.0
吉 林	Jilin	3532.8	3647.0	3717.2	3720.0	3633.0
黑龙江	Heilongjiang	6242.2	6324.0	6058.5	6018.8	7507.0
上 海	Shanghai	112.5	112.1	99.2	89.2	104.0
江 苏	Jiangsu	3490.6	3561.3	3466.0	3539.8	3660.0
浙 江	Zhejiang	757.4	752.2	752.2	768.6	599.0
安 徽	Anhui	3415.8	3538.1	3417.4	3476.0	4007.0
福 建	Fujian	667.0	661.1	650.9	665.4	499.0
江 西	Jiangxi	2143.5	2148.7	2138.1	2127.1	2191.0
山 东	Shandong	4596.6	4712.7	4700.7	4723.2	5320.0
河 南	Henan	5772.3	6067.1	5946.6	5973.4	6649.0
湖 北	Hubei	2584.2	2703.3	2554.1	2599.7	2839.0
湖 南	Hunan	3001.3	3002.9	2953.2	2984.0	3023.0
广 东	Guangdong	1357.3	1358.1	1360.2	1365.1	1193.0
广 西	Guangxi	1534.4	1524.8	1521.3	1467.7	1373.0
海 南	Hainan	186.6	184.0	177.9	168.7	147.0
重 庆	Chongqing	1144.5	1154.9	1166.0	1167.2	1079.0
四 川	Sichuan	3374.9	3442.8	3483.5	3498.4	3494.0
贵 州	Guizhou	1138.5	1180.0	1192.4	1178.5	1060.0
云 南	Yunnan	1860.7	1876.4	1902.9	1929.5	1861.0
西 藏	Tibet	98.0	100.6	101.9	103.2	104.0
陕 西	Shaanxi	1197.8	1226.8	1228.3	1216.2	1226.0
甘 肃	Gansu	1158.7	1171.1	1140.6	1128.3	1151.0
青 海	Qinghai	104.8	102.7	103.5	100.7	103.0
宁 夏	Ningxia	377.9	372.6	370.6	368.2	393.0
新 疆	Xinjiang	1414.5	1521.3	1512.3	1447.6	1504.0
广西居全国位次	**Order of Precedence of Guangxi in the Country**	**15**	**15**	**15**	**15**	**17**

附录2-18 全国及各省（直辖市、自治区）粮食作物单位面积产量

Output of Grain Crops Per Hectare by Region

单位：公斤/公顷 (kg/hectare)

地区	Region	2014	2015	2016	2017	2018
全　国	**National**	**5385**	**5483**	**5452**	**5506**	**5621**
北　京	Beijing	5320	5997	6148	6146	6137
天　津	Tianjin	5088	5192	5497	6036	5988
河　北	Hebei	5307	5262	5469	5667	5660
山　西	Shanxi	4049	3832	4068	4057	4400
内蒙古	Inner Mongolia	4872	4937	4806	4808	5233
辽　宁	Liaoning	5421	6073	6501	6621	6293
吉　林	Jilin	7065	7182	7402	7406	6487
黑龙江	Heilongjiang	5337	5375	5132	5089	5281
上　海	Shanghai	6826	6921	7079	7514	7988
江　苏	Jiangsu	6493	6565	6380	6548	6684
浙　江	Zhejiang	5979	5887	5992	5995	6140
安　徽	Anhui	5153	5334	5143	5233	5477
福　建	Fujian	5569	5540	5531	5642	5982
江　西	Jiangxi	5797	5799	5800	5800	5887
山　东	Shandong	6178	6290	6258	6342	6329
河　南	Henan	5654	5909	5781	5894	6097
湖　北	Hubei	5913	6053	5757	5814	5858
湖　南	Hunan	6033	6073	6039	6137	6367
广　东	Guangdong	5414	5420	5421	5460	5548
广　西	Guangxi	5002	4984	5031	4932	4899
海　南	Hainan	4736	4898	4936	4844	5142
重　庆	Chongqing	5104	5170	5182	5213	5349
四　川	Sichuan	5218	5334	5398	5431	5576
贵　州	Guizhou	3628	3788	3830	3863	3867
云　南	Yunnan	4127	4181	4246	4340	4457
西　藏	Tibet	5554	5625	5571	5585	5688
陕　西	Shaanxi	3893	3991	4003	3994	4080
甘　肃	Gansu	4076	4110	4053	4055	4353
青　海	Qinghai	3742	3708	3681	3615	3664
宁　夏	Ningxia	4899	4836	4762	4747	5336
新　疆	Xinjiang	6270	6352	6298	6324	6777
广西居全国位次	**Order of Precedence of Guangxi in the Country**	**22**	**22**	**22**	**23**	**25**

附录三 中国与东盟国家及世界部分国家主要社会经济统计指标

APPENDIX Ⅲ Main Social and Economic Indicators of China-ASEAN Countries and Some Countries in the World

附录3-1 国土面积与人口密度

Country Area and Population Density

资料来源：世界银行WDI数据库。
Source:World Bank WDI Database.

国 家	Country	国土面积（万平方公里）Country Area（10 000 sq.km）	人口密度（人/平方公里）Population Density（persons/sq.km）			
			2015	2016	2017	2018
世 界	**World**	**13202.5**	**56.7**	**58.4**	**59.1**	**59.6**
中 国	China	960.0	146.1	146.9	147.7	148.3
文 莱	Brunei Darussalam	0.6	79.2	80.3	81.3	81.4
柬埔寨	Cambodia	18.1	87.9	89.3	90.7	92.1
印度尼西亚	Indonesia	191.4	142.5	144.1	145.7	147.8
老 挝	Laos	23.7	28.9	29.3	29.7	30.6
马来西亚	Malaysia	33.0	93.5	94.9	96.3	96.0
缅 甸	Myanmar	67.7	80.2	81.0	81.7	82.2
菲律宾	Philippines	30.0	341.1	346.5	351.9	357.7
新加坡	Singapore	0.1	7806.8	7908.7	7915.7	7953.0
泰 国	Thailand	51.3	134.4	134.8	135.1	135.9
越 南	Viet Nam	33.1	301.8	305.0	308.1	308.1
日 本	Japan	37.8	348.8	348.4	347.8	347.1
韩 国	Korea,Rep.	10.0	523.3	525.7	527.9	529.7
印 度	India	298.0	440.3	445.4	450.4	454.9
巴 西	Brazil	851.6	24.6	24.8	25.0	25.1
俄罗斯	Russia	1709.8	8.8	8.8	8.8	8.8
加拿大	Canada	998.5	3.9	4.0	4.0	4.1
墨西哥	Mexico	196.4	64.8	65.6	66.4	64.9
美 国	United States	983.2	35.1	35.3	35.5	35.8
法 国	France	54.9	121.6	122.1	122.6	122.3
德 国	Germany	35.8	234.2	235.7	236.7	237.4
意大利	Italy	30.1	206.5	206.1	205.8	205.5
英 国	United Kingdom	24.4	269.2	271.1	272.9	274.8
澳大利亚	Australia	774.1	3.1	3.1	3.2	3.2
新西兰	New Zealand	26.8	17.5	17.8	18.2	18.6

附录3-2 国内生产总值

Gross Domestic Product

资料来源：世界银行WDI数据库。
Source:World Bank WDI Database.

单位：亿美元 (100 million USD)

国 家	Country	2014	2015	2016	2017	2018
世 界	**World**	**793198.6**	**750371.9**	**761461.1**	**809347.7**	**857908.2**
中 国	China	104823.7	110646.7	111909.9	122377.0	136081.5
文 莱	Brunei Darussalam	171.0	129.3	114.0	121.3	135.7
柬埔寨	Cambodia	167.0	180.5	200.2	221.6	245.7
印度尼西亚	Indonesia	8908.1	8608.5	9318.8	10154.2	10421.7
老 挝	Laos	132.7	143.9	158.1	168.5	181.3
马来西亚	Malaysia	3380.6	2966.4	2967.5	3147.1	3543.5
缅 甸	Myanmar	654.5	596.9	632.6	670.7	712.1
菲律宾	Philippines	2845.8	2927.7	3048.9	3136.0	3309.1
新加坡	Singapore	3115.4	3041.0	3097.6	3239.1	3641.6
泰 国	Thailand	4073.4	4014.0	4117.6	4553.0	5049.9
越 南	Viet Nam	1862.0	1932.4	2052.8	2237.8	2449.5
日 本	Japan	48504.1	43949.8	49492.7	48724.2	49709.2
韩 国	Korea,Rep.	14113.3	13827.6	14148.0	15307.5	16194.2
印 度	India	20391.3	21035.9	22904.3	26507.3	27263.2
巴 西	Brazil	24559.9	18022.1	17962.8	20535.9	18686.3
俄罗斯	Russia	20636.6	13637.1	12826.6	15784.2	16575.5
加拿大	Canada	17992.7	15525.2	15269.5	16471.2	17093.3
墨西哥	Mexico	13145.6	11705.6	10777.8	11508.9	12238.1
美 国	United States	175217.5	182193.0	187071.9	194853.9	204941.0
法 国	France	28521.7	24382.1	24651.3	25825.0	27775.4
德 国	Germany	38987.3	33813.9	34951.6	36932.0	39967.6
意大利	Italy	21517.3	18322.7	18691.2	19438.4	20739.0
英 国	United Kingdom	30347.3	28964.2	26592.4	26378.7	28252.1
澳大利亚	Australia	14649.6	13490.3	12080.4	13234.2	14322.0
新西兰	New Zealand	2009.6	1776.2	1892.9	2041.4	2050.2

附录3-3 人均国内生产总值

GDP Per Capita

资料来源：世界银行WDI数据库。
Source:World Bank WDI Database.

单位：美元 (USD)

国 家	Country	2014	2015	2016	2017	2018
世 界	**World**	**10909.0**	**10199.1**	**10229.5**	**10748.7**	**11296.8**
中 国	China	7683.5	8069.2	8117.3	8827.0	9770.8
文 莱	Brunei Darussalam	41530.7	30967.9	26939.4	28290.6	31627.7
柬埔寨	Cambodia	1093.8	1163.2	1269.9	1384.4	1512.1
印度尼西亚	Indonesia	3491.6	3334.5	3568.8	3846.4	3893.6
老 挝	Laos	2017.6	2159.4	2338.7	2457.4	2567.5
马来西亚	Malaysia	11183.7	9655.1	9515.2	9951.5	11239.0
缅 甸	Myanmar	1260.4	1139.0	1196.1	1256.7	1326.0
菲律宾	Philippines	2842.9	2878.3	2950.9	2989.0	3102.7
新加坡	Singapore	56957.1	54940.9	55243.1	57714.3	64581.9
泰 国	Thailand	5953.8	5846.4	5979.3	6595.0	7273.6
越 南	Viet Nam	2012.0	2065.2	2170.6	2342.2	2563.8
日 本	Japan	38109.4	34567.7	38972.3	38430.3	39286.7
韩 国	Korea,Rep.	27811.4	27105.1	27608.2	29742.8	31362.8
印 度	India	1576.0	1607.0	1729.7	1979.4	2015.6
巴 西	Brazil	12026.6	8750.2	8650.4	9812.3	8920.8
俄罗斯	Russia	14125.9	9314.5	8745.0	10749.1	11288.9
加拿大	Canada	50633.2	43327.2	42105.9	44870.8	46124.7
墨西哥	Mexico	10582.4	9298.2	8450.5	8910.3	9698.1
美 国	United States	55033.0	56803.5	57904.2	59927.9	62641.0
法 国	France	43008.7	36613.4	36870.2	38484.2	41463.6
德 国	Germany	48142.8	41394.7	42443.5	44665.5	48195.6
意大利	Italy	35396.7	30170.5	30829.5	32110.0	34318.4
英 国	United Kingdom	46967.7	44472.2	40539.9	39953.6	42491.4
澳大利亚	Australia	62403.1	56644.0	49937.7	53793.5	57305.3
新西兰	New Zealand	44560.6	38649.4	40332.0	42583.1	41966.0

附录3-4　国内生产总值增长率

Growth Rate of GDP

资料来源：世界银行WDI数据库。
Source:World Bank WDI Database.

单位：%　　(%)

国　家	Country	2014	2015	2016	2017	2018
世　界	**World**	**2.84**	**2.86**	**2.57**	**3.16**	**3.04**
中　国	China	7.30	6.91	6.74	6.76	6.60
文　莱	Brunei Darussalam	-2.35	-0.57	-2.47	1.33	0.05
柬埔寨	Cambodia	7.14	7.04	7.03	7.02	7.52
印度尼西亚	Indonesia	5.01	4.88	5.03	5.07	5.17
老　挝	Laos	7.61	7.27	7.02	6.85	6.50
马来西亚	Malaysia	6.01	5.09	4.22	5.90	4.72
缅　甸	Myanmar	7.99	6.99	5.86	6.76	6.20
菲律宾	Philippines	6.15	6.07	6.88	6.68	6.24
新加坡	Singapore	3.90	2.89	2.96	3.70	3.14
泰　国	Thailand	0.98	3.13	3.36	4.02	4.13
越　南	Viet Nam	5.98	6.68	6.21	6.81	7.08
日　本	Japan	0.38	1.22	0.61	1.93	0.79
韩　国	Korea,Rep.	3.34	2.79	2.93	3.06	2.67
印　度	India	7.41	8.00	8.17	7.17	6.98
巴　西	Brazil	0.50	-3.55	-3.30	1.06	1.12
俄罗斯	Russia	0.70	-2.31	0.33	1.63	2.26
加拿大	Canada	2.86	0.67	1.10	2.99	1.88
墨西哥	Mexico	2.80	3.29	2.92	2.07	1.99
美　国	United States	2.45	2.88	1.57	2.22	2.86
法　国	France	0.96	1.11	1.10	2.26	1.73
德　国	Germany	2.18	1.74	2.24	2.16	1.43
意大利	Italy	0.11	0.92	1.12	1.68	0.86
英　国	United Kingdom	2.95	2.35	1.79	1.82	1.40
澳大利亚	Australia	2.57	2.34	2.85	2.34	2.84
新西兰	New Zealand	3.72	3.59	3.65	3.13	2.78

附录3–5 居民最终消费率

Household Final Consumption Rate

资料来源：世界银行WDI数据库。
Source:World Bank WDI Database.

单位：%　　(%)

国家	Country	2014	2015	2016	2017	2018
世　界	**World**	**57.8**	**57.8**	**58.1**	**57.9**	
中　国	China	37.8	38.8	39.7	38.7	
文　莱	Brunei Darussalam	15.6	19.8	21.2	20.5	19.5
柬埔寨	Cambodia	77.6	76.8	76.1	73.4	70.6
印度尼西亚	Indonesia	57.1	57.5	57.8	57.3	57.0
老　挝	Laos	72.6	71.2	65.7	65.2	
马来西亚	Malaysia	52.4	54.1	54.8	55.3	57.3
缅　甸	Myanmar	46.0	47.6	51.0		
菲律宾	Philippines	72.5	73.8	73.7	73.5	73.8
新加坡	Singapore	37.6	37.2	36.4	35.6	34.9
泰　国	Thailand	52.4	51.0	49.8	48.7	48.7
越　南	Viet Nam	65.8	68.0	68.5	68.0	67.6
日　本	Japan	58.4	56.6	55.7	55.5	
韩　国	Korea,Rep.	50.3	49.3	48.7	48.1	48.6
印　度	India	58.1	59.0	59.3	59.0	59.5
巴　西	Brazil	63.0	64.0	64.2	64.0	64.3
俄罗斯	Russia	53.4	52.4	53.1	52.7	49.4
加拿大	Canada	56.0	58.0	58.7	58.2	58.3
墨西哥	Mexico	65.9	65.6	65.6	65.3	64.6
美　国	United States	67.5	67.5	68.2	68.4	
法　国	France	54.3	54.0	54.3	54.0	53.9
德　国	Germany	54.2	53.5	53.0	52.9	52.4
意大利	Italy	60.8	60.9	60.5	60.8	60.7
英　国	United Kingdom	65.0	65.2	65.6	65.7	66.1
澳大利亚	Australia	56.0	57.2	58.2	56.7	56.5
新西兰	New Zealand	57.6	57.4	57.7	57.5	

附录3-6　国内生产总值产业构成

Composition of Gross Domestic Product by Industries

资料来源：世界银行WDI数据库。
Source:World Bank WDI Database.

单位：%　　(%)

国家	Country	农业增加值占国内生产总值比重 Primary Industry as Percentage of GDP		工业增加值占国内生产总值比重 Secondary Industry as Percentage of GDP		服务业增加值占国内生产总值比重 Tertiary Industry as Percentage of GDP	
		2017	2018	2017	2018	2017	2018
世　界	**World**	**3.4**		**25.5**		**65.0**	
中　国	China	7.9	7.2	40.5	40.7	51.6	52.2
文　莱	Brunei Darussalam	1.1	1.0	59.7	63.2	40.9	37.3
柬埔寨	Cambodia	23.4	22.0	30.9	32.3	39.7	39.5
印度尼西亚	Indonesia	13.2	12.8	39.4	39.7	43.6	43.4
老　挝	Laos	16.2	15.7	30.9	31.5	41.5	41.6
马来西亚	Malaysia	8.8	7.7	38.8	39.0	51.0	52.0
缅　甸	Myanmar	23.3	24.6	36.3	32.3	40.4	43.2
菲律宾	Philippines	9.7	9.3	30.5	30.7	59.9	60.0
新加坡	Singapore	0.0	0.0	23.2	25.2	70.4	69.4
泰　国	Thailand	8.7	8.1	35.1	35.0	56.3	56.9
越　南	Viet Nam	15.3	14.6	33.4	34.3	41.3	41.2
日　本	Japan	1.2		29.1		69.1	
韩　国	Korea,Rep.	2.0	2.0	35.9	35.1	52.8	53.6
印　度	India	15.6	14.5	26.5	27.0	48.5	49.0
巴　西	Brazil	4.6	4.4	18.4	18.4	63.1	62.6
俄罗斯	Russia	3.6	3.1	30.5	32.1	56.3	54.1
加拿大	Canada						
墨西哥	Mexico	3.4	3.3	30.0	31.2	60.9	60.2
美　国	United States	0.9		18.2		77.4	
法　国	France	1.5	1.6	17.4	16.9	70.2	70.3
德　国	Germany	0.8	0.7	28.0	28.0	61.4	61.5
意大利	Italy	1.9	1.9	21.6	21.7	66.2	66.1
英　国	United Kingdom	0.6	0.6	17.9	18.0	70.6	70.5
澳大利亚	Australia	2.8	2.6	23.0	24.0	67.0	66.6
新西兰①	New Zealand①	6.6		19.2		65.6	

注：①2016年数据。
Note: ①Data Refer to 2016.

附录3-7 年中人口

Mid-year Population

资料来源：世界银行WDI数据库。
Source:World Bank WDI Database.

国家	Country	人口（万人） Mid-year Population（10 000 persons）				2018年增长率（%） Growth Rate in 2018（%）
		2015	2016	2017	2018	
世界	**World**	**735723.4**	**744381.1**	**752971.9**	**759427.0**	**1.11**
中国	China	137122.0	137866.5	138639.5	139273.0	0.46
文莱	Brunei Darussalam	41.8	42.3	42.9	42.9	1.05
柬埔寨	Cambodia	1551.8	1576.2	1600.5	1625.0	1.49
印度尼西亚	Indonesia	25816.2	26111.6	26399.1	26766.3	1.13
老挝	Laos	666.4	675.8	685.8	706.2	1.55
马来西亚	Malaysia	3072.3	3118.7	3162.4	3152.9	1.35
缅甸	Myanmar	5240.4	5288.5	5337.1	5370.8	0.61
菲律宾	Philippines	10171.6	10332.0	10491.8	10665.2	1.40
新加坡	Singapore	553.5	560.7	561.2	563.9	0.47
泰国	Thailand	6865.8	6886.4	6903.8	6942.9	0.32
越南	Viet Nam	9357.2	9456.9	9554.1	9554.0	0.99
日本	Japan	12714.1	12699.5	12678.6	12652.9	-0.20
韩国	Korea,Rep.	5101.5	5124.6	5146.6	5163.5	0.33
印度	India	130905.4	132417.1	133918.0	135261.7	1.04
巴西	Brazil	20596.2	20765.3	20928.8	20946.9	0.78
俄罗斯	Russia	14409.7	14434.2	14449.7	14447.8	-0.01
加拿大	Canada	3583.3	3626.5	3670.8	3705.9	1.41
墨西哥	Mexico	12589.1	12754.0	12916.3	12619.1	1.13
美国	United States	32074.3	32307.1	32514.7	32716.7	0.62
法国	France	6659.3	6686.0	6710.6	6698.7	0.18
德国	Germany	8168.7	8234.9	8268.6	8292.8	0.33
意大利	Italy	6073.1	6062.8	6053.7	6043.1	-0.17
英国	United Kingdom	6512.9	6559.6	6602.3	6648.9	0.65
澳大利亚	Australia	2381.6	2419.1	2460.2	2499.2	1.58
新西兰	New Zealand	459.6	469.3	479.4	488.6	1.89

附录3-8　城市人口比重

Urban Population Percentage of Total

资料来源：世界银行WDI数据库。
Source:World Bank WDI Database.

单位：%　　　　(%)

国　家	Country	2014	2015	2016	2017	2018
世　界	**World**	**53.5**	**53.9**	**54.4**	**54.8**	**55.3**
中　国	China	54.3	55.5	56.7	58.0	59.2
文　莱	Brunei Darussalam	76.3	76.7	77.0	77.3	77.6
柬埔寨	Cambodia	21.8	22.2	22.6	23.0	23.4
印度尼西亚	Indonesia	52.6	53.3	54.0	54.7	55.3
老　挝	Laos	32.5	33.1	33.7	34.4	35.0
马来西亚	Malaysia	73.6	74.2	74.8	75.5	76.0
缅　甸	Myanmar	29.7	29.9	30.1	30.3	30.6
菲律宾	Philippines	46.1	46.3	46.5	46.7	46.9
新加坡	Singapore	100.0	100.0	100.0	100.0	100.0
泰　国	Thailand	46.9	47.7	48.5	49.2	50.0
越　南	Viet Nam	33.1	33.8	34.5	35.2	35.9
日　本	Japan	91.3	91.4	91.5	91.5	91.6
韩　国	Korea,Rep.	81.7	81.6	81.6	81.5	81.5
印　度	India	32.4	32.8	33.2	33.6	34.0
巴　西	Brazil	85.5	85.8	86.0	86.3	86.6
俄罗斯	Russia	74.0	74.1	74.2	74.3	74.4
加拿大	Canada	81.2	81.3	81.3	81.4	81.4
墨西哥	Mexico	79.0	79.3	79.6	79.9	80.2
美　国	United States	81.5	81.7	81.9	82.1	82.3
法　国	France	79.4	79.7	79.9	80.2	80.4
德　国	Germany	77.2	77.2	77.2	77.3	77.3
意大利	Italy	69.3	69.6	69.9	70.1	70.4
英　国	United Kingdom	82.4	82.6	82.9	83.1	83.4
澳大利亚	Australia	85.6	85.7	85.8	85.9	86.0
新西兰	New Zealand	86.3	86.3	86.4	86.5	86.5

附录3-9 劳动参与率

Labor Force Participation Rate

资料来源：世界银行WDI数据库。
Source:World Bank WDI Database.

国 家	Country	劳动力人口（万人）Total Labor Force（10 000 persons）		劳动参与率（%）Labor Force Participation Rate（%）		女性劳动参与率（%）Female Labor Force Participation Rate（%）	
		2017	2018	2017	2018	2017	2018
世 界	**World**	**343200.4**	**346466.6**	**61.6**	**61.4**	**48.1**	**47.9**
中 国	China	78990.0	78755.1	69.2	68.7	61.8	61.3
文 莱	Brunei Darussalam	21.6	21.9	65.4	65.1	58.4	58.2
柬埔寨	Cambodia	890.6	906.6	81.0	81.1	75.1	75.2
印度尼西亚	Indonesia	12880.6	13071.1	67.2	67.1	52.2	52.2
老 挝	Laos	359.5	367.4	78.1	78.2	76.7	76.8
马来西亚	Malaysia	1541.5	1572.2	64.4	64.6	50.7	50.9
缅 甸	Myanmar	2432.0	2462.8	62.3	62.0	47.9	47.7
菲律宾	Philippines	4279.9	4367.5	59.7	59.8	45.5	45.7
新加坡	Singapore	326.7	331.0	68.5	68.3	60.7	60.5
泰 国	Thailand	3869.7	3876.6	67.8	67.5	59.8	59.5
越 南	Viet Nam	5696.6	5750.0	77.5	77.4	72.7	72.6
日 本	Japan	6724.9	6691.0	60.9	60.7	51.4	51.4
韩 国	Korea,Rep.	2802.8	2817.6	62.9	63.0	52.7	52.8
印 度	India	50336.6	51048.6	52.0	51.9	23.8	23.6
巴 西	Brazil	10498.1	10603.5	64.1	63.9	54.2	54.0
俄罗斯	Russia	7430.9	7359.2	62.4	62.0	55.3	54.9
加拿大	Canada	2017.8	2026.6	65.5	65.2	61.0	60.8
墨西哥	Mexico	5786.7	5893.0	61.1	61.1	43.7	43.8
美 国	United States	16423.7	16486.8	62.3	62.0	56.3	56.0
法 国	France	3037.3	3040.3	55.3	55.1	50.4	50.3
德 国	Germany	4359.8	4350.7	60.7	60.6	55.2	55.2
意大利	Italy	2571.8	2559.5	49.1	48.9	40.1	40.0
英 国	United Kingdom	3385.3	3400.0	62.3	62.3	57.0	57.1
澳大利亚	Australia	1297.9	1310.2	65.1	65.0	59.7	59.6
新西兰	New Zealand	269.5	271.7	70.1	70.0	64.6	64.6

附录3-10 就业人数

Employment

资料来源：国际货币基金组织IFS数据库。
Source: IMF IFS Database.

单位：万人 (10 000 persons)

国 家	Country	2014	2015	2016	2017	2018
世 界	**World**					
中 国	China	77253.0	77451.0	77603.0	77640.0	
文 莱	Brunei Darussalam	19.0				
柬埔寨	Cambodia					
印度尼西亚	Indonesia	11640.0	11783.3	11953.0		
老 挝	Laos					
马来西亚	Malaysia	1359.9	1414.3	1422.9	1449.6	1485.1
缅 甸	Myanmar		2179.1			
菲律宾	Philippines	3809.3	3914.3	4099.8	4033.4	4116.0
新加坡	Singapore	357.0	362.9	367.2	355.0	
泰 国	Thailand	3808.0	3802.1	3767.9	3743.8	3785.3
越 南	Viet Nam	5301.6	5290.6	5330.1		
日 本	Japan	6371.2	6401.5	6464.9	6530.6	
韩 国	Korea,Rep.	2589.7	2617.8	2640.9	2672.5	2682.2
印 度	India					
巴 西	Brazil	9200.4	9221.6	9053.9	9049.5	9151.1
俄罗斯	Russia	7154.2	7231.7	7239.2	7231.7	7253.3
加拿大	Canada	1780.2	1794.7	1808.0	1841.6	1865.8
墨西哥	Mexico	4941.5	5061.1	5159.5		
美 国	United States	14630.5	14883.3	15143.6	15333.7	15576.1
法 国	France	2639.6	2642.4	2658.4	2688.4	
德 国	Germany	4264.9	4299.0	4355.0	4415.5	4471.4
意大利	Italy	2227.6	2246.3	2275.5	2302.3	2320.8
英 国	United Kingdom	3075.6	3127.5	3172.1	3206.8	3244.8
澳大利亚	Australia	1153.2	1178.8	1198.6	1225.3	1257.0
新西兰	New Zealand	230.0	235.7	246.5	256.8	264.4

附录3-11　按产业类型划分的就业构成

Composition of Employment by Type of Industry

资料来源：世界银行WDI数据库。
Source:World Bank WDI Database.

单位：%　　(%)

国　家	Country	第一产业 Primary Industry		第二产业 Secondary Industry		第三产业 Tertiary Industry	
		2017	2018	2017	2018	2017	2018
世　界	**World**	**28.4**	**28.3**	**23.1**	**23.0**	**48.5**	**48.8**
中　国	China	27.0	26.8	29.0	28.6	44.0	44.6
文　莱	Brunei Darussalam	1.4	1.3	16.1	16.1	82.5	82.6
柬埔寨	Cambodia	30.8	30.4	26.8	26.9	42.4	42.7
印度尼西亚	Indonesia	30.8	30.5	22.0	22.0	47.2	47.5
老　挝	Laos	68.4	68.0	9.0	9.1	22.6	22.9
马来西亚	Malaysia	11.2	11.1	27.4	27.3	61.4	61.6
缅　甸	Myanmar	50.6	50.1	15.9	16.0	33.5	33.9
菲律宾	Philippines	25.4	25.2	18.3	18.3	56.3	56.5
新加坡	Singapore	0.5	0.5	16.7	16.6	82.8	82.9
泰　国	Thailand	30.9	30.7	23.6	23.5	45.5	45.8
越　南	Viet Nam	40.2	39.8	25.8	25.8	34.1	34.4
日　本	Japan	3.4	3.4	24.6	24.5	71.9	72.1
韩　国	Korea,Rep.	4.8	4.7	25.1	25.0	70.1	70.3
印　度	India	44.5	43.9	24.5	24.7	31.0	31.5
巴　西	Brazil	9.5	9.4	20.5	20.4	70.0	70.2
俄罗斯	Russia	5.9	5.8	27.0	26.9	67.1	67.2
加拿大	Canada	1.5	1.5	19.5	19.5	79.0	79.0
墨西哥	Mexico	13.1	13.0	26.0	26.0	60.9	61.1
美　国	United States	1.4	1.4	19.7	19.4	78.8	79.1
法　国	France	2.6	2.6	20.5	20.3	76.9	77.1
德　国	Germany	1.3	1.3	27.4	27.1	71.3	71.6
意大利	Italy	3.8	3.8	26.0	25.8	70.2	70.4
英　国	United Kingdom	1.2	1.1	18.2	18.1	80.6	80.7
澳大利亚	Australia	2.6	2.6	19.4	19.4	78.0	78.1
新西兰	New Zealand	6.2	6.2	20.5	20.4	73.3	73.4

附录3-12 失业率

Unemployment Rate

资料来源：国际货币基金组织IFS数据库。
Source:IMF IFS Database.

单位：% (%)

国 家	Country	2014	2015	2016	2017	2018
世 界	**World**					
中 国①	China①	4.1	4.1	4.0	3.9	3.8
文 莱	Brunei Darussalam	6.9				
柬埔寨	Cambodia					
印度尼西亚	Indonesia	5.8	6.0	5.6		
老 挝	Laos					
马来西亚	Malaysia	2.9	3.2	3.5	3.4	3.4
缅 甸	Myanmar					
菲律宾	Philippines	6.8	6.3	5.5	5.7	5.3
新加坡	Singapore	2.7	2.8	3.0	2.2	
泰 国	Thailand	0.8	0.9	1.0	1.2	1.1
越 南	Viet Nam	1.8	2.1	2.1		
日 本	Japan	3.6	3.4	3.1	2.8	2.4
韩 国	Korea,Rep.	3.5	3.6	3.7	3.7	3.8
印 度	India					
巴 西	Brazil	6.8	8.3	11.3	12.8	12.3
俄罗斯	Russia	5.2	5.6	5.5	5.2	4.8
加拿大	Canada	6.9	6.9	7.0	6.3	5.8
墨西哥	Mexico	4.8	4.3	3.9		
美 国	United States	6.2	5.3	4.9	4.4	3.9
法 国	France	10.3	10.4	10.1	9.4	9.1
德 国	Germany	5.0	4.6	4.1	3.8	3.4
意大利	Italy	12.7	11.9	11.7	11.2	10.6
英 国	United Kingdom	6.2	5.4	4.9	4.4	4.1
澳大利亚	Australia	6.1	6.1	5.7	5.6	5.4
新西兰	New Zealand	5.4	5.4	5.1	4.7	4.3

注：①城镇登记失业率。
Note:①Urban Registered Unemployment Rate.

附录3-13 居民消费价格指数

Consumer Price Index

资料来源：世界银行WDI数据库。
Source:World Bank WDI Database.

2010年＝100 （2010＝100）

国　家	Country	2014	2015	2016	2017	2018
世　界	**World**					
中　国	China	113.3	114.9	117.2	119.1	121.6
文　莱	Brunei Darussalam	100.4	100.0	99.3	99.1	99.3
柬埔寨	Cambodia	116.1	117.5	121.1	124.6	
印度尼西亚	Indonesia	124.4	132.3	137.0	142.2	146.7
老　挝	Laos	124.2	125.8	127.8	128.9	131.5
马来西亚	Malaysia	110.5	112.8	115.2	119.6	120.7
缅　甸	Myanmar	118.1	129.3	138.3	144.6	154.5
菲律宾	Philippines	114.7	115.4	116.9	120.2	126.5
新加坡	Singapore	113.8	113.2	112.6	113.3	113.8
泰　国	Thailand	111.4	110.3	110.6	111.3	112.5
越　南	Viet Nam	144.5	145.8	150.5	155.8	161.3
日　本	Japan	102.8	103.6	103.5	104.0	105.0
韩　国	Korea,Rep.	109.1	109.8	110.9	113.1	114.7
印　度	India	140.4	148.6	156.0	159.8	167.6
巴　西	Brazil	126.9	138.4	150.5	155.7	161.4
俄罗斯	Russia	131.2	151.5	162.2	168.2	173.0
加拿大	Canada	107.5	108.7	110.2	112.0	114.5
墨西哥	Mexico	116.3	119.4	122.8	130.2	136.6
美　国	United States	108.6	108.7	110.1	112.4	115.2
法　国	France	105.5	105.6	105.8	106.9	108.8
德　国	Germany	106.7	107.2	107.7	109.4	111.3
意大利	Italy	107.5	107.5	107.4	108.7	110.0
英　国	United Kingdom	110.6	111.0	112.1	114.9	117.6
澳大利亚	Australia	110.4	112.1	113.5	115.7	117.9
新西兰	New Zealand	107.6	107.9	108.6	110.7	112.4

附录3-14　食品消费价格指数

Food Consumption Price Indices

资料来源：联合国统计月报数据库。
Source:UN Monthly Bulletin of Statistics Database.

2010年＝100　　(2010＝100)

国　家	Country	2014	2015	2016	2017	2018
世　界	**World**					
中　国	China	126.5	129.4	104.6	103.0	104.9
文　莱	Brunei Darussalam	99.9	100.7	99.8	100.0	
柬埔寨	Cambodia			200.0	206.7	
印度尼西亚	Indonesia	119.5	128.0	137.3	139.9	145.6
老　挝	Laos	140.2	146.6	152.9	152.7	
马来西亚	Malaysia	115.2	119.4	124.0	129.2	130.9
缅　甸	Myanmar	113.1	127.9	139.8	145.9	
菲律宾	Philippines	108.5	110.5	112.3	115.7	123.6
新加坡	Singapore	110.8	112.9	115.3	116.9	118.6
泰　国	Thailand	121.6	123.0	125.0	125.0	125.5
越　南	Viet Nam			104.1	103.0	
日　本	Japan	103.4	106.6	108.4	110.6	110.7
韩　国	Korea,Rep.	113.7	115.6	118.3	122.3	125.9
印　度	India	121.3	127.7	134.5	136.9	139.2
巴　西	Brazil	140.7	154.4	173.6	175.3	176.8
俄罗斯	Russia	133.6	161.7	171.0	175.6	178.5
加拿大	Canada	110.1	114.2	115.9	115.9	118.1
墨西哥	Mexico	125.0	129.9	135.3	144.4	151.4
美　国	United States	110.9	112.2	110.8	110.5	111.0
法　国	France	105.3	105.7	106.3	107.3	109.7
德　国	Germany	111.5	112.3	113.2	116.4	119.2
意大利	Italy	107.6	108.8	109.0	111.1	112.4
英　国	United Kingdom	112.7	109.8	107.2	109.5	111.8
澳大利亚	Australia	106.6	107.6	108.5	109.2	110.3
新西兰	New Zealand	105.8	106.0	105.3	107.7	107.5

附录3-15 农业生产指数

Agriculture Production Indices

资料来源：联合国FAO数据库。
Source:UN FAO Database.

2004－2006年＝100 （2004-2006＝100）

国 家	Country	农 业 Agriculture			食 品 Food		
		2014	2015	2016	2014	2015	2016
世 界	**World**	**124.6**	**125.9**	**127.3**	**125.0**	**126.4**	**127.8**
中 国	China	132.9	136.5	139.2	133.8	137.5	140.3
文 莱	Brunei Darussalam	166.2	169.6	169.1	166.8	170.2	169.6
柬 埔 寨	Cambodia	174.8	177.1	185.5	176.1	178.5	187.2
印度尼西亚	Indonesia	139.4	142.4	143.1	140.5	143.8	144.5
老 挝	Laos	192.6	211.5	219.3	186.0	204.4	211.9
马来西亚	Malaysia	120.8	121.9	122.7	129.1	129.9	131.2
缅 甸	Myanmar	134.3	136.5	137.0	133.0	135.1	135.5
菲 律 宾	Philippines	117.2	115.8	113.4	117.0	116.0	113.8
新 加 坡	Singapore	111.6	109.4	114.8	111.6	109.4	114.8
泰 国	Thailand	128.2	121.6	118.3	125.3	118.2	114.4
越 南	Viet Nam	137.3	140.4	138.4	134.9	137.9	135.5
日 本	Japan	96.7	95.6	92.1	97.0	95.9	92.4
韩 国	Korea,Rep.	106.1	104.3	102.8	106.2	104.4	103.0
印 度	India	143.5	141.8	144.9	142.7	140.9	144.2
巴 西	Brazil	136.4	139.4	135.8	137.7	141.1	137.1
俄 罗 斯	Russia	127.8	131.0	138.8	127.7	130.7	138.5
加 拿 大	Canada	108.4	110.4	113.1	108.6	110.6	113.8
墨 西 哥	Mexico	118.9	119.6	125.7	118.6	119.5	125.9
美 国	United States	112.1	111.7	116.5	113.4	113.0	118.0
法 国	France	104.0	103.5	95.8	104.1	103.6	95.8
德 国	Germany	111.7	107.8	106.8	111.7	107.8	106.8
意 大 利	Italy	88.2	92.4	91.6	88.4	92.6	91.8
英 国	United Kingdom	108.1	108.2	103.1	108.1	108.2	103.1
澳大利亚	Australia	107.4	107.9	104.4	106.7	107.2	103.4
新 西 兰	New Zealand	116.1	118.2	117.3	117.9	120.1	119.2

附录3-16　工业生产指数

Index of Industrial Production

资料来源：联合国统计月报数据库。
Source:UN Monthly Bulletin of Statistics Database.

2010年＝100　　（2010＝100）

国　家	Country	2011	2012	2013	2014	2015
世　界	**World**					
中　国	China					
文　莱	Brunei Darussalam	103.2	100.8	94.0	90.7	90.5
柬埔寨	Cambodia					
印度尼西亚	Indonesia					
老　挝	Laos					
马来西亚	Malaysia	102.4	106.7	110.3	116.0	121.2
缅　甸	Myanmar					
菲律宾	Philippines					
新加坡	Singapore					
泰　国	Thailand					
越　南	Viet Nam		111.3	119.1	127.5	147.0
日　本	Japan	97.1	97.7	96.9	98.7	97.4
韩　国	Korea,Rep.	106.0	107.4	108.2	108.4	107.7
印　度	India	102.9	104.1	104.0	106.9	109.5
巴　西	Brazil	100.4	98.1	100.1	97.1	89.1
俄罗斯	Russia	105.0	108.6	109.0	110.9	107.1
加拿大	Canada	105.0	105.0	106.7	110.8	110.1
墨西哥	Mexico	103.3	106.4	107.2	110.3	110.8
美　国	United States	103.2	106.3	108.5	111.8	112.3
法　国	France	102.6	100.3	99.6	98.8	100.6
德　国	Germany	107.0	106.2	106.1	107.5	109.1
意大利	Italy	100.4	94.4	91.5	90.5	92.1
英　国	United Kingdom	99.4	96.6	96.0	97.4	98.8
澳大利亚	Australia	101.3	104.8	107.3	111.0	114.0
新西兰	New Zealand	101.0	98.9	100.3	102.4	104.7

附录3-17 货物出口总额

Merchandise Export

资料来源：世界贸易组织数据库。
Source:WTO Database.

单位：亿美元 (100 million USD)

国家	Country	2014	2015	2016	2017	2018
世界	**World**	**189845.1**	**165305.7**	**160305.4**	**177318.6**	**194753.6**
中国	China	23422.9	22734.7	20976.3	22633.5	24870.5
文莱	Brunei Darussalam	105.1	63.5	48.8	55.7	54.3
柬埔寨	Cambodia	68.5	85.4	100.7	120.9	143.5
印度尼西亚	Indonesia	1762.9	1503.7	1447.4	1687.8	1802.2
老挝	Laos	26.6	36.5	42.5	48.2	52.6
马来西亚	Malaysia	2339.3	1991.6	1896.6	2177.2	2473.7
缅甸	Myanmar	114.5	114.3	118.3	138.8	168.0
菲律宾	Philippines	621.0	588.3	574.1	687.1	674.9
新加坡	Singapore	4093.0	3466.4	3380.8	3732.4	4126.3
泰国	Thailand	2274.6	2143.1	2153.9	2366.4	2521.1
越南	Viet Nam	1502.2	1620.7	1765.8	2143.2	2456.4
日本	Japan	6902.0	6247.9	6449.0	6981.3	7384.0
韩国	Korea,Rep.	5726.6	5267.6	4954.3	5736.9	6048.6
印度	India	3226.9	2674.4	2641.4	2992.8	3255.6
巴西	Brazil	2251.0	1911.3	1851.9	2178.3	2396.8
俄罗斯	Russia	4968.1	3414.2	2817.1	3535.5	4440.1
加拿大	Canada	4763.0	4099.7	3900.5	4208.3	4498.5
墨西哥	Mexico	3969.1	3805.5	3739.5	4094.0	4505.7
美国	United States	16205.3	15025.7	14510.1	15462.7	16640.9
法国	France	5808.4	5062.6	5011.8	5351.9	5818.2
德国	Germany	14942.1	13262.1	13343.6	14481.9	15608.2
意大利	Italy	5298.0	4569.9	4617.4	5074.2	5466.4
英国	United Kingdom	5046.3	4596.3	4090.4	4411.1	4857.1
澳大利亚	Australia	2399.8	1877.4	1924.9	2310.7	2568.8
新西兰	New Zealand	416.2	343.5	337.4	380.6	397.1

附录3-18 货物进口总额

Merchandise Import

资料来源：世界贸易组织数据库。
Source:WTO Database.

单位：亿美元 (100 million USD)

国家	Country	2014	2015	2016	2017	2018
世界	**World**	**191306.9**	**167870.3**	**162849.2**	**180432.9**	**198664.9**
中国	China	19592.3	16795.7	15879.3	18437.9	21359.1
文莱	Brunei Darussalam	36.0	32.3	26.8	30.9	52.3
柬埔寨	Cambodia	106.9	132.6	141.0	155.0	190.7
印度尼西亚	Indonesia	1781.8	1427.0	1356.5	1569.8	1887.1
老挝	Laos	42.7	56.8	53.7	56.4	63.4
马来西亚	Malaysia	2088.5	1760.1	1684.3	1947.5	2174.7
缅甸	Myanmar	164.6	168.9	157.1	192.5	195.1
菲律宾	Philippines	687.1	747.5	894.4	1019.0	1147.4
新加坡	Singapore	3662.5	2967.5	2919.1	3276.9	3706.4
泰国	Thailand	2277.5	2026.5	1942.0	2215.2	2496.6
越南	Viet Nam	1478.5	1656.1	1748.0	2115.2	2442.0
日本	Japan	8122.1	6479.8	6076.0	6719.2	7487.4
韩国	Korea,Rep.	5255.1	4365.0	4061.9	4784.8	5352.0
印度	India	4629.1	3928.7	3612.1	4484.2	5106.7
巴西	Brazil	2391.6	1788.3	1434.1	1575.4	1887.2
俄罗斯	Russia	3078.8	1930.2	1914.9	2381.3	2490.6
加拿大	Canada	4743.9	4294.2	4131.8	4421.8	4690.0
墨西哥	Mexico	4115.8	4052.8	3975.2	4321.5	4765.7
美国	United States	24125.5	23153.0	22501.5	24084.8	26143.3
法国	France	6787.8	5707.6	5676.6	6186.5	6725.9
德国	Germany	12071.9	10511.3	10553.3	11629.1	12856.4
意大利	Italy	4744.0	4109.2	4067.9	4531.2	5008.0
英国	United Kingdom	6898.4	6262.2	6366.4	6435.2	6735.5
澳大利亚	Australia	2369.7	2087.9	1961.9	2287.7	2356.9
新西兰	New Zealand	425.2	365.5	360.6	401.2	437.9

附录3-19　外商直接投资

Foreign Direct Investment

资料来源：联合国贸发会议FDI数据库。
Source:UNCTAD FDI Database.

单位：亿美元　　(100 million USD)

国　家	Country	外商直接投资 FDI Inflows			对外直接投资 FDI Outflows		
		2016	2017	2018	2016	2017	2018
世　界	**World**	**19186.8**	**14973.7**	**12971.5**	**15501.3**	**14254.4**	**10141.7**
中　国	China	1337.1	1340.6	1390.4	1961.5	1582.9	1298.3
文　莱	Brunei Darussalam	-1.5	4.6	5.0	2.6	-0.9	
柬埔寨	Cambodia	24.8	27.9	31.0	0.8	1.2	1.2
印度尼西亚	Indonesia	39.2	205.8	219.8	-122.2	20.8	81.4
老　挝	Laos	10.0	16.0	13.2	0.2	0.1	…
马来西亚	Malaysia	113.4	94.0	80.9	80.1	56.4	52.8
缅　甸	Myanmar	29.9	43.4	35.5			
菲律宾	Philippines	69.2	87.0	64.6	10.3	17.5	6.0
新加坡	Singapore	738.6	757.2	776.5	397.8	437.0	371.4
泰　国	Thailand	18.2	64.8	104.9	123.7	170.6	177.2
越　南	Viet Nam	126.0	141.0	155.0	10.0	4.8	6.0
日　本	Japan	177.5	104.3	98.6	1513.0	1604.5	1431.6
韩　国	Korea,Rep.	121.0	179.1	144.8	298.9	340.7	389.2
印　度	India	444.8	399.0	422.9	50.7	111.4	110.4
巴　西	Brazil	527.5	675.8	612.2	-59.3	166.8	-130.4
俄罗斯	Russia	371.8	259.5	133.3	269.5	341.5	364.5
加拿大	Canada	359.9	248.3	396.3	699.5	798.2	504.6
墨西哥	Mexico	308.7	320.9	316.0	7.1	40.9	68.6
美　国	United States	4717.9	2772.6	2518.1	2892.6	3003.8	-635.5
法　国	France	230.6	298.0	372.9	648.0	412.6	1024.2
德　国	Germany	235.0	369.3	257.1	712.4	918.0	770.8
意大利	Italy	284.5	219.7	242.8	177.5	256.7	205.8
英　国	United Kingdom	1961.3	1012.4	644.9	-225.2	1175.4	498.8
澳大利亚	Australia	455.2	422.9	604.4	3.3	33.2	36.4
新西兰	New Zealand	30.7	25.4	14.0	0.1	-2.2	4.0

附录3-20 货币汇率（年平均价）

Exchange Rate（Period Average）

资料来源：世界银行WDI数据库。
Source:World Bank WDI Database.

单位：1美元合本币数 (local currency unit per US dollar)

国 家	Country	2014	2015	2016	2017	2018
世 界	**World**					
中 国	China	6.1	6.2	6.6	6.8	6.6
文 莱	Brunei Darussalam	1.3	1.4	1.4	1.4	1.4
柬埔寨	Cambodia	4037.5	4067.8	4058.7	4050.6	4051.2
印度尼西亚	Indonesia	11865.2	13389.4	13308.3	13380.8	14236.9
老 挝	Laos	8049.0	8147.9	8179.3	8351.5	8489.2
马来西亚	Malaysia	3.3	3.9	4.2	4.3	4.0
缅 甸	Myanmar	984.4	1162.6	1234.9	1360.4	1429.8
菲律宾	Philippines	44.4	45.5	47.5	50.4	52.7
新加坡	Singapore	1.3	1.4	1.4	1.4	1.4
泰 国	Thailand	32.5	34.3	35.3	33.9	32.3
越 南	Viet Nam	21148.0	21697.6	21935.0	22370.1	22602.1
日 本	Japan	106.0	121.0	108.8	112.2	110.4
韩 国	Korea,Rep.	1053.0	1131.2	1160.4	1130.4	1100.6
印 度	India	61.0	64.2	67.2	65.1	68.4
巴 西	Brazil	2.4	3.3	3.5	3.2	3.7
俄罗斯	Russia	38.4	60.9	67.1	58.3	62.7
加拿大	Canada	1.1	1.3	1.3	1.3	1.3
墨西哥	Mexico	13.3	15.9	18.7	18.9	19.2
美 国	United States	1.0	1.0	1.0	1.0	1.0
法 国	France	0.8	0.9	0.9	0.9	0.9
德 国	Germany	0.8	0.9	0.9	0.9	0.9
意大利	Italy	0.8	0.9	0.9	0.9	0.9
英 国	United Kingdom	0.6	0.7	0.7	0.8	0.8
澳大利亚	Australia	1.1	1.3	1.4	1.3	1.3
新西兰	New Zealand	1.2	1.4	1.4	1.4	1.5

主要统计指标解释

人口密度 指由年中人口除以国土面积得来。国土面积是指一个国家包括内陆水域和沿海水域在内的总面积。

国内生产总值 指生产活动总成果，等于所有常住单位创造的增加值的总和（包括产出价值中未包括的产品税，不包括各项产品补贴）。等于按购买者价格计算的货物和服务最终使用价值（不包括中间消费）减去进口的货物和服务价值，或等于常住生产单位初次收入分配的总和。

就业人员 为一定年龄以上，在特定短期（一周或一天）内，属于下列类型的所有人：

（1）有酬从业人员，包括两类：①正在工作的人，指在参考期内做某些工作以得到现金或实物形式工资或薪金的人员；②有工作岗位但目前不工作的人，指现在有工作，却在短期内暂时不上班，但同时与工作单位有正式联系的人。这种正式联系，可以按照如下的一项或多项标准，根据各国的不同情况，予以判断：1）持续领到工资或薪金；2）保证在暂时的不上班状态终止后返回该岗位，或对返回的时间有协议；3）在不工作的这段时间里，该从业者能得到补偿而无须接受其他工作。

（2）自营就业者，包括两类：①正在工作，指在短期时间内以利润或家庭收入为目的，从事某些工作得到现金或实物的人；②拥有企业而不工作的人，指自己拥有企业（如商业企业，农场，服务性企业），在一定时期内因特殊原因暂不工作的人。

失业人员 在调查期内，适龄劳动人口中的失业者分为：

（1）没有工作，即没有得到有报酬的工作，又没有自营就业的人；

（2）目前有工作能力，即在调查期内可从事有酬工作和自营就业的人；

（3）正在寻找工作，在最近特定时期已采取具体步骤寻求有酬工作或自营就业的人。这些具体步骤包括：在公共或私人职业介绍所登记；向雇主提出就业申请；在工地、农场、工厂大门外、市场或其他聚集地寻找工作；通过报纸刊登广告或应聘；寻求亲友帮助就业；自己开业寻找土地、厂房、机器或设备；筹集资金；许可证和执照等。

失业率 反映了失业的严重程度。失业率是参考期内（一般是特定的一天或一周）特定分组的失业人数和同一时间该组就业、失业人数之和相比得出的。

货物出口额 是指按美元计价的本国向世界其他国家和地区提供的以离岸价格（F.O.B）计算的货物价值总和。

货物进口额 是指按美元计价的世界其他国家和地区向本国提供的以到岸价格（C.I.F）计算的货物价值总和。

Explanatory Notes on Main Statistical Indicators

Population Density comes from population in mid-year divided by area of country soil is the total area including inland water area and marginal sea area.

Gross Domestic Product An aggregate measure of production equal to the sum of the gross values added of all resident institutional units engaged in production (plus any taxes, and minus any subsidies, on products not included in the value of their outputs) . The sum of the final uses of goods and services (all uses except intermediate consumption) measured in purchasers' prices, less the value of imports of goods and services, or the sum of primary incomes distributed by resident producer units.

Employment comprise all persons above a specific age who during a specified brief period, either one week or one day, were in the following categories:

(1) paid employment:①at work: persons who during the reference period performed some work for wage or salary, in cash or in kind; ②with a job but not at work: persons who, having already worked in their present job, were temporarily not at work during the reference period and had a formal attachment to their job. This formal job attachment should be determined in the light of national circumstance, according to one or more of the following criteria: 1) the continued receipt of wage or salary; 2) an assurance of return to work following the end of the contingency, or an agreement as to the data of return; 3) the elapsed duration of absence from the job which, wherever relevant, may be that duration for which workers can receive compensation benefits without obligations to accept other jobs.

(2) self-employment: ①at work: person who during the reference period performed some work for profit or family gain, in cash or in kind; ②with an enterprise but not at work: persons with an enterprise, which may be a business enterprise, a farm or a service undertaking ,who were temporarily not at work during the reference period for any specific reason.

Unemployment comprise all persons above a specified age who during the reference period were: (1) Without works were not in paid employment or self-employment; (2) Currently available for work were available for paid employment or self-employment during the reference period; (3) Seeking work had taken specific steps in a specified reference period to seek paid employment or self-employment. The specific steps may include registration at a public or private employment exchange; application to employers; checking at worksites, farms, factory gates, market or other assembly places; placing or answering newspaper advertisement; seeking assistance of friends or relatives; looking for land, building, machinery or equipment to establish own enterprise; arranging for financial resources; applying for permits and licences, etc.

Unemployment Rate illustrate the relative severity of unemployment. These rates are calculated by relating the number of persons in the given group who are unemployed during the reference period (usually a particular day or a given week) to the total of employed and unemployed persons in the group at the same date.

Merchandize Exports Goods which are generally reported on f.o.b. (free-on-board) basis, represent the value of all goods provided to the rest of the world. Data are usually in US$.

Merchandize Imports Goods which are generally reported on c.i.f. (cost, insurance, freight) basis, represent the value of all goods received from the rest of the world. Data are usually in US$.